20
22

WANDER GARCIA
ANA PAULA DOMPIERI
COORDENADORES

PAULA MORISHITA
ORGANIZADORA

Bateria de
SIMULADOS
PARA CONCURSOS DE
DELEGADO

COMENTÁRIOS
ATUALIZADOS

CB042765

6 SIMULADOS
SIMULADOS COM AS PROVAS ORIGINAIS + COMENTÁRIOS ÀS QUESTÕES E RELATÓRIOS DE RESULTADOS

APRENDIZADOS COM O LIVRO:
• **ADMINISTRAR** melhor o tempo • **AGILIDADE** para responder questões
TÉCNICAS para acertar mais questões • **DESCOBERTA** dos erros de conteúdo e o que
precisa estudar mais • **DESCOBERTA** dos erros de interpretação e de escolha da alternativa
correta • **MAIS** calma no dia da prova, com mente e emoções mais preparadas.

EDITORA
FOCO

2022 © Editora Foco

Coordenadores: Wander Garcia e Ana Paula Garcia
Organizadora: Paula Morishita
Autores: Arthur Trigueiros, André Nascimento, Bruna Vieira, Eduardo Dompieri, Flávia Moraes Barros, Gabriela Rodrigues, Gustavo Nicolau, Henrique Subi, Leni Mouzinho Soares, Luciana de Paula Lima Gazzola, Luciana Russo, Luiz Dellore, Neusa Bittar, Renan Flumian, Ricardo Quartin, Roberta Densa, Robinson Barreirinhas, Rodrigo Bordalo, Sávio Chalita e Vivian Calderoni
Diretor Acadêmico: Leonardo Pereira
Editor: Roberta Densa
Assistente Editorial: Paula Morishita
Revisora Sênior: Georgia Renata Dias
Capa Criação: Leonardo Hermano
Diagramação: Ladislau Lima
Impressão miolo e capa: DOCUPRINT

Dados Internacionais de Catalogação na Publicação (CIP) de acordo com ISBD

B329

    Bateria de simulados: delegados / Arthur Trigueiros...[et al.] ; coordenado por Wander Garcia, Ana Paula Dompieri. - Indaiatuba, SP : Editora Foco, 2022.

    296 p. ; 16cm x 23cm.

    Inclui bibliografia e índice.

    ISBN: 978-65-5515-593-8

    1. Metodologia de estudo. 2. Concursos Públicos. 3. Delegado. I. Trigueiros, Arthur. II. Nascimento, André. III. Vieira, Bruna. IV. Dompieri, Eduardo. V. Barros, Flávia Moraes. VI. Rodrigues, Gabriela. VII. Nicolau, Gustavo. VIII. Subi, Henrique. IX. Soares, Leni Mouzinho. X. Gazzola, Luciana de Paula Lima. XI. Russo, Luciana. XII. Dellore, Luiz. XIII. Bittar, Neusa. XIV. Flumian, Renan. XV. Quartin, Ricardo. XVI. Densa, Roberta. XVII. Barreirinhas, Robinson. XVIII. Bordalo, Rodrigo. XIX. Chalita, Sávio. XX. Calderoni, Vivian. XXI. Garcia, Wander. XXII. Dompieri, Ana Paula. XXIII. Título.

2022-2461   CDD 001.4   CDU 001.8

Elaborado por Odilio Hilario Moreira Junior - CRB-8/9949

Índices para Catálogo Sistemático:

1. Metodologia de estudo 001.4   2. Metodologia de estudo 001.8

Impresso no Brasil (08.2022) – Data de Fechamento (08.2022)

2022

Todos os direitos reservados à
Editora Foco Jurídico Ltda.
Avenida Itororó, 348 – Sala 05 – Cidade Nova
CEP 13334-050 – Indaiatuba – SP

E-mail: contato@editorafoco.com.br
www.editorafoco.com.br

Apresentação

Quer passar no concurso de DELEGADO? Então faça simulados antes da prova!

Você terá os seguintes ganhos ao fazer os simulados desse livro:

• aprenderá a administrar melhor o tempo;

• aprenderá como ser mais ágil para responder questões;

• aprenderá técnicas para acertar mais questões a cada prova;

• descobrirá onde estão os seus erros e o que precisa estudar mais;

• descobrirá onde estão os seus erros de interpretação e de escolha da alternativa correta;

• ficará mais calmo para o dia da prova, pois terá simulado diversas vezes esse momento e suas mente e emoções estarão mais preparadas.

Mas não basta fazer simulados. É preciso fazer com o material correto.

Existem técnicas para treinar via simulados e esse livro tem tudo o que você precisa para fazer isso da melhor maneira.

Confira os principais pontos para estudar por meio de simulados:

1º) Você precisa usar como simulado questões reais e completas de provas anteriores dos concursos de DELEGADO. E isso é o que fazemos neste livro.

2º) Você precisa resolver as questões como se você estivesse na prova. Neste livro as questões vêm dispostas como na prova, e depois você tem uma folha de respostas para fazer o mesmo que faria nesta. Sem contar que os comentários às questões e os gabaritos não ficam na mesma página do simulado, então você só tem a sua mente mesmo para resolver as questões, como se estivesse na hora da prova.

3º) Você precisa ter um feedback de cada questão, para saber onde e porque cometeu cada erro. Este livro também oferece isso, pois cada questão é respondida e comentada, alternativa por alternativa, para você entender o que precisa estudar mais e que erros você têm cometido ao interpretar questões e escolher a alternativa correta.

4º) Você precisa saber como está o controle do tempo e a evolução dos seus resultados. Neste ponto disponibilizamos ao final do livro uma sessão só para você preencher a sua pontuação em cada prova, o tempo gasto na prova, os itens que você precisa melhorar e outros pontos importantes para você evoluir seus resultados a cada novo simulado.

5º) Você precisa fazer um número mínimo de simulados. Quanto mais simulados, melhor. Eles devem ser feitos ao final de cada semana de estudos.

Se não for possível, tente fazer ao menos 1 simulado a cada 10 dias ou a cada 2 semanas.

Outro ponto importante é que o livro está atualizadíssimo e informa para você como fica a resposta de cada questão, se por ventura alguma questão sofrer alteração no gabarito por alguma novidade legislativa ou jurisprudencial.

Agora é com você: crie seu cronograma de simulados e cumpra-o com seriedade, simulando pra valer o momento da prova.

Bom trabalho e ótimos estudos!

Como Usar o Livro?

Em primeiro lugar você deve criar o seu cronograma de simulados e cumpri-lo com seriedade, simulando pra valer o momento da prova.

Para cada simulado você deve fazer o seguinte também:

• Reservar o tempo necessário, seguindo o limite de tempo estabelecido no edital do concurso de Delegado;

• Escolher um lugar que você não seja interrompido;

• Colocar um cronômetro que não seja interrompido e ser fiel ao tempo de prova, ou seja, terminado o tempo, você deve pausar suas atividades, tendo ou não terminado o simulado;

• Em seguida você deve conferir as repostas em sua folha de resposta;

• Após, você deverá ler os comentários de cada questão que tiver errado e fazer todas as anotações na sessão do livro que trata dos relatórios sobre os seus resultados, anotando não só as matérias que precisa estudar mais, como dicas de como evitar erros de interpretação e de escolha de alternativas.

Pronto, agora é só ir atrás de estudar mais os pontos fracos e aguardar a data que você reservou para o próximo simulado.

Bons estudos e sucesso!

Sobre os coordenadores e autores

COORDENADORES

Wander Garcia – @wander_garcia

É Doutor, Mestre e Graduado em Direito pela PUC/SP. É professor universitário e de cursos preparatórios para Concursos e Exame de Ordem, tendo atuado nos cursos LFG e DAMASIO. Neste foi Diretor Geral de todos os cursos preparatórios e da Faculdade de Direito. Foi diretor da Escola Superior de Direito Público Municipal de São Paulo. É um dos fundadores da Editora Foco, especializada em livros jurídicos e para concursos e exames. É autor *best seller* com mais de 50 livros publicados na qualidade de autor, coautor ou organizador, nas áreas jurídica e de preparação para concursos e exame de ordem. Já vendeu mais de 1,5 milhão de livros, dentre os quais se destacam "Como Passar na OAB", "Como Passar em Concursos Jurídicos", "Exame de Ordem Mapamentalizado" e "Concursos: O Guia Definitivo". É também advogado desde o ano de 2000 e foi procurador do município de São Paulo por mais de 15 anos. É *Coach* Certificado, com sólida formação em Coaching pelo IBC e pela *International Association of Coaching*.

Ana Paula Dompieri

Procuradora do Estado de São Paulo, Pós-graduada em Direito, Professora do IEDI, Escrevente do Tribunal de Justiça por mais de 10 anos e Assistente Jurídico do Tribunal de Justiça. Autora de diversos livros para OAB e concursos.

AUTORES

Arthur Trigueiros – AT

Pós-graduado em Direito. Procurador do Estado de São Paulo. Professor da Rede LFG e do IEDI. Autor de diversas obras de preparação para Concursos Públicos e Exame de Ordem.

André Nascimento – AN

Advogado e Especialista em Regulação na Agência Nacional do Petróleo, Gás Natural e Biocombustíveis. Coautor de diversas obras voltadas à preparação para Exames Oficiais e Concursos Públicos. Coautor de livros e artigos acadêmicos. Instrutor de cursos, tendo recebido menção elogiosa pela destacada participação e dedicação na ANP. Graduado em Direito pela Universidade Presbiteriana Mackenzie/SP. Graduando em Geografia pela Universidade de São Paulo. Frequentou diversos cursos de extensão nas áreas de Direito, Regulação, Petróleo e Gás Natural e Administração Pública.

Bruna Vieira – BV

Advogada. Mestre em Concretização de Direitos Sociais pelo UNISAL. Professora de Direito Constitucional em cursos de pós-graduação, concursos públicos e exame de ordem há 12 anos. Autora de diversas obras jurídicas pelas editoras FOCO e Saraiva. Atuou na coordenação acadêmica dos cursos de Pós-graduação da FGV (GVLAW) e foi aluna especial no Curso de Pós-graduação Stricto Sensu da USP (Faculdade de Direito – Universidade São Paulo), nas disciplinas: "Metodologia do Ensino Jurídico" com o Prof. José Eduardo Campos de Oliveira Faria e "Efetivação do Direito à Saúde em Estados Democráticos de Direito: Fundamentos, Evolução e Desafios do Direito Sanitário, com os professores Fernando Mussa Abujamra Aith e Sueli Dallari.

Eduardo Dompieri – ED

Pós-graduado em Direito. Professor do IEDI. Autor de diversas obras de preparação para Concursos Públicos e Exame de Ordem.

Flávia Moraes Barros – FMB

Procuradora do Município de São Paulo. Doutora em Direito do Estado pela Universidade de São Paulo. Mestre em Direito Administrativo pela PUC-SP. Especialista em Direito Administrativo pela PUC-SP/COGEAE. Especialista em Direitos Difusos e Coletivos pela ESMPSP. Coach de Alta Performance pela FEBRACIS. Practioneer e Master em Programação Neurolinguística – PNL. Analista de Perfil Comportamental – DISC Assessment. Professora de Direito Administrativo.

Gabriela Rodrigues – GR

Pós-Graduada em Direito Civil e Processual Civil pela Escola Paulista de Direito. Professora Universitária e do IEDI Cursos On-line e preparatórios para concursos públicos exame de ordem. Autora de diversas obras jurídicas para concursos públicos e exame de ordem. Advogada.

Gustavo Nicolau – @gustavo_nicolau – GN

Mestre e Doutor pela Faculdade de Direito da USP. Professor de Direito Civil da Rede LFG/Praetorium. Advogado.

Henrique Subi – @7henriquesubi – HS

Agente da Fiscalização Financeira do Tribunal de Contas do Estado de São Paulo. Mestrando em Direito Político e Econômico pela Universidade Presbiteriana Mackenzie. Especialista em Direito Empresarial pela Fundação Getúlio Vargas e em Direito Tributário pela UNISUL. Professor de cursos preparatórios para concursos desde 2006. Coautor de mais de 20 obras voltadas para concursos, todas pela Editora Foco.

Leni Mouzinho Soares – LM

Assistente Jurídico do Tribunal de Justiça do Estado de São Paulo.

Luciana de Paula Lima Gazzola – LG

A autora é médica patologista, bacharel e mestre em Direito, especialista em Direito Médico e doutora em Medicina. Atua como médica fiscal do Conselho Regional de Medicina de Minas Gerais, professora universitária e de cursos preparatórios para concursos jurídicos e policiais.

Luciana Russo – LR

Procuradora do Município de São Paulo. Bacharel em História (1993 – FFLCH/USP) e Direito (2001 – FD/USP). Licenciatura Plena em História (1994 – FE/USP). Mestre em Direito (2005 – FD/USP). Professora universitária e de cursos preparatórios para OAB e Concursos públicos desde 2002.

Luiz Dellore – @dellore – LD

Doutor e Mestre em Direito Processual Civil pela USP. Mestre em Direito Constitucional pela PUC/SP. Professor do Mackenzie, EPD, IEDI, IOB/Marcato e outras instituições. Advogado concursado da Caixa Econômica Federal. Ex-assessor de Ministro do STJ. Membro da Comissão de Processo Civil da OAB/SP, do IBDP (Instituto Brasileiro de Direito Processual), do IPDP (Instituto Panamericano de Derecho Procesal) e diretor do CEAPRO (Centro de Estudos Avançados de Processo). Colunista do portal jota.info. Facebook e LinkedIn: Luiz Dellore

Neusa Bittar – NB

Médica, formada em 1973 pela Faculdade de Ciências Médicas de Santos – UNILUS – CRM 20291. Advogada, formada em 2001 pela Faculdade de Direito da Universidade Católica de Santos – UNISANTOS – OAB/SP 196.522. Mestre em Medicina pela Pós-Graduação stricto sensu em Cirurgia de Cabeça e Pescoço do HOSPHEL – Hospital Heliópolis/SP. Especialista em Cirurgia Geral, Coloproctologia e Medicina do Trabalho. Foi professora de Medicina Legal da Faculdade de Direito da Universidade Católica de Santos – UNISANTOS. Foi coordenadora e Professora da Pós-graduação lato sensu em Direito Penal, Direito Processual Penal e Criminologia da Universidade Católica de Santos – UNISANTOS. Professora de Medicina Legal e de Criminologia da Faculdade de Direito da Universidade Metropolitana de Santos – UNIMES – desde 2014. Professora de Medicina Legal e/ou de Criminologia em cursos preparatórios para carreiras jurídicas desde 2007. Preceptora da Liga de Medicina Legal da Faculdade de Medicina da UNIMES.

Renan Flumian – RF

Mestre em Filosofia do Direito pela Universidad de Alicante. Cursou a Session Annuelle D'enseignement do Institut International des Droits de L'Homme, a Escola de Governo da USP e a Escola de Formação da Sociedade Brasileira de Direito Público. Professor e Coordenador Acadêmico do IEDI. Autor e coordenador de diversas obras de preparação para Concursos Públicos e o Exame de Ordem. Advogado.

Ricardo Quartin – RQ

Graduado em direito pela Universidade de São Paulo (USP). Procurador Federal em São Paulo/SP e autor de artigos jurídicos.

Roberta Densa – RD

Doutora em Direitos Difusos e Coletivos. Professora universitária e em cursos preparatórios para concursos Públicos e OAB. Autora da obra "Direito do Consumidor", 9ª edição publicada pela Editora Atlas.

Robinson Barreirinhas – RB

Secretário Municipal dos Negócios Jurídicos da Prefeitura de São Paulo. Professor do IEDI. Procurador do Município de São Paulo. Autor e coautor de mais de 20 obras de preparação para concursos e OAB. Ex-Assessor de Ministro do STJ.

Rodrigo Bordalo – RBO

Doutor e Mestre em Direito do Estado pela Pontifícia Universidade Católica de São Paulo (PUC-SP). Professor de Direito Público da Universidade Presbiteriana Mackenzie (pós-graduação). Professor de Direito Administrativo e Ambiental do Centro Preparatório Jurídico (CP-JUR) e da Escola Brasileira de Direito (EBRADI), entre outros. Procurador do Município de São Paulo, atualmente lotado na Coordenadoria Geral do Consultivo da Procuradoria Geral do Município. Advogado. Palestrante.

Sávio Chalita – SC

Advogado. Mestre em Direitos Sociais, Difusos e Coletivos. Professor do CPJUR (Centro Preparatório Jurídico), Autor de obras para Exame de Ordem e Concursos Públicos. Professor Universitário. Editor do blog www.comopassarnaoab.com.

Vivian Calderoni – VC

Mestre em Direito Penal e Criminologia pela USP. Autora de artigos e livros. Palestrante e professora de cursos preparatórios para concursos jurídicos. Atualmente, trabalha como advogada na ONG "Conectas Direitos Humanos", onde atua em temas relacionados ao sistema prisional e ao sistema de justiça.

Sumário

DELEGADO MG

1. Maria, Servidora Pública Municipal, em janeiro de 2017 foi nomeada para ocupar um cargo em comissão junto à Secretaria Municipal de Turismo. Em julho de 2019, ao retornar das férias, ela tomou conhecimento de que havia sido exonerada e, após consulta ao referido ato veiculado no Diário Oficial do Município, para sua maior surpresa, constava que sua exoneração ocorrera "a pedido".

Com base na "Teoria dos Motivos Determinantes", é CORRETO afirmar:

(A) Havendo comprovação de que o motivo expresso não guarda compatibilidade com a realidade fática, o ato pode ser anulado pelo Poder Judiciário.

(B) O administrador não se vincula ao motivo exposto no ato administrativo sem que a lei assim o exigisse.

(C) O ato é válido, eis que a exoneração de servidores para cargos públicos em comissão leva em conta os critérios de conveniência e oportunidade da Administração Pública.

(D) O vício no motivo constitui óbice ao controle judicial sobre o ato administrativo

2. A Constituição Federal prevê algumas exceções ao princípio do concurso público, entre as quais se destaca a nomeação para os cargos em comissão referidos no inciso II do artigo 37 da Constituição Federal.

Considerando a situação hipotética de um determinado Prefeito Municipal ter no- meado a sobrinha da sua esposa, médica especialista em saúde da família, para o cargo de Secretária Municipal de Saúde, à vista da interpretação majoritária do STF sobre o enunciado de Súmula Vinculante nº 13, é CORRETO afirmar:

(A) O ato configura prática de nepotismo.

(B) O ato é válido, porque o nepotismo se configura quando entre a pessoa no- meada e a autoridade pública nomeante existe vínculo de parentesco até o segundo grau.

(C) O ato não configura nepotismo, ante a inexistência de vínculo de parentesco por consanguinidade.

(D) Por se tratar de cargo de natureza política e de profissional qualificado para o desempenho da função, a nomeação, em tese, é válida.

3. Segundo Celso Antônio Bandeira de Mello, "O interesse público, o interesse do todo, do conjunto social, nada mais é que a dimensão pública dos interesses individuais, ou seja, dos interesses de cada indivíduo enquanto partícipe da Sociedade [...]".

A partir dessa afirmativa, marque a opção CORRETA:

(A) O interesse público não é uma faceta dos interesses coletivos, mas apenas o interesse de um todo abstrato.

(B) O interesse público se constitui no interesse do todo, do próprio conjunto social, mas não se confunde com a somatória dos interesses individuais, peculiares de cada qual.

(C) Pode haver um interesse público discordante do interesse de cada um dos membros da Sociedade.

(D) Todo e qualquer interesse do Estado corresponde a um interesse público.

4. O controle da administração, quanto à natureza do controlador, classifica-se em legislativo, judicial ou administrativo.

No que se refere ao controle judicial sobre os atos administrativos, é INCORRETO afirmar:

(A) Compete ao Poder Judiciário, no desempenho de sua atividade típica jurisdicional, revogar um ato administrativo ilegal, editado pelo Poder Executivo, pelo Poder Legislativo e, ainda, no exercício de suas funções administrativas, anular os seus próprios atos administrativos.

(B) O controle judicial alcançará todos os aspectos de legalidade do ato administrativo vinculado, sendo, no entanto, vedado ao judiciário adentrar aos critérios de conveniência e oportunidade que deram ensejo à conduta do administrador.

(C) Os atos administrativos vinculados se submetem ao controle judicial em relação a todos os seus elementos.

(D) Segundo orientação doutrinária e jurisprudencial mais moderna, tem-se admitido que o Poder Judiciário promova o controle do ato administrativo que, embora com aparência de legalidade, se mostre na contramão dos princípios jurídicos, notadamente os da razoabilidade e proporcionalidade.

5. As sociedades de economia mista e as empresas públicas, pessoas jurídicas integrantes da Administração Pública Indireta, se assemelham em vários aspectos, ao ponto de serem abordadas em conjunto por grande parte dos doutrinadores, e, inclusive, intituladas por alguns deles como "empresas estatais".

Com base nessa informação, marque com V (verdadeiro) ou com F (falso) as seguintes afirmações:

( )   As sociedades de economia mista e as empresas públicas são criadas com o objetivo de permitir ao Estado a exploração de atividades econômicas, em sentido estrito, admitindo-se, contudo, que tenham por objeto a prestação de serviços públicos.

( )   Os bens pertencentes às sociedades de economia mista e às empresas públicas são suscetíveis de penhora em sede de ação de execução muni- ciada com título judicial ou extrajudicial.

( )   As empresas públicas e as sociedades de economia mista sempre têm personalidade jurídica de direito privado, qualquer que seja o seu objeto, mas à vista da natureza híbrida, estão sujeitas às normas de direito privado e também de direito público.

( )   Pelo princípio da simetria, a criação e a extinção das sociedades de economia mista e das empresas públicas dependem de lei específica que autorize.

A sequência CORRETA de preenchimento dos parênteses, de cima para baixo, é:

(A)   F, V, F, V.

(B)   V, F, V, F.

(C)   V, V, F, V.

(D)   V, V, V, F.

6.   Após exercer o cargo de escrivão da PCMG por 10 anos ininterruptos, em 2019, Paulo foi aprovado no concurso público para o cargo de delegado de polícia substituto do Estado de Minas Gerais.

Considerando que Paulo foi nomeado e entrou em exercício no cargo de delegado, assinale afirmativa INCORRETA:

(A)   Ao final do estágio probatório, caso não comprovada a aptidão para o exercício das funções de Delegado de Polícia Substituto, Paulo será exonerado do cargo e reintegrado ao cargo de escrivão de polícia.

(B)   Conforme previsão expressa da LC 129/2013, caso reconhecida a aptidão para o cargo, após a publicação da declaração de estabilidade, Paulo será promovido de Delegado de Polícia Substituto para Delegado de Polícia Titular "A".

(C)   Paulo continuará ostentando a condição de servidor efetivo, mas a estabilidade ocorrerá após três anos de exercício no novo cargo,

condicionada à comprovação da capacidade para cargo, a ser aferida ao final do estágio probatório, em avaliação especial de desempenho.

(D)   Paulo terá que se submeter ao estágio probatório, por ter se habilitado em cargo de natureza e carreira diversas àquele anteriormente exercido.

7.   Sabendo-se que o nosso ordenamento jurídico admite a possibilidade de o servidor público ser responsabilizado cumulativamente nas esferas administrativa, civil e criminal, pela prática de um mesmo ato lesivo, analise as afirmativas a seguir e marque a INCORRETA:

(A)   A administração pública pode aplicar ao servidor a pena de demissão em processo disciplinar ainda no curso da ação penal a que responde pelo mesmo fato.

(B)   A decisão penal condenatória só causa reflexo na esfera civil da Administração se o fato ilícito penal for caraterizado também como ilícito civil, ocasionando prejuízo patrimonial aos cofres públicos.

(C)   Em caso de dano causado à Administração Pública ou a terceiro, o dever indenizatório atribuído ao servidor público, estabelecido por meio de pro- cesso administrativo regular, pode ser satisfeito mediante desconto direto sobre os seus vencimentos, independentemente da sua anuência.

(D)   Se a infração disciplinar também for capitulada como crime, o prazo prescricional será o previsto na lei penal.

8.   De acordo com a Lei 9.784/99, destinada a regular o processo administrativo no âmbito da Administração Pública Federal, é INCORRETO afirmar:

(A)   A edição de atos de caráter normativo pode ser objeto de delegação.

(B)   As decisões adotadas por delegação devem mencionar explicitamente esta qualidade e considerar-se-ão editadas pelo delegante.

(C)   Inexistindo competência legal específica, o processo administrativo deverá ser iniciado perante a autoridade de menor grau hierárquico para decidir.

(D)   O ato de delegação é revogável a qualquer tempo pela autoridade delegante.

9. O provimento originário de um cargo público efetivo ou vitalício se materializa pelo ato de nomeação do candidato aprovado em concurso público de provas ou de títulos, nos moldes previstos no artigo 37, II, da CR/88.

No que se refere ao provimento derivado, relacione cada espécie com o respectivo conceito e, em seguida, assinale a alternativa que informa a sequência CORRETA.

(1) Promoção na carreira

(2) Recondução

(3) Readaptação

(4) Reversão

(5) Aproveitamento

( ) Forma de provimento pela qual o servidor sai do seu cargo e ingressa em outro situado em classe mais elevada, dentro da mesma carreira.

( ) Forma de provimento pela qual o servidor estável retorna ao cargo anteriormente ocupado.

( ) Forma de provimento mediante a qual o servidor estável passa a ocupar um cargo de atribuições e responsabilidades compatíveis com a limitação que tenha sofrido em sua capacidade física ou mental.

( ) Forma de provimento pela qual o servidor que havia sido colocado em disponibilidade retorna a um cargo de atribuições e vencimentos compatíveis ao anteriormente ocupado.

( ) Forma de provimento pela qual o servidor aposentado retorna à atividade.

A sequência CORRETA, de cima para baixo, é:

(A) 1, 2, 4, 5, 3

(B) 1, 2, 3, 5, 4

(C) 2, 1, 4 ,3, 5

(D) 2, 1, 3, 4, 5

10. De acordo com a Lei 5.301/69 (Lei Orgânica da PCMG – parcialmente revogada), é CORRETO afirmar que não constitui causa para aplicação da pena de demissão a bem do serviço público:

(A) Abandono do cargo.

(B) Contumácia na prática de transgressões disciplinares.

(C) Exercício de advocacia administrativa.

(D) Prática de insubordinação grave.

11. O Município X desapropriou um imóvel urbano com 1.500 m² de área para edificar uma escola. A desapropriação foi amigável e houve afetação integral do bem. A acessão ocupou apenas 1.200 m².

Em relação à área restante, 300 m², e que não foi desafetada, pode-se afirmar que é bem

(A) dominical.

(B) particular.

(C) público de uso comum do povo.

(D) público de uso especial.

12. A. é casado com S. pelo regime da comunhão universal de bens. A. tornou-se amante de M. e deseja doar para ela um apartamento de propriedade dele, no valor de R$1.000.000,00. Combinou com seu amigo F. a outorga de escritura de compra e venda, porque assim S. concordaria com a alienação. F. nada pagaria e assumiu a obrigação de transferir em doação o imóvel para M. As duas escrituras públicas foram lavradas na mesma data, porém, em tabelionatos de notas diferentes.

Os dois negócios jurídicos noticiados são

(A) anuláveis por fraude contra credores.

(B) nulos por simulação.

(C) nulos por vício de forma.

(D) válidos porque aplicável o princípio da conversão substancial.

13. J. encontrou um lote vago e, embora soubesse que o bem era de propriedade de L., tomou posse e construiu um barracão para moradia dele e de sua família. Pro- posta a ação de reintegração de posse três anos após a invasão, J. apresentou defesa e alegou que sua posse é justa com base no princípio constitucional da função social da propriedade, porque o proprietário havia adquirido o mesmo há trinta anos e não o utilizava.

A tese de J.

(A) não pode ser acolhida, porque ainda não há prazo para usucapião.

(B) não pode ser acolhida, porque faltou prova de lesão ao princípio constitucional invocado.

(C) não pode ser acolhida, porque, no Brasil, a propriedade é absoluta.

(D) pode ser acolhida, porque, no Brasil, a propriedade não é absoluta.

14. A. e B. são irmãos. A. necessita, com urgência e segundo atestado médico, de transplante de um rim e B. tem compatibilidade para ser doador. A doação, entre- tanto, importa em diminuição permanente da integridade física.

A doação:

(A) não pode ser feita, porque atenta contra os bons costumes.

(B) não pode ser feita. por causa da diminuição permanente da integridade física.

(C) pode ser feita diante da exigência médica atestando a urgência.

(D) pode ser feita mediante pagamento de indenização ao doador.

15. A., inscrito no CPF sob n° 00.000.000-00, sócio gerente de AB Ltda., alienou para CD S/A um imóvel da sociedade empresária sem anuências dos demais sócios L. e J. Estes dois sócios entendem que a alienação é inválida, porque A., na data em que foi feita a alienação, era portador de gravíssima doença mental.

Quanto à invalidade e tendo em conta o Estatuto da Pessoa com Deficiência, a alienação é

(A) apenas anulável, porque não existe mais nulidade por incapacidade civil absoluta do agente em decorrência de doença mental.

(B) inválida, por decisão dos sócios L e J.

(C) nula, por incapacidade absoluta do agente.

(D) válida, por falta de prova da incapacidade absoluta do agente.

16. A., domiciliado em Santa Cruz do Escalvado – MG, foi passear no Vietnã, onde sofreu mal súbito e faleceu. Deixou os herdeiros F., G. e R., bem como vasto patrimônio. O herdeiro G. verificou que a lei vietnamita sobre direito sucessório é mais favorável a ele. Invocou, no inventário judicial, a lei vietnamita para herdar o dobro do que teria direito pelo direito sucessório brasileiro.

A alegação NÃO pode ser acolhida porque:

(A) a Lei de Introdução às Normas do Direito Brasileiro dispõe de forma contrária.

(B) atenta contra a soberania brasileira.

(C) lesa o fisco brasileiro.

(D) lesa os demais herdeiros.

17. A sociedade empresária AB Ltda. vendeu bem móvel não durável para F. mediante contrato escrito. Foi inserida cláusula ampliando para um ano o prazo para reclamar vício aparente, embora a previsão no Código de Defesa do Consumidor seja de noventa dias. Recebido o bem, o adquirente verificou, no mesmo dia do recebimento, que havia mesmo vício aparente e de fácil constatação. Aforou a ação somente oito meses depois do dia em que descobriu o vício.

Em relação à decadência, pode-se afirmar que o juiz:

I. não pode examinar de ofício, porque é voluntária.

II. pode examinar, caso a parte a quem aproveita tenha invocado.

III. deve examinar de ofício pela presença de interesse público.

IV. pode examinar de ofício, porque é legal.

São CORRETAS apenas as assertivas:

(A) I e II.

(B) I e III.

(C) I e IV.

(D) II e IV.

18. Z. casado com Y, mulher, não pode gerar filhos em razão de azoospermia decorrente de cirurgia que removeu glândulas produtoras de esperma. Ele autorizou que Y fosse fertilizada, mediante inseminação artificial, com sêmen de H., amigo do casal. Ela ficou grávida e a criança N. nasceu viva. Foi registrada como filha do casal. Ocorreu grave desentendimento entre Z. e H. Agora, Z. pretende aforar ação negatória de paternidade sob o fundamento de não ser pai de N.

É CORRETO afirmar que a pretensão de Z.

(A) não pode ser acolhida, porque o fundamento alegado contraria o princípio da paternidade responsável.

(B) não pode ser acolhida, porque ele autorizou a inseminação artificial heteróloga.

(C) pode ser acolhida, porque a inseminação artificial heteróloga é imoral.

(D) pode ser acolhida, porque apenas a paternidade biológica é admitida no direito brasileiro.

19. R. conta com 70 anos de idade e não tem filhos ou qualquer tipo de rendimento. Encontra-se incapacitado para o trabalho em decorrência de graves sequelas geradas por acidente vascular cerebral. Os pais são falecidos e M., única irmã viva, com 67 anos de idade e aposentada, aufere rendimento mensal de dois salários-mínimos. R. pretende pedir alimentos devido à sua condição atual.

O direito aos alimentos:

I. é previsto no Estatuto do Idoso.

II. pode ser exigido de parentes colaterais de terceiro grau.

III. pode ser exercido somente contra descendentes em qualquer grau.

IV. pode ser exercido contra parentes colaterais de segundo grau.

São CORRETAS apenas as assertivas:

(A) I e II.

(B) I e III.

(C) I e IV.

(D) II e III.

20. X. elaborou contrato escrito de locação de imóvel cujo proprietário é D., que sequer conhece X. D. foi indicado como sendo locador e sua assinatura foi grosseiramente falsificada por X.

Os fatos relatados revelam que o negócio jurídico:

I. é inexistente.
II. tem existência material.
III. é ineficaz.
IV. tem existência material e eficácia.

São CORRETAS apenas as assertivas:

(A) I e III.

(B) I e IV.

(C) II e III.

(D) II e IV.

21. Cláusulas pétreas são:

(A) aquelas que não podem ser modificadas no texto constitucional.

(B) consideradas limites materiais para emendas à Constituição, pois constituem conteúdo que não pode ser modificado no texto constitucional no sentido de o abolir (extinguir) ou tender a tanto.

(C) dispositivos constitucionais que só podem ser alterados, por meio de emendas ao texto constitucional.

(D) impedimentos à atuação do Poder Constituinte Originário.

22. O delegado de polícia requisitou para o Juiz de Direito competente a violação do sigilo da correspondência, das comunicações telegráficas, de dados e das comunicações telefônicas de um sujeito que está sendo investigado criminalmente pela prática de determinado delito.

Nos termos da Constituição Federal, este pedido poderá ser deferido apenas para

(A) a quebra do sigilo de comunicações telefônicas.

(B) os casos de quebra de sigilo de correspondência, comunicações telegráficas, de dados e das comunicações telefônicas.

(C) os casos de quebra de sigilo de dados, comunicações telefônicas e comunicações telegráficas.

(D) os casos de quebra do sigilo de correspondência e comunicações telefônicas.

23. O delegado local, durante investigação de crime de corrupção, peticionou ao juiz de direito da Comarca. Esse magistrado é titular há 5 anos na Vara Única local e, ao atender os pedidos de busca e apreensão do delegado, acabou desagradando os interesses de diversos empresários poderosos. Estes, por sua vez, ameaçaram que usariam de sua influência para promover a retirada forçada do juiz daquela Comarca.

Sobre a remoção involuntária desse magistrado da Comarca, é CORRETO afirmar:

(A) Apenas com decisão judicial transitada em julgado poderia ser efetivada;

(B) Atualmente, só pode ocorrer por decisão do Conselho Nacional de Justiça;

(C) Pode ocorrer, por motivo de interesse público, fundado em decisão por voto da maioria absoluta do respectivo Tribunal de Justiça daquele Estado ou do Conselho Nacional de Justiça, assegurada ampla defesa.

(D) Tendo em vista a garantia constitucional da inamovibilidade, não poderá ocorrer em hipótese alguma, como forma de proteção à liberdade de decidir.

24. O professor Kildare Gonçalves Carvalho, em clássica obra de Direito Constitucional, leciona: "Prevê, ainda, a Constituição a iniciativa reservada ou exclusiva, pela qual determinadas matérias somente poderão ser objeto de projeto de lei, se apresentado por um único proponente legislativo. A iniciativa reservada se revela assim pela matéria que determina o órgão competente para o depósito do projeto de lei" [...]

Observado o princípio da simetria constitucional, são de iniciativa privativa do Governador de Estado as leis que disponham sobre

(A) criação, transformação ou extinção dos cargos, empregos e funções de ser- viços na Assembleia Legislativa.

(B) iniciativa de lei para fixação da remuneração dos servidores públicos do Legislativo Estadual, observados os parâmetros estabelecidos na lei de diretrizes orçamentárias.

(C) o regime jurídico dos Delegados Civis.

(D) organização do Ministério Público e da Defensoria Pública da União.

25. No Estado de Minas Gerais, a defesa social, dever do Estado e direito e responsabilidade de todos, organiza-se de forma sistêmica visando a

(A) garantir a segurança pública, mediante a manutenção da ordem pública, com a finalidade de proteger o cidadão, a sociedade e, exclusivamente, os bens públicos.

(B) orientação jurídica, a representação judicial e a defesa gratuitas, em todos os graus, dos necessitados.

(C) promover a comunicação social, com a finalidade de prevenir a prática de atos de manifestação contra as diretrizes do Governo Estadual.

(D) prestar a defesa civil, por meio de atividades de socorro e assistência, em casos de calamidade pública, sinistros e outros flagelos.

26. NÃO se trata de uma Função Essencial à Justiça:

(A) a Advocacia, pública ou privada.

(B) a Defensoria Pública.

(C) a Polícia Civil.

(D) o Ministério Público.

27. Em virtude do crime que cometeu onze meses atrás no Estado do XZ, "Beta" estava morando num quarto de hotel. A autoridade policial, avisada do local do seu esconderijo, invadiu o quarto e efetuou a prisão de "Beta" durante o dia, conforme prevê a Constituição Federal, porque

(A) "Beta" encontrava-se em flagrante delito e, assim, a polícia podia ingressar no quarto, mesmo sem autorização judicial para efetuar a prisão.

(B) a polícia tem poder suficiente para ingressar e efetuar a prisão no interior de quarto de hotel, por não se enquadrar no conceito constitucional de "casa", portanto, inviolável.

(C) dada a prática de crime, podia ingressar no local, mesmo sem autorização judicial para efetuar a prisão.

(D) estava amparada por determinação judicial fundamentada, que permitia seu ingresso na casa para efetuar a prisão.

28. Lei do Município "Alpha" dispôs sobre o aumento da remuneração apenas dos De- legados do sexo masculino que atuam na Delegacia local. No que tange ao controle de constitucionalidade desta lei, no Supremo Tribunal Federal, é CORRETO afirmar:

(A) Apenas por meio do Recurso Extraordinário, a constitucionalidade desta lei poderá ser alçada àquela jurisdição.

(B) É cabível, neste caso, representação de inconstitucionalidade interventiva, proposta pelo Presidente da República, para promoção de intervenção federal naquele município.

(C) É possível a análise originária de constitucionalidade desta lei, caso seja questionada e reconhecida pela Suprema Corte, a ofensa a preceito funda- mental da Constituição federal.

(D) Somente por meio de Ação Direta de Inconstitucionalidade Genérica, poderá ser verificada a constitucionalidade desta lei.

29. Centenas de delegados civis do Estado ZW reuniram-se na sede do Sindicato dos Delegados local, representante dos interesses dessa categoria. O sindicato está legalmente constituído e em funcionamento há três anos.

Depois de longo período sem reajustes na sua remuneração, em assembleia geral convocada especialmente para deliberar a respeito das medidas a serem adotadas pelos sindicalizados, decidiram adotar providências concernentes a manifestações de rua, em frente à Assembleia Legislativa, de maneira pacífica e organizada.

Ao ser comunicado sobre as reuniões acima, o Governador de Estado respondeu ao Sindicato dos Delegados que as estava indeferindo, dando ordem expressa para que elas não fossem realizadas.

Dentre os remédios constitucionais abaixo, o adequado à iniciativa do Sindicato, para assegurar os direitos dos filiados, sem necessidade de dilação e instrução probatórias, é:

(A) Ação Popular.

(B) Mandado de Injunção coletivo.

(C) Mandado de Segurança coletivo.

(D) Mandado de Segurança individual.

30. 'A Lei Maria da Penha (Lei 11.340/2006) determina que casos de violência doméstica e intrafamiliar que sejam tipificados como crime, devem ser apurados através de inquérito policial e remetidos ao Ministério Público. Nesse sentido, diploma situações de violência doméstica, proíbe a aplicação de penas pecuniárias aos agressores, amplia a pena aplicável, dentre outras medidas de tutela das mulheres em situação de violência, assim como de seus dependentes.

Sobre a Lei Maria da Penha, é CORRETO afirmar:

(A) É considerado constitucional o tratamento diferenciado entre os gêneros – mulher e homem –, no que diz respeito à necessária proteção ante as peculiaridades física e moral da mulher e a cultura brasileira.

(B) O conceito de "família", tutelável pelo Direito constitucional brasileiro, adstringe-se à união entre homem e mulher, celebrada pelo casamento civil.

(C) Sob a perspectiva de uma interpretação conforme a Constituição, sem redução de texto, a Lei Maria da Penha pode ser considerada adequada ao modelo constitucional, se a proteção por ela trazida destinar-se, igualmente, aos homens do núcleo familiar.

(D) Trata-se de legislação inconstitucional, uma vez que trata com distinção as mulheres, colocando-as em situação privilegiada perante os homens;

31. Alfredo, no dia 01 de abril de 2020, quando andava pelas ruas da região central do pequeno município em que vivia, cruzou o caminho de Luana, que também era moradora daquele lugar. Luana, por simples picardia – até porque o fato de Alfredo ser pessoa com deficiência, paciente de saúde mental, era de todos conhecido, inclusive dela - passou a agredi-lo com tapas violentos e empurrões, momento em que Alfredo, revidando, bateu em Luana, até fazer com que ela cessasse seus atos. À vista da confusão que se formou, a polícia foi chamada ao local e conduziu Alfredo à delegacia local.

Diante da situação hipotética narrada e, assumindo que a condição de saúde mental de Alfredo era capaz de afastar totalmente sua capacidade de discernimento, é CORRETO afirmar que deve ser

(A) aplicada a Alfredo medida de segurança detentiva, considerando sua condição de saúde mental e a sanção cabível para a conduta por ele praticada.

(B) aplicada a Alfredo medida de segurança restritiva, em razão da condição de Alfredo e da sanção cabível para a conduta por ele praticada.

(C) reconhecida a ausência de culpabilidade da conduta de Alfredo, em razão de sua condição de pessoa com deficiência, que lhe afasta a responsabilidade penal, sem aplicação de qualquer sanção jurídico-penal.

(D) reconhecida a falta das condições para a imposição de qualquer resposta penal a Alfredo, inexistindo injusto penal em seu comportamento.

32. Maria, primária, mãe de uma criança de 6 (seis) anos, que cria sem qualquer ajuda, foi condenada à pena de 5 (cinco) anos de reclusão pela prática do art. 33, caput, da Lei nº 11.343/06, e à pena de 1 (um) ano de reclusão pela prática do art. 180, caput, do Código Penal. Fixado o regime inicialmente fechado, encontra-se Maria cumprindo as penas impostas sem qualquer intercorrência, apresentando bom comportamento carcerário.

Diante deste cenário, Maria fará jus a progressão de regime prisional quando cumprir

(A) 40% (quarenta por cento) da pena relativa à condenação pelo tráfico de drogas, uma vez que não lhe foram reconhecidos os benefícios do §4º do art. 33 da Lei nº 11.343/06 e 16% (dezesseis por cento) da pena relativa à condenação pelo crime de receptação.

(B) 40% (quarenta por cento) da pena relativa à condenação pelo tráfico de drogas, uma vez que não lhe foram reconhecidos os benefícios do §4º do art. 33 da Lei nº 11.343/06 e 1/6 (um sexto) da pena relativa à condenação pelo crime de receptação.

(C) 1/6 (um sexto) do total da pena a ela imposta

(D) 1/8 (um oitavo) do total da pena a ela imposta.

33. Com relação ao reconhecimento de circunstâncias atenuantes, agravantes ou causas de aumento de pena, é CORRETO afirmar:

(A) A delação premiada pode ser reconhecida como circunstância atenuante de pena para os crimes previstos na Lei nº 9.613/98 (Lei de Lavagem de Capitais).

(B) Em atendimento ao princípio da legalidade, não é possível a aplicação de circunstância agravante que não esteja expressamente tipificada no Código Penal.

(C) Não é possível a incidência de uma causa de aumento de pena sobre a pena de uma figura qualificada de crime.

(D) O planejamento prévio à prática de crime é circunstância agravante, no caso de concurso de pessoas, prevista no Código Penal.

34. Conforme a legislação e o entendimento jurisprudencial dos tribunais superiores acerca da fixação e execução da pena, é CORRETO afirmar:

(A) A existência de circunstância atenuante pode conduzir à redução da pena abaixo do mínimo legal.

(B) A jurisprudência admite a fixação de regime inicial de cumprimento de pena semiaberto ao reincidente condenado a pena igual ou inferior a quatro anos.

(C) A pena unificada para atender ao limite de quarenta anos de cumprimento, determinado pelo art. 75 do Código Penal, é considerada para a concessão dos benefícios prisionais previstos na lei de execução penal, conforme consolidada jurisprudência do STF.

(D) Consoante expressa previsão legal, a embriaguez culposa é circunstância atenuante apta a reduzir a reprimenda nessa fase.

35. Com relação às causas de extinção da punibilidade, é CORRETO afirmar:

(A) A concessão do perdão judicial nos casos previstos em lei é causa extintiva da punibilidade do crime, subsistindo, porém, o efeito condenatório da reincidência.

(B) Havendo a extinção da punibilidade de um crime de furto, se estende ela ao consequente crime de receptação da coisa subtraída em razão do princípio da indivisibilidade da ação penal.

(C) Na hipótese de crime de peculato doloso, o ressarcimento do dano prece- dente à sentença irrecorrível exclui a punibilidade.

(D) Nos casos de continuidade delitiva, a extinção da punibilidade pela prescrição regula-se pela pena imposta a cada um dos crimes, isoladamente, afastando-se o acréscimo decorrente da continuação.

36. Sobre a legislação penal especial, é CORRETO afirmar:

(A) As organizações terroristas, em razão do princípio da especialidade, não podem ser consideradas organizações criminosas, para fins da aplicação da Lei nº 12.850/13.

(B) Deve ser reconhecida atípica, por ausência de lesividade, a conduta de agente que possui em sua residência arma de fogo sem autorização e em desacordo com a determinação legal ou regulamentar desmuniciada.

(C) Josefa, primária e de bons antecedentes, desempregada e em dificuldades financeiras que aceita proposta de traficante de guardar em sua residência, por 15 dias, 1 kg de maconha em troca de R$ 500,00 (quinhentos reais), não poderá ter em seu favor reconhecido os benefícios do §4º do art. 33 da Lei nº 11.343/06 (tráfico privilegiado), em razão da reduzida quantidade de entorpecente ser uma das condições expressas na lei para tal concessão.

(D) Na atualidade, o crime de maus-tratos, especificamente praticado contra cães e gatos, é uma figura qualificada do crime de maus-tratos a animais inserido no art. 32 da Lei nº 9.605/98.

37. Com relação à ilicitude e à culpabilidade é CORRETO afirmar:

(A) A prática de fato típico em razão de obediência à ordem não manifestamente ilegal de superior hierárquico é hipótese de inexigibilidade de conduta diversa e pode excluir a culpabilidade do agente.

(B) Com relação à natureza jurídica do estado de necessidade, a doutrina destaca que para a teoria unitária, ou é o estado de necessidade justificante, funcionando como causa de exclusão da ilicitude da conduta do agente ou exculpante, excludente da culpabilidade.

(C) O Código Penal Brasileiro adota a teoria limitada da culpabilidade pela qual as descriminantes putativas sempre são consideradas erro de proibição.

(D) Segundo entendimento doutrinário e jurisprudencial, a ausência de lesividade seria causa supralegal de exclusão da tipicidade, enquanto a inexigibilidade de conduta diversa e o consentimento do ofendido, quando não integrante do tipo penal, excluem a culpabilidade da conduta do agente.

38. Sobre os crimes cibernéticos ou informáticos, é CORRETO afirmar:

(A) A simples disponibilização de imagens ou vídeos com conteúdo pornográfico, envolvendo criança ou adolescente, na Internet, não é suficiente para a caracterização do tipo penal do art. 241-A do ECA, sendo imprescindível o efetivo acesso de pelo menos um usuário.

(B) Agente que se aproveita da ausência momentânea de colega de trabalho para, no computador alheio, ligado sem nenhum tipo de dispositivo de segurança, acessar fotos íntimas, copiando-as para si, pratica o crime de in- vasão de dispositivo informático do art. 154-A do Código Penal.

(C) É fraude eletrônica, figura qualificada do crime de estelionato, a utilização de informações fornecidas pela vítima induzida a erro presencialmente, se o agente obtém a vantagem, em prejuízo da vítima, passando-se por ela em uma compra em ambiente virtual.

(D) Em razão da necessária segurança coletiva e proteção de dados, os crimes de invasão de dispositivos informáticos, definidos no art. 154-A do Código Penal, são de ação penal pública incondicionada.

39. Acerca dos princípios que limitam e informam o Direito Penal, é CORRETO afirmar:

(A) Em atenção ao princípio penal da lesividade, a Constituição Federal proíbe as penas de morte, salvo em caso de guerra declarada, e as consideradas cruéis.

(B) Em observância ao princípio da legalidade, a lei penal, na modalidade *stricta*, permite a analogia em in malam partem.

(C) O princípio da adequação social funciona como causa supralegal de exclusão da tipicidade, não podendo ser considerado criminoso o comportamento humano socialmente aceito e adequado, que, embora tipificado em lei, não afronte o sentimento social de justiça.

(D) O Superior Tribunal de Justiça, em decisão baseada no princípio da individualização das penas, firmou entendimento no sentido de que pena cumprida em condição indigna pode ser contada em dobro.

40. Michel ordena a Alexandre, caseiro de sua fazenda, que corte árvores de uma porção lateral da propriedade, situada na zona rural do Município de Itabirito – MG, entendendo que elas atrapalhavam a construção de uma cerca. Por se tratar de área de preservação permanente, seria necessária autorização do órgão competente para o corte, a qual, no entanto, não foi ao menos cogitada por Michel. Em- bora ambos tivessem conhecimento desse fato e da ilicitude de seu comporta- mento, Alexandre obedece à ordem de seu patrão Michel, e realiza a conduta.

Tendo em vista o disposto no art. 40, da Lei n.º 9.605/98 (Art. 40. Causar dano direto ou indireto às Unidades de Conservação e às áreas de que trata o art. 27 do Decreto nº 99.274, de 6 de junho de 1990, independentemente de sua localização: Pena - reclusão, de um a cinco anos.) e as teorias atinentes ao concurso de pessoas, é CORRETO afirmar:

(A) Michel, levando em conta a legislação penal brasileira em vigor, deve ter em seu favor reconhecida a cooperação dolosamente distinta.

(B) Pela teoria objetivo-formal, Michel é considerado autor do fato criminoso.

(C) Pela teoria objetivo-formal, Michel seria considerado partícipe do fato criminoso, mas a aplicação da teoria do domínio do fato lhe atrairia para a posição de autor da conduta.

(D) Pela teoria objetivo-formal, Michel seria considerado partícipe do fato criminoso e a aplicação da teoria do domínio do fato não lhe atrairia para a posição de autor da conduta.

41. Sobre o inquérito policial, é CORRETO afirmar:

(A) Não caberá qualquer recurso em face do despacho da autoridade policial que indeferir a abertura de inquérito policial.

(B) O acesso do advogado independe de procuração do investigado, mesmo que os autos do inquérito policial estejam conclusos à autoridade policial.

(C) O inquérito policial pode ser instaurado de ofício pela autoridade policial ou por requisição do Ministério Público, em casos de crime de ação penal pública condicionada à representação, desde que haja repercussão social do fato.

(D) O representante do Ministério Público, com atuação na área de investigação criminal, pode avocar a presidência do inquérito policial, em sede de controle difuso da atividade policial.

42. Em relação às características do sistema acusatório, analise as afirmativas:

I. Gestão da prova na mão das partes e não do juiz, clara distinção entre as atividades de acusar e julgar, juiz como terceiro imparcial e publicidade dos atos processuais.

II. Ausência de uma tarifa probatória, igualdade de oportunidades às partes no processo e procedimento é, em regra, oral.

III. O processo é um fim em si mesmo e o acusado é tratado como mero objeto, imparcialidade do juiz e prevalência da confissão do réu como meio de prova.

IV. Celeridade do processo e busca da verdade real, o que faculta ao juiz de- terminar de ofício a produção de prova.

São VERDADEIRAS apenas as afirmativas:

(A) I e II.

(B) I e IV.

(C) I, III e IV.

(D) II e III.

43. Num crime de estelionato praticado em Belo Horizonte contra uma agência bancária do Banco do Brasil S.A, no qual o agente obteve vantagem financeira, é CORRETO afirmar que a competência para a ação penal é da

(A) Justiça Estadual ou da Justiça Federal, a depender da regra de prevenção.

(B) Justiça Estadual ou da Justiça Federal, o que será definido a partir da autoridade policial responsável pela condução do inquérito, respectivamente, Polícia Civil ou Polícia Federal.

(C) Justiça Estadual.

(D) Justiça Federal.

44. Está CORRETO ao se afirmar que:

(A) É defeso ao juiz dar prosseguimento ao julgamento do feito, estando pendente o cumprimento de carta precatória expedida para inquirição de testemunhas arroladas pela defesa.

(B) No do rito dos crimes funcionais, não se admite manifestação da defesa antes do juízo prelibação da inicial acusatória.

(C) Nos casos afetos à lei antitóxicos, o interrogatório do réu deve ser realizado ao final da instrução criminal.

(D) O advogado deverá ser intimado da data da audiência designada perante o juízo deprecado.

45. A respeito da prisão em flagrante, é INCORRETO afirmar:

(A) A realização de audiência de custódia se restringe aos casos de prisão em flagrante delito.

(B) Nos crimes permanentes, a prisão em flagrante pode ser efetuada enquanto não cessar a permanência.

(C) O presidente da república não pode ser preso em flagrante delito por mais grave que seja o crime praticado.

(D) Se o autor do delito não foi preso no local da infração e não está sendo perseguido, sua apresentação espontânea perante a autoridade policial impede a prisão em flagrante.

46. De acordo com o Código de Processo Penal, é CORRETO afirmar:

(A) A lei prevê a extensão das hipóteses de impedimentos e suspeição dos juízes aos membros do Ministério Público, naquilo que for aplicável.

(B) As causas de impedimento descritas no CPP têm natureza exemplificativa.

(C) Da decisão que não admitir o assistente do Ministério Público caberá recurso em sentido estrito.

(D) O assistente do Ministério Público, nos casos da ação pública, poderá ser admitido antes do recebimento da denúncia.

47. Sobre as disposições processuais especiais da Lei nº 9.613/1998 (que dispõe sobre os crimes de "lavagem" ou ocultação de bens, direitos e valores, e dá outras providências), é INCORRETO afirmar:

(A) No curso das investigações de crimes de lavagem de bens, direitos ou valores, ordens de prisão ou medidas assecuratórias de bens, direitos ou valores poderão ser suspensas pelo juiz, ouvido o Ministério Público, quando a sua execução imediata puder comprometer as investigações.

(B) No processo por crime previsto na Lei nº 9.613/1998, não se aplica o disposto no art. 366 do CPP, devendo o acusado que não comparecer nem constituir advogado ser citado por edital, prosseguindo o feito até o julga- mento, com a nomeação de defensor dativo.

(C) O processo e o julgamento dos crimes previstos na Lei nº 9.613/1998 independem do processo e julgamento das infrações penais antecedentes, ainda que praticados em outro país, cabendo ao juiz competente para os crimes previstos nesta Lei a decisão sobre a unidade de processo e julga- mento.

(D) O processo e o julgamento dos crimes previstos na Lei nº 9.613/1998 não são da competência da Justiça Federal nas hipóteses em que a infra- ção penal antecedente for de competência da Justiça Federal, tendo em vista serem crimes autônomos.

48. Acerca da possibilidade de obtenção de dados e informações cadastrais da vítima ou de suspeitos junto aos órgãos do poder público ou a empresas da iniciativa privada, no curso das investigações, é INCORRETO afirmar:

(A) Em investigações relacionadas a organizações criminosas, a Autoridade Policial terá acesso, independentemente de autorização judicial, apenas aos dados cadastrais do investigado que informem, exclusivamente, a qualificação pessoal, a filiação e o endereço mantidos pela Justiça Eleitoral, empresas telefônicas, instituições financeiras, provedores de internet e administradoras de cartão de crédito.

(B) Em investigações relacionadas a organizações criminosas, as empresas de transporte possibilitarão, pelo prazo de 5 (cinco) anos, acesso direto e per- manente do delegado de polícia aos bancos de dados de reservas e registro de viagens.

(C) Nos termos do art. 13-A do CPP, no curso da investigação de crime de tráfico de drogas (art.

33 da Lei nº 11.343/2006), o delegado de polícia poderá diretamente requisitar, de quaisquer órgãos do poder público ou de empresas da iniciativa privada, dados e informações cadastrais de suspeitos.

(D) Se necessário à prevenção e à repressão dos crimes relacionados ao tráfico de pessoas, o delegado de polícia poderá requisitar, mediante autorização judicial, às empresas prestadoras de serviço de telecomunicações e/ou telemática, que disponibilizem, imediatamente, os meios técnicos adequados – como sinais, informações e outros – que permitam a localização da vítima ou dos suspeitos do delito em curso.

49. Considerando as hipóteses de requerimento do ofendido para a abertura de inquérito policial em crimes de ação pública, é CORRETO afirmar:

(A) Na dicção expressa do art. 5º, §2º, do CPP, do despacho que indeferir o requerimento de abertura de inquérito, caberá recurso para o delegado regional; caso tal recurso seja indeferido, caberá novo recurso para o chefe de Polícia.

(B) No caso de morte do ofendido, têm qualidade para representá-lo para o fim de requerer a abertura de inquérito policial seu cônjuge, ascendente, descendente ou irmão.

(C) O inquérito, nos crimes em que a ação pública depender de representação, poderá sem ela ser iniciado.

(D) O requerimento do ofendido para a abertura de inquérito policial em crimes de ação pública deverá conter, sob pena de indeferimento, a narração do fato, com todas as circunstâncias, bem como a individualização do indiciado ou seus sinais característicos e as razões de convicção ou de presunção de ser ele o autor da infração, ou os motivos de impossibilidade de o fazer, além da nomeação das testemunhas, com indicação de sua profissão e residência.

50. Acerca dos prazos para encerramento de inquéritos policiais, considerando o disposto no Título II do CPP ("Do Inquérito Policial") e a legislação extravagante, é CORRETO afirmar:

(A) A extensão injustificada da investigação por parte da Autoridade Policial, que procrastina em prejuízo do investigado, não configura crime de abuso de autoridade.

(B) Caso o prazo para encerramento do inquérito seja superado, quando o fato for de difícil

elucidação, e o indiciado estiver solto, a Autoridade Policial poderá requerer ao magistrado a devolução dos autos, para ulteriores diligências, que serão realizadas no prazo máximo de 10 dias.

(C) Caso um dos investigados seja preso preventivamente no curso das investigações, a Autoridade Policial terá, como regra, o prazo de 10 dias após o cumprimento da ordem de prisão para finalizar o inquérito.

(D) Investigações de crimes de tráfico de drogas devem ser encerradas no prazo máximo de 30 dias, quando o investigado estiver solto.

51. Sobre a teoria do Duplo Estatuto dos Tratados de Direitos Humanos adotada pelo Supremo Tribunal Federal, NÃO é correto afirmar que

(A) as leis e atos normativos são válidos se forem compatíveis, simultaneamente, com a Constituição e com os tratados internacionais de direitos humanos incorporados.

(B) cabe ao Supremo Tribunal Federal realizar o chamado controle de convencionalidade nacional das leis em relação aos tratados tidos como supralegais e em relação aos tratados incorporados pelo rito especial previsto no art. 5º, § 3º, da CF/88, que passam a integrar o bloco de constitucionalidade restrito.

(C) os tratados de direitos humanos incorporados pelo rito simples não têm estatuto constitucional, logo, não cabe ao Supremo Tribunal Federal analisar, no âmbito do controle abstrato de constitucionalidade, a compatibilidade entre leis ou atos normativos e tratado internacional de direitos humanos.

(D) representou a superação da tese da supraconstitucionalidade dos tratados internacionais de direitos humanos pelo Supremo Tribunal Federal, que prevaleceu na corte de 1998 a 2008.

52. Sobre a Convenção Interamericana para Prevenir e Punir a Tortura (1985), é CORRETO afirmar que

(A) considera tortura a aplicação, sobre uma pessoa, de métodos tendentes a anular a personalidade da vítima, ou a diminuir sua capacidade física ou mental, embora não causem dor física ou angústia psíquica.

(B) estabelece que casos de tortura ocorridos no território dos Estados Partes da Convenção podem ser apreciados por instâncias internacionais, independentemente de esgotamento das instâncias internas, em razão da gravidade do crime de tortura.

(C) foi ratificada pelo Estado brasileiro e possui status de norma constitucional, haja vista sua aprovação de acordo com o rito previsto no § 3º, do art. 5º, da Constituição Federal de 1988.

(D) são considerados responsáveis os empregados ou funcionários públicos que, nessa condição, ordenem sua comissão ou instiguem ou induzam a ela, cometam-no diretamente ou, podendo impedi-lo, não o façam, excluindo a responsabilização daqueles que agiram por determinação de superior hierárquico.

53. A respeito do Tratado de Marraqueche sobre acesso facilitado a obras publicadas,

NÃO é correto afirmar:

(A) Estabelece que a permissão de acesso a obras em formato alternativo às pessoas com dificuldade para leitura de material impresso é exceção ou limitação aos direitos de reprodução.

(B) Nos termos do Tratado de Marraqueche, para que a obra seja convertida para um exemplar em formato acessível, é imprescindível a autorização do titular do direito autoral.

(C) O Tratado de Marraqueche foi negociado no seio da Organização Mundial da Propriedade Intelectual (OMPI), tendo sido fruto de proposta apresentada por Brasil, Equador e Paraguai, em maio de 2009, para pagar dívida histórica com as pessoas com deficiência visual.

(D) Prevê o Intercâmbio Transfronteiriço de Exemplares em Formato Acessível.

54. Em relação ao Direito Internacional dos Direitos Humanos e a redefinição da cidadania no Brasil, NÃO é correto afirmar:

(A) O desconhecimento dos direitos e garantias internacionais importa no desconhecimento de parte substancial dos direitos da cidadania, por significar a privação do exercício de direitos acionáveis e defensáveis na arena internacional.

(B) O Direito Internacional dos Direitos Humanos vem instaurar o processo de redefinição do próprio conceito de cidadania no âmbito brasileiro, seja em face da sistemática de monitoramento internacional que proporciona, seja em face do extenso universo de direitos que assegura.

(C) Os direitos internacionais integram o universo impreciso e indefinido dos direitos implícitos, decorrentes do regime ou dos princípios adotados pela Constituição Federal de 1988, o que limita em parte o exercício da cidadania no Brasil.

(D) Pode-se afirmar que a realização plena e não apenas parcial dos direitos da cidadania envolve o exercício efetivo e amplo dos direitos humanos, nacional e internacionalmente assegurados.

55. Em relação à interpretação dos direitos humanos, é CORRETO afirmar:

(A) A exegese do Direito Internacional dos Direitos Humanos, consagrada pela jurisprudência internacional, tem como epicentro o princípio da interpretação pro homine, que impõe a necessidade de que a interpretação normativa seja feita sempre em prol da proteção dada aos indivíduos.

(B) Na hipótese de dúvida na interpretação de qual norma deve reger determinado caso, impõe-se que seja utilizada a norma de origem internacional, haja vista que, após o reconhecimento do indivíduo como sujeito de direito internacional, o aspecto protetivo desse ordenamento se sobrepõe ao direito interno.

(C) O princípio da interpretação autônoma consiste em assegurar às disposições convencionais seus efeitos próprios, evitando-se que sejam consideradas meramente programáticas.

(D) O princípio da máxima efetividade no Direito Internacional dos Direitos Hu- manos consiste em conferir conceitos e termos inseridos nos tratados de direitos humanos, sentidos próprios, distintos dos sentidos a eles atribuídos pelo direito interno, para dotar de maior efetividade os textos internacionais de direitos humanos.

56. Cadáver encontrado em um beco apresentava tiro único na região temporal direita. Trata-se de sinal indiscutível, no orifício de entrada do projétil, por tiro a curta distância:

(A) halo de enxugo.

(B) halo equimótico.

(C) orla de escoriação.

(D) zona de tatuagem.

57. Criança de 12 anos, vítima frequente de maus tratos pelos pais, durante um dos episódios, levou soco no olho direito, o que levou a descolamento de retina, com déficit visual homolateral.

Trata-se de lesão corporal

(A) grave, pois houve debilidade permanente da função visual.

(B) leve, pois não houve deformidade externa, apenas lesão interna, sem perda total da função.

(C) somente poderá ser classificada na dependência do grau de prejuízo às suas funções rotineiras.

(D) somente poderá ser classificada se houver prejuízo à sua profissão, na sua maioridade, com perdas financeiras.

58. Cadáver de 40 anos foi encontrado em casa em putrefação na chamada "mancha verde abdominal" que ocorre no(a)

(A) fossa ilíaca esquerda, pela presença do sigmoide.

(B) fossa ilíaca direita, pela presença do ceco.

(C) hipocôndrio direito, pela presença da bile na vesícula biliar.

(D) hipocôndrio esquerdo, pela presença do cólon descendente.

59. A sexologia forense estuda os vestígios decorrentes dos crimes contra a liberdade sexual, infanticídio, aborto, bem como os desvios sexuais e parafilias.

A riparofilia é o(a)

(A) a perversão sexual que uma pessoa tem de se relacionar com mulheres desasseadas, preferindo aquelas que estejam menstruadas.

(B) crime caracterizado pela penetração de pênis em vagina, sem o consenti- mento ou sob grave ameaça.

(C) crime de abandono de recém-nascido cometido pelo pai.

(D) relação sexual com o uso de objetos durante o ato, com a finalidade de obter maior satisfação durante a cópula.

60. Durante a perícia de um corpo esqueletizado, os achados mais evidentes do dimorfismo sexual são observados no(a)

(A) clavícula.

(B) fêmur.

(C) pelve.

(D) úmero.

61. O médico legista deve estar atento ao diagnóstico diferencial entre as rupturas himenais por coito e os retalhos de hímen roto pelo parto vaginal.

Os retalhos himenais se retraem, constituindo verdadeiros tubérculos em sua implantação, e correspondem a:

(A) carúnculas mirtiformes.

(B) chanfraduras vulvo-himenais.

(C) entalhes himenais.

(D) hímens cribriformes.

62. Nas mortes violentas ou suspeitas, já previstas por lei, os peritos nomeados ou oficiais, por solicitação da autoridade competente, só poderão realizar a necropsia após 6 h de verificado o óbito.

Sobre o exame necroscópico, é CORRETO afirmar que

(A) é um exame que pode ser realizado no indivíduo vivo ou morto.

(B) não pode ser documentado por meio de um relatório médico-legal.

(C) não pode ser realizado em indivíduos menores de um ano de idade.

(D) um dos objetivos é destacar a causa da morte.

63. Diversos fatores podem interferir na evolução da putrefação cadavérica, EXCETO:

(A) Espasmo cadavérico.

(B) Idade do morto.

(C) Temperatura ambiente.

(D) Umidade do ar.

64. Um médico legista, ao chegar à sala de necropsia, deparou-se com três cadáveres cuja causa da morte foi asfixia. Durante o exame necroscópico, foi identificado no primeiro corpo, sulco único, com profundidade variável e direção oblíqua ao eixo do pescoço; no segundo, os sulcos são duplos, de profundidade constante e transversais ao eixo do pescoço; no terceiro, em vez de sulcos, havia equimoses e es- coriações nos dois lados do pescoço.

A causa da morte mais provável em cada um deles é, respectivamente:

(A) esganadura, enforcamento e estrangulamento.

(B) enforcamento, estrangulamento e esganadura.

(C) esganadura, estrangulamento e enforcamento.

(D) estrangulamento, esganadura e enforcamento.

65. Jovem do sexo masculino, 45 anos, foi atropelado na via pública por um ônibus, sofrendo trauma toracoabdominal, com hemotórax e hemoperitônio. Foi socorrido, submetido à laparotomia e drenagem de tórax, com drenagem em selo d'água. Recuperou-se do coma, porém ficou internado por 2 meses, tendo broncopneumonia, sepse e veio a óbito.

Neste caso, a declaração de óbito deverá ser emitida

(A) no IML, pelo nexo-causal entre o acidente e a causa do óbito.

(B) no SVO, pois o evento final foi de causa natural.

(C) pelo cirurgião que operou o paciente.

(D) pelo plantonista do CTI do hospital no momento do óbito.

66. Sobre o pensamento de Raimundo Nina Rodrigues, na escola criminológica brasileira do final do século XIX e início do século XX, pode-se afirmar, EXCETO:

(A) Raimundo Nina Rodrigues acaba por justificar a existência de um controle social orientado pelo criminoso e não pelo crime.

(B) Raimundo Nina Rodrigues foi influenciado pela escola criminológica italiana, em especial os estudos de Cesare Lombroso.

(C) Raimundo Nina Rodrigues reconheceu que a raça negra, no Brasil, constituiu um dos fatores da inferioridade do povo brasileiro.

(D) Inexiste nos estudos de Raimundo Nina Rodrigues qualquer orientação no sentido de reconhecer o aspecto rixoso e a violência dos negros nas suas pulsões sexuais.

67. Sobre a teoria criminológica da associação diferencial, analise as assertivas abaixo:

I. O comportamento delituoso se aprende do mesmo modo que o indivíduo aprende também outras condutas e atividades lícitas, em sua interação com pessoas e grupos e mediante um complexo processo de comunicação.

II. O delito não é algo anormal nem sinal de uma personalidade imatura, se- não um comportamento ou hábito adquirido, isto é, uma resposta a situações reais que o sujeito aprende.

III. A pobreza e a classe social são fatores suficientes para a explicação da tendência de alguém para o crime, no contexto das teorias da aprendizagem.

IV. O indivíduo aprende assim não só a conduta delitiva, senão também os próprios valores criminais, as técnicas comissivas e os mecanismos subjetivos de racionalização (justificação ou autojustificação) do comporta- mento desviado.

São CORRETAS apenas as assertivas:

(A) I, II e III.

(B) I, II e IV.

(C) I, III e IV.

(D) II, III e IV.

68. Sobre a perspectiva crítica defendida por Thiago Fabres de Carvalho em "Criminologia, (in) visibilidade e reconhecimento: o controle penal da subcidadania no Brasil", analise as assertivas abaixo:

I. As relações entre a criminologia e a noção moderna de dignidade humana são tão profundas quanto paradoxais. A emergência do saber sobre o crime e o criminoso na era moderna é marcada por profundas contradições atreladas às demandas de ordem inerentes à constituição do mundo social.

PORQUE

II. Se, de um lado, a noção de dignidade humana produzida pelos discursos filosóficos, políticos e jurídicos da modernidade expressa os anseios de emancipação dos laços da tradição; por outro lado, a criminologia emerge como um poderoso discurso científico de justificação do controle social requerido pelas exigências de ordem da sociedade burguesa em ascensão.

Está CORRETO o que se afirma em:

(A) I e II são proposições falsas.

(B) I e II são proposições verdadeiras e II é uma justificativa correta da I.

(C) I e II são proposições verdadeiras, mas II não é uma justificativa correta da I.

(D) I é uma proposição falsa e II é uma proposição verdadeira.

69. No que diz respeito aos objetos da Criminologia, estão corretas as assertivas, EXCETO:

(A) A vitimização primária é o sofrimento, direto ou indireto, por parte de uma pessoa que suporta os efeitos decorrentes do crime, sejam estes materiais ou psíquicos. Por outro lado, a vitimização secundária compreende os custos suportados pelo agente penalizado em decorrência da prática do crime.

(B) Críticos do livre-arbítrio como ilusão subjetiva, os autores positivistas compreendiam o infrator como um prisioneiro da sua patologia (determinismo biológico), ou de processo causais alheios (determinismo social).

(C) Para o Direito Penal, o delito é uma ação ou omissão típica, ilícita e culpável, centrando-se a análise no comportamento do indivíduo.

(D) Se, de um lado, o controle social informal passa pela instância da sociedade civil: família, escola, profissão, opinião pública, grupos de pressão, clubes de serviço etc., o controle social formal evidencia a atuação do aparelho político do Estado, realizado por meio da Polícia, da Justiça, do Ministério Público, da Administração Penitenciária e de todos os consectários de tais agências.

70. Ao conduzir sua argumentação tendo como ponto de referência a criminologia crítica e a genealogia do poder desenvolvida por Michel Foucault, Thiago Fabres de Carvalho assume a dignidade humana como "condição antropológica existencial da comunidade política", eixo central das reflexões criminológicas sobre o controle penal da subcidadania no Brasil.

Nesse sentido, avalie as assertivas abaixo:

I. A visão da condição humana apresentada por Hannah Arendt, formada pelo conjunto da vita activa, é absolutamente apropriada para se apreender o inicial significado da dignidade humana como elemento existencial instituinte da comunidade política, pois a condição humana não se confunde com a busca de uma natureza humana universal, intrínseca, o que remeteria a uma espécie de deidade.

II. A partir das reflexões de Axel Honneth, a dignidade humana determina a condição de pluralidade da comunidade política, de modo que a construção da realidade social, costurada, sobretudo, na esfera pública, é engendrada a partir da necessidade da manifestação da diversidade e, por conseguinte, da luta por reconhecimento.

III. A construção do sentido subjetivo e social da dignidade, possibilitada pelas experiências de reconhecimento, assume uma importância decisiva na reflexão criminológica, uma vez que a valorização negativa de determinados indivíduos ou grupos, isto é, a produção social da invisibilidade, converte-se em gravíssimos problemas de integração social.

São CORRETAS as assertivas:

(A) I e II, apenas.

(B) I e III, apenas.

(C) I, II e III.

(D) II e III, apenas.

FOLHA DE RESPOSTAS

1	A	B	C	D	E
2	A	B	C	D	E
3	A	B	C	D	E
4	A	B	C	D	E
5	A	B	C	D	E
6	A	B	C	D	E
7	A	B	C	D	E
8	A	B	C	D	E
9	A	B	C	D	E
10	A	B	C	D	E
11	A	B	C	D	E
12	A	B	C	D	E
13	A	B	C	D	E
14	A	B	C	D	E
15	A	B	C	D	E
16	A	B	C	D	E
17	A	B	C	D	E
18	A	B	C	D	E
19	A	B	C	D	E
20	A	B	C	D	E
21	A	B	C	D	E
22	A	B	C	D	E
23	A	B	C	D	E
24	A	B	C	D	E
25	A	B	C	D	E
26	A	B	C	D	E
27	A	B	C	D	E
28	A	B	C	D	E
29	A	B	C	D	E
30	A	B	C	D	E
31	A	B	C	D	E
32	A	B	C	D	E
33	A	B	C	D	E
34	A	B	C	D	E
35	A	B	C	D	E

36	A	B	C	D	E
37	A	B	C	D	E
38	A	B	C	D	E
39	A	B	C	D	E
40	A	B	C	D	E
41	A	B	C	D	E
42	A	B	C	D	E
43	A	B	C	D	E
44	A	B	C	D	E
45	A	B	C	D	E
46	A	B	C	D	E
47	A	B	C	D	E
48	A	B	C	D	E
49	A	B	C	D	E
50	A	B	C	D	E
51	A	B	C	D	E
52	A	B	C	D	E
53	A	B	C	D	E
54	A	B	C	D	E
55	A	B	C	D	E
56	A	B	C	D	E
57	A	B	C	D	E
58	A	B	C	D	E
59	A	B	C	D	E
60	A	B	C	D	E
61	A	B	C	D	E
62	A	B	C	D	E
63	A	B	C	D	E
64	A	B	C	D	E
65	A	B	C	D	E
66	A	B	C	D	E
67	A	B	C	D	E
68	A	B	C	D	E
69	A	B	C	D	E
70	A	B	C	D	E

GABARITO COMENTADO

1. Gabarito: A

Comentário: A teoria dos motivos determinantes significa que o motivo exposto para a prática de um ato administrativo condiciona a sua validade. Ou seja, havendo a comprovação de que o motivo dado não guarda compatibilidade com a realidade fática, o ato pode ser anulado pelo Poder Judiciário (alternativa A correta; alternativa D incorreta). Observe-se que essa teoria se aplica mesmo nos casos de exoneração de cargo em comissão, que, como regra, é livre (art. 37, inc. II, CF), dispensando a indicação do motivo para o desligamento. No entanto, se o motivo for dado, ele vincula a validade do ato (alternativa C incorreta). Alternativa B incorreta (a aplicação da teoria dos motivos determinantes independe de exigência legal, pois decorre da própria teoria da invalidade dos atos administrativos). RBO

2. Gabarito: D

Comentário: A vedação ao nepotismo está incorporada na Súmula Vinculante 13, tendo o STF fixado a interpretação de que, como regra, é proibida a nomeação de cônjuge, companheiro ou parente (em linha reta, colateral ou por afinidade, até o terceiro grau) para cargo em comissão ou função de confiança. A vedação resulta da aplicação dos princípios constitucionais da impessoalidade e da moralidade administrativa. Relevante apontar que, muito embora a súmula vinculante não seja expressa nesse sentido, o STF vem interpretando que a vedação ao nepotismo não atinge, em tese, a nomeação para cargos políticos, como Ministros de Estado e Secretários, estaduais e municipais (Rcl 6.650-MC-AgR, Pleno, rel. Min. Ellen Gracie, j. em 16.10.2008). Nesse sentido, considerando que o cargo de Secretário Municipal da Saúde é de natureza política, aliado ao fato de que a pessoa investida detém qualificação profissional para a função, a nomeação realizada pelo Prefeito Municipal é válida (alternativa D correta). RBO

3. Gabarito: B

Comentário: A questão explora o entendimento de Celso Antônio Bandeira de Mello acerca da noção de *interesse público*, que detém alta carga de indeterminação. Afinal, o que é interesse público? Visando destrinchar a ideia, o autor aponta que "constitui no interesse do todo, ou seja, do próprio conjunto social", embora "não se confunde com a somatória dos interesses individuais, peculiares de cada qual." (*Curso de direito administrativo*, 31. ed., 2014, p. 59). Assim, correta a alternativa **B**. As demais estão incorretas: alternativa **A** (o interesse público é

uma faceta dos interesses coletivos, não podendo ser restrito ao interesse de um todo abstrato); alternativa **C** (para o autor, não pode haver um interesse público que seja discordante do interesse de cada um dos membros da sociedade, pois "seria inconcebível um interesse do todo que fosse, ao mesmo tempo, contrário ao interesse de cada uma das partes que o compõem"); alternativa **D** (não se deve confundir o interesse público, tratado pelo autor como *interesse primário*, com o interesse do Estado, denominado *interesse secundário*). RBO

4. Gabarito: A

Comentário: A única alternativa incorreta é a "A". Não compete ao Poder Judiciário, no exercício de sua função típica jurisdicional, revogar um ato administrativo ilegal editado por outro Poder. A atribuição do Judiciário, nesse contexto, é *anular* um ato administrativo ilegal do Executivo ou do Legislativo. Não se deve confundir a *anulação* (extinção de ato ilegal) com a *revogação* (extinção de ato inconveniente ou inoportuno). Assim, não cabe ao Judiciário revogar ato administrativo de outro Poder, sob pena de ofensa ao postulado da Separação entre os Poderes. No entanto, relevante apontar que o Judiciário pode, no exercício de suas funções administrativas, tanto revogar quanto anular os seus próprios atos administrativos. RBO

5. Gabarito: D

Comentário: A primeira afirmação ("As sociedades de economia mista…") é verdadeira: as empresas estatais podem tanto explorar atividade econômica quanto prestar serviço público. A segunda afirmação ("Os bens pertencentes às sociedades de economia mista…") é verdadeira: como regra, os bens das empresas estatais podem ser penhorados; esclareça, contudo, que os bens vinculados à prestação de serviços públicos são impenhoráveis, conforme jurisprudência do STF e STJ. A terceira afirmação ("As empresas públicas e as sociedades de economia mista sempre têm…") é verdadeira: as empresas estatais são necessariamente pessoas jurídicas de direito privado, embora se submetam a um regime híbrido, privado e público. A quarta afirmação ("Pelo princípio da simetria…") é falsa: o art. 37, XIX, da CF, estabelece que a instituição das empresas estatais depende de lei específica que a autorize; no entanto, em alguns casos inaplicável o princípio da simetria para a sua extinção, que pode se dar por meio de autorização legal genérica, como a inserção em programas de desestatização (cf. decidiu o STF na ADI 6.241/DF). RBO

6. Gabarito: A

Comentário: **A**: incorreta (em caso de inaptidão em estágio probatório, Paulo será reconduzido ao cargo de origem; aplicável, portanto, a figura da *recondução*, e não da reintegração, a qual constitui o retorno do servidor cuja demissão é objeto de anulação). **B**: correta (art. 95 da Lei Complementar Estadual 129/2013). **C** e **D**: corretas (ao assumir o novo cargo efetivo de Delegado, Paulo somente adquirirá estabilidade após 3 anos de exercício nessa função, condicionada à comprovação da capacidade para cargo, a ser aferida ao final do estágio probatório, em avaliação especial de desempenho). RBO

7. Gabarito: C

Comentário: **A**: correta (em razão da independência das instâncias penal e disciplinar, a administração pública pode aplicar ao servidor a pena de demissão em processo disciplinar ainda no curso da ação penal a que responde pelo mesmo fato). **B**: correta (a despeito da independência das instâncias, verificam-se situações de repercussão; assim, a decisão penal condenatória causa reflexo na esfera civil da Administração se o fato ilícito penal for caraterizado também como ilícito civil, ocasionando lesão ao erário). **C**: incorreta (o desconto direto sobre os vencimentos do servidor depende de sua anuência, não podendo ser realizado "ex officio"). **D**: correta (os prazos de prescrição previstos na lei penal aplicam-se às infrações disciplinares capituladas também como crime, cf. art. art. 142, § 2º, da Lei 8.112/1990; no mesmo sentido a jurisprudência do STJ: "a prescrição da pretensão punitiva do Estado, nos casos em que o servidor pratica ilícito também capitulado como crime, deve observar o disposto na legislação penal" – AgInt no REsp 1.872.789/SP, 2ª Turma, Rel. Min. Og Fernandes, DJe 18.12.2020). RBO

8. Gabarito: Anulada

Comentário: Relevante apontar que essa questão foi anulada pela banca examinadora do concurso. Isso porque há duas alternativas incorretas. Alternativa **A** incorreta (não pode ser objeto de delegação a edição de atos de caráter normativo, cf. art. 13, I, da Lei 9.784/1999). Alternativa **B** incorreta (as decisões adotadas por delegação devem mencionar explicitamente esta qualidade e considerar-se-ão editadas pelo delegado, cf. art. 14, §3º, da Lei 9.784/1999). Alternativa **C** correta (art. 17 da Lei 9.784/1999). Alternativa **D** correta (art. 14, § 2º, da Lei 9.784/1999). RBO

9. Gabarito: B

Comentário: Provimento derivado é aquele dependente de um vínculo prévio do agente com a Administração. Existem várias formas de provimento derivado: (1) promoção: provimento vertical em que o servidor ascende

na carreira, ingressando em outro cargo em classe mais elevado, dentro da mesma carreira; (2) recondução: retorno do servido estável ao cargo anteriormente ocupado (seja em razão de reintegração de outro servidor, seja em virtude de inaptidão em estágio probatório de outro cargo); (3) readaptação: o servidor é investido em outro cargo cujo exercício é mais compatível com a superveniente limitação física ou mental do agente; (4) reversão: retorno do servidor aposentado; (5) aproveitamento: retorno do servidor que foi colocado em disponibilidade. Nesse sentido, a sequência correta, de cima para baixo, é: 1, 2, 3, 5 e 4 (alternativa B correta). RBO

10. Gabarito: A

Comentário: Na verdade, a Lei Orgânica da Polícia do Estado de Minas Gerais é a Lei estadual 5.406/1969 (e não a Lei 5.301/1969 - Estatuto dos Militares do Estado de MG). Apesar disso, a banca examinadora não anulou essa questão. O art. 159 da Lei 5.406/1969 prevê as hipóteses que acarretam a demissão a bem do serviço público, tais como a contumácia na prática de transgressões disciplinares (inciso XI), o exercício de advocacia administrativa (inciso X) e a prática de insubordinação grave (inciso IV). Assim, não constitui causa para a demissão a bem do serviço público o abandono do cargo, que dá ensejo à demissão simples (art. 158, inciso I). Atenção! Importante não confundir a *demissão simples* e a *demissão a bem do serviço público* (demissão qualificada). GR

11. Gabarito: D

Comentário: **A**: incorreta, pois em relação aos 300m² também houve afetação. Logo, não é possível dizer que essa parcela corresponde a bem dominical. Bem dominical é aquele que se constitui como patrimônio disponível, exercendo o Poder Público os poderes de proprietário como se particular fosse. São bens desafetados, ou seja, não possuem destinação pública (art. 99, III CC); **B**: incorreta, pois não se trata mais de bem particular, pois houve desapropriação integral do imóvel, logo todo o imóvel passou a ser propriedade pública (art. 98 CC); **C**: incorreta, pois não se trata de bem de uso comum do povo, uma vez que estes são destinados ao uso livre da população como rios, praças, mares, estradas, ruas (art. 99, I CC); **D**: correta, pois essa área se destina ao uso especial para a prestação de serviços do Município (art. 99, II CC). GR

12. Gabarito: B

Comentário: **A**: incorreta, pois a fraude contra credores ocorre quando há transmissão gratuita de bens ou remissão de dívida por devedor já insolvente, ou por elas reduzido à insolvência, ainda quando a ignore. Nesse caso a transmissão pode ser anulada pelos credores quirografários, como lesivos dos seus direitos. Na hipótese em tela não houve caso de insolvência (art. 158, *caput* CC); **B:** correta, pois ocorre simulação no negócio jurídico quando contiver declaração, confissão, condição ou cláusula não verdadeira (art. 167, § 1º, II CC). No caso em tela a declaração de compra e venda era falsa, pois o que na verdade se pretendia era uma doação. Nesse caso o negócio jurídico é nulo (art. 167, *caput* CC); **C:** incorreta, a forma estava correta, isto é, o negócio foi feito por meio de escritura pública. Logo não há que se falar em nulidade por essa razão (art. 166, IV CC e art. 108 CC); **D:** incorreta, pois o princípio da conversão substancial previsto no art. 170 CC diz que se o negócio jurídico nulo contiver os requisitos de outro, subsistirá este quando o fim a que visavam as partes permitir supor que o teriam querido, se houvessem previsto a nulidade. No caso em tela a intenção de simular e prejudicar S é nítido desde o início. Logo não há que se falar em conversão. GR

13. Gabarito: D
Comentário: Entendo que essa questão tem duas respostas corretas. A letra A não está errada, pois de fato ainda não se consumou o prazo para usucapião. Se formos pensar numa usucapião urbana para moradia o prazo seria 5 anos (art. 1.240 *caput* CC), e no caso apenas 3 anos se passaram. O problema também é que o enunciado não diz as outras características do imóvel. Fato é que com apenas 3 anos de posse nenhum prazo de usucapião se consumou, exceto a usucapião familiar (art. 1.240-A), mas não podemos dizer que esse artigo também se aplica, pois o enunciado também não dá detalhes. Logo, a alternativa A estaria correta. **B:** incorreta, pois a prova de que a função social da propriedade foi violada pelo proprietário foi justamente o descaso para com o bem. Deixá-lo abandonado, improdutivo e o fato de ter demorado três anos para entrar com a ação já mostra certo desinteresse. **C:** incorreta, pois a propriedade no Brasil não é absoluta, haja vista que é possível a sua perda (a usucapião é um exemplo clássico, art. 1.238 ss. CC, art. 1.275 CC); **D:** correta, pois de fato no Brasil e propriedade não é absoluta, devendo respeitar a função social para ser mantida (art. 5º, XXIII CF, art. 185, parágrafo único CF, art. 2.035 parágrafo único CC) GR

14. Gabarito: C
Comentário: **A:** incorreta, pois o CC autoriza a disposição de partes do corpo em vida para fins de transplante e isso não contraria os bons costumes (art. 13, parágrafo único CC); **B:** incorreta, pois há exigência médica comprovada e o rim é órgão duplo, logo não cerceará a vida do doador (art. 13 *caput* CC); **C:** correta, art. 13 CC; **D:** incorreta, pois a lei não admite a disposição onerosa de partes do corpo, mas apenas gratuita (art. 13 *caput* CC). Ainda

que o artigo não fale expressamente, a cobrança seria contrária aos bons costumes, logo está proibida. GR

15. Gabarito: A
Comentário: **A:** correta, pois a Lei 13.146/15 revogou de fato essa causa de incapacidade absoluta, tornando-a uma causa de incapacidade relativa, nos termos do art. 4º, III CC. Logo, o que era nulo passou a ser anulável; **B:** incorreta, pois a invalidade decorre de Lei (art. 4º, III CC) e não da vontade das partes; **C:** incorreta, pois no caso em tela ocorreu incapacidade relativa (art. 4º, III CC); **D:** incorreta, pois ainda que não haja provas, a alternativa menciona incapacidade absoluta, e a doença mental gravíssima é causa de incapacidade relativa (art. 4º, III CC). GR

16. Gabarito: A
Comentário: **A:** correta, pois a lei aplicável é a do último domicílio do defunto (art. 10, *caput* da LINDB); **B:** incorreta, pois não há que se falar em atentado contra a soberania brasileira. A disposição simplesmente não será acolhida, pois o art. 10, *caput* da LINDB traz disposição expressa sobre a matéria; **C:** incorreta, pois não trata de lesão ao fisco, mas mera aplicação de regras de competência (art. 10, *caput* da LINDB); **D:** incorreta, pois a inaplicabilidade da alegação se dá não porque lesa os herdeiros, mas porque há disposição expressa na lei brasileira sobre a matéria (art. 10, *caput* da LINDB). GR

17. Gabarito: A
Comentário: **I:** certa, pois a questão traz hipótese de decadência convencional, uma vez que as partes alteraram por vontade própria o prazo previsto em lei. Logo, o juiz não pode reconhecê-la de ofício (art. 211 CC); **II:** certa, pois se a parte a quem aproveita a tiver invocado o juiz é livre para analisá-la (art. 211 CC); **III:** errada, pois apenas pode examinar a decadência legal de ofício (art. 210 CC); **IV:** errada, pois a decadência prevista no enunciado trata-se de decadência convencional e não legal (art. 211 CC). Logo a alternativa correta é a letra A. GR

18. Gabarito: B
Comentário: **A:** incorreta, pois o pedido não pode ser acolhido não pelo fato de contrariar o princípio da paternidade responsável, mas sim porque o CC prevê que presumem-se concebidos na constância do casamento os filhos havidos por inseminação artificial heteróloga, desde que tenha prévia autorização do marido (art. 1.597, V CC). Como Z autorizou a inseminação, o filho é dele por presunção legal, logo não há que se falar em ação negatória de paternidade; **B:** correta (art. 1.597, V CC); **C:** incorreta, pois a inseminação artificial heteróloga não é imoral, pois ela é inclusive prevista em lei (art. 1.597, V CC); **D:** incorreta, pois o direito brasileiro além de

admitir a paternidade biológica também admite a paternidade socioafetiva (art. 1.593 CC, Provimentos 63 e 83 CNJ), por adoção (Lei 8.069/90 art. 28 e seguintes), por inseminação artificial heteróloga (art. 1597, V CC). GR

19. Gabarito: C
Comentário: **I:** certa (arts. 11 a 14 da Lei 10.741/03); **II** errada: pois os alimentos podem ser pleiteados na linha colateral até o segundo grau, no caso os irmãos (art. 1.697 CC); **III:** errada, pois o direito a alimentos pode ser pleiteado contra ascendentes, na falta deles contra os descendentes e não os tendo contra os irmãos (art. 1.696 e 1.697 CC); **IV:** certa (art. 1.697 CC). Logo, a alternativa correta é a letra C. GR

20. Gabarito: A
Comentário: **I:** correta, pois os fatores necessários para que o negócio jurídico exista são: partes, objeto, vontade e forma. No caso em tela, D, que era o legítimo proprietário não participou da formação do pacto, logo não houve a manifestação da sua vontade. Portanto, nesse negócio jurídico faltou o sujeito e a vontade (art. 104 CC – implicitamente contido os elementos de existência); **II:** incorreta, pois não há que se falar em existência material, pois o contrato é inexistente, vez que não possui os elementos mínimos para sua constituição (art. 104 CC – implicitamente contido os elementos de existência); **III:** correta, pois como ele é inexistente não tem como ser eficaz, afinal uma coisa só é eficaz se ela existe. A avaliação da eficácia é o terceiro plano de análise, pois na *escada ponteana* temos: existência, validade e eficácia. Os elementos que interferem na eficácia estão no art. 121 a 137 CC; **IV:** incorreta, pois não tem existência material nem eficácia conforme já justificado anteriormente. GR

21. Gabarito: B
Comentário: **A:** incorreta. As cláusulas pétreas (forma federativa de Estado; o voto secreto, direto, universal e periódico; a separação dos Poderes; e os direitos e garantias individuais) não podem ser abolidas, (suprimidas), mas é possível que sejam modificadas no sentido de ampliá-las. **B:** correta. De fato, as cláusulas pétreas são consideradas limites materiais para emendas constitucionais. Tratam de conteúdos essencialmente constitucionais (relacionados ao poder) e não admitem emendas que tendam a aboli-los; **C:** incorreta. Ao contrário, as cláusulas pétreas não podem ser suprimidas por emendas. Até podem ser modificadas, como mencionado, mas sempre no sentido de ampliá-las. **D:** incorreta. As cláusulas pétreas foram criadas pelo Poder Constituinte Originário, de modo que não constituem impedimentos a sua atuação. BV

22. Gabarito: B
Comentário: Questão polêmica. O gabarito dado pela banca examinadora foi a alternativa "b". Ocorre que o enunciado da questão solicitou que a resposta fosse dada "nos termos da Constituição Federal". De acordo com o art. 5°, XII, da CF, é garantida a inviolabilidade do sigilo da correspondência e das comunicações telegráficas, de dados e das comunicações, *salvo, no último caso*, por ordem judicial, nas hipóteses e na forma que a lei estabelecer para fins de investigação criminal ou instrução processual penal. Assim, pela literalidade do texto constitucional, a alternativa correta seria a "a", não a "b", conforme apontado pela banca examinadora. BV

23. Gabarito: C
Comentário: **A** e **B**: incorretas. Aos juízes são dadas garantias, dentre as quais a *inamovibilidade* (art. 95, II, da CF). Sendo assim, os juízes possuem a prerrogativa de não serem removidos de um lugar para outro, sem prévio consentimento, exceto por motivo de interesse público, desde que pelo voto da maioria absoluta do tribunal ou Conselho Nacional de Justiça, assegurando-se a ampla defesa, conforme dispõe o art. 93, VIII, da CF; **C**: correta. É o que determina o mencionado art. 95, II, da CF; **D**: incorreta. Há exceção (motivo de interesse público) em que poderá ocorrer a remoção do juiz, desde que sejam preenchidos os requisitos constitucionais, conforme já explicado. BV

24. Gabarito: C
Comentário: **A:** incorreta. A criação, transformação ou extinção dos cargos, empregos e funções de serviços *na Assembleia Legislativa* são de competência do próprio Poder Legislativo Estadual, sob pena de violação ao princípio da separação dos poderes (art. 2°, *caput*, e 60, § 4°, III, ambos da CF); **B**: incorreta. Mais uma vez, valendo-se do princípio da separação dos poderes, a iniciativa de lei para fixação da remuneração dos *servidores públicos do Legislativo Estadual* é de competência do Poder Legislativo Estadual, não do Poder Executivo Estadual – Governador; **C**: correta. De fato, a polícia civil deve submissão ao Executivo, portanto as leis que disponham sobre o regime jurídico dos Delegados Civis são de iniciativa privativa do Governador de Estado (art. 61, § 1°, "c", da CF, por simetria); **D**: incorreta. A organização do Ministério Público e da Defensoria Pública *da União* é da *competência privativa do Presidente da República* (art. 61, § 1°, "d", CF). BV

25. Gabarito: D
Comentário: **A:** incorreta. A defesa social *não* visa proteger, exclusivamente, os bens públicos. Ao contrário, de acordo com o art. 133, II, parte final, da Constituição de Minas Gerais, *tanto os bens públicos como os privados*

são protegidos; **B**: incorreta. A orientação jurídica, a representação judicial e a defesa gratuitas, em todos os graus, dos necessitados, são *atribuições da Defensoria Pública*, conforme mencionado no art. 129, *caput*, da Constituição de Minas Gerais. Determina o mencionado dispositivo que a Defensoria Pública é instituição essencial à função jurisdicional do Estado, a que incumbe *a orientação jurídica, a representação judicial e a defesa gratuitas, em todos os graus, dos necessitados;* **C**: incorreta. A defesa social não tem esta finalidade. Determina o art. 229 da Constituição de Minas Gerais que os veículos de comunicação social da administração direta e indireta do Estado são obrigados a: I – manter conselhos editoriais integrados paritariamente por representantes do Poder Público e da sociedade civil; II – manter comissões de redação compostas de representantes dos profissionais habilitados, eleitos diretamente por seus pares. Além disso, o artigo seguinte, 230, determina a *instituição do Conselho Estadual de Comunicação Social, composto de representantes da sociedade civil,* na forma da lei (vide arts. 65 a 68 da Lei 11.406, de 28/1/1994.), como órgão auxiliar. **D**: correta. De acordo com o art. 133 da Constituição de Minas Gerais, a defesa social, dever do Estado e direito e responsabilidade de todos, organiza-se de forma sistêmica visando a: I – garantir a segurança pública, mediante a manutenção da ordem pública, com a finalidade de proteger o cidadão, a sociedade e os bens públicos e privados, coibindo os ilícitos penais e as infrações administrativas; *II – prestar a defesa civil, por meio de atividades de socorro e assistência, em casos de calamidade pública, sinistros e outros flagelos*; III – promover a integração social, com a finalidade de prevenir a violência e a criminalidade. BV

26. Gabarito: C
Comentário: As Funções Essenciais à Justiça vêm previstas nos arts. 127 a 135 da CF/88 e incluem: o Ministério Público (arts. 127 a 130-A), a Advocacia Pública (arts. 131 e 132), a Advocacia privada (art. 133) e a Defensoria Pública (arts. 134 e 135). BV

27. Gabarito: D
Comentário: Questão polêmica. O gabarito dado pela banca examinadora foi a alternativa "d". Ocorre que a questão não trouxe dados suficientes para que essa alternativa tivesse sido assinalada. Não há, por exemplo, a informação sobre a existência de determinação judicial fundamentada, o que autorizaria o ingresso no quarto de hotel para efetuar a prisão. As demais alternativas também não possuem informações necessárias para que se enquadrem nas hipóteses previstas no texto constitucional. De acordo com o art. 5º, XI, da CF, "a casa é asilo inviolável do indivíduo, ninguém nela podendo penetrar sem consentimento do morador, salvo em caso de flagrante delito ou desastre, ou para prestar socorro, ou, durante o dia, por determinação judicial." BV

28. Gabarito: C
Comentário: **A**: incorreta. Não é apenas por meio de recurso extraordinário (controle difuso) que a constitucionalidade da lei poderá ser questionada. No âmbito do controle concentrado será possível a propositura de Arguição de Descumprimento de Preceito Fundamental (ADPF); **B**: incorreta. A intervenção (federal ou estadual) é medida excepcional, de modo que só pode ser proposta nos casos taxativamente previstos no Texto Constitucional. E a regra é a de que, excepcionalmente, a União intervenha nos estados (art. 34 da CF) ou os estados intervenham, excepcionalmente, em seus municípios (art. 35 da CF). Não há intervenção federal em município, exceto se forem criados territórios federais e neles houver municípios, pois os territórios federais pertencem à União; **C**: correta. De acordo com o STF, "(...) 1. A Arguição de Descumprimento de Preceito Fundamental é cabível em face de lei municipal, adotando-se como parâmetro de controle preceito fundamental contido na Carta da República, ainda que também cabível em tese o controle à luz da Constituição Estadual perante o Tribunal de Justiça competente. (...)" (ADPF 449/DF - Rel. Min. Luiz Fux, Plenário. j. 08 maio 2019); **D**: incorreta. Leis municipais *não* podem ser impugnadas por meio de Ação Direta de Inconstitucionalidade (ADI). Determina o art. 102, I, "a", da CF que ao STF compete processar e julgar, originariamente, a ação direta de inconstitucionalidade *de lei ou ato normativo federal ou estadual.* BV

29. Gabarito: C
Comentário: **A**: incorreta. A *ação popular* tem por objetivo anular ato lesivo ao patrimônio público ou de entidade de que o Estado participe, à moralidade administrativa, ao meio ambiente e ao patrimônio histórico e cultural (art. 5º, LXXIII, da CF). Por meio dessa ação o exercício da cidadania é promovido. Nessa ação há dilação e instrução probatória; **B**: incorreta. O *mandado de injunção* tem como objetivo atuar na inércia do legislador, ou seja, visa combater a omissão normativa que inviabiliza o exercício dos direitos e liberdades constitucionais e das prerrogativas inerentes à nacionalidade, à soberania e à cidadania; **C**: correta. De fato, o *mandado de segurança coletivo é o remédio adequado* à iniciativa do Sindicato, para assegurar os direitos dos filiados, sem necessidade de dilação e instrução probatórias. Sua finalidade é resguardar direito líquido e certo contra abuso de poder ou ilegalidade, praticado por autoridade pública ou por quem lhe faça as vezes, desde que tal direito não esteja protegido por *habeas corpus* ou *habeas data*. As manifestações de rua, em frente à Assembleia Legislativa, de maneira pacífica e organizada, podem ser realizadas (5º,

XVI, da CF - direito de reunião). Como há ordem expressa para não realização (prova pré-constituída) e o sindicato legalmente constituído tem legitimidade para assegurar os direitos dos filiados, o remédio a ser impetrado é o mandado de segurança coletivo (art. 5º, LXX, "b"). **BV**

30. Gabarito: A

Comentário: **A:** correta. Em diversos momentos o STF solucionou questionamentos relacionados à constitucionalidade da Lei Maria da Penha (ADC 19/DF, ADI 4424/DF) e nessas decisões já firmou o entendimento de que as peculiaridades física e moral da mulher e a cultura brasileira, de fato, justificam o tratamento diferenciado trazido pela norma; **B:** incorreta. A Suprema Corte também já se posicionou sobre o conceito de família: "(...) A CF/88, ao utilizar-se da expressão "família", *não limita* sua formação a *casais heteroafetivos* nem a formalidade cartorária, *celebração civil* ou liturgia religiosa. Família como instituição privada que, voluntariamente constituída entre pessoas adultas, mantém com o Estado e a sociedade civil uma necessária relação tricotômica." "(...) A referência constitucional à dualidade básica homem/mulher, no § 3º do seu art. 226, deve-se ao centrado intuito de não se perder a menor oportunidade para favorecer relações jurídicas horizontais ou sem hierarquia no âmbito das sociedades domésticas (ADI 4277 e ADPF 132) (grifos nossos); **C:** incorreta. A proteção trazida pela Lei Maria da Penha *não se destina* igualmente aos homens do núcleo familiar, pois tal norma foi criada em virtude da maior vulnerabilidade da mulher; **D:** incorreta. A *norma* já foi declarada *constitucional* pelo STF. Vale lembrar que a realização efetiva da justiça busca o tratamento igual para os iguais e, para tanto, é preciso dar tratamento desigual aos desiguais, na exata medida da desigualdade. A superação da igualdade meramente formal (perante a lei) e o alcance da igualdade material (real) nortearam a criação da Lei Maria da Penha. Assim, a vulnerabilidade da mulher justifica a constitucional distinção trazida pela norma. **BV**

31. Gabarito: D

Comentário: Segundo consta do enunciado, Luana, ao encontrar Alfredo, passa, por mera pirraça, a agredi-lo, o que leva a vítima, neste caso Alfredo, num gesto instintivo de defesa, a reagir, batendo em Luana, até o momento em que ela cessou a agressão. Pela narrativa, não há dúvidas de que Alfredo agiu em legítima defesa própria, na medida em que, em face de injusta agressão a ele impingida por Luana, repele, de forma moderada e fazendo uso dos meios necessários (bateu até que a investida da agressora cessasse), a agressão. Ao narrar que a reação se deu até o momento em que a agressão cessou, fica evidente que não houve excesso por parte de Alfredo. A questão que aqui se coloca é

em relação à possibilidade de a pessoa inimputável agir em legítima defesa. Em outras palavras, a exigência do elemento subjetivo (consciência de que atua sob o pálio de uma excludente de ilicitude) tem o condão de afastar a configuração da legítima defesa nos casos de inimputabilidade. Para Guilherme de Souza Nucci, ao discorrer sobre a legítima defesa praticada por inimputáveis e ébrios, sustenta tal possibilidade: *Além do que já expusemos na nota 108 supra, para a qual remetemos o leitor, acrescentamos que as pessoas deficientes mentais ou em crescimento, bem como embriagadas, podem ter perfeita noção de autopreservação. Em situações de perigo, como as desenhadas pela legítima defesa, têm elas noção suficiente, como regra, de que se encontram em situação delicada e precisam salvar-se* (*Código Penal Comentado*. 18. ed., São Paulo: Forense, 2017. p. 307). Dessa forma, forçoso concluir que Alfredo, que agiu em legítima defesa, crime nenhum praticou. Embora a sua conduta seja típica sob a ótica formal, ela é autorizada pelo direito (art. 25, CP). Ou seja, no caso narrado no enunciado, ausente a antijuridicidade no comportamento de Alfredo, não há que se falar no cometimento de infração penal. **ED**

32. Gabarito: D

Comentário: Pelo que consta do enunciado, a situação de Maria se enquadra na hipótese contida no art. 112, § 3º, da Lei 7.210/1984 (LEP), dispositivo que, introduzido pela Lei 13.769/2018, autoriza a progressão de regime prisional após o cumprimento de 1/8 da pena imposta. Senão vejamos. Segundo estabelece tal dispositivo, sendo a mulher gestante ou mãe/responsável por criança (é o caso de Maria) ou pessoa com deficiência, os requisitos para progressão são os seguintes: crime cometido sem violência ou grave ameaça a pessoa; que o crime não tenha sido cometido contra filho ou dependente; ter cumprido a fração de 1/8 da pena no regime anterior; e não ser integrante de organização criminosa. Como se pode ver, Maria preenche os requisitos acima elencados, fazendo jus, portanto, à progressão nos termos do art. 112, § 3º, da Lei 7.210/1984, que estabelece, como já dito, a fração diferenciada de 1/8 da pena imposta. Importante que se diga que, não estivesse a situação de Maria subsumida no dispositivo em questão, a progressão de regime obedeceria ao disposto no art. 112, I e V, da LEP, o que significa dizer que Maria teria de cumprir 40% (quarenta por cento) da pena relativa à condenação pelo tráfico de drogas e 16% (dezesseis por cento) da pena relativa à condenação pelo crime de receptação. A propósito disso, vale o registro de que, com o advento da Lei 13.964/2019 (Pacote Anticrime), alterou-se a redação do art. 112 da LEP, com a inclusão de novas faixas de fração de cumprimento de pena a possibilitar a progressão do reeducando a regime menos rigoroso, aqui incluídos os crimes hediondos e equiparados (caso do tráfico). Com isso, a nova tabela de progressão ficou mais detalhada, já que, até então, contávamos com o percentual único de 1/6 para os crimes comuns e 2/5 e 3/5 para os crimes hediondos e equiparados. Doravante, passamos a ter novas faixas, agora expressas em porcentagem, que levam em conta, no seu enquadramento, fatores como primariedade e o fato de o delito haver sido praticado com violência/ grave ameaça. A primeira faixa corresponde a 16%, a que estão sujeitos os condenados que forem primários e cujo crime praticado for desprovido de violência ou grave ameaça (art. 112, I, LEP); em seguida, passa-se à faixa de 20%, destinada ao sentenciado reincidente em crime praticado sem violência à pessoa ou grave ameaça (art. 112, II, LEP); a faixa seguinte, de 25%, é aplicada ao apenado primário que tiver cometido crime com violência à pessoa ou grave ameaça (art. 112, III, LEP); à faixa de 30% ficará sujeito o condenado reincidente em crime cometido com violência contra a pessoa ou grave ameaça (art. 112, IV, LEP); deverá cumprir 40% da pena o condenado pelo cometimento de crime hediondo ou equiparado, se primário (art. 112, V, LEP); estão sujeitos ao cumprimento de 50% da pena imposta os condenados pela prática de crime hediondo ou equiparado, com resultado morte, se for primário; o condenado por exercer o comando, individual ou coletivo, de organização criminosa estruturada para a prática de crime hediondo ou equiparado; e o condenado pela prática do crime de constituição de milícia privada (art. 112, VI, LEP); deverá cumprir 60% da pena o condenado reincidente na prática de crime hediondo ou equiparado (art. 112, VII, LEP); e 70%, que corresponde à última faixa, o sentenciado reincidente em crime hediondo ou equiparado com resultado morte (art. 112, VIII, LEP). O art. 2º, § 2º, da Lei 8.072/1990, como não poderia deixar de ser, foi revogado, na medida em que a progressão, nos crimes hediondos e equiparados, passou a ser disciplinada no art. 112 da LEP. [ED]

33. Gabarito: B

Comentário: **A**: incorreta, já que se trata de causa de diminuição de pena, conforme art. 1º, § 5º, da Lei 9.613/1998; **B**: correta. De fato, em obediência ao postulado da legalidade, o art. 61 do CP constitui rol taxativo, de forma que o elenco de agravantes ali previsto não pode ser ampliado. Cuidado: existem leis especiais que contemplam agravantes, que deverão incidir em situações específicas, de tal forma que o rol presente no art. 61 do CP é taxativo em relação aos crimes previstos no CP. Dessa forma, o fato de determinada lei conter circunstância agravante diversa das do Código Penal não implica ofensa ao princípio da legalidade; **C**: incorreta, na medida em que é perfeitamente possível a incidência de uma causa de aumento de pena sobre a pena de uma figura qualificada de crime. O que não se admite é a incidência de circunstância agravante que constitua qualificadora (art. 61, *caput*, do CP). Tal se dá em face da necessidade de evitar a dupla punição pelo mesmo fato (*bis in idem*); **D**: incorreta, já que não integra o rol do art. 62 do CP, que contém as agravantes em caso de concurso de pessoas. [ED]

34. Gabarito: B

Comentário: **A**: incorreta, dado que, segundo orientação jurisprudencial atualmente em vigor, consubstanciada na Súmula 231 do STJ, não se admite que a consideração das circunstâncias atenuantes leve a pena abaixo do mínimo legal. Bem por isso, se o magistrado, no primeiro estágio do sistema trifásico, estabelecer a pena-base no mínimo legal, não poderá, na segunda fase, ao levar em conta circunstância atenuante, reduzir a pena aquém do mínimo cominado. Tal somente poderá ocorrer na terceira etapa de fixação da pena, quando então o juiz levará em conta as causas de diminuição de pena; **B**: correta, pois em conformidade com o entendimento firmado na Súmula 269 do STJ: "É admissível a adoção do regime prisional semiaberto aos reincidentes condenados a pena igual ou inferior a quatro anos se favoráveis as circunstâncias judiciais"; **C**: incorreta, uma vez que, apesar de o art. 75, *caput*, do CP estabelecer que o tempo de cumprimento das penas privativas de liberdade não pode ser superior a quarenta anos, tal interregno, na verdade, refere-se ao efetivo cumprimento das penas, e não à sua aplicação. Dessa forma, nada impede que a determinado agente seja imposta uma condenação de 500 anos. Em tais casos, entretanto, é de rigor a unificação das penas, tal como estabelece o art. 75, § 1º, do CP, dispositivo esse que não tem incidência para o fim de obtenção de benefícios, como é o caso do livramento condicional ou da progressão de regime, conforme entendimento sufragado na Súmula 715 do STF: "A pena unificada para atender ao limite de trinta anos de cumprimento, determinado pelo art. 75 do Código Penal, não é considerada para a concessão de outros benefícios, como o livramento condicional ou o regime mais favorável de execução". Cuidado: a Lei 13.964/2019 alterou a redação do art. 75 do CP, de modo a elevar o tempo máximo de cumprimento da pena privativa de liberdade de 30 para 40 anos. Dessa forma, a partir da entrada em vigor do Pacote Anticrime (23 de janeiro de 2020), o tempo de cumprimento das penas privativas de liberdade não poderá ser superior a 40 anos, e não mais a 30 anos, como constava da redação anterior do dispositivo; **D**: incorreta, pois se trata de hipótese não contemplada em lei como circunstância atenuante. [ED]

35. Gabarito: D

Comentário: **A:** incorreta, já que, por força do que dispõe o art. 120 do CP, *a sentença que conceder perdão judicial não será considerada para efeitos de reincidência.* Significa que o perdão judicial afasta os possíveis efeitos da reincidência, de tal sorte que, se a pessoa agraciada com perdão judicial vier a cometer novo delito, mesmo que no prazo de 5 anos, será reputada primária; **B:** incorreta, pois contraria a regra presente no art. 108 do CP, segundo o qual *a extinção da punibilidade de crime que é pressuposto, elemento constitutivo ou circunstância agravante de outro não se estende a este;* **C:** incorreta. Isso porque a reparação do dano promovida antes da sentença irrecorrível somente tem o condão de extinguir a punibilidade no crime de peculato culposo, nos termos do art. 312, § 3º, do CP. Segundo este mesmo dispositivo, se a reparação se der após a sentença transitada em julgado, a pena imposta será reduzida de metade, o que também tem aplicação exclusiva no peculato culposo, descrito no art. 312, § 2º, CP; **D:** correta. De fato, no concurso de crimes (material, formal ou continuado), a prescrição atingirá a pena de cada crime, isoladamente, nos termos do art. 119 do CP, não se levando em consideração o aumento imposto nos artigos 70 (concurso formal) e 71 (continuidade delitiva), ambos do CP. É o que enuncia, inclusive, a Súmula 497 do STF (*"quando se tratar de crime continuado, a prescrição regula-se pela pena imposta na sentença, não se computando o acréscimo decorrente da continuação"*). 🔟

36. Gabarito: D

Comentário: A: incorreta, pois contraria o disposto no art. 1º, § 2º, II, da Lei 12.850/2013, que estabelece que essa legislação se aplica às organizações terroristas, entendidas como aquelas voltadas para a prática dos atos de terrorismo legalmente definidos; B: incorreta. É tranquilo o entendimento dos Tribunais Superiores no sentido de que, por se tratar de crime de perigo abstrato, a conduta do agente consistente em possuir em sua residência arma de fogo sem autorização e em desacordo com a determinação legal ou regulamentar, ainda que desmuniciada, é típica. Conferir: "Firme a jurisprudência desta Corte Superior no sentido de que a posse irregular de arma de fogo de uso permitido, ainda que desmuniciada, configura o delito do art. 12 da Lei n. 10.826/2003, de perigo abstrato, que presume a ocorrência de risco à segurança pública e prescinde de resultado naturalístico à integridade de outrem para ficar caracterizado (AgRg no HC 650.615/PE, Rel. Ministro ROGERIO SCHIETTI CRUZ, Sexta Turma, julgado em 1º/6/2021, DJe 10/6/2021). 2. No caso, a Corte de origem, em decisão devidamente motivada, analisando os elementos probatórios colhidos nos autos, sob o crivo do contraditório, concluiu pela condenação do acusado, rever tais fundamentos, para concluir pela atipicidade de sua conduta, como requer a parte recorrente, importa revolvimento de matéria fático-probatória, vedado em recurso especial, segundo óbice da Súmula 7/STJ. Precedentes. 3. Em relação a tese de insignificância da conduta, também denota-se óbice ao conhecimento do Recurso Especial, inclusive por ausência de prequestionamento, o que atrai a aplicação das Súmulas 282 e 356 da Súmula do STF. 4. Ainda que assim não fosse, observa-se que o entendimento firmado pelo Tribunal de origem encontra-se em harmonia com a jurisprudência desta Corte de Justiça, no sentido de que basta o simples porte ou posse de arma de fogo, munição ou acessório, de uso permitido ou restrito, em desacordo com determinação legal ou regulamentar para a incidência do tipo penal, uma vez que a impossibilidade de uso imediato da munição, ainda que em pequena quantidade, não descaracteriza a natureza criminosa da conduta (REsp n. 1.644.771/RJ, Ministro JORGE MUSSI, Quinta Turma, julgado em 10/2/2017, DJe 10/2/2017). 5. Incidência, portanto à espécie, da Súmula n. 83/STJ, que também é aplicável aos recursos interpostos somente com base na alínea "a" do permissivo constitucional. 6. Agravo regimental não provido" (STJ, AgRg no AREsp 1923971/SP, Rel. Ministro REYNALDO SOARES DA FONSECA, QUINTA TURMA, julgado em 13/12/2021, DJe 16/12/2021); C: incorreta, na medida em que a quantidade de entorpecente não constitui requisito legal para impedir o reconhecimento do privilégio contido no art. 33, § 4º, da Lei 11.343/2006. Ademais, segundo entendimento consolidado nos Tribunais Superiores, a quantidade de entorpecente, por si só, não afasta a incidência da minorante do art. 33, § 4º, da Lei 11.343/2006. Nesse sentido: "I – A grande quantidade de entorpecente, apesar de não ter sido o único fundamento utilizado para afastar a aplicação do redutor do art. 33, § 4º, da Lei 11.343/2006, foi, isoladamente, utilizado como elemento para presumir-se a participação da paciente em uma organização criminosa e, assim, negar-lhe o direito à minorante. II – A quantidade de drogas não poderia, automaticamente, proporcionar o entendimento de que a paciente faria do tráfico seu meio de vida ou integraria uma organização criminosa. Ausência de fundamentação idônea, apta a justificar o afastamento da aplicação da causa especial de diminuição de pena prevista no art. 33, § 4º, da Lei 11.343/2006. Precedentes. III – É patente a contradição entre os fundamentos expendidos para absolver a paciente da acusação da prática do delito tipificado pelo art. 35 da Lei 11.343/2006 e aqueles utilizados para negar-lhe o direito à minorante constante do art. 33, § 4º, do mesmo diploma legal. Precedentes. IV – Recurso ordinário ao qual se dá provimento, em parte, para reconhecer a incidência da causa de diminuição da pena prevista no art. 33, § 4º, da Lei 11.343/2006, e determinar que o juízo a quo, após definir o patamar de redução, recalcule a pena e proceda ao reexame do regime inicial do cumprimento da sanção e da substituição da pena privativa de liberdade por sanções restritivas de direitos, se preenchidos os requisitos do art. 44 do Código Penal" (STF, HC 138.715, Rel. Ministro RICARDO LEWANDOWSKI, Segunda Turma, julgado em 23/05/2017, publicado em 09/06/2017; D: correta, De fato, a Lei 14.064/2020 incluiu no art. 32 da Lei 9.605/1998 o § 1º-A, que estabelece forma qualificada deste crime na hipótese de as condutas descritas no caput serem perpetradas contra cão ou gato. Neste caso, a pena será de reclusão de 2 a 5 anos, multa e proibição de guarda. ED

37. Gabarito: A

Comentário: **A**: correta. De fato, neste caso, pune-se tão somente o autor da ordem – art. 22 do CP (opera-se, em relação ao subordinado, a exclusão da culpabilidade); se a ordem, no entanto, for manifestamente ilegal, responderão pelo crime o seu autor e o agente que agiu em obediência hierárquica; **B**: incorreta. O Código Penal adotou a teoria unitária, segundo a qual o estado de necessidade, como causa de exclusão da antijuridicidade, restará caracterizado se o bem jurídico sacrificado for de igual ou inferior valor ao bem preservado. Caso o bem sacrificado seja de valor superior, haverá tão somente a redução da pena. Para a teoria denominada de diferenciadora, o estado de necessidade pode ser justificante (excludente da ilicitude, quando o bem sacrificado for de valor menor ao bem protegido) ou exculpante (causa supralegal de excludente da culpabilidade, pela inexigibilidade de conduta diversa, quando o bem sacrificado for de igual ou valor superior). Está errada a assertiva porque o conceito nela descrito corresponde, como se pode ver, à teoria diferenciadora, e não à teoria unitária; **C**: incorreta, uma vez que, para a chamada teoria limitada da culpabilidade, acolhida pelo Código Penal, as descriminantes putativas podem constituir erro de tipo ou erro de proibição, a depender de o equívoco recair sobre a má compreensão da realidade (erro de tipo) ou sobre os limites de uma causa de justificação (erro de proibição); **D**: incorreta. O consentimento do ofendido, quando não integrante do tipo penal, será causa de exclusão da ilicitude, e não da culpabilidade. ED

38. Gabarito: B

Comentário: **A**: incorreta, na medida em que a mera disponibilização, na internet, de imagens ou vídeos com conteúdo pornográfico envolvendo criança ou adolescente já basta a configurar o delito definido no art. 241-A do ECA; **B**: correta. De fato, o crime em que incorreu o agente é o do art. 154-A do CP. A propósito, no que toca a este delito (invasão de dispositivo informático), oportuno que façamos algumas considerações a respeito de mudanças nele promovidas pela Lei 14.155/2021, publicada em 28 de maio de 2021 e com vigência imediata. A primeira observação a fazer refere-se à alteração na redação do *caput* do dispositivo. Até então, tínhamos que o tipo penal era assim definido: *invadir dispositivo informático alheio, conectado ou não à rede de computadores, mediante violação indevida de mecanismo de segurança e com o fim de obter, adulterar ou destruir dados ou informações sem autorização expressa ou tácita do titular do dispositivo ou instalar vulnerabilidades para obter vantagem ilícita*. Com a mudança implementada pela Lei 14.155/2021, adotou-se a seguinte redação: *invadir dispositivo informático de uso alheio, conectado ou não à rede de computadores, com o fim de obter, adulterar ou destruir dados ou informações sem autorização expressa ou tácita do usuário do dispositivo ou de instalar vulnerabilidades para obter vantagem ilícita*. Como se pode ver, logo à primeira vista, eliminou-se o elemento normativo do tipo *mediante violação indevida de mecanismo de segurança*. Trata-se de alteração salutar, na medida em que este crime, de acordo com a redação original do *caput*, somente se aperfeiçoaria na hipótese de o agente, para alcançar seu intento (invadir dispositivo informático), se valer de violação indevida de mecanismo de segurança. Era necessário, portanto, que o sujeito ativo, antes de acessar o conteúdo do dispositivo, vencesse tal obstáculo (mecanismo de segurança). Significa que a invasão de dados contidos, por exemplo, em um computador que não contasse com mecanismo de proteção (senha, por exemplo) constituiria fato atípico. A partir de agora, dada a alteração promovida no tipo incriminador, tal exigência deixa de existir, ampliando, por certo, a incidência do tipo penal. Além disso, até a edição da Lei 14.155/2021, o dispositivo tinha de ser *alheio*. Com a mudança, basta que seja de *uso alheio*. Dessa forma, o crime se configura mesmo que o dispositivo invadido não seja alheio, mas esteja sob o uso de outra pessoa. Agora, a mudança mais significativa, a nosso ver, não se deu propriamente no preceito penal incriminador, mas na pena cominada, que era de detenção de 3 meses a 1 ano e multa e, com a mudança operada pela Lei 14.155/2021, passou para reclusão de 1 a 4 anos e multa. Com isso, este delito deixa de ser considerado de menor potencial ofensivo, o que afasta a incidência da transação penal. Doravante, o termo circunstanciado dará lugar ao inquérito policial. De outro lado, permanece a possibilidade de concessão do *sursis* processual, que, embora previsto e disciplinado na Lei 9.099/1995 (art. 89), sua incidência é mais ampla (infrações penais cuja pena mínima cominada não é superior a 1 ano). Também poderá o agente firmar acordo de não persecução penal, nos moldes do art. 28-A do CPP. Alterou-se o patamar da majorante aplicada na hipótese de a invasão resultar prejuízo econômico (§ 2º): antes era de 1/6 a 1/3 e, com a mudança implementada, passou para 1/3 a 2/3. Como não poderia deixar de ser, houve um incremento na pena cominada à modalidade qualificada, prevista no § 3º, que era de reclusão de 6 meses a 2 anos e multa e passou para 2 a 5 anos de reclusão e multa. Ademais, a qualificadora não faz mais referência expressa à subsidiariedade. É importante que se diga que a Lei 14.155/2021, para além de implementar as mudanças que referimos no crime do art. 154-A, também promoveu mudanças nos crimes de furto e estelionato (como veremos a seguir), de forma a contemplar novas qualificadores e majorantes, tornando mais graves as condutas levadas a efeito de forma eletrônica ou pela internet; **C:** incorreta, pois o crime de fraude eletrônica, definido no art. 171, § 2º-A, do CP, somente se configura se as informações utilizadas para o cometimento da fraude forem fornecidas pela vítima por meio de redes sociais, contatos telefônicos ou envio de correio eletrônico fraudulento ou por qualquer outro meio fraudulento análogo, o que, por óbvio, não inclui o fornecimento de informações, pela vítima, de forma presencial. É importante que se diga que este dispositivo (§ 2º-A do art. 171) foi introduzido pela Lei 14.155/2021, tornando qualificado, como acima pudemos ver, o estelionato na hipótese de a fraude ser realizada de forma eletrônica (fraude eletrônica). O novo dispositivo estabelece que a pena será de reclusão de 4 a 8 anos e multa *se a fraude é cometida com a utilização de informações fornecidas pela vítima ou por terceiro induzido a erro por meio de redes sociais, contatos telefônicos ou envio de correio eletrônico fraudulento, ou por qualquer outro meio fraudulento análogo.* O § 2º-B, também inserido no art. 171 pela Lei 14.155/2021, estabelece que *a pena prevista no § 2º-A deste artigo, considerada a relevância do resultado gravoso, aumenta-se de 1/3 (um terço) a 2/3 (dois terços), se o crime é praticado mediante a utilização de servidor mantido fora do território nacional;* **D:** incorreta, já que, por força do que estabelece o art. 154-B do CP, os crimes definidos no art. 154-A do CP são, em regra, de ação penal pública condicionada à representação do ofendido. 🔲

39. Gabarito: C
Comentário: **A:** incorreta, visto que tal vedação, de índole constitucional, decorre dos princípios da humanidade e da dignidade da pessoa humana; **B:** incorreta, uma vez que não se admite, em matéria penal, a chamada analogia *in malam partem.* Conferir: "(...) No rol de incidência da causa especial de aumento de pena, entre os entes da Administração Pública indireta, não há menção às autarquias. Analogia para entender que os servidores ocupantes de cargos em comissão ou de função de direção ou de assessoramento das autarquias também estariam sujeitos à majorante. Pelo princípio da legalidade penal estrita, inadmissível o aproveitamento da analogia *in malam partem.* Recorrentes que não

poderiam ter a pena majorada em um terço, na forma prevista no § 2º do art. 327 do Código Penal" (STF, AO 2093-RN, 2ª T., rel. Min. Cármen Lúcia, j. 3/9/2019); **C:** correta, já que a proposição contempla, de fato, o princípio da adequação social, segundo o qual não se pode reputar criminosa a conduta tolerada pela sociedade, ainda que corresponda a uma descrição típica. É dizer, embora formalmente típica, porque subsumida num tipo penal, carece de tipicidade material, porquanto em sintonia com a realidade social em vigor. A sociedade se mostra, nessas hipóteses, indiferente ante a prática da conduta, como é o caso da tatuagem. São exemplos: a circuncisão praticada na religião judaica; o furo na orelha para colocação de brinco etc.; **D:** incorreta, já que o princípio de que se valeu o STJ, neste caso, é o da fraternidade. Conferir: "AGRAVO REGIMENTAL. MINISTÉRIO PÚBLICO ESTADUAL. LEGITIMIDADE. IPPSC (RIO DE JANEIRO). RESOLUÇÃO CORTE IDH 22/11/2018. PRESO EM CONDIÇÕES DEGRADANTES. CÔMPUTO EM DOBRO DO PERÍODO DE PRIVAÇÃO DE LIBERDADE. OBRIGAÇÃO DO ESTADO-PARTE. SENTENÇA DA CORTE. MEDIDA DE URGÊNCIA. EFICÁCIA TEMPORAL. EFETIVIDADE DOS DIREITOS HUMANOS. PRINCÍPIO PRO PERSONAE. CONTROLE DE CONVENCIONALIDADE. INTERPRETAÇÃO MAIS FAVORÁVEL AO INDIVÍDUO, EM SEDE DE APLICAÇÃO DOS DIREITOS HUMANOS EM ÂMBITO INTERNACIONAL (PRINCÍPIO DA FRATERNIDADE – DESDOBRAMENTO). SÚMULA 182 STJ. AGRAVO DESPROVIDO" (AgRg no RHC 136.961/RJ, Rel. Ministro REYNALDO SOARES DA FONSECA, QUINTA TURMA, julgado em 15/06/2021, DJe 21/06/2021). 🔲

40. Gabarito: D
Comentário: **A:** incorreta, uma vez que os agentes, tanto o que ordenou (Michel) quanto o que executou o crime (Alexandre), agiram, desde o começo, com unidade de desígnios, isto é, atuaram com o propósito de cometer o delito que de fato foi concretizado (art. 40 da Lei 9.605/1998). Somente haveria que se falar em cooperação dolosamente distinta (art. 29, § 2º, do CP) se acaso um dos agentes quisesse participar de crime menos grave e outro mais grave fosse ao final cometido. Neste caso, em relação ao cometimento do crime mais grave, não haveria entre os agentes unidade de propósitos, cabendo àquele que intentou a prática do delito menos grave por ele responder. Perceba que, no caso narrado no enunciado, em nenhum momento os concorrentes manifestaram o desejo de realizar crime diverso do que efetivamente foi concretizado. Devem ambos, portanto, responder pelo mesmo delito; **B:** incorreta. Pela teoria objetivo-formal (restritiva), por nós adotada, autor é aquele que executa o verbo-núcleo do tipo penal. Michel, de acordo com as informações contidas no enunciado,

se limitou a ordenar a Alexandre que cortasse as árvores existentes em área de preservação ambiental. O corte, determinado por Michel, foi realizado por Alexandre, este sim, autor da conduta criminosa; **C:** incorreta. De fato, pela teoria objetivo-formal, Michel seria considerado partícipe do fato criminoso, já que, não tendo concretizado a ação nuclear do tipo penal, determinou que tal ocorresse, sendo considerado, à luz da teoria restritiva, partícipe. A aplicação da teoria do domínio do fato não colocaria Michel na posição de autor da conduta, já que, ainda que dele tenha emanado a ordem para cortar as árvores, não é possível afirmar que ele detinha pleno controle da situação, pressuposto para a incidência da teoria do domínio do fato; **D:** correta, pelas razões expostas no comentário anterior. 🔲

---

41. Gabarito: B

Comentário: **A:** incorreta, uma vez que o art. 5º, § 2º, do CPP estabelece que, em face do despacho que indeferir o requerimento de abertura de inquérito, caberá recurso para o chefe de Polícia. Cuida-se de recurso, portanto, administrativo; **B:** correta. O sigilo, que é imanente ao inquérito policial (art. 20 do CPP), não pode, ao menos em regra, ser oposto ao advogado do investigado. Com efeito, por força do que estabelece o art. 7º, XIV, da Lei 8.906/1994 (Estatuto da Advocacia), constitui direito do advogado, entre outros: "examinar, em qualquer instituição responsável por conduzir investigação, <u>mesmo sem procuração</u>, autos de flagrante e de investigações de qualquer natureza, findos ou em andamento, <u>ainda que conclusos à autoridade</u>, podendo copiar peças e tomar apontamentos, em meio físico ou digital" (destacamos). Sobre este tema, a propósito, o STF editou a Súmula Vinculante 14, a seguir transcrita: "É direito do defensor, no interesse do representado, ter acesso amplo aos elementos de prova que, já documentados em procedimento investigatório realizado por órgão com competência de polícia judiciária, digam respeito ao exercício do direito de defesa". Registre-se, todavia, que determinados procedimentos de investigação, geralmente realizados em autos apartados, como a interceptação telefônica e a infiltração, somente serão acessados pelo patrono do investigado depois de concluídos e inseridos nos autos do inquérito. Ou seja, tais procedimentos permanecerão em sigilo, neste caso absoluto, enquanto não forem encerrados. Nesse sentido já se manifestou o STJ: "1. Ao inquérito policial não se aplica o princípio do contraditório, porquanto é fase investigatória, preparatória da acusação, destinada a subsidiar a atuação do órgão ministerial na persecução penal. 2. Deve-se conciliar os interesses da investigação com o direito de informação do investigado e, consequentemente, de seu advogado, de ter acesso aos autos, a fim de salvaguardar suas garantias constitucionais. 3. Acolhendo a orientação jurisprudencial do Supremo Tribunal Federal, o Superior Tribunal de Justiça decidiu ser possível o acesso de advogado constituído aos autos de inquérito policial em observância ao direito de informação do indiciado e ao Estatuto da Advocacia, ressalvando os documentos relativos a terceiras pessoas, os procedimentos investigatórios em curso e os que, por sua própria natureza, não dispensam o sigilo, sob pena de ineficácia da diligência investigatória. 4. *Habeas corpus* denegado" (HC 65.303/PR, Rel. Ministro Arnaldo Esteves Lima, Quinta Turma, julgado em 20.05.2008, *DJe* 23.06.2008). Tal regra também está contemplada no art. 23 da Lei 12.850/2013 (Organização Criminosa); **C:** incorreta. Ainda que se trate de caso de grande repercussão, a instauração de inquérito policial, em crime de ação penal pública condicionada, somente poderá se dar diante da presença de manifestação de vontade do ofendido, materializada por meio da *representação* (art. 5º, § 4º, do CPP); **D:** incorreta, uma vez que não é dado ao membro do Ministério Público avocar a presidência do inquérito policial sob a responsabilidade da autoridade policial. Isso porque a presidência do inquérito policial cabe, com exclusividade, à autoridade policial (art. 2º, § 1º, da Lei 12.830/2013). Pode (leia-se: deve) o *parquet*, isto sim, fiscalizar e acompanhar, no exercício do controle externo da atividade policial, as investigações do inquérito policial, requisitando informações e diligências que entender pertinentes. Pode o MP, ademais, instaurar e conduzir investigações criminais por meio de procedimento investigatório criminal (PIC). De outro lado, o inquérito policial em curso poderá ser avocado por superior hierárquico nos casos previstos em lei (interesse público e quando não observado procedimento previsto em regulamento da corporação que comprometa a eficácia da investigação) e mediante despacho fundamentado (art. 2º, § 4º, da Lei 12.830/2013). 🔲

---

42. Gabarito: A

Comentário: São características do *sistema acusatório*: nítida separação nas funções de acusar, julgar e defender, o que torna imprescindível que essas funções sejam desempenhadas por pessoas distintas; o processo é público e contraditório; há imparcialidade do órgão julgador e a ampla defesa é assegurada. No *sistema inquisitivo*, que deve ser entendido como a antítese do acusatório, as funções de acusar, defender e julgar reúnem-se em uma única pessoa. É possível, nesse sistema, portanto, que o juiz investigue, acuse e julgue. Além disso, o processo é sigiloso e nele não vige o contraditório. No *sistema misto*, por fim, há uma fase inicial inquisitiva, ao final da qual tem início uma etapa em que são asseguradas todas as garantias inerentes ao acusatório. Quanto à faculdade de o juiz determinar, de ofício, a produção da prova, valem algumas ponderações. Com bem sabemos, a atividade instrutória do juiz está expressamente contemplada no art. 156 do CPP. Com efeito, as modificações implementadas pela Lei 11.690/2008 no dispositivo acima mencionado ampliaram sobremaneira os poderes do juiz de determinar de ofício a produção da prova. Dessa forma, nada impede que o magistrado, com fulcro no art. 156, II, do CPP, com o propósito de esclarecer dúvida acerca de ponto relevante, determine, em caráter supletivo, diligências com o objetivo de se atingir a verdade real. Sucede que, com o advento do chamado *pacote anticrime* (Lei 13.964/2019), foram promovidas diversas inovações nos campos penal, processual penal e legislação extravagante, com destaque para a Lei de Execução Penal. No CÓDIGO de Processo Penal, uma das alterações a nosso ver mais relevantes, ao lado do juiz de garantias, é a inserção do art. 3º-A, que consagra e explicita a opção pelo sistema acusatório. Segundo este dispositivo, cuja eficácia está suspensa por decisão liminar do STF, já que faz parte do regramento que compõe o chamado "juiz de garantias" (arts. 3º-A a 3º-F, do CPP), "o processo penal terá estrutura acusatória, vedadas a iniciativa do juiz na fase de investigação e a substituição da atuação probatória do órgão de acusação". Até então, o sistema acusatório, embora amplamente acolhido pela comunidade jurídica, já que em perfeita harmonia com a CF/88, não era contemplado em lei. Nessa esteira, com vistas a fortalecer o sistema acusatório, o *pacote anticrime* cria a figura do juiz de garantias (arts. 3º-A a 3º-F, do CPP, com eficácia atualmente suspensa), ao qual cabe promover o controle da legalidade da investigação criminal e salvaguardar os direitos individuais cuja franquia tenha sido reservada ao Poder Judiciário. Também dentro desse mesmo espírito, a Lei 13.964/2019 alterou os arts. 282, § 2º, e 311, ambos do CPP, que agora vedam a atuação de ofício do juiz na decretação de medidas cautelares de natureza pessoal, como a prisão processual, ainda que no curso da ação penal. Como não poderia deixar de ser, surgiu (ou ressurgiu) a discussão acerca da compatibilidade do art. 156 do CPP com a adoção, agora explícita, do sistema acusatório feita pela inserção do art. 3º-A no CPP. Como bem sabemos, não houve a revogação expressa do art. 156 do CPP pela Lei 13.964/2019, dispositivo que autoriza a atuação do juiz de ofício na produção da prova (inclusive na fase investigativa). A questão que se coloca é: houve revogação tácita do art. 156 do CPP pelo novo art. 3º-A? Somente o tempo dirá como os tribunais atuarão diante de tal impasse. Pensamos que a inserção do art. 3º-A no CPP, aliada à implementação do juiz de garantias, à vedação imposta à atuação de ofício do juiz (como a proibição de o magistrado decretar a custódia preventiva de ofício no curso da ação penal) e também à inovação promovida no procedimento de arquivamento do IP, que retira o protagonismo que até então tinha o juiz de decidir se era ou não caso de arquivamento, leva-nos

a crer que o art. 156 do CPP, porque incompatível com o sistema acusatório, foi tacitamente revogado pelo art. 3º-A. 🔲

43. Gabarito: C

Comentário: Os crimes praticados em detrimento de sociedades de economia mista controladas pela União, como é o caso do Banco do Brasil, à mingua de referência no texto constitucional, são processados e julgados pela Justiça Estadual, nos termos do entendimento firmado por meio da Súmula 42, do STJ: "Compete à Justiça comum estadual processar e julgar as causas cíveis em que é parte sociedade de economia mista e os crimes praticados em seu detrimento". 🔲

44. Gabarito: C

Comentário: **A:** incorreta. Em princípio, a expedição de carta precatória não tem o condão de suspender a instrução criminal (art. 222, § 1º, CPP). Registre-se, todavia, que, quanto a este tema, houve mudança de entendimento do STJ. Explico. A 6ª Turma tinha como pacificado o entendimento segundo o qual a expedição de carta precatória, em obediência ao art. 222, § 1º, do CPP e também ao princípio da celeridade processual, não tem o condão de suspender a instrução processual, razão por que se deve proceder à oitiva das testemunhas e ao interrogatório do réu e, também, ao julgamento da causa, mesmo que pendente a devolução de carta precatória. Em outras palavras, o interrogatório do réu não precisa aguardar a vinda da carta precatória expedida para a oitiva de testemunha. Mais recentemente, a 3ª Seção do STJ, que reúne as 5ª e 6ª Turmas Criminais, adotou o entendimento, ao qual já aderira a 5ª Turma, de que, nos termos do art. 400 do CPP, o interrogatório do réu deve ser o derradeiro ato da instrução, ainda que haja a expedição de carta precatória para a oitiva de testemunhas. Ou seja, o juiz do feito, antes de proceder ao interrogatório do acusado, deve aguardar o retorno da carta precatória expedida para o fim de ouvir testemunhas, em obediência aos princípios do contraditório e ampla defesa. Conferir o julgado que marcou a mudança de entendimento do STJ: "1. Existem precedentes nesta Corte Superior, partindo da interpretação dos arts. 400 e 222 do Código de Processo Penal, que consideram válido o interrogatório do acusado quando pendente de cumprimento carta precatória expedida para oitiva de testemunhas e do ofendido. 2. Essa compreensão, no entanto, não está em harmonia com os princípios do contraditório e da ampla defesa, bem como com a jurisprudência consolidada na Suprema Corte, firme no sentido de que, com o advento da Lei n. 11.719/2008, que deu nova redação ao art. 400 do Código de Processo Penal, o interrogatório do réu deve ser o último ato de instrução. 3. Importante ressaltar a orientação fixada pelo Supremo Tribunal Federal no HC n. 127.900/AM, de que a norma inscrita no art. 400 do Código de Processo Penal comum aplica-se, a partir da publicação da ata do presente julgamento, aos processos penais militares, aos processos penais eleitorais e a todos os procedimentos penais regidos por legislação especial incidindo somente naquelas ações penais cuja instrução não se tenha encerrado. 4. Atualmente é assente o entendimento de que o interrogatório do acusado é instrumento de defesa, o que, em uma perspectiva garantista, pautada na observância dos direitos fundamentais, proporciona máxima efetividade se realizado ao final da instrução. De fato, a concretização do interrogatório antes da oitiva de testemunhas e da vítima priva o acusado de acesso pleno à informação, já que se manifestará antes da produção de parcela importante de provas. Além disso, reflete diretamente na eficácia de sua reação e na possibilidade de influenciar o julgamento, não lhe permitindo refutar, ao menos diretamente (autodefesa), questões apresentadas com a oitiva de testemunhas e do ofendido. A inversão do interrogatório, portanto, promove nítido enfraquecimento dos princípios constitucionais do contraditório e da ampla defesa, indevido, a meu ver, no âmbito da persecução penal. 5. Nessa perspectiva, ao dispor que a expedição da precatória não suspenderá a instrução criminal, o § 1º do art. 222 do CPP não autorizou, no meu sentir, a realização de interrogatório do réu em momento diverso do disposto no art. 400 do CPP, vale dizer, ao final da instrução. Oportuno ressaltar que o art. 222 do CPP está inserido em capítulo do Código de Processo Penal voltado ao procedimento relacionado às testemunhas (Capítulo VI do Código de Processo Penal Das Testemunhas), e não com o interrogatório do acusado. 6. Outrossim, a redação do art. 400 do CPP elenca, claramente, a ordem a ser observada na audiência de instrução e julgamento, de forma que a alusão expressa ao art. 222, em seu texto, apenas indica a possibilidade de inquirição de testemunhas, por carta precatória, fora da ordem estabelecida, não permitindo o interrogatório do acusado antes da inquirição de testemunhas. 7. Na hipótese dos autos, o acusado foi interrogado antes da oitiva de testemunhas, por carta precatória. No entanto, conforme informações prestadas pelo Magistrado singular, a defesa técnica do réu somente arguiu suposta nulidade em seu último pedido, protocolizado em 19/3/2020, ou seja, após a realização de todas as oitivas supracitadas, o que reverbera na nulidade de algibeira. Assim, em consonância com a jurisprudência desta Corte Superior, não se mostra viável acolher o pedido de nulidade, especialmente quando não aventado no momento oportuno. 8. Conquanto indevido o requerimento de nulidade, considerando o entendimento do Supremo Tribunal Federal, o fato de que a instrução ainda não encerrou, a necessidade de observar os princípios do contraditório e da

ampla defesa, bem como o disposto no art. 196 do Código de Processo Penal, que autoriza a realização de novo interrogatório, entende-se que a ordem deve ser parcialmente concedida para determinar que se proceda a novo interrogatório do acusado ao final da instrução. 9. Quanto à alegação de excesso de prazo, não é o caso de ser reconhecido, pois, conforme informação do Juízo processante, a própria defesa contribuiu para o atraso na instrução, na medida em que não aventou a irregularidade do interrogatório no momento oportuno. Além disso, conforme exposto na decisão liminar, não houve desídia do Magistrado na condução do feito e eventual retardamento na conclusão da ação penal decorre de sua complexidade e da necessidade de expedição de diversas cartas precatórias. 10. Ordem parcialmente concedida para determinar a realização de novo interrogatório do acusado ao final da instrução" (HC 585.942/MT, Rel. Ministro SEBASTIÃO REIS JÚNIOR, TERCEIRA SEÇÃO, julgado em 09/12/2020, DJe 14/12/2020); **B:** incorreta. A peculiaridade do procedimento referente aos crimes funcionais reside na impugnação ofertada pelo funcionário antes do recebimento da denúncia. É a chamada *resposta* ou *defesa preliminar*, prevista no art. 514 do CPP, que somente terá incidência nos crimes funcionais afiançáveis, não se estendendo ao particular que, na qualidade de coautor ou partícipe, tomar parte no crime. Com a edição da Súmula 330 do STJ, esta defesa que antecede o recebimento da denúncia deixou de ser necessária na ação penal alicerçada em inquérito policial. Dessa forma, a formalidade imposta pelo art. 514 do CPP somente se fará necessária, segundo o STJ, quando a denúncia se basear em outras peças de informação que não o inquérito policial. Em outras palavras, a resposta preliminar é necessária, sim, na hipótese de ação penal não ser calcada em inquérito policial; **C:** correta. Segundo jurisprudência consolidada nos tribunais superiores, o rito processual para o interrogatório, previsto no art. 400 do CPP, deve alcançar todos os procedimentos disciplinados por leis especiais, aqui incluído o rito previsto na Lei de Drogas, cujo art. 57 estabelece que o interrogatório realizar-se-á no começo da instrução. Significa que o interrogatório, mesmo nos procedimentos regidos por leis especiais, passa a ser o derradeiro ato da instrução. No entanto, com o fito de não abalar a segurança jurídica dos feitos em que já fora proferida sentença, tal entendimento somente deve ser aplicável aos processos com instrução ainda não ultimada até o dia 11.03.2016, que corresponde à data em que se deu a publicação da ata do julgamento, pelo STF, do HC 127.900. Conferir: "1. Por ocasião do julgamento do HC n. 127.900/AM, ocorrido em 3/3/2016 (DJe 3/8/2016), o Pleno do Supremo Tribunal Federal firmou o entendimento de que o rito processual para o interrogatório, previsto no art. 400 do Código de Processo Penal, deve ser aplicado a todos os procedimentos regidos por leis especiais. Isso porque a Lei n. 11.719/2008 (que deu nova redação ao referido art. 400) prepondera sobre as disposições em sentido contrário previstas em legislação especial, por se tratar de lei posterior mais benéfica ao acusado (*lex mitior*). 2. De modo a não comprometer o princípio da segurança jurídica dos feitos já sentenciados (CR, art. 5º, XXXVI), houve modulação dos efeitos da decisão: a Corte Suprema estabeleceu que essa nova orientação somente deve ser aplicada aos processos cuja instrução ainda não se haja encerrado. 3. Se nem a doutrina nem a jurisprudência ignoram a importância de que se reveste o interrogatório judicial – cuja natureza jurídica permite qualificá-lo como ato essencialmente de defesa –, não é necessária para o reconhecimento da nulidade processual, nos casos em que o interrogatório do réu tenha sido realizado no início da instrução, a comprovação de efetivo prejuízo à defesa, se do processo resultou condenação. Precedente. 4. O interrogatório é, em verdade, o momento ótimo do acusado, o seu "dia na Corte" (day in Court), a única oportunidade, ao longo de todo o processo, em que ele tem voz ativa e livre para, se assim o desejar, dar sua versão dos fatos, rebater os argumentos, as narrativas e as provas do órgão acusador, apresentar álibis, indicar provas, justificar atitudes, dizer, enfim, tudo o que lhe pareça importante para a sua defesa, além, é claro, de responder às perguntas que quiser responder, de modo livre, desimpedido e voluntário. 5. Não há como se imputar à defesa do acusado o ônus de comprovar eventual prejuízo em decorrência de uma ilegalidade, para a qual não deu causa e em processo que já lhe ensejou sentença condenatória. Isso porque não há, num processo penal, prejuízo maior do que uma condenação resultante de um procedimento que não respeitou as diretrizes legais e tampouco observou determinadas garantias constitucionais do réu (no caso, a do contraditório e a da ampla defesa). 6. Uma vez fixada a compreensão pela desnecessidade de a defesa ter de demonstrar eventual prejuízo decorrente da inversão da ordem do interrogatório do réu, em processo do qual resultou a condenação, também não se mostra imprescindível, para o reconhecimento da nulidade, que a defesa tenha alegado o vício processual já na própria audiência de instrução. 7. Porque reconhecida a nulidade do interrogatório do recorrente, com a determinação de que o Juízo de primeiro grau proceda à nova realização do ato, fica prejudicada a análise das demais matérias suscitadas neste recurso (reconhecimento da minorante prevista no § 4º do art. 33 da Lei de Drogas, fixação do regime aberto e substituição da reprimenda privativa de liberdade por restritivas de direitos). 8. Recurso especial provido, para anular o interrogatório do recorrente e determinar que o Juízo de primeiro grau proceda à nova realização do ato (Processo n. 0000079-90.2016.8.26.0592, da Vara Criminal da Comarca de Tupã – SP)" (STJ, REsp 1825622/SP, Rel. Ministro ROGERIO SCHIETTI CRUZ, SEXTA TURMA, julgado em 20/10/2020, DJe 28/10/2020); **D**: incorreta, pois contraria o entendimento firmado na Súmula 273 do STJ: "Intimada a defesa da expedição da carta precatória, torna-se desnecessária intimação da data da audiência no juízo deprecado". 🔲

---

45. Gabarito: A

Comentário: **A**: incorreta. Quanto à audiência de custódia, importante tecer alguns comentários, dada não somente a complexidade do tema, mas também – e principalmente – a sua relevância. Embora ela (audiência de custódia) não tenha sido contemplada, de forma expressa, na CF/1988, a Convenção Americana sobre Direitos Humanos (Pacto de San José da Costa Rica), incorporada ao ordenamento jurídico brasileiro, em seu art. 7º (5), assim estabelece: "Toda pessoa presa, detida ou retida deve ser conduzida, sem demora, à presença de um juiz ou outra autoridade autorizada por lei a exercer funções judiciais (...)". O Conselho Nacional de Justiça, em parceria com o Tribunal de Justiça de São Paulo e também com o Ministério da Justiça, lançou e implementou o projeto "audiência de custódia", cujo propósito é assegurar ao preso o direito de ser apresentado, de forma rápida, a um juiz de direito, ao qual caberá analisar, entre outros aspectos, a legalidade da prisão em flagrante e também a necessidade de a mesma ser convertida em prisão preventiva. Para tanto, o CNJ editou a Resolução 213/2015, cujo art. 1º assim estabelece: *Determinar que toda pessoa presa em flagrante delito, independentemente da motivação ou natureza do ato, seja obrigatoriamente apresentada, em até 24 horas da comunicação do flagrante, à autoridade judicial competente, e ouvida sobre as circunstâncias em que se realizou sua prisão ou apreensão*. Mais recentemente, a Lei 13.964/2019, conhecida como Pacote Anticrime, contemplou a audiência de custódia, inserindo-a no art. 310 do CPP. Pela primeira vez, portanto, a audiência de custódia, objeto de tantos debates na comunidade jurídica, tem previsão legal. Como dissemos acima, até então esta matéria estava prevista tão somente na Resolução CNJ 213/2015. Segundo estabelece a nova redação do *caput* do art. 310 do CPP, "após receber o auto de prisão em flagrante, no prazo máximo de 24 (vinte e quatro) horas após a realização da prisão, o juiz deverá promover audiência de custódia com a presença do acusado, seu advogado constituído ou membro da Defensoria Pública e o membro do Ministério Público, e, nessa audiência, o juiz deverá, fundamentadamente: (...)". O § 4º deste dispositivo, também inserido pela Lei 13.964/2019 e cuja eficácia está suspensa por decisão cautelar do STF (ADI 6305), impõe a liberalização da prisão do autuado em flagrante em razão da não realização da audiência de custódia no prazo de 24 horas. Posteriormente a isso, o Congresso Nacional, ao apreciar os vetos impostos pelo presidente da República ao PL 6.341/2019 (que deu origem à Lei 13.964/2019), rejeitou (derrubou) vários deles (na verdade, 16 dos 24 vetos). No que toca à audiência de custódia, com a rejeição ao veto imposto pelo PR ao art. 3º-B, § 1º, do CPP (contido no PL 6341/2019), fica vedada a possibilidade de se proceder à audiência de custódia por meio de sistema de videoconferência (ressalvado o período de pandemia). Doravante, pois, as audiências de custódia deverão ser realizadas presencialmente. O art. 3º-B, § 1º, do CPP conta com a seguinte redação (agora restabelecida com a derrubada do veto): *O preso em flagrante ou por força de mandado de prisão provisória será encaminhado à presença do juiz de garantias no prazo de 24 (vinte e quatro) horas, momento em que se realizará audiência com a presença do Ministério Público e da Defensoria Pública ou de advogado constituído, vedado o emprego de videoconferência* (destacamos). Ponderou o presidente da República, por ocasião de seu veto, que *suprimir a possibilidade da realização da audiência por videoconferência gera insegurança jurídica.* Além disso, segundo também justificou, *o dispositivo pode acarretar em aumento de despesa, notadamente nos casos de juiz em vara única, com apenas um magistrado, seja pela necessidade de pagamento de diárias e passagens a outros magistrados para a realização de uma única audiência, seja pela necessidade premente de realização de concurso para a contratação de novos magistrados.* Perceba que, além de vedar a audiência de custódia por videoconferência, o dispositivo não deixa dúvidas acerca de sua imprescindibilidade em todas as modalidades de prisão. Não bastasse isso, ao julgar, em sede de liminar, a Reclamação 29.303, da qual é relator, o ministro Edson Fachin impôs a realização de audiência de custódia para todas as modalidades prisionais, inclusive prisões preventivas, temporárias e definitivas, e não somente para os casos de prisão em flagrante. Vide também art. 287 do CPP; **B:** correta. De fato, a teor do que dispõe o art. 303 do CPP, a situação flagrancial, nos crimes permanentes, perdura enquanto não cessada a permanência; **C:** correta. Por força do que dispõe o art. 86, § 3º, da CF, *enquanto não sobrevier sentença condenatória, nas infrações comuns, o presidente da República não estará sujeito a prisão.* Ou seja, o presidente não poderá ser submetido a qualquer modalidade de prisão processual, aqui incluída a prisão em flagrante; **D:** correta. Se o agente, que acabara de cometer um crime, não foi preso no local em que este foi praticado e não está sendo perseguido, sua apresentação espontânea à autoridade policial obsta sua prisão em flagrante, na medida em que não se enquadra em nenhuma das situações descritas no art. 302 do CPP, dispositivo que contém as hipóteses em que se pode considerar alguém em situação flagrancial.

Cuidado: embora não se possa prender o autor do delito em flagrante, nada impede que em seu desfavor seja decretada a custódia preventiva. 🔲

---

46. Gabarito: A
Comentário: **A:** correta, pois em conformidade com o disposto no art. 258 do CPP; **B:** incorreta, já que a enumeração das situações que configuram impedimento tem natureza taxativa, e não exemplificativa; C: incorreta. Isso porque, da decisão que não admitir o assistente do Ministério Público, não caberá recurso (art. 273, CPP); D: incorreta. O assistente poderá ser admitido em qualquer fase do processo, desde o recebimento da denúncia até o trânsito em julgado da sentença. 🔲

---

47. Gabarito: D
Comentário: **A:** correta, pois reflete o disposto no art. 4º-B da Lei 9.613/1998; **B:** correta. De fato, não se aplica, no processo por crime de lavagem de dinheiro, o disposto no art. 366 do Código de Processo Penal, que estabelece que o processo e o curso do prazo prescricional ficarão suspensos na hipótese de o acusado, citado por edital, não comparecer tampouco constituir advogado, situação em que o processo seguirá à sua revelia (art. 2º, § 2º, da Lei 9.613/1998); C: correta, uma vez que em consonância com o que dispõe o art. 2º, II, da Lei 9.613/1998; D: incorreta, pois contraria o que estabelece o art. 2º, III, b, da Lei 9.613/1998. 🔲

---

48. Gabarito: C
Comentário: **A:** correta (art. 15 da Lei 12.850/2013); **B:** correta (art. 16 da Lei 12.850/2013); **C:** incorreta, já que o art. 13-A do CPP não contemplou o crime de tráfico de drogas (art. 33 da Lei nº 11.343/2006); D: correta (13-B, caput, do CPP). 🔲

---

49. Gabarito: B
Comentário: **A:** incorreta. Segundo estabelece o art. 5º, § 2º, do CPP, do despacho que indeferir o requerimento de abertura de inquérito caberá recurso para o chefe de Polícia. Não há recurso ao delegado regional tampouco duas instâncias administrativas; **B:** correta, pois reflete o disposto no art. 24, § 1º, do CPP; **C:** incorreta, uma vez que, nos crimes em que a ação penal depender de representação, o inquérito não poderá sem ela ser iniciado (art. 5º, § 4º, CPP); D: incorreta (art. 5º, § 1º, CPP). 🔲

---

50. Gabarito: C
Comentário: **A:** incorreta. Trata-se do crime previsto no art. 31 Lei 13.869/2019 (Abuso de Autoridade); **B:** incorreta. Neste caso, o prazo suplementar será estabelecido pelo magistrado, nos termos do art. 10, § 3º, do CPP; **C:** correta (art. 10, *caput*, do CPP); D: incorreta. Segundo estabelece o art. 51 da Lei 11.343/2006 (Lei de Drogas),

o inquérito deve terminar no prazo máximo de 90 dias, se solto estiver o investigado; se preso estiver, o prazo será de 30 dias. Nos dois casos (investigado preso ou solto), o prazo poderá ser duplicado, desde que em face de pedido justificado da autoridade policial. ED

51. Gabarito: D

Comentário: Com a edição da EC n. 45, os tratados de direitos humanos que forem aprovados, em cada Casa do Congresso Nacional, em dois turnos, por três quintos dos votos dos respectivos membros, serão equivalentes às emendas constitucionais[1] – conforme o que determina o art. 5º, § 3º, da CF[2-3]. Ou seja, tais tratados terão hierarquia constitucional quando aprovados por maioria qualificada no Congresso Nacional (regime especial de incorporação) e forem ratificados e posteriormente publicados pelo presidente da República. Muito se discutiu em relação à hierarquia dos tratados de direitos humanos que foram internalizados anteriormente à edição da EC 45. Em 03.12.2008, o Ministro Gilmar Mendes, no RE 466.343-SP[4], defendeu a tese da supralegalidade de tais tratados, ou seja, superior às normas infraconstitucionais e inferior às normas constitucionais. O voto do Ministro Gilmar Mendes foi acompanhado pela maioria e, portanto, a posição atual do STF é de adoção da teoria do Duplo Estatuto dos Tratados de Direitos Humanos. Assim, todo tratado de direitos humanos que for internalizado sem observar o procedimento especial estabelecido no art. 5º, § 3º, da

---

1. Mas não possuirão *status* de norma constitucional originária. Ou seja, é obra do Poder Constituinte Derivado Reformador e não do Poder Constituinte Originário.
2. Bem fundamentada é a crítica formulada por Valerio de Oliveira Mazzuoli ao mencionado § 3º do art. 5º da CF: "também rompe a harmonia do sistema de integração dos tratados de direitos humanos no Brasil, uma vez que cria *categorias* jurídicas entre os próprios instrumentos internacionais de direitos humanos ratificados pelo governo, dando tratamento diferente para normas internacionais que têm o mesmo fundamento de validade, ou seja, hierarquizando diferentemente tratados que têm o mesmo conteúdo ético, qual seja, a proteção internacional dos direitos humanos. Assim, essa *desigualação dos desiguais* que permite o § 3º ao estabelecer ditas *categorias de tratados* é totalmente injurídica por violar o princípio (também constitucional) da *isonomia*" (op. cit., p. 29).
3. Esse § 3º é denominado de "cláusula holandesa" pelo Prof. Francisco Rezek.
4. Ementa: Prisão civil. Depósito. Depositário infiel. Alienação fiduciária. Decretação da medida coercitiva. Inadmissibilidade absoluta. Insubsistência da previsão constitucional e das normas subalternas. Interpretação do art. 5º, inc. LXVII e §§ 1º, 2º e 3º, da CF, à luz do art. 7º, § 7º, da Convenção Americana de Direitos Humanos (Pacto de San José da Costa Rica). Recurso Improvido. Julgamento conjunto do RE 349.703 e dos HCs 87.585 e 92.566. É ilícita a prisão civil de depositário infiel, qualquer que seja a modalidade de depósito.

CF, tem status de norma supralegal. Dessa forma, a única assertiva incorreta é a "D". RF

52. Gabarito: A

Comentário: **A:** correto (art. 2º da Convenção Interamericana para Prevenir e Punir a Tortura): **B:** incorreto (art. 8º da Convenção Interamericana para Prevenir e Punir a Tortura); **C:** incorreto, pois essa Convenção não foi aprovada pelo rito especial. A Convenção, adotada em 09.12.1985, em Cartagena, na Colômbia, foi promulgada no Brasil em 09.12.1989 pelo Decreto 98.386, tem por fundamento a consciência de que todo ato de tortura ou outros tratamentos ou penas cruéis, desumanos ou degradantes constitui uma ofensa à dignidade humana; **D** incorreto (arts. 3º e 4º da Convenção Interamericana para Prevenir e Punir a Tortura). RF

53. Gabarito: B

Comentário: A única assertiva incorreta é a "B", pois o requisito apontada não está previsto no art. 4º do Tratado de Marraqueche. RF

54. Gabarito: C

Comentário: "Da análise do § 2º do art. 5º da Carta brasileira de 1988, percebe-se que três são as vertentes, no texto constitucional brasileiro, dos direitos e garantias individuais: a) direitos e garantias expressos na Constituição, a exemplo dos elencados nos incisos I a LXXVIII do seu art. 5º, bem como outros fora do rol de direitos, mas dentro da Constituição, como a garantia da anterioridade tributária, prevista no art. 150, III, b, do Texto Magno; b) direitos e garantias implícitos, subtendidos nas regras de garantias, bem como os decorrentes do regime e dos princípios pela Constituição adotados, e c) direitos e garantias inscritos nos tratados internacionais em que a República Federativa do Brasil seja parte[5]". Portanto, a assertiva "C" é incorreta. RF

55. Gabarito: A

Comentário: A única assertiva correta sobre a interpretação dos direitos humanos é a "A". O *princípio pro homine* estatui que a interpretação das regras protetivas dos direitos humanos deve ser sempre favorável ao seu destinatário, ou seja, o indivíduo; e nunca em prol dos Estados, que se beneficiariam de interpretações restritivistas. Esse princípio dá fundamento às regras dispostas nas alíneas do art. 29 da Convenção Americana de Direitos Humanos: "Nenhuma disposição da presente Convenção pode ser interpretada no sentido de:

---

5. MAZZUOLI, Valerio de Oliveira. *O controle jurisdicional da convencionalidade das leis.* 2. ed. São Paulo, p. 39-40.

a) permitir a qualquer dos Estados-partes, grupo ou indivíduo, suprimir o gozo e o exercício dos direitos e liberdades reconhecidos na Convenção ou limitá-los em maior medida do que a nela prevista;
b) limitar o gozo e exercício de qualquer direito ou liberdade que possam ser reconhecidos em virtude de leis de qualquer dos Estados-partes ou em virtude de Convenções em que seja parte um dos referidos Estados;
c) excluir outros direitos e garantias que são inerentes ao ser humano ou que decorrem da forma democrática representativa de governo;
d) excluir ou limitar o efeito que possam produzir a Declaração Americana dos Direitos e Deveres do Homem e outros atos internacionais da mesma natureza." RF

56. Gabarito: D
Comentário: **A, B e C**: Incorretas – O halo ou orla de enxugo, halo ou aréola equimótica e orla de escoriação são sinais que podem ser utilizados para a definição da distância em que o disparo de arma de fogo foi efetuado; **D**: Correta – A zona de tatuagem indica que o disparo foi efetuado a curta distância, havendo o depósito de grãos de pólvora e partículas metálicas decorrentes da abrasão do projétil. LM

57. Gabarito: A
Comentário: **A**: Correta – Com base no previsto no art. 129, § 1º, III, do Código Penal, pode-se concluir que se trata de lesão corporal grave porque a lesão causou "debilidade permanente de membro, sentido ou função"; **B**: Incorreta – Para a configuração de lesão corporal de natureza grave não é necessária a perda total da função, mas que a debilidade cause uma incapacidade parcial e afete a função ou sentido de forma permanente; **C** e **D**: Incorretas – A natureza da lesão corporal será classificada com base no dano provocado à integridade física ou à saúde do ofendido. Para que se afigure a lesão corporal grave, é exigível que acarrete uma das hipóteses descritas no art. 129, § 1º, do Código Penal: Incapacidade para as ocupações habituais, por mais de trinta dias, perigo de vida, debilidade permanente de membro, sentido ou função, aceleração de parto. No entanto, será gravíssima se provocar incapacidade permanente para o trabalho, enfermidade incurável, perda ou inutilização do membro, sentido ou função, deformidade permanente ou aborto. LM

58. Gabarito: B
Comentário: A mancha verde abdominal, um dos sinais cadavéricos, ocorre pela ação microbiana na primeira parte do intestino grosso, denominada ceco, região com maior acúmulo de gases, que se localiza na fossa ilíaca direita. Portanto, a alternativa correta é a "B". LM

59. Gabarito: A
Comentário: **A**: Correta – A riparofilia é uma espécie de perversão em que o indivíduo apresenta forte atração sexual por pessoas sem higiene corporal, sujas, sem asseio adequado. Alguns buscam parceiras em período menstrual para a prática de ato sexual; **B**: Incorreta– O crime descrito é o de estupro, conforme previsto no art. 213 do Código Penal ("Constranger alguém, mediante violência ou grave ameaça, a ter conjunção carnal ou a praticar ou permitir que com ele se pratique outro ato libidinoso"); **C**: Incorreta: Trata-se de crime de abandono de incapaz, previsto no art. 133 do Código Penal: "Abandonar pessoa que está sob seu cuidado, guarda, vigilância ou autoridade, e, por qualquer motivo, incapaz de defender-se dos riscos resultantes do abandono"; **D**: Incorreta – Esse relação é uma espécie de parafilia, que se caracteriza por fantasia ou comportamento sexual com utilização de objetos não habituais ou situações tidas como aberrações em busca do prazer. LM

60. Gabarito: C
Comentário: A maior diferenciação entre um esqueleto do sexo masculino e feminino é observada na região da bacia, região pélvica, em que a mulher apresenta estrutura mais frágil e maior diâmetro transversal, dentre outras características anatômicas. Dessa forma, a alternativa a ser assinalada é a C. LM

61. Gabarito: A
Comentário: **A**: Correta – As carúnculas mirtiformes surgem por conta do amplo alargamento causado pela passagem da cabeça do feto no orifício vulvovaginal; **B**: Incorreta – Os entalhes himenais mantêm as margens simétricas e regulares, por ser causada por uma penetração superficial da orla himenal, sem que afete sua margem; **C**: Incorreta – As chanfraduras vulvo-himenais são congênitas e não caracterizam sinal sugestivo de coito; **D**: Incorreta – Os hímens cribriformes ou cribiformes são mais resistentes à ruptura e apresentam pequenos orifícios, com aspecto de rede. LM

62. Gabarito: D
Comentário: **A**: Incorreta – O exame necroscópico ou autópsia é realizado após o óbito, conforme prevê o art. 162 do CPP: "A autópsia será feita pelo menos seis horas depois do óbito, salvo se os peritos, pela evidência dos sinais de morte, julgarem que possa ser feita antes daquele prazo, o que declararão no auto"; **B**: Incorreta – O relatório médico-legal é o documento apresentado pelo médico legista, que pode ser um auto ou laudo; **C**: Incorreta – Não há limitação de idade; **D**: Correta – Um dos quesitos do exame necroscópico é o esclarecimento da causa da morte. LM

63. Gabarito: A
Comentário: **A:** Correta – O espasmo cadavérico é um sinal abiótico imediato que consiste na rigidez do cadáver no momento da morte, sendo mantida a posição em que se encontrava, antes da ocorrência do relaxamento muscular; **B**, **C** e **D:** Incorretas – A idade do morto, temperatura ambiente e umidade do ar são fatores que podem interferir nos períodos da putrefação. LM

64. Gabarito: B
Comentário: O enforcamento é a morte causada por asfixia mecânica em que o pescoço é constrito por um laço que tem a outra extremidade fixada a uma base e tem como força o próprio corpo da vítima, apresentando sulco único, profundidade variável e direção oblíqua. Por seu turno, o estrangulamento é a morte causada por asfixia mecânica em que o pescoço é entrelaçado por uma corda e tem como força de acionamento uma força estranha ao próprio corpo da vítima, apresentando sulcos transversais e horizontais, podendo ser duplos; esganadura é a constrição do pescoço da vítima pelas próprias mãos do homicida, não deixando sulcos, apenas marcas, escoriações, equimoses e/ou hematomas. LM

65. Gabarito: A
Comentário: **A:** Correta – A finalidade do Instituto Médico Legal é a de elaborar as perícias médico-legais e toxicológicas, cabendo aos médicos legistas os exames necroscópicos, exames de corpo de delito, exumações etc. **B:** Incorreta – Cabe ao Serviço de Verificação de Óbito (SVO) determinar a causa do óbito, nos casos de morte natural, sem suspeita de violência, com ou sem assistência médica, sem esclarecimento diagnóstico e, principalmente aqueles por efeito de investigação epidemiológica, o que para a sociedade é de grande importância, uma vez que pode colocar em evidência os possíveis riscos à saúde que estão em emergência, tanto os já conhecidos quanto os que não são comuns, ou ainda casos de uma doença nova em um determinado local, conforme instituído pelo Decreto 4.967/1931 do Estado de São Paulo; **C** e **D:** Incorretas – O cirurgião ou o plantonista do CTI não são competentes para a declaração de óbito por se tratar de morte violenta. LM

66. Gabarito: D
Comentário: A: incorreta. Partindo do pressuposto de que haveria uma diferença fundamental entre as raças, no que se referia à sua constituição mental, defendeu um tratamento diferenciado no Código Penal Brasileiro para negros, índios e mestiços (produtos das chamadas raças inferiores). B: incorreta. Raimundo Nina Rodrigues (1862-1906) foi um médico brasileiro que nasceu em Vargem Grande, no Maranhão. A partir de casos de crimes, estudou a inferioridade física e mental dos negros e mestiços no Brasil, influenciado por criminalistas da Escola Positiva italiana (Lombroso, Garófalo e Ferri), em especial Lombroso. C: incorreta. Para Nina Rodrigues, a cada fase da evolução social de um povo, corresponderia um tipo específico de criminalidade. Acreditava que qualquer ação seria determinada pelas conexões psíquicas geradas pela experiência, podendo ser mesmo anteriores à existência do indivíduo, pois estavam acumuladas na sua constituição. Concluiu que, a cada fase da evolução da humanidade, diante da comparação raças distintas, corresponderia uma criminalidade própria conforme o grau do desenvolvimento. A homogeneidade da população impossível. Assim, o pressuposto livre arbítrio da Escola Clássica, na qual se baseava o sistema penal brasileiro à época seria inconsistente porque não escaparia das peculiaridades do desenvolvimento evolutivo. A noção de vontade só poderia ser aplicada a um grupo social homogêneo, o que não ocorre na sociedade brasileira. Sustentou que os crimes cometidos por indígenas, negros e mestiços só poderiam ser analisados a partir de um ponto de vista racial, que levasse em conta os valores morais e as noções de justiça vigentes nos seus respectivos grupos. Os selvagens (negros e índios) teriam um código de conduta próprio, estabelecido nos seus locais de origem, diferentes dos códigos de conduta dos povos civilizados, pois conservariam seus usos e costumes selvagens alterados em combinação com as novas aquisições emocionais da civilização que lhes foi imposta, desequilibrando suas ações. No caso dos mestiços, a situação se complicaria, pois poderiam ir desde produto inaproveitável e degenerado até produto válido e capaz de manifestação da atividade mental. Aplicando seus conceitos à realidade do Brasil, a raça negra constituiria um dos fatores da inferioridade do povo brasileiro. D: correta. Para Nina Rodrigues, os negros africanos não seriam melhores, nem piores que os brancos. Apenas pertenceriam a uma outra fase do desenvolvimento intelectual e moral, não atingindo uma mentalidade muito adiantada pela lentidão de evolução. Em sua obra "As raças humanas e a responsabilidade penal no Brasil", afirma que o negro possui instintos brutais característicos dos africanos, é rixoso, violento nas suas impulsões sexuais, podendo sua sensualidade chegar às perversões sexuais mórbidas e dado à embriaguez, o que firma sua índole criminosa. NB

67. Gabarito: B
Comentário: I – Assertiva correta. A teoria da associação diferencial tem como pressuposto a ideia de organização social diferencial, isto é, a existência de associações estruturadas em torno de diferentes interesses e metas no seio da sociedade. Esses interesses e projetos comuns seriam transmitidos pelos membros aos outros que chegassem, criando-se o vínculo de união. Pode ser

que um desses grupos respalde condutas que o processo de aprendizagem ativa ocorra nas relações mais íntimas do indivíduo com seus familiares ou componentes do grupo. Assim, mesmo que o indivíduo tenha contatos variados, inclusive com pessoas que não são favoráveis ao comportamento delitivo, tornar-se-á delinquente quando as definições favoráveis ao delito superassem as desfavoráveis. III – Assertiva incorreta. Para teorias da aprendizagem, o crime resultaria das interações psicossociais do indivíduo com os diversos processos da sociedade. Todas as pessoas teriam potencial para delinquir, sendo maiores as chances nas classes sociais baixas em decorrência das carências, mas os membros das classes médias e altas também poderiam delinquir se suas interações com as instituições forem pobres e destrutivas. IV – Assertiva correta. Partindo da ideia da existência de associações estruturadas em torno de diferentes interesses e metas no seio da sociedade, que pode ser a de cometer crimes, tanto a forma de cometer crimes, como a de se justificar e até os próprios valores criminais seriam transmitidos de uns membros aos outros, criando-se o vínculo de união. NB

68. Gabarito: B
Comentário: questão controvertida

69. Gabarito: A
Comentário: A: correta. A vitimização primária é aquela causada diretamente pelas consequências da infração penal, pelo agente criminoso ao cometer um crime contra um indivíduo. Já a vitimização secundária é causada pela mecânica da justiça penal que trata a vítima com descaso e desconfiança; causando danos sociais e econômicos adicionais, muitas vezes mais nocivas do que o próprio crime. Por fim, a vitimização terciária engloba tanto a vitimização causada pela família, grupo de amigos, colegas de trabalho etc., ou seja, o desamparo da sociedade, como também os casos em que o sistema legal vitimiza o réu ou condenado (condenação equivocada de uma pessoa inocente, por exemplo). B: incorreta. Os delinquentes, considerados pelos positivistas como pessoas anormais, seriam psíquica e biologicamente diferentes dos homens normais. Dessa forma, a vontade e a inteligência não seriam livres ou autônomas para a escolha de soluções contrárias como o bem e o mal, pois fatores internos (biológicos, psicológicos) ou externos (sociais) influenciariam o psiquismo, gerando o comportamento criminoso. Segundo Ferri, o livre arbítrio seria uma ilusão. C: incorreta. Como mera contradição à norma, o crime independeria da personalidade do seu autor e do contexto social. O delinquente não apresentaria qualquer diferença de caráter, sendo igual a todos, indistinto na sociedade. Essa visão, de tendência jusnaturalista, ignorava as diferenças entre os homens. Por ter consciência, inteligência e livre arbítrio, o homem teria como distinguir o bem do mal, tornando-se criminoso por vontade própria. Por isso, o foco está na análise no comportamento do indivíduo. D: incorreta. O controle social deve ser entendido como um conjunto de instituições, estratégias e sanções sociais, orientadas no sentido de promover e garantir que o indivíduo se submeta aos modelos e normas comunitárias. Para garantir a disciplina social, a comunidade conta com as instâncias informais e formais. Os agentes informais são a família, a escola, a profissão, a opinião pública, entre outros. Condicionam através de um longo processo de socialização, interiorizando condutas no indivíduo. Os agentes formais são a polícia, a justiça e a administração penitenciária, que entram em ação quando os agentes informais fracassaram. Atuam de forma coercitiva, impondo sanções qualitativamente diferentes das sociais, estigmatizantes, que conferem ao indivíduo a condição de infrator. NB

70. Gabarito: C
Comentário: questão controvertida

Um agente público foi condenado por ato de improbidade administrativa. Na sentença, determinou-se que o elemento subjetivo do réu, no caso, havia sido culpa grave. Não houve condenação à perda da função pública nem à perda dos direitos políticos.

Considerando essa situação hipotética e o disposto na Lei n.º 8.429/1992 e suas alterações, julgue os itens a seguir.

(1) É correto afirmar que, nessa situação, a conduta do agente que levou à condenação causou dano ao erário.

(2) As penas de perda da função pública e de perda dos direitos políticos tivessem sido aplicadas somente podem ser efetivadas após o trânsito em julgado da sentença condenatória.

(3) Eventual decretação de indisponibilidade de bens poderá recair sobre os bens adquiridos pelo referido agente antes da prática do ato ímprobo, devendo-se considerar, ainda, o valor de possível multa civil como sanção autônoma.

Acerca da responsabilidade civil do Estado, julgue os itens que se seguem.

(4) É subjetiva a responsabilidade civil do Estado decorrente de conduta omissiva imprópria, sendo necessária a comprovação da culpa, do dano e do nexo de causalidade.

(5) Conforme a teoria do risco administrativo, uma empresa estatal dotada de personalidade jurídica de direito privado que exerça atividade econômica responderá objetivamente pelos danos que seus agentes, nessa qualidade, causarem a terceiros, resguardado o direito de regresso contra o causador do dano.

No que concerne a controle da administração pública, julgue os itens subsequentes.

(6) Apenas a Constituição Federal de 1988 pode prever modalidades de controle externo.

(7) O Poder Judiciário pode revogar atos praticados pelo Poder Executivo eivados de ilegalidade.

(8) A reclamação para anular ato administrativo que confronte súmula vinculante é uma modalidade de controle externo da atividade administrativa.

(9) Embora as comissões parlamentares de inquérito estejam, como uma modalidade de controle legislativo, aptas a investigar fatos determinados em prazos determinados, elas são desprovidas de poder condenatório.

Determinado órgão público, por intermédio de seu titular, pretende delegar parte de sua competência administrativa para outro órgão com a mesma estrutura, seguindo os preceitos da Lei Federal n.º 9.784/1999.

Com referência a essa situação hipotética, julgue os itens subsequentes.

(10) Nessa situação, o órgão delegante pertence necessariamente à administração pública federal, e não ao Poder Judiciário ou ao Poder Legislativo.

(11) O órgão delegatário não precisa ser hierarquicamente subordinado ao delegante.

(12) O objeto do ato pode ser a edição de atos normativos.

Foi realizado concurso para o preenchimento de vagas para determinado cargo público, de natureza civil, da administração direta federal. Após a divulgação dos resultados, os aprovados foram nomeados.

Considerando essa situação hipotética e o que dispõe a Lei n.º 8.112/1990, julgue os itens subsecutivos.

(13) É correto afirmar que o cargo público em questão foi criado por lei.

(14) Os aprovados no referido concurso público serão investidos em cargos em comissão mediante posse e somente adquirirão estabilidade se, após três anos de efetivo exercício, forem aprovados no estágio probatório.

(15) O concurso público seria desnecessário se a investidura se destinasse a emprego público na administração indireta federal.

Acerca dos sentidos e das concepções de constituição e da posição clássica e majoritária da doutrina constitucionalista, julgue os itens que se seguem.

(16) A Constituição Federal brasileira pode ser considerada uma constituição-garantia, pois regulamenta, de forma analítica, os assuntos mais relevantes à formação, à destinação e ao funcionamento do Estado.

(17) Quanto ao objeto das constituições, são exemplos tradicionais o estabelecimento do modo de aquisição do poder e a forma de seu exercício.

(18) Sob a ótica da constituição política, um Estado pode ter uma constituição material sem que tenha uma constituição escrita que descreva a sua organização de poder.

Considerando a posição majoritária e atual do Supremo Tribunal Federal (STF), julgue os itens a seguir, a respeito dos fundamentos constitucionais dos direitos e deveres fundamentais, do Poder Judiciário, da segurança pública e das atribuições constitucionais da Polícia Federal.

(19) A falta de estabelecimento penal adequado não autoriza a manutenção do condenado em regime prisional mais gravoso, podendo o juiz da execução autorizar a saída antecipada de sentenciados enquadrados nesse regime em razão da falta de vagas no estabelecimento penal.

(20) O foro por prerrogativa de função estabelecido por uma constituição estadual prevalece sobre a competência constitucional do tribunal do júri.

(21) Como regra, a medida própria para a reparação de eventual abuso da liberdade de expressão é o direito de resposta ou a responsabilização civil, e não a supressão de texto jornalístico por meio de liminar.

(22) Devido ao fato de a Força Nacional de Segurança Pública ser um programa de cooperação federativa ao qual podem aderir os entes federados, é inconstitucional o seu emprego em território de estado-membro sem a anuência de seu governador.

(23) O confisco e a posterior reversão a fundo especial de bem apreendido em decorrência do tráfico ilícito de entorpecentes exigem prova de habitualidade e reiteração do uso do bem para a referida finalidade.

Com base no disposto na Constituição Federal de 1988 (CF), julgue os itens subsequentes.

(24) Compete à Polícia Federal exercer as funções de polícia marítima.

(25) Cabe originariamente ao STF processar e julgar habeas data contra ato de ministro de estado.

(26) Cumpre ao STF julgar o recurso ordinário de habeas corpus decidido em única instância pelo Tribunal Superior Eleitoral (TSE).

(27) Compete à Advocacia-Geral da União exercer as atividades de consultoria e assessoramento jurídico à Polícia Federal.

A respeito do controle de constitucionalidade no sistema constitucional brasileiro, julgue os itens subsequentes.

(28) Conforme o conceito de bloco de constitucionalidade, há normas constitucionais não expressamente incluídas no texto da CF que podem servir como paradigma para o exercício de controle de constitucionalidade.

(29) Para o efeito do conhecimento da reclamação constitucional, o STF admite o uso da teoria da transcendência dos motivos determinantes das ações julgadas em sede de controle concentrado.

(30) É vedado ao Poder Legislativo efetuar o controle de constitucionalidade repressivo de normas em abstrato.

A respeito do domicílio, da responsabilidade civil e das sociedades comerciais, julgue os itens que se seguem.

(31) Se uma pessoa viver, de forma alternada, em diversas residências, qualquer uma delas poderá ser considerada seu domicílio.

(32) Se um terceiro aproximar-se de um autor de um crime que estiver imobilizado pela polícia e acertá-lo com um tiro letal, estará configurada a responsabilidade objetiva do Estado.

(33) A dissolução de sociedade limitada constituída por prazo indeterminado deve ocorrer por consenso unânime dos sócios.

A respeito da jurisdição, da competência e do poder geral de cautela no processo civil, julgue os itens subsequentes.

(34) As características da jurisdição incluem substituir, no caso concreto, a vontade das partes pela vontade do juiz, o que, por sua vez, resolve a lide e promove a pacificação social.

(35) No curso de processo de ação de acidente de trabalho que tramite na justiça estadual, se a União intervier como interessada, o juiz deverá efetuar a remessa dos autos para a justiça federal.

(36) Caso haja fundado receio de que no curso da lide uma parte cause ao direito do réu lesão grave e de difícil reparação, o juiz poderá determinar medida provisória que julgue adequada.

Quatro amigos trabalham juntos há dez anos com a compra e a venda de carros usados. A sociedade não tem registro em junta comercial. Seu funcionamento ocorre em um imóvel de propriedade de Geraldo, sócio que assina todos os contratos da sociedade. A sede é mobiliada com itens de propriedade comum de todos e dispõe de espaço para a exposição de veículos, os quais são comprados pelos quatro sócios conjuntamente, para posterior venda a terceiros. Recentemente, eles passaram a enfrentar dificuldades negociais e problemas financeiros, razão por que os credores começaram a ajuizar ações e fazer cobranças.

Considerando essa situação hipotética, julgue os itens a seguir.

(37) Os sócios em questão respondem solidária e ilimitadamente com seu patrimônio pessoal pelas dívidas da sociedade.

(38) Nessa situação, para tentar superar a fase crítica, os sócios podem pedir a recuperação judicial da empresa.

(39) Geraldo poderá pleitear que a execução de seu imóvel particular por dívidas da sociedade ocorra somente após a execução dos bens sociais.

Luigi, nacional da Itália, passou a residir no Brasil em julho de 2019, logo após o trânsito em julgado de condenação criminal proferida por um tribunal da cidade de Roma. De acordo com a legislação, o Brasil não tem competência para julgar o crime cometido por Luigi, mas a conduta motivadora do decreto condenatório na Itália é considerada crime no Brasil, com previsão de pena de dois anos e seis meses de prisão. Antes da formalização do pedido de extradição, os responsáveis pelo caso no Estado italiano tinham feito às autoridades brasileiras a requisição para a efetivação da prisão cautelar do extraditando, com o objetivo de assegurar a executoriedade da medida, o que foi deferido e cumprido pelo Brasil em outubro de 2019.

Considerando essa situação hipotética, as previsões da Lei n.º 13.445/2017 e a jurisprudência do STF, julgue os itens subsequentes.

(40) Caso deseje, Luigi pode entregar-se ao Estado italiano por meio da extradição voluntária, procedimento que, por seu caráter simplificado e célere, torna desnecessário o pronunciamento prévio do STF.

(41) A extradição de Luigi não poderá ser efetivada sem que a Itália assuma o compromisso de computar o tempo da prisão que tenha sido cumprido no Brasil em razão da decisão cautelar.

(42) O STF poderá, após a análise do caso, determinar que o extraditando responda ao processo de extradição em liberdade, além de impor medidas cautelares diversas da prisão, como a retenção do documento de viagem, até o julgamento definitivo da ação.

(43) A prisão cautelar poderá ser prorrogada até o julgamento final pela autoridade judiciária brasileira competente quanto à legalidade do requerimento estrangeiro, independentemente do momento de formalização do pedido de extradição feito pelo governo italiano ao governo brasileiro.

Tendo como referência a Convenção das Nações Unidas contra o Crime Organizado Transnacional e seu Protocolo Adicional Relativo à Prevenção, Repressão e Punição do Tráfico de Pessoas, em especial mulheres e crianças, julgue os itens a seguir.

(44) Conforme entendimento do Superior Tribunal de Justiça, não é possível a homologação de sentença penal estrangeira que determine o perdimento de imóvel situado no Brasil por considerar que o bem seja produto de infrações previstas na Convenção de Palermo, como, por exemplo, o crime de lavagem de dinheiro.

(45) Conforme o protocolo adicional à Convenção de Palermo, mesmo que não seja usada a força ou outras formas de coação para obter o consentimento, a transferência de uma pessoa com idade inferior a dezoito anos com o objetivo de explorá-la será considerada "tráfico de pessoas".

(46) A pobreza, o subdesenvolvimento e a desigualdade de oportunidades tornam as pessoas, especialmente as mulheres e as crianças, vulneráveis ao tráfico, razão por que devem os Estados-partes reforçar as medidas de combate e esses tipos de fatores sociais.

Com relação aos crimes previstos em legislação especial, julgue os itens a seguir.

(47) A importação de sementes de maconha em pequena quantidade é considerada conduta atípica.

(48) A teoria do domínio do fato permite, isoladamente, que se faça uma acusação pela prática de crimes complexos, como o de sonegação fiscal, sem a descrição da conduta.

(49) É conduta atípica o porte ilegal de arma de fogo de uso permitido com registro de cautela vencido.

(50) A conduta de impedir ou dificultar a regeneração natural de florestas e demais formas de vegetação é delito de natureza permanente.

(51) A antecipação, por delegado da Polícia Federal, por meio de rede social, da atribuição de culpa, antes de concluídas as apurações e formalizada a acusação, caracteriza crime previsto na Lei de Abuso de Autoridade.

No que concerne aos crimes previstos na parte especial do Código Penal, julgue os itens subsequentes.

(52) Em se tratando do crime de falsidade ideológica, o prazo prescricional se reinicia com a eventual reiteração de seus efeitos.

(53) O furto qualificado impede o reconhecimento do princípio da insignificância.

(54) O crime de redução à condição análoga à de escravo pode ocorrer independentemente da restrição à liberdade de locomoção do trabalhador.

(55) A adoção de sistema de vigilância realizado por monitoramento eletrônico, por si só, não torna impossível a configuração do crime de furto.

(56) Em se tratando de crime de extorsão, não se admite tentativa.

Acerca da teoria da pena, julgue os itens que se seguem.

(57) Segundo o Superior Tribunal de Justiça, a determinação da fixação da medida de segurança de internação em hospital de custódia ou em tratamento ambulatorial deve ser vinculada à gravidade do delito perpetrado.

(58) O acórdão confirmatório da condenação interrompe a prescrição.

(59) O inadimplemento da pena de multa não obsta a extinção da punibilidade do apenado.

(60) Na hipótese da prática de furto a residência, se a vítima não se encontrava no local e os autores desconheciam o fato de que ela era idosa, não se aplica a agravante relativa à vítima ser idosa.

Com relação à teoria geral do direito penal, julgue os itens seguintes.

(61) A consciência atual da ilicitude é elemento do dolo, conforme a teoria finalista da ação.

(62) A conduta humana voluntária é irrelevante para a configuração do crime culposo.

(63) A imputabilidade é a possibilidade de se atribuir a alguém a responsabilidade pela prática de uma infração penal.

(64) O dolo eventual é incompatível com a tentativa.

(65) Conforme a autoria de escritório, tanto o agente que dá a ordem como o que cumpre respondem pelo tipo penal.

No que se refere aos crimes contra a administração pública, julgue os próximos itens.

(66) Um médico de hospital particular conveniado ao Sistema Único de Saúde pode ser equiparado a funcionário público, para fins de responsabilização penal.

(67) Na hipótese de crime de peculato doloso, o ressarcimento do dano exclui a punibilidade.

(68) O crime de facilitação de contrabando e descaminho se consuma com a efetiva facilitação, não sendo necessária a consumação do contrabando ou descaminho.

(69) A fuga do réu após a ordem de parada dos policiais para abordagem configura crime de desobediência.

(70) O pagamento do tributo devido extingue a punibilidade do crime de descaminho.

Com relação aos crimes contra a fé pública, julgue os itens que se seguem.

(71) O crime de moeda falsa é incompatível com o instituto do arrependimento posterior.

(72) O indivíduo foragido do sistema carcerário que utiliza carteira de identidade falsa perante a autoridade policial para evitar ser preso pratica o crime de falsa identidade.

(73) O advogado de réu pode vir a responder pelo crime de falso testemunho, na hipótese de induzir testemunha a prestar determinado depoimento.

(74) O funcionário público que faz afirmação falsa em procedimentos de autorização ou de licenciamento ambiental não responde por falsidade ideológica, crime previsto no Código Penal, mas por crime específico previsto na lei de crimes ambientais (Lei n.º 9.605/1998).

Em relação ao disposto na Lei n.º 9.613/1998, que se refere à lavagem de dinheiro, julgue os itens a seguir.

(75) Ficarão suspensos o processo e o curso do prazo prescricional do acusado citado por edital que não comparecer nem constituir advogado.

(76) É requisito específico da denúncia a existência de indícios suficientes da ocorrência do crime antecedente cuja punibilidade não esteja extinta.

(77) No que se refere ao investigado, a autoridade policial terá acesso a dados cadastrais relativos à qualificação pessoal, à filiação e ao endereço mantidos nos bancos de dados da justiça eleitoral, de empresas telefônicas, de instituições financeiras, de provedores de

Internet e de administradoras de cartão de crédito, independentemente de autorização judicial.

(78) Ouvido o Ministério Público, ordens de prisão ou medidas assecuratórias de bens poderão ser suspensas pelo juiz quando a execução imediata dessas ações puder comprometer as investigações.

(79) O crime de lavagem de dinheiro está, consoante a lei, equiparado ao crime hediondo.

Com base na Lei n.º 7.492/1986, que diz respeito aos crimes contra o Sistema Financeiro Nacional, e na Lei n.º 8.137/1990, que se refere aos crimes contra a ordem econômica, tributária e as relações de consumo, julgue os itens que se seguem.

(80) É vedada a intercepção de comunicações telefônicas no caso de crime de operação de câmbio não autorizada com o objetivo de promover a evasão de divisas, em decorrência das penas cominadas para o crime.

(81) Todos os crimes cometidos contra o sistema financeiro nacional que estiverem previstos na Lei n.º 7.492/1986 são de competência da justiça federal.

(82) A gestão fraudulenta e a gestão temerária de instituição financeira são crimes afiançáveis.

(83) Os crimes contra a ordem tributária, a ordem econômica e as relações de consumo previstos na Lei n.º 8.137/1990 submetem-se à ação penal pública incondicionada.

(84) A Súmula Vinculante n.º 24 do STF — que dispõe que não se tipifica crime material contra a ordem tributária, conforme previsto no art. 1.º, incisos I a IV, da Lei n.º 8.137/1990, antes do lançamento definitivo do tributo — não pode ser aplicada a fatos anteriores a sua edição.

(85) A jurisprudência dos tribunais superiores não admite mitigação da Súmula Vinculante n.º 24 do STF.

José, réu primário, foi preso em flagrante acusado de ter praticado crime doloso punível com reclusão de no máximo quatro anos. Na audiência de custódia, o juiz decretou a prisão preventiva de ofício. No entanto, a defesa de José solicitou, em seguida, a reconsideração da decisão, com base no argumento de que a conduta do preso era atípica. O juiz acatou a tese e relaxou a prisão.

Considerando essa situação hipotética, julgue os itens subsequentes.

(86) Em se tratando do crime praticado por José, admite-se a decretação de prisão preventiva.

(87) Nessa situação, a primeira decisão do juiz foi regular, já que os tribunais superiores têm admitido, de ofício, a conversão da prisão em flagrante em prisão preventiva durante a audiência de custódia.

(88) A decisão do juiz, que relaxou a prisão por entender que a conduta de José havia sido atípica, não faz coisa julgada.

(89) Devido à pena prevista para o crime praticado por José, delegados ficam vedados a arbitrar a fiança.

Considerando a posição dos tribunais superiores em relação à competência criminal, julgue os itens subsequentes.

(90) Compete à justiça federal processar e julgar o crime de redução à condição análoga à de escravo.

(91) Em regra, cabe à justiça federal processar e julgar os crimes contra o meio ambiente.

(92) Compete à justiça federal processar e julgar o crime de disponibilizar ou adquirir material pornográfico que envolva criança ou adolescente praticado por meio de troca de informações privadas, como, por exemplo, conversas via aplicativos de mensagens ou chat nas redes sociais.

Quanto à prova criminal, julgue os itens que se seguem.

(93) A confissão do acusado não dispensa a realização do exame de corpo de delito nos casos de crimes não transeuntes.

(94) Na ausência de um perito oficial, a perícia pode ser feita por duas pessoas idôneas portadoras de curso superior, preferencialmente com habilitação técnica relacionada à natureza do exame.

(95) No que se refere ao procedimento de reconhecimento, a pessoa que será reconhecida deverá, se possível, ser posicionada ao lado de outras pessoas com semelhanças físicas, sem número definido de indivíduos, para que, em seguida, a pessoa que tiver de fazer o reconhecimento seja convidada a apontá-la.

(96) É nula a decisão judicial que indefere a oitiva das vítimas do crime arroladas pela defesa.

(97) A ordem judicial de busca domiciliar autoriza o acesso aos dados armazenados no celular apreendido pela autoridade policial.

Após ligação anônima, a polícia realizou busca em determinada casa, onde encontrou pessoas preparando pequenos pacotes de determinada substância — aparentemente entorpecente —, os quais foram apreendidos, além de armas de fogo de alto calibre. Durante a diligência, o delegado, informalmente, realizou entrevistas com as pessoas que estavam no domicílio. Durante essas entrevistas, um dos indivíduos confessou a prática do delito e, posteriormente, colaborou com a identificação dos demais membros da organização criminosa. A partir das informações do colaborador, foi realizada uma ação controlada.

A partir dessa situação hipotética, julgue os próximos itens.

(98) A substância apreendida deve ser submetida à perícia para a elaboração do laudo de constatação provisório da natureza e da quantidade da droga, análise que deve ser realizada por perito, o qual, por sua vez, ficará impedido de elaborar o laudo definitivo.

(99) A ação controlada na investigação da organização criminosa independe de prévia autorização judicial e parecer ministerial.

(100) De acordo com o Supremo Tribunal Federal, a entrevista informalmente conduzida pelo delegado durante a realização da busca domiciliar viola as garantias individuais dos presos.

(101) A busca domiciliar fundamentada em notícia anônima foi válida em razão da descoberta da situação que culminou em flagrante delito.

(102) Devido à colaboração relevante do preso para a identificação da organização criminosa nos autos do inquérito policial, o delegado, com a manifestação do Ministério Público, poderá representar ao juiz pela concessão de perdão judicial.

No que se refere à criminologia, julgue os itens a seguir.

(103) Prevenção primária consiste na implementação de medidas sociais indiretas de prevenção para evitar que fatores exógenos sirvam como estímulo à prática delituosa.

(104) Os objetos da criminologia são o delinquente, a vítima, o controle social e a justiça criminal.

(105) A polícia, o Poder Judiciário e o sistema penitenciário exercem o controle social formal.

No que se refere ao financiamento da seguridade social, julgue os itens subsequentes.

(106) As contribuições sociais do empregador compõem o financiamento da seguridade social e são incidentes sobre a folha de salários, o faturamento e o lucro.

(107) Para a execução do orçamento da seguridade social, o tesouro nacional deve repassar mensalmente os recursos referentes às contribuições sociais incidentes sobre a receita de concursos de prognósticos.

Considerando que determinado servidor público, ocupante de cargo em comissão, esteja preparando-se para o concurso de delegado da Polícia Federal, julgue os itens a seguir.

(108) É correto afirmar que, atualmente, o servidor em questão é segurado facultativo da previdência social.

(109) Caso venha a ser aprovado no concurso almejado, esse servidor poderá requerer a contagem recíproca do tempo de contribuição.

Luzia é segurada da previdência social na categoria empregada e é beneficiária de auxílio-acidente. No ano de 2015, ao atingir a idade mínima para a aposentadoria, ela requereu o benefício ao INSS e, em razão do indeferimento, ajuizou, nesse mesmo ano, ação previdenciária. Na instrução processual, ficou comprovado que alguns períodos de contribuição constantes no sistema do INSS eram falsos, tendo sido dolosamente inseridos no sistema, de forma indevida, para que Luzia obtivesse a vantagem de majoração do tempo de contribuição.

Tendo como referência essa situação hipotética, julgue os itens a seguir.

(110) Caso a aposentadoria de Luzia seja futuramente deferida, será possível a acumulação desse benefício com o auxílio-acidente.

(111) Se for comprovado o ilícito criminal, Luzia poderá responder pela prática do crime de apropriação indébita previdenciária.

(112) O crime configurado na situação narrada é crime próprio, de modo que Luzia só poderá ser penalizada na esfera criminal se ficar comprovada sua coautoria ou coparticipação no referido crime.

(113) O limite de prazo para que Luzia ajuizasse a ação contra o indeferimento administrativo era, de fato, o ano de 2015, já que, por exemplo, se ela tivesse postergado para o ano de 2021, haveria decadência do direito.

Com base no texto da CF e nos princípios e nas normas do direito financeiro, julgue os itens a seguir.

(114) A possibilidade de a emenda parlamentar impositiva alocar recursos a estados e municípios, por meio da transferência especial constitucional, a qual permite o repasse direto sem convênio, só é cabível no caso de emenda individual, e não de emenda de bancada.

(115) É permitida aos estados a vinculação de receitas próprias geradas pela cobrança do IPVA para a prestação de contragarantia à União.

Considerando os princípios e as normas do direito tributário, julgue os itens que se seguem.

(116) Para a instituição de novas taxas, deve-se observar tanto a anterioridade anual quanto a anterioridade nonagesimal.

(117) De acordo com o Código Tributário Nacional, a legislação tributária restringe-se a leis, tratados e convenções internacionais, sendo os decretos e demais atos normativos expedidos por autoridades administrativas considerados normas complementares.

(118) De acordo com o STF, a imunidade tributária aplicável aos livros, quanto ao imposto de importação, alcança os leitores de livros eletrônicos apenas se estes não possuírem funcionalidades acessórias.

(119) O parcelamento e a moratória são hipóteses de suspensão da exigibilidade do crédito tributário.

(120) No caso de o imposto de renda de pessoa jurídica ser tributado com base no lucro real, a apuração dos seus resultados deve ser trimestral.

FOLHA DE RESPOSTAS

1	C	E	41	C	E	81	C	E
2	C	E	42	C	E	82	C	E
3	C	E	43	C	E	83	C	E
4	C	E	44	C	E	84	C	E
5	C	E	45	C	E	85	C	E
6	C	E	46	C	E	86	C	E
7	C	E	47	C	E	87	C	E
8	C	E	48	C	E	88	C	E
9	C	E	49	C	E	89	C	E
10	C	E	50	C	E	90	C	E
11	C	E	51	C	E	91	C	E
12	C	E	52	C	E	92	C	E
13	C	E	53	C	E	93	C	E
14	C	E	54	C	E	94	C	E
15	C	E	55	C	E	95	C	E
16	C	E	56	C	E	96	C	E
17	C	E	57	C	E	97	C	E
18	C	E	58	C	E	98	C	E
19	C	E	59	C	E	99	C	E
20	C	E	60	C	E	100	C	E
21	C	E	61	C	E	101	C	E
22	C	E	62	C	E	102	C	E
23	C	E	63	C	E	103	C	E
24	C	E	64	C	E	104	C	E
25	C	E	65	C	E	105	C	E
26	C	E	66	C	E	106	C	E
27	C	E	67	C	E	107	C	E
28	C	E	68	C	E	108	C	E
29	C	E	69	C	E	109	C	E
30	C	E	70	C	E	110	C	E
31	C	E	71	C	E	111	C	E
32	C	E	72	C	E	112	C	E
33	C	E	73	C	E	113	C	E
34	C	E	74	C	E	114	C	E
35	C	E	75	C	E	115	C	E
36	C	E	76	C	E	116	C	E
37	C	E	77	C	E	117	C	E
38	C	E	78	C	E	118	C	E
39	C	E	79	C	E	119	C	E
40	C	E	80	C	E	120	C	E

GABARITO COMENTADO

1. Certo
Comentário: Certo. A questão está desatualizada, à luz das modificações ocorridas na Lei 8.429/1992 em razão da Lei 14.230/2021. Atualmente, pelo novo regime, a improbidade administrativa somente admite o *dolo* como elemento subjetivo. O mero exercício da função ou desempenho de competências públicas, sem comprovação de ato doloso com fim ilícito, afasta a responsabilidade por ato de improbidade administrativa (art. 1º, § 3º, da Lei 8.429/1992). Antes da alteração legal promovida em 2021, era admitida a culpa nos casos de improbidade que acarretavam dano ao erário (art. 10 da Lei 8.429/1992). RBO

2. ANULADA
Comentário: Anulada. A questão foi anulada, pois faz referência à perda dos direitos políticos. Na verdade, o ordenamento jurídico prevê a sanção de *suspensão dos direitos políticos* (art. 37, § 4º, CF e art. 12 da Lei 8.429/1992). Vale apontar que, de acordo com o regime atual da improbidade administrativa (decorrente da Lei 14.230/2021), as sanções somente podem ser executadas após o trânsito em julgado da sentença condenatória (art. 12, § 9º, da Lei 8.429/1992). RBO

3. Certo
Comentário: Certo. A questão está desatualizada, à luz das modificações ocorridas na Lei 8.429/1992 em razão da Lei 14.230/2021. Atualmente, pelo novo regime, a indisponibilidade apenas pode recair sobre os bens que assegurem exclusivamente o integral ressarcimento do dano ao erário, sem incidir sobre os valores a serem eventualmente aplicados a título de multa civil (art. 16, § 10). Observe-se que esse novo regramento acabou por afastar a jurisprudência do STJ, cujo entendimento considerava, para fins de indisponibilidade, o valor de possível multa civil. RBO

4. ANULADA
Comentário: Anulada. A questão foi anulada pela banca CESPE, que deu a seguinte justificativa: "Embora tenha sido citada no item a jurisprudência STJ, recentemente, o Supremo Tribunal Federal, em precedente com repercussão geral sinalizou – sem enfrentar propriamente o tema – que considera que a responsabilidade civil do estado por omissão imprópria também é objetiva. Sendo assim, o assunto abordado no item é controvertido no âmbito dos tribunais superiores". RBO

5. Errado
Comentário: Errado. O fundamento da teoria do risco administrativo encontra-se no art. 37, § 6º, da Constituição Federal, que assim prescreve: "As pessoas jurídicas de direito público e as de direito privado prestadoras de serviços públicos responderão pelos danos que seus agentes, nessa qualidade, causarem a terceiros, assegurado o direito de regresso contra o responsável nos casos de dolo ou culpa". Verifica-se que estão submetidas à referida teoria as pessoas jurídicas de direito público (como as entidades federativas e as autarquias) e as pessoas jurídicas de direito privado (empresas estatais, p.ex.) caso prestem serviços públicos. Considerando que a questão expressamente assinala que a empresa estatal exerce atividade econômica, inaplicável o dispositivo constitucional e a teoria do risco administrativo. Assim, a afirmativa está errada. RBO

6. Certo
Comentário: Certo. As normas infraconstitucionais não podem criar novas modalidades de controle externo, pois isso violaria o princípio da separação dos poderes (art. 2º da CF). BV

7. Errado
Comentário: Errado. O Poder Judiciário pode *anular* (não revogar) atos praticados pelo Poder Executivo eivados de *ilegalidade*. BV

8. Certo
Comentário: Certo. A reclamação para anular ato administrativo que confronte súmula vinculante, de fato, é uma modalidade de controle externo da atividade administrativa. Quem exerce esse controle não é a própria Administração Pública (Poder Executivo), mas o Judiciário. Por outro lado, o controle interno é aquele realizado dentro do próprio poder em se originou a conduta administrativa e decorre do princípio da autotutela. BV

9. Certo
Comentário: Certo. De fato, as CPIs não têm poder condenatório, apenas investigam. Determina o art. 58, § 3º, da CF que as comissões parlamentares de inquérito, que terão poderes de investigação próprios das autoridades judiciais encaminharão *suas conclusões, se for o caso, ao Ministério Público, para que promova a responsabilidade civil ou criminal dos infratores.* BV

10. Errado

Comentário: Errado. A delegação de competências administrativas, cujo regime está previsto na Lei 9.784/1999 (Lei do Processo Administrativo no âmbito da Administração federal), pode ocorrer tanto no âmbito do Poder Executivo, quanto no do Poder Judiciário e do Legislativo (no exercício da função administrativa). É o que se extrai da própria Lei 9.784/1999, conforme o art. 1º, § 1º, segundo o qual "os preceitos desta Lei também se aplicam aos órgãos dos Poderes Legislativo e Judiciário da União, quando no desempenho de função administrativa". Assim, o exercício de determinadas competências administrativas no âmbito do Judiciário e do Legislativo (exemplo: nomeação de servidores do STF aprovados em concursos públicos) pode ser objeto de delegação. Dessa forma, a afirmativa está errada. RBO

11. Certo

Comentário: Certo. A afirmativa está certa. A delegação da competência administrativa pode ocorrer dentro ou mesmo fora de uma estrutura hierarquizada. É o que se extrai do art. 12 da Lei 9.784/1999: "Um órgão administrativo e seu titular poderão, se não houver impedimento legal, delegar parte da sua competência a outros órgãos ou titulares, ainda que estes não lhe sejam hierarquicamente subordinados, quando for conveniente, em razão de circunstâncias de índole técnica, social, econômica, jurídica ou territorial". Cite-se um exemplo: possível a delegação de atribuições, desde que haja previsão legal, entre a União e uma autarquia federal, embora não haja hierarquia/subordinação entre tais entes. RBO

12. Errado

Comentário: Errado. A afirmativa está errada. De acordo com a Lei 9.784/1999, não pode ser objeto de delegação a edição de atos de caráter normativo (art. 13, inciso I). Também não podem ser delegados: a decisão de recursos administrativos (inciso II) e as matérias de competência exclusiva do órgão ou autoridade (inciso III). RBO

13. Certo

Comentário: Certo. A criação de cargos públicos deve ser feita por meio de lei. É o que dispõe expressamente a Lei 8.112/1990 em seu art. 3º, parágrafo único: "Os cargos públicos, acessíveis a todos os brasileiros, são criados por lei (...)". A própria Constituição Federal impõe a necessidade de lei para a criação de cargos, funções ou empregos públicos (art. 61, § 1º, inciso II, "a"). Assim, a afirmativa está correta. RBO

14. Errado

Comentário: Errado. O item está errado. O provimento para cargo em comissão é livre, ou seja, independe de aprovação em concurso público. É o que estabelece a Constituição Federal: "a investidura em cargo ou emprego público depende de aprovação prévia em concurso público de provas ou de provas e títulos, de acordo com a natureza e a complexidade do cargo ou emprego, na forma prevista em lei, ressalvadas as nomeações para cargo em comissão declarado em lei de livre nomeação e exoneração" (art. 37, inciso II). Os cargos efetivos, por sua vez, são acessíveis mediante concurso público e conferem o direito à estabilidade se, após três anos de efetivo exercício, forem aprovados no estágio probatório (art. 41, "caput", CF). RBO

15. Errado

Comentário: Errado. A assertiva está errada. Segundo o art. 37, inciso II, da Constituição Federal, a investidura em cargo ou *emprego público* depende de aprovação prévia em concurso público. Relevante assinalar que a obrigatoriedade de concurso abrange todas as entidades da Administração, seja a direta, seja a indireta, mesmo aquelas detentoras de personalidade jurídica de direito privado (empresas estatais, p.ex.) e independentemente da função exercida (prestação de serviço público ou exploração de atividade econômica). RBO

16. Errado

Comentário: Errado. Segundo Vicente Paulo e Marcelo Alexandrino, em Direito Constitucional Descomplicado, 20ª Ed, p. 16, a "Constituição-garantia, de texto reduzido (sintética), é Constituição negativa, que tem como principal preocupação a limitação dos poderes estatais, isto é, a imposição de limites à ingerência do Estado na esfera individual. Daí a denominação "garantia", indicando que o texto constitucional preocupa-se em garantir a liberdade, limitando o poder. Desse modo, ao contrário do mencionado na questão, a Constituição brasileira traz conteúdo extenso e em relação a sua finalidade é classificada como Constituição dirigente. Mais uma vez, os mencionados autores definem a dirigente como "aquela que define fins, programas, planos e diretrizes para a atuação futura dos órgãos estatais. É a Constituição que estabelece, ela própria, um programa para dirigir a evolução política do Estado, um ideal social a ser futuramente concretizado pelos órgãos estatais". BV

17. Certo

Comentário: Certo. De fato, o objeto das Constituições tradicionalmente gira em torno do poder, o que inclui, por exemplo, o modo de aquisição, a forma de seu exercício e os limites de atuação do poder do Estado. BV

18. Certo

Comentário: Certo. A ótica da constituição política foi defendida por Carl Schmitt e, de fato, essa concepção admite que um Estado tenha uma constituição material sem a existência de uma constituição escrita que descreva a sua organização de poder. Para Schmitt, a Constituição é a decisão política fundamental de um povo, visando sempre a dois focos estruturais básicos – organização do Estado e efetiva proteção dos direitos fundamentais. BV

19. Certo
Comentário: Certo. É o que determina o enunciado da Súmula Vinculante 56 (STF) e dos parâmetros fixados no RE 641.320/RS. "A falta de estabelecimento penal adequado *não* autoriza a manutenção do condenado em regime prisional mais gravoso. 3. Os juízes da execução penal poderão avaliar os estabelecimentos destinados aos regimes semiaberto e aberto, para qualificação como adequados a tais regimes. São aceitáveis estabelecimentos que não se qualifiquem como "colônia agrícola, industrial" (regime semiaberto) ou "casa de albergado ou estabelecimento adequado" (regime aberto) (art. 33, § 1º, *b* e *c*). No entanto, não deverá haver alojamento conjunto de presos dos regimes semiaberto e aberto com presos do regime fechado. 4. *Havendo déficit de vagas, deverão ser determinados: (i) a saída antecipada de sentenciado no regime com falta de vagas*; (ii) a liberdade eletronicamente monitorada ao sentenciado que sai antecipadamente ou é posto em prisão domiciliar por falta de vagas; (iii) o cumprimento de penas restritivas de direito e/ou estudo ao sentenciado que progride ao regime aberto. Até que sejam estruturadas as medidas alternativas propostas, poderá ser deferida a prisão domiciliar ao sentenciado." [*RE 641.320,* rel. min. *Gilmar Mendes,* P, j. 11 maio 2016, *DJE* 159 de 1º ago. 2016, Tema 423.]. BV

20. Errado
Comentário: Errado. Ao contrário do mencionado, determina a Súmula vinculante 45 (STF) que a competência constitucional do tribunal do *júri prevalece sobre o foro por prerrogativa de função estabelecido exclusivamente pela constituição estadual.* BV

21. Certo
Comentário: Certo. De acordo com o STF, a medida própria para a reparação do eventual abuso da liberdade de expressão é o direito de resposta e não a supressão liminar de texto jornalístico, antes mesmo de qualquer apreciação mais detida quanto ao seu conteúdo e potencial lesivo (Rcl – AgR 28.747). BV

22. Certo
Comentário: Certo. De fato, é necessário o pedido ou a concordância do governador para que a Força de Segurança Pública atue no estado. De acordo com o art. 4º do Decreto nº 5.289/04, a Força Nacional de Segurança Pública poderá ser empregada em qualquer parte do território nacional, mediante solicitação expressa do respectivo Governador de Estado, do Distrito Federal ou de Ministro de Estado. O STF, ao apreciar medida liminar em ação cível originária, decidiu sobre a plausibilidade da alegação de que a norma inscrita no art. 4º do Decreto 5.289/2004, naquilo em que dispensa a anuência do governador de estado (solicitação por Ministro de Estado) no emprego da Força Nacional de Segurança Pública, *viole o princípio da autonomia estadual* (STF. Plenário. ACO 3427 Ref-MC/BA, Rel. Min. Edson Fachin, julgado em 24 set. 2020). BV

23. Errado
Comentário: Errado. Ao contrário do mencionado, *não* há necessidade de prova de habitualidade e reiteração do uso do bem nessa hipótese. De acordo com o STF, no informativo 856, *"é possível o confisco de todo e qualquer bem de valor econômico apreendido em decorrência do tráfico de drogas, sem a necessidade de se perquirir a habitualidade, reiteração do uso do bem para tal finalidade*, a sua modificação para dificultar a descoberta do local do acondicionamento da droga ou qualquer outro requisito além daqueles previstos expressamente no art. 243, parágrafo único, da Constituição Federal (STF. Plenário. RE 638491/PR, Rel. Min. Luiz Fux, julgado em 17 maio 2017 – repercussão geral) (grifos nossos). BV

24. Certo
Comentário: Certo. É o que determina o art. 144, § 1º, III, da CF. A polícia federal, instituída por lei como órgão permanente, organizada e mantido pela União e estruturada em carreira, destina-se, dentre outras funções, a exercer as funções de *polícia marítima,* aeroportuária e de fronteiras. BV

25. Errado
Comentário: Errado. De acordo com o art. 105, I, "b", da CF, a competência para, originalmente, processar e julgar os *habeas data* contra ato de Ministro de Estado, dentre outros, é do *Superior Tribunal de Justiça.* BV

26. Certo
Comentário: Certo. De acordo com o art. 102, II, "a", da CF, compete ao STF julgar, em recurso ordinário o *habeas corpus,* o mandado de segurança, o *habeas data* e o mandado de injunção *decididos em única instância pelos Tribunais Superiores* (ex. TSE), se denegatória a decisão. BV

27. Certo
Comentário: Certo. A Advocacia-Geral da União é a instituição que representa a União judicial e extrajudicialmente (art. 131, *caput*, da CF) e a polícia federal é

organizada e mantida pela União (art. 144, § 1º, da CF), de modo que cabe à AGU exercer as atividades de consultoria e assessoramento jurídico à Polícia Federal. BV

28. Certo

Comentário: Certo. O bloco de constitucionalidade é um instituto que tem por finalidade ampliar o padrão de controle de constitucionalidade. Em sentido amplo, o bloco abrange, por exemplo, princípios, normas, além de direitos humanos reconhecidos em tratados e convenções internacionais incorporados no ordenamento jurídico. BV

29. Errado

Comentário: Errado. Ao contrário do mencionado, o STF *não* admite o uso da teoria da transcendência dos motivos determinantes das ações julgadas em sede de controle concentrado. A teoria adotada pela Suprema Corte foi a restritiva e, portanto, somente a parte dispositiva da decisão vincula. A fundamentação não produz efeito vinculante. BV

30. Errado

Comentário: Errado. Excepcionalmente, ao contrário do mencionado, é possível que o Poder Legislativo efetue o controle de constitucionalidade repressivo de normas em abstrato, por exemplo, quando ele rejeita medida provisória por considerá-la inconstitucional (art. 62, § 5º, da CF) ou quando o Congresso Nacional susta, por meio de decreto legislativo, atos normativos do Poder Executivo que excederam os limites da delegação legislativa (art. 49, V, da CF). BV

31. Certo

Comentário: Certo. A alternativa está correta, nos termos do artigo 71 CC. Quando a pessoa natural tem várias residências onde, alternadamente, viva, considerar-se-á domicílio seu qualquer delas. GR

32. Certo

Comentário: Certo. A alternativa está correta, nos termos do art. 927, parágrafo único CC corroborado ´por entendimento jurisprudencial do STJ, conforme ementa: Civil e administrativo. Responsabilidade civil do estado por omissão. Obrigação de segurança. Pessoa imobilizada pela polícia militar. Morte após violenta agressão de terceiros. Dever especial do estado de assegurar a integridade e a dignidade daqueles que se encontram sob sua custódia. Responsabilidade civil objetiva. Art. 927, parágrafo único, do Código Civil. Cabimento de inversão do ônus da prova do nexo de causalidade. Art. 373, § 1º, do CPC/2015. Histórico da demanda (AREsp 1717869/MG, Rel. Ministro Herman Benjamin, Segunda Turma, julgado em 20.10.2020, DJe 01.12.2020). GR

33. Errado

Comentário: Errado. O quórum para aprovação da dissolução da sociedade por prazo indeterminado é de três quartos do capital social, nos termos do art. 1.076, I, do Código Civil. HS

34. Errado

Comentário: Errado. No exercício da jurisdição, o Estado substitui as partes. Assim, o Estado, com uma atividade sua, substitui as atividades dos litigantes. Contudo, não se trata de substituição pela *vontade do juiz*, mas sim por aquilo previsto no sistema jurídico (vontade da lei). LD

35. Errado

Comentário: Errado. A ação de acidente do trabalho pode ser (i) contra o empregador, com base na responsabilidade civil subjetiva (culpa) – de competência da justiça do trabalho; (ii) contra o INSS, com base na legislação acidentária, independentemente da existência de culpa – da competência da justiça Estadual e não da Federal (por força de previsão constitucional para facilitar o acesso à justiça – CF, art. 109, I, que exclui a competência da Federal). Sendo assim, se a causa está na estadual, trata-se da situação (ii), que já tem ente federal litigando. Assim, se União pedir seu ingresso, isso será por força da chamada intervenção anômala (Art. 5º, parágrafo único, da Lei 9.469/97), a qual não altera a competência para a Federal (STJ, AgInt no REsp 1535789). LD

36. Errado

Comentário: Errado. No caso de risco de lesão, cabe *tutela* provisória, e não *medida* provisória (CPC, art. 294). LD

37. Certo

Comentário: Certo. Trata-se de sociedade em comum, irregular porque não registrou seus atos constitutivos na Junta Comercial. Assim, uma das sanções previstas em lei para essa irregularidade é o fato de todos os sócios responderem solidária e ilimitadamente pelas obrigações sociais (art. 990 do Código Civil). HS

38. Errado

Comentário: Errado. A recuperação judicial só é acessível ao empresário ou à sociedade empresária regulares e com mais de 2 (dois) anos de registro na Junta Comercial, ao teor do art. 48, *caput*, da Lei 11.101/2005. HS

39. Errado

Comentário: Errado. Na situação hipotética apresentada, Geraldo é o sócio que contrata pela sociedade, pois assina os contratos que representam os negócios jurídicos celebrados por ela. Assim, não tem direito ao benefício de ordem e é executado juntamente com a pessoa jurídica, nos termos do art. 990, parte final, do Código Civil. HS

40. Errado

Comentário: Errado: Conforme previsão constante do art. 87 da referida Lei, "O extraditando poderá entregar-se voluntariamente ao Estado requerente, desde que o declare expressamente, esteja assistido por advogado e seja advertido de que tem direito ao processo judicial de extradição e à proteção que tal direito encerra, caso em que o pedido será decidido pelo Supremo Tribunal Federal", ou seja, a decisão caberá ao STF. LM

41. Certo

Comentário: Certo: A assertiva está de acordo com o previsto no art. 96, II, da Lei nº 13.445/2017. LM

42. Certo

Comentário: Certo: A afirmativa está de acordo com a previsão do art. 86 da mencionada Lei, que prevê: "O Supremo Tribunal Federal, ouvido o Ministério Público, poderá autorizar prisão albergue ou domiciliar ou determinar que o extraditando responda ao processo de extradição em liberdade, com retenção do documento de viagem ou outras medidas cautelares necessárias, até o julgamento da extradição ou a entrega do extraditando, se pertinente, considerando a situação administrativa migratória, os antecedentes do extraditando e as circunstâncias do caso". LM

43. Errado

Comentário: Errado: Prevê o art. 84, § 5º, que "Caso o pedido de extradição não seja apresentado no prazo previsto no § 4º, o extraditando deverá ser posto em liberdade, não se admitindo novo pedido de prisão cautelar pelo mesmo fato sem que a extradição tenha sido devidamente requerida". Portanto, em caso de inobservância do prazo, inviável a prorrogação da prisão cautelar. LM

44. Errado

Comentário: Errado. Ao contrário, é possível a homologação de sentença penal estrangeira que determine o perdimento de imóvel situado no Brasil em razão de o bem ser produto do crime de lavagem de dinheiro (Informativo 586 STJ, 2016). RF

45. Certo

Comentário: Certo. Art. 3º do Protocolo Adicional Relativo à Prevenção, Repressão e Punição do Tráfico de Pessoas, em especial mulheres e crianças. RF

46. Certo

Comentário: Certo. Art. 9º, ponto 4, do Protocolo Adicional Relativo à Prevenção, Repressão e Punição do Tráfico de Pessoas, em especial mulheres e crianças. RF

47. Certo

Comentário: correta. Para o STF, e também para o STJ, a importação de sementes de maconha em pequena quantidade, ante a ausência do princípio ativo THC, deve ser considerada conduta atípica. Nesse sentido, conferir: "I - No julgamento conjunto do HC 144.161/SP e HC 142.987/SP, ambos da relatoria do Ministro Gilmar Mendes, a Segunda Turma desta Suprema Corte firmou orientação jurisprudencial no sentido de que deve ser rejeitada a denúncia ou trancada a ação penal por ausência de justa causa nos casos em que o réu importa pequena quantidade de sementes de cannabis sativa (maconha). II – Agravo a que se nega provimento." (HC 173346 AgR, Relator(a): Ricardo Lewandowski, Segunda Turma, julgado em 04/10/2019, Processo Eletrônico DJe-225 Divulg 15-10-2019 Public 16-10-2019). No STJ: "1. O conceito de "droga", para fins penais, é aquele estabelecido no art. 1.º, parágrafo único, c.c. o art. 66, ambos da Lei n.º 11.343/2006, norma penal em branco complementada pela Portaria SVS/MS n.º 344, de 12 de maio de 1998. Compulsando a lista do referido ato administrativo, do que se pode denominar "droga", vê-se que dela não consta referência a sementes da planta Cannabis Sativum. 2. O Tetrahidrocanabinol - THC é a substância psicoativa encontrada na planta Cannabis Sativum, mas ausente na semente, razão pela qual esta não pode ser considerada "droga", para fins penais, o que afasta a subsunção do caso a qualquer uma das hipóteses do art. 33, caput, da Lei n.º 11.343/2006. 3. Dos incisos I e II do § 1.º do art. 33 da mesma Lei, infere-se que "matéria-prima" ou "insumo" é a substância utilizada "para a preparação de drogas". A semente não se presta a tal finalidade, porque não possui o princípio ativo (THC), tampouco serve de reagente para a produção de droga. 4. No mais, a Lei de regência prevê como conduta delituosa o semeio, o cultivo ou a colheita da planta proibida (art. 33, § 1.º, inciso II; e art. 28, § 1.º). Embora a semente seja um pressuposto necessário para a primeira ação, e a planta para as demais, a importação (ou qualquer dos demais núcleos verbais) da semente não está descrita como conduta típica na Lei de Drogas. 5. A conduta de importar pequena quantidade de sementes de maconha é atípica, consoante precedentes do STF: HC 144161, Rel. Ministro Gilmar Mendes, Segunda Turma, julgado em 11/09/2018, Processo Eletrônico DJe-268 Divulg 13-12-2018 Public 14-12-2018; HC 142987, Relator Min. Gilmar Mendes, Segunda Turma, julgado em 11/09/2018, Processo Eletrônico DJe-256 Divulg 29-11-2018 Public 30-11-2018; no mesmo sentido, a decisão monocrática nos autos do HC 143.798/SP, Relator Min. Roberto Barroso, publicada no DJe de 03/02/2020, concedendo a ordem "para determinar o trancamento da ação penal, em razão da ausência de justa causa". Na mesma ocasião, indicou Sua Excelência, "ainda nesse sentido, as seguintes decisões monocráticas: HC 173.346, Rel. Min. Ricardo Lewandowski; HC 148.503, Min. Celso de Mello; HC 143.890, Rel. Min. Celso de Mello; HC 140.478, Rel. Min. Ricardo Lewadowski; HC 149.575, Min. Edson Fachin; HC 163.730, Relª. Minª. Cármen Lúcia." 6. Embargos de divergência acolhidos, para determinar o trancamento da ação penal em tela, em razão da atipicidade da conduta." (EREsp 1624564/SP, Rel. Ministra Laurita Vaz, Terceira Seção, julgado em 14/10/2020, DJe 21/10/2020). 🔲

48. Errado
Comentário: errada. Ao contrário do que se afirma, a teoria do domínio do fato não autoriza, isoladamente, que se faça uma acusação pela prática de crimes complexos, como o de sonegação fiscal, sem a descrição da conduta. Nesse sentido: "1. A teoria do domínio do fato funciona como uma ratio, a qual é insuficiente, por si mesma para aferir a existência do nexo de causalidade entre o crime e o agente. É equivocado afirmar que um indivíduo é autor porque detém o domínio do fato se, no plano intermediário ligado à realidade, não há nenhuma circunstância que estabeleça o nexo entre sua conduta e o resultado lesivo. 2. Não há, portanto, como considerar, com base na teoria do domínio do fato, que a posição de gestor, diretor ou sócio administrador de uma empresa implica a presunção de que houve a participação no delito, se não houver, no plano fático-probatório, alguma circunstância que o vincule à prática delitiva. 3. Na espécie, a acusada assumiu a propriedade da empresa de composição gráfica personalizada, em virtude do súbito falecimento de seu cônjuge. Movida pela pouca experiência para a condução da empresa, delegou as questões tributárias aos gerentes com conhecimento técnico especializado, bem como a empresas de consultoria. Tal constatação, longe de representar incursão no plano fático, é reconhecida, de modo incontroverso, pelas instâncias ordinárias, que concluíram pela ação equivocada na contratação e na delegação da condução fiscal da empresa. 4. Diante desse quadro, não há como imputar-lhe o delito de sonegação de tributo com base, única e exclusivamente, na teoria do domínio do fato, máxime porque não houve descrição de nenhuma circunstância que indique o nexo de causalidade, o qual não pode ser presumido. 5. O delito de sonegação fiscal, previsto no art. 1º, II, da Lei n. 8.137/1990, exige, para sua configuração, que a conduta do agente seja dolosa, consistente na utilização de procedimentos (fraude) que violem de forma direta a lei ou o regulamento fiscal,

com objetivo de favorecer a si ou terceiros, por meio da sonegação. Há uma diferença inquestionável entre aquele que não paga tributo por circunstâncias alheias à sua vontade de pagar (dificuldades financeiras, equívocos no preenchimento de guias etc.) e quem, dolosamente, sonega o tributo com a utilização de expedientes espúrios e motivado por interesses pessoais. 6. Na hipótese, o quadro fático descrito na imputação é mais indicativo de conduta negligente ou imprudente. A constatação disso é reforçada pela delegação das operações contábeis sem a necessária fiscalização, situação que não se coaduna com o dolo, mas se aproxima da culpa em sentido estrito, não prevista no tipo penal em questão. 7. Recurso especial provido para absolver a acusada." (STJ, REsp 1854893/SP, Rel. Ministro Rogerio Schietti Cruz, Sexta Turma, julgado em 08/09/2020, DJe 14/09/2020). 🔲

49. Errado
Comentário: errada. A atipicidade somente será verificada, na hipótese de o registro encontrar-se vencido, se se tratar de *posse* de arma de fogo, não abrangendo, portanto, o *porte*. Conferir: "1. "O entendimento firmado pelo Superior Tribunal de Justiça no julgamento da APn n. 686/AP (Rel. Ministro João Otávio De Noronha, Corte Especial, DJe 29/10/2015) é restrito ao delito de posse ilegal de arma de fogo de uso permitido (art. 12 da Lei 10.826/2003), não se aplicando ao crime de porte ilegal de arma de fogo (art. 14 da Lei 10.826/2003), muito menos ao delito de porte ilegal de arma de fogo de uso restrito (art. 16 da Lei 10.826/2003), cujas elementares são diversas e a reprovabilidade mais intensa" (RHC n. 63.686/DF, relator Ministro Reynaldo Soares Da Fonseca, Quinta Turma, DJe 22/2/2017). 2. Agravo regimental a que se nega provimento." "(STJ, AgRg no AREsp 885.281/ES, Rel. Ministro Antonio Saldanha Palheiro, Sexta Turma, julgado em 28/04/2020, DJe 08/05/2020). 🔲

50. Certo
Comentário: certa. Diz-se que o crime do art. 48 da Lei 9.605/1998 é de natureza permanente porquanto a sua consumação se prolonga no tempo por vontade do agente. Na jurisprudência: "Agravo regimental no recurso extraordinário com agravo. 2. Penal e Processual Penal. Art. 48 da Lei 9605/1998 (impedir ou dificultar a regeneração natural de florestas e demais formas de vegetação). Denúncia. 3. Ausência de prequestionamento. Incidência dos enunciados 282 e 356 da Súmula do STF. 4. Alegação de violação ao artigo 93, inciso IX, da CF. Não ocorrência. Acórdão recorrido suficientemente motivado. 5. Prescrição. Pleito que demanda reexame do conjunto fático-probatório dos autos (Súmula 279/STF) e da interpretação da legislação infraconstitucional. 6. O crime previsto no art. 48 da Lei n. 9.605/1998 é de

natureza permanente, de modo que o prazo prescricional inicia-se com a cessação da conduta delitiva. Precedentes. 7. Ausência de argumentos capazes de infirmar a decisão agravada. 8. Agravo regimental a que se nega provimento." (STF, ARE 923296 AgR, Relator(a): Gilmar Mendes, Segunda Turma, julgado em 10/11/2015, Acórdão eletrônico DJe-236 Divulg 23-11-2015 Public 24-11-2015). ED

---

51. Certo

Comentário: certa. A conduta consistente em a autoridade policial responsável pelas investigações antecipar, por meio de comunicação, inclusive rede social, atribuição de culpa, antes de concluídas as apurações e formalizada a acusação, configura o crime do art. 38 da Lei 13.869/2019 (nova Lei de Abuso de Autoridade). ED

---

52. Errado

1: Errado. Conferir: "4. O delito de falsidade ideológica é de natureza formal e instantâneo, cujos efeitos podem vir a se protrair no tempo. Não obstante os efeitos que possam vir a ocorrer em momento futuro, a conduta se consuma no momento em o agente omite ou insere declaração falsa ou diversa da que deveria estar escrita em documento público ou particular. 5. Sobre esse tema, a Terceira Seção, ao julgar a Revisão Criminal n. 5.233/DF, decidiu que o termo inicial da contagem do prazo de prescrição da pretensão punitiva nos crimes de falsidade ideológica é o momento de sua consumação, e não da eventual reiteração de seus efeitos. 6. De mais a mais, é necessário ter cuidado ao interpretar extensivamente dispositivos da lei penal, sobretudo quando o resultado trouxer prejuízos ao réu. Neste caso, o art. 111, inciso IV, do Código Penal trata apenas dos crimes de bigamia e de falsificação ou alteração de assentamento do registro civil, previstos nos arts. 235 e art. 299, parágrafo único, do Código Penal, de modo que o entendimento adotado pelo Tribunal *a quo* deve ser tomado com reservas, por criar mais uma hipótese de postergação do prazo prescricional não expressa no citado dispositivo. 7. Agravo regimental provido" (STJ, AgRg no RHC 148.651/SP, Rel. Ministro REYNALDO SOARES DA FONSECA, QUINTA TURMA, julgado em 17/08/2021, DJe 20/08/2021). ED

---

53. ANULADA

Comentário: Anulada. Conferir: "2. De acordo com a orientação traçada pelo Supremo Tribunal Federal, a aplicação do princípio da insignificância demanda a verificação da presença concomitante dos seguintes vetores (a) a mínima ofensividade da conduta do agente, (b) a nenhuma periculosidade social da ação, (c) o reduzidíssimo grau de reprovabilidade do comportamento e (d) a inexpressividade da lesão jurídica provocada.

3. O princípio da insignificância é verdadeiro benefício na esfera penal, razão pela qual não há como deixar de se analisar o passado criminoso do agente, sob pena de se instigar a multiplicação de pequenos crimes pelo mesmo autor, os quais se tornariam inatingíveis pelo ordenamento penal. Imprescindível, no caso concreto, porquanto, de plano, aquele que é contumaz na prática de crimes não faz jus a benesses jurídicas. 4. Na espécie, a conduta é referente a um furto qualificado pelo concurso de agentes de produtos alimentícios avaliados em R$ 62,29. 5. Assim, muito embora a presença da qualificadora possa, à primeira vista, impedir o reconhecimento da atipicidade material da conduta, a análise conjunta das circunstâncias demonstra a ausência de lesividade do fato imputado, recomendando a aplicação do princípio da insignificância" (STJ, HC 553.872/SP, Rel. Ministro REYNALDO SOARES DA FONSECA, QUINTA TURMA, julgado em 11/02/2020, DJe 17/02/2020). A anulação ocorreu sob a justificativa de que julgados posteriores a este adotam entendimento diverso. ED

---

54. Certo

Comentário: Certo. De fato, a restrição à liberdade de locomoção do trabalhador constitui uma das formas de cometimento do crime art. 149 do CP. Significa dizer que a redução a condição análoga à de escravo pode se dar por outros meios, como, por exemplo, submeter a vítima a trabalhos forçados ou a jornada exaustiva ou sujeitá-la a situação degradante de trabalho. ED

---

55. Certo

Comentário: Certo. O chamado *furto sob vigilância* pode, em determinadas situações, a depender do caso concreto, caracterizar *crime impossível* pela *ineficácia absoluta do meio* (art. 17 do CP). É o caso, por exemplo, do agente que, desde o momento em que ingressa no supermercado, passa a ser permanentemente vigiado por sistema de câmeras e também por seguranças, que ficam o tempo todo no seu encalço. Não há, neste caso, a menor possibilidade de o crime consumar-se. Isso não quer dizer que a existência, por si só, de sistema de segurança por câmeras e de funcionários elimine a possibilidade de o crime chegar à sua consumação. É perfeitamente plausível que o agente se aproveite de determinado ângulo de monitoramento em que a subtração não é visualizada pelo sistema de câmeras. Dessa forma, a ineficácia do meio deve ser avaliada caso a caso. Nesse sentido: STF, HC 110.975-RS, 1ª T., rel. Min. Cármen Lúcia, 22.05.2012. Consagrando esse entendimento, o STJ editou a Súmula n. 567: "Sistema de vigilância realizado por monitoramento eletrônico ou por existência de segurança no interior de estabelecimento comercial, por si só, não torna impossível a configuração do crime de furto". **5:** Errado. Embora se trate de crime formal (Súmula 96, STJ), a tentativa é plenamente aceitável. Exemplo: a vítima é constrangida a entregar a carteira e, quando prestes a fazê-lo, recebe auxílio da polícia. ⬛ED

56. Errado

Comentário: Errado. Embora se trate de crime formal (Súmula 96, STJ), a tentativa é plenamente aceitável. Exemplo: a vítima é constrangida a entregar a carteira e, quando prestes a fazê-lo, recebe auxílio da polícia. ⬛ED

57. Errado

Comentário: Errado. Para o STJ, a determinação da fixação da medida de segurança de internação em hospital de custódia ou em tratamento ambulatorial deve ser vinculada à periculosidade do agente, e não à gravidade do delito que cometeu. Conferir: "2. A medida de segurança é utilizada pelo Estado na resposta ao comportamento humano voluntário violador da norma penal, pressupondo agente inimputável ou semi-imputável. 3. A Terceira Seção deste Superior Tribunal de Justiça, por ocasião do julgamento dos Embargos de Divergência 998.128/MG, firmou o entendimento de que, à luz dos princípios da adequação, da razoabilidade e da proporcionalidade, em se tratando de delito punível com reclusão, é facultado ao magistrado a escolha do tratamento mais adequado ao inimputável, nos termos do art. 97 do Código Penal, não devendo ser considerada a natureza da pena privativa de liberdade aplicável, mas sim a periculosidade do agente. 4. Considerando que a medida de internação foi aplicada ao paciente em razão da gravidade do delito praticado e do fato de a pena corporal a ele imposta ser de reclusão, sem que nada de concreto tenha sido explicitado acerca de sua eventual periculosidade social, sendo certo que se trata de agente primário, sem qualquer envolvimento anterior com a prática delitiva, ou notícia de que tenha reiterado no crime, é cabível o abrandamento da medida de segurança, sendo suficiente e adequado o tratamento ambulatorial. 5. Habeas corpus não conhecido. Ordem concedida, de ofício, para aplicar ao paciente a medida de segurança de tratamento ambulatorial, a ser implementada pelo Juízo da Execução" (HC 617.639/SP, Rel. Ministro RIBEIRO DANTAS, QUINTA TURMA, julgado em 09/02/2021, DJe 12/02/2021). ⬛ED

58. Certo

Comentário: Certo. De fato, o acórdão condenatório sempre interrompe a prescrição, mesmo que se trate de decisão confirmatória da sentença de primeira instância. Nesse sentido, o Plenário do STF, ao julgar o HC 176.473-RR, decidiu, com base no art. 117, IV, do CP, que não há distinção entre acórdão condenatório inicial e acórdão condenatório confirmatório da decisão, constituindo marco interruptivo da prescrição punitiva estatal. ⬛ED

59. Errado

Comentário: Errado. Em regra, o inadimplemento da pena de multa obsta, sim, a extinção da punibilidade do apenado. Sucede que a Terceira Seção do STJ, ao julgar o REsp 1.785.861/SP, da relatoria do Ministro Rogério Schietti Cruz, adotou o entendimento no sentido de que "Na hipótese de condenação concomitante a pena privativa de liberdade e multa, o inadimplemento da sanção pecuniária, pelo condenado que comprovar impossibilidade de fazê-lo, não obsta o reconhecimento da extinção da punibilidade". Essa tese foi fixada pela Terceira Seção do STJ ao revisar o entendimento anteriormente firmado pelo Tribunal no Tema 931. Com isso, ficou estabelecido, em relação a este tema, um tratamento diferenciado para os condenados que comprovadamente não têm condições de suportar o pagamento da multa. ⬛ED

60. Certo

Comentário: Certo. Conferir: "3. Por se tratar de agravante de natureza objetiva, a incidência do art. 61, II, "h", do CP independe da prévia ciência pelo réu da idade da vítima, sendo, de igual modo, desnecessário perquirir se tal circunstância, de fato, facilitou ou concorreu para a prática delitiva, pois a maior vulnerabilidade do idoso é presumida. 4. Hipótese na qual não se verifica qualquer nexo entre a ação do paciente e a condição de vulnerabilidade da vítima, pois o furto qualificado pelo arrombamento à residência ocorreu quando os proprietários não se encontravam no imóvel, já que a residência foi escolhida de forma aleatória, sendo apenas um dos locais em que o agente praticou furto em continuidade delitiva. De fato, os bens subtraídos poderiam ser de propriedade de qualquer pessoa, nada indicando a condição de idoso do morador da casa invadida. 5. Configurada a excepcionalidade da situação, deve ser afastada a agravante relativa ao crime praticado contra idoso, prevista no art. 61, II, 'h', do Código Penal. 6. *Writ* não conhecido. Ordem concedida, de ofício, para, afastando a incidência da agravante prevista no art. 61, II, 'h', do Código Penal, reduzir a pena do paciente, fixando-a em 2 anos, 4 meses e 24 dias de reclusão, mais o pagamento de 12 dias-multa" (STJS, HC 593.219/SC, Rel. Ministro RIBEIRO DANTAS, QUINTA TURMA, julgado em 25/08/2020, DJe 03/09/2020). ⬛ED

61. Errado

Comentário: Errado. Segundo a teoria finalista, incorporada ao direito pátrio com a reforma a que foi submetida a Parte Geral do Código Penal, de 1984, não se pode apartar a ação da vontade do agente. Conduta, assim, deve ser entendida como o comportamento humano, voluntário e consciente, voltado a uma finalidade. Daí a denominação teoria *finalista*. A partir dessa nova concepção, o dolo e a culpa, até então inseridos no campo da culpabilidade, passaram a integrar a conduta, que constitui o primeiro elemento do fato típico. Dessa forma, se não há dolo nem culpa, não há conduta; se não há conduta, não há fato típico; se não há fato típico, logo não haverá crime. O dolo, com isso, ganhou novos contornos, deixando de ser normativo para ser natural, isto é, deixou de conter a consciência da ilicitude, que migrou para a culpabilidade. Esta, por sua vez, até então real, passa a ser potencial (potencial consciência da ilicitude). Ou seja, não mais se exige o conhecimento efetivo do agente a respeito do caráter ilícito do fato típico, bastando que ele tenha a possibilidade de compreendê-lo como tal. 🔲

62. Errado
Comentário: Errado. O delito culposo pressupõe uma *conduta humana voluntária*. Involuntário, nesta modalidade de crime, é o resultado, não a conduta, que, repita-se, deve, no crime culposo, ser voluntária. A propósito, são elementos do fato típico culposo: conduta humana voluntária (ação/omissão), inobservância do cuidado objetivo (imprudência/negligência/imperícia), previsibilidade objetiva (assim entendida a possibilidade de o homem médio prever o resultado), ausência de previsão (significa que o agente, em regra, não prevê o resultado objetivamente previsível. É a chamada culpa inconsciente; agora, se o agente tiver a previsão do resultado, fala-se, então, em culpa consciente), resultado involuntário, nexo de causalidade e tipicidade. À falta de algum desses requisitos, o fato será atípico. 🔲

63. Certo
Comentário: Certo. De fato, a assertiva contém o conceito de imputabilidade, que é um dos elementos da culpabilidade. 🔲

64. Errado
Comentário: Errado. A despeito de haver divergência doutrinária acerca do tema, prevalece o entendimento no sentido de que é cabível a tentativa nos crimes cometidos com dolo eventual, que é equiparado pelo art. 18, I, do CP, no que concerne ao seu tratamento, ao dolo direto. Na jurisprudência: "II – Não se pode generalizar a exclusão do dolo eventual em delitos praticados no trânsito. Na hipótese, em se tratando de pronúncia, a desclassificação da modalidade dolosa de homicídio para a culposa deve ser calcada em prova por demais sólida. No *iudicium accusationis*, inclusive, a eventual dúvida não favorece o acusado, incidindo, aí, a regra exposta na velha parêmia *in dubio pro societate*. III – O dolo eventual, na prática, não é extraído da mente do autor mas, isto sim, das circunstâncias. Nele, não se

exige que o resultado seja aceito como tal, o que seria adequado ao dolo direto, mas isto sim, que a aceitação se mostre no plano do possível, provável. IV – Na hipótese, o paciente foi pronunciado por homicídio doloso (dolo eventual), uma vez que, conduzindo veículo automotor com velocidade excessiva, sob o efeito de álcool e substância entorpecente, não parou em cruzamento no qual não tinha preferência e atingiu a vítima, que andava de motocicleta, a qual só não veio a óbito por rápida e eficiente intervenção médica. V – "Consoante reiterados pronunciamentos deste Tribunal de Uniformização Infraconstitucional, o deslinde da controvérsia sobre o elemento subjetivo do crime, especificamente, se o acusado atuou com dolo eventual ou culpa consciente, fica reservado ao Tribunal do Júri, juiz natural da causa, onde a defesa poderá desenvolver amplamente a tese contrária à imputação penal" (AgRg no REsp n. 1.240.226/SE, Quinta Turma, Rel. Min. Reynaldo Soares da Fonseca, DJe de 26/10/2015). Precedentes do STF e do STJ. VI - As instâncias ordinárias, com amparo nas provas constantes dos autos, inferiram que há indícios suficientes de autoria e materialidade a fundamentar a r. decisão de pronúncia do ora paciente, por homicídio tentado com dolo eventual, de modo que entender em sentido contrário demandaria, impreterivelmente, cotejo minucioso de matéria fático-probatória, o que é vedado em sede de *habeas corpus* (precedentes). VII – Não é incompatível o crime de homicídio tentado com o dolo eventual, neste sentido é iterativa a jurisprudência desta Corte: "No que concerne à alegada incompatibilidade entre o dolo eventual e o crime tentado, tem-se que o Superior Tribunal de Justiça possui jurisprudência no sentido de que "a tentativa é compatível com o delito de homicídio praticado com dolo eventual, na direção de veículo automotor" (AgRg no REsp 1322788/SC, Rel. Ministro Sebastião Reis Júnior, Sexta Turma, julgado em 18/06/2015, DJe 03/08/2015). VIII – Esta Corte firmou orientação no sentido de que, ao se prolatar a decisão de pronúncia, as qualificadoras somente podem ser excluídas quando se revelarem manifestamente improcedentes. *Habeas corpus* não conhecido" (STJ, HC 503.796/RS, Rel. Ministro LEOPOLDO DE ARRUDA RAPOSO (DESEMBARGADOR CONVOCADO DO TJ/PE), QUINTA TURMA, julgado em 01/10/2019, DJe 11/10/2019). 🔲

65. Certo
Comentário: Certo. Ao tratar da chamada autoria de escritório, Cleber Masson define autor de escritório como sendo *o agente que transmite a ordem a ser executada por outro autor direto, dotado de culpabilidade e passível de ser substituído a qualquer momento por outra pessoa, no âmbito de uma organização ilícita de poder*. Em seguida, se vale do seguinte exemplo: *o líder do PCC (Primeiro Comando da Capital), em São Paulo,*

ou do CV (Comando Vermelho), no Rio de Janeiro, dá as ordens a serem seguidas por seus comandados. É ele o autor de escritório, com poder hierárquico sobre seus "soldados" (essa modalidade de autoria também é muito comum nos grupos terroristas). (Direito Penal Esquematizado – parte geral, 8. ed. São Paulo: Método, 2014. p. 541). ED

66. Certo

Comentário: Certo. De fato, o médico conveniado do SUS é considerado, para os fins penais, funcionário público. Dessa forma, se ele, médico, por exemplo, exigir dinheiro (pagamento indevido) para realizar cirurgia, cometerá o crime de concussão (art. 316 do CP), delito próprio do *intraneus.* ED

67. Errado

Comentário: Errado. A reparação do dano, desde que promovida antes da sentença irrecorrível, somente tem o condão de extinguir a punibilidade no crime de peculato culposo (não inclui a modalidade dolosa), nos termos do art. 312, § 3º, do CP. Segundo este mesmo dispositivo, se a reparação se der após a sentença transitada em julgado, a pena imposta será reduzida de metade, o que também tem aplicação exclusiva no peculato culposo, descrito no art. 312, § 2º, CP.ED

68. Certo

Comentário: Certo. De fato, o crime de facilitação de contrabando ou descaminho, definido no art. 318 do CP, alcança a sua consumação com a concreção da conduta descrita no tipo, que corresponde à facilitação. Cuida-se, portanto, de delito formal, em que não se exige a produção de resultado naturalístico consistente na efetiva prática do contrabando ou descaminho. ED

69. Certo

Comentário: Certo. É tranquilo o entendimento, tanto na doutrina quanto na jurisprudência, no sentido de que o crime de desobediência (art. 330, CP) não se configura na hipótese de haver como consequência para o ato de recalcitrância penalidade de natureza civil ou administrativa. Cuida-se, portanto, de tipo penal subsidiário. Nessa esteira, conferir: "1. O crime de desobediência é um delito subsidiário, que se caracteriza nos casos em que o descumprimento da ordem emitida pela autoridade não é objeto de sanção administrativa, civil ou processual" (AgRg no REsp 1476500/DF, Rel. Ministro Walter de Almeida Guilherme (desembargador convocado do TJ/SP), Quinta Turma, julgado em 11.11.2014, *DJe* 19.11.2014). O STJ, em edição de n. 114 da ferramenta *Jurisprudência em Teses*, publicou, sobre este tema, a seguinte tese: "Desobediência a ordem de parada dada pela autoridade de trânsito ou por seus agentes, ou por

policiais ou por outros agentes públicos no exercício de atividades relacionadas ao trânsito, não constitui crime de desobediência, pois há previsão de sanção administrativa específica no art. 195 do CTB, o qual não estabelece a possibilidade de cumulação de punição penal". ED

70. Errado

Comentário: Errado. Em razão da natureza formal do delito de descaminho (art. 334, CP), o pagamento ou mesmo o parcelamento dos débitos tributários não tem o condão de extinguir a punibilidade. Nesse sentido, conferir: "Cuidando-se de crime formal, mostra-se irrelevante o parcelamento e pagamento do tributo, não se inserindo, ademais, o crime de descaminho entre as hipóteses de extinção da punibilidade listadas na Lei n. 10.684/2003" (STJ, AgRg no REsp 1810491/SP, Rel. Ministro NEFI CORDEIRO, SEXTA TURMA, julgado em 27/10/2020, REPDJe 12/11/2020, DJe 03/11/2020). ED

71. Certo

Comentário: Certo. Para atender ao requisito da reparação do dano ou da restituição da coisa, contido no art. 16 do CP, é de rigor que se trate de crime patrimonial ou, ao menos, que o delito possua efeitos patrimoniais, não sendo este o caso do crime de moeda falsa, cuja consumação é alcançada com a falsificação da moeda, pouco importando se tal conduta acarretou prejuízos patrimoniais para terceiros. Ensina Guilherme de Souza Nucci que *a causa de diminuição de pena prevista neste artigo exige, para sua aplicação, que o crime seja patrimonial ou possua efeitos patrimoniais. Afinal, somente desse modo seria sustentável falar em reparação do dano ou restituição da coisa. Em uma hipótese de homicídio, por exemplo, não teria o menor cabimento aplicar o arrependimento posterior, uma vez que não há nada que possa ser restituído ou reparado. No furto, ao contrário, caso o agente devolva a coisa subtraída ou pague à vítima indenização correspondente ao seu valor, torna-se viável a diminuição da pena. Não descartamos, por certo, outras hipóteses que não sejam crimes patrimoniais, como ocorreria com o peculato doloso. Em caso de restituição da coisa ou reparação total do dano, parece-nos viável a aplicação da redução da pena* (Código Penal Comentado, 18ª ed. Forense, 2017. p. 197). Na jurisprudência: "1. No crime de moeda falsa – cuja consumação se dá com a falsificação da moeda, sendo irrelevante eventual dano patrimonial imposto a terceiros – a vítima é a coletividade como um todo e o bem jurídico tutelado é a fé pública, que não é passível de reparação. 2. Os crimes contra a fé pública, assim como nos demais crimes não patrimoniais em geral, são incompatíveis com o instituto do arrependimento posterior, dada a impossibilidade material de haver reparação do dano causado ou a restituição da coisa subtraída.

3. As instâncias ordinárias, ao afastar a aplicação da delação premiada, consignaram, fundamentadamente, que "não se elucidou nenhum esquema criminoso; pelo contrário, o réu somente alegou em seu interrogatório a participação de outras pessoas na atuação criminosa, o que não é suficiente para a concessão do benefício da delação" (STJ, REsp 1242294/PR, Rel. Ministro SEBASTIÃO REIS JÚNIOR, Rel. p/ Acórdão Ministro ROGERIO SCHIETTI CRUZ, SEXTA TURMA, julgado em 18/11/2014, DJe 03/02/2015).ED

72. Errado
Comentário: Errado. O foragido do sistema carcerário que faz uso (utiliza) de carteira de identidade falsa perante a autoridade policial com vistas a evitar sua prisão será responsabilizado pelo delito de uso de documento falso (art. 304, CP), e não pelo crime de falsa identidade (art. 307, CP), que pressupõe a mera imputação a si mesmo de identidade falsa. Seja como for, tanto é típica a conduta do agente que atribui a si falsa identidade para se ver livre de eventual responsabilização penal (Súmula 522 do STJ: "A conduta de atribuir-se falsa identidade perante autoridade policial é típica, ainda que em situação de alegada autodefesa"), quanto a conduta do agente que, imbuído do mesmo objetivo (evitar ser preso), faz uso de documento falso. Conferir: "Penal. *Habeas Corpus*. Uso de documento falso para ocultar condição de fora-gido. Exercício de autodefesa. Atipicidade. Inocorrência. Ordem denegada. I – A utilização de documento falso para ocultar a condição de foragido não descaracteriza o delito de uso de documento falso (art. 304 do CP). Precedentes. II – Ordem denegada" (STF, HC 119970, rel. Min. Ricardo Lewandowski, 2ª T, julgado em 04/02/2014, publicado em 17/02/2014). ED

73. Certo
Comentário: Certo. O advogado que instrui testemunha a apresentar falsa versão favorável à causa que patrocina responde pelo crime de falso testemunho na condição de partícipe. A esse respeito: STF, RHC 81.327-SP, 1ª T., Rel. Min. Ellen Gracie, DJ 5.4.2002. ED

74. Certo
Comentário: A Lei 9.605/1998, conhecida como lei de crimes ambientais, prevê uma série de crimes, entre as quais aqueles praticados contra a Administração Ambiental (delitos contidos na Seção V do Capítulo V da lei). De acordo com o seu art. 66, constitui crime (com pena de reclusão, de um a três anos, e multa) fazer o funcionário público afirmação falsa ou enganosa, omitir a verdade, sonegar informações ou dados técnico-cien-tíficos em procedimentos de autorização ou de licencia-mento ambiental. Nesse sentido, haja vista a existência de crime específico contido em legislação especial, não

se aplica a falsidade ideológica, delito penal previsto no Código Penal. Portanto, o enunciado está certo.

75. Errado
Comentário: Errado. Não se aplica, no processo por crime de lavagem de dinheiro, o disposto no art. 366 do Código de Processo Penal, que estabelece que o processo e o curso do prazo prescricional ficarão sus-pensos na hipótese de o acusado, citado por edital, não comparecer tampouco constituir advogado, situação em que o processo seguirá à sua revelia (art. 2º, § 2º, da Lei 9.613/1998).ED

76. Errado
Comentário: Errado. A extinção da punibilidade de crime antecedente não interfere na punibilidade do delito de lavagem de dinheiro, nos termos do disposto no art. 2º, § 1º, da Lei 9.613/1998. ED

77. Certo
Comentário: Certo. É o que estabelece o art. 17-B da Lei 9.613/1998. ED

78. Certo
Comentário: Certo. Proposição em consonância com o disposto no art. 4º-B da Lei 9.613/1998. ED

79. Errado
Comentário: Errado. Por imposição de índole cons-titucional (art. 5º, XLIII), somente são considerados *equiparados* ou *assemelhados* a hediondo os crimes de tortura, tráfico de entorpecentes e terrorismo. Também não é o caso de considerar o crime de lavagem de capitais como hediondo, já que não faz parte do rol do art. 1º da Lei 8.072/1990 (Crimes Hediondos). ED

80. Errado
Comentário: Errado. O crime de operação de câmbio não autorizada com o objetivo de promover a evasão de divi-sas está tipificado no art. 22, *caput*, da Lei 7.492/1986, cujo preceito secundário estabelece como pena comi-nada *reclusão* de 2 a 6 anos e multa. Pois bem. Consi-derando que, a teor do art. 2º, III, da Lei 9.296/1996, a interceptação de comunicações telefônicas somente é permitida na hipótese de o fato objeto da investigação constituir infração penal punida com reclusão, é incorreto afirmar-se que tal medida é vedada nesta hipótese. Dito de outro modo, pelo fato de a pena aqui prevista ser de reclusão, preenchido o requisito que se refere à pena para a decretação da interceptação telefônica. ED

81. Certo
Comentário: Certo. De fato, os crimes contra o Sistema Financeiro Nacional, definidos na Lei 7.492/1986, são

de competência da Justiça Federal, tal como estabelecem os arts. 26, *caput*, da lei de regência e 109, VI, da CF, regra em relação à qual a jurisprudência é pacífica. Nesse sentido, conferir o seguinte julgado proferido pelo STF: RE 93.733-RJ, 1ª T., rel. Carlos Brito, 17.06.2008. [ED]

82. Certo

Comentário: Certo. Segundo estabelece o art. 31 da Lei 7.492/1986, nos crimes contra o sistema financeiro nacional apenados com reclusão, desde que presentes os requisitos autorizadores da custódia preventiva, o réu não poderá prestar fiança tampouco apelar em liberdade, ainda que primário e de bons antecedentes. [ED]

83. Certo

Comentário: Certo. Segundo estabelece o art. 15 da Lei 8.137/1990, os delitos nela previstos são de ação penal pública incondicionada. [ED]

84. Errado

Comentário: Errado. Conferir: "O Supremo Tribunal Federal tem admitido a aplicação da Súmula Vinculante 24 a fatos anteriores a sua edição, porquanto o respectivo enunciado apenas sintetiza a jurisprudência dominante desta Corte e, dessa forma, não pode ser considerada como retroação de norma mais gravosa ao réu" (STF, ARE 1053709 AgR, Relator(a): Min. RICARDO LEWANDOWSKI, Segunda Turma, Julgamento: 16/03/2018, Publicação: 27/03/2018). [ED]

85. Errado

Comentário: Errado. "Não obstante a jurisprudência pacífica quanto ao termo inicial dos crimes contra a ordem tributária, o Supremo Tribunal Federal tem decidido que a regra contida na Súmula Vinculante 24 pode ser mitigada de acordo com as peculiaridades do caso concreto, sendo possível dar início à persecução penal antes de encerrado o procedimento administrativo, nos casos de embaraço à fiscalização tributária ou diante de indícios da prática de outros delitos, de natureza não fiscal" (STF, ARE 936653 AgR, Relator Min. ROBERTO BARROSO, Primeira Turma, Julgamento: 24/05/2016, Publicação: 14/06/2016. [ED]

86. Errado

Comentário: Errado. Considerando que José é primário e a sua prisão em flagrante se deu pelo cometimento de crime cuja pena máxima cominada não é superior a quatro anos, contra ele não poderá ser decretada a custódia preventiva, nos termos do art. 313 do CPP, que contém as hipóteses de cabimento dessa modalidade de prisão processual. [ED]

87. Errado

Comentário: Errado. Pela redação conferida ao art. 311 do CPP pela Lei 12.403/2011, a prisão preventiva, decretada nas duas fases que compõem a persecução penal (inquérito e ação penal), podia ser decretada de ofício pelo juiz no curso da ação penal; durante as investigações, somente a requerimento do MP, do querelante ou do assistente, ou por representação da autoridade policial. Esta realidade perdurou até a edição da Lei 13.964/2019, publicada em 24/12/2019 e com entrada em vigor aos 23/01/2020, que, em homenagem à adoção da estrutura acusatória que reveste o processo penal brasileiro (art. 3º-A do CPP) e atendendo aos anseios da comunidade jurídica, vedou, de uma vez por todas, a possibilidade de o juiz decretar de ofício a prisão preventiva, quer no curso das investigações (o que já era vedado no regime anterior), quer no decorrer da ação penal (art. 311 do CPP, com redação dada pela Lei 13.964/2019). Doravante, portanto, é de rigor, à decretação da prisão preventiva, tal como se dá na custódia temporária, que haja provocação da autoridade policial ou do MP. Até então, discutia-se a possibilidade de o juiz converter de ofício a prisão em flagrante em preventiva. A partir do advento do pacote anticrime, é afastada tal possibilidade, sendo de rigor a provocação da autoridade policial, do MP, do assistente ou do querelante, mesmo nas situações em que não é realizada a audiência de custódia. No STJ, tal entendimento foi fixado por maioria de votos pela Terceira Seção, quando da concessão de *habeas corpus* a um homem preso em flagrante acusado de tráfico de entorpecentes. Conferir: "1. Em razão do advento da Lei n. 13.964/2019 não é mais possível a conversão *ex officio* da prisão em flagrante em prisão preventiva. Interpretação conjunta do disposto nos arts. 3º-A, 282, § 2º, e 311, *caput*, todos do CPP. 2. IMPOSSIBILIDADE, DE OUTRO LADO, DA DECRETAÇÃO "EX OFFICIO" DE PRISÃO PREVENTIVA EM QUALQUER SITUAÇÃO (EM JUÍZO OU NO CURSO DE INVESTIGAÇÃO PENAL) INCLUSIVE NO CONTEXTO DE AUDIÊNCIA DE CUSTÓDIA (OU DE APRESENTAÇÃO), SEM QUE SE REGISTRE, MESMO NA HIPÓTESE DA CONVERSÃO A QUE SE REFERE O ART. 310, II, DO CPP, PRÉVIA, NECESSÁRIA E INDISPENSÁVEL PROVOCAÇÃO DO MINISTÉRIO PÚBLICO OU DA AUTORIDADE POLICIAL – RECENTE INOVAÇÃO LEGISLATIVA INTRODUZIDA PELA LEI N. 13.964/2019 ("LEI ANTICRIME"), QUE ALTEROU OS ARTS. 282, §§ 2º E 4º, E 311 DO CÓDIGO DE PROCESSO PENAL, SUPRIMINDO AO MAGISTRADO A POSSIBILIDADE DE ORDENAR, "SPONTE SUA", A IMPOSIÇÃO DE PRISÃO PREVENTIVA – NÃO REALIZAÇÃO, NO CASO, DA AUDIÊNCIA DE CUSTÓDIA (OU DE APRESENTAÇÃO) – INADMISSIBILIDADE DE PRESUMIR-SE IMPLÍCITA, NO AUTO DE PRISÃO EM FLAGRANTE, A EXISTÊNCIA DE PEDIDO DE CONVERSÃO

EM PRISÃO PREVENTIVA – CONVERSÃO, DE OFÍCIO, MESMO ASSIM, DA PRISÃO EM FLAGRANTE DO ORA PACIENTE EM PRISÃO PREVENTIVA – IMPOSSIBILIDADE DE TAL ATO, QUER EM FACE DA ILEGALIDADE DESSA DECISÃO. [...] – A reforma introduzida pela Lei n. 13.964/2019 ("Lei Anticrime") modificou a disciplina referente às medidas de índole cautelar, notadamente aquelas de caráter pessoal, estabelecendo um modelo mais consentâneo com as novas exigências definidas pelo moderno processo penal de perfil democrático e assim preservando, em consequência, de modo mais expressivo, as características essenciais inerentes à estrutura acusatória do processo penal brasileiro. – A Lei n. 13.964/2019, ao suprimir a expressão "de ofício" que constava do art. 282, §§ 2º e 4º, e do art. 311, todos do Código de Processo Penal, vedou, de forma absoluta, a decretação da prisão preventiva sem o prévio "requerimento das partes ou, quando no curso da investigação criminal, por representação da autoridade policial ou mediante requerimento do Ministério Público", não mais sendo lícita, portanto, com base no ordenamento jurídico vigente, a atuação "ex officio" do Juízo processante em tema de privação cautelar da liberdade. – A interpretação do art. 310, II, do CPP deve ser realizada à luz dos arts. 282, §§ 2º e 4º, e 311, do mesmo estatuto processual penal, a significar que se tornou inviável, mesmo no contexto da audiência de custódia, a conversão, de ofício, da prisão em flagrante de qualquer pessoa em prisão preventiva, sendo necessária, por isso mesmo, para tal efeito, anterior e formal provocação do Ministério Público, da autoridade policial ou, quando for o caso, do querelante ou do assistente do MP. Magistério doutrinário. Jurisprudência. [...] – A conversão da prisão em flagrante em prisão preventiva, no contexto da audiência de custódia, somente se legitima se e quando houver, por parte do Ministério Público ou da autoridade policial (ou do querelante, quando for o caso), pedido expresso e inequívoco dirigido ao Juízo competente, pois não se presume – independentemente da gravidade em abstrato do crime – a configuração dos pressupostos e dos fundamentos a que se refere o art. 312 do Código de Processo Penal, que hão de ser adequada e motivadamente comprovados em cada situação ocorrente. Doutrina. PROCESSO PENAL – PODER GERAL DE CAUTELA – INCOMPATIBILIDADE COM OS PRINCÍPIOS DA LEGALIDADE ESTRITA E DA TIPICIDADE PROCESSUAL – CONSEQUENTE INADMISSIBILIDADE DA ADOÇÃO, PELO MAGISTRADO, DE MEDIDAS CAUTELARES ATÍPICAS, INESPECÍFICAS OU INOMINADAS EM DETRIMENTO DO "STATUS LIBERTATIS" E DA ESFERA JURÍDICA DO INVESTIGADO, DO ACUSADO OU DO RÉU – O PROCESSO PENAL COMO INSTRUMENTO DE SALVAGUARDA DA LIBERDADE JURÍDICA DAS PESSOAS SOB PERSECUÇÃO CRIMINAL. – Inexiste, em nosso sistema jurídico, em matéria processual penal, o poder geral de cautela dos Juízes, notadamente em tema de privação e/ou de restrição da liberdade das pessoas, vedada, em consequência, em face dos postulados constitucionais da tipicidade processual e da legalidade estrita, a adoção, em detrimento do investigado, do acusado ou do réu, de provimentos cautelares inominados ou atípicos. O processo penal como instrumento de salvaguarda da liberdade jurídica das pessoas sob persecução criminal. Doutrina. Precedentes: HC n. 173.791/MG, Ministro Celso de Mello – HC n. 173.800/MG, Ministro Celso de Mello – HC n. 186.209 – MC/SP, Ministro Celso de Mello, v.g. (HC n. 188.888/MG, Ministro Celso de Mello, Segunda Turma, julgado em 6/10/2020). 3. Da análise do auto de prisão é possível se concluir que houve ilegalidade no ingresso pela polícia do domicílio do paciente e, por conseguinte, que são inadmissíveis as provas daí derivadas e, consequentemente, sua própria prisão. Tal conclusão autoriza a concessão de ordem de ofício. 4. Recurso em *habeas corpus* provido para invalidar, por ilegal, a conversão *ex officio* da prisão em flagrante do ora recorrente em prisão preventiva. Ordem concedida de ofício, para anular o processo, *ab initio*, por ilegalidade da prova de que resultou sua prisão, a qual, por conseguinte, deve ser imediatamente relaxada também por essa razão" (STJ, RHC 131.263/GO, Rel. Ministro SEBASTIÃO REIS JÚNIOR, TERCEIRA SEÇÃO, julgado em 24/02/2021, DJe 15/04/2021). No STF: "Agravo regimental em *habeas corpus*. 2. Direito Processual Penal. 3. Tráfico de drogas (art. 33, *caput*, da Lei 11.343/2006). 4. *Habeas corpus* impetrado contra decisão que indeferiu liminar no STJ. Súmula 691. Superação do entendimento diante de manifesta ilegalidade. 5. Prisão Preventiva decretada com base em fundamentos abstratos. Impossibilidade. Precedentes. 6. Conversão, de ofício, da prisão em flagrante em preventiva. Violação ao sistema acusatório no processo penal brasileiro. Sistemática de decretação de prisão preventiva e as alterações aportadas pela Lei 13.964/2019. A recente Lei 13.964/2019 avançou em tal consolidação da separação entre as funções de acusar, julgar e defender. Para tanto, modificou-se a redação do art. 311 do CPP, que regula a prisão preventiva, suprimindo do texto a possibilidade de decretação da medida de ofício pelo juiz. 7. Inexistência de argumentos capazes de infirmar a decisão agravada. 8. Agravo regimental desprovido" (HC 192532 AgR, Rel. Min. Gilmar Mendes, Segunda Turma, julgado em 24/02/2021, publicado em 02/03/2021). 🄴🄳

---

88. Certo

Comentário: Certo. A decisão que, em sede de audiência de custódia, determina o relaxamento da prisão em flagrante ao argumento de que o fato imputado ao investigado é atípico não gera coisa julgada, razão pela qual não estará o titular da ação penal a ela vinculado, podendo, se assim entender, oferecer denúncia em face do agente, com narração dos mesmos fatos. Não se deve confundir arquivamento de inquérito policial por atipicidade da conduta, que faz coisa julgada material, com investigação de fato atípico, que não gera coisa julgada. Nesse sentido, conferir: "(...) *In casu*, o juízo plantonista apontou a atipicidade da conduta em sede de audiência de apresentação, tendo o Tribunal de origem assentado que "a pretensa atipicidade foi apenas utilizada como fundamento opinativo para o relaxamento da prisão da paciente e de seus comparsas, uma vez que o MM. Juiz de Direito que presidiu a audiência de custódia sequer possuía competência jurisdicional para determinar o arquivamento dos autos. Por se tratar de mero juízo de garantia, deveria ter se limitado à regularidade da prisão e mais nada, porquanto absolutamente incompetente para o mérito da causa. Em função disso, toda e qualquer consideração feita a tal respeito – mérito da infração penal em tese cometida – não produz os efeitos da coisa julgada, mesmo porque de sentença sequer se trata" (STF, HC 157.306, rel. Min. Luiz Fux, Primeira Turma, julgado em 25/09/2018, publicado em 01/03/2019). ED

89. Errado
Comentário: Errado. Por força do que dispõe o art. 322, *caput*, do CPP, poderá a autoridade policial conceder fiança nos casos de infração penal cuja pena privativa de liberdade máxima não seja superior a quatro anos. Disso se conclui que, no caso narrado no enunciado, o delegado de polícia poderá, sim, arbitrar fiança em favor de José, já que a pena máxima cominada ao crime a ele imputado não é superior a quatro anos. ED

90. Certo
Comentário: Certo. Conferir: "Recurso extraordinário. Constitucional. Penal. Processual Penal. Competência. Redução a condição análoga à de escravo. Conduta tipificada no art. 149 do Código Penal. Crime contra a organização do trabalho. Competência da Justiça Federal. Artigo 109, inciso VI, da Constituição Federal. Conhecimento e provimento do recurso. 1. O bem jurídico objeto de tutela pelo art. 149 do Código Penal vai além da liberdade individual, já que a prática da conduta em questão acaba por vilipendiar outros bens jurídicos protegidos constitucionalmente como a dignidade da pessoa humana, os direitos trabalhistas e previdenciários, indistintamente considerados. 2. A referida conduta acaba por frustrar os direitos assegurados pela lei trabalhista, atingindo, sobremodo, a organização do trabalho, que visa exatamente a consubstanciar o sistema social trazido pela Constituição Federal em seus arts. 7º e 8º, em conjunto com os postulados do art. 5º, cujo escopo, evidentemente, é proteger o trabalhador em todos os

sentidos, evitando a usurpação de sua força de trabalho de forma vil. 3. É dever do Estado (*lato sensu*) proteger a atividade laboral do trabalhador por meio de sua organização social e trabalhista, bem como zelar pelo respeito à dignidade da pessoa humana (CF, art. 1º, inciso III). 4. A conjugação harmoniosa dessas circunstâncias se mostra hábil para atrair para a competência da Justiça Federal (CF, art. 109, inciso VI) o processamento e o julgamento do feito. 5. Recurso extraordinário do qual se conhece e ao qual se dá provimento" (RE 459510, Relator(a): Min. CEZAR PELUSO, Relator(a) p/ Acórdão: Min. DIAS TOFFOLI, Tribunal Pleno, julgado em 26.11.2015, ACÓRDÃO ELETRÔNICO *DJe*-067 DIVULG 11.04.2016 PUBLIC 12.04.2016). No mesmo sentido, o STJ: "PROCESSUAL PENAL. DENÚNCIA. DESCRIÇÃO FÁTICA SUFICIENTE E CLARA. DEMONSTRAÇÃO DE INDÍCIOS DE AUTORIA E DA MATERIALIDADE. INÉPCIA. NÃO OCORRÊNCIA. REDUÇÃO À CONDIÇÃO ANÁLOGA À DE ESCRAVO. ART. 149 DO CÓDIGO PENAL. COMPETÊNCIA DA JUSTIÇA FEDERAL. DIREITOS HUMANOS. ORGANIZAÇÃO DO TRABALHO. OUTROS DELITOS CONEXOS. LIAME FÁTICO E PROBATÓRIO. MESMA COMPETÊNCIA FEDERAL. SÚMULA 122 DO STJ. 1. Devidamente descritos os fatos delituosos (indícios de autoria e materialidade), não há como trancar a ação penal, em sede de *habeas corpus*, por inépcia da denúncia. 2. Plausibilidade da acusação, em face do liame entre a pretensa atuação do paciente e os fatos. 3. Em tal caso, está plenamente assegurado o amplo exercício do direito de defesa, em face do cumprimento dos requisitos do art. 41 do Código de Processo Penal. 4. A Terceira Seção desta Corte já pacificou o entendimento de que compete à Justiça Federal processar e julgar os autores do delito previsto no art. 149 do Código Penal, haja vista a violação aos direitos humanos e à organização do trabalho. 5. No caso, os demais crimes, por conexão fática e probatória, também ficam sob a jurisdição federal. Súmula 122 deste Superior Tribunal de Justiça. 6. Recurso não provido" (RHC 25.583/MT, Rel. Ministra MARIA THEREZA DE ASSIS MOURA, SEXTA TURMA, julgado em 09/08/2012, DJe 20/08/2012). ED

91. Errado
Comentário: Errado. Ao contrário do que se afirma, é tranquilo o entendimento jurisprudencial segundo o qual a competência para o julgamento dos crimes contra o meio ambiente é, em regra, da Justiça Estadual, pois, na proteção ambiental, não há, em princípio, interesse direto da União, de autarquias ou empresas públicas federais. Agora, se os crimes contra o meio ambiente forem perpetrados em prejuízo de bens, serviços ou interesses da União, suas autarquias ou empresas públicas, a competência, neste caso, será da Justiça Federal (art. 109, IV, da CF). Nesse sentido: "CONFLITO NEGATIVO

DE COMPETÊNCIA. CRIME AMBIENTAL. APREENSÃO DE ESPÉCIMES DA FAUNA SILVESTRE SEM A DEVIDA LICENÇA DO ÓRGÃO COMPETENTE. AUSÊNCIA DE INTERESSE DIRETO DA UNIÃO. COMPETÊNCIA DA JUSTIÇA ESTADUAL. 1. A preservação do meio ambiente é matéria de competência comum da União, dos Estados, do Distrito Federal e dos Municípios, nos termos do art. 23, incisos VI e VII, da Constituição Federal. 2. A Justiça Federal somente será competente para processar e julgar crimes ambientais quando caracterizada lesão a bens, serviços ou interesses da União, de suas autarquias ou empresas públicas, em conformidade com o art. 109, inciso IV, da Carta Magna. 3. Na hipótese, verifica-se que o Juízo Estadual declinou de sua competência tão somente pelo fato de o auto de infração ter sido lavrado pelo IBAMA, circunstância que se justifica em razão da competência comum da União para apurar possível crime ambiental, não sendo suficiente, todavia, por si só, para atrair a competência da Justiça Federal. 4. Conflito conhecido para declarar a competência do Juízo de Direito do Juizado Especial Adjunto Criminal de Rio das Ostras/RJ, o suscitado" (STJ, CC 113.345/RJ, Rel. Ministro MARCO AURÉLIO BELLIZZE, TERCEIRA SEÇÃO, julgado em 22/08/2012, DJe 13/09/2012). [ED]

92. Errado

Comentário: Errado. Conferir: "CONFLITO NEGATIVO DE COMPETÊNCIA. JUSTIÇA FEDERAL X JUSTIÇA ESTADUAL. INQUÉRITO POLICIAL. DIVULGAÇÃO DE IMAGEM PORNOGRÁFICA DE ADOLESCENTE VIA WHATSAPP E EM CHAT NO FACEBOOK. ART. 241-1 DA LEI 8.069/90. INEXISTÊNCIA DE EVIDÊNCIAS DE DIVULGAÇÃO DAS IMAGENS EM SÍTIOS VIRTUAIS DE AMPLO E FÁCIL ACESSO. COMPETÊNCIA DA JUSTIÇA ESTADUAL. 1. A Justiça Federal é competente, conforme disposição do inciso V do art. 109 da Constituição da República, quando se tratar de infrações previstas em tratados ou convenções internacionais, como é caso do racismo, previsto na Convenção Internacional sobre a Eliminação de todas as Formas de Discriminação Racial, da qual o Brasil é signatário, assim como nos crimes de guarda de moeda falsa, de tráfico internacional de entorpecentes, de tráfico de mulheres, de envio ilegal e tráfico de menores, de tortura, de pornografia infantil e pedofilia e corrupção ativa e tráfico de influência nas transações comerciais internacionais. 2. Deliberando sobre o tema, o Plenário do Supremo Tribunal Federal, no julgamento do Recurso Extraordinário n. 628.624/MG, em sede de repercussão geral, assentou que a fixação da competência da Justiça Federal para o julgamento do delito do art. 241-A do Estatuto da Criança e do Adolescente (divulgação e publicação de conteúdo pedófilo-pornográfico) pressupõe a possibilidade de identificação do atributo da internacionalidade do resultado obtido ou

que se pretendia obter. Por sua vez, a constatação da internacionalidade do delito demandaria apenas que a publicação do material pornográfico tivesse sido feita em "ambiência virtual de sítios de amplo e fácil acesso a qualquer sujeito, em qualquer parte do planeta, que esteja conectado à internet" e que "o material pornográfico envolvendo crianças ou adolescentes tenha estado acessível por alguém no estrangeiro, ainda que não haja evidências de que esse acesso realmente ocorreu" (RE 628.624, Relator(a): Min. MARCO AURÉLIO, Relator(a) p/ Acórdão: Min. EDSON FACHIN, Tribunal Pleno, julgado em 29/10/2015, ACÓRDÃO ELETRÔNICO REPERCUSSÃO GERAL – MÉRITO DJe-062 DIVULG 05-04-2016 PUBLIC 06-04-2016) 3. Situação em que os indícios coletados até o momento revelam que as imagens da vítima foram trocadas por particulares via Whatsapp e por meio de chat na rede social Facebook. 4. Tanto no aplicativo WhatsApp quanto nos diálogos (chat) estabelecido na rede social Facebook, a comunicação se dá entre destinatários escolhidos pelo emissor da mensagem. Trata-se de troca de informação privada que não está acessível a qualquer pessoa. 5. Diante de tal contexto, no caso concreto, não foi preenchido o requisito estabelecido pela Corte Suprema de que a postagem de conteúdo pedófilo-pornográfico tenha sido feita em cenário propício ao livre acesso. 6. A possibilidade de descoberta de outras provas e/ou evidências, no decorrer das investigações, levando a conclusões diferentes, demonstra não ser possível firmar peremptoriamente a competência definitiva para julgamento do presente inquérito policial. Isso não obstante, tendo em conta que a definição do Juízo competente em tais hipóteses se dá em razão dos indícios coletados até então, revela-se a competência do Juízo Estadual. 7. Conflito conhecido, para declarar a competência do Juízo de Direito da Vara Criminal e Execução Penal de São Sebastião do Paraíso/MG, o Suscitado" (STJ, CC 150.564/MG, Rel. Ministro REYNALDO SOARES DA FONSECA, TERCEIRA SEÇÃO, julgado em 26/04/2017, DJe 02/05/2017). [ED]

93. Certo

Comentário: Certo. Uma vez inviabilizada a realização do exame de corpo de delito (direto ou indireto) nas infrações que deixam vestígios (chamados *delitos não transeuntes*), em razão do desaparecimento destes, a prova testemunhal poderá suprir-lhe a falta, na forma estatuída no art. 167 do CPP. Mas atenção: em hipótese alguma a confissão do réu poderá suprir a falta do exame de corpo de delito – art. 158, CPP. [ED]

94. Certo

Comentário: Certo. Com a nova redação dada ao art. 159 do CPP pela Lei de Reforma 11.690/08, a perícia será levada a efeito por um perito oficial portador de diploma de curso superior (antes eram dois). À falta deste, determina o § 1º do art. 159 que o exame seja feito por duas pessoas idôneas, detentoras de diploma de curso superior preferencialmente na área específica, dentre aquelas que tiverem habilitação técnica relacionada com a natureza do exame. ED

95. Certo
Comentário: Certo. O reconhecimento de pessoas está disciplinado no art. 226 do CPP, que adotou o chamado *sistema simultâneo* (art. 226, II, do CPP), em que todos são exibidos de forma simultânea (ao mesmo tempo) a quem tiver de fazer o reconhecimento. Como primeira providência, aquele que tiver de fazer o reconhecimento deverá fornecer a descrição da pessoa a ser reconhecida. Após, aquele a ser reconhecido será colocado lado a lado com pessoas que com ele guardem alguma semelhança. Feito isso, a pessoa que tiver de fazer o reconhecimento será convidada a apontar a pessoa a ser reconhecida. ED

96. Errado
Comentário: Errado. Conferir o seguinte julgado: "A obrigatoriedade de oitiva da vítima deve ser compreendida à luz da razoabilidade e da utilidade prática da colheita da referida prova. Hipótese de imputação da prática de 638 (seiscentos e trinta e oito) homicídios tentados, a revelar que a inquirição da integralidade dos ofendidos constitui medida impraticável. Indicação motivada da dispensabilidade das inquirições para informar o convencimento do Juízo, forte em critérios de persuasão racional, que, a teor do artigo 400, § 1º, CPP, alcançam a fase de admissão da prova. Ausência de cerceamento de defesa. 3. A inclusão de novas vítimas, ainda que de expressão reduzida no amplo contexto da apuração em Juízo, importa alteração do resultado jurídico da conduta imputada e, por conseguinte, interfere na própria constituição do fato típico. Daí que, por não se tratar de erro material, exige-se a complementação da acusação que, contudo, não se submete a formalidades excessivas. A petição do Ministério Público que esclarece referidas circunstâncias e as atribuem aos denunciados atende ao figurino constitucional do devido processo legal. 4. O rito especial do Tribunal do Júri limita o número de testemunhas a serem inquiridas e, ao contrário do procedimento comum, não exclui dessa contagem as testemunhas que não prestam compromisso legal. Ausência de lacuna a ensejar a aplicação de norma geral, preservando-se, bem por isso, a imperatividade da regra especial. 5. A inobservância do prazo para oferecimento da denúncia não contamina o direito de apresentação do rol de testemunhas, cuja exibição associa-se ao ato processual acusatório, ainda que extemporâneo. Assim, o apontamento de testemunhas pela acusação submete-se à preclusão consumativa, e

não a critérios de ordem temporal, já que o prazo para formalização da peça acusatória é de natureza imprópria. 6. Impetração não conhecida" (STF, HC 131.158, rel. Min. Edson Fachin, Primeira Turma, Julgamento: 26/04/2016, Publicação: 14/09/2016). ED

97. Certo
Comentário: Certo. É firme a jurisprudência no sentido de que devem ser consideradas nulas as "provas" obtidas pela polícia sem autorização judicial por meio da extração de dados e conversações registradas no aparelho celular e *whatsapp* do investigado, mesmo que o aparelho tenha sido apreendido no momento da prisão em flagrante. Sucede que, segundo entende o STJ, a ordem judicial de busca domiciliar permite o acesso aos dados armazenados no celular apreendido pela autoridade policial. Conferir: "PROCESSUAL PENAL. RECURSO ORDINÁRIO EM *HABEAS CORPUS*. TRÁFICO DE DROGAS E ASSOCIAÇÃO AO TRÁFICO. DADOS ARMAZENADOS NO APARELHO CELULAR. INAPLICABILIDADE DO ART. 5º, XII, DA CONSTITUIÇÃO FEDERAL E DA LEI N. 9.296/96. PROTEÇÃO DAS COMUNICAÇÕES EM FLUXO. DADOS ARMAZENADOS. INFORMAÇÕES RELACIONADAS À VIDA PRIVADA E À INTIMIDADE. INVIOLABILIDADE. ART. 5º, X, DA CARTA MAGNA. ACESSO E UTILIZAÇÃO. NECESSIDADE DE AUTORIZAÇÃO JUDICIAL. INTELIGÊNCIA DO ART. 3º DA LEI N. 9.472/97 E DO ART. 7º DA LEI N. 12.965/14. TELEFONE CELULAR APREENDIDO EM CUMPRIMENTO A ORDEM JUDICIAL DE BUSCA E APREENSÃO. DESNECESSIDADE DE NOVA AUTORIZAÇÃO JUDICIAL PARA ANÁLISE E UTILIZAÇÃO DOS DADOS NELES ARMAZENADOS. RECURSO NÃO PROVIDO. I - O sigilo a que se refere o art. 5º, XII, da Constituição da República é em relação à interceptação telefônica ou telemática propriamente dita, ou seja, é da comunicação de dados, e não dos dados em si mesmos. Desta forma, a obtenção do conteúdo de conversas e mensagens armazenadas em aparelho de telefone celular ou smartphones não se subordina aos ditames da Lei n. 9.296/96. II - Contudo, os dados armazenados nos aparelhos celulares decorrentes de envio ou recebimento de dados via mensagens SMS, programas ou aplicativos de troca de mensagens (dentre eles o "WhatsApp"), ou mesmo por correio eletrônico, dizem respeito à intimidade e à vida privada do indivíduo, sendo, portanto, invioláveis, nos termos do art. 5º, X, da Constituição Federal. Assim, somente podem ser acessados e utilizados mediante prévia autorização judicial, nos termos do art. 3º da Lei n. 9.472/97 e do art. 7º da Lei n. 12.965/14. III – A jurisprudência das duas Turmas da Terceira Seção deste Tribunal Superior firmou-se no sentido de ser ilícita a prova obtida diretamente dos dados constantes de aparelho celular, decorrentes de mensagens de textos SMS, conversas

por meio de programa ou aplicativos ("WhatsApp"), mensagens enviadas ou recebidas por meio de correio eletrônico, obtidos diretamente pela polícia no momento do flagrante, sem prévia autorização judicial para análise dos dados armazenados no telefone móvel. IV – No presente caso, contudo, o aparelho celular foi apreendido em cumprimento a ordem judicial que autorizou a busca e apreensão nos endereços ligados aos corréus, tendo a recorrente sido presa em flagrante na ocasião, na posse de uma mochila contendo tabletes de maconha. V – Se ocorreu a busca e apreensão dos aparelhos de telefone celular, não há óbice para se adentrar ao seu conteúdo já armazenado, porquanto necessário ao deslinde do feito, sendo prescindível nova autorização judicial para análise e utilização dos dados neles armazenados. Recurso ordinário não provido" (STJ, RHC 77.232/SC, Rel. Ministro FELIX FISCHER, QUINTA TURMA, julgado em 03/10/2017, DJe 16/10/2017). ED

98. Errado

Comentário: Errado. O erro da assertiva está na sua parte final, em que afirma que o perito que confeccionar o laudo de constatação ficará impedido de elaborar o laudo definitivo (art. 50, § 2º, da Lei 11.343/2006: *O perito que subscrever o laudo a que se refere o § 1º deste artigo não ficará impedido de participar da elaboração do laudo definitivo*). ED

99. Certo

Comentário: Certo. O art. 8º, § 1º, da Lei 12.850/2013 (Organização Criminosa) reza que a ação controlada será *comunicada* ao juiz competente, que estabelecerá, conforme o caso, os limites da medida e comunicará o MP. De ver-se que, neste caso, o legislador não impôs a necessidade de o magistrado autorizar o retardamento da intervenção policial; exigiu tão somente a comunicação da medida. ED

100. Certo

Comentário: Certo. Conferir a seguinte ementa: "Reclamação. 2. Alegação de violação ao entendimento firmado nas Arguições de Descumprimento de Preceitos Fundamentais 395 e 444. Cabimento. A jurisprudência do Supremo Tribunal Federal deu sinais de grande evolução no que se refere à utilização do instituto da reclamação em sede de controle concentrado de normas. No julgamento da questão de ordem em agravo regimental na Rcl 1.880, em 23 de maio de 2002, o Tribunal assentou o cabimento da reclamação para todos aqueles que comprovarem prejuízos resultantes de decisões contrárias às teses do STF, em reconhecimento à eficácia vinculante *erga omnes* das decisões de mérito proferidas em sede de controle concentrado 3. Reclamante submetido a "entrevista" durante o cumprimento de mandado de busca e apreensão. Direito ao silêncio e à não autoincriminação. Há a violação do direito ao silêncio e à não autoincriminação, estabelecidos nas decisões proferidas nas ADPFs 395 e 444, com a realização de interrogatório forçado, travestido de "entrevista", formalmente documentado durante o cumprimento de mandado de busca e apreensão, no qual não se oportunizou ao sujeito da diligência o direito à prévia consulta a seu advogado e nem se certificou, no referido auto, o direito ao silêncio e a não produzir provas contra si mesmo, nos termos da legislação e dos precedentes transcritos 4. A realização de interrogatório em ambiente intimidatório representa uma diminuição da garantia contra a autoincriminação. O fato de o interrogado responder a determinadas perguntas não significa que ele abriu mão do seu direito. As provas obtidas através de busca e apreensão realizada com violação à Constituição não devem ser admitidas. Precedentes dos casos Miranda v. Arizona e Mapp v. Ohio, julgados pela Suprema Corte dos Estados Unidos. Necessidade de consolidação de uma jurisprudência brasileira em favor das pessoas investigadas. 5. Reclamação julgada procedente para declarar a nulidade da "entrevista" realizada e das provas derivadas, nos termos do art. 5º, LVI, da CF/88 e do art. 157, § 1º, do CPP, determinando ao juízo de origem que proceda ao desentranhamento das peças" (STF, Rcl 33711, rel. Min. Gilmar Mendes, Segunda Turma, Julgamento: 11/06/2019, Publicação: 23/08/2019. ED

101. Errado

Comentário: Errado. Conferir: "1. O simples fato de o tráfico de drogas configurar crime permanente não autoriza, por si só, o ingresso em domicílio sem o necessário mandado judicial. Exige-se, para que se configure a legítima flagrância, a demonstração posterior da justa causa ou, em outros termos, de fundadas razões quanto à suspeita de ocorrência de crime no interior da residência. 2. Na hipótese, o ingresso dos policiais na residência do paciente ocorreu, em síntese, em razão da denúncia anônima da ocorrência de tráfico de drogas no imóvel, não tendo havido investigação prévia, monitoramento ou campana para a averiguação da veracidade das informações. 3. Nesse panorama, o Superior Tribunal de Justiça possui entendimento pacífico no sentido de que "a mera denúncia anônima, desacompanhada de outros elementos preliminares indicativos de crime, não legitima o ingresso de policiais no domicílio indicado, estando, ausente, assim, nessas situações, justa causa para a medida" (HC 512.418/RJ, Rel. Ministro NEFI CORDEIRO, Sexta Turma, julgado em 26/11/2019, DJe de 3/12/2019). 4. "Ante a ausência de normatização que oriente e regule o ingresso em domicílio alheio, nas hipóteses excepcionais previstas no Texto Maior, há de se aceitar com muita reserva a usual afirmação – como ocorreu na espécie – de que o morador anuiu livremente ao ingresso dos policiais para a busca domiciliar, máxime quando a diligência não é acompanhada de qualquer preocupação em documentar e tornar imune a dúvidas a voluntariedade do consentimento" (RHC 118.817/MG, Rel. Ministro ROGERIO SCHIETTI CRUZ, SEXTA TURMA, julgado em 10/12/2019, DJe 13/12/2019). 5. *In casu*, foi considerada ausente a comprovação de que a autorização da moradora (esposa do acusado) tenha sido livre e sem vício de consentimento. 6. Agravo regimental desprovido" (STJ, AgRg no HC 688.218/AL, Rel. Ministro RIBEIRO DANTAS, QUINTA TURMA, julgado em 09/11/2021, DJe 16/11/2021). No mesmo sentido: "1. Elementos dos autos que evidenciam não ter havido investigação preliminar para corroborar o que exposto em denúncia anônima. O Supremo Tribunal Federal assentou ser possível a deflagração da persecução penal pela chamada denúncia anônima, desde que esta seja seguida de diligências realizadas para averiguar os fatos nela noticiados antes da instauração do inquérito policial. Precedente. 2. A interceptação telefônica é subsidiária e excepcional, só podendo ser determinada quando não houver outro meio para se apurar os fatos tidos por criminosos, nos termos do art. 2º, inc. II, da Lei n. 9.296/1996. Precedente. 3. Ordem concedida para se declarar a ilicitude das provas produzidas pelas interceptações telefônicas, em razão da ilegalidade das autorizações, e a nulidade das decisões judiciais que as decretaram amparadas apenas na denúncia anônima, sem investigação preliminar" (STF, HC 108147, Relator(a): Min. Cármen Lúcia, Segunda Turma, julgado em 11.12.2012, Processo Eletrônico *DJe*-022 Divulg 31.01.2013 Public 01.02.2013). ED

102. Certo
Comentário: Certo, pois em conformidade com o art. 4º, § 2º, da Lei 12.850/2013. ED

103. Certo
Comentário: A prevenção primária é voltada a incidir sobre as raízes dos conflitos sociais, tais como políticas públicas sociais nas áreas de educação, emprego, moradia, saúde, qualidade de vida, segurança e etc. São políticas preventivas de médio e longo prazo. VC

104. Errado
Comentário: Os quatro objetos de estudo da criminologia são: o crime; o criminoso; a vítima; e o controle social. A justiça criminal é parte do controle social, sendo assim, pode ser objeto de estudos criminológicos, porém a assertiva está incorreta por apresentar o gênero "controle social" e uma de suas espécies "justiça criminal" e não apresentar o crime ou o fato delituoso como um de seus objetos. VC

105. Certo
Comentário: O controle social formal decorre de fontes estatais, sejam elas, penais ou não. Os exemplos citados são corretos, pois são órgãos oficiais do estado.VC

106. Certo
Comentário: Certo. Uma das principais funções da Constituição Federal no âmbito tributário é separar os múltiplos fatos passíveis de tributação e atribuir a competência para tributar cada um destes fatos à União, aos Estados aos Municípios e ao Distrito Federal. Nesse enfoque, o art. 195, inciso I, alíneas 'b' e 'c', da Constituição Federal, fixam a folha de salários, a receita ou o faturamento e, ainda, o lucro, como aspectos materiais passíveis de tributação no âmbito da Seguridade Social. A redação original da alínea 'b' do dispositivo constitucional acima mencionado previa apenas a possibilidade de incidência de contribuições sociais sobre o faturamento. Contudo, o *caput* do art. 3º, da Lei 9.718/98, o qual trata das contribuições para o PIS/PASEP e a COFINS, devidas pelas pessoas jurídicas de direito privado, definia faturamento como sendo a receita bruta da pessoa jurídica. Já seu § 1º conceituava receita bruta como sendo a totalidade das receitas auferidas, independentemente da atividade exercida pela pessoa jurídica e da classificação contábil das receitas. Logo após a promulgação da Lei 9.718/98, a Emenda Constitucional 20/98 alterou a redação do art. 195, inciso I, alínea 'b', da Constituição Federal, de modo a permitir a incidência de contribuições sociais sobre o faturamento ou sobre a receita. Todavia, o Supremo Tribunal Federal declarou inconstitucional o § 1º do art. 3º, da Lei 9.718/98 e assentou a impossibilidade de se reconhecer a figura da constitucionalidade superveniente em nosso ordenamento jurídico RExt 390.840-5, Rel. Min. Marco Aurélio, Pleno, DJ 15 ago. 2006. É dizer, a promulgação da emenda constitucional 20/98 não torna constitucional o disposto no art. 3º, § 1º, da Lei 9.718/98. O referido §1º foi revogado pela Lei 11.941/2009 e o *caput* do art. 3º teve sua redação alterada pela Lei 12.973/2014. Note, portanto, que a assertiva da questão seria incorreta caso mencionasse a receita e o faturamento. RO

107. Certo
Comentário: Certo. A Secretária do Tesouro Nacional é o órgão central do Sistema de Administração Financeira Federal (Lei 10.180/2001). Todos os recursos que transitam pelo órgão central de administração financeira devem ser objeto de programação financeira. Daí o art. 19, da Lei 8.212/1991, afirmar que o Tesouro Nacional repassará mensalmente os recursos referentes às contribuições das empresas, incidentes sobre faturamento e lucro e os recursos aferidos por meio das contribuições incidentes sobre a receita de concursos de prognósticos,

destinados à execução do Orçamento da Seguridade Social. O produto da arrecadação da contribuição social sobre a receita de concursos de prognósticos deve ser destinado ao financiamento da Seguridade Social, nos termos do art. 195, III, da Constituição Federal e do art. 26, § 4º, da Lei 8.212/1991. [RQ]

108. Errado
Comentário: Errado. Ao agente público ocupante, exclusivamente, de cargo em comissão declarado em lei de livre nomeação e exoneração, se aplica o Regime Geral de Previdência Social - RGPS (art. 40, § 13, da CF). Sua filiação ao RGPS se dá como segurado obrigatório, nos termos do art. 11, I, 'g', da Lei 8.213/91. Por outro lado, segurado facultativo é aquele que, maior e 14 (quatorze) anos de idade, não se encontra em nenhuma situação que o vincule obrigatoriamente ao RGPS, ou seja, não se enquadra em nenhuma das hipóteses elencadas nos incisos do *caput* do art. 11 da Lei 8.213/91 (vide art. 14 da Lei 8.213/1991 e REsp 1.493.738, 2ª T., Rel. Min. Humberto Martins, DJe 25.08.2015). [RQ]

109. Certo
Comentário: Certo. Para fins de aposentadoria, será assegurada a contagem recíproca do tempo de contribuição entre o Regime Geral de Previdência Social e os regimes próprios de previdência social, e destes entre si, observada a compensação financeira, de acordo com os critérios estabelecidos em lei (art. 201, § 9º, da CF). A regulamentação do instituto da contagem recíproca do tempo de contribuição no âmbito do RGPS se encontra nos arts. 94 a 99 da Lei 8.213/91. Ademais, a Lei 9.796/99 disciplina "a compensação financeira entre o Regime Geral de Previdência Social e os regimes de previdência dos servidores da União, dos Estados, do Distrito Federal e dos Municípios, nos casos de contagem recíproca de tempo de contribuição para efeito de aposentadoria, e dá outras providências" e regulamenta a forma pela qual os regimes previdenciários públicos (RGPS e RPPS) realizarão o acerto financeiro quando o segurado se utiliza de tempo de contribuição vinculado a outro regime que não aquele que ficará responsável pelo pagamento da prestação previdenciária. [RQ]

110. Errado
Comentário: Errado. A Lei 9.528/1997 vedou a cumulação de auxílio-acidente com qualquer aposentadoria paga pelo RGPS, como se vê de seu art. 86, § 2º. A cumulação em tela será permitida apenas aos segurados que tenham adquirido tal direito antes da alteração promovida pela Lei 9.528/1997. Ou seja, a acumulação de auxílio-acidente com aposentadoria pressupõe que a lesão incapacitante e a aposentadoria sejam anteriores a 11/11/1997 (data

da promulgação da Lei 9.528/1997), conforma a Súmula 507 do Superior Tribunal de Justiça – STJ. [RQ]

111. Errado
Comentário: Errado. O Código Penal reserva o *nomen iuris* 'apropriação indébita previdenciária' à conduta prevista em seu art. 168-A, consistente em: "Deixar de repassar à previdência social as contribuições recolhidas dos contribuintes, no prazo e forma legal ou convencional". O § 1º de tal artigo prevê três figuras equiparadas. Duas delas dizem respeito a diferentes formas de omissão no recolhimento de contribuições previdenciárias e a terceira pune a omissão em pagar benefício a segurado quando as respectivas cotas ou valores já tiverem sido reembolsados à empresa pela previdência social. A inserção indevida de períodos de contribuição no sistema não se amolda à conduta omissiva de deixar de repassar contribuições recolhidas de contribuintes ou a qualquer de suas figuras equiparadas. Os fatos descritos no enunciado melhor se amoldam ao tipo penal previsto no art. 313-A do Código penal. Segundo tal dispositivo, é punível a conduta de: "Inserir ou facilitar, o funcionário autorizado, a inserção de dados falsos, alterar ou excluir indevidamente dados corretos nos sistemas informatizados ou bancos de dados da Administração Pública com o fim de obter vantagem indevida para si ou para outrem ou para causar dano". Trata-se de crime próprio do "funcionário autorizado". Mesmo assim, Luísa pode responder pelo crime em conjunto com o funcionário autorizado que praticou a ação se restar demonstrado que ela sabia de sua condição funcional (vide os arts. 30 e 31 do Código Penal, o AGAREsp 1.185.141, 6ª T., Rel. Min. Sebastião Reis Junior, DJe 05 abr. 2019 e o HC 90337000281581, 1ª T., Rel. Min. Carlos Britto, j. 19 jun. 2007). [RQ]

112. ANULADA
Comentário: Anulada. Como visto, o tipo penal no qual a conduta descrita se adequa é aquele previsto no art. 313-A, do Código Penal. Trata-se de crime próprio, pois dentre as circunstâncias elementares de tal tipo penal está a condição de caráter pessoal consistente em ser o agente funcionário público autorizado. Inobstante, se admite o concurso de agentes entre funcionários públicos (ou equiparados, nos termos do art. 327, § 1º, do Código Penal) e terceiros, desde que esses últimos tenham ciência da condição pessoal daqueles, pois referida condição é elementar do crime em tela (artigo 30 do Código Penal (RHC 112.074, 5ª T., Rel. Min. Ribeiro Dantas, DJe 20 ago. 2019). Desta maneira, a assertiva estaria correta caso Luísa tivesse ciência da condição de funcionário público autorizado da pessoa que promoveu a inserção de dados falsos no sistema e tivesse concorrido para a realização da conduta. Todavia,

a questão foi anulada porque: "A situação hipotética não foi clara ao afirmar que os dados falsos foram inseridos por funcionário público autorizado, sendo possível, dessa forma, interpretar que poderia ter sido feito por terceiros que não fossem servidores públicos, o que, de fato, prejudica o julgamento objetivo do item." RO

113. Errado

Comentário: Errado. Em matéria previdenciária, a partir da promulgação da Lei 9.528/1997 é de dez anos o prazo de decadência de todo e qualquer direito ou ação do segurado ou beneficiário para a revisão do ato de concessão de benefício, a contar do dia primeiro do mês seguinte ao do recebimento da primeira prestação ou, quando for o caso, do dia em que tomar conhecimento da decisão indeferitória definitiva no âmbito administrativo, nos termos do *caput* do art. 103 da Lei 8.213/91. A Lei 13.846/2019 deu nova redação ao art. 103 da Lei 8.213/91, sujeitando ao prazo decadencial tanto a revisão do ato de concessão, como o indeferimento, cancelamento ou cessação de benefício e o ato de deferimento, indeferimento ou não concessão de revisão de benefício. Porém, o STF declarou a inconstitucionalidade de tal alteração na ADIN 6.096, DJe 26 nov. 2020, pois "(...) admitir a incidência do instituto para o caso de indeferimento, cancelamento ou cessação importa ofensa à Constituição da República e ao que assentou esta Corte em momento anterior, porquanto, não preservado o fundo de direito na hipótese em que negado o benefício, caso inviabilizada pelo decurso do tempo a rediscussão da negativa, é comprometido o exercício do direito material à sua obtenção." Por sua vez, a prescrição do direito previdenciário atinge apenas as parcelas vencidas antes do quinquênio anterior à propositura da ação, nos termos da Súmula 85 do STJ e do art. 103, parágrafo único, da Lei 8.213/91. Assim, caso Luísa ajuizasse ação previdenciária no ano de 2021 estariam prescritas apenas as parcelas vencidas anteriormente ao quinquênio que precedeu a propositura da demanda e não haveria que se falar em ocorrência de decadência de seu direito. RO

114. Certo

Comentário: Correto, pois a transferência especial é modalidade de emenda individual impositiva, prevista no art. 166-A, I, da CF (não de emenda de iniciativa de bancada), e dispensa celebração de convênio ou instrumento congênere, conforme o § 2º, I, desse mesmo artigo. RB

115. Certo

Comentário: Correto, pois a vedação à vinculação de receitas de impostos a órgão, fundo ou despesa, prevista no art. 167, IV, da CF, não se aplica às exceções previstas nesse mesmo dispositivo e no seu § 4º, dentre elas a prestação de garantia ou contragarantia para pagamento de débitos com a União. RB

116. Certo

Comentário: Correto, pois os princípios da anterioridade anual e nonagesimal, previstos no art. 150, III, *b* e *c*, da CF, aplicam-se a todas as espécies tributárias (incluindo as taxas), com as exceções previstas na própria Constituição, em especial no § 1º desse mesmo artigo. RB

117. Errado

Comentário: Incorreta, pois a terminologia do CTN se refere à expressão "legislação tributária" compreendendo "as leis, os tratados e as convenções internacionais, os decretos e as normas complementares" (art. 96). Ou seja, decretos não estão incluídos no conceito de "normas complementares", que se refere a (i) atos normativos expedidos pelas autoridades administrativas; (ii) as decisões dos órgãos singulares ou coletivos de jurisdição administrativa, a que a lei atribua eficácia normativa; (iii) as práticas reiteradamente observadas pelas autoridades administrativas; e (iv) os convênios que entre si celebrem a União, os Estados, o Distrito Federal e os Municípios (art. 100 do CTN). RB

118. Errado

Comentário: Incorreta, pois o entendimento do STF pela imunidade de livros eletrônicos abrange aqueles que possuam funcionalidades acessórias. Vide a Súmula Vinculante 57/STF: "A imunidade tributária constante do art. 150, VI, d, da CF/88 aplica-se à importação e comercialização, no mercado interno, do livro eletrônico (e-book) e dos suportes exclusivamente utilizados para fixá-los, como leitores de livros eletrônicos (e-readers), ainda que possuam funcionalidades acessórias." RB

119. Certo

Comentário: Correta. Durante o parcelamento, o crédito tributário relativo às parcelas a vencer (vincendas) fica suspenso até o respectivo vencimento. A moratória é a ampliação do prazo de pagamento, favor legal que adia a exigibilidade do tributo. Estude as modalidades de suspensão do crédito tributário, listadas no art. 151 do CTN, assim como as modalidades de extinção e exclusão, respectivamente listadas nos arts. 156 e 175 do CTN. RB

120. Errado

Comentário: Incorreta, pois a pessoa jurídica tributada pelo lucro real pode optar pela apuração trimestral ou anual do imposto de renda, nos termos dos arts. 217 e 218 do Regulamento do Imposto de Renda – RIR (Decreto 9.580/2018). RB

DELEGADO ES

1. O Código Penal (CP) trouxe, em seu conjunto de leis, a previsão das excludentes de ilicitude, a saber: o estado de necessidade, a legítima defesa e o estrito cumprimento de dever legal, além do exercício regular do direito.

Em relação ao estrito cumprimento do dever legal, seguem-se seis afirmações:

I. Para seu cumprimento, é indispensável o cumprimento do dever legal;
II. Para seu cumprimento, é indispensável o cumprimento do dever ético; III - A prática da conduta deve ser promovida nos exatos termos da lei;
IV. A ordem da autoridade subsome a lei no cumprimento da ordem emanada por funcionário público;
V. A boa-fé permite a extrapolação da lei para o cumprimento do dever;
VI. Hierarquia e autoridade pública são diplomas supralegais;

Marque a alternativa que contenha somente as afirmações corretas acerca dos elementos caracterizadores do estrito cumprimento do dever legal.

(A) V e VI.
(B) II e III.
(C) I e III.
(D) I e VI.
(E) I e IV.

João, muito feliz com seu noivado com Isabel, marcou um churrasco comemorativo com os familiares de ambos. A comemoração foi marcada para o dia 21/07/2017 e ocorreu na casa de Isabel. O festejo teve início às 12 horas, perdurando até às 22 horas. Por volta das 23 horas, João se despediu da noiva e partiu para casa em seu carro. No caminho de regresso, João – que estava com sua capacidade psicomotora visivelmente alterada, em decorrência de bebida alcoólica que ingeriu durante a comemoração – subiu com seu carro em uma calçada e atropelou Marcos, causando-lhe lesões leves, em diversas partes do corpo. João pediu socorro, ligando para o corpo de bombeiros e a polícia. Com a chegada dos policiais João foi submetido ao teste de dosagem alcoólica no ar expirado (exame de bafômetro), que fez voluntariamente. Constatou-se que a concentração de álcool por litro de seu sangue era superior à quantidade permitida na lei. Marcos, por sua vez, foi atendido e encaminhado para um hospital.

2. Tendo em vista a situação narrada e as regras sobre os crimes de trânsito constantes no Código de Trânsito Brasileiro (CTB - Lei nº 9.503/97), é INCORRETO afirmar que, no presente caso, incide

(A) uma causa especial de aumento de pena conforme determina o § 1º do art. 303 combinado com o art. 302, § 1º, II todos do CTB.
(B) o § 2º do art. 291 do CTB e deverá ser lavrado um termo circunstanciado sobre a ocorrência.
(C) o § 2º do art. 291 do CTB e deverá ser aberto inquérito policial para investigar a infração.
(D) o rol de crimes previstos nos art. 303, *caput*, (lesão corporal culposa na direção de veículo automotor) bem como o previsto no art. 306, *caput*, (condução de veículo automotor com capacidade psicomotora alterada em razão da influência de álcool) ambos do CTB, todos fundamentados pelo art. 69 do Código Penal (CP).
(E) a circunstância prevista no art. 291, § 1º, I do CTB, em razão da lesão corporal culposa decorrente da condução de veículo automotor sob a influência de álcool e se afasta, portanto, a possibilidade da aplicação de benefícios presentes na Lei 9.099/95.

3. A Constituição Federal de 1988 estabeleceu no art. 5º, inciso XII, a inviolabilidade das comunicações telefônicas, salvo nas hipóteses e na forma que a lei estabelecer para fins de investigação criminal ou instrução processual penal. Com relação à Lei 9.296/96, que trata da interceptação telefônica, é INCORRETO afirmar que:

(A) a interceptação não poderá exceder o prazo de quinze dias, todavia, poderá ser renovada uma única vez, por igual tempo, uma vez comprovada a indispensabilidade do meio de prova.
(B) não será admitida a interceptação de comunicações telefônicas quando ocorrer qualquer das seguintes hipóteses: inexistirem indícios razoáveis da autoria ou participação em infração penal; a prova puder ser feita por outros meios disponíveis; o fato investigado constituir infração penal punida, no máximo, com pena de detenção.
(C) a interceptação de comunicações telefônicas, de qualquer natureza, para prova em investigação criminal e em instrução processual penal, observará as disposições da Lei 9.296/96 e dependerá de ordem do juiz competente da ação principal, sob segredo de justiça.
(D) a interceptação das comunicações telefônicas poderá ser determinada pelo juiz, de ofício, ou, ainda, a requerimento da autoridade policial, na investigação criminal, e do representante do

Ministério Público, na investigação criminal e na instrução processual penal.

(E) a gravação que não interessar à prova será inutilizada por decisão judicial, durante o inquérito, a instrução processual ou após esta, em virtude de requerimento do Ministério Público ou da parte interessada.

4. A legítima defesa e o estado de necessidade possuem similitudes que as os enquadram como excludentes de ilicitude. Não obstante, suas diferenças implicam em modalidades diversas com conceitos distintos. Em relação à comparação da legítima defesa e do estado de necessidade, marque a alternativa correta.

(A) De acordo com o conceito analítico de crime, para a verificação da atipicidade da conduta, a legítima defesa e o estado de necessidade devem ser observados para confirmar se a conduta é ou não típica.

(B) Na legítima defesa, assim como no estado de necessidade, somente é admitido o excesso culposo.

(C) Em relação ao estado de necessidade, diferentemente da legítima defesa, qualquer excesso será punível, já que nos casos em que ocorre a legítima defesa não há punição para eventuais excessos na tutela do bem jurídico do agredido injustamente.

(D) No caso do estado de necessidade, é cabível uma agressão injusta na defesa de bem jurídico menos relevante. Já no caso da legítima defesa, a preservação de bens jurídicos de mesmos valores é promovida pelo uso da força de quem inicia agressão.

(E) A legítima defesa é uma garantia que permite a defesa de interesse legítimo por parte de quem sofre a agressão injusta a um bem jurídico. Não obstante os interesses em conflito no caso de estado de necessidade, todos os interesses são considerados legítimos ao se tratar de oposição de bens jurídicos de mesmo valor.

5. Assinale a alternativa correta em relação aos delitos previstos na Lei 4898/65.

(A) A pessoa jurídica poderá ser vítima do crime de abuso de autoridade.

(B) De acordo com essa Lei, constitui abuso de autoridade o ato de o delegado de polícia deixar de comunicar, imediatamente, a prisão ou a detenção de qualquer pessoa ao juiz e a alguém de sua família.

(C) Os crimes de abuso de autoridade são delitos de empreendimento.

(D) A perda do cargo público é um efeito automático da condenação nos crimes previstos nessa Lei.

(E) Caso o policial civil abusando de sua autoridade, determine, sem nenhuma justificativa, o encarceramento da vítima na delegacia, cometerá o delito previsto nessa Lei (art. 3º, "a").

"A extinção da punibilidade significa o desaparecimento do poder de punir do Estado em relação a fatos definidos como crimes, pela ocorrência de eventos, situações ou acontecimentos determinados na lei como causas de extinção da punibilidade (art. 107, CP)."

(SANTOS, Juarez Cirino dos. Direito Penal Parte Geral. 5ª ed., Florianópolis: Conceito, 2012).

6. Tendo em vista as causas de extinção de punibilidade conhecidas em âmbito de Direito Penal, assinale a alternativa correta com relação ao indulto.

(A) seus efeitos atingem quaisquer crimes previstos no ordenamento jurídico pátrio.

(B) o indulto individual ou graça depende exclusivamente, para sua concessão, de pedido provocado por petição do condenado.

(C) trata-se de benefício concedido exclusivamente pelo Presidente da República por meio de lei delegada.

(D) pode ser delegado pelo Presidente da República aos Ministros de Estado, ao Procurador-Geral da República ou ao Defensor Público-Geral Federal.

(E) é atribuição privativa do Presidente da República, podendo ser delegada, na forma estabelecida na Constituição Federal, aos Ministros de Estado, ao Procurador-Geral da República ou ao Advogado-Geral da União.

7. A respeito do peculato, assinale a opção correta.

(A) Celecanto é o responsável por organizar um determinado concurso para o provimento de um cargo efetivo na administração pública federal. Omena, seu amigo de longa data, toma conhecimento de que ele está participando da banca examinadora e, em nome de sua antiga amizade, decide pedir a ele que lhe passe as questões que serão objeto da prova na semana seguinte. Celecanto fica bastante ofendido com o pedido e informa que nunca faria isso, mas que, como Omena era seu amigo de longa data, forneceria a ele uma relação de cinco livros que foram utilizados pelos integrantes da banca do concurso para realizarem a prova e que não constavam expressamente do edital que foi divulgado. Essa atitude de Celecanto configura a prática do delito de fraude em certames de interesse público.

(B) Segundo o STJ, nenhum dos crimes contra a administração pública admite a incidência do princípio da insignificância.

(C) O crime de peculato-apropriação consuma-se a partir do momento em que o funcionário público passa a obter vantagem em relação ao objeto material do delito, ainda que esta não seja necessariamente de caráter econômico, uma vez que o bem jurídico tutelado é a administração pública.

(D) Segundo a jurisprudência do STJ, a conduta de agente público pertencente à administração pública fazendária que procede à prévia correção quanto aos aspectos gramaticais e técnicos das impugnações administrativas feitas pelos administrados perante a administração pública fazendária, comete o delito previsto no art. 3º, III, da Lei 8.137/90.

(E) Na hipótese de peculato culposo, caso o agente repare o dano após a sentença irrecorrível, haverá a redução de metade da pena cominada abstratamente ao referido delito.

Mélvio é instrutor de escaladas, membro da Associação Capixaba de Escaladas (ACE). Sua especialidade é escalar picos com alto grau de dificuldade. Em comemoração aos seus 10 (dez) anos como instrutor, resolveu promover uma escalada em Afonso Claudio, cidade do Espírito Santo, na Pedra de Lajinha, que está entre os cinco picos mais altos do Brasil. Montou um grupo nas redes sociais e convocou amigos e escaladores. No dia marcado para a subida, havia previsão de chuva e ventos, que poderiam ocorrer na metade do trajeto. No pé do pico, lugar de início da subida, foi colocada uma placa indicando que não era seguro escalar em função das condições climáticas. Como a escalada era muito longa, ele foi orientado por colegas instrutores que não promovesse a escalada. Três amigos de Mélvio, que não tinham experiência nessa prática esportiva, foram fazer a escalada para prestigiar Mélvio. Um deles, ao ouvir a fala dos demais instrutores, resolveu não subir, mas os outros dois cederam à insistência de Mélvio, que considerava

a subida fácil, apesar de longa. Feliz, Mélvio disse que, apesar da chuva e do vento previstos, nada iria derrubá-los na escalada e que tudo estava sob controle, afirmando que muitas vezes tais previsões estavam erradas. Mesmo sabendo que não era 100% seguro fazer a escalada, principalmente para os iniciantes, Mélvio se colocou como responsável por seus amigos, garantindo-se em seus 10 anos de experiência. Não obstante, a previsão se confirmou. Com a chegada do vento e da tempestade, Mélvio não conseguiu dar o suporte prometido para seus amigos, que acabaram sendo arremessados, pelo vento e chuva, para baixo. Com a queda os dois amigos vieram a falecer.

8. Sabendo-se que:

I. restou comprovado que o material de escalada de Mélvio era compatível com os níveis de segurança exigidos para escaladas nas condições acima expostas;

II. o instrutor possuía autonomia e registro para a promover escaladas, com experiência no tipo de subida proposto e reconhecido pela ACE;

III. o percentual de acertos de tais previsões do tempo, para as próximas horas, era de 95% em relação ao local da escalada, como estava exposto na placa;

IV. os amigos de Mélvio que caíram, somente subiram com a garantia de segurança do instrutor;

é correto afirmar que Mélvio:

(A) deve responder por homicídio doloso em sua forma direta, devido a sua condição de agente garantidor.

(B) deve responder por homicídio culposo, devido a sua condição de agente garantidor.

(C) não deve responder por homicídio, uma vez que seus amigos aceitaram sua garantia para subir.

(D) não deve responder pela prática de homicídio, uma vez que o mau tempo era alheio a sua vontade.

(E) deve responder por homicídio doloso, considerando o dolo eventual, porque, mesmo sem a intenção de matar, não levou em consideração os avisos dos demais instrutores.

A Constituição Federal de 1988 estabeleceu, no art. 5º, inciso LVIII, que o civilmente identificado não será submetido a identificação criminal, salvo nas hipóteses previstas em lei.

Fazem-se a seguir cinco afirmações relativas à Lei 12.037/09, que dispõe sobre a identificação criminal do civilmente identificado.

I. As informações genéticas contidas nos bancos de dados de perfis genéticos poderão revelar traços somáticos ou comportamentais das pessoas, sendo vedada a determinação genética de gênero, consoante as normas constitucionais e internacionais sobre direitos humanos, genoma humano e dados genéticos;

II. Os documentos de identificação militares são equiparados aos documentos de identificação civis, no que concerne às finalidades da Lei 12.037/09;

III. Embora apresentado documento de identificação, poderá ocorrer identificação criminal quando esta for essencial às investigações policiais, segundo despacho da autoridade judiciária competente, que decidirá de ofício ou mediante representação da autoridade policial, do Ministério Público ou da defesa;

IV. Na hipótese de a identificação criminal ser essencial às investigações policiais, a identificação criminal poderá incluir a coleta de material biológico para a obtenção do perfil genético;

V. O rol de documentos que atestam a identificação civil, apresentado no art. 2º do referido diploma normativo, é exemplificativo, sendo possível, portanto, atestá-la por meio de outro documento público que permita a identificação, ainda que não esteja expressamente elencado na lei;

9. Quantas dessas afirmações estão corretas?

(A) Todas estão corretas.
(B) Todas estão erradas.
(C) Todas, exceto a última.
(D) Todas, exceto a primeira.
(E) Todas, exceto a segunda.

10. Em relação às infrações penais relacionadas ao trânsito, assinale a opção correta.

(A) O fato de dirigir perigosamente automóvel sem ser habilitado, vindo a causar lesão corporal em transeunte, implica o delito de lesão corporal culposa (art. 303 do CTB – Lei 9.503/97), o qual, em regra, é de ação penal pública condicionada a representação do ofendido. Contudo, caso a vítima não ofereça a representação para a deflagração da ação penal por tal delito, poderá o ministério público deflagrar a ação penal em desfavor do agente pelo delito previsto no artigo 309 do CTB – Lei 9.503/97, consoante entendimento do STJ.

(B) O crime de conduzir automóvel sem possuir permissão para dirigir ou habilitação é classi-

ficado como sendo de perigo concreto, cuja tipificação exige a prova de geração do perigo de dano, sendo desnecessário que a condução do veículo ocorra em via pública.

(C) A contravenção de falta de habilitação para dirigir veículo ainda se encontra em vigor em relação às embarcações a motor, sendo que sua caracterização também exige a prova da geração de perigo de dano.

(D) A embriaguez ao volante é crime de perigo concreto, sendo necessário ainda para a sua configuração, que tal delito seja perpetrado em via pública.

(E) O fato de o agente descumprir, deliberadamente, a decisão proferida por autoridade administrativa de trânsito, determinando a suspensão para dirigir veículo automotor, não caracteriza, segundo o STJ, o delito previsto no art. 307 do CTB.

Considere os sete critérios enumerados abaixo:

I. Clamor público e relevância social;
II. Determinação objetiva com previsão legal;
III. Residência fixa e comprovante de registro de trabalho;
IV. Contexto social do autor e antecedentes criminais;
V. Critério psicológico;
VI. Fator personalíssimo, psicossocial e natural;
VII. Critério biológico.

11. Marque a alternativa correta que relacione apenas os critérios que devem ser adotados para a avaliação da inimputabilidade e/ou imputabilidade em esfera penal, para aquele que praticar uma conduta prevista no Código Penal.

(A) I, II e III.
(B) I, IV e V.
(C) III, V e VII.
(D) II, IV e VII.
(E) II, V e VII.

A profissional do sexo Gumercinda atende a seus clientes no local onde reside juntamente com seu filho Joaquim de dez anos. O local é bastante exíguo, tendo pouco mais de quinze metros quadrados, onde existem apenas um quarto e um banheiro, ficando a cama onde Joaquim dorme ao lado da cama da mãe. Em uma determinada madrugada, Gumercinda acerta um "programa sexual" com Caio e o leva até sua casa. Durante o ato sexual, Joaquim acorda e presencia tudo, sem que Gumercinda ou Caio percebam que ele está assistindo à cena. No dia seguinte, Joaquim vai para a escola e conta o fato a um amigo, o qual, por sua vez, relata a história para Joana, sua mãe. Esta, abismada com a história, procura a delegacia do bairro e narra os fatos acima descritos.

12. Diante desta situação hipotética, assinale a alternativa correta do ponto de vista legal.

(A) Gumercinda e Caio responderão pelo delito de satisfação de lascívia mediante a presença de criança ou adolescente.

(B) Gumercinda e Caio não cometeram nenhum crime.

(C) Gumercinda e Caio praticaram exploração sexual de criança ou adolescente.

(D) Gumercinda e Caio praticaram crime previsto no Estatuto da Criança e do Adolescente.

(E) Apenas Gumercinda responderá pelo delito de satisfação de lascívia mediante a presença de criança ou adolescente.

13. A ideia de punição é assunto base para a construção de um sistema penal democrático. Não é à toa que, no decorrer da história, pesquisadores, juristas, doutrinadores, bem como a jurisprudência, trataram das tentativas de justificação dos fins que se pretende alcançar com a aplicação das penas em âmbito do Direto Penal. Em observância ao Código Penal de 1940, marque a afirmativa correta em relação aos fins atribuídos à pena, no caso brasileiro.

(A) De acordo com a ideia de prevenção geral que foi construída em reação ao caso brasileiro, tal justificativa é a adotada para aplicação da pena no Brasil.

(B) De acordo com o desenvolvimento de bases estatísticas para o direito penal, chegamos ao entendimento de aplicação da teoria utilitarista unificada, que incorpora o modelo da *civil law* e *common law*.

(C) O Código Penal de 1940, em junção com a jurisprudência, adotou como única justificação a retribuição, tendo a pena como fim em si mesma.

(D) O Código Penal de 1940 adotou a teoria mista, unificada ou eclética, que reflete na unificação das ideias de retribuição e prevenção como finalidade para aplicação das penas.

(E) De acordo com a legislação penal, a ressocialização do preso mediante o cumprimento da pena é o único fim determinado legalmente para a pena.

"Chamamos de extra-atividade a capacidade que tem a lei penal de se movimentar no tempo regulando fatos ocorridos durante sua vigência, mesmo depois de ter sido revogada, ou de retroagir no tempo, a fim de regular situações ocorridas anteriormente à sua vigência".

(GRECO, Rogério. Curso de Direito Penal: parte geral. vol. 1. 17. ed. Rio de Janeiro: Impetus, 2015, p.159).

Segundo esse autor a extra-atividade é gênero do qual seriam espécies a ultra-atividade e a retroatividade.

14. Leia as afirmativas a seguir e marque a alternativa correta:

(A) A garantia penal positivada na Constituição Federal brasileira (1988) promove a retroatividade da lei penal mais benéfica quando o condenado, por uma conduta típica, apresenta residência fixa, após cometimento do ilícito penal.

(B) A lei penal possui ultra-atividade, nos casos em que, mesmo após sua revogação por lei mais gravosa, continua sendo válida em relação aos efeitos penais mais brandos da lei que era vigente no momento da prática delitiva.

(C) A aplicação da irretroatividade em direito penal funciona como garantia legal do *ius puniendi* que pretende auferir a punição mais gravosa ao condenado.

(D) A ultra-atividade da lei penal funciona como mecanismo de endurecimento da norma penal, ao passo que funciona como técnica de resolução de conflito para aplicação de um direito penal punitivo.

(E) A figura da ultra-atividade da norma penal realiza o objetivo de garantir a condenação do réu pela norma penal vigente na prática da conduta delitiva, com o principal objetivo de promover a segurança jurídica em âmbito penal.

O sistema penal é composto por órgãos de naturezas jurídicas distintas com funções, dentre outras, de caráter investigativo, repressivo, jurisdicional e prisional. É sabido que os números de letalidade no exercício de tais funções, tanto de civis quanto de agentes do sistema penal têm aumentado nos últimos anos. Por conta dessa informação, será preciso promover uma política pública em âmbito penal que reverbere na diminuição de tal letalidade. (BATISTA, Nilo. Introdução Crítica ao Direito Penal Brasileiro. 11. ed. Rio de Janeiro: Revan, 2007)

15. Identifique a alternativa correta que contenha os princípios que fundamentam o Direito Penal, e que mostrem que sua observância se torna importante para o embasamento da referida política pública.

(A) Mínima letalidade/ letalidade controlada/ tutela civil e tutela penal/ livre iniciativa.

(B) Mínimo proporcional/ reserva do possível/ humanidade/ lesividade.

(C) Legalidade / proporcionalidade / penalidade / legítima defesa.

(D) Intervenção mínima/ legalidade / lesividade / adequação social.

(E) Devido processo legal/ contraditório e ampla defesa/ proximidade de jurisdição / proporcionalidade.

Ana, após realizar exame médico, descobriu estar grávida. Estando convicta de que a gravidez se deu em decorrência da prática de relação sexual extraconjugal que manteve com Pedro, seu colega de faculdade, e temendo por seu matrimônio decidiu por si só que iria praticar um aborto. A jovem comunicou a Pedro que estava grávida e pretendia realizar um aborto em uma clínica clandestina. Pedro, por sua vez, procurou Robson, colega que cursava medicina, e o convenceu a praticar o aborto em Ana. Assim, alguns dias depois de combinar com Pedro, Robson encontrou Ana e realizou o procedimento de aborto.

16. Sobre a questão apresentada, é correto afirmar que a conduta de Ana se amolda ao crime previsto no

(A) art. 124, segunda parte, do Código Penal (consentimento para o aborto). Robson, por sua vez, tem sua conduta subsumida ao crime previsto no art. 126, do Código Penal (aborto provocado por terceiro com consentimento). Já Pedro responderá como partícipe no crime de Robson.

(B) art. 124, segunda parte, do Código Penal (consentimento para o aborto). Robson, por sua vez, tem sua conduta subsumida ao crime previsto no art. 124, segunda parte, do Código Penal. Já Pedro responderá como partícipe no crime de Ana.

(C) art. 125, segunda parte, do Código Penal (consentimento para o aborto). Robson, por sua vez, tem sua conduta subsumida ao crime previsto no art. 124 do Código Penal (aborto provocado por terceiro sem consentimento).

Já Pedro responderá como partícipe no crime de Robson.

(D) art. 124, primeira parte, do Código Penal (auto-aborto). Robson, por sua vez, tem sua conduta subsumida ao crime previsto no art. 126 do Código Penal (aborto provocado por terceiro com consentimento). Já Pedro responderá como partícipe no crime de Ana.

(E) art. 126, primeira parte, do Código Penal (auto-aborto). Robson, por sua vez, tem sua conduta subsumida ao crime previsto no art. 124 do Código Penal (aborto provocado por terceiro com consentimento). Já Pedro responderá como participe no crime de Ana.

17. O Estatuto da Criança e do Adolescente (ECA) traz em seu bojo normas para a proteção à criança e ao adolescente. Além disso, define crimes, visando à proteção de bens jurídicos considerados relevantes. O Estatuto do Desarmamento (ED), por sua vez, veio regulamentar o registro, posse e comercialização de armas de fogo, bem como criar restrições e consequentes sanções se descumpridas as determinações legais. Em observância aos crimes previstos no art. 242 do ECA (Lei nº 8.069/90), e no art. 16, caput e parágrafo único, inciso V do ED (Lei nº 10.826/2003), podemos considerar INCORRETO afirmar que:

(A) nos casos em que o agente praticar conduta de vender, entregar ou fornecer, ainda que gratuitamente, munição ou explosivo a criança ou adolescente, prevalece a aplicação do ECA.

(B) a partir da conduta prevista no ED, aquele que vender, entregar ou fornecer, ainda que gratuitamente, arma de fogo de uso restrito ou permitido a criança ou adolescente estará sujeito a pena cominada para o crime de posse ou porte ilegal de arma de fogo de uso restrito.

(C) nos casos em que o agente praticar conduta de vender, fornecer, ainda que gratuitamente, ou entregar, de qualquer forma, a criança ou adolescente arma branca, prevalece a aplicação do ECA

(D) com o advento do ED, foi derrogada a proibição de vender, fornecer, ainda que gratuitamente, ou entregar, de qualquer forma, a criança ou adolescente arma de fogo.

(E) nos casos em que o agente praticar conduta de vender ou fornecer, ainda que gratuitamente, acessório, munição ou explosivo a criança ou adolescente, prevalece a aplicação do ED.

18. No dia 09/07/2017, Henrique foi parado em uma fiscalização da Operação Lei Seca. Após solicitar a Carteira Nacional de Habilitação (CNH) de Henrique, o policial militar que participava da operação suspeitou do documento apresentado. Procedeu então à verificação na base de dados do DETRAN e confirmou a suspeita, não encontrando o número de registro que constava na CNH, embora as demais informações (nome e CPF), a respeito de Henrique, estivessem corretas. Questionado pelo policial, Henrique confessou que havia adquirido o documento com Marcos, seu vizinho, que atuava como despachante, tendo pago R$ 2.000,00 pelo documento. Afirmou ainda que sequer havia feito prova no DETRAN. Acrescente-se que, durante a instrução criminal, ficou comprovado que, de fato, Henrique obteve o documento de Marcos, sendo este o autor da contrafação. Além disso, foi verificado por meio de perícia judicial que, no estado em que se encontra o documento, e em face de sua aparência, pode iludir terceiros como se documento idôneo fosse. Logo, pode-se afirmar que a conduta de Henrique se amolda ao crime de

(A) falsificação de documento público, previsto no caput do art. 297 do Código Penal.

(B) uso de documento falso, previsto no art. 304 do Código Penal.

(C) falsa identidade, previsto no art. 307 do Código Penal.

(D) falsidade ideológica, previsto no caput art. 299 do Código Penal.

(E) falsificação de documento particular, previsto no caput do art. 298 do Código Penal.

19. Marque a alternativa correta do ponto de vista legal.

(A) No crime de estupro, aumenta-se a pena de metade se resultar a gravidez da vítima.

(B) Luiz, delegado de polícia civil, lotado em uma determinada delegacia de polícia, deixou, por indulgência, de responsabilizar o inspetor Amâncio após tomar conhecimento de que este teria praticado uma determinada infração. Nesse contexto, pode-se afirmar que o delegado praticou, em tese, o crime de condescendência criminosa.

(C) No crime de incêndio, aumenta-se a pena em dois terços se o delito for praticado em galeria de mineração.

(D) Aquele que dolosamente retém documento de identidade de terceira pessoa responde pelo delito de supressão de documento.

(E) No crime de Falsa Identidade, o agente não apresenta nenhum documento de identidade para se identificar.

João Carlos, 30 anos, brasileiro, com residência transitória na Argentina, aproveitando-se da aquisição de material descartado por uma indústria gráfica falida, passou a fabricar moeda brasileira em território argentino. Para garantir a diversidade da moeda falsificada, João imprimia notas de 50 e de 100 reais. Ao entrar em território brasileiro João foi revistado por policiais que encontraram as notas falsificadas em meio a sua bagagem. João foi acusado da prática do crime previsto no artigo 289 do Código Penal.

20. De acordo com as teorias que informam a aplicação da lei penal brasileira no espaço, é correto dizer que, nesse caso, cabe a aplicação

(A) da lei argentina, em atenção à regra da territorialidade, uma vez que o crime fora praticado na Argentina.

(B) incondicionada da lei brasileira, uma vez que o crime cometido atenta contra a fé pública.

(C) condicionada da lei brasileira, pelo fato de a conduta ter sido cometida em território argentino.

(D) condicionada da lei brasileira, já que a conduta integra dois ordenamentos jurídicos.

(E) da lógica da extraterritorialidade, já que o fato ocorreu em território argentino.

Tício, morador do Rio de Janeiro, começou a namorar Gabriela, uma jovem moradora da cidade de São Paulo. Com o passar do tempo e os efeitos da distância, Tício, motivado por ciúmes, resolveu tirar a vida de Gabriela. Pôs-se então a planejar a prática do crime em sua casa, no Rio de Janeiro, tendo adquirido uma faca, instrumento com o qual planejou executar o crime. No dia em que seguiu para São Paulo para encontrar Gabriela, que lhe o esperava na rodoviária, Tício combinou com a jovem uma viagem a passeio para o Espírito Santo. Ao ingressarem no ônibus que os levaria de São Paulo para o Espírito Santo, Tício afirmou para Gabriela que iria matá-la. Todavia, dada a calma de Tício, a jovem achou que se tratava de uma brincadeira. Durante o trajeto, Tício, ofereceu a ela uma bebida contendo substância que causava a perda dos sentidos. Após Gabriela beber e dormir, sob efeito da substância, enquanto passavam pela BR-101, no Rio de Janeiro, Tício passou a desferir golpes com a faca no peito da jovem. Quando chegou ao destino, Tício se entregou para polícia, e Gabriela, embora tenha sido socorrida, veio a óbito ao chegar ao Hospital.

21. O crime descrito no texto foi praticado, de acordo com a lei penal, no momento

(A) da ação ou omissão, ainda que outro seja o momento do resultado. Trata-se, portanto, do momento em que Tício desferiu os golpes em Gabriela.

(B) em que o agente se prepara para a promoção da conduta criminosa. Ou seja, trata-se do momento em que Tício planejou e adquiriu as ferramentas necessárias ao cometimento do crime.

(C) em que a autoridade policial toma conhecimento do crime. Ou seja, quando Tício se entregou para a polícia.

(D) em que é alcançada a consumação do crime. Trata-se, portanto, do momento da morte de Gabriela, que ocorreu no hospital.

(E) da ação ou omissão, se este for concomitante ao resultado. Não sendo possível determiná-lo, no presente caso, em razão da separação temporal entre a conduta e o resultado.

Marcio, por intermédio de um advogado, ingressou com uma queixa-crime em face de Arnaldo, uma vez que, pelas redes sociais, Arnaldo imputou a ele, falsamente, um fato definido como crime. No curso do processo, Marcio tomou conhecimento por meio de amigos em comum que Arnaldo teria perdido um filho assassinado em um assalto, fato que o comoveu e em sede de alegações finais, Márcio, por seu advogado, postula a absolvição do réu em relação ao crime contra a honra cometido.

22. Diante desta situação, é correto afirmar que o juiz

(A) poderá, ainda assim, condenar o réu, uma vez que a ação penal, nesta hipótese, é privada, cabendo a ele tal decisão.

(B) deverá, nestas situações, chamar o autor e o réu a fim de que possa promover a reconciliação entre eles.

(C) não terá outra alternativa que não seja reconhecer a extinção da punibilidade de Arnaldo.

(D) poderá condenar ou absolver Arnaldo, independentemente do fato de Márcio ter, em sede de alegações finais, postulado a absolvição do agente.

(E) ficará obrigado a absolver Arnaldo, porquanto Márcio é o titular da ação penal privada, podendo assim desistir dela a qualquer tempo.

23. Manoela exerce atividade de delegada de polícia federal em Vitória-ES. Desconfiada da infidelidade de seu noivo decidiu, fora de suas atribuições e de seu expediente de trabalho, realizar interceptação do telefone celular de seu noivo. Nesta situação hipotética marque a opção CORRETA.

(A) A competência será definida pela prevenção, vez que o delito foi praticado por funcionário público federal, mas fora de suas funções.

(B) compete a Justiça Federal processar e julgar o delito de interceptação sem autorização, pois que ofende interesse da União, no caso sistema de telecomunicações.

(C) compete a Justiça Federal processar e julgar o delito de interceptação sem autorização, pois no caso, o delito foi praticado por funcionário público federal.

(D) A competência será sempre da Justiça Estadual, ainda que tenha sido praticado por funcionário público federal no exercício de suas funções.

(E) compete a Justiça Estadual processar e julgar o delito de interceptação sem autorização, pois no caso, o agente federal estava fora de suas funções.

"O inquérito policial é um procedimento administrativo, não judicial, e por isso mesmo pode ter caráter explicitamente inquisitorial, isto é, registrar por escrito, com fé pública, emprestada pelo cartório que a delegacia possui, informações obtidas dos envolvidos sem que estes tenham conhecimento das suspeitas contra eles."

(LIMA, Roberto Kant de; MOUZINHO, Glaucia. DILE-MAS – Vol.9 – no 3 – SET-DEZ 2016 – pp. 505-529).

24. Assinale, a seguir, a característica INCORRETA quanto ao inquérito policial brasileiro.

(A) não possui contraditório e ampla defesa.

(B) é escrito.

(C) é público.

(D) é dispensável.

(E) é sigiloso.

25. Da mesma maneira que o Estado é aquele que deveria proteger os indivíduos, o mesmo pode ser justamente aquele que viola seus Direitos. Não à toa, a própria Lei traz a figura do "Abuso de Autoridade" como a hipótese na qual o ente estatal opera fora dos seus limites legais, isto é, seu lastro de legitimidade.

Com os bens jurídicos do Regular Funcionamento da Administração Pública e os Direitos e Garantias Fundamentais da CF/88, o procedimento para a responsabilização administrativa, civil e penal é regulamentada pela Lei 4.898/65. Tal procedimento encontra no art. 2°, da referida Lei, a maneira pela qual o direito de representação para a devida responsabilização é exercido. Logo, é correto afirmar que:

(A) a representação será dirigida exclusivamente ao CNMP – Conselho Nacional do Ministério Público.

(B) a representação não poderá ser dirigida à autoridade superior que tiver competência legal para aplicar a respectiva sanção à suposta autoridade culpada.

(C) a representação será feita exclusivamente pelo correio eletrônico da autoridade superior que tiver competência legal para aplicar a respectiva sanção à suposta autoridade culpada.

(D) a representação do ofendido é condição de procedibilidade para a propositura da ação penal.

(E) a representação será feita em duas vias e conterá a exposição do fato constitutivo do abuso de autoridade, com todas as suas circunstâncias, a qualificação do acusado e o rol de testemunhas, no máximo de três, se as houver.

O Legislador brasileiro adotou, a partir de 2013, o termo "Organizações Criminosas" para tratar o tema, tão falado na mídia e na sociedade, das atividades reconhecidas como "Crime Organizado". Por ensejar, para alguns, uma maior complexidade de aplicação de recursos e pessoas, de uma logística própria, que passaria despercebida ou pelo menos dificultaria os meios cotidianos de investigação e apuração de responsabilidades, a Lei 12.850/13, para além de trazer a definição objetiva de "Organização Criminosa", traz também regras específicas para o procedimento. Uma delas, disposta no Capítulo III, se dá no âmbito da "Investigação e dos Meios de Obtenção de Prova".

26. Sobre estes, assinale a alternativa correta:

(A) Em nenhuma fase da persecução penal será afastado os sigilos financeiro, bancário e fiscal.

(B) Em qualquer fase da persecução penal, será permitido, sem prejuízo de outros, já previstos em lei, a colaboração premiada como meio de obtenção de prova.

(C) Apenas após o recebimento da denúncia, será permitido, sem prejuízo de outros já previstos em lei, a colaboração premiada como meio de obtenção de prova.

(D) Apenas após o recebimento da denúncia, será permitido, sem prejuízo de outros já previstos em lei, a prisão preventiva como meio de obtenção de prova.

(E) Em qualquer fase da persecução penal, será permitido, sem prejuízo de outros já previstos em lei, a prisão preventiva como meio de obtenção de prova.

27. No que pertine à inépcia da denúncia ou da queixa, é correto afirmar que

(A) a doutrina a entende como sinônimo de criptoimputacao.

(B) ocorre quando, na denúncia/queixa, não há a identificação do acusado com seu verdadeiro nome ou outros qualificativos.

(C) sucede quando faltar justa causa para o regular exercício da ação penal.

(D) tem cabimento quando ausente uma ou algumas das condições da ação penal.

(E) acontece quando a inicial acusatória não contém o rol de testemunhas.

28. João Pedro foi abordado por policiais militares que faziam ronda próximo a uma Universidade particular. Ao perceberem a atitude suspeita de João, os policiais resolveram proceder a revista pessoal e identificaram que João portava um cigarro de maconha para consumo pessoal. Nessa situação hipotética, a expressão "não se imporá prisão em flagrante", descrita no art. 48 da lei 11.343/06, significa que é vedado a autoridade policial:

(A) Efetuar a condução coercitiva até a delegacia de polícia.

(B) Efetuar a lavratura do auto de prisão em flagrante.

(C) Lavrar o termo circunstanciado.

(D) Apreender o objeto de crime.

(E) Realizar a captura do agente.

29. A resolução do TSE n° 23.396/2013 diz que "a ação penal eleitoral observará os procedimentos previstos no Código Eleitoral, com a aplicação obrigatória dos artigos 395, 396, 396-A, 397 e 400 e do Código de Processo Penal, com redação dada pela Lei n° 11.971, de 2008. Após esta fase, aplicar-se-ão os artigos 359 e seguintes do Código Eleitoral".

Em que pese toda a discussão jurisprudencial acerca do art. 359 da Lei 4.737/65, o rito eleitoral é diferenciado do resto do Direito, haja vista todas as peculiaridades próprias do ramo, em especial pelo objetivo final quanto à lisura do processo eleitoral. Prazos próprios, contagem que ignora finais de semana e feriados, uma legislação altamente fluída, haja vista o poder dos tribunais em regularem a atividade, não só por seus entendimentos em julgados, mas principalmente pelas resoluções editadas pelo Tribunal Superior Eleitoral (TSE) e pelos Tribunais Regionais Eleitorais (TRE's).

No Processo Penal forma é garantia, e dentro do rito da ação penal eleitoral, é correto afirmar que das decisões finais de condenação ou absolvição cabe recurso para o Tribunal Regional, a ser interposto no prazo de:

(A) 15 (quinze) dias.

(B) 5 (cinco) dias.

(C) 20 (vinte) dias.

(D) 3 (três) dias.

(E) 10 (dez) dias.

30. A referida classificação do sistema brasileiro como um sistema acusatório, desvinculador dos papéis dos agentes processuais e das funções no processo judicial, mostra-se contraditória quando confrontada com uma série de elementos existentes no processo." (FERREIRA. Marco Aurélio Gonçalves. A Presunção da Inocência e a Construção da Verdade: Contrastes e Confrontos em perspectiva comparada (Brasil e Canadá). EDITORA LUMEN JURIS, Rio de Janeiro, 2013). Leia o caso hipotético descrito a seguir.

O Ministro OMJ, do Supremo Tribunal Federal, rejeitou o pedido da Procuradoria-Geral da República (PGR), de arquivamento do inquérito aberto para apurar ofensas a integrantes do STF e da suspensão dos atos praticados no âmbito dessa investigação, como buscas e apreensões e a censura a sites. Assinale a alternativa INCORRETA quanto a noção de sistema acusatório.

(A) Inquérito administrativo instaurado no âmbito da administração pública.

(B) A determinação de ofício de instauração de inquérito policial pelo juiz.

(C) A Instauração de inquérito policial pelo Delegado de Polícia.

(D) A requisição de instauração de inquérito policial pelo Ministério Público.

(E) Inquérito instaurado por comissões parlamentares.

31. Antônio foi preso em flagrante sob a acusação da prática de tráfico de drogas. A polícia apreendeu seu telefone celular. O Delegado abriu o aplicativo

WhatsApp no celular do suspeito e verificou que, nas conversas de Antônio, as mensagens comprovaram que ele realmente negociava drogas, e assumia a prática de outros crimes graves. As referidas mensagens foram transcritas pelo escrivão e juntadas ao inquérito policial, em forma de certidão. Nessa situação hipotética, de acordo com as regras de admissibilidade das provas no processo penal brasileiro, marque a alternativa CORRETA.

(A) é necessário ordem judicial, tanto para a apreensão de telefone celular, como também para o acesso às mensagens de *WhatsApp*.

(B) tendo em vista que é dispensável ordem judicial para a apreensão de telefone celular, também não é necessária autorização para o acesso as mensagens de *WhatsApp*, visto que se trata de medida implícita à apreensão.

(C) é necessário somente requisição do Ministério Público para o acesso às mensagens de *WhatsApp*.

(D) como se trata de procedimento preliminar investigatório, não é necessário a prévia autorização judicial para que a autoridade policial possa ter acesso ao *WhatsApp* da pessoa que foi presa em flagrante delito.

(E) é necessária prévia autorização judicial para que a autoridade policial possa ter acesso ao *WhatsApp* da pessoa que foi presa em flagrante delito.

"Do ponto de vista criminal, considerando a maneira como o sistema de justiça funcionou, parece que a pena de prisão para o uso de drogas ainda é utilizada (...) Depois da nova Lei de Drogas, os casos de uso de drogas praticamente pararam de chegar ao Judiciário, enquanto os de tráfico de drogas aumentaram, nos sugerindo que os casos de uso passaram a ser resolvidos na rua, de maneira oficiosa pela polícia, através da negociação de 'mercadorias políticas'" (FILHO, Frederico Policarpo Mendonça: DILEMAS: Revista de Estudos de Conflito e Controle Social - Vol. 6 – nº 1 - JAN/FEV/ MAR 2013 - pp. 11-37).

32. A partir da situação abordada no texto acima, é correto afirmar que:

(A) sendo hipótese de porte de drogas para consumo pessoal, deverá o delegado de polícia instaurar o inquérito policial.

(B) ainda que com pouca quantidade de droga o princípio da insignificância não incide no crime de tráfico de drogas, não sendo fundamento para recomendação de arquivamento do inquérito policial por atipicidade.

(C) sendo hipótese de porte de drogas para consumo pessoal, deverá o delegado de polícia realizar o termo circunstanciado e lavrar o auto de prisão em Flagrante.

(D) sendo pouca a quantidade de droga apreendida, incide o princípio da insignificância no crime de tráfico de drogas, podendo servir de fundamento para o arquivamento do inquérito policial por atipicidade.

(E) sendo hipótese de porte de drogas para consumo pessoal, deverá o delegado de polícia realizar o termo circunstanciado e caso o indivíduo se recuse a comparecer no juizado Especial Criminal deverá o delegado representar pela prisão preventiva.

Marcelo exerce atividade de camelô na Avenida Central, no Centro, na cidade do Rio de Janeiro, no Estado do Rio de Janeiro, por não aceitar a negociação com agentes de segurança pública, um tipo de "arrego", teve sua mercadoria apreendida visto que comercializava pacotes de cigarro, da marca, "Buenos Tragos", considerada suspeita pelos agentes de segurança. Os cigarros "Buenos Tragos" são oriundos do Paraguai e possuem um preço bem mais abaixo que os nacionais, mas são vendidos de forma clandestina. No entanto, estes cigarros são produtos aprovados pela ANVISA e, portanto, é permitida sua importação e comercializados no Brasil, desde que cumpridas as obrigações legais e tributárias. Vale ressaltar, no entanto, que Marcelo não possuía nota fiscal dos cigarros apreendidos em sua posse. Conduzido a delegacia de Polícia Civil, Marcelo confessou que adquiriu os cigarros de Valentina, uma mulher que também mora em Vitória e fornece mercadorias para os camelôs.

33. Nessa situação hipotética, de acordo com as regras de competência, marque a alternativa CORRETA.

(A) Compete à Justiça Estadual o julgamento dos crimes de contrabando e de descaminho quando apreendido em comércio informal irregular.

(B) Compete à Justiça Federal tanto quanto a Justiça Estadual o julgamento dos crimes de contrabando e de descaminho.

(C) Compete à Justiça Estadual o julgamento dos crimes de contrabando e de descaminho tendo em vista que a apreensão se deu pela Polícia Militar do Estado.

(D) Compete à Justiça Federal o julgamento dos crimes de contrabando e de descaminho, ainda que inexistentes indícios de transnacionalidade na conduta.

(E) Compete a Justiça Estadual, pois não houve transnacionalidade na conduta do agente e uma vez que a mercadoria apreendida já havia sido internalizada e Marcelo não concorreu de qualquer forma, seja direta ou indireta, para a efetiva importação desses cigarros.

Hans Staden é um famoso colecionador e vendedor de artigos raros de antiguidade, em especial obras de arte da região Bávara da Alemanha. Para comemorar suas recentes aquisições, fez uma exposição na cidade de seus avós, uns dos primeiros colonos alemães no Brasil, Sontag Martins, na serra capixaba. Lá pode vender algumas dessas obras, todavia, em especial pelo clima de festividades, não deu seguimento ao seu procedimento de venda com o devido cadastramento dos compradores e demais detalhes próprios das obrigações e responsabilidades dispostas no art. 10 da Lei 9.613/98.

Ao passar dos dias, ainda com sua consciência pesada por não cumprir o procedimento padrão, pensa em viajar pela Europa e evitar o desdobramento de qualquer Ação Penal que se inicie, pois crê que "se não for achado, qualquer processo ficará suspenso aguardando minha volta".

34. Nessa situação hipotética, sobre a disciplina imposta pela Lei 9.613/98 e as garantias processuais, está correto afirmar que caso Hans Staden não comparecesse ou não constituísse advogado:

(A) seria citado por edital e o feito seria continuado até o julgamento, sendo um defensor dativo nomeado para a defesa técnica.

(B) tal motivo, de acordo com a Lei 9.613/98, seria o suficiente para a sua condução coercitiva.

(C) seria citado por edital e o feito seria suspenso assim como o curso do prazo prescricional.

(D) tal motivo, de acordo com a Lei 9.613/98, seria o suficiente para a decretação de sua prisão preventiva.

(E) tal motivo, de acordo com a Lei 9.613/98, seria o suficiente para a decretação de sua prisão temporária.

O Código de Processo Penal estabelece em seu art. 260 que "Se o acusado não atender à intimação para o interrogatório, reconhecimento ou qualquer outro ato que, sem ele, não possa ser realizado, a autoridade poderá mandar conduzi-lo à sua presença." Em 2018, ao tratar da condução coercitiva, o STF determinou que a expressão "para o interrogatório", prevista no art. 260 do CPP, não foi recepcionada pela Constituição Federal. Assim, não se pode fazer a condução coercitiva do investigado, ou réu, com o objetivo de submetê-lo ao interrogatório sobre os fatos. Quanto a condução coercitiva de investigados, ou de réus, para interrogatório sobre fatos podemos afirmar que pode ensejar a:

I. a responsabilidade disciplinar, civil e penal do agente ou da autoridade que determinou.
II. a ilicitude das provas obtidas.
III. a responsabilidade civil do Estado.
IV. a Nulidade do ato jurídico.

35. Assinale a alternativa correta:

(A) Todas as afirmativas estão corretas.
(B) I e III estão erradas.
(C) Apenas estão erradas a I e IV.
(D) Todas as afirmativas estão erradas.
(E) Apenas estão corretas a II e IV.

36. respeito da Lei 9.099/95, assinale a alternativa correta.

(A) O instituto da composição dos danos civis, previsto na lei 9.099/95, uma vez homologado pelo juiz, acarretará, independentemente da natureza da ação penal do crime de menor potencial ofensivo, a extinção da punibilidade do agente.
(B) As disposições da lei 9.099/95 não se aplicam no âmbito da justiça militar.
(C) Não se aplica no âmbito da lei 9.099/95 o princípio da identidade física do juiz.
(D) De acordo com o STF, a sentença de homologação da transação penal faz coisa julgada material.
(E) No âmbito do juizado especial criminal, não se admite, em nenhuma hipótese, a citação pela via editalícia.

O meio ambiente é protegido pela legislação brasileira através das diferentes responsabilidades atribuídas a cada agente ou instituição voltada para tal fim. Dentre as garantias do cumprimento da Lei estão as sanções penais e administrativas dispostas na Lei 9.605/98. Seguindo a sistemática legal, que encontra na Constituição Federal/CF 88 seu norteador hermenêutico e nos outros diplomas legais ferramentas para a garantia de Direitos, determinadas infrações ambientais, observada suas cominações legais, permitem a aplicação imediata da pena restritiva de direitos ou multa.

37. Segundo a Lei 9.605/98, a aplicação imediata da pena restritiva de direitos ou multa:

(A) é possível com a prévia composição do dano.
(B) não é possível.
(C) não é aplicável porque não existe transação penal ambiental.
(D) é possível com a prévia recomposição do dano.
(E) é possível com a prévia reparação do dano.

38. A Lei 8.072/90 já foi alvo de muitas controvérsias e, por isso, diversas alterações. Da obrigação do regime fechado, como início do cumprimento da pena, a frações diferenciadas na execução penal, a própria criação da Lei e sua contextualização na sociedade brasileira ainda é alvo de críticas. Em relação ao processo penal e às alterações feitas nesta Lei, assinale a seguir a afirmativa correta.

(A) Os prazos processuais podem ser diminuídos quando se tratar de processos que versarem sobre crimes hediondos.
(B) Os prazos processuais podem ser diminuídos, apenas para a defesa, quando se tratar de processos que versarem sobre crimes hediondos.
(C) A Lei 13.285/16 estabeleceu prioridade de tramitação dos processos que versarem sobre crimes hediondos apenas quando envolverem tipos da Lei 11.343/06.
(D) Os prazos processuais podem ser relativizados para uma maior celeridade nos processos que versarem sobre crimes hediondos.
(E) A Lei 13.285/16 estabeleceu a prioridade de tramitação dos processos que versarem sobre crimes hediondos.

39. Gerson está respondendo a procedimento investigatório, conduzido por delegado de Polícia Civil. Em meio a investigação foi decretado sigilo do Inquérito policial para assegurar as investigações. Nessa situação hipotética, marque a alternativa CORRETA.

(A) O advogado somente terá acesso aos autos do inquérito policial se não for decretado o seu sigilo, caso em que terá que aguardar a instauração do processo judicial.
(B) O advogado poderá examinar aos autos do inquérito policial e ainda ter informações sobre os atos de investigação que ainda serão realizados.
(C) Nos crimes hediondos o advogado do indiciado não terá acesso aos autos para assegurar a proteção das investigações.

(D) O advogado poderá examinar aos autos do inquérito policial ainda que tenha sido decretado o seu sigilo.

(E) O sigilo decretado no inquérito policial não impede que os meios de comunicações televisivas tenham acesso, tendo em vista a necessidade de se preservar a ordem pública.

40. A Lei 13.245/2016 alterou o art. 7º da Lei 8.906/94 (Estatuto da OAB) que garante ao advogado do investigado, o direito de assistir a seus clientes durante a apuração de infrações, inclusive nos depoimentos e interrogatório, podendo apresentar razões e quesitos. Com efeito, Anderson, advogado de José, impugnou a oitiva de duas testemunhas em fase de inquérito policial, alegando que não recebeu notificação informando do dia e hora da oitiva das referidas testemunhas em sede policial. Diante da temática apresentada, assinale a seguir a alternativa correta.

(A) O sigilo do inquérito policial impede que o advogado tenha acesso aos atos já documentados em inquérito policial.

(B) A Lei 13.245/2016 impôs o dever à autoridade policial de intimar previamente o advogado constituído para os atos de investigação, em homenagem ao contraditório e a ampla defesa.

(C) A Lei 13.245/2016 instituiu a obrigatoriedade do inquérito policial ainda que já haja provas devidamente constituídas.

(D) A Lei 13.245/2016 não impôs um dever à autoridade policial de intimar previamente o advogado constituído para os atos de investigação.

(E) A inquisitorialidade do procedimento investigatório policial é o que impede que o advogado tenha acesso aos atos já documentados em inquérito policial.

Delton é proprietário de uma empresa que presta serviços de limpeza de automóveis para a "Lyss United L.A. Brazil", que vende transportes executivos em todo o território nacional. No dia 20 de abril de 2019, é surpreendido por receber uma notificação de que fora homologado o "plano de recuperação extrajudicial" da Lyss United L.A. Brazil e se vê convicto de que algo está errado. Ao procurar identificar os credores da empresa que, assim como ele, tinham valores a receber, percebeu que havia a obrigação de que, aqueles que moravam na cidade de São Paulo, seriam os primeiros a receberem, o que muito o aborreceu, haja vista estar sediado em Curitiba. Certo de que havia algo errado, logo

fora se informar sobre o que poderia ter ocorrido, em especial se algum crime fora cometido. Com a leitura da legislação especial, supôs de que a figura típica do "Favorecimento de Credores" era evidente, e começou a armazenar documentos e trocas de e-mail já pensando em ser testemunha do processo criminal que apuraria tal fato, haja vista o Ministério Público também ter sido notificado no dia 20 de abril. Chega o dia 06 de junho e nenhuma ação penal fora deflagrada, assim como alguns dos credores de São Paulo já haviam começado a receber seus créditos. Com o sentimento de injustiça, Delton procura seus advogados para tentar agir de alguma maneira, visando a responsabilização penal daqueles que supostamente favoreceram outros credores.

41. Sobre as possibilidades de Delton, credor habilitado, é correto afirmar que:

(A) Delton pode ajuizar uma Ação Penal Privada subsidiária da Pública, já que superado o prazo de 15 dias, disposto no art. 187, § 1º da Lei 11.101/05, qualquer credor habilitado está apto para fazê-lo.

(B) Delton pode ajuizar uma Ação Penal Privada, já que a discriminação causada pela obrigação supostamente fraudulenta, para além de gerar atraso no pagamento, causa danos a sua honra.

(C) Delton pode ajuizar uma Ação Penal Privada subsidiária da Pública, já que superado o prazo de 45 dias, disposto no art. 187, § 1º da Lei 11.101/05, qualquer credor habilitado está apto para fazê-lo.

(D) Delton poderá ajuizar uma Ação Penal Privada subsidiária da Pública após a superação do prazo de 120 dias disposto no art. 187, § 1º, já que qualquer credor habilitado ou administrador oficial está apto para fazê-lo.

(E) Delton não pode ajuizar uma Ação Penal Privada subsidiária da Pública, já que apenas o Administrador Judicial é capaz de fazer isto na hipótese da superação do prazo disposto no art. 187, § 1ºda Lei 11.101/05.

42. A Lei nº 12.403/2011 inseriu no ordenamento jurídico brasileiro as medidas cautelares diversas da prisão, de forma que a privação da liberdade fosse considerada como medida cautelar excepcional. Assim, assinale qual a alternativa correta a respeito desse instituto.

(A) Na audiência de custódia é obrigatória a presença e oitiva dos agentes policiais responsáveis pela prisão ou pela investigação.

(B) A audiência de custódia ainda não está regulamentada por lei no Brasil. A concretude desse instinto se deu em razão da previsão na Convenção Americana de Direitos Humanos e por ato normativo do CNJ.

(C) A audiência de custódia não é compreendida como um direito humano nos estatutos internacionais.

(D) A audiência de custódia está devidamente regulamentada, na lei 12.850/13, no Brasil.

(E) Para o STJ a alegação de nulidade da prisão em flagrante em razão da não realização de audiência de custódia no prazo legal não fica superada com a conversão do flagrante em prisão preventiva.

43. Conforme prescrições constantes na Lei 8.666, de 21 de junho de 1993, ao contratado pela Administração Pública que não executa, de maneira total ou parcial, aquilo que fora acordado, pode vir a ter como sanção

(A) a exclusão de qualquer participação em licitação e impedimento de contratar com a Administração pelos próximos 5 (cinco) anos.

(B) a declaração de inidoneidade para licitar ou contratar com a Administração Pública, enquanto perdurarem os motivos determinantes da punição, ou até que seja promovida a reabilitação perante a própria autoridade que aplicou a penalidade, que será concedida sempre que o contratado ressarcir a Administração pelos prejuízos resultantes e após decorrido o prazo da sanção aplicada.

(C) a suspensão temporária de participação em licitação e impedimento de contratar com a Administração, por prazo não superior a 5 (cinco) anos.

(D) a declaração de inidoneidade para licitar ou contratar com a Administração Pública pelo prazo de 5 (cinco) anos ou até que seja promovida a reabilitação perante a própria autoridade que aplicou a penalidade, que será concedida sempre que o contratado ressarcir a Administração pelos prejuízos resultantes e após decorrido o prazo da sanção aplicada.

(E) a suspensão temporária de participação em licitação e impedimento de contratar com a Administração, por prazo não superior a 3 (três) anos.

44. Sobre os elementos jurídicos da responsabilidade civil do Estado, assinale a afirmação INCORRETA:

(A) É cabível ação de regresso manejada pela Pessoa Jurídica de Direito Público, na hipótese de esta ser condenada a ressarcir um particular, em razão de conduta culposa de agente gerador de dano a terceiro.

(B) Os elementos comuns da responsabilidade civil objetiva e subjetiva são a ação do Estado, o nexo causal e o dano.

(C) Culpa é elemento subjetivo a ser verificado em ação de indenização quando se tratar de responsabilidade subjetiva.

(D) Na ação de reparação de danos, que tem por objeto a conduta comissiva de um agente do Estado, é preciso que se comprove, além do nexo causal e dano, o elemento volitivo do agente do Estado.

(E) Aplica-se a responsabilidade civil subjetiva do Estado na hipótese de dano físico em particular que estava sob a custódia de um agente policial, e quando a alegação de dano físico decorreu de conduta omissiva do referido policial.

45. A Lei 9.784, de 29 de janeiro de 1999, que trata dos processos administrativos, estabelece regras específicas de procedimento a serem adotadas quando da apuração de eventual infração cometida por servidor público. Em vista das disposições deste Diploma Legal, é correto afirmar que:

(A) os requisitos e as restrições para o acesso às informações privilegiadas por parte de ocupante de cargo ou emprego da administração direta e indireta deverão ser estabelecidos em lei em sentido material.

(B) os atos do processo devem realizar-se exclusivamente na sede do órgão responsável pelo seu processamento.

(C) as pessoas que não iniciaram o processo administrativo também são partes legitimadas, desde que estas tenham seus interesses afetados pela decisão a ser adotada no processo.

(D) prazos prescricionais aplicam-se aos processos administrativos contra servidores, inclusive na hipótese de ação de ressarcimento em vista de lesão ao erário público.

(E) o órgão instrutor, quando não for o competente para exarar decisão final, convolará o relatório feito em decisão final escrita.

A Lei 9.784, de 29 de janeiro de 1999, trata de vários aspectos relacionados às nulidades, aos vícios dos atos administrativos, além de disposições procedimentais.

46. Leia as afirmativas a seguir e, de acordo com este diploma legal, marque a opção INCORRETA:

(A) O agente público responsável por um ato administrativo eivado de vício de legalidade tem o dever de anulá-lo, havendo, ainda, a faculdade de revogação deste ato, respeitando-se os direitos adquiridos, por razões de conveniência e oportunidade.

(B) Decai em 5 anos o direito da administração de anular atos que sejam favoráveis aos seus destinatários, sendo que este prazo decadencial, na hipótese de efeitos patrimoniais contínuos, contar-se-á da percepção do primeiro pagamento.

(C) A convalidação de decisão administrativa com defeitos sanáveis é um dever condicionado à não ocorrência de lesão ao interesse público e prejuízo a terceiros.

(D) Aplicam-se aos processos administrativos os princípios constitucionais da ampla defesa e do contraditório.

(E) Mesmo na hipótese de reexame necessário, o ato administrativo decisório deve ser motivado, indicando-se os fatos e fundamentos jurídicos que lhe dão sustentação.

Leia as afirmativas a seguir, à luz da Constituição da República Federativa do Brasil e da legislação infraconstitucional aplicável, no que se refere à temática do exercício do cargo de servidor no âmbito da Administração Pública.

I. - Extinto o cargo ou declarada sua desnecessidade, o servidor estável ocupante deste cargo ficará em disponibilidade, sendo sustada a remuneração que percebia, restituindo-se a remuneração na hipótese de reaproveitamento do servidor em outro cargo.

II. - A contratação temporária feita por ente da Administração é matéria que depende de estipulação legal e está condicionada à necessidade e ao interesse público.

III. - Servidor estável que passou a ocupar o cargo de outro servidor demitido e que voltou ao mesmo cargo por força de decisão judicial reintegratória, se estável, deverá ser reconduzido ao cargo de origem ou posto em disponibilidade.

IV. - A avaliação periódica é uma das formas pelas quais o servidor pode perder o cargo, em conformidade com lei complementar, sendo assegurado, no procedimento de avaliação, o direito a ampla defesa.

V. - Servidor da administração direta, autárquica ou fundacional que for investido no cargo de Prefeito poderá optar pela sua remuneração.

47. Marque a alternativa correta:

(A) Todas as afirmativas estão corretas, à exceção da IV.

(B) Todas as afirmativas estão corretas, à exceção da III.

(C) Todas as afirmativas estão corretas, à exceção da I.

(D) Todas as afirmativas estão corretas, à exceção da II.

(E) Todas as afirmativas estão corretas, à exceção da V.

48. Sobre os prazos referentes ao processo administrativo regido pela Lei 9.784, de 29 de janeiro de 1999, assinale a alternativa INCORRETA:

(A) Os prazos começam a correr a partir da data da cientificação oficial, mas, para efeito de contagem, exclui-se o dia da cientificação do ato.

(B) Se o prazo for de um mês e o dia de início da contagem começar no dia 31 janeiro de 2019, o dia do vencimento será o dia 28 de fevereiro de 2019.

(C) Inclui-se, para efeito de contagem de prazos, o dia do vencimento.

(D) A contagem dos prazos começa na data da cientificação oficial, incluindo-se o dia do vencimento.

(E) Ocorrendo motivo de força maior comprovado, pode-se efetuar a suspensão dos prazos.

49. Quanto à responsabilidade fiscal dos agentes públicos, assinale a alternativa correta.

(A) O Tribunal de Contas da União verificará o cumprimento dos limites e condições relativos à realização de operações de crédito de cada ente da Federação, inclusive das empresas por eles controladas, direta ou indiretamen-te.

(B) A criação, expansão ou aperfeiçoamento de ação governamental que acarrete aumento da despesa, não necessita de estimativa do impacto orçamentário-financeiro no exercício em que deva entrar em vigor.

(C) Equipara-se a operações de crédito e está permitida a assunção de obrigação, sem autorização orçamentária, com fornecedores para pagamento a posteriori de bens e serviços.

(D) É nulo de pleno direito o ato que provoque aumento da despesa com pessoal e não atenda o limite legal de comprometimento aplicado às despesas com pessoal inativo.

(E) o Relatório Resumido da Execução Orçamentária não é um instrumento de transparência da gestão fiscal.

A administração pública, no Brasil, é regida por uma série de princípios. Tendo em vista a natureza jurídica destes princípios, leia as afirmativas a seguir.

I. Legalidade, publicidade, impessoalidade, moralidade e eficiência são classificadas, pela doutrina, como princípios expressos da administração pública por possuírem previsão normativa inserta no texto da Constituição da República Federativa do Brasil de 1988 com aplicação direta ao campo do direito administrativo.

II. O princípio da eficiência da administração se aplica ao servidor, para efeito de sua aptidão ao cargo, durante o estágio probatório e ao logo do exercício de sua vida funcional.

III. Campanhas ou informes de órgãos públicos que apresentem slogans de promoção pessoal do agente público violam diretamente o princípio constitucional da moralidade administrativa.

IV. A supremacia do interesse público é considerada, pela doutrina, como um princípio implícito da administração pública

V. Um princípio é considerado implícito ao direito administrativo em razão de este ser aplicável ao campo da administração pública, ainda que tal princípio seja próprio a um outro campo do direito.

50. Marque a alternativa correta:

(A) Todas as afirmativas estão corretas, à exceção da III.

(B) Todas as afirmativas estão corretas, à exceção da I.

(C) Todas as afirmativas estão corretas, à exceção da V.

(D) Todas as afirmativas estão corretas, à exceção da IV.

(E) Todas as afirmativas estão corretas, à exceção da II.

51. Sobre o poder de polícia, assinale a alternativa cujos conceitos estão relacionados de forma correta.

(A) A discricionariedade e a autoexecutoriedade fazem parte da Administração Pública como um todo, exceto no que tange ao Poder de Polícia.

(B) A Administração Pública Direta detém o poder de polícia delegado, por sua vez originado pela Constituinte, e ambos são caracterizados pela coercibilidade.

(C) O poder de polícia não é caracterizado pela coercibilidade.

(D) A Administração Pública Direta detém o poder de polícia originário e a Administração Pública Indireta detém o poder de polícia delegado.

(E) O poder de polícia é exercido única e exclusivamente por aqueles que assim o detém, isto é, polícias militares, judiciárias e demais guardas e vigias relacionados à Administração Pública Direta.

52. Levando em consideração a responsabilidade civil do Estado é INCORRETO afirmar que:

(A) A ação de ressarcimento do Estado contra o agente público que produziu o dano é imprescritível.

(B) O direito de regresso contra o servidor público é assegurado nos casos de dolo ou culpa.

(C) A ação de regresso deve demonstrar o nexo causal da ação do agente público e o dano causado.

(D) O Estado responde de forma objetiva pelas suas omissões quando tinha o dever legal específico de agir para impedir o dano.

(E) O prazo prescricional para propositura de ação de responsabilidade civil contra o Estado é de 3 (três) anos.

"O Direito Administrativo, como é entendido e praticado entre nós, rege efetivamente não só os atos do Executivo, mas também os do Legislativo e os do Judiciário, praticados como atividade paralela e instrumental das que lhe são específicas e predominantes, isto é, a de legislação e a de jurisdição. O conceito de Direito Administrativo Brasileiro, para nós, sintetiza-se no conjunto harmônico de princípios jurídicos que regem os órgãos, os agentes e as atividades públicas tendentes a realizar concreta, direta e imediatamente os fins desejados pelo Estado."

(MEIRELLES, Hely Lopes. O Direito Administrativo Brasileiro. 29ª ed., São Paulo: Malheiros Editora, 2004.)

53. Assinale a alternativa INCORRETA:

(A) Autorização, permissão e concessão são formas de o Estado autorizar, permitir e conceder aos particulares a exploração de bens e serviços públicos.

(B) A legalidade administrativa é diferente da legalidade civil, uma vez que aquela dita o limite da atuação do administrador público, conforme imposto pela lei e esta permite ao particular aquilo que a lei não proíbe.

(C) O poder de polícia decorre da capacidade administrativa e concede também a prerrogativa de função legislativa para a positivação de tipos penais em âmbito de direito penal aos agentes de estado que possuem esse poder.

(D) O princípio da supremacia do interesse público, não desconsidera os interesses particulares/individuais, não obstante informa ao agente administrativo que o interesse público prevalece sobre interesses privados.

(E) São princípios de direito administrativo a moralidade administrativa, a supremacia do interesse público, a motivação, a publicidade e transparência, a proporcionalidade e razoabilidade administrativas.

54. Em relação ao tema das nulidades dos atos administrativos, a doutrina majoritária no Brasil consolidou o entendimento decorrente da teoria dos motivos determinantes. À luz desta teoria, marque a alternativa INCORRETA.

(A) Na exoneração de cargos de livre nomeação não é necessária, para a validade do ato, a enunciação dos motivos de fato pelo administrador.

(B) Os elementos do ato administrativo são: a competência, a forma, a finalidade, o objeto e a motivação.

(C) A exoneração ad nutum não necessita de explicitação do motivo para sua validade; todavia, se o administrador, por faculdade, declarar o motivo, esse fato passará a ser determinante para a configuração lícita do ato administrativo exoneratório.

(D) A existência real de um motivo de fato alegado para a realização de ato administrativo vincula o administrador, sendo um pressuposto de validade deste mesmo ato.

(E) Se um ato administrativo é realizado com motivo de fato inexistente, mesmo que exista motivação, ele é considerado ilícito com base na teoria dos motivos determinantes.

55. Sobre os Atos Administrativos e a Presunção de Legitimidade, é correto afirmar que a Presunção de Legitimidade

(A) não se aplica aos atos do Poder Legislativo, devendo estes ser subsumidos à comissão especial antes de sua concretização, devido aos inúmeros episódios de corrupção.

(B) não se aplica a todos os atos administrativos, apenas aos dos chefes de poderes e seus assessores.

(C) é um dos princípios que rege os atos administrativos.

(D) é uma diretriz arcaica do período ditatorial militar do Brasil, extirpada por completo com a Constituição de 1988.

(E) é universal, exceto para ações das polícias militares, civil e federal, que necessitam de aprovação dos respectivos órgãos corregedores.

56. No ordenamento jurídico brasileiro, existem circunstâncias que limitam o exercício do direito de propriedade. Nessa perspectiva, em conformidade com o que prescreve o Decreto-Lei 25, de 30 de novembro de 1937, que organiza a proteção do patrimônio histórico e artístico nacional, é correto afirmar que:

(A) o valor etnográfico é fundamento previsto expressamente em regra Constitucional que instituiu no ordenamento jurídico brasileiro o Tombamento.

(B) é lícito à União efetuar tombamento de bem municipal, sendo vedado ao município tombar bem dos Estados.

(C) o tombamento definitivo de bens imóveis de particulares, para ser considerado definitivo e ter plenos efeitos perante terceiros, deverá ser transcrito em registro imobiliário e devidamente averbado.

(D) a competência para legislar sobre tombamento é concorrente entre a União, Estados e Territórios, sendo de competência suplementar dos municípios.

(E) o Tombamento, conforme prescreve o art. 216 da Constituição da República Federativa do Brasil de 1988, é uma medida que visa a proteção de bens públicos imóveis em geral.

Com relação aos agentes públicos em geral e seu regime jurídico, leia as afirmativas a seguir.

I. Senadores da República não são agentes públicos, mas caracterizam-se como agentes políticos.

I. Agentes públicos podem estar submetidos ao regime jurídico estatutário ou ao regime jurídico celetista.

III. A atuação como jurado é caracterizada pela ação do particular que colabora com o poder público.

IV. O servidor público só pode ser demitido após a instauração de processo administrativo disciplinar, diferentemente do empregado público, para o qual não se aplica a regra celetista de demissão sem justa causa.

V. Empregado público, por definição, é todo agente público que trabalha em uma Empresa Estatal.

57. Estão corretas apenas as afirmativas:

(A) II, IV e V.
(B) III, IV e V.
(C) I, II e III.
(D) I, III, V.
(E) II, III e IV.

No âmbito de direito administrativo, a legislação prevê a possibilidade de o Poder Público conceder, autorizar e/ou permitir o exercício de atividades pelo particular. Os itens seguintes se referem à autorização e à concessão administrativa.

I. Pode ser revogada a qualquer momento;
II. Garante maior segurança jurídica ao particular que a recebe;
III. Está garantida pelo equilíbrio econômico financeiro do contrato; IV
IV. Decorre de menor interesse público;
V. Tem natureza precária;
VI. Está sujeita a indenização se encerrada antes do período contratado;

58. Assinale a alternativa correta:

(A) As afirmações I, II e VI tratam da concessão administrativa e as demais da autorização administrativa;
(B) As afirmações I, II e VI se referem à autorização administrativa enquanto as demais se referem à concessão administrativa;
(C) Todas as afirmações tratam da autorização administrativa;
(D) As afirmações I, IV e V se referem à autorização administrativa;
(E) Todas as afirmações tratam da concessão administrativa;

59. No Estado Democrático de Direito a prevenção criminal é integrante da agenda federativa passando por vários setores do Poder Público, não se restringindo à Segurança Pública e ao Judiciário. Com relação à prevenção criminal, assinale a afirmativa correta:

(A) A prevenção primária se orienta aos grupos que ostentam maior risco de protagonizar o problema criminal, se relacionando com a política legislativa penal e com a ação policial.

(B) A prevenção secundária corresponde a estratégias de política cultural, econômica e social, atuando, por exemplo, na garantia da educação, saúde, trabalho e bem-estar social.

(C) A prevenção terciária se orienta aos grupos que ostentam maior risco de protagonizar o problema criminal, se relacionando com a política legislativa penal e com a ação policial.

(D) A prevenção secundária tem como destinatário o condenado, se orientando a evitar a reincidência da população presa por meio de programas reabilitadores e ressocializadores.

(E) A prevenção primária corresponde a estratégias de política cultural, econômica e social, atuando, por exemplo, na garantia da educação, saúde, trabalho e bem-estar social.

60. A dor causada à vítima, ao ter que reviver a cena do crime, ao ter que declarar ao juiz o sentimento de humilhação experimentado, quando os advogados do acusado culpam a vítima, argumentando que foi ela própria que, com sua conduta, provocou o delito. Os traumas que podem ser causados pelo exame médico-forense, pelo interrogatório policial ou pelo reencontro com o agressor em juízo, e outros, são exemplos da chamada vitimização.

(A) indireta.
(B) secundária.
(C) primária.
(D) terciária.
(E) direta.

61. Na atualidade se observa uma generalização do sentimento coletivo de insegurança nos cidadãos, caracterizado tanto pelo temor de torarem-se vítimas, como pela preocupação, ou estado de ânimo coletivo, com o problema do delito. Considere as afirmativas e marque a única correta.

(A) O incremento dos índices de criminalidade registrada (tese do volume constante do delito) mantém correspondência com as demonstrações das pesquisas de vitimização já que seus dados procedem das mesmas repartições do sistema legal.

(B) A população reclusa oferece uma amostra confiável e representativa da população criminal real, já que os agentes do controle social se orientam pelo critério objetivo do fato cometido e limitam-se a detectar o infrator, qualquer que seja este.

(C) O fenômeno do medo ao delito não enseja investigações empíricas na Criminologia por tratar-se de uma consequência trivial da criminalidade diretamente proporcional ao risco objetivo.

(D) O medo do delito pode condicionar negativamente o conteúdo da política criminal imprimindo nesta um viés de rigor punitivo, contrário, portanto, ao marco político-constitucional do nosso sistema legal.

(E) As pesquisas de vitimização constituem uma insubstituível fonte de informação sobre a criminalidade real, já que seus dados procedem das repartições do sistema legal sendo condicionantes das estatísticas oficiais.

62. A Criminologia Crítica contempla uma concepção conflitual da sociedade e do Direito. Logo, para a criminologia crítica, o conflito social.

(A) se produz entre as pautas normativas dos diversos grupos sociais, cujas valorações são discrepantes.

(B) é funcional porque assegura a mudança social e contribui para a integração e conservação da ordem e do sistema.

(C) é um conflito de classe sendo que o sistema legal é um mero instrumento da classe dominante para oprimir a classe trabalhadora.

(D) representa a própria estrutura e dinâmica da mudança social, sendo o crime produto normal das tensões sociais.

(E) expressa uma realidade patológica inerente a ordem social.

Leia o texto a seguir e responda ao que é solicitado.

"Os irmãos Batista, controladores da JBS, tiveram vantagem indevida de quase R$73 milhões com a venda de ações da companhia antes da divulgação do acordo de delação premiada que veio a público em 17/05/2017, conforme as conclusões do inquérito da Comissão de Valores Mobiliários (CVM). O caso analisa eventual uso de informação privilegiada e manipulação de mercado por Joesley e Wesley Batista, e quebra do dever de lealdade, abuso de poder e manipulação de preços pela FB Participações".

(Jornal Valor Econômico, 13/08/2018):

63. Com relação à criminalidade denominada de colarinho branco, pode-se afirmar que a teoria da associação diferencial.

(A) sustenta como causa da criminalidade de colarinho branco a proposição de que o criminoso de hoje era a criança problemática de ontem.

(B) entende que o delito é derivado de anomalias no indivíduo podendo ocorrer em qualquer classe social.

(C) sustenta que o crime está concentrado na classe baixa, sendo associado estatisticamente com a pobreza.

(D) sustenta que a aprendizagem dos valores criminais pode acontecer em qualquer cultura ou classe social.

(E) enfatiza os fatores sociopáticos e psicopáticos como origem do crime da criminalidade de colarinho branco.

64. Uma informação confiável e contrastada sobre a criminalidade real que existe em uma sociedade é imprescindível, tanto para formular um diagnóstico científico, como para desenhar os oportunos programas de prevenção. Assinale a alternativa correta:

(A) A criminalidade real corresponde à totalidade de delitos perpetrados pelos delinquentes. A criminalidade revelada corresponde à quantidade de delitos que chegou ao conhecimento do Estado. A cifra negra corresponde à ausência de registro de práticas antissociais do poder político e econômico.

(B) A criminalidade real corresponde à quantidade de delitos que chegou ao conhecimento do Estado. A criminalidade revelada corresponde à totalidade de delitos perpetrados pelos delinquentes. A cifra negra corresponde à ausência de registro de práticas antissociais do poder político e econômico.

(C) A criminalidade real corresponde à quantidade de delitos que chegou ao conhecimento do Estado. A criminalidade revelada corresponde à totalidade de delitos perpetrados pelos delinquentes. A cifra negra corresponde à quantidade de delitos não comunicados ou não elucidados dos crimes de rua.

(D) A criminalidade real corresponde à quantidade de delitos que chegou ao conhecimento do Estado. A criminalidade revelada corresponde à totalidade de delitos perpetrados pelos delinquentes. A cifra negra corresponde à violência policial, cujos índices não são levados ao conhecimento das corregedorias.

(E) A criminalidade real corresponde à totalidade de delitos perpetrados pelos delinquentes. A criminalidade revelada corresponde à quantidade de delitos que chegou ao conhecimento do Estado. A cifra negra corresponde à quantidade de delitos não comunicados ou não elucidados dos crimes de rua.

65. O estudo da pessoa do infrator teve seu protagonismo durante a fase positivista na evolução histórica da Criminologia. Assinale, dentre as afirmativas abaixo, a que descreve corretamente como a criminologia tradicional o examina.

(A) A criminologia tradicional examina a pessoa do infrator como uma realidade biopsicopatológica, considerando o determinismo biológico e social.

(B) A criminologia tradicional examina a pessoa do infrator como um incapaz de dirigir por si mesmo sua vida, cabendo ao Estado tutelá-lo.

(C) A criminologia tradicional examina a pessoa do infrator como uma unidade biopsicossocial, considerando suas interdependências sociais.

(D) A criminologia tradicional examina a pessoa do infrator como um sujeito determinado pelas estruturas econômicas excludentes, sendo uma vítima do sistema capitalista.

(E) A criminologia tradicional examina a pessoa do infrator como alguém que fez mau uso da sua liberdade embora devesse respeitar a lei.

"A vítima do delito experimentou um secular e deliberado abandono. Desfrutou do máximo protagonismo [...] durante a época da justiça privada, sendo depois drasticamente "neutralizada" pelo sistema legal moderno [...]" (MOLINA, Antonio Garcia-Pablos de; GOMES, Luiz Flávio, 2008, p. 73). A Vitimologia impulsionou um processo de revisão científica do papel da vítima no fenômeno delitivo.

66. Leia as afirmativas a seguir e assinale a alternativa INCORRETA sobre o tema.

(A) A vitimologia ocupa-se, sobretudo, do estudo sobre os riscos de vitimização, dos danos que sofrem as vítimas como consequência do delito assim como da posterior intervenção do sistema legal, dentre outros temas.

(B) A criminologia tradicional desconsiderou o estudo da vítima por considerá-la mero objeto neutro e passivo, tendo polarizado em torno do delinquente as investigações sobre o delito, sua etiologia e prevenção.

(C) Os pioneiros da vitimologia compartilhavam uma análise etiológica e interacionista, sendo que suas tipologias ponderavam sobre o maior ou menor grau de contribuição da vítima para sua própria vitimização.

(D) A Psicologia Social destacou-se como marco referencial teórico às investigações vitimológi-cas, fornecendo modelos teóricos adequados à interpretação e explicação dos dados.

(E) O redescobrimento da vítima e os estudos científicos decorrentes se deram a partir da 1ª (Primeira) Guerra Mundial em atendimento daqueles que sofreram com os efeitos dos conflitos e combates.

Os modelos sociológicos contribuíram decisivamente para um conhecimento realista do problema criminal demonstrando a pluralidade de fatores que com ele interagem.

67. Leia as afirmativas a seguir, e marque a alternativa INCORRETA:

(A) As teorias conflituais partem da premissa de que o conflito expressa uma realidade patológica da sociedade sendo nocivo para ela na medida em que afeta o seu desenvolvimento e estabilidade.

(B) As teorias ecológicas partem da premissa de que a cidade produz delinquência, valendo-se dos conceitos de desorganização e contágio social inerentes aos modernos núcleos urbanos.

(C) As teorias subculturais sustentam a existência de uma sociedade pluralista com diversos sistemas de valores divergentes em torno dos quais se organizam outros tantos grupos desviados.

(D) As teorias estrutural-funcionalistas consideram a normalidade e a funcionalidade do crime na ordem social, menosprezando o componente biopsicopatológico no diagnóstico do problema criminal.

(E) As teorias de aprendizagem social sustentam que o comportamento delituoso se aprende do mesmo modo que o indivíduo aprende também outras atividades lícitas em sua interação com pessoas e grupos.

A Criminologia adquiriu autonomia e *status* de ciência quando o positivismo generalizou o emprego de seu método.

68. Nesse sentido, é correto afirmar que a criminologia é uma ciência.

(A) do "dever ser"; logo, utiliza-se do método abstrato, formal e dedutivo, baseado em deduções lógicas e da opinião tradicional.

(B) empírica e teorética; logo, utiliza-se do método indutivo e empírico, baseado em deduções lógicas e opinativas tradicionais.

(C) do "ser"; logo, serve-se do método indutivo e empírico, baseado na análise e observação da realidade.

(D) do "dever ser"; logo, utiliza-se do método indutivo e empírico, baseado na análise e observação da realidade.

(E) do "ser"; logo, serve-se do método abstrato, formal e dedutivo, baseado em deduções lógicas e da opinião tradicional.

O pensamento criminológico moderno, de viés macrossociológico, é influenciado pela visão de cunho funcionalista (denominada teoria da integração, mais conhecida por teorias do consenso) e de cunho argumentativo (denominada por teorias do conflito).

69. É correto afirmar que:

(A) São exemplos de teorias do consenso a Escola de Chicago, a teoria de associação diferencial, a teoria da subcultura do delinquente e a teoria do etiquetamento.

(B) São exemplos de teorias do conflito a teoria de associação diferencial a teoria da anomia, a teoria do etiquetamento e a teoria crítica ou radical.

(C) São exemplos de teorias do consenso a Escola de Chicago, a teoria de associação diferencial, a teoria da anomia e a teoria da subcultura do delinquente.

(D) São exemplos da teoria do consenso a teoria de associação diferencial, a teoria da anomia, a teoria do etiquetamento e a teoria crítica ou radical.

(E) São exemplos da teoria do conflito a Escola de Chicago, a teoria de associação diferencial, a teoria da anomia e a teoria da subcultura do delinquente.

A moderna criminologia se dedica, também, ao estudo do controle social do delito, tendo este objeto representado um giro metodológico de grande importância.

70. Assinale a alternativa correta:

(A) a família, a escola, a opinião pública, por exemplo, são instituições encarregadas de exercer o controle social primário.

(B) a polícia, o Judiciário, a administração penitenciária, por exemplo, são instituições encarregadas de exercer o controle social informal.

(C) a polícia, o Judiciário, a administração penitenciária, por exemplo, são instituições encarregadas de exercer o controle social formal.

(D) a família, a escola, a opinião pública, por exemplo, são instituições encarregadas de exercer o controle social terciário.

(E) a família, a escola, a opinião pública, por exemplo, são instituições encarregadas de exercer o controle social secundário.

Constitui um dos objetivos metodológicos da teoria do *Labelling Approach* (Teoria do Etiquetamento Social) o estudo detalhado da atuação do controle social na configuração da criminalidade.

71. Assinale a alternativa correta:

(A) Para o *labelling approach*, o controle social penal possui um caráter seletivo e discriminatório gerando a criminalidade.

(B) O *labelling approach* é uma teoria da criminalidade que se aproxima do paradigma etiológico convencional para explicar a distribuição seletiva do fenômeno criminal.

(C) Para o *labelling approach*, um sistemático e progressivo endurecimento do controle social penal viabilizaria o alcance de uma prevenção eficaz do crime.

(D) O *labelling approach*, como explicação interacionista do fato delitivo, destaca o problema hermenêutico da interpretação da norma penal.

(E) O *labelling approach* surge nos EUA nos anos 80, admitindo a normalidade do fenômeno delitivo e do delinquente.

"A interpretação jurídico-científica não pode fazer outra coisa senão estabelecer as possíveis significações de uma norma jurídica. Como conhecimento do seu objeto, ela não pode tomar qualquer decisão entre as possibilidades por si mesma reveladas, mas tem de deixar tal decisão ao órgão que, segundo a ordem jurídica, é competente para aplicar o Direito. Um advogado que, no interesse de seu constituinte, propõe ao tribunal apenas uma das várias interpretações possíveis da norma jurídica a aplicar a certo caso, e um escritor que, num comentário, elege a interpretação determinada, dentre as várias interpretações possíveis, como a única 'acertada', não realizam uma função jurídico-científica mas uma função jurídico-política (de política jurídica). Eles procuram exercer influência sobre a criação do Direito."

72. Esta concepção de hermenêutica, extremamente influente no século XX, é extraída do(a):

(A) Escola da Exegese, de Savigny.

(B) Neo-Constitucionalismo, de Ronald Dworkin.

(C) Positivismo jurídico, de Hans Kelsen.

(D) Teoria dos Sistemas, de Niklas Luhmann.

(E) Pós-Positivismo, de Robert Alexy.

"O Tribunal de Justiça do Distrito Federal negou recurso do candidato aprovado em concurso da Polícia Civil, mas que foi desqualificado do certame por ser reprovado na etapa de sindicância de vida pregressa. Ele foi condenado em 2001 por participação no assassinato do índio Galdino Jesus dos Santos. O crime aconteceu em 20 de abril de 1997, quando o candidato tinha 16 anos. Ele e outros quatro jovens de classe média de Brasília atearam fogo no índio, que dormia em uma parada de ônibus da W3 Sul. [...]

[...] a sindicância da vida pregressa e investigação social avalia a idoneidade moral do candidato no âmbito social, administrativo, civil e criminal.

O requisito consta no edital como "indispensável para aprovação" no concurso e é avaliado por uma comissão formada pela direção da Polícia Civil." (GLOBO.com, G1DF, 16.jul.2015).

73. Com relação ao disposto na Constituição Federal de 1988 sobre o direito constitucional dos índios, está INCORRETA a seguinte afirmação:

(A) As Terras Indígenas são inalienáveis e indisponíveis, e o direito sobre elas é imprescritível.

(B) Legislar sobre populações indígenas é assunto de competência privativa da União.

(C) Serão asseguradas às comunidades indígenas a utilização de suas línguas maternas e processos próprios de aprendizagem.

(D) Processar e julgar a disputa sobre direitos indígenas é competência dos juízes estaduais, onde ocorre o conflito.

(E) É vedado remover os índios de suas terras, salvo casos excepcionais e temporários.

74. O Poder Legislativo é exercido pelo Congresso Nacional, que se compõe da Câmara dos Deputados e do Senado Federal.

Não é competência do Congresso Nacional

(A) aprovar o estado de defesa e a intervenção federal, autorizar o estado de sítio, ou suspender qualquer uma dessas medidas.

(B) autorizar a realização de referendo e convocar plebiscito nacional.

(C) conceder anistia.

(D) mudar temporariamente a sede do Congresso Nacional.

(E) processar e julgar o Presidente e o Vice-Presidente da República nos crimes de responsabilidade.

A segurança pública é dever do Estado, devendo ser exercida para a preservação da ordem pública e da incolumidade das pessoas e do patrimônio, através das polícias federal, rodoviária federal, ferroviária federal, civis, militares e corpos de bombeiros militares.

75. É INCORRETO afirmar que

(A) a segurança viária compreende a educação, engenharia e fiscalização de trânsito, além de outras atividades previstas em lei, que assegurem ao cidadão o direito à mobilidade urbana eficiente.

(B) às polícias militares cabem a polícia ostensiva e a preservação da ordem pública.

(C) as polícias militares e corpos de bombeiros militares, forças auxiliares e reserva do Exército subordinam-se, juntamente com as polícias civis, aos Governadores dos Estados, do Distrito Federal e dos Territórios.

(D) a polícia ferroviária federal se destina ao patrulhamento ostensivo das ferrovias federais.

(E) cabe às polícias civis apurar infrações penais contra a ordem política e social cuja prática tenha repercussão interestadual ou internacional e exija repressão uniforme.

A Constituição define dentre as funções essenciais à justiça a existência do Ministério Público, da Advocacia Pública, da Advocacia e da Defensoria Pública.

Seguem-se cinco afirmações sobre os órgãos citados:

I. É vedado a seus membros receber, salvo em casos excepcionais, honorários, percentagens ou custas processuais;

II. O Advogado Geral da União representa a União na execução da dívida ativa de natureza tributária;

III. O advogado é dispensável à administração da justiça, sendo inviolável por seus atos e manifestações no exercício da profissão, mesmo que fora dos limites da lei;

IV. A defesa dos direitos individuais e coletivos, de forma integral e gratuita, aos necessitados, em todos os graus e apenas no âmbito judicial, incumbe à Defensoria Pública;

V. A destituição do Procurador-Geral da República, por iniciativa do Presidente da República, deverá ser precedida de autorização da maioria absoluta do Senado Federal.

76. Marque a alternativa que contém a(s) afirmativa(s) correta(s) com relação aos órgãos citados do enunciado.

(A) Quatro delas: II, III, IV e V.

(B) Quatro delas: I, II, III e IV.

(C) Apenas a V.

(D) Apenas a III.

(E) Apenas a II.

77. A Constituição da República Federativa do Brasil define as condutas consideradas como crime de responsabilidade se praticadas pelo Presidente da República no âmbito das suas funções. Em relação aos crimes de responsabilidade cometidos pelo Presidente da República, NÃO é correto afirmar que

(A) o Presidente da República, na vigência de seu mandato, não pode ser responsabilizado por atos estranhos ao exercício de suas funções.

(B) é crime de responsabilidade o ato do Presidente da República que atente contra a Constituição Federal e, especialmente, contra o exercício dos direitos políticos, individuais e sociais.

(C) Ao Senado compete decidir se deve receber ou não a denúncia cujo prosseguimento foi autorizado pela Câmara.

(D) Não há direito à defesa prévia antes da avaliação da denúncia pelo Presidente da Câmara.

(E) o Presidente ficará suspenso de suas funções nos crimes de responsabilidade, após a instauração do processo pela Câmara dos Deputados.

"Para alguns espíritos, ou ingênuos em relação aos fatores reais que influem efetivamente nos governos chamados democráticos, os interessados em transformar os meios em fins, idealizando-os para o efeito de assegurar, pela reverência pública, a sua continuação, a democracia não se define pelos valores ou pelos fins, mas pelos meios, pelos processos, pela máquina, pela técnica ou pelos diversos expedientes mediante os quais os políticos fabricam a opinião ou elaboram os substitutos legais da vontade do povo ou da Nação.

Ora, a máquina democrática não tem nenhuma relação com o ideal democrático. A máquina democrática pode produzir e tem, efetivamente, produzido exatamente o contrário da democracia ou do ideal democrático. Dadas as condições de um país, quanto mais se avoluma e aperfeiçoa a máquina democrática, tanto mais o Governo se distancia do povo e mais remoto da realidade se torna o ideal democrático.

Não haverá ninguém de boa-fé que dê como democrático um regime pelo simples fato de haver sido montada, segundo todas as regras, a máquina destinada a registrar a vontade popular. Seja, porém, qual for a técnica ou a engenharia de um governo, este será realmente democrático se os valores que inspiram a sua ação decorrem do ideal democrático."

(CAMPOS, Francisco. O Estado Nacional. Editora Senado Federal, 2001)

78. Tendo como referência o texto acima citado, podemos afirmar que, o modelo de constitucionalismo defendido pelo autor, mais se aproxima do constitucionalismo

(A) substancial.

(B) aberto aos intérpretes da constituição.

(C) procedimental.

(D) liberal.

(E) como integridade.

"Um protesto de grupos indígenas bloqueou pontos de estradas de Aracruz, no Norte do Espírito Santo, até o meio da tarde desta quinta-feira (31). Ficaram interditados, por cerca de cinco horas, trechos da ES-010, ES-257 e na Rodovia Primo Bitti (entrada de Caieiras Velha)" (G1/Globo, 31/01/2019).

79. A Constituição da República Federativa do Brasil destinou um capítulo específico à proteção das comunidades indígenas, sendo INCORRETO afirmar que

(A) as terras tradicionalmente ocupadas pelos índios destinam-se a sua posse permanente, cabendo-lhes o usufruto exclusivo das riquezas do solo, dos rios e dos lagos nelas existentes.

(B) são reconhecidos aos índios sua organização social, costumes, línguas, crenças e tradições, e os direitos originários sobre as terras que tradicionalmente ocupam.

(C) as terras tradicionalmente ocupadas são inalienáveis e indisponíveis, e os direitos sobre elas, imprescritíveis.

(D) é vedada a remoção dos grupos indígenas de suas terras, salvo, "*ad referendum*" do Congresso Nacional, em caso de catástrofe ou epidemia que ponha em risco sua população, ou no interesse da soberania do País, após deliberação do Congresso Nacional, garantido, em qualquer hipótese, o retorno imediato logo que cesse o risco.

(E) os índios, suas comunidades e organizações são representados pelo Ministério Público, com exclusividade, para ingressar em juízo em defesa de seus direitos e interesses.

80. Em ação interposta junto ao STF, a Ação Direta de Inconstitucionalidade (ADI) 5766, a Procuradoria Geral da República (PGR) questiona pontos da Reforma Trabalhista (Lei 13.467/2017) que estabelecem a necessidade de pagamento de honorários periciais e advocatícios pela parte derrotada (honorários de sucumbência), mesmo que esta seja beneficiária da Justiça gratuita. Também é alvo da ação dispositivo no qual se estabelece pagamento de custas pelo beneficiário da Justiça gratuita que faltar injustificadamente à audiência de julgamento. O pleito da PGR objetiva que o STF realize, sobre as normas questionadas, um controle

(A) concreto e difuso.
(B) abstrato e difuso.
(C) abstrato e concentrado de constitucionalidade.
(D) prévio.
(E) difuso e concentrado.

81. A Constituição Federal de 1988 estabelece as autoridades que são competentes para propor a ação direta de inconstitucionalidade (ADI) e a ação declaratória de constitucionalidade (ADC). Marque a alternativa que enumera apenas as autoridades que NÃO podem propor ADI e ADC.

(A) Partidos políticos com representação no Congresso Nacional.
(B) Mesa de Assembleia Legislativa ou da Câmara Legislativa do Distrito Federal.
(C) Presidente da República e Governador de Estado ou do Distrito Federal.
(D) Deputado Federal; Senador e Ministro de Estado.
(E) Procurador Geral da República; Conselho Federal da Ordem dos Advogados e entidade de classe de âmbito nacional.

A Constituição Federal de 1988 trata da Educação Nacional no Capítulo III do Art. 205 a 2014 em que pactua a educação como direito de todos, e sofreu alterações com as Emendas Constitucionais (EC) nº 11, de 1996, e nº 53, em 2006.

82. Com relação às mudanças introduzidas pela EC nº 53/2006, é correto afirmar que

(A) a igualdade de condições de acesso foi incluída na CF para garantir a aplicação do ENEM e das cotas nas universidades.
(B) a inclusão do pluralismo de ideias foi um marco para a democracia nas escolas e para a liberdade de cátedra.
(C) a valorização dos profissionais da educação escolar e a inclusão do piso salarial nacional foram mudanças importantes na CF.
(D) a gratuidade do ensino público nas escolas oficiais foi um avanço importante que não estava garantido antes da EC53.
(E) o padrão de qualidade foi inserido para avaliar a produtividade do corpo docente das escolas e definir a política salarial do magistério.

83. Em julgamento de Recurso Extraordinário (RE-AgR 436.996), o Supremo Tribunal Federal entendeu que o atendimento em creche e o acesso à unidades de pré-escola à criança menor de 05 (cinco) anos de idade não podem fundar-se em juízo de simples conveniência ou de mera oportunidade. Isto porque o sistema de ensino municipal é consituticionalmente regido por normas de eficácia

(A) submetida ao princípio da reserva do possível.
(B) contida, ou seja, têm aplicabilidade indireta, mediata e reduzida.
(C) limitada, ou seja, têm aplicabilidade indireta, mediata e reduzida e estabelecem diretrizes para as políticas públicas.
(D) plena, ou seja, têm aplicabilidade direta, imediata e integral, que não se submetem ao princípio da reserva do possível.
(E) contida, ou seja, têm aplicabilidade direta, imediata e possivelmente não integral.

O Controle de Constitucionalidade existe como forma de garantir a supremacia da Constituição Federal, impedindo que norma infraconstitucional entre em contrariedade ou que reduza o que está estabelecido na lei maior.

Seguem-se cinco afirmações:

I. Deixará de ter aplicabilidade o ato normativo de órgão estatal no momento em que for declarada sua inconstitucionalidade;
II. A chamada Inconstitucionalidade por ação vincula-se à ideia de um comportamento ativo por parte do Poder Público que diverge dos princípios constitucionais consagrados.

III. A ação de inconstitucionalidade por omissão pode ser proposta no caso de não se proceder às providências normativas para efetivar normas constitucionais que requeiram regulamentação ulterior.

IV. A inconstitucionalidade material ocorre quando é desrespeitado todo o processo para as formações das leis pré-fixado na Constituição.

V. A inconstitucionalidade material se vislumbra quando a lei, embora criada por autoridade competente e conforme o procedimento estabelecido, apresenta dispositivos que confrontam a Constituição.

84. Estão corretas as afirmativas

(A) I, II, III e IV.

(B) II, III, IV e V.

(C) I, III, IV e V.

(D) I, II, III e V.

(E) I, II e VI.

85. Um Tratado é um acordo entre os Estados Nacionais. É prerrogativa da soberania de cada Estado Nação poder pactuar seguindo os ditames de direito internacional para sua ratificação, adesão ou sucessão. Um Estado pode, ao ratificar um tratado, formular reservas a ele, indicando que, embora consinta em se comprometer com a maior parte das disposições, não concorda em se comprometer com certas disposições. No entanto, uma reserva não pode derrotar o objeto e o propósito do tratado. Tratados internacionais têm diferentes designações, como pactos, cartas, protocolos, convenções e acordos. Podemos afirmar que

(A) é necessário, para que os Estados ratifiquem os tratados, que eles se comprometam sempre com as suas disposições, ainda que gradativamente, que sejam superiores à legislação interna, excetuando-se aquelas de status constitucional.

(B) um Tratado é legalmente vinculativo para os Estados que tenham consentido em se comprometer com suas disposições.

(C) um Tratado pode ser do tipo "por sucessão", que acontece em virtude de uma disposição específica do tratado ou de uma declaração, considerando o caráter autoexecutável da maioria dos tratados.

(D) um Tratado só pode ser ratificado por um Estado que o tenha assinado anteriormente – durante o período no qual ele esteve aberto às assinaturas quando da sua elaboração.

(E) após a ratificação de um tratado específico, em nível internacional, o instrumento de ratificação deve ser formalmente transmitido ao depositário, que vem a ser os Estados Unidos, enquanto sede da ONU.

86. A Comissão Interamericana de Direitos Humanos (CIDH) fez uma visita *in loco* ao Brasil, entre 5 e 12 de novembro de 2018, em função de convite formulado pelo Estado brasileiro realizado em 29 de novembro de 2017. O objetivo foi o de observar a situação dos direitos humanos no país. Entre os itens constantes de seu relatório, a CIDH apontou para "o grave contexto de violações aos direitos humanos das mulheres negras e da juventude pobre da periferia. São os pobres e os afrodescendentes aqueles que seguem sendo desproporcionalmente as principais vítimas de violações aos direitos humanos no Brasil. Estes são mortos às dezenas e milhares, sem investigação, julgamento, punição ou reparação adequados". Os termos exarados encontram-se de acordo com as atribuições da CIDH, que

(A) expede "Pareceres", em caráter consultivo, à Corte Interamericana, sobre aspectos de interpretação da Convenção Americana, podendo inclusive sugerir providências para solução dos problemas observados.

(B) pode solicitar que a Corte Interamericana requeira "medidas provisionais" dos Governos em casos urgentes de grave perigo às pessoas, ainda que o caso não tenha sido submetido à Corte.

(C) faz recomendações aos Estados-membros da OEA acerca da adoção de medidas para corrigir as práticas de violações e adotar medidas de promoção e garantia dos direitos humanos.

(D) zela pelo cumprimento geral dos direitos humanos nos Estados-membros, publica as informações especiais sobre a situação em um estado específico e as envia à Assembleia Geral da OEA para as sanções cabíveis,

(E) realiza visitas *in loco* aos países, ao receber petições individuais que alegam violações dos direitos humanos, segundo o disposto nos artigos 44 a 51 da Convenção Americana sobre Direitos Humanos, com o intuito de aprofundar a observação geral da situação, e/ou para investigar uma situação particular.

87. O artigo 15 da Declaração Universal dos Direitos Humanos (DUDH) prevê que todo ser humano tem direito a uma nacionalidade e que ninguém será arbitrariamente privado de sua nacionalidade, nem do direito de mudar de nacionalidade. Não obstante, há em variados países populações que etnicamente são autoproclamadas "ciganas". Estas se distinguem por não possuírem uma nacionalidade, embora reclamem tratamento digno diante de arbitrariedades a que podem ser sujeitas, como a que ocorreu, por exemplo, na França, por ocasião do mandato do presidente Sarkozy. O direito a essa identidade pode ser representado, em termos de suas garantias, considerando o que se prescreve no âmbito da Declaração Universal dos Direitos do Homem. Assinale a alternativa correta que estabelece a relação descrita no enunciado com os direitos abrangidos na DUDH.

(A) Ninguém será sujeito a interferências em sua vida privada, em sua família, em seu lar ou em sua correspondência, nem a ataques à sua honra e reputação. Todo ser humano tem direito à proteção legal contra tais interferências ou ataques, salvo quando submetido a um julgamento justo.

(B) Todo ser humano tem capacidade para gozar dos direitos e das liberdades estabelecidos nesta Declaração, sem distinção de qualquer espécie, seja de raça, cor, sexo, idioma, religião, opinião política ou de outra natureza, origem nacional ou social, posição econômica, nascimento ou qualquer outra condição.

(C) Todo ser humano tem direito à liberdade de movimento e residência dentro das fronteiras de cada Estado. Todo ser humano tem o direito de deixar qualquer país, inclusive o próprio, e a este regressar.

(D) Todos os indivíduos têm direito ao reconhecimento, em todos os lugares, da sua personalidade formal jurídica.

(E) Todos os seres humanos nascem livres e iguais em dignidade e direitos. São dotados de razão e consciência e devem agir em relação uns aos outros com espírito de fraternidade, liberdade e igualdade.

No Brasil, na tentativa de combater e prevenir atos de tortura, o Estado brasileiro aprovou leis, assinou tratados internacionais e instituiu diversas políticas públicas ao longo das últimas décadas.

Considere as seguintes referências:

I. Constituição da República Federativa do Brasil (1988): art. 5, Inciso III – ninguém será submetido a tortura nem a tratamento desumano ou degradante.

II. Adesão à Convenção Contra Tortura das Nações Unidas (1989).

III. Ratificação da Convenção Interamericana para Prevenir e Punir a Tortura (1989).

IV. Assinatura do Protocolo Adicional à Convenção Contra Tortura das Nações Unidas (2007).

V. Lei 9.140, de 4 de dezembro de 1995 – reconhece como mortas as pessoas desparecidas durante a Ditadura Militar (1964-1985) e concede indenização às vítimas ou familiares das vítimas.

VI. Lei 9.455, de 7 de abril de 1997- tipifica o crime de tortura.

88. É correto dizer que são pertinentes

(A) todas, exceto I, III e VI

(B) todas, exceto I, V e VI.

(C) todas as referências.

(D) todas, exceto II, IV e V.

(E) todas, exceto II, III e IV.

89. Tendo em vista as regras do Código Civil que tratam de bens, marque a opção correta:

(A) Os bens públicos não estão sujeitos a usucapião.

(B) Bem acessório é aquele que existe sobre si, abstrata e concretamente; e o principal é o que depende da vontade do proprietário.

(C) A vontade das partes não pode tornar bens naturalmente divisíveis em indivisíveis, mas apenas por determinação legal.

(D) As benfeitorias são melhoramentos que podem ocorrer sem a ação do detentor, mas com a ação do proprietário e do possuidor.

(E) Materiais destinados à construção readquirem a qualidade de bens móveis após serem utilizados em construção e forem produto de demolição.

O Código Civil regula um amplo leque de relações jurídicas privadas, estabelecendo regras atinentes aos direitos da pessoa natural.

Tendo em vista o que tais regras dispõem, leia as afirmativas a seguir.

I. O exercício dos direitos da personalidade pode sofrer limitações voluntárias, desde que o titular seja maior e capaz.

II. O nome da pessoa natural é um direito da personalidade, no qual estão inclusos o nome e o sobrenome.

III. A autorização legal para a abertura da sucessão definitiva se dá com o fim da pessoa natural pela morte ou, após 3 anos, quando esta ela é declarada ausente.

IV. Aqueles que, momentaneamente, não puderem, por causa transitória ou permanente, exprimir sua vontade, são considerados relativamente incapazes.

V. Uma das hipóteses de cessação da incapacidade para o menor de 16 anos completos ocorre quando este ele tem relação de emprego, desde que, em função desta ocupação, o menor possua economia própria.

90. Indique a opção que contempla a(s) assertiva(s) correta(s).

(A) III e IV, apenas.
(B) II e V, apenas.
(C) I, II e III, apenas.
(D) II, III, IV e V.
(E) I e IV, apenas.

91. João, maior, natural de Vila Velha, casado com Marina sob o regime de comunhão total de bens, exerce a profissão de gerente em empresa comercial. No exercício de sua profissão, João atua nas cidades de Cariacica, Fundão e Guarapari. Peçanha, subordinado de João, pretende ajuizar ação de indenização civil em face deste, sob a alegação de ter sofrido dano moral ocorrido no âmbito de suas atividades na empresa comercial. Nesta circunstância específica de interesse de Peçanha, para efeito de determinação do Domicílio de João, de acordo com o Código Civil, é correto afirmar que:

(A) Em razão da atividade concernente à profissão, Cariacica, Fundão e Guarapari podem ser considerados domicílio de João.
(B) Aplica-se o critério do lugar em que João tem ânimo definitivo de ficar, que seria, em tese, a casa em que mora com sua esposa Marina.
(C) Aplica-se a regra de fixação do domicílio de João a qualquer um dos locais em que ele tenha residência.
(D) Considera-se o domicílio civil de João apenas a sede da empresa comercial em que atua como gerente.
(E) Por conta de seu casamento sob o regime de comunhão universal, aplica-se a regra da residência conjugal.

A atual Lei de Introdução às Normas do Direito Brasileiro (Decreto-lei 4.657, de 4 de setembro de 1942 e suas alterações), antiga "Lei de Introdução ao Código Civil, é composta de regras que incidem no campo da atuação dos agentes públicos, bem como estabelece regras gerais de interpretação.

92. Tendo em vista as disposições deste Diploma Legal, assinale a seguir a alternativa correta:

(A) Nas decisões emanadas das esferas administrativas, judicial e controladora, valores abstratos podem ser utilizados desde que, em tais decisões, sejam consideradas as consequências práticas de sua utilização no caso concreto.
(B) Uma lei federal revogada por outra lei federal posterior tem sua vigência restaurada caso a lei revogadora posterior perca sua vigência, como também tem sua eficácia jurídica restabelecida para casos concretos para os quais era aplicada,
(C) A lei do país em que a pessoa natural é domiciliada, seja ela brasileira nata ou naturalizada após processo regular com decisão transitada em julgado, determina as regras específicas sobre responsabilidade civil a serem aplicadas num caso concreto.
(D) Na hipótese de lacuna legal, que consiste em não haver uma hipótese normativa específica e expressa a ser aplicada para um determinado caso concreto, o Juiz decidirá utilizando a ponderação, a analogia, os costumes e os princípios gerais do direito.
(E) O agente público, em nível Federal, Estadual ou Municipal, no uso de suas atribuições estabelecidas em regime jurídico próprio, responderá pessoalmente por suas decisões ou opiniões técnicas em caso de Imprudência, negligência, imperícia ou erro grosseiro.

93. Em um ferimento de entrada de projétil de arma de fogo, que atingiu a região do plano ósseo craniano, e foi produzido à queima roupa, é possível encontrar a presença de ferimento de forma

(A) arredondada, bordas evertidas, zona de chamuscamento, pouco sangramento;
(B) regular, sinal do funil de Bonet, orlas e zonas, sangramento abundante;
(C) irregular, bordas evertidas, sinal de *puppe-werkgartner*, pouco sangramento;
(D) regular, bordas invertidas, sinal de *puppe-werkgartner*, abundante sangramento;
(E) irregular, bordas evertidas, diâmetro desproporcional e muito sangramento.

94. Em junho de 2011, um menino de 11 anos de nome Juan foi morto na Grande Vitória. Seu desaparecimento durou duas semanas. Um corpo de criança foi encontrado, no mesmo período, em estado de putrefação, nas margens de um córrego, cerca de alguns quilômetros de distância do local do crime. Na perícia de local, a antropóloga forense identificou o cadáver como sendo de uma menina. Posteriormente, por meio de exame genético, comprovou-se que aquele cadáver era do menino de 11 anos. A antropóloga forense, para identificação daquele corpo, de acordo com sua faixa etária, não poderia utilizar o(s)/a(s):

(A) desenvolvimento de pelos pubianos.

(B) parâmetros morfológicos confiáveis.

(C) radiografias das mãos.

(D) crânio braquicéfalo.

(E) suturas cranianas afastadas.

95. A respeito da identificação criminal, assinale a alternativa correta:

(A) A fotografia sinalética constitui um método bastante eficaz de identificação e, por sua precisão, pode ser utilizada como método isolado de identificação de pessoas.

(B) A rugopalatoscopia é um método de identificação que leva em consideração as cristas sinuosas existentes do palato duro.

(C) As tatuagens não possuem valor significativo no processo de identificação de pessoas.

(D) Ilhotas, forquilhas e bifurcações são espécies de pontos característicos existentes nos desenhos digitais, sendo que a presença de ao menos quatro destes pontos, sem nenhum ponto de divergência, indica confronto positivo para a identificação do suspeito.

(E) A datiloscopia se constitui um excelente método de identificação e tem como principais características a unicidade, a mutabilidade, a praticidade e a classificabilidade.

96. Enquanto área de estudo e aplicação de conhecimentos científicos, a Medicina Legal está alicerçada em um conjunto de conhecimentos destinados a defender os direitos e os interesses dos homens e da sociedade. Assinale a seguir a alternativa que descreve corretamente a Medicina Legal.

(A) É fundamentalmente uma forma de apoiar as investigações das polícias técnicas, sempre que haja evento a ser investigado que resultou em dano físico e/ou mental.

(B) É um conjunto de noções sobre como ocorrem as lesões corporais, as consequências delas decorrentes, as alterações relacionadas com a morte e os fenômenos cadavéricos, além da formulação de conceitos diferenciais em embriaguez e uso de drogas, as asfixias mecânicas e suas características, os crimes sexuais e sua análise pericial, entre outros.

(C) É uma atribuição designada ao médico legista, podendo ser exercida por profissional civil ou militar, desde que investido por instituição que assegure a competência legal e administrativa do ato profissional.

(D) É um conhecimento médico e paramédico que, no âmbito do direito, concorre para a elaboração, interpretação e execução de leis existentes. Por meio de pesquisa científica realiza seu aperfeiçoamento, estando a medicina a serviço das ciências jurídicas e sociais.

(E) É a aplicação de conhecimento médico e biológico na execução de leis segundo a previsão legal, com obrigação de fazer relatórios cooperando na elaboração, auxiliando na interpretação, e colaborando na execução das leis de forma a ser uma medicina aplicada.

Deodato fez sinal para o ônibus, em uma parada em Vitória, e tão logo o veículo estacionou, informou ao motorista que desejava entrar pela traseira, pois era obeso. O condutor informou que ele teria que pagar a passagem, e Deodato afirmou que não necessitava fazê-lo, pois era diagnosticado com obesidade mórbida. O motorista afirmou que só autorizaria a entrada de Deodato após a roleta ser girada e rodada, registrando sua entrada, conforme a norma da empresa. Inconformado, Deodato pediu ajuda aos passageiros, e um homem que se identificou como policial, solicitou o atendimento da demanda do passageiro. Com a nova negativa do motorista, o policial o deteve, levando-o à delegacia, onde foi devidamente autuado.

97. Que norma específica serviu de referência para a atuação do policial?

(A) A Lei Complementar 46/1994, artigo 220, inciso V, que orienta o servidor a exercer com dedicação e atenção a hierarquia das atribuições do cargo ou função.

(B) O Código de Ética policial, inserido na Lei Complementar 3400/1981, artigo 3º, inciso XVII, que estabelece a prestação de auxílio, ainda que não esteja em hora de serviço.

(C) A Lei Complementar 3.400/1981, artigo 3º, inciso IX, que orienta o policial a ser inflexível, porém, justo, no trato com delinquentes.

(D) A Lei Complementar 46/1994, artigo 220, inciso VI, que orienta o servidor a observar as normas legais e os regulamentos prescritos para atuação junto ao público.

(E) A Lei Complementar 3.400/1981, artigo 3º, inciso XIII, que orienta o policial a amar a verdade e a responsabilidade como fundamentos da ética do serviço policial.

A Lei Complementar nº 46/1994 institui o Regime Jurídico Único dos servidores públicos civis da administração direta, das autarquias e das fundações públicas do Estado do Espírito Santo, de qualquer dos seus Poderes.

Seguem-se cinco itens referentes aos serviços públicos:

I. O servidor público é a pessoa legalmente investida em cargo público.
II. Função gratificada é encargo de chefia, ou outro que a lei determinar, por designação exclusiva do Governado do Estado, cometido a servidor público efetivo.
III. Os cargos públicos são providos por nomeação, ascensão, aproveitamento, reintegração, recondução e reversão.
IV. Exercício é o efetivo desempenho, pelo servidor público, das atribuições do seu cargo, sendo de quinze dias o prazo para entrar em exercício, contados da data de posse.
V. O início, a interrupção e o reinício do exercício serão registrados nos assentamentos individuais do servidor público.

98. Quantos desses itens estão previstos na o Regime Jurídico Único dos servidores públicos civis do Espírito Santo?

(A) Três deles: I, II e III.
(B) Três deles: I, IV e V.
(C) Todos eles.
(D) Três deles: II, III e V.
(E) Nenhum deles.

Um policial civil conhecido como Riquinho foi condenado, em 2016, a 29 anos e nove meses de prisão por tráfico de drogas e associação ao tráfico. Ele foi acusado de chefiar uma quadrilha, em Guarapari, na região metropolitana de Vitória. Além dos crimes que lhe foram imputados, Riquinho infringiu várias normas do código de ética policial.

99. Assinale, dentre as alternativas a seguir, o inciso do artigo 192, da Lei Complementar 3,400/1981, que se aplica ao caso descrito.

(A) Faltar com a verdade no exercício de suas funções (XLVI).
(B) Deixar de exercer a autoridade compatível à sua classe, cargo ou função ou prevalecer-se, abusivamente, da condição de funcionário policial (XIII).
(C) Deixar de comunicar, imediatamente à autoridade policial, faltas ou irregularidades que haja presenciado (LVII).

(D) Praticar ato lesivo à honra ou ao patrimônio de pessoa natural ou jurídica, no uso de suas atribuições policiais (LXI).
(E) Provocar a paralisação, total ou parcial de serviço policial, ou dela participar (XLIII).

A Constituição da República Federativa do Brasil (1988) estabelece no §5º do art. 144 que aos Corpos de Bombeiros Militares, além das atribuições definidas em lei, está a de execução de atividades de Defesa Civil. Na Constituição do Estado do Espírito Santo, o art. 130 estabelece as competências do Corpo de Bombeiro Militar do Estado do Espírito Santo (CBMEES).

Seguem-se cinco afirmações sobre esse tema:

I. A competência ao Corpo de Bombeiros Militar de coordenar e executar ações de defesa civil, de prevenção, de combate e perícia relacionados a incêndios e explosões, e de elaborar normas relativas à segurança das pessoas e de seus bens contra incêndios está na Constituição Estadual.
II. A competência ao Corpo de Bombeiros Militar de coordenar e executar ações de defesa civil, de prevenção, de combate e perícia relacionados a incêndios e explosões, e de elaborar normas relativas à segurança das pessoas e de seus bens contra incêndios está na Lei Complementar 3.400/1981;
III. A Constituição Estadual define que o Alvará de Licença Provisório do Corpo de Bombeiros (ALPCB) é o documento emitido pelo CBMES certificando que, após o cumprimento de medidas compensatórias, a edificação possui as condições satisfatórias mínimas de segurança contra incêndio, e estabelecendo um período para execução sequencial das demais medidas exigidas;
IV. O Corpo de Bombeiros Militar, a exemplo da Policia Militar e da Polícia Civil, compõe uma força auxiliar e reserva do Exército, subordinadas ao Governador do Estado, não podendo se eximir de prestar serviços relevantes para garantia da sociedade na gestão dos riscos de incêndios.
V. O Corpo de Bombeiros Militar e a Polícia Militar, são órgãos da administração pública subordinados ao governador do Estado e à Secretaria de Estado da Segurança Pública, e o Comando Geral de cada órgão nomeado pelo Governador do Estado.

100. Considerando os órgãos citados no enunciado, quantas dessas afirmações estão corretas?

(A) Apenas a segunda.
(B) Apenas a terceira.
(C) Quatro delas: I, II, III e IV.
(D) Duas delas: I e V.
(E) Quatro delas: II, III, IV e V.

FOLHA DE RESPOSTAS

1	A	B	C	D	E	39	A	B	C	D	E
2	A	B	C	D	E	40	A	B	C	D	E
3	A	B	C	D	E	41	A	B	C	D	E
4	A	B	C	D	E	42	A	B	C	D	E
5	A	B	C	D	E	43	A	B	C	D	E
6	A	B	C	D	E	44	A	B	C	D	E
7	A	B	C	D	E	45	A	B	C	D	E
8	A	B	C	D	E	46	A	B	C	D	E
9	A	B	C	D	E	47	A	B	C	D	E
10	A	B	C	D	E	48	A	B	C	D	E
11	A	B	C	D	E	49	A	B	C	D	E
12	A	B	C	D	E	50	A	B	C	D	E
13	A	B	C	D	E	51	A	B	C	D	E
14	A	B	C	D	E	52	A	B	C	D	E
15	A	B	C	D	E	53	A	B	C	D	E
16	A	B	C	D	E	54	A	B	C	D	E
17	A	B	C	D	E	55	A	B	C	D	E
18	A	B	C	D	E	56	A	B	C	D	E
19	A	B	C	D	E	57	A	B	C	D	E
20	A	B	C	D	E	58	A	B	C	D	E
21	A	B	C	D	E	59	A	B	C	D	E
22	A	B	C	D	E	60	A	B	C	D	E
23	A	B	C	D	E	61	A	B	C	D	E
24	A	B	C	D	E	62	A	B	C	D	E
25	A	B	C	D	E	63	A	B	C	D	E
26	A	B	C	D	E	64	A	B	C	D	E
27	A	B	C	D	E	65	A	B	C	D	E
28	A	B	C	D	E	66	A	B	C	D	E
29	A	B	C	D	E	67	A	B	C	D	E
30	A	B	C	D	E	68	A	B	C	D	E
31	A	B	C	D	E	69	A	B	C	D	E
32	A	B	C	D	E	70	A	B	C	D	E
33	A	B	C	D	E	71	A	B	C	D	E
34	A	B	C	D	E	72	A	B	C	D	E
35	A	B	C	D	E	73	A	B	C	D	E
36	A	B	C	D	E	74	A	B	C	D	E
37	A	B	C	D	E	75	A	B	C	D	E
38	A	B	C	D	E	76	A	B	C	D	E

77	A	B	C	D	E
78	A	B	C	D	E
79	A	B	C	D	E
80	A	B	C	D	E
81	A	B	C	D	E
82	A	B	C	D	E
83	A	B	C	D	E
84	A	B	C	D	E
85	A	B	C	D	E
86	A	B	C	D	E
87	A	B	C	D	E
88	A	B	C	D	E

89	A	B	C	D	E
90	A	B	C	D	E
91	A	B	C	D	E
92	A	B	C	D	E
93	A	B	C	D	E
94	A	B	C	D	E
95	A	B	C	D	E
96	A	B	C	D	E
97	A	B	C	D	E
98	A	B	C	D	E
99	A	B	C	D	E
100	A	B	C	D	E

GABARITO COMENTADO

1. Gabarito: C

Comentário: **I:** correta. De fato, constitui pressuposto ao reconhecimento do estrito cumprimento do dever legal a existência de um dever imposto por lei, assim entendida a norma jurídica de caráter genérico (art. 23, III, do CP); **II:** incorreta, já que a lei não contempla tal exigência; **III:** correta, já que a atitude do agente deve necessariamente estar pautada pelos estritos limites estabelecidos pela lei; **IV:** incorreta, uma vez que a prática da conduta deve decorrer de imposição legal (e não de ordem de autoridade); **V:** incorreta. Não é admitida a extrapolação da lei para o cumprimento do dever. Vale lembrar que a atitude do agente deve ser pautada pelos estritos limites do dever. Além disso, como ocorre com as demais excludentes, o excesso, doloso ou culposo, será punido (art. 23, parágrafo único, CP); **VI:** incorreta. Não se trata de diplomas legais. 🔲

2. Gabarito: B

Comentário: **A:** correta. Tendo em conta que a vítima do atropelamento foi colhida quando se encontrava sobre a calçada, deverá incidir a causa de aumento prevista no art. 302, § 1°, II, do CTB, conforme impõe o art. 303, § 1°, do CTB; **B:** incorreta (a ser assinalada). É que, por imposição do art. 291, § 2°, do CTB, na hipótese de o agente, neste caso João, cometer o crime de trânsito sob a influência de álcool ou de qualquer outra substância psicoativa que determine dependência, os fatos deverão ser apurados por meio de inquérito policial, não sendo o caso, portanto, de lavrar-se termo circunstanciado (art. 291, § 1°, I, CTB); **C:** correta. Tal como afirmado no comentário acima, o fato de o agente cometer o delito sob a influência de álcool ou qualquer outra substância psicoativa que determine dependência obriga a autoridade policial a proceder à instauração de inquérito policial (art. 291, §§ 1°, I, e 2°, da Lei 9.503/1997). A propósito, também se imporá a instauração de inquérito, além da hipótese de embriaguez, quando o condutor estiver: i) participando de "racha"; e ii) transitando em velocidade superior à máxima permitida para o local em 50 km/h; **D:** correta. Na jurisprudência: "A aplicação do princípio da consunção se volta à resolução de um conflito aparente de normas, sempre que a questão não puder ser resolvida pelo princípio da especialidade. Desse modo, sua aplicação pressupõe que, havendo o agente incorrido em duas condutas típicas, uma possa ser entendida como necessária ou meio para a execução da outra. Na prática de dois crimes, para que um deles seja absorvido pelo outro, condenando-se o agente somente pela pena cominada ao delito principal, faz-se

necessária a existência de uma conexão entre ambos, ou seja, que um deles haja sido praticado apenas como meio necessário para a prática de outro, mais grave. Os crimes de lesão corporal culposa na direção de veículo automotor e os de embriaguez ao volante tutelam bens jurídicos distintos, de forma que, além de configurarem delitos autônomos, por tutelarem bens jurídicos diversos, também possuem momentos consumativo diferentes, não havendo que se falar, portanto, em absorção. Na espécie, o fato de o paciente haver dirigido veículo automotor, em via pública, com a capacidade psicomotora alterada em razão da influência de álcool, e de haver, posteriormente, se envolvido em acidente de trânsito que veio a causar lesão corporal na vítima, amolda-se à hipótese de concurso material e não de consunção, pois é despicienda a prática do primeiro crime para que ocorra a consumação do segundo, e vice-versa. Agravo regimental não provido" (STJ, AgRg no HC 457.838/SC, Rel. Ministro REYNALDO SOARES DA FONSECA, QUINTA TURMA, julgado em 20/09/2018, DJe 01/10/2018). De ver-se que, se a lesão corporal experimentada por Marcos fosse de natureza grave ou gravíssima, a tipificação se daria no art. 303, § 2°, do CTB, dispositivo introduzido pela Lei 13.546/2017. Como a lesão foi leve, haverá o concurso material entre este delito e o de embriaguez ao volante; **E:** correta. Ao crime de lesão corporal culposa de trânsito (art. 303 do CTB) serão, em princípio, cabíveis a composição dos danos civis (art. 74 da Lei 9.099/1995), a transação penal (art. 76 da Lei 9.099/1995) e a representação como condição de procedibilidade (art. 88 da Lei 9.099/1995), exceto se o agente estiver em uma das condições definidas no art. 291, § 1°, do CTB: i) sob a influência de álcool ou outra substância psicoativa que cause dependência; ii) participando de "racha"; e iii) transitando em velocidade superior à máxima permitida para o local em 50 km/h. Dessa forma e em conclusão, o fato de João haver ingerido bebida alcoólica impede que ele seja agraciado com os benefícios previstos na Lei 9.099/1995, bem como impõe à autoridade policial a instauração de IP. Embora não tenha repercussão na resolução desta questão, é importante o registro de que, com o advento da Lei 14.071/2020, publicada em 14/10/2020 e com *vacatio* de 180 dias, foi introduzido o art. 312-B na Lei 9.503/1997 (Código de Trânsito Brasileiro), segundo o qual aos crimes previstos no § 3° do art. 302 e no § 2° do art. 303 deste Código não se aplica o disposto no inciso I do *caput* do art. 44 do Decreto-Lei n° 2.848, de 7 de dezembro de 1940 (Código Penal). Assim, veda-se a substituição da pena privativa de liberdade por restritiva de direitos quando o crime praticado for: homicídio culposo de trânsito qualificado pela embriaguez (art. 302, § 3º, do CTB) e lesão corporal de trânsito qualificada pela embriaguez (art. 303, § 2º, do CTB). [ED]

3. Gabarito: A
Comentário: Antes de dar início aos comentários das assertivas, é importante a observação de que, posteriormente à elaboração desta questão, a Lei 13.964/2019 (Pacote Anticrime) inseriu o art. 8º-A na Lei 9.296/1996, e finalmente previu a possibilidade de ser autorizada pelo juiz, para fins de investigação ou instrução criminal, a captação ambiental de sinais eletromagnéticos, ópticos ou acústicos, quando preenchidos determinados requisitos contidos na lei. O art. 10-A, também inserido pela Lei 13.964/2019, estabelece ser crime a conduta consistente em realizar captação ambiental de sinais eletromagnéticos, ópticos ou acústicos para investigação ou instrução criminal sem autorização judicial, quando esta for exigida. O § 1º deste dispositivo dispõe que não há crime se a captação é realizada por um dos interlocutores. Dito isso, passemos aos comentários das alternativas. **A:** incorreta (a ser assinalada). À luz do que reza o art. 5º da Lei 9.296/1996, a interceptação não poderá exceder o prazo de 15 dias, interregno esse que comporta prorrogação por igual período, desde que isso se mostre indispensável às investigações. Segundo entendimento consolidado pelos tribunais superiores, as interceptações telefônicas podem, sim, ser prorrogadas sucessivas vezes (e não somente uma, como consta da alternativa), desde que tal providência seja devidamente fundamentada pela autoridade judiciária (art. 5º da Lei 9.296/1996). Conferir: "De acordo com a jurisprudência há muito consolidada deste Tribunal Superior, as autorizações subsequentes de interceptações telefônicas, uma vez evidenciada a necessidade das medidas e a devida motivação, podem ultrapassar o prazo previsto em lei, considerado o tempo necessário e razoável para o fim da persecução penal" (AgRg no REsp 1620209/RS, Rel. Ministra Maria Thereza De Assis Moura, Sexta Turma, julgado em 09.03.2017, DJe 16.03.2017). No STF: "(...) Nesse contexto, considerando o entendimento jurisprudencial e doutrinário acerca da possibilidade de se prorrogar o prazo de autorização para a interceptação telefônica por períodos sucessivos quando a intensidade e a complexidade das condutas delitivas investigadas assim o demandarem, não há que se falar, na espécie, em nulidade da referida escuta e de suas prorrogações, uma vez que autorizada pelo Juízo de piso com a observância das exigências previstas na lei de regência (Lei 9.296/1996, art. 5º) (...)" (STF, 1ª T., RHC 120.111, rel. Min. Dias Toffoli, j. 11.03.2014); **B:** correta, na medida em que corresponde ao disposto no art. 2º da Lei 9.296/1996; **C:** correta, pois em conformidade com o que estabelece o art. 1º da Lei 9.296/1996; **D:** correta, pois reflete o que dispõe o art. 3º da Lei 9.296/1996; **E:** correta, pois em consonância com o que reza o art. 9º, *caput*, da Lei 9.296/1996. [ED]

4. Gabarito: E
Comentário: **A:** incorreta. A análise da tipicidade da conduta precede ao exame da ilicitude. Sendo o fato típico, na medida em que o comportamento se enquadra em um tipo incriminador, presume-se que também seja ilícito. Em outras palavras, o fato típico, em tese, contraria o ordenamento jurídico. É o chamado caráter indiciário da ilicitude. Esta regra é quebrada na hipótese de o fato típico ser lícito (autorizado pelo direito). Estamos, aqui, a falar das causas de exclusão de ilicitude, entre as quais estão o estado de necessidade e a legítima defesa. A configuração da legítima defesa e do estado de necessidade, portanto, não constitui condição para estabelecer a tipicidade da conduta. Porquanto, sendo típico o fato, passa-se à análise da ilicitude; **B** e **C:** incorretas, na medida em que, por expressa disposição do art. 23, parágrafo único, do CP, o excesso, que será doloso ou culposo, poderá ocorrer em qualquer das causas de exclusão da ilicitude previstas no art. 23 do CP: além da legítima defesa, também o estado de necessidade, o escrito cumprimento de dever legal e o exercício regular de direito; **D:** incorreta. Na legítima defesa, temos uma repulsa a uma agressão injusta; no estado de necessidade, diferentemente, há um conflito entre bens jurídicos; **E:** correta. De fato, a legítima defesa constitui uma garantia que permite a defesa (reação) de interesse legítimo em face de uma agressão injusta a um bem jurídico. No que toca ao estado de necessidade, o Código Penal acolheu, em oposição à teoria diferenciadora, a teoria unitária, segundo a qual esta excludente de ilicitude estará caracterizada na hipótese de o bem sacrificado ser de valor igual ou inferior ao do bem preservado. Se o bem sacrificado for de valor superior ao do bem preservado, aplica-se a diminuição do art. 24, § 2º, do CP. Para a teoria diferenciadora, o estado de necessidade pode ser justificante (o bem sacrificado é de valor inferior ou equivalente ao do bem preservado) ou exculpante (o bem sacrificado é de valor superior ao do bem preservado). Neste último caso, o estado de necessidade constitui uma causa supralegal de exclusão da culpabilidade, pela inexigibilidade de conduta diversa. [ED]

5. Gabarito: A
Comentário: Embora a Lei 4.898/1965 tenha sido revogada pela Lei 13.869/2019, utilizaremos a legislação em vigor ao tempo em que esta questão foi elaborada (Lei 4.898/1965). **A:** correta. De fato, a pessoa jurídica pode figurar como vítima do crime de abuso de autoridade.

Exemplo é o delito do art. 4º, h, da Lei 4.898/1965; **B:** incorreta, já que o art. 4º, c, da Lei 4.898/1965 diz respeito à conduta do delegado que deixa de comunicar a prisão ou detenção <u>ao juiz</u> (a comunicação à família do preso não foi contemplada no dispositivo). Cuidado: o art. 12, parágrafo único, II, da Lei 13.869/2019 tipifica a conduta consistente em deixar de comunicar a prisão em flagrante do conduzido e o local em que este se encontra à sua família ou a pessoa por ele indicada; **C:** incorreta. Crimes de atentado ou empreendimento são aqueles cuja punição às formas consumada e tentada é a mesma (tal como ocorre, por exemplo, no crime do art. 352 do CP – evasão mediante violência contra a pessoa), inexistindo, pois, punição mais branda da tentativa; D: incorreta (não constitui efeito automático, devendo ser declarado pelo juiz na sentença); E: incorreta. Deverá ser responsabilizado pelo crime do art. 4º, a, da Lei 4.898/1965. 🆔

---

6. Gabarito: E

Comentário: **A:** incorreta. O art. 2º, I, da Lei 8.072/1990 (Crimes Hediondos) veda a concessão do indulto aos autores de crimes hediondos e equiparados. É incorreto, portanto, afirmar-se que os efeitos do indulto alcançam quaisquer crimes previstos no ordenamento jurídico pátrio; **B:** indulto individual ou graça é a clemência concedida pelo presidente da República a um condenado determinado, específico. Nos termos do art. 188 da LEP, pode ser provocado por petição do próprio condenado, por iniciativa do MP, do Conselho Penitenciário ou da autoridade administrativa; **C:** incorreta, na medida em que o indulto será concedido pelo presidente da República por meio de decreto (art. 84, XII, CF), podendo, entretanto, delegar esta função aos ministros de Estado ou outras autoridades; **D:** incorreta. Embora o indulto seja de competência privativa do presidente da República (art. 84, XII, da CF), é perfeitamente possível que a sua concessão seja delegada a ministros de Estado, ao procurador-geral da República ou ao advogado-geral da União (art. 84, parágrafo único, da CF). Como se pode ver, o defensor público-geral Federal não foi contemplado; **E:** correta, conforme comentário à assertiva anterior. 🆔

---

7. Gabarito: A

Comentário: **A:** correta. De fato, Celecanto deverá ser responsabilizado pelo crime de fraude em certame de interesse público (art. 311-A, CP). Vale a observação de que esta alternativa nenhuma relação tem com o delito de peculato, a que faz referência o enunciado; **B:** incorreta. É fato que, para o STJ, o princípio da insignificância é inaplicável aos crimes contra a Administração Pública. Tal entendimento, inclusive, está sedimentado na Súmula 599, do próprio STJ: *o princípio da insignificância é inaplicável aos crimes contra a Administração Pública.*

Mas tal regra comporta uma exceção. Refiro-me ao delito de descaminho, em relação ao qual o STJ (e também o STF) entende pela aplicabilidade do mencionado postulado, desde que o tributo sonegado não ultrapasse R$ 20.000,00. Cuidado: a insignificância, embora se aplique ao descaminho, não tem incidência no crime de contrabando. Ademais, é importante que se diga que o STF tem precedentes no sentido de reconhecer a incidência de tal princípio aos crimes contra a Administração Pública; **C:** incorreta. No peculato-apropriação, previsto no art. 312, *caput*, 1ª parte, do CP, a consumação é alcançada no exato instante em que o funcionário público torna seu o objeto material do crime, de que tem a posse ou detenção em razão do cargo. Em outras palavras, a consumação se opera no momento em que o *intraneus* passa a se comportar como dono da coisa; **D:** incorreta. Conferir: "1. A conduta tipificada no art. 3º, III, da Lei n. 8.137/1990 – tipo especial em relação ao delito previsto no art. 321 do Código Penal – pressupõe que o agente, valendo-se da sua condição de funcionário público, patrocine, perante a administração fazendária, interesse alheio em processo administrativo. Pressupõe-se que o agente postule o interesse privado, direta ou indiretamente, utilizando-se da sua condição de funcionário para influenciar os responsáveis pela análise do pleito. 2. No caso, as instâncias ordinárias não noticiam que a recorrente tenha atuado, valendo-se da sua qualidade de funcionária, perante a administração fazendária, para facilitar ou influenciar eventual julgamento favorável ao terceiro. 3. Desse modo, não se pode tomar como típica a conduta da recorrente de proceder à correção, "quanto aos aspectos gramatical, estilístico e técnico", das impugnações administrativas anteriormente confeccionadas pelos causídicos do administrado. Não se pode inferir que o conhecimento técnico a respeito de alguma área profissional seja decorrência exclusiva da ocupação de determinado cargo público. 4. Muito embora a conduta perpetrada pela recorrente possa ser avaliada sob o aspecto ético, tem-se que ela não se justapõe à conduta típica descrita no art. 3º, III, da Lei dos Crimes contra a Ordem Tributária. 5. Recurso especial provido para absolver a recorrente, ante o reconhecimento da atipicidade da sua conduta" (STJ, REsp 1770444/DF, Rel. Ministro ANTONIO SALDANHA PALHEIRO, SEXTA TURMA, julgado em 08/11/2018, DJe 03/12/2018); **E:** incorreta. Se a reparação do dano, no peculato culposo (não se aplica ao doloso!), for anterior ao trânsito em julgado da sentença penal condenatória, o agente fará jus à extinção da punibilidade, na forma estatuída no art. 312, § 3º, primeira parte, do CP; agora, se o funcionário promover a reparação do dano em momento posterior ao trânsito em julgado da sentença, será ele agraciado com a redução de metade da pena que lhe foi imposta na sentença (e não a pena abstratamente cominada ao delito), tal como estabelece o art. 312, § 3°, segunda parte, do CP. [ED]

8. Gabarito: B

Comentário: Pelo que do enunciado consta, não há dúvida de que Mélvio estava credenciado a efetuar escaladas e também a atuar como instrutor nesta atividade. Isso está bem claro. Também não há dúvidas de que era do conhecimento de Mélvio que havia previsão de chuvas e ventos, cujo percentual de acertos correspondia a 95 %. Havia inclusive uma placa com advertência nesse sentido. A despeito disso, Mélvio, agindo com excesso de confiança, pois acreditava que, com a sua perícia acumulada ao longo de anos, nada aconteceria, achou por bem realizar a escalada, colocando em situação de risco dois escaladores inexperientes. Dessa forma, subiram e, com a chegada do vento e da tempestade, Mélvio não deu o suporte prometido para seus amigos, que acabaram sendo arremessados, pelo vento e chuva, para baixo, vindo a falecer. Antes de mais nada, deve ficar claro que em momento algum a morte das vítimas foi desejada por Mélvio, razão por que deve-se afastar, de plano, a alternativa "A" (dolo direto). Também não é o caso de imputar-lhe a prática do crime de homicídio a título de dolo eventual. Com efeito, como bem sabemos, no dolo eventual, a postura do agente em relação ao resultado é de indiferença. É verdade que, nesta modalidade de dolo, a sua vontade não é dirigida ao resultado (morte, neste caso), mas, prevendo a possibilidade de ele (resultado) ocorrer, revela-se indiferente e dá sequência à sua empreitada, assumindo o risco de causá-lo. Em outras palavras, ele não o deseja, mas se acontecer, aconteceu. Não foi isso que se deu na narrativa acima. Muito embora Mélvio pudesse ter a previsão do resultado ofensivo, sua postura não foi de indiferença em relação a isso, mas, sim, de excesso de confiança, o que configura a chamada culpa consciente. Ele acreditou piamente que, com a sua habilidade e destreza, o resultado não seria implementado. Considerando que Mélvio tinha a responsabilidade de evitar a ocorrência do resultado (morte), tal como estabelece art. 13, § 2°, CP, deverá ele responder por homicídio culposo, visto que atuou na condição de agente garantidor. [ED]

9. Gabarito: D

Comentário: I: incorreta, pois contraria a regra disposta no art. 5°-A, § 1°, da Lei 12.037/2009; II: correta, uma vez que reflete o que estabelece o art. 2°, parágrafo único, da Lei 12.037/2009; III: correta (art. 3°, IV, da Lei 12.037/2009); IV: correta, pois em conformidade com o art. 5°, parágrafo único, da Lei 12.037/2009; V: correta. Trata-se, de fato, de rol exemplificativo, tal como se infere do art. 2°, VI, da Lei 12.037/2009. Importante: embora isso em nada repercuta na resolução desta questão, vale

a observação de que a Lei 13.964/2019 incluiu na Lei 12.037/2009 os arts. 7°-A e 7°-C. O primeiro dispositivo, com a alteração promovida pela Lei 13.964/2019, passou a contar com dois incisos. Com isso, a exclusão dos perfis genéticos dos bancos de dados ocorrerá em duas situações, a saber: I – no caso de absolvição do acusado; II – no caso de condenação do acusado, mediante requerimento, após decorridos 20 anos do cumprimento da pena. Já o art. 7°-C da Lei 12.037/2009, inserido pela Lei 13.964/2019, cria, no âmbito do Ministério da Justiça e Segurança Pública, o chamado Banco Nacional Multibiométrico e de Impressões Digitais, cujo escopo consiste em armazenar dados de registros biométricos, de impressões digitais e, quando possível, de íris, face e voz, para subsidiar investigações criminais federais, estaduais ou distritais (art. 7°-C, § 2°). Não há a menor dúvida de que a criação deste acervo de registros biométricos e impressões digitais é de suma importância para evitar erros judiciários e também para contribuir na produção de provas. Tanto é que o delegado de polícia e o MP poderão, no curso do inquérito ou da ação penal, requerer ao Poder Judiciário o acesso ao Banco Nacional Multibiométrico e de Impressões Digitais, tal como prevê o art. 7°-C, § 11. [ED]

10. Gabarito: E

Comentário: A: incorreta. É que se o agente, que não possui CNH (art. 309, CTB), conduz, de forma imprudente ou negligente, seu veículo e, com isso, vem a causar lesão corporal em alguém, deverá ser responsabilizado pelo cometimento do delito previsto no art. 303 do CTB (lesão corporal culposa), com a incidência da causa de aumento do art. 302, § 1°, I, da Lei 9.503/1997, ficando o delito do art. 309 do CTB absorvido. A ação penal, no crime do art. 309 do CTB, é pública incondicionada, ao passo que, no delito do art. 303 do CTB, é, em regra, pública condicionada à representação da vítima. Se esta (vítima) deixar de oferecer representação em relação ao crime de lesão corporal, não poderá o MP ajuizar ação penal em relação ao delito do art. 309 do CTB, que, a despeito de ser de ação penal pública incondicionada, foi absorvido pelo crime de lesão corporal; B: incorreta. A primeira parte da assertiva está correta. Com efeito, da simples leitura do preceito primário da norma incriminadora do art. 309 do CTB é possível concluir que a configuração deste delito exige a demonstração de perigo concreto de dano, entendimento este consolidado na Súmula 720, do STF. O erro da alternativa está em afirmar que a condução do veículo, para caracterizar o crime do art. 309 do CTB, não precisa se dar em via pública. Pela só análise da redação típica do art. 309 do CTB, forçoso concluir que este delito somente poderá ocorrer em via pública; C: incorreta. O art. 32 da LCP foi derrogado pelo art. 309 do CTB, remanescendo tão somente a figura típica que diz respeito às embarcações, sendo esta contravenção penal de perigo abstrato. Como já ponderado acima, o crime do art. 309 do CTB, diferentemente da conduta típica remanescente do art. 32 da LCP, é de perigo concreto, sendo de rigor a demonstração de que o bem foi exposto a risco de dano. Vide Súmula 720, do STF; **D:** incorreta. O crime de embriaguez ao volante, tipificado no art. 306 do CTB, é de perigo abstrato e não precisa ocorrer em via pública; **E:** correta. Conferir: "1. Dada a natureza penal da sanção, somente a decisão lavrada por juízo penal pode ser objeto do descumprimento previsto no tipo do art. 307, caput, do CTB, não estando ali abrangida a hipótese de descumprimento de decisão administrativa, que, por natureza, não tem o efeito de coisa julgada e, por isso, está sujeita à revisão da via judicial (ut, HC 427.472/SP, Rel. Ministra MARIA THEREZA DE ASSIS MOURA, Sexta Turma, DJe 12/12/2018) 2. In casu, o agravado, no momento do acidente, se encontrava com a Carteira Nacional de Habilitação suspensa administrativamente, hipótese que não configura o delito do art. 307 do CTB 3. Agravo regimental desprovido" (STJ, AgRg no REsp 1798124/RS, Rel. Ministro REYNALDO SOARES DA FONSECA, QUINTA TURMA, julgado em 02/04/2019, DJe 16/04/2019). [ED]

11. Gabarito: E

Comentário: O art. 27 do CP, ao tratar da inimputabilidade por menoridade, adotou o chamado critério biológico, segundo o qual se levará em conta tão somente o desenvolvimento mental da pessoa (considerado, no caso do menor de 18 anos, incompleto). De se ver que, de outro lado, em matéria de inimputabilidade por doença mental ou por desenvolvimento mental incompleto ou retardado, adotou-se, como regra, o denominado critério biopsicológico (art. 26, *caput*, do CP). Neste caso, somente será considerado inimputável aquele que, em virtude de problemas mentais (desenvolvimento mental incompleto ou retardado – fator biológico), for, ao tempo da ação ou omissão, inteiramente incapaz de entender o caráter ilícito do fato ou de determinar-se de acordo com esse entendimento (fator psicológico). Assim, somente será considerada inimputável aquela pessoa que, em razão de fatores biológicos, tiver afetada, por completo, sua capacidade psicológica (discernimento ou autocontrole). Daí o nome: critério biopsicológico, que nada mais é, pois, do que a conjugação dos critérios biológico e psicológico. [ED]

12. Gabarito: B

Comentário: O tipo penal que, em princípio, mais se aproximaria da conduta descrita no enunciado é o do art. 218-A do CP (satisfação de lascívia mediante presença de criança ou adolescente). Vejamos. A narrativa contida no enunciado deixa claro que Gumercinda e Caio não

sabiam que Joaquim, que até então se encontrava dormindo, assistia ao ato sexual por eles praticado. Como bem sabemos, os crimes em geral contêm um elemento subjetivo, que pode ser representado pelo dolo ou pela culpa, a depender, neste último caso, de haver expressa previsão legal nesse sentido. E no caso do crime capitulado no art. 218-A do CP não é diferente. Aliás, este delito, que não comporta a modalidade culposa, exige o chamado elemento subjetivo específico, consistente na vontade de satisfazer a lascívia própria ou de terceiro, sem o que não há crime por ausência de dolo. A despeito de a conduta de Gumercinda e Caio ser reprovável, já que praticaram ato sexual ao lado de uma criança, ela não constitui crime por ausência de elemento subjetivo do tipo. Também por essa razão devemos afastar a ocorrência do crime do art. 232 do ECA, que consiste em submeter criança ou adolescente sob sua autoridade, guarda ou vigilância a vexame ou a constrangimento. Constitui premissa deste crime a presença de dolo (não há previsão de modalidade culposa), neste caso representado pela intenção do agente de submeter criança ou adolescente sob sua autoridade a situação vexatória ou constrangedora. Como já ficou claro, Gumercinda e Caio não agiram com tal propósito. [ED]

13. Gabarito: D

Comentário: No que toca à finalidade das penas, a doutrina se encarregou de formular três teorias, a saber: teoria absoluta, teoria relativa e teoria mista (eclética ou unificadora). Para a primeira (absoluta), a finalidade primordial da pena consiste em retribuir (compensar) o mal injusto causado pela prática criminosa. Aqui, não há preocupação com a readaptação do agente delitivo ao convívio social. A pena, como se pode perceber, tem conotação de castigo, de vingança. Seus expoentes são Georg Wilhelm Friedrich Hegel e Emmanuel Kant. Já para a teoria relativa, em posição diametralmente oposta à teoria absoluta, a pena deve ser vista como um instrumento destinado a prevenir crimes. Seu objetivo, pois, é futuro. Neste caso, a prevenção opera-se em duas frentes: prevenção geral: tem como propósito atingir a generalidade das pessoas; prevenção especial: é dirigida ao próprio condenado. Há, por fim, a teoria mista (eclética ou unificadora), cuja finalidade é reunir, a um só tempo, as teorias absoluta e relativa, conjugando justiça e utilidade. Assim, a pena assume tanto o caráter de retribuição pelo mal causado pelo crime quanto o de prevenir a ocorrência de novas infrações penais. Esta última é a teoria adotada pelo art. 59 do CP. [ED]

14. Gabarito: B

Comentário: É fato que o direito penal brasileiro norteia-se pela regra segundo a qual é aplicada a lei vigente à época em que se deram os fatos (*tempus regit actum*).

A exceção a tal regra fica por conta da extratividade, que é o fenômeno pelo qual a lei é aplicada a fatos ocorridos fora do seu período de vigência. No universo do direito penal, a extratividade da lei é possível em duas situações: retroatividade: que nada mais é do que a incidência de uma lei penal nova e benéfica a um fato ocorrido antes do seu período de vigência, ou seja, ao tempo em que a lei entrou em vigor, o fato já se consumara. Neste caso, dado que a lei nova é mais favorável ao agente, ela projetará seus efeitos para o passado e regerá o fato ocorrido antes do seu período de vigência; ultratividade: situação em que o crime foi praticado sob o império de uma lei, posteriormente revogada por outra prejudicial ao agente. Neste caso, subsistem os efeitos da lei anterior, porquanto mais favorável. Perceba, portanto, que a regra é a da irretroatividade da lei penal, é dizer, aplica-se a lei em vigor à época em que os fatos se deram. A exceção fica por conta da hipótese em que a lei nova, que entrou em vigor após o fato consumar-se, é mais benéfica ao agente. Neste caso, ela retroagirá e será aplicada ao fato praticado anteriormente à sua entrada em vigor.

15. Gabarito: D

Comentário: O princípio da intervenção mínima abrange os princípios da subsidiariedade e da fragmentariedade. É do princípio da intervenção mínima, ao qual se submete o Direito Penal, que este deve interferir o mínimo possível na vida do indivíduo. Com isso, deve-se, tão somente em último caso, recorrer a este ramo do direito com o fito de solucionar conflitos surgidos em sociedade. Desta feita, se determinadas condutas podem ser contidas por meio de outros mecanismos de controle, deve-se evitar o Direito Penal, reservando-o àqueles comportamentos efetivamente nocivos. Pelo princípio da fragmentarie- dade, a lei penal constitui, por força do postulado da intervenção mínima, uma pequena parcela (fragmento) do ordenamento jurídico. Isso porque somente se deve lançar mão desse ramo do direito diante da ineficácia ou inexistência de outros instrumentos de controle social menos traumáticos (subsidiariedade). O princípio da legalidade ou da reserva legal, contido nos arts. 5º, XXXIX, da CF e art. 1º do CP, preconiza que os tipos penais só podem ser criados por lei em sentido formal. É defeso ao legislador, pois, lançar mão de outros expedientes legislativos para veicular matéria penal. O princípio da legalidade desdobra-se nos postulados da reserva legal, da taxatividade e da irretroatividade. A reserva legal impossibilita o uso de analogia como fonte do direito penal; a taxatividade, por sua vez, exige que as leis sejam claras, certas e precisas, a fim de restringir a discricionariedade do aplicador da lei; a irretroatividade impõe que a lei seja atual, isto é, que seja aplicada apenas a fatos ocorridos depois de sua entrada e vigor. Pelo princípio da ofensividade ou lesividade, o Direito

Penal somente poderá intervir diante da existência de lesões efetivas ou potenciais ao bem jurídico tutelado pela norma penal. Dessa forma, se uma conduta for incapaz de gerar uma efetiva lesão (ou perigo de lesão) ao bem tutelado, não há que se falar em crime. Segundo enuncia o princípio da adequação social, não se pode reputar criminosa a conduta tolerada pela sociedade, ainda que corresponda a uma descrição típica. É dizer, embora formalmente típica, porque subsumida num tipo penal, carece de tipicidade material, porquanto em sintonia com a realidade social em vigor.

16. Gabarito: A

Comentário: Antes de analisar a conduta de cada agente, é importante que façamos algumas observações sobre as modalidades de aborto previstas no Código Penal. Como bem sabemos, o aborto praticado pela gestante (auto- aborto) ou com o consentimento desta será apenado de forma diferente (mais branda) daquele realizado por terceiro. As condutas consistentes em provocar aborto em si mesma e consentir que outro o faça configuram o crime próprio do art. 124 do CP. Por ser próprio (e também de mão própria), por ele somente responderá a gestante. Trata-se da forma menos grave de aborto, já que o legislador estabeleceu a pena de detenção de 1 a 3 anos. Agora, a conduta do terceiro que provoca na gestante a interrupção de sua gravidez pode dar azo a duas tipificações diversas, a depender da existência de consentimento da gestante. Se esta consentir que ter- ceiro nela realize o aborto, este estará incurso no crime do art. 126 do CP, cuja pena cominada é de reclusão de 1 a 4 anos, superior, portanto, à pena prevista para o aborto praticado pela própria gestante ou quando ela consente que outrem o faça. Se o terceiro, de outro lado, realizar aborto sem o consentimento válido da gestante, será ele responsabilizado pela modalidade mais grave deste crime, prevista no art. 125 do CP, que estabelece a pena de 3 a 10 anos de reclusão. Portanto, é diferente o tratamento que a lei confere ao aborto realizado pela própria gestante ou com o seu consentimento daquele levado a efeito por terceiro, com ou sem o consentimento da gestante. Perceba que, embora o fato seja o mesmo, os agentes envolvidos responderão por crimes diversos, o que representa exceção à teoria monista. Dito isso, passemos ao exame da hipótese narrada no enunciado, de forma a estabelecer a responsabilidade de cada agente. Ana, porque consentiu que nela fosse realizado o aborto, deverá responder pelo crime de aborto do art. 124, segunda parte, do CP (consentimento para a prática de aborto); Robson, que promoveu o aborto em Ana com o consentimento desta, será responsabilizado pelo delito do art. 126 do CP; já Pedro, que, a pedido de Ana, procurou Robson e o convenceu a praticar o aborto nesta, deverá responder como partícipe na conduta de Robson (art. 126, CP). Tivesse Pedro se limitado a aconselhar (induzindo ou instigando) Ana a consentir na prática abortiva, responderia ele na qualidade de partícipe do crime de Ana (art. 124, CP). Não é este o caso, já que Pedro, ao contratar Robson, teve atuação estreitamente ligada à conduta deste, que foi quem promoveu a manobra abortiva, devendo responder como partícipe na conduta de Robson (art. 126, CP). **ED**

17. Gabarito: ANULADA

Comentário: **A:** incorreta. Isso porque a conduta consubstanciada em vender, entregar ou fornecer, ainda que gratuitamente, munição ou explosivo (e também arma de fogo) a criança ou adolescente configura o crime do art. 16, § 1º, V, da Lei 10.826/2003 (Estatuto do Desarmamento). O art. 242 do ECA, que prevê a conduta de vender, fornecer ainda que gratuitamente ou entregar, de qualquer forma, a criança ou adolescente arma, munição ou explosivo, foi derrogado pelo Estatuto do Desarmamento, somente tendo aplicação nos casos em que a arma não é de fogo; **B:** correta (art. 16, § 1º, V, da Lei 10.826/2003); **C:** correta. De fato, nesta hipótese terá incidência o art. 242 do ECA; agora, se se tratar de arma de fogo, munição ou explosivo, aplicar-se-á o Estatuto do Desarmamento; **D:** incorreta, já que faltou fazer referência às outras formas derrogadas; **E:** correta (art. 16, § 1º, V, da Lei 10.826/2003). **ED**

18. Gabarito: B

Comentário: Segundo consta, Henrique, ao ser abordado por policial militar em fiscalização da Operação Lei Seca, a este apresentou carteira nacional de habilitação falsa, que adquirira de Marcos, seu vizinho, ao qual pagou, pelo documento falso, a importância de R$ 2.000,00. Pelo enunciado, fica claro que Henrique não foi o autor da falsificação, conduta a ser atribuída ao seu vizinho, Marcos, que deverá, por isso, responder pelo crime do art. 297 do CP (falsificação de documento público). Já Henrique, que, como dito, adquiriu o documento contrafeito e o apresentou ao policial militar por ocasião de operação de fiscalização de trânsito, deverá ser responsabilizado tão somente pelo uso deste documento, conduta prevista no art. 304 do CP: *Fazer uso de qualquer dos papéis falsificados ou alterados a que se referem os arts. 297 a 302. Pena – a cominada à falsificação ou à alteração.* Outrossim, é importante que se diga que nenhuma dúvida deve haver em relação ao dolo de Henrique. O enunciado deixa claro que ele tinha conhecimento de que o documento por ele adquirido era falso. Isso porque é de todos sabido que a obtenção de CNH impõe a observância de uma série de requisitos, dentro de um trâmite que engloba a necessidade de o candidato submeter-se a exames teórico, prático e psicotécnico. Henrique tinha plena ciência, portanto,

de que fazia uso de documento falso. Outro ponto que merece destaque é a observação, que consta do enunciado, de que o documento portado por Henrique, em face de sua aparência, pode iludir terceiros como se documento idôneo fosse. É que, sendo a falsificação grosseira, incapaz, pois, de ludibriar terceiros, não há que se falar em crime. Não é o caso narrado no enunciado, em que, reitere-se, a CNH tinha aptidão para enganar o homem médio. **ED**

19. Gabarito: E

Comentário: **A:** incorreta, já que contraria o disposto no art. 234-A, III, do CP, que estabelece um aumento de pena da ordem de metade a dois terços se do crime resulta gravidez; **B:** incorreta. É que, para configuração do crime de condescendência criminosa (art. 320, CP), é de rigor, conforme consta de sua descrição típica, que a infração não apurada seja cometida no exercício do cargo, o que não consta da assertiva; **C:** incorreta, já que, nesta hipótese, a pena será aumentada em um terço (e não em dois terços), tal como estabelece o art. 250, § 1º, II, *g*, do CP; **D:** incorreta, na medida em que as condutas alternativas previstas no tipo penal do art. 305 do CP consistem em destruir (eliminar), suprimir (fazer desaparecer) e ocultar (esconder) documento público ou particular, não contemplando, portanto, a conduta de reter. Aquele que retiver documento de identidade será responsabilizado pela contravenção penal contida no art. 3º da Lei 5.553/1968; **E:** correta. Isso porque, no crime de falsa identidade, definido no art. 307 do CP, não há que se falar em uso de documento falso. O agente se limita a atribuir a si ou a terceiro identidade que não corresponde à realidade, como, por exemplo, dar nome que não é o seu, mentir sobre sua idade ou sobre seu estado civil, sempre tendo em vista a obtenção de vantagem ou o fim de causar dano a outrem. **ED**

20. Gabarito: B

Comentário: Esta questão trata da chamada extraterritorialidade incondicionada. Assim, dentre outras hipóteses, todas definidas no art. 7º, I, do CP, ficam sujeitos à lei brasileira, embora cometidos no estrangeiro, os crimes contra a administração pública, estando o agente a seu serviço (art. 7º, I, "c", do CP), bem como os crimes contra o patrimônio ou a fé pública da União, do Distrito Federal, de Estado, de Território, de Município, de empresa pública, sociedade de economia mista, autarquia ou fundação instituída pelo Poder Público (art. 7º, I, "b", do CP). Nos casos de extraterritorialidade incondicionada, ainda que o agente tenha sido absolvido, ou mesmo condenado no estrangeiro, a lei brasileira será aplicada (art. 7º, § 1º, do CP). Portanto, considerando que João Carlos praticou, na Argentina, crime contra a fé pública da União, consistente em falsificar moeda pública brasileira, será ele processado e julgado, aqui no Brasil, pelo crime definido no art. 289 do CP, aplicando-se, neste caso, o princípio da defesa ou da proteção. ED

21. Gabarito: A

Comentário: A resposta a esta questão deve ser extraída do art. 4º do Código Penal, que adotou, em matéria de tempo do crime, a teoria da atividade (art. 4º, CP), segundo a qual se considera praticado o crime no momento da ação ou da omissão, ainda que outro seja o do resultado. Não se confunde com o lugar do crime (art. 6º, CP), assim considerado o local em que ocorreu a ação ou omissão, bem como aquele em que se produziu ou deveria produzir-se o resultado. Adotou-se, pois, no que concerne ao lugar do crime, a teoria da ubiquidade. ED

22. Gabarito: C

Comentário: Segundo consta do enunciado, Márcio teria sido vítima do crime de calúnia perpetrado por Arnaldo, uma vez que este, por meio de redes sociais, imputou àquele, falsamente, o cometimento de fato definido como crime (art. 138, CP). Trata-se, é importante que se diga, de crime de ação penal privativa do ofendido, nos termos do que dispõe o art. 145, *caput*, do CP, razão pela qual, por força do que estabelece o art. 60, III, do CPP, aplicável às ações de natureza privada, a ausência de pedido de condenação, por parte do querelante, implica o reconhecimento da perempção, que constitui hipótese de extinção da punibilidade (art. 107, IV, do CP), o que deverá ser reconhecido pelo magistrado, que outra alternativa não terá. ED

23. Gabarito: E

Comentário: Pela narrativa, fica claro que o crime praticado por Manoela nenhuma pertinência tem com o cargo por ela exercido. Isso porque a interceptação por ela levada a efeito se deu fora de suas atribuições e de seu expediente de trabalho. Não há que se falar, portanto, em prejuízo a bens, serviços ou interesse da União ou de suas entidades autárquicas ou empresas públicas (art. 109, IV, da CF). Haveria interesse da União, a justificar a competência da Justiça Federal, somente se o crime em que incorreu a servidora pública federal fosse praticado em razão da função pública (*propter officium*). Portanto, o caso deverá ser julgado por uma vara criminal da Justiça Estadual. Nesse sentido: *Compete à Justiça Federal processar e julgar crime praticado por funcionário público federal no exercício de suas atribuições funcionais. Conflito de competência conhecido. Competência da Justiça Federal* (CC 20.779/RO, Rel. Min. Vicente Leal, 3ª Seção, j. 16.12.1998, DJ 22.02.1999). ED

24. Gabarito: C

Comentário: **A:** correta. Por se tratar de procedimento administrativo, não vigoram nas investigações criminais, conforme doutrina e jurisprudência amplamente majoritárias, o contraditório e ampla defesa; **B:** correta, pois em conformidade com o disposto no art. 9º do CPP; **C:** incorreta. Não se aplica ao inquérito policial a publicidade, imanente ao processo. Cuida-se, isto sim, de procedimento sigiloso (art. 20, CPP). De outra forma não poderia ser. É que a publicidade por certo acarretaria prejuízo ao bom andamento do inquérito, cujo propósito é reunir provas acerca da infração penal. É bom lembrar que o sigilo do inquérito não pode ser considerado absoluto, uma vez que não será oponível ao advogado, constituído ou não, do investigado, que terá acesso ao acervo investigatório (art. 7º, XIV, da Lei 8.906/1994 – Estatuto da Advocacia); **D:** correta. Isso porque o inquérito policial, segundo doutrina e jurisprudência unânimes, não constitui fase obrigatória e imprescindível da persecução penal. Pode o membro do MP, pois, dele abrir mão e ajuizar, de forma direta, a ação penal, desde que, é claro, disponha de elementos de informação suficientes ao seu exercício (da ação penal). É o que se infere do art. 12 do CPP; **E:** correta. Vide comentário à alternativa "C". ED

25. Gabarito: E

Comentário: A solução desta questão deve ser extraída do art. 2º, parágrafo único, da Lei 4.898/1965, que foi revogada, na íntegra, pela Lei 13.869/2019 (nova Lei de Abuso de Autoridade). ED

26. Gabarito: B

Comentário: **A:** incorreta, uma vez que o afastamento dos sigilos financeiro, bancário e fiscal constitui meio de obtenção de prova que pode ser levado a efeito em qualquer fase da persecução penal, tal como estabelece o art. 3º, VI, da Lei 12.850/2013; **B:** correta, pois reflete o disposto no art. 3º, I, da Lei 12.850/2013; **C:** incorreta. A colaboração premiada, como meio de obtenção de prova, poderá ocorrer em qualquer fase da persecução penal (investigação e ação penal); **D** e **E:** incorretas. A prisão preventiva não pode ser decretada como meio de obtenção de prova. Será, sim, decretada, tanto no curso das investigações quanto no da instrução processual, como garantia da ordem pública, da ordem econômica, por conveniência da instrução criminal ou para assegurar a aplicação da lei penal, quando houver prova da existência do crime e indício suficiente de autoria e de perigo gerado pelo estado de liberdade do imputado (art. 312, caput, do CPP, cuja redação foi alterada pela Lei 13.964/2019). ED

27. Gabarito: A
Comentário: O Ministério Público, ao oferecer a denúncia, deverá descrever o fato de forma minuciosa e clara (art. 41, CPP), de sorte a propiciar ao denunciado exercer amplamente o seu direito de defesa. Se os fatos são expostos na denúncia de forma confusa, não é possível à defesa conhecer com a necessária exatidão os motivos pelos quais o agente foi denunciado. Haverá, pois, inevitável prejuízo à defesa. A denúncia que não atende aos requisitos essenciais contemplados no art. 41 do CPP deve ser considerada inepta (criptoimputação), como é o caso da inicial que descreve os fatos de forma confusa. Sendo inepta a denúncia, impõe-se a sua rejeição (art. 395, I, CPP), decisão contra a qual cabe recurso em sentido estrito (art. 581, I, CPP). ⬛

28. Gabarito: B
Comentário: O agente surpreendido na posse de um cigarro de maconha para consumo pessoal deverá ser conduzido (prisão-captura) à presença da autoridade policial, a qual caberá deliberar se o fato levado ao seu conhecimento configura consumo (art. 28) ou tráfico (art. 33). Se o delegado de polícia concluir pelo cometimento do crime do art. 28 da Lei 11.343/2006, deverá providenciar a lavratura de termo circunstanciado, nos moldes do que estabelece o art. 48, § 2º, da Lei de Drogas, após o que o autor dos fatos será encaminhado ao juízo competente ou, na sua falta, assumir o compromisso de a ele comparecer. É vedado à autoridade policial, como se pode ver, efetuar a lavratura do auto de prisão em flagrante. ⬛

29. Gabarito: E
Comentário: A solução desta questão deve ser extraída do art. 362 do Código Eleitoral, que assim dispõe: *das decisões finais de condenação ou absolvição cabe recurso para o Tribunal Regional, a ser interposto no prazo de 10 (dez) dias.* ⬛

30. Gabarito: B
Comentário: Das assertivas acima, devemos identificar aquela que, em princípio, representa afronta ao sistema acusatório. Pois bem. Parte da comunidade jurídica se volta contra a possibilidade de o magistrado requisitar a instauração de inquérito policial, prerrogativa essa contida no art. 5º, II, do CPP. Pondera-se que, em face da notícia de crime de ação penal pública, deve o juiz, no lugar de requisitar a instauração de IP ao delegado de polícia, levar o fato ao conhecimento daquele que é o titular da ação penal pública, o Ministério Público, que poderá, a seu juízo, exercer de pronto a ação penal, oferecendo denúncia (se entender que dispõe de elementos suficientes para tanto), requisitar a instauração de inquérito policial ou ainda promover o arquivamento

do expediente. Argumenta-se que não é função do Poder Judiciário, em um sistema de perfil acusatório, deflagrar investigação de fato aparentemente criminoso, ainda que o faça por meio de requisição dirigida à autoridade policial. Tal análise cabe ao MP. Conferir a lição de Aury Lopes Jr., ao analisar o art. 5º do CPP: *em sendo o possuidor da informação um órgão jurisdicional, deverá enviar os autos ou papéis diretamente ao Ministério Público (art. 40) para que decida se exerce imediatamente a ação penal, requisite a instauração de IP ou mesmo solicite o arquivamento (art. 28). A Constituição, ao estabelecer a titularidade exclusiva da ação penal de iniciativa pública, esvaziou em parte o conteúdo do artigo em tela. Não cabe ao juiz iniciar o processo ou mesmo o inquérito (ainda que através de requisição) não só porque a ação penal de iniciativa pública é de titularidade exclusiva do MP, mas também porque é um imperativo do sistema acusatório* (*Direito Processual Penal*, 9. ed. São Paulo: Saraiva, 2012. p. 303). Ao tempo em que foi elaborada esta questão, não havia previsão expressa sobre o sistema acusatório no nosso ordenamento jurídico. A opção pelo sistema acusatório foi explicitada quando da inserção do art. 3º-A no Código de Processo Penal pela Lei 13.964/2019 (Pacote Anticrime). Segundo este dispositivo, cuja eficácia está suspensa por decisão liminar do STF, já que faz parte do regramento que compõe o chamado "juiz das garantias" (arts. 3º-A a 3º-F, do CPP), "o processo penal terá estrutura acusatória, vedadas a iniciativa do juiz na fase de investigação e a substituição da atuação probatória do órgão de acusação". Até então, o sistema acusatório, embora amplamente acolhido pela comunidade jurídica, não era contemplado em lei. ⬛

31. Gabarito: E
Comentário: Segundo têm entendido os Tribunais, somente são considerados como prova lícita os dados e as conversas registrados por meio de mensagem de texto obtidos de aparelho celular apreendido no ato da prisão em flagrante se houver prévia autorização judicial. Nesse sentido: "I – A jurisprudência deste Tribunal Superior firmou-se no sentido de ser ilícita a prova oriunda do acesso aos dados armazenados no aparelho celular, relativos a mensagens de texto, SMS, conversas por meio de aplicativos (WhatsApp), obtidos diretamente pela polícia no momento da prisão em flagrante, sem prévia autorização judicial. II – In casu, os policiais civis obtiveram acesso aos dados (mensagens do aplicativo WhatsApp) armazenados no aparelho celular do corréu, no momento da prisão em flagrante, sem autorização judicial, o que torna a prova obtida ilícita, e impõe o seu desentranhamento dos autos, bem como dos demais elementos probatórios dela diretamente derivados (...) Recurso ordinário provido para determinar o desentra-

nhamento dos autos das provas obtidas por meio de acesso indevido aos dados armazenados no aparelho celular, sem autorização judicial, bem como as delas diretamente derivadas, e para conceder a liberdade provisória ao recorrente, salvo se por outro motivo estiver preso, e sem prejuízo da decretação de nova prisão preventiva, desde que fundamentada em indícios de autoria válidos" (STJ, RHC 92.009/RS, Rel. Ministro Felix Fischer, Quinta Turma, julgado em 10.04.2018, DJe 16.04.2018). 🖉

32. Gabarito: B

Comentário: **A:** incorreta, pois contraria o disposto no art. 48, § 2º, da Lei 11.343/2006; **B:** correta. De fato, prevalece na jurisprudência o entendimento no sentido de que não é admitida a aplicação do princípio da insignificância ao crime de tráfico de drogas, ainda que a quantidade de droga apreendida seja irrisória. Confira-se: "Segundo precedentes do STF e do STJ, o delito de tráfico de drogas não comporta incidência do princípio da insignificância, visto que se cuida de delito de perigo abstrato praticado contra a saúde pública. Dessa forma, para esse específico fim, é irrelevante a pequena quantidade da substância apreendida (no caso, 0,2 decigramas de crack)" (HC 155.391/ES, 6.ª Turma, j. 02.09.2010, rel. Min. Maria Thereza de Assis Moura, *DJe* 27.09.2010); **C:** incorreta. Sendo hipótese de porte de drogas para consumo pessoal (art. 28), não se imporá ao agente prisão em flagrante, devendo o mesmo ser apresentado de imediato ao juízo competente ou, não sendo isso possível, assumir o compromisso de a ele comparecer, lavrando-se termo circunstanciado (art. 48, § 2º, Lei 11.343/2006); **D:** incorreta. Vide comentário à assertiva "B"; **E:** incorreta, já que a prisão preventiva não tem lugar no crime do art. 28 da Lei de Drogas. 🖉

33. Gabarito: D

Comentário: Conferir: "1. O presente conflito negativo de competência deve ser conhecido, por se tratar de incidente instaurado entre juízos vinculados a Tribunais distintos, nos termos do art. 105, inciso I, alínea "d" da Constituição Federal - CF. 2. A jurisprudência desta Corte Superior havia se firmado, em 2017, no sentido de exigir inequívoca prova da transnacionalidade da conduta do agente para a configuração do delito de descaminho e contrabando, contudo, recentemente, a Terceira Seção do Superior Tribunal de Justiça - STJ, revendo seu posicionamento acerca do tema, entendeu pela competência da Justiça Federal na hipótese de a mercadoria introduzida ilegalmente no território nacional encontrar-se em depósito para fins comerciais, independentemente da prova da internacionalidade da conduta do agente, haja vista o interesse da União advindo da violação a normas federais que visam proteger a saúde pública, regular a livre concorrência no comércio de produtos nacionais,

bem como a arrecadação de impostos federais. 3. Em suma, a Terceira Seção desta Corte Superior restabeleceu o prestígio da Súmula n. 151/STJ que, tradicionalmente, já sinalizava pela competência da Justiça Federal nos delitos de contrabando e descaminho. Precedentes: CC 159.680/MG, Rel. Ministro REYNALDO SOARES DA FONSECA, TERCEIRA SEÇÃO, DJe 20/08/2018 e CC 160.7448/SP, Rel. Ministro SEBASTIÃO REIS JÚNIOR, DJe 4/10/2018. 4. No caso concreto, conforme inquérito policial lavrado para apurar possível ocorrência do delito descrito no art. 334, § 1º, "c" do Código Penal - CP, em 9/8/2012, policiais civis apreenderam 24 maços de cigarros da marca WS, 23 maços de cigarros da marca EIGHT e 2 maços de cigarros da marca PALERMO, todos de procedência estrangeira, em estabelecimento comercial localizado no município de Ribeirão Preto. 5. Nesse contexto, à míngua de documentação comprobatória da regularidade da internação da mercadoria no Brasil, está configurado o interesse da União, conforme Súmula n. 151/STJ, sendo irrelevante a averiguação da internacionalidade da conduta do agente delitivo. 6. Conflito conhecido para declarar a competência do Juízo Federal da 7ª Vara Federal de Ribeirão Preto - SJ/SP, o suscitado" (STJ, CC 167.795/SP, Rel. Ministro JOEL ILAN PACIORNIK, TERCEIRA SEÇÃO, julgado em 23/10/2019, DJe 30/10/2019). 🖉

34. Gabarito: A

Comentário: **A:** correta. Embora a redação do art. 2º, § 2º, da Lei 9.613/1998 tenha sido modificada por força da Lei 12.683/2012, permanece a impossibilidade de aplicar-se, aos crimes de lavagem de dinheiro, o art. 366 do CPP, devendo o processo, por isso, seguir a sua marcha com a nomeação de defensor dativo, ao qual incumbirá a promoção da defesa técnica; **B:** incorreta. Segundo estabelece o art. 260, *caput*, do CPP, incumbe ao juiz, em face do não comparecimento do acusado, devidamente intimado, ao interrogatório, providenciar para que este seja conduzido coercitivamente à sua presença. Sucede que, ao enfrentar esta questão, o Plenário do STF, em julgamento realizado no dia 14 de junho de 2018, por maioria de votos, declarou que a condução coercitiva de réu/investigado para interrogatório, a que faz referência o art. 260 do CPP, não foi recepcionada pela CF/88. A decisão foi tomada no julgamento das ADPFs 395 e 444, ajuizadas, respectivamente, pelo PT e pela OAB. Segundo a maioria dos ministros, a condução coercitiva representa restrição à liberdade de locomoção e viola a presunção de inocência, sendo, portanto, incompatível com a Constituição Federal. Explica Aury Lopes Jr., ao se referir à condução coercitiva prevista no art. 260 do CPP, que, *além de completamente absurda no nível de evolução democrática alcançado, é substancialmente inconstitucional, por violar as garantias da presunção*

de inocência e do direito de silêncio (*Direito Proces-*
sual Penal, 9ª ed, p. 1308). Com o advento da Lei
13.869/2019, que revogou a Lei 4.898/1965 (antiga Lei
de Abuso de Autoridade), passa a configurar crime de
abuso de autoridade a conduta do agente que decreta
a condução coercitiva de testemunha ou investigado
manifestamente descabida ou sem prévia intimação de
comparecimento ao juízo; **C:** incorreta (vide comentário
à assertiva "A"); **D:** incorreta, já que para decretar a
prisão preventiva é necessário que se faça presente um
dos fundamentos do art. 312 do CPP; **E:** incorreta. Não
cabe, nos crimes de lavagem de capitais, a decretação
da prisão temporária (art. 1°, III, da Lei 7.960/1989). 🔲

35. Gabarito: A

Comentário: Segundo estabelece o art. 260, *caput*, do
CPP, incumbe ao juiz, em face do não comparecimento
do acusado, devidamente intimado, ao interrogatório,
providenciar para que este seja conduzido coercitivamente à sua presença. Sucede que, ao enfrentar esta
questão, o Plenário do STF, em julgamento realizado no
dia 14 de junho de 2018, por maioria de votos, declarou que a condução coercitiva de réu/investigado para
interrogatório, a que faz referência o art. 260 do CPP,
não foi recepcionada pela CF/88. A decisão foi tomada
no julgamento das ADPFs 395 e 444, ajuizadas, respectivamente, pelo PT e pela OAB. Segundo a maioria dos
ministros, a condução coercitiva representa restrição à
liberdade de locomoção e viola a presunção de inocência,
sendo, portanto, incompatível com a Constituição Federal. Restou ainda decidido que o agente ou a autoridade
que desobedecer à decisão tomada no julgamento dessas
ADPFs será responsabilizado nos âmbitos disciplinar,
civil e penal, podendo ainda a prova obtida por meio do
interrogatório ilegal ser considerada ilícita, sem prejuízo
da responsabilidade civil do Estado. Com o advento da
Lei 13.869/2019, que revogou a Lei 4.898/1965 (antiga
Lei de Abuso de Autoridade), passa a configurar crime
de abuso de autoridade a conduta do agente que decreta
a condução coercitiva de testemunha ou investigado
manifestamente descabida ou sem prévia intimação de
comparecimento ao juízo. 🔲

36. Gabarito: ANULADA

Comentário: **A:** incorreta, na medida em que a extinção
da punibilidade não ocorrerá na hipótese de a ação penal
ser pública incondicionada; tal somente se dará se se
tratar de ação penal privada e pública condicionada à
representação do ofendido (art. 74, parágrafo único, Lei
9.099/1995); **B:** correta, pois corresponde ao disposto
no art. 90-A da Lei 9.099/1995; **C:** incorreta. O princípio
da identidade física no juiz, embora não integre o rol do
art. 62 da Lei dos Juizados, tem incidência no âmbito
da Lei 9.099/1995; **D:** incorreta, pois contraria o teor da

Súmula Vinculante 35: "A homologação da transação
penal prevista no artigo 76 da Lei 9.099/1995 não faz
coisa julgada material e, descumpridas suas cláusulas,
retoma-se o *status quo ante*, possibilitando-se ao
Ministério Público a continuidade da persecução penal
mediante oferecimento de denúncia ou requisição de
inquérito policial"; **E:** correta. O art. 66, parágrafo único,
da Lei 9.099/1995 estabelece que, no âmbito do procedimento sumaríssimo, não localizado o acusado para ser
citado pessoalmente, as peças serão encaminhadas ao
juízo comum para prosseguimento, no qual se procederá, se necessário for, à citação por hora certa ou por
edital, dada a incompatibilidade dessas modalidades de
citação ficta com a celeridade imanente ao procedimento
adotado na Lei 9.099/1995. 🔲

37. Gabarito: A

Comentário: A solução desta questão deve ser extraída
do art. 27 da Lei 9.605/1998, que assim dispõe: "nos
crimes ambientais de menor potencial ofensivo, a
proposta de aplicação imediata de pena restritiva de
direitos ou multa, prevista no art. 76 da Lei 9.099, de
26 de setembro de 1995, somente poderá ser formulada
desde que tenha havido a prévia composição do dano
ambiental, de que trata o art. 74 da mesma lei, salvo em
caso de comprovada impossibilidade". 🔲

38. Gabarito: E

Comentário: A solução desta questão deve ser extraída
do art. 394-A do CPP, introduzido pela Lei 13.285/2016,
que assim dispõe: os processos que apurem a prática
de crime hediondo terão prioridade de tramitação em
todas as instâncias. 🔲

39. Gabarito: D

Comentário: O sigilo, que é imanente ao inquérito policial
(art. 20 do CPP), não pode, ao menos em regra, ser
oposto ao advogado do investigado. Com efeito, por
força do que estabelece o art. 7°, XIV, da Lei 8.906/1994
(Estatuto da Advocacia), constitui direito do advogado,
entre outros: "examinar, em qualquer instituição
responsável por conduzir investigação, mesmo sem
procuração, autos de flagrante e de investigações de
qualquer natureza, findos ou em andamento, ainda que
conclusos à autoridade, podendo copiar peças e tomar
apontamentos, em meio físico ou digital" (redação determinada pela Lei 13.245/2016). Aqui, pouco importa se
no curso do IP foi decretado judicialmente o seu sigilo.
Sobre este tema, a propósito, o STF editou a Súmula
Vinculante 14, a seguir transcrita: "É direito do defensor,
no interesse do representado, ter acesso amplo aos elementos de prova que, já documentados em procedimento
investigatório realizado por órgão com competência de
polícia judiciária, digam respeito ao exercício do direito

de defesa". Registre-se, todavia, que determinados procedimentos de investigação, geralmente realizados em autos apartados, como a interceptação telefônica e a infiltração, somente serão acessados pelo patrono do investigado depois de concluídos e inseridos nos autos do inquérito. Ou seja, tais procedimentos permanecerão em sigilo, neste caso absoluto, enquanto não forem encerrados (art. 7º, § 11, da Lei 8.906/1994). Nesse sentido já se manifestou o STJ: "1. Ao inquérito policial não se aplica o princípio do contraditório, porquanto é fase investigatória, preparatória da acusação, destinada a subsidiar a atuação do órgão ministerial na persecução penal. 2. Deve-se conciliar os interesses da investigação com o direito de informação do investigado e, consequentemente, de seu advogado, de ter acesso aos autos, a fim de salvaguardar suas garantias constitucionais. 3. Acolhendo a orientação jurisprudencial do Supremo Tribunal Federal, o Superior Tribunal de Justiça decidiu ser possível o acesso de advogado constituído aos autos de inquérito policial em observância ao direito de informação do indiciado e ao Estatuto da Advocacia, ressalvando os documentos relativos a terceiras pessoas, os procedimentos investigatórios em curso e os que, por sua própria natureza, não dispensam o sigilo, sob pena de ineficácia da diligência investigatória. 4. Habeas corpus denegado" (HC 65.303/PR, Rel. Ministro Arnaldo Esteves Lima, Quinta Turma, julgado em 20.05.2008, DJe 23.06.2008). ED

40. Gabarito: D

Comentário: **A**: incorreta. O inquérito policial é, em vista do que estabelece o art. 20 do CPP, sigiloso. Ocorre que, a teor do art. 7º, XIV, da Lei 8.906/1994 (Estatuto da Advocacia), constitui direito do advogado, entre outros: "examinar, em qualquer instituição responsável por conduzir investigação, mesmo sem procuração, autos de flagrante e de investigações de qualquer natureza, findos ou em andamento, ainda que conclusos à autoridade, podendo copiar peças e tomar apontamentos, em meio físico ou digital". Sobre este tema, o STF editou a Súmula Vinculante 14, a seguir transcrita: "É direito do defensor, no interesse do representado, ter acesso amplo aos elementos de prova que, já documentados em procedimento investigatório realizado por órgão com competência de polícia judiciária, digam respeito ao exercício do direito de defesa". Bem por isso, caberá à autoridade policial franquear o acesso do advogado, constituído ou não, aos elementos de informação contidos no auto de prisão em flagrante/inquérito policial, desde que já documentados; **B**: incorreta, uma vez que a Lei 13.245/2016 não estabelece como dever da autoridade policial adotar tal providência; deverá, isto sim, assegurar ao investigado em inquérito policial o exercício da prerrogativa de fazer-se acompanhar de advogado

de sua confiança. Não nos esqueçamos de que, por se tratar de procedimento administrativo e inquisitivo, não vigoram, nas investigações criminais, conforme doutrina e jurisprudência amplamente majoritárias, o contraditório e ampla defesa. Na jurisprudência: "1. As alterações promovidas pela Lei 13.245/2016 no art. 7º, XXI, do Estatuto da Ordem dos Advogados representam reforço das prerrogativas da defesa técnica no curso do inquérito policial, sem comprometer, de modo algum, o caráter inquisitório da fase investigativa preliminar. 2. Desse modo, a possibilidade de assistência mediante a apresentação de razões e quesitos não se confunde com o direito subjetivo de intimação prévia e tempestiva da defesa técnica acerca do calendário de inquirições a ser definido pela autoridade judicial. 3. Agravo regimental desprovido" (STF, Pet 7612, Relator(a): Min. EDSON FACHIN, Segunda Turma, julgado em 12/03/2019, ACÓRDÃO ELETRÔNICO DJe-037 DIVULG 19-02-2020 PUBLIC 20-02-2020). Atenção: o art. 14-A, recentemente inserido no CPP pela Lei 13.964/2019 (Pacote Anticrime), assegura aos servidores vinculados às instituições elencadas nos arts. 142 (Forças Armadas) e 144 (Segurança Pública) da CF que figurarem como investigados em inquéritos policiais, inquéritos policiais militares e demais procedimentos extrajudiciais, cujo objeto for a investigação de fatos relacionados ao uso da força letal praticados no exercício profissional ou em missões para Garantia da Lei e da Ordem (GLO), o direito de constituir defensor para o fim de acompanhar as investigações. Até aqui, nenhuma novidade. Isso porque, como bem sabemos, é direito de qualquer investigado constituir defensor. O § 1º deste art. 14-A, de forma inédita, estabelece que o servidor, verificada a situação descrita no *caput*, será citado. Isso mesmo: será citado da instauração do procedimento investigatório, podendo constituir defensor no prazo de até 48 horas a contar do recebimento da citação. Melhor seria se o legislador houvesse empregado o termo notificado em vez de citado. Seja como for, uma vez citado e esgotado o prazo de 48 horas sem nomeação de defensor, a autoridade responsável pela investigação deverá intimar a instituição à qual estava vinculado o investigado à época dos fatos para que indique, no prazo de 48 horas, defensor para a representação do investigado (§ 2º); **C**: incorreta, na medida em que a Lei 13.245/2016 não instituiu a obrigatoriedade do inquérito policial. Como bem sabemos, o IP não é indispensável ao oferecimento da queixa ou denúncia (art. 12 do CPP); se o titular da ação penal dispuser de elementos suficientes, poderá, diretamente, propô-la; **D**: correta. A Lei 13.245/2016, ao introduzir o inciso XXI ao art. 7º da Lei 8.906/1994 (Estatuto da Advocacia), assegurou aos investigados a prerrogativa de ser assistidos por advogado no decorrer de apurações de infrações penais; **E**: incorreta. A despeito de o IP ser inquisitivo, já que nele não vigoram contraditório e ampla defesa, é certo que ao advogado do investigado é assegurado acesso amplo aos elementos de prova já documentados (Súmula Vinculante 14). ED

41. Gabarito: A

Comentário: Por força do que dispõe o art. 184, parágrafo único, da Lei 11.101/2005, "decorrido o prazo a que se refere o art. 187, § 1º, sem que o representante do Ministério Público ofereça denúncia, qualquer credor habilitado ou o administrador judicial poderá oferecer ação penal privada subsidiária da pública, observado o prazo decadencial de 6 (seis) meses". Sendo credor habilitado, Delton está legitimado, ante a inércia do órgão ministerial, a ajuizar ação penal privada subsidiária da pública (art. 29 do CPP), o que deverá ocorrer dentro do prazo decadencial de seis meses, a contar da data em que tem fim o interregno de que dispõe o MP para oferecer a denúncia. Acerca da ação penal privada subsidiária da pública, valem algumas ponderações, já que se trata de tema recorrente em provas de concursos públicos. Pois bem. A ação penal privada subsidiária da pública, que será intentada pelo ofendido ou seu representante legal (a legitimação, no caso da Lei 11.101/2005, recai sobre o administrador judicial bem como sobre qualquer credor habilitado), somente terá lugar na hipótese de o membro do Ministério Público revelar-se desidioso, omisso, deixando de cumprir o prazo fixado em lei para o ajuizamento da ação penal pública (art. 29 do CPP). É pressuposto, pois, à propositura da ação penal subsidiária da pública que o MP: i) não denuncie; ii) não promova o arquivamento do IP; iii) não requeira a devolução do IP à autoridade policial para a realização de diligências suplementares indispensáveis ao exercício da ação penal. De uma forma geral, um dos pontos mais questionados em provas é a respeito da possibilidade de propositura da queixa subsidiária diante da promoção de arquivamento do inquérito levada a efeito pelo MP. O promotor, ao promover o arquivamento dos autos do IP, age e adota uma das medidas legais postas à sua disposição, não sendo possível, por isso, o ajuizamento da ação penal privada subsidiária, já que não configurada inércia do MP. Na jurisprudência do STJ: "Recurso especial. Direito processual penal. Usurpação de função pública. Violação de sigilo funcional. Prevaricação. Concussão e tortura. Recurso especial fundado na alínea "c" do permissivo constitucional. Dissídio jurisprudencial. Não demonstrado e não comprovado. Arquivado o inquérito, a requerimento do ministério público, no prazo legal. Ação penal privada subsidiária da pública. Legitimidade ativa do ofendido. Inocorrência. Recurso parcialmente conhecido e improvido. 1. A divergência jurisprudencial, autorizativa do recurso especial interposto, com fundamento na alínea "c" do inciso III do artigo 105 da Constituição Federal, requisita comprovação e demonstração, esta,

em qualquer caso, com a transcrição dos trechos dos acórdãos que configurem o dissídio, mencionando-se as circunstâncias que identifiquem ou assemelhem os casos confrontados, não se oferecendo, como bastante, a simples transcrição de ementas ou votos. 2. Postulado o arquivamento do inquérito policial, não há falar em inércia do Ministério Público e, consequentemente, em ação penal privada subsidiária da pública. Precedentes do STF e do STJ. 3. A regra do artigo 29 do Código de Processo Penal não tem incidência na hipótese do artigo 28 do mesmo diploma legal, relativamente ao Chefe do Ministério Público Federal. 4. Recurso parcialmente conhecido e improvido" (REsp 200200624875, Hamilton Carvalhido, 6ª T., DJE 22.04.2008). ED

42. Gabarito: B

Comentário: Embora não contemplada, de forma expressa, na CF/1988, a Convenção Americana sobre Direitos Humanos (Pacto de San José da Costa Rica), incorporada ao ordenamento jurídico brasileiro, em seu art. 7º (5), assim estabelece: "Toda pessoa presa, detida ou retida deve ser conduzida, sem demora, à presença de um juiz ou outra autoridade autorizada por lei a exercer funções judiciais (...)". O Conselho Nacional de Justiça, em parceria com o Tribunal de Justiça de São Paulo e também com o Ministério da Justiça, lançou e implementou o projeto "audiência de custódia", cujo propósito é assegurar ao preso o direito de ser apresentado, de forma rápida, a um juiz de direito, ao qual caberá analisar, entre outros aspectos, a legalidade da prisão em flagrante e também a necessidade de esta ser convertida em prisão preventiva. Para tanto, o CNJ editou a Resolução 213/2015, cujo art. 1º assim estabelece: *Determinar que toda pessoa presa em flagrante delito, independentemente da motivação ou natureza do ato, seja obrigatoriamente apresentada, em até 24 horas da comunicação do flagrante, à autoridade judicial competente, e ouvida sobre as circunstâncias em que se realizou sua prisão ou apreensão.* Posteriormente à elaboração desta questão, a Lei 13.964/2019, conhecida como Pacote Anticrime, contemplou a audiência de custódia, inserindo-a no art. 310 do CPP. Pela primeira vez, portanto, a audiência de custódia, objeto de tantos debates na comunidade jurídica, tem previsão legal. Como dissemos acima, até então esta matéria estava prevista tão somente na Resolução CNJ 213/2015. Segundo estabelece a nova redação do *caput* do art. 310 do CPP, "após receber o auto de prisão em flagrante, no prazo máximo de 24 (vinte e quatro) horas após a realização da prisão, o juiz deverá promover audiência de custódia com a presença do acusado, seu advogado constituído ou membro da Defensoria Pública e o membro do Ministério Público, e, nessa audiência, o juiz deverá, fundamentadamente: (...)". O § 4º deste dispositivo, também inserido pela Lei 13.964/2019 e cuja eficácia está suspensa por decisão cautelar do STF (ADI 6305), impõe a liberalização da prisão do autuado em flagrante em razão da não realização da audiência de custódia no prazo de 24 horas. `ED`

43. Gabarito: B
Comentário: A inexecução total ou parcial do contrato acarreta a aplicação de sanções pela Administração. As penas aplicáveis estão previstas no art. 87 da Lei 8.666/1993. São elas: (i) advertência; (ii) multa; (iii) suspensão temporária de participação em licitação e impedimento de contratar com a Administração, por prazo não superior a 2 (dois) anos (incorretas as alternativas A, C e D, que indicam prazos diversos); (iv) declaração de inidoneidade para licitar ou contratar com a Administração Pública, enquanto perdurarem os motivos determinantes da punição, ou até que seja promovida a reabilitação perante a própria autoridade que aplicou a penalidade. A reabilitação representa o ressarcimento à Administração pelos prejuízos resultantes, podendo ser requerida após 2 (dois) anos da aplicação da sanção. `RBO`

ATENÇÃO! a NOVA LEI DE LICITAÇÕES E CONTRATOS
Em 1º de abril de 2021 foi editada a Lei 14.133, que representa a nova lei de licitações e contratos administrativos. Importante esclarecer que a Lei 8.666/93 não foi imediatamente revogada pelo novo regime. Nos termos do art. 193, inc. II, da Lei 14.133, a antiga norma vigorará por 2 anos, com revogação prevista para abril de 2023. Os únicos dispositivos da Lei 8.666/93 que foram imediatamente revogados foram os arts. 89 a 108, que disciplinavam os crimes relacionados às licitações e aos contratos públicos.
Nesse sentido, atualmente convivem os regimes tanto da Lei 14.133/21 quanto da Lei 8.666/93. Até a revogação desta última, a Administração poderá optar por licitar ou contratar diretamente de acordo uma delas. A opção escolhida deverá ser indicada expressamente, vedada a aplicação combinada dos diplomas normativos (art. 191 da Lei 14.133/21).
O mesmo raciocínio se aplica para as Leis 10.520/02 (Pregão) e 12.462/11 (Regime Diferenciado de Contratações Públicas).
Desse modo, permanecem atuais os comentários acima envolvendo a Lei 8.666/93, embora a Lei 14.133/2021 discipline as sanções de modo diverso.

44. Gabarito: D
Comentário: A responsabilidade do Estado baseia-se, como regra, na teoria objetiva, que afasta o elemento volitivo do agente público. É o que se extrai da Constituição Federal, em seu art. 37, § 6º. Nesse sentido, a obrigação estatal de indenizar prescinde da comprovação de dolo ou culpa (elemento subjetivo). Os requisitos da responsabilidade civil do Estado são: ação estatal, nexo de causalidade e dano indenizável. `RBO`

45. Gabarito: C
Comentário: Alternativa A incorreta (o regime do acesso à informação encontra-se previsto na Lei 12.527/2011); alternativa B incorreta (de acordo com o art. 25 da Lei 9.784/1999, os atos do processo devem realizar-se preferencialmente na sede do órgão, cientificando-se o interessado se outro for o local de realização); alternativa C correta (art. 9º, II, Lei 9.784/1999); alternativa D incorreta (a Lei 9.784/1999 não dispõe sobre prazos prescricionais); alternativa E incorreta (conforme o art. 47 da Lei 9.784/1999, o órgão instrutor, quando não for competente para emitir decisão final, elaborará relatório indicando o pedido inicial, o conteúdo das fases do procedimento e formulará proposta de decisão). `RBO`

46. Gabarito: C
Comentário: Alternativa A correta (art. 53 da Lei 9.784/1999); alternativa B correta (art. 54, "caput" e § 1º, Lei 9.784/1999); alternativa C incorreta, nos termos da literalidade do art. 55 do mesmo diploma, segundo o qual os atos que apresentarem defeitos sanáveis, e caso não acarretarem lesão ao interesse público nem prejuízo a terceiros, poderão ser convalidados pela Administração (não se trata, portanto, de um dever); alternativa D correta (art. 2º da Lei 9.784/1999); alternativa E correta (art. 50, VI, Lei 9.784/1999). `RBO`

47. Gabarito: C
Comentário: Item I incorreto (extinto o cargo ou declarada sua desnecessidade, o servidor estável ficará em disponibilidade, com remuneração proporcional ao tempo de serviço, conforme prevê o art. 41, § 3º, CF); item II correto (art. 37, IX, CF); item III correto (art. 41, § 2º, CF); item IV correto (art. 41, § 1º, III, CF); item V correto (art. 38, II, CF). `RBO`

48. Gabarito: D
Comentário: A disciplina referente aos prazos está prevista no Capítulo XVI da Lei 9.784/1999, em seus arts. 66 e 67. Os prazos começam a correr a partir da data da cientificação oficial, excluindo-se da contagem o dia do começo e incluindo-se o do vencimento (corretas as alternativas A e C; incorreta a alternativa D). Os prazos fixados em meses (ou anos) contam-se de data a data (exemplo: se o prazo for de um mês e o dia de início da contagem começar no dia 15 janeiro, o dia do vencimento será o dia 15 de fevereiro). Além disso, se no mês do vencimento não houver o dia equivalente àquele do início do prazo, tem-se como termo final o último dia do mês (correta a alternativa B). Como regra, os prazos proces-

suais não se suspendem, salvo por motivo de força maior devidamente comprovado (alternativa E correta). RB0

49. Gabarito: D
Comentário: A questão explora o regime da responsabilidade fiscal, disciplinado pela Lei Complementar 101/2000. A alternativa A está incorreta, pois é o Ministério da Fazenda que verifica o cumprimento dos limites e condições relativos à realização de operações de crédito de cada ente da Federação (art. 32). Incorreta a alternativa B, pois a norma exige, para a criação, expansão ou aperfeiçoamento de ação governamental que acarrete aumento da despesa, estimativa do impacto orçamentário-financeiro no exercício em que deva entrar em vigor e nos dois subsequentes (art. 16, I). A alternativa C apresenta incorreção, pois a assunção de obrigação, sem autorização orçamentária, com fornecedores para pagamento a posteriori de bens e serviços, embora se equipare a operações de crédito, é vedada pela lei (art. 37, IV). Já a alternativa D está correta (art. 21, II). Por fim, incorreta a alternativa E, pois o Relatório Resumido da Execução Orçamentária é um dos instrumentos de transparência da gestão fiscal (art. 48). RB

50. Gabarito: A
Comentário: O item I está correto (os princípios expressos da Administração Pública são aqueles previstos no art. 37, "caput", da CF); o item II está correto (o princípio da eficiência abrange todo o vínculo do servidor público); o item III está errado (o princípio diretamente violado é o da impessoalidade, a qual, entre outros sentidos, veda que na publicidade oficial sejam veiculados nomes, símbolos ou imagens que caracterizam promoção pessoal do agente público); item IV correto (a supremacia do interesse público constitui princípio implícito); item V correto (delimitação dos contornos do princípio implícito). RB

51. Gabarito: D
Comentário: São atributos do poder de polícia: a discricionariedade, a coercibilidade e a autoexecutoriedade (alternativas A e C incorretas). O seu exercício cabe originariamente à Administração Pública Direta (poder de polícia originário). Se exercido pela Administração Indireta, utiliza-se a expressão poder de polícia delegado (correta a alternativa D; incorreta a alternativa B). Além disso, a atuação da polícia administrativa é feita por diversos órgãos da Administração, e não exclusivamente por polícias militares (que atuam notadamente no setor do policiamento ostensivo), polícias judiciárias (cuja função precípua é a atividade investigativa de delitos penais) e demais guardas ou vigias (alternativa E incorreta). RB

52. Gabarito: ANULADA
Comentário: a questão foi anulada, pois há duas alternativas incorretas. Alternativa A incorreta (a pretensão de ressarcimento do Estado contra o agente causador do dano é prescritível). Alternativa B correta (art. 37, §6º, da CF). Alternativa C correto (o nexo causal é requisito necessário para a responsabilização do agente público). Alternativa D (cf. jurisprudência do STF). Alternativa E incorreta (de acordo com o entendimento consolidado do STJ, o prazo prescricional para propositura de ação de responsabilidade civil contra o Estado é de 5 anos, e não de 3 anos). (RB)

53. Gabarito: C
Comentário: A incorreção está na alternativa C. Poder de polícia pode ser definido como a limitação da liberdade e da propriedade dos particulares, em prol do interesse coletivo. A doutrina costuma diferenciar dois sentidos da noção: poder de polícia em sentido estrito, que abrange a atuação da Administração Pública; e o poder de polícia em sentido amplo, que congrega a atribuição do Executivo (função administrativa) e do Legislativo (função legislativa). Neste último caso, não se trata da positivação de tipos penais (âmbito penal), pois o poder de polícia integra esfera própria e independente de atuação. Assim, embora determinado fato (exemplo: dirigir um veículo em estado de embriaguez) possa caracterizar crime (tipificado na seara penal), cabível o seu regramento na esfera administrativa (poder de polícia de trânsito). RB

54. Gabarito: B
Comentário: Os elementos (ou requisitos) do ato administrativo são: competência, forma, finalidade, objeto e motivo. É importante destacar que motivo não se confunde com motivação, razão pela qual a alternativa B está incorreta. Motivo é o pressuposto fático e jurídico que serve de fundamento à expedição do ato. A motivação, por sua vez, é a necessidade de exposição por escrito do motivo. No que se refere a tal requisito, aplica-se a teoria dos motivos determinantes, pela qual os motivos invocados para a prática de um ato administrativo condicionam a sua validade; assim, se o motivo for falso ou inexistente, o ato apresenta vício. Saliente-se que as alternativas A, C, D e E estão corretas. RB

55. Gabarito: C
Comentário: A presunção de legitimidade significa que os atos administrativos são considerados como tendo sido expedidos em conformidade com a lei. Presume-se, portanto, que esses atos são legais. Trata-se de atributo que se aplica a todos os atos administrativos, inclusive aqueles emanados do Poder Legislativo (alternativas A e B incorretas). Isso se deve em razão da incidência do princípio da legalidade. Com base nisso é que se afirma

que a presunção de legitimidade constitui verdadeiro princípio que rege os atos administrativos (alternativa C correta). A presunção assume caráter universal, o que inclui as ações das polícias militares, civil e federal (alternativa E incorreta). Nota-se, assim, que não se trata de diretriz arcaica do período ditatorial (alternativa D incorreta). RB

56. Gabarito: C

Comentário: O tombamento constitui mecanismo de tutela do patrimônio cultural, previsto na Constituição Federal (art. 216) e disciplinado pelo Decreto-Lei 25/1937. A competência para legislar sobre tombamento é concorrente entre União, Estados e Distrito Federal, não estando incluídos os Territórios (alternativa D incorreta). O tombamento incide sobre bens móveis ou imóveis, públicos ou privados (alternativa E incorreta). Em relação ao tombamento de bens públicos, o Município pode tombar bens dos Estados, de modo que não se aplica a regra da "hierarquia federativa", típica nas desapropriações (alternativa B incorreta). O valor etnográfico não está previsto expressamente na Constituição Federal, mas sim no Decreto-Lei 25/1937 (art. 1º). Por fim, o tombamento definitivo de bens imóveis privados somente irradiará efeitos perante terceiros após averbação no registro imobiliário, nos termos do art. 13 do Decreto-Lei 25/1937 (alternativa C correta). RB

57. Gabarito: E

Comentário: Item I incorreto (Senadores da República são agentes públicos, na categoria de agentes políticos); item II correto (servidores estatutários e celetistas são espécies de agentes públicos); item III correto (uma outra categoria de agentes públicos são os particulares em colaboração com o Estado, a exemplo dos jurados e dos mesários eleitorais); item IV correto (a demissão do servidor está condicionada à instauração de processo administrativo disciplinar; já o empregado público, embora submetido à CLT, não pode ser demitido sem justa causa); item V incorreto (empregado público é todo agente público submetido ao regime celetista). RB

58. Gabarito: D

Comentário: A autorização apresenta natureza precária (Item V), podendo ser revogada a qualquer momento (item I). Ademais, decorre de menor interesse público, na medida em que o interesse preponderante é o do particular beneficiário (item IV). Já a concessão, que detém a natureza de contrato administrativo, garante maior segurança jurídica ao particular que a recebe (item II). Por conta disso, além de restar garantido o equilíbrio econômico-financeiro (item III), assegura indenização ao concessionário se encerrada antes do período contratado (item VI). Em suma: os itens I, IV e

V referem-se à autorização administrativa; já os itens II, III e VI dizem respeito à concessão. RB

59. Gabarito: E

Comentário: A: Incorreta. A prevenção primária corresponde a implementação de políticas públicas sociais nas áreas de educação, emprego, moradia, saúde, qualidade de vida, segurança etc. São políticas preventivas de médio e longo prazo. B: Incorreta. A prevenção secundária opera a curto e médio prazo e se orienta seletivamente a determinados setores da sociedade. C: Incorreta. A prevenção terciária atua com o fim de evitar a reincidência. São políticas voltadas ao preso e ao egresso. D: Incorreta. As medidas voltadas para evitar a reincidência fazem parte da prevenção terciária. E. Correta. A prevenção da infração penal é o conjunto de ações que têm por objetivo evitar o cometimento de um delito. A prevenção criminal é composta por duas espécies de ações: aquelas que atuam de forma indireta e aquelas que atuam diretamente. As medidas indiretas agem sob as causas dos crimes, ou seja, é uma atuação profilática por parte do Estado. VC

60. Gabarito: B

Comentário: A: Incorreta. O termo "vitimização indireta" não é usualmente utilizado na classificação de vitimização, mas poderia se enquadrar na definição de vitimização terciária. B: Correta. A vitimização secundária, também chamada de sobrevitimização é decorrente da interação com as instâncias formais de controle social. Essa interação com o sistema de justiça criminal causa um sofrimento adicional à vítima, que deve depor e contar o que houve, revivendo o sofrimento vivido no momento do crime, tem que comparecer diversas vezes perante autoridades etc. C: Incorreta. A vitimização primária é aquela decorrente do próprio crime. D: incorreta. A vitimização terciária decorre da falta de amparo provido pelo Estado para as vítimas de crimes. E: incorreta. O termo "vitimização direta" não é usualmente utilizado na classificação de vitimização, mas poderia se enquadrar na definição de vitimização primária, já que corresponde diretamente aos danos causados pelo delito. VC

61. Gabarito: D

Comentário: A: Incorreta. Essa correspondência não é real, já que os índices de subnotificação criminal são altos. B: Incorreta. A população prisional não é uma amostra confiável da população que cometeu delitos, uma vez que o sistema de justiça criminal opera com base na seletividade penal e tem como alvos preferenciais do sistema a população negra, jovem e pobre e o cometimento de delitos não está adstrito a esse grupo populacional. C: Incorreta. O medo do delito pode, sim, ser objeto de pesquisas no âmbito da Criminologia, sendo um campo rico de investigações que podem orientar a realidade. D: Correta. O populismo penal que norteia grande parte da produção legislativa nacional está justamente amparado no medo real que a população sente de ser vítima de crimes. Esse medo também influencia a orientação das políticas públicas do âmbito do poder executivo que passa a investir mais em policiamento ostensivo, por exemplo, e não investigativo. E: Incorreta. A subnotificação criminal, a chamada cifra negra, é muito alta e, portanto, essa não é uma fonte suficiente para a formulação das políticas públicas em ambiente de prevenção ao delito. VC

62. Gabarito: C
Comentário: A: incorreta. Para a criminologia crítica, as pautas normativas se produzem pelo grupo dominante, que está no poder, que é a classe alta, burguesa. B: incorreta. A criminologia crítica é uma teoria do conflito. As teorias do consenso que entendem que os objetivos da sociedade são atingidos quando há o funcionamento perfeito das instituições e os indivíduos estão compartilhando metas sociais e concordando com as regras de convívio. Para a teoria crítica, de base marxista, o conflito social só pode ser transformador se vier associado à luta de classes. As sociedades estão sujeitas a mudanças contínuas, sendo que todo elemento coopera para sua dissolução C: Correta. Para a criminologia crítica a sociedade só mantém harmonia social em razão da força e da coerção. Sendo que o sistema legal, em especial o criminal, tem o condão de imposição da força pela classe dominante. D: Incorreta. Para a teoria da anomia, que tem como base o pensamento de Durkheim, o crime é normal e inerente às sociedades. Só deixa de ser normal quando a existência dos delitos passa a ser prejudicial à existência da estrutura social. E: Incorreta. Para a criminologia crítica o conflito social não é uma realidade patológica e sim natural em uma sociedade que se baseia na opressão de muitos por poucos. VC

63. Gabarito: D
Comentário: A: Incorreta. A teoria da associação diferencial aborda o desenvolvimento infantil para incluir o comportamento criminoso dentre os comportamentos que a criança aprende por imitação e exposição, mas não traz nenhuma afirmação sobre "criança problemática". B: Incorreta. De fato, a teoria da associação diferencial comprova que o crime pode ocorrer em qualquer classe social, rompendo com um estereótipo de que o crime era exclusivo ou majoritário nas classes pobres, porém não trata a questão criminal como anomalia. C: Incorreta. É justamente o oposto que essa teoria apresenta. Ela quebra com essa correlação entre classe baixa e criminalidade ao apresentar uma pesquisa com as 70 maiores empresas dos Estados Unidos e concluir que apenas

uma seguia todas às leis e normas, o que demonstrou que a prática de crimes estava presente também nas classes mais altas de empresários americanos. D: Correta. Sutherland demonstra que a criminalidade não se restringe às classes mais pobres e que a associação diferencial (ou o aprendizado delitivo, ou o aprendizado diferenciado) ocorre em todas as camadas sociais. O aprendizado inclui a técnica do delito, além da própria justificação do ato. E: Incorreta. Essa teoria compreende o comportamento criminal como um comportamento aprendido, assim como os demais comportamentos e é aprendido mediante a interação com outras pessoas em um processo comunicativo. VC

64. Gabarito: E
Comentário: A criminalidade real corresponde a quantidade de crimes de fato cometidos. A criminalidade revelada é aquela que chegou ao conhecimento dos órgãos oficiais de controle, ou seja, o Estado. A cifra negra é a diferença entre a criminalidade real e a revelada, ou seja, corresponde a quantidade de crimes cometidos e não comunicados – ou não elucidados. Portanto, a alternativa correta é a E. VC

65. Gabarito: A
Comentário: A: Correta. Cesare Lombroso, principal expoente da Antropologia Criminal ou positivismo criminal, desenvolveu a teoria de que as características biológicas são determinantes da delinquência, ou seja, para ele, é possível identificar um criminoso por seus atributos físicos. Esses elementos biológicos e físicos que determinariam a delinquência seriam traços regredidos e primitivos da espécie humana. Rafaele Garoffalo contribuiu adicionando aspectos psicológicos aos biológicos como determinantes pra o cometimento de crimes. Por fim, Enrico Ferri inclui os fatores sociológicos no determinismo da escola Positivista. B: Incorreta. A teoria positivista da criminologia entende que a função da pena a ser aplicada pelo Estado é, principalmente, de isolar os criminosos do convívio social. C: Incorreta. Os fatos sociais são considerados por Enrico Ferri na escola positivista como também determinantes para o cometimento de delitos, contudo não complexifica essa análise ao considerar suas interrelações. O estudo positivista da criminologia é centrado no indivíduo. D: Incorreta. A criminologia tradicional não faz correlação entre criminosos e a estrutura social e, menos ainda, tem uma visão marxista sobre o cometimento de delitos, centrando sua análise sobre o indivíduo em sua dimensão biológica primordialmente. E: Incorreta. A criminologia tradicional não considera o livre-arbítrio, trata de características determinantes para o cometimento do crime. VC

66. Gabarito: E

Comentário: A: Verdadeiro. A vitimologia, de fato, se dedica ao estudo dos riscos de vitimização, dos danos e consequências da vitimização e também da forma como o sistema de justiça opera. B: Verdadeiro. Com a proibição da autotutela pelo Direito Romano, ou seja, com a proibição da vítima fazer "justiça com as próprias mãos", o conflito foi subtraído das mãos da vítima e o Estado passou a substituir às partes, retirando a vítima da relação penal. Quando o Estado assume o papel de impositor das penas aos agressores, a vítima perde seu papel de protagonista e passa a ter um papel muito secundário, apenas de testemunha. Com o fim do sistema inquisitivo e o fortalecimento do sistema acusatório, esse papel fica ainda mais reduzidos, quase desaparecendo da relação processual penal. Neste momento, a vítima deixa de ter poder sobre o fato delituoso. Esse poder passa a ser apenas do Estado. A pena passa a ser vista como garantia da ordem coletiva e não vitimária. C: Verdadeiro. Tanto a classificação de Benjamim Mendelsohn, quanto de Hans von Hentig consideram a participação ou a provocação da vítima nos delitos. D: Verdadeiro. A Vitimologia, bem como a Criminologia, bebe da psicologia para o seu desenvolvimento. No caso da Vitimologia ela utilizou-se de conteúdos da psicologia social. E: Falso A preocupação com a vítima retorna após a 2ª Guerra Mundial, com a vitimização do povo judeu (holocausto). A partir deste momento, a vítima recomeça a retomar um papel importante nos processos penais, mas de forma gradual e lenta. O fundador da Vitimologia é o judeu Benjamin Mendelsohn, professor da Universidade Hebraica de Jerusalém. Nasce a Vitimologia em sua famosa conferência, em Bucareste, em 1947, intitulada: "Um horizonte novo na ciência biopsicossocial: a Vitimologia". Ocorre o 1º Simpósio Internacional de Vitimologia, em 1973, em Jerusalém. ⬛

67. Gabarito: A

Comentário: A: Falsa. As escolas do consenso acreditam que se as instituições e os indivíduos estiverem operando em harmonia, compartilhando as metas sociais e de acordo quanto às regras de convivência, as sociedades terão atingido seu fim. Ao contrário, as teorias do conflito entendem que a harmonia social só existe em função da imposição pela força, identificam a coerção como elemento central para garantia da coesão social. Para os teóricos filiados às escolas do conflito, são inerentes às sociedades a relação entre dominantes e dominados e os conflitos decorrentes dessa relação. B: Verdadeiro. O pensamento base dessa escola é de que há uma relação direta entre o espaço urbano, sua conformação e a criminalidade. Não só em termos de quantidade de crimes cometidos na cidade como um todo, como também da distribuição dos tipos de crimes por região da cidade, a relação entre a forma que determinada região ou bairro se organiza e se estrutura e o tipo e a quantidade de crimes cometidos naquela região. Por isso essa escola também é chamada de arquitetura criminal ou ecológica, por trabalhar com essa relação entre cidade e crime. Cada cidade tem uma especificidade e funciona de um jeito próprio e singular, mas, além disso, cada região de uma mesma cidade também tem suas próprias características e estas estão diretamente relacionadas com a criminalidade. C: Verdadeira. A compreensão da existência de subsistemas de valores e crenças é a base da teoria da subcultura delinquente, que entende que o crime como um comportamento de transgressão que é determinado por um subsistema de conhecimento, crenças e atitudes que possibilitam, permitem ou determinam formas particulares de comportamento transgressor em situações específicas. D: Verdadeira. As teorias estrutural-funcionalista entendem o crime como inerente a ordem social e, portanto, normal. E: Verdadeira. A principal ideia da teoria da Associação Diferencial é a de que o crime é uma conduta aprendida, assim como qualquer outra. O aprendizado se dá pela convivência em determinados grupos. Alguns grupos transmitem a seus membros a conduta delinquente. A prática delitiva é mais uma das condutas aprendidas, que a pessoa assimila com o grupo que convive – a família, na escola, grupo de amigos, colegas de trabalho etc. As pessoas aprendem comportamentos pela imitação. As crianças imitam os pais, professores e amigos da escola. Para essa teoria, o crime é mais uma das condutas aprendidas, imitadas. ⬛

68. Gabarito: C

Comentário: A Criminologia é uma ciência autônoma, empírica (baseada na observação da realidade) e interdisciplinar (se utiliza de outras ciências, preservando os métodos próprios de cada uma delas) que tem por objeto de estudo quatro elementos: o crime, criminosos, controle social e a vítima. O método da Criminologia é empírico e indutivo. O contato com o objeto é direto e interdisciplinar. Empírico, pois a Criminologia examina a realidade. Indutivo, pois a compreensão da realidade se dá a partir da observação. Interdisciplinaridade, pois o método da Criminologia é aquele das ciências que são utilizadas por ela. Por exemplo, a psicologia, a medicina, o direito penal, a sociologia, a estatística, a antropologia etc. ⬛

69. Gabarito: C

Comentário: As principais escolas do consenso são: escola de Chicago, teoria da Associação Diferencial, teoria da Anomia e teoria da Subcultura Delinquente. As principais escolas do conflito são: teoria do Labelling Approach ou etiquetamento e teoria Crítica ou radical. ⬛

70. Gabarito: C

Comentário: Controle social é o conjunto de mecanismos e sanções sociais que pretendem submeter o indivíduo aos modelos e normas comunitários. O controle social é composto por mecanismos para que as pessoas se enquadrem nos padrões sociais. Para isso, as organizações sociais utilizam o controle social formal e o controle social informal. A criminologia trabalha com as noções de controle social formal e informal. O controle social formal são as instituições do Estado e as informais aquelas comunitárias. São exemplos de controle social formal a polícia, o Judiciário, a administração penitenciária e de controle social informal a família, a escola, a opinião pública. VC

71. Gabarito: A

Comentário: A: correta. A teoria do labelling approach é a primeira teoria a considerar a seletividade penal e seus efeitos criminógenos. A teoria também é conhecida como teoria da reação social ou do etiquetamento, justamente por analisar os impactos da reação social – notadamente do sistema de justiça criminal – e por concluir que ocorre uma rotulação social de determinadas pessoas como criminosas e essa rotulação é um fator criminógeno. Não é a lei que surge para reprimir o crime, mas a lei cria o crime e o fenômeno criminal. A teoria do Labelling Approach leva a uma inversão fundamental sobre a pergunta central da Criminologia: deixa-se de perguntar por que as pessoas cometem crimes e passa-se a perguntar por que determinados atos e pessoas são criminalizados. A carreira do desvio se constrói a partir da interação com o rótulo (interacionismo simbólico). Muitas instituições destinadas a desencorajar o comportamento desviante operam, na verdade, de modo a perpetuá-lo e a fomentá-lo. B: incorreta. A seletividade penal de que trata a teoria do labelling approach é de perfil e não ecológica, como a da escola de Chicago. O labelling approach entende a seletividade da justiça criminal a partir de fatores sociais e não orientados pela organização urbana. C: incorreta. Após ter sido capturada por uma instância de controle social formal, a pessoa passa a ser tratada por todos como criminosa. Ela é estigmatizada dessa forma, passa a ser rotulada. Por essa razão, essa teoria também é conhecida como interacionismo simbólico ou teoria da rotulação social ou da reação social. O labelling approach entende que essa relação tem efeitos justamente criminógenos e de reincidência. D: incorreta. O centro da análise não está na questão da hermenêutica do direito e sim na prática do aparato estatal, seja na produção normativa, seja na aplicação e sua relação com as pessoas selecionadas. E: incorreta. O labelling approach surge nos EUA nos anos 1960 e se dedica ao estudo da reação social ao crime. VC

72. Gabarito: C

Comentário: "Segundo a visão de Hans Kelsen, a validade de uma norma jurídica positivada é completamente independente de sua aceitação pelo sistema de valores sociais vigentes em uma comunidade, tampouco guarda relação com a ordem moral, pelo que não existiria a obrigatoriedade de o Direito coadunar-se aos ditames desta (moral). A ciência do Direito não tem a função de promover a legitimação do ordenamento jurídico com base nos valores sociais existentes, devendo unicamente conhece-lo e descrevê-lo de forma genérica, hipotética e abstrata. Esta era a essência de sua teoria pura do direito: desvincular a ciência jurídica de valores morais, políticos ou filosóficos". (Vicente Paulo e Marcelo Alexandrinho, Direito Constitucional Descomplicado, 18ª Ed., 2019, p. 7). BV

73. Gabarito: D

Comentário: A: correta. De acordo com art. 231, § 4º, da CF, as terras tradicionalmente ocupadas pelos índios são inalienáveis e indisponíveis, e os direitos sobre elas, imprescritíveis; B: correta. Conforme prevê a CF/1988, art. 22, XIV, da CF, a competência para legislar sobre as populações indígenas, de fato, é privativa da União; C: correta. A segunda parte do § 2º do art. 210 da CF determina que são assegurados às comunidades indígenas a utilização de suas línguas maternas e os processos próprios de aprendizagem; D: incorreta, devendo ser assinalada. Dispõe o art. 109, XI, da CF, que a competência para processar e julgar a disputa sobre direitos indígenas é dos juízes federais; E: correta. De acordo com art. 231, § 5º, da CF, é vedada a remoção dos grupos indígenas de suas terras, salvo, "ad referendum" do Congresso Nacional, em caso de catástrofe ou epidemia que ponha em risco sua população, ou no interesse da soberania do País, após deliberação do Congresso Nacional, garantido, em qualquer hipótese, o retorno imediato logo que cesse o risco. BV

74. Gabarito: ANULADA.

Comentário: A questão foi anulada, pois todas as alternativas estavam erradas. Seguem os fundamentos. A: incorreta. Conforme determina o art. 49, IV, da CF, aprovar o estado de defesa e a intervenção federal, autorizar o estado de sítio, ou suspender qualquer uma dessas medidas é competência exclusiva do Congresso Nacional; B: incorreta. De acordo com o art. 49, XV, compete ao Congresso Nacional, de forma exclusiva, autorizar referendo e convocar plebiscito; C: incorreta. Como a questão reproduziu a literalidade do Texto Constitucional, essa alternativa apresentou problemas. Determina o art. 21, XVII, da CF que compete à União conceder anistia, mas, ainda na CF, são encontrados outros dispositivos tratando da anistia, por exemplo, o art. 48, VIII, dispõe que cabe ao Congresso Nacional, com a sanção do Presidente da República, não exigida esta para o especificado nos arts. 49, 51 e 52, dispor sobre todas as matérias de competência da União, especialmente sobre concessão de anistia; D: incorreta. O art. 49, VI, determina que é da competência do Congresso Nacional mudar temporariamente sua sede; E: incorreta. De acordo com o art. 52, I, da CF, o processo e julgamento do Presidente da República nos crimes de responsabilidade é da competência privativa do Senado Federal. BV

75. Gabarito: E

Comentário: A: correto. Determina o art. 144, § 10, I, da CF que a segurança viária, exercida para a preservação da ordem pública e da incolumidade das pessoas e do seu patrimônio nas vias públicas compreende a educação, engenharia e fiscalização de trânsito, além de outras atividades previstas em lei, que assegurem ao cidadão o direito à mobilidade urbana eficiente; B: correto. De acordo com a primeira parte do art. 144, § 5º, CF, às polícias militares cabem a polícia ostensiva e a preservação da ordem pública. Vale informar que a EC 104 de 4 de dezembro de 2019 acrescentou a letra "A" a este parágrafo (art. 144, § 5º-A, CF) para determinar que às polícias penais, vinculadas ao órgão administrador do sistema penal da unidade federativa a que pertencem, cabe a segurança dos estabelecimentos penais; C: correto. Determina o art. 144, § 6º, CF que as polícias militares e os corpos de bombeiros militares, forças auxiliares e reserva do Exército subordinam-se, juntamente com as polícias civis e as polícias penais estaduais e distrital, aos Governadores dos Estados, do Distrito Federal e dos Territórios; D: correto. De acordo com o art. 144, § 3º, CF, a polícia ferroviária federal, órgão permanente, organizado e mantido pela União e estruturado em carreira, destina-se, na forma da lei, ao patrulhamento ostensivo das ferrovias federais; E: incorreta, devendo ser assinalada. Determina o art. 144, § 1º, I, CF que a polícia federal, instituída por lei como órgão permanente, organizado e mantido pela União e estruturado em carreira, destina-se a: I - apurar infrações penais contra a ordem política e social ou em detrimento de bens, serviços e interesses da União ou de suas entidades autárquicas e empresas públicas, assim como outras infrações cuja prática tenha repercussão interestadual ou internacional e exija repressão uniforme, segundo se dispuser em lei. BV

76. Gabarito: C

Comentário: I: incorreta. Determina o art. 128, § 5º, II, "a", CF que é vedado aos membros do Ministério Público o recebimento, a qualquer título e sob qualquer pretexto, de honorários, percentagens ou custas processuais; II: incorreta. De acordo com o art. 131, § 3º, CF, na execução

da dívida ativa de natureza tributária, a representação da União cabe à Procuradoria-Geral da Fazenda Nacional, observado o disposto em lei; III: incorreta. Conforme dispõe o art. 133, caput, CF, o advogado é indispensável à administração da justiça, sendo inviolável por seus atos e manifestações no exercício da profissão, nos limites da lei. IV: incorreta. De acordo com o art. 134, caput, CF, a Defensoria Pública é instituição permanente, essencial à função jurisdicional do Estado, incumbindo-lhe, como expressão e instrumento do regime democrático, fundamentalmente, a orientação jurídica, a promoção dos direitos humanos e a defesa, em todos os graus, judicial e extrajudicial, dos direitos individuais e coletivos, de forma integral e gratuita, aos necessitados, na forma do inciso LXXIV do art. 5º desta Constituição Federal; V: correta. Determina o art. 128, § 2º, CF que A destituição do Procurador-Geral da República, por iniciativa do Presidente da República, deverá ser precedida de autorização da maioria absoluta do Senado Federal. BV

77. Gabarito: E

Comentário: A: correto. De acordo com o art. 86, § 4º, CF, de fato, o Presidente da República, na vigência de seu mandato, não pode ser responsabilizado por atos estranhos ao exercício de suas funções; B: correto. Determina o art. 85, III, CF, os atos do Presidente da República que atentem contra a Constituição Federal e, especialmente, contra o exercício dos direitos políticos, individuais e sociais, dentre outros, são considerados crime de responsabilidade; C: correto. De acordo com o art. 52, I, CF, compete privativamente ao Senado Federal: processar e julgar o Presidente e o Vice-Presidente da República nos crimes de responsabilidade. O art. 86, caput, CF determina também que admitida a acusação contra o Presidente da República, por dois terços da Câmara dos Deputados, será ele submetido a julgamento perante o Senado Federal, nos crimes de responsabilidade; D: correto. Vide MS 33920 MC / DF - DISTRITO FEDERAL. MEDIDA CAUTELAR EM MANDADO DE SEGURAN-ÇA Relator(a): Min. CELSO DE MELLO. Julgamento: 03/12/2015. E: incorreto, devendo ser assinalado. Determina o art. 86, § 1º, II, CF que o Presidente ficará suspenso de suas funções: (...) nos crimes de responsabilidade, após a instauração do processo pelo Senado Federal. BV

78. Gabarito: A

Comentário: O modelo de constitucionalismo defendido pelo autor mais se aproxima do constitucionalismo substancial. Vale lembrar que o tema foi objeto de questionamento também na segunda fase do mesmo concurso e o padrão de resposta distinguiu a teoria procedimental da substancial, dispondo o seguinte: "As teorias procedimentais sustentam o papel autocontido da constituição, que deve se limitar a definir as regras do jogo político, assegurando com isso a sua natureza democrática. Isso não quer dizer que não possa haver inclusão de determinados direitos, mas apenas que são pressupostos para o funcionamento da democracia. Inversamente ao sustentado pelo procedimentalismo, o substancialismo propõe a adoção de decisões substantivas pelas constituições, sobretudo no que concerne aos direitos fundamentais. Importante destacar que a previsão de direitos fundamentais na constituição vale também para aqueles que não estão diretamente ligados ao funcionamento da democracia. Nesse sentido, o neo-constitucionalismo e a teoria da constituição dirigente se situam no campo substancialista, por conceberem papéis ambiciosos para a constituição. As disputas entre substancialistas e procedimentalistas se manifestam também no debate sobre o papel da jurisdição constitucional. Os substancialistas advogam um papel mais ativo para a jurisdição constitucional, mesmo em casos que não envolvam os pressupostos para a democracia. Como decorrência dessa postura podemos citar o ativismo judicial brasileiro. Já os procedimentalistas defendem um papel mais modesto para a jurisdição constitucional, sustentando que ela deve adotar uma postura de autocontenção". BV

79. Comentário: E
Comentário: A: correto. Determina o art. 231, § 1º, CF que são terras tradicionalmente ocupadas pelos índios as por eles habitadas em caráter permanente, as utilizadas para suas atividades produtivas, as imprescindíveis à preservação dos recursos ambientais necessários a seu bem-estar e as necessárias a sua reprodução física e cultural, segundo seus usos, costumes e tradições; B: correto. De acordo com art. 231, caput, CF são reconhecidos aos índios sua organização social, costumes, línguas, crenças e tradições, e os direitos originários sobre as terras que tradicionalmente ocupam, competindo à União demar-cá-las, proteger e fazer respeitar todos os seus bens; C: correto. Determina o ar. 231, § 4º, CF que as terras de que trata este artigo (tradicionalmente ocupadas pelos índios) são inalienáveis e indisponíveis, e os direitos sobre elas, imprescritíveis"; D: correta. De acordo com o art. 231, § 5º, CF é vedada a remoção dos grupos indígenas de suas terras, salvo, ad referendum do Congresso Nacional, em caso de catástrofe ou epidemia que ponha em risco sua população, ou no interesse da soberania do País, após deliberação do Congresso Nacional, garantido, em qualquer hipótese, o retorno imediato logo que cesse o risco. E: incorreta, devendo ser assinalada. Determina o art. 232, caput, que os índios, suas comunidades e organizações são partes legítimas para ingressar em juízo em defesa de seus direitos e interesses, intervindo o Ministério Público em todos os atos do processo. BV

80. Gabarito: C
Comentário:
A: incorreta. O controle denominado difuso é aquele que pode ser realizado por qualquer juiz ou tribunal (nesta hipótese, desde que observada a cláusula de reserva de plenário – art. 97 da CF), em todas as esferas normativas. Ocorre em um caso concreto em que a análise da inconstitucionalidade da norma é verificada não como pedido principal, mas como causa de pedir; B: incorreta. O controle abstrato é realizado em relação à lei em tese. Os comandos legais, aplicáveis a todas as pessoas indistintamente, são verificados por meio do controle abstrato. Assim, a decisão (seja pela inconstitucionalidade, seja pela constitucionalidade) produzirá efeitos, em regra, *erga omnes* – para todos). É diferente do controle difuso que normalmente ocorre em um caso concreto e que, em regra, seus efeitos se restringem às partes; C: correta. Como já adiantado, nessa via de controle, a verificação da compatibilidade da lei com ao Texto Constitucional é feita de forma abstrata (comando legais aplicáveis a todos). Além disso, o controle é concentrado, pois concentra-se no STF (no âmbito federal), nos Tribunais de Justiça dos respectivos estados (no âmbito estadual) e há legitimados específicos para proporem as ações (no âmbito federal, os legitimados estão no art. 103 da CF); D: incorreta. O controle prévio ou preventivo é aquele realizado quando o ato normativo impugnado ainda não está em vigor. O projeto de lei, e não a lei, é objeto de questionamento, tem sua constitucionalidade questionada. No problema trazido pela questão a lei já existe; E: incorreta. Como já explicado nas alternativas anteriores, o controle difuso é diferente do controle concentrado, de modo que não haveria possibilidade de estar certa a alternativa que contempla os dois modelos. BV

81. Gabarito: D
Comentário: A: correto. Determina o inciso VIII do art. 103 da CF, o partido político com representação no Congresso Nacional pode propor a ação direta de inconstitucionalidade e a ação declaratória de constitucionalidade/ B: correto. De acordo com o inciso IV do art. 103 da CF, a Mesa de Assembleia Legislativa ou da Câmara Legislativa do Distrito Federal pode propor tais ações; C: correta. Conforme os incisos I e V do art. 103 da CF, o Presidente da República e o Governador de Estado ou do Distrito Federal podem propor tais ações. D: incorreta, devendo ser assinalada, haja vista que não existe tal hipótese no Texto Constitucional; E: correto. O inciso VI do art. 103 da CF determina que o Procurador-Geral da República pode propor a ação direta de inconstitucionalidade e a ação declaratória de constitucionalidade. Vale lembrar que a Arguição de Descumprimento de Preceito Fundamental – ADPF também pode ser proposta pelos legitimados do mencionado art. 103 da CF. BV

82. Gabarito: C

Comentário: A: incorreta. A igualde de condições de acesso foi trazida pelo texto originário (1988), em seu art. 206, I. O ENEM foi criado em 1998 e as cotas nas universidades em 2012, pela Lei 12.711/12; B: incorreta. O pluralismo de ideias e de concepções pedagógicas, além da coexistência de instituições públicas e privadas de ensino também foram introduzidos pelo constituinte originário, em 1988; C: correta. De acordo com os incisos V e VIII do artigo art. 206 da CF, de fato, a **valorização dos profissionais da educação** escolar **e o piso salarial** profissional nacional para os profissionais da educação escolar pública foram introduzidos pela Emenda Constitucional n° 53, de 2006. É o denominado FUNDEP – Fundo de Valorização da Educação Básica e de Valorização dos Profissionais da Educação; D: incorreta. A gratuidade do ensino público nas escolas oficiais já é garantida desde de 1988, com o texto originário da CF; E: incorreta. O padrão de qualidade também foi trazido pelo Constituinte orginário, em 1988. Ademais, a política salarial do magistério não tem relação com a qualidade ou a produtividade do docente. BV

83. Gabarito: D

Comentário: segundo a teoria clássica, as normas constitucionais podem ser de eficácia plena, contida (ou restringível) e limitada. As últimas se dividem em normas de princípio programático (ou normas-fim) e normas de princípio institutivo. Vale uma breve explicação sobre cada uma delas. As normas de eficácia **plena** são aquelas que produzem por si só, a plenitude dos seus efeitos. Sua aplicação é direta e imediata e não há atuação no legislador no sentido de regulamentá-las ou restringi-las. Já as normas de eficácia **contida** são aquelas que em princípio são iguais a plena, mas deixam em aberto a possiblidade do legislador contê-las (ou restringi-las). Sua aplicação continua sendo como a plena, direta e imediata, mas é possível que seja criada lei limitando o seu alcance. Essas, portanto, não dependem de lei regulamentadora, mas admitem que a lei restrinja o seu conteúdo. Por fim, as normas de eficácia **limitada** são aquelas que dependem da atuação do legislador no sentido de regulamentá-las. A produção dos efeitos para os quais foram criadas está condicionada a sua regulamentação. São, portanto, de aplicação indireta ou mediata. Como já mencionado, elas se dividem em programáticas (estabelecem programas direcionando a atuação do Poder Público) ou de princípio institutivo (impõe ao legislador a obrigação de organizar e instituir órgãos, instituições, dentre outros para que os direitos nelas previstos sejam efetivamente concretizados. Para completar, vale a explicação da **reserva do possível**, instituto também trazido pela questão. Essa reserva pode ser fática ou jurídica. A primeira diz respeito a impos-

sibilidade concreta, por exemplo, quando o Estado não possui dinheiro para implementar uma política pública que vise concretizar um direito constitucionalmente assegurado. Em diversas situações isso ocorre, mas não basta que o Estado alegue que não tem dinheiro para deixar de aplicar uma norma constitucional, é necessário que ele comprove. Enfim, a efetividade dos direitos prestacionais de segunda dimensão precisa levar em conta a disponibilidade financeira estatal. Por outro lado, a reserva do possível jurídica tem relação com o princípio da razoabilidade. O Poder Público não pode, por exemplo, gastar todo o seu recurso financeiro custeando o tratamento médico especializado e de alto custo de uma única pessoa e, com isso, inviabilizar o atendimento básico que qualquer pronto socorro deve efetivar. BV

84. Gabarito: D

Comentário: I: correta. De fato, deixará de ter aplicabilidade o ato normativo de órgão estatal no momento em que for declarada sua inconstitucionalidade, pois nesse momento a declaração já possui todos os requisitos para produção de seus efeitos. Vale acrescentar que o art. 28 da Lei 9.868/99 determina que dentro do prazo de dez dias após o trânsito em julgado da decisão, o Supremo Tribunal Federal fará publicar em seção especial do Diário da Justiça e do Diário Oficial da União a parte dispositiva do acórdão; II: correta. A Inconstitucionalidade por ação vincula-se à ideia de um comportamento ativo por parte do Poder Público que afronta o texto constitucional, seja em seu conteúdo, seja em seus aspectos formais (por exemplo violação de regras relacionadas ao processo legislativo); III: correta. A ação de inconstitucionalidade por omissão pode ser proposta no caso de não se proceder às providências normativas para efetivar normas constitucionais que requeiram regulamentação ulterior. Trata-se de normas de eficácia limitada e que, por não terem sido regulamentadas, impedem a concretização dos direitos nelas previstos. Nessas hipóteses fala-se em omissão inconstitucional ou "mora" legislativa sanável por dois instrumentos: ADI por omissão (controle concentrado) ou o Mandado de Injunção; IV: incorreta. A inconstitucionalidade material, ao contrário do mencionado, ocorre quando é desrespeitado o conteúdo do Texto Constitucional. Por outro lado, a violação ao processo de formação das leis, pré-fixado na Constituição, é denominada de inconstitucionalidade formal; V: correta. A inconstitucionalidade material, de fato, apresenta dispositivos cujo conteúdo afrontam a Constituição. BV

85. Gabarito: B

Comentário: A única assertiva correta acerca dos "tratados" é a B. Tratado é todo acordo formal concluído entre pessoas jurídicas do Direito Internacional Público que tenha por escopo a produção de efeitos jurídicos. Ou consoante o art. 2, ponto 1, a, da Convenção de Viena sobre Direito dos Tratados, tratado é um acordo internacional concluído por escrito entre Estados e regido pelo Direito Internacional, quer conste de um instrumento único, quer de dois ou mais instrumentos conexos, qualquer que seja sua denominação específica. No mais, um tratado só obriga as partes pactuantes (art. 35 da Convenção de Viena sobre Tratados). Tal princípio decorre da soberania dos Estados e da autonomia da vontade. RF

86. Gabarito: B
Comentário: A única assertiva correta acerca das atribuições da CIDH é a B. A Comissão, por iniciativa própria (ex officio) ou depois de receber uma denúncia, poderá entrar em contato com o Estado denunciado para que este adote, com urgência, medidas cautelares de natureza individual ou coletiva antes da análise do mérito da denúncia, desde que verificado risco de dano irreparável à vítima ou às vítimas. Dentro dessa ótica, poderá também solicitar que a Corte ordene que o Estado denunciado adote medidas provisórias mesmo antes da análise do mérito do caso, desde que o caráter de urgência e de gravidade as justifiquem para poder impedir a ocorrência de danos irreparáveis às pessoas. As medidas cautelares (solicitadas pela Comissão e aplicadas por Estados) e as provisórias (ordenadas pela Corte, mediante solicitação da Comissão, e aplicadas por Estados) possuem o mesmo efeito prático. RF

87. Gabarito: B
Comentário: O art. 2º da DUDH assim estatui: "Todos os seres humanos podem invocar os direitos e as liberdades proclamados na presente Declaração, sem distinção alguma, nomeadamente de raça, de cor, de sexo, de língua, de religião, de opinião política ou outra, de origem nacional ou social, de fortuna, de nascimento ou de qualquer outra situação. Além disso, não será feita nenhuma distinção fundada no estatuto político, jurídico ou internacional do país ou do território da naturalidade da pessoa, seja esse país ou território independente, sob tutela, autônomo ou sujeito a alguma limitação de soberania". Portanto, a assertiva correta é a B. RF

88. Gabarito: C
Comentário: Todas as referências listadas nas assertivas são exemplos de medidas que buscam combater e prevenir atos de tortura, portanto a assertiva C deve ser assinalada. RF

89. Gabarito: ANULADA
Comentário: A: correta (art. 102 CC); B: incorreta, pois principal é o bem que existe sobre si, abstrata ou concretamente; acessório, aquele cuja existência supõe a do principal (art. 92 CC); C: incorreta, pois os bens

naturalmente divisíveis podem tornar-se indivisíveis por determinação da lei ou por vontade das partes (art. 88 CC); D: incorreta, pois Não se consideram benfeitorias os melhoramentos ou acréscimos sobrevindos ao bem sem a intervenção do proprietário, possuidor ou detentor (art. 97 CC); E: correta (art. 84 CC). O gabarito oficial era a alternativa E, porém, a alternativa A traz a literalidade do art. 102 CC. Por isso a questão foi anulada por haver duas respostas possíveis. GR

90. Gabarito: ANULADA
Comentário: I: errada, pois os direitos da personalidade não podem sofrer limitação voluntária (art. 11 CC); II: certa (art. 16 CC); III: errada, pois apenas depois de dez anos do trânsito em julgado da sentença de sucessão provisória é que pode ser aberta sucessão definitiva no caso de ausência (art. 37 CC); IV: errada, por conta da palavra "momentaneamente" (art. 4º, III CC); V: certa (art. 5º, parágrafo único, V CC). GR

91. Gabarito: A
Comentário: A: correta, pois prevê a Lei que quanto às relações concernentes à profissão considera-se domicílio o lugar onde esta é exercida. Se a pessoa exercitar profissão em lugares diversos, cada um deles constituirá domicílio para as relações que lhe corresponderem (art. 72, parágrafo único). Logo, qualquer das três cidades pode ser considerada o seu domicílio; B: incorreta, pois neste caso é possível que se aplique o critério do domicílio profissional previsto no art. 72 CC; C: incorreta, pois essa regra aplica-se apenas quando a pessoa tem várias residências e a questão não menciona isso. O que a questão menciona é que ele exerce sua atividade comercial em várias cidades, logo o que se aplica é o domicílio profissional (art. 72 CC); D: incorreta, pois conforme art. 72, parágrafo único CC, se a pessoa exercitar profissão em lugares diversos, cada um deles constituirá domicílio para as relações que lhe corresponderem. Portanto, não é apenas a sede que é considerada domicílio; E: incorreta, pois o regime de bens não tem nenhuma relação com as regras de domicílio. O que se leva em consideração aqui é a questão profissional, por isso se aplica o art. 72, parágrafo único CC. GR

92. Gabarito: A
Comentário: A: correta, nos termos do art. 20, caput da LINDB; B: incorreta, pois salvo disposição em contrário, a lei revogada não se restaura por ter a lei revogadora perdido a vigência (art. 2º, §3º da LINDB); C: incorreta, pois a lei do país em que a pessoa natural é domiciliada determina as regras sobre o começo e o fim da personalidade, o nome, a capacidade e os direitos de família (art. 7º da LINDB). Quanto a responsabilidade civil, quando se tratar de responsabilidade civil extracontratual aplica-se

a lei de onde ela se constituir (art. 9º, caput da LINDB) e se for contratual aplica-se a lei do lugar onde residir o proponente (art. 9º, §2º da LINDB); D: incorreta, pois quando a lei for omissa, o juiz decidirá o caso de acordo com a analogia, os costumes e os princípios gerais de direito (art. 4º da LINDB). A Lei não usa o termo ponderação; E: incorreta, pois o agente público responderá pessoalmente por suas decisões ou opiniões técnicas em caso de dolo ou erro grosseiro apenas (art. 28 da LINDB). GR

93. Gabarito: C
Comentário: Nas lesões provocadas por disparos em que a arma de fogo se encontrada encostada ao crânio, o orifício de entrada apresentará formato irregular, com bordas evertidas, por conta da atuação dos gases de explosão, que dilacerarão os tecidos moles. O sinal de puppe-werkgartner é a marca tatuada que o cano da arma imprime na pele da vítima, em razão de seu aquecimento. Além disso, haverá pouco sangramento. Sendo assim, a alternativa C está correta. LM

94. Gabarito: D
Comentário: A característica que não pode ser utilizada para a identificação da idade do cadáver é a do crânio braquicéfalo, que poderá ser considerada para a constatação da raça. Deve, portanto, ser assinalada a alternativa D. LM

95. Gabarito: B
Comentário: A: incorreta – A fotografia sinalética é a fotografia comum. Não é tida como método totalmente eficaz de reconhecimento quando realizado isoladamente; B: correta – A rugopalatoscopia, também é denominada de rugoscopia, é o meio de identificação que leva em consideração as rugosidades existentes na "abóboda do céu da boca", sendo certo que seu tamanho e formato variam de indivíduo a indivíduo; C: incorreta – Ao contrário, as tatuagens são sinais bastante específicos, capazes de apontar características referentes à personalidade do tatuado, crimes por ele praticados, algumas questões afetivas etc.; D: incorreta – Para a identificação positiva, exige-se entre doze e vinte dos pontos mencionados; E: incorreta – A dactiloscopia tem como propriedades a variedade, a imutabilidade e a perenidade. LM

96. Gabarito: D
Comentário: A: incorreta, uma vez que a Medicina Legal é ciência complexa que não se refere apenas a investigação em situações de ocorrência de dano físico ou mental (lesões corporais), havendo diversas outras subáreas da matéria.
B: incorreta, pois a Medicina Legal não pode ser conceituada como um "conjunto de noções". A assertiva

refere-se a exemplos dos principais objetos de estudo da Medicina Legal, exemplos de atuação em cada uma das divisões didáticas da matéria, mas um conceito não se resume a exemplos.
C: incorreta, pois não se trata de atribuição apenas do médico legista. Há os peritos ad hoc, que são peritos nomeados e não são médicos legistas concursados. Há também peritos judiciais, peritos criminais, assistentes técnicos, profissionais em várias áreas de atuação da Medicina Legal, que não são médicos legistas.
D: correta. Trata-se de um conceito admitido pela doutrina para esse ramo do conhecimento, especialmente abordando conceitos tratados por Hélio Gomes e por Genival Veloso de França.
E: incorreta. A assertiva, a princípio, pretende mesclar conceitos trazidos por Hélio Gomes e Flamínio Fávero. Já Ambroise Paré afirma ser a "arte de fazer relatórios em juízo", mas não há referência à ideia de "obrigação" de fazer relatórios". LG

97. Gabarito: B
0Comentário: A atuação do policial no caso descrito justifica-se pelo preceito de ética previsto no art. 3º, XVII, da Lei Complementar nº 3.400/1981: prestar auxílio, ainda que não esteja em hora de serviço:1 – a fim de prevenir, ou prevenir perturbação da ordem pública; 2 – quando solicitado por qualquer pessoa carente de socorro policial, encaminhando-a à autoridade competente, quando insuficientes as providências de sua alçada. LM

98. Gabarito: B
Comentário: I: correta – art. 2º; II: incorreta - Função gratificada é o encargo de chefia ou outro que a lei determinar, cometido a servidor público efetivo, mediante designação (art. 11); III: incorreta - Os cargos públicos são providos por nomeação; ascensão; aproveitamento; reintegração; e reversão (art. 8º) . A recondução não constitui uma forma de provimento de cargo público; IV: incorreta - Exercício é o efetivo desempenho, pelo servidor público, das atribuições de seu cargo (art.17); V: correta – art. 19. Como é de se notar, apenas as assertivas I, IV e V estão corretas, devendo ser assinalada a alternativa B. LM

99. Gabarito: B
Comentário: A solução da questão deve ser extraída do art. 192, XIII, da Lei Complementar 3.400/1981. LM

100. ANULADA
Comentário: I: correta – Previsão constante do art. 130 da Constituição Estadual; II: incorreta – conforme comentário da assertiva I; III: incorreta – Prevê o art. 4º, § 1º, da Lei nº 9.269/2009: "O Alvará de Licença do Corpo de Bombeiros Militar (ALCB) é o documento

emitido pelo CBMES, certificando que, durante a vistoria, a edificação ou área de risco possuía as condições de segurança contra incêndio e pânico, previstas pela legislação e constantes no processo, estabelecendo um período de validade"; IV: incorreta – A assertiva inclui a Polícia Civil como força auxiliar e reserva do Exército, o que contraria disposição constante do art. 130, § 1º, da Constituição Estadual; V: correta - De acordo com a redação do art. 126, o Corpo de Bombeiros Militar e a Polícia Militar, assim como a Polícia Civil, são órgãos da administração pública encarregados especificamente da segurança pública e subordinados ao Governador do Estado e à Secretaria de Estado da Segurança Pública Conforme previsão constante do art. 130, § 4º, da Constituição Estadual, "o Comando Geral da Polícia Militar e do Corpo de Bombeiros Militar, serão nomeados pelo Governador do Estado, dentre oficiais superiores da ativa, do último posto de seus respectivos quadros". Portanto, as assertivas I e V estavam corretas, fazendo com que a alternativa a ser assinalada fosse a D. Contudo, a questão foi anulada pela banca examinadora. LM

DELEGADO GO

Texto CB1A1AAA

A diferença básica entre as polícias civil e militar é a essência de suas atividades, pois assim desenhou o constituinte original: a Constituição da República Federativa do Brasil de 1988 (CF), em seu art. 144, atribui à polícia federal e às polícias civis dos estados as funções de polícia judiciária — de natureza essencialmente investigatória, com vistas à colheita de provas e, assim, à viabilização do transcorrer da ação penal — e a apuração de infrações penais.

Enquanto a polícia civil descobre, apura, colhe provas de crimes, propiciando a existência do processo criminal e a eventual condenação do delinquente, a polícia militar, fardada, faz o patrulhamento ostensivo, isto é, visível, claro e perceptível pelas ruas. Atua de modo preventivo-repressivo, mas não é seu mister a investigação de crimes. Da mesma forma, não cabe ao delegado de polícia de carreira e a seus agentes sair pelas ruas ostensivamente em patrulhamento. A própria comunidade identifica na farda a polícia repressiva; quando ocorre um crime, em regra, esta é a primeira a ser chamada. Depois, havendo prisão em flagrante, por exemplo, atinge-se a fase de persecução penal, e ocorre o ingresso da polícia civil, cuja identificação não se dá necessariamente pelos trajes usados.

Guilherme de Souza Nucci. Direitos humanos *versus* segurança pública. Rio de Janeiro: Forense, 2016, p. 43 (com adaptações)

1. Infere-se das informações do texto CB1A1AAA que

(A) o uso de fardamento pela polícia militar é o que a diferencia da polícia civil, que prescinde dos trajes corporativos.

(B) a essência da atividade do delegado de polícia civil reside no controle, na prevenção e na repressão de infrações penais.

(C) ao delegado de polícia cabem a condução da investigação criminal e a apuração de infrações penais.

(D) a tarefa precípua dos delegados de polícia civil e de seus agentes é o patrulhamento ostensivo nas ruas.

(E) a função de polícia judiciária concretiza-se no policiamento ostensivo, preventivo e repressivo.

2. O texto CB1A1AAA é predominantemente:

(A) injuntivo.
(B) narrativo.
(C) dissertativo.
(D) exortativo.
(E) descritivo.

Texto CB1A1BBB

1   A principal finalidade da investigação criminal, materializada no inquérito policial (IP), é a de reunir elementos mínimos de materialidade e autoria delitiva antes de se

4   instaurar o processo criminal, de modo a evitarem-se, assim, ações infundadas, as quais certamente implicam grande transtorno para quem se vê acusado por um crime que não

7   cometeu.
Modernamente, o IP deixou de ser o procedimento absolutamente inquisitorial e discricionário de outrora.

10 A participação das partes, pessoalmente ou por seus advogados ou defensores públicos, vem ganhando espaço a cada dia, com o objetivo de garantir que o IP seja um instrumento imparcial

13 de investigação em busca da verdade dos fatos.
Acrescente-se que o estigma provocado por uma ação penal pode perdurar por toda a vida e, por isso, para ser

16 promovida, a acusação deve conter fundamentos fáticos e jurídicos suficientes, o que, em regra, se consegue por meio do IP.

Carlos Alberto Marchi de Queiroz (Coord.). Manual de polícia judiciária: doutrina, modelos, legislação. 6.ª ed. São Paulo: Delegacia Geral de Polícia, 2010 (com adaptações).

3. Nas orações em que ocorrem no texto CB1A-1BBB, os elementos "assim" (L.4) e "por isso" (L.15) expressam, respectivamente, as ideias de

(A) consequência e consequência.
(B) finalidade e proporcionalidade.
(C) causa e consequência.
(D) conclusão e conclusão.
(E) restrição e conformidade.

4. No texto CB1A1BBB, uma ação que se desenvolve gradualmente é introduzida pela

(A) forma verbal "implicam" (L.5).
(B) locução "vem ganhando" (L.11).
(C) forma verbal "garantir" (L.12).
(D) locução "pode perdurar" (L.15).
(E) forma verbal "reunir" (L.2).

Texto CB1A2AAA

1   O termo *nude* é do inglês e vem sendo utilizado na
     Internet por usuários de redes sociais para designar fotos
     íntimas que retratam a pessoa sem roupa. O envio e a troca de

4   *nudes* são facilitados em aplicativos de celular, o que torna essa
     prática popular entre seus usuários, incluindo-se menores de
     idade, e facilita o compartilhamento das fotos.

7   Havendo vazamento de fotos íntimas, há violação do
     direito de imagem da pessoa prejudicada, que, por isso, terá
     amparo do Estado. A pena para o acusado de vazar as fotos

10   ainda pode ser considerada branda, sendo um pouco mais
     severa quando se trata de um crime contra a infância. "Quando
     se trata de crianças e adolescentes, há um agravante, pois, no

13   art. 241 do Estatuto da Criança e do Adolescente, é qualificada
     como crime grave a divulgação de fotos, gravações ou imagens
     de crianças ou adolescentes, sendo prevista a pena de três a seis

16   anos de prisão, além de pagamento de multa, para os que
     cometem esse crime", diz a advogada presidente da Comissão
     de Direitos Humanos da OAB/AC.

19   Para combater o compartilhamento de fotos íntimas
     por terceiros, são necessárias ações preventivas, afirma a
     advogada. Jovens e adolescentes devem ser educados, de forma

22   que tenham dimensão do problema que a divulgação desse tipo
     de imagem pode acarretar.

Internet: <https://jornaldosdez.wordpress.com> (com adaptações).

5. Em cada uma das opções a seguir, é apresentada uma proposta de reescrita para o primeiro período do texto CB1A2AAA. Assinale a opção que apresenta proposta que mantém o sentido original e a correção gramatical do texto

(A) O termo *nude* é do inglês e vem sendo utilizado na Internet por usuários de redes sociais para designar fotos íntimas em que se retrata a pessoa sem roupa.

(B) O termo *nude* é do inglês e vem sendo utilizado na Internet por usuários de redes sociais para designar fotos íntimas a qual retrata a pessoa sem roupa.

(C) O termo *nude* vem do inglês e têm sido utilizado na Internet por usuários de redes sociais para designar fotos íntimas onde retratam a pessoa sem roupa.

(D) O termo *nude* é do inglês e vem sendo utilizado na Internet por usuários de redes sociais destinadas a designar fotos íntimas cuja imagem retrata a pessoa sem roupa.

(E) O termo *nude* é proveniente do inglês e foi utilizado na Internet por usuários de redes sociais para designar fotos íntimas que aparece a pessoa sem roupa.

6. A correção gramatical e o sentido original do texto CB1A2AAA seriam preservados, se, no trecho 'Quando se trata de crianças e adolescentes, há um agravante, pois, no art. 241 do Estatuto da Criança e do Adolescente, é qualificada como crime grave a divulgação de fotos, gravações ou imagens de crianças ou adolescentes' (L. 11 a 15),

(A) fosse inserida uma vírgula imediatamente após a expressão 'crime grave'.

(B) a vírgula imediatamente após a expressão 'crianças e adolescentes' fosse eliminada.

(C) o trecho 'Quando se trata (...) pois, no art. 241' fosse reescrito da seguinte forma: Há um agravante, quando se trata de crianças e adolescentes, pois, no artigo 241.

(D) a vírgula imediatamente após o vocábulo 'pois' fosse eliminada.

(E) o trecho 'Quando se trata (...) pois, no art. 241' fosse reescrito da seguinte forma: Há um agravante quando se trata de crianças e adolescentes. Pois, no art. 241.

7. No texto CB1A2AAA, a oração "Para combater o compartilhamento de fotos íntimas por terceiros" (L.19 e 20) expressa ideia de

(A) finalidade.

(B) explicação.

(C) consequência.

(D) conformidade.

(E) causa.

8. Mantendo-se a correção gramatical e o sentido original do texto CB1A2AAA, a forma verbal "afirma" (L.20) poderia ser substituída por

(A) prescreve.

(B) propõe.

(C) destaca.

(D) participa.

(E) assevera.

9. Tendo em vista que a história econômica goiana e a formação do atual estado de Goiás são marcadas pela interdependência entre a atividade mineradora, a pecuária extensiva e a agricultura de subsistência, assinale a opção correta.

(A) O despovoamento do território goiano constituiu obstáculo para a realização das obras da rodovia Belém-Brasília, cuja concepção impulsionou o povoamento dos municípios desse território.

(B) O investimento estatal em infraestrutura para a construção de Goiânia e Brasília impulsionou a economia da região Centro-Oeste, marcadamente o agronegócio, fato que se refletiu no baixo índice de urbanização, inferior à média nacional.

(C) O ouro de aluvião se exauriu dos rios goianos ainda no século XVIII; o reaquecimento da atividade mineradora se deu no período imperial, com o uso de novas técnicas de mineração.

(D) No século XIX, a economia de Goiás esteve integrada à nacional por meio dos rios da região Norte e das estradas que conectavam o estado ao Triângulo Mineiro, o que estimulou a produção de grandes excedentes de grãos.

(E) A ocupação planejada e estratégica do território goiano foi uma das prioridades da política de integração nacional (Marcha para Oeste) promovida nas décadas de 30 e 40 do século XX pelo governo Vargas, durante o qual Goiânia foi construída.

10. Nas últimas décadas, Goiás sofreu mudanças significativas em seu processo de urbanização, muitas delas influenciadas pela modernização da produção agrícola do estado. Com referência a essas mudanças e aos seus impactos tanto na urbanização de Goiás quanto na modernização do agronegócio goiano, assinale a opção correta.

(A) A modernização e a ocupação territorial de Goiás têm sido influenciadas por ações estatais fundamentadas em planejamentos estratégicos, o que permite a distribuição dos recursos por todo o estado, promovendo o desenvolvimento econômico equilibrado das diferentes regiões goianas.

(B) A ação da iniciativa privada na promoção da modernização da produção agrícola aproximou a produção agropecuária da indústria e estimulou o investimento de empresas privadas em infraestrutura.

(C) A pujança da produção agropecuária aqueceu o mercado de trabalho de atividades pouco especializadas no campo, gerando oportunidades de emprego direto a imigrantes de diferentes regiões.

(D) A modernização agrícola concentrou a posse de terra e estimulou a imigração nos sentidos urbano-urbano e rural-urbano, tornando as cidades médias responsáveis por suprir as unidades produtivas com equipamentos tecnológicos e mão de obra especializada.

(E) Criado e implementado durante o regime militar, o Programa de Desenvolvimento dos Cerrados (POLOCENTRO) privilegiou pequenos produtores ao permitir o emprego de novas técnicas e insumos, o que resultou na mudança de escala de produção das unidades tradicionais, orientadas ao abastecimento do mercado regional.

11. Concebidos sob o ponto de vista de mesorregiões e microrregiões, os atuais critérios da nova divisão regional do Brasil (proposta pelo IBGE em 1990), no que se refere ao estado de Goiás, são bem diferentes dos anteriores e enfatizam a opção por regiões homogêneas e funcionais. Eles têm importância significativa para o planejamento da administração pública estadual, porque propiciaram a reunião de dados censitários seguindo os limites municipais.

Tadeu Pereira Alencar Arrais. Goiás: novas regiões, ou novas formas de olhar velhas regiões. In: M. G. Almeida (Org.). Abordagens geográficas de Goiás: o natural e o social na contemporaneidade. Goiânia: UFG, 2002 (com adaptações).

Tendo o texto anterior como referência inicial, assinale a opção correta acerca das transformações da população goiana nas últimas décadas e da divisão do estado no atual modelo do IBGE

(A) A microrregião sudoeste, que é uma das menos povoadas do estado, dedica-se à produção de grãos para o mercado regional e à pecuária extensiva. Os grandes incentivos governamentais aplicados nessa região tiveram resultados modestos.

(B) As mesorregiões centro e leste acomodam mais de 60% da população do estado, distribuída pelo eixo urbano Goiânia/Anápolis/Brasília. Os municípios adjacentes a esse eixo apresentam taxas de crescimento superiores às dos municípios polos.

(C) O último censo mostra o fortalecimento de duas tendências: o envelhecimento da população e a predominância das mulheres em todas as mesorregiões do estado.

(D) A abertura de novas fronteiras agrícolas e a consequente demanda de mão de obra no campo alterou o crescimento das mesorregiões leste e centro, transferindo o crescimento populacional para as mesorregiões norte e noroeste do estado.

(E) As altas taxas de natalidade explicam o crescimento populacional de Goiás, uma vez que o estado apresentou saldo migratório negativo no início do presente século.

12. Tendo em vista que, na década de 80 do século XX, grandes conglomerados industriais se estabeleceram em Goiás, consolidando um longo processo de industrialização, fruto de investimentos em infraestrutura, incentivos fiscais e abertura de linhas de crédito, assinale a opção correta acerca da industrialização desse estado.

(A) O PRODUZIR tem investido especialmente nas mesorregiões norte e nordeste, buscando potencializar os benefícios trazidos pela construção da rodovia Belém-Brasília para essas regiões, o que revela a tendência de melhoria da distribuição da indústria no território goiano.

(B) O LOGPRODUZIR foi o único subprograma do PRODUZIR a não apresentar resultados positivos. O isolamento do estado e a precária rede de transportes e comunicação apresentaram-se como os principais obstáculos para o referido subprograma.

(C) A escolha da cidade de Anápolis para sediar o primeiro dos distritos industriais planejados pela Companhia de Distritos Industriais do Estado de Goiás, o Distrito Agroindustrial de Anápolis (DAIA), foi influenciada por sua conexão com as demais regiões do país por sólido sistema rodoferroviário.

(D) Os estímulos dos governos estaduais voltaram-se para o desenvolvimento da agroindústria, por meio, por exemplo, do amplo investimento em rodovias municipais para escoamento da produção; por isso, atualmente, o parque industrial de Goiás é pouco diversificado.

(E) A despeito dos bons resultados dos programas estaduais de estímulo à industrialização (FOMENTAR e PRODUZIR), os índices de industrialização do estado não apresentaram alterações significativas

13. Aspectos físicos bem definidos quanto a vegetação, hidrografia, clima e relevo conferem certa singularidade ao território de Goiás, o mais central dos estados brasileiros. A incorporação dessa região à história do Brasil deu-se, essencialmente, a partir do século XVIII, quando a busca de riquezas minerais impulsionou a ação dos bandeirantes. Relativamente a esses aspectos geográficos e históricos de Goiás, assinale a opção correta.

(A) A comunidade Kalunga, palavra que significa lugar sagrado, é remanescente dos primitivos habitantes do território goiano, os Goyá, e ocupa extensa área de cerrado no sudoeste do estado.

(B) O clima goiano é preponderantemente subtropical, com duas estações sutilmente diferenciadas: o verão seco e o inverno úmido, com temperaturas médias anuais em torno de 30 °C.

(C) Encontram-se em Goiás as nascentes de rios formadores das três mais importantes bacias hidrográficas do Brasil: a Amazônica, a do São Francisco e a do Paraná.

(D) Uma singularidade caracteriza o lago artificial da Usina de Serra da Mesa, localizado na porção meridional do território goiano: apesar de sua dimensão, ele é formado por um conjunto de pequenos tributários, sem o concurso dos grandes rios do estado.

(E) A composição inicial da população goiana se deu pelo contato amistoso entre os primitivos habitantes da região — os índios — e os bandeirantes vindos de São Paulo: a ausência de europeus e a inexistência da escravidão africana na região marcaram o processo de colonização de Goiás.

14. Tendo em vista que a independência do Brasil, proclamada em 1822, foi um ato político fundamentalmente conduzido pelas elites do Vale do Paraíba (Rio de Janeiro, São Paulo e Minas Gerais) e que, pelo país afora, a partir de então, mudanças ocorreram na esfera político-administrativa e, ainda que pouco profundas, na esfera socioeconômica, assinale a opção correta no que concerne a aspectos significativos da história política de Goiás.

(A) Um movimento nacionalista explodiu em Goiás quando da abdicação de D. Pedro I, em 1831: liderado por um bispo, um padre e um coronel, esse movimento conseguiu depor os governantes portugueses da região.

(B) Não foram formados em Goiás partidos políticos nos moldes do Liberal e do Conservador, que se revezavam no controle do poder nacional, fato que demonstra o isolamento desse estado em relação ao núcleo de poder imperial.

(C) À época da independência do Brasil, o fato de a pecuária ainda não ter sido introduzida em Goiás, somado às lutas regionais separatistas, justifica a inexistência de correntes migratórias oriundas de outras partes do território brasileiro, o que inibiu o aumento da população goiana.

(D) Com a independência do Brasil, Goiás foi uma das poucas capitanias que não se transformaram em províncias, tendo ficado subordinada administrativamente à província de São Paulo.

(E) A partir da independência, a economia de subsistência goiana foi impulsionada devido à redução da tributação devida ao Estado imperial, o que gerou um período de crescente prosperidade em Goiás.

15. Muito do que o Brasil e Goiás são, na atualidade, resulta de um longo, complexo e, não raro, tortuoso processo histórico que decorre, em larga medida, das transformações trazidas pela Revolução de 1930. Em relação a esse processo, impulsionado pelo ideal de modernização, assinale a opção correta.

(A) Bulhões, Fleury e Jardim Caiado são sobrenomes importantes da história goiana, identificados com a tentativa frustrada de estabelecer um domínio oligárquico no estado na Primeira República (até 1930).

(B) Pedro Ludovico Teixeira inscreveu seu nome na história de Goiás ao ser alçado ao poder estadual após a Revolução de 1930. Aliado do ditador Vargas, ele fortaleceu o grupo político que liderava e impulsionou, posteriormente, personalidades centrais da política goiana, como Mauro Borges.

(C) A partir da década de 40 do século XX, Goiás cresceu e se urbanizou; todavia, a ênfase dada à industrialização prejudicou seriamente o agronegócio goiano, que passou a desempenhar papel secundário no conjunto da economia estadual, como se constata na atualidade.

(D) A divisão territorial que criou o estado do Tocantins, aprovada pela Assembleia Constituinte que elaborou a Constituição ora vigente, gerou forte reação entre os políticos goianos, tendo recebido a oposição de intelectuais, da sociedade em geral e, por fim, do próprio governo de Goiás.

(E) Embora sua pedra fundamental tenha sido lançada em 1933, a cidade de Goiânia foi alçada à condição de capital provisória do estado após a instituição do Estado Novo, e, de maneira definitiva, no segundo governo de Getúlio Vargas.

16. Com relação ao objeto, às funções, às características e aos métodos da criminologia, assinale a opção correta.

(A) A criminologia caracteriza-se por ser uma ciência normativa e unidisciplinar.

(B) O direito penal estabelece condutas vedadas, sob a cominação abstrata de uma pena; a criminologia, por sua vez, busca observar cada conduta de infração da lei penal como fenômeno humano, biopsicossocial.

(C) A criminologia é disciplina que alimenta o direito penal, mas dele não depende.

(D) Para que a vítima seja considerada como tal pela criminologia, é necessário que ela não tenha qualquer tipo de responsabilidade em relação ao crime.

(E) Os objetos da criminologia incluem: o delinquente, a vítima, o Poder Judiciário e o controle social.

17. A respeito do conceito e das funções da criminologia, assinale a opção correta.

(A) A criminologia tem como objetivo estudar os deliquentes, a fim de estabelecer os melhores passos para sua ressocialização. A política criminal, ao contrário, tem funções mais relacionadas à prevenção do crime.

(B) A finalidade da criminologia em face do direito penal é de promover a eliminação do crime.

(C) A determinação da etimologia do crime é uma das finalidades da criminologia.

(D) A criminologia é a ciência que, entre outros aspectos, estuda as causas e as concausas da criminalidade e da periculosidade preparatória da criminalidade.

(E) A criminologia é orientada pela política criminal na prevenção especial e direta dos crimes socialmente relevantes, mediante intervenção nas manifestações e nos efeitos graves desses crimes para determinados indivíduos e famílias

18. Considerando que, para a criminologia, o delito é um grave problema social, que deve ser enfrentado por meio de medidas preventivas, assinale a opção correta acerca da prevenção do delito sob o aspecto criminológico.

(A) A transferência da administração das escolas públicas para organizações sociais sem fins lucrativos, com a finalidade de melhorar o ensino público do Estado, é uma das formas de prevenção terciária do delito.

(B) O aumento do desemprego no Brasil incrementa o risco das atividades delitivas, uma vez que o trabalho, como prevenção secundária do crime, é um elemento dissuasório, que opera no processo motivacional do infrator.

(C) A prevenção primária do delito é a menos eficaz no combate à criminalidade, uma vez que opera, etiologicamente, sobre pessoas determinadas por meio de medidas dissuasó-

rias e a curto prazo, dispensando prestações sociais.

(D) Em caso de a Força Nacional de Segurança Pública apoiar e supervisionar as atividades policiais de investigação de determinado estado, devido ao grande número de homicídios não solucionados na capital do referido estado, essa iniciativa consistirá diretamente na prevenção terciária do delito.

(E) A prevenção terciária do crime consiste no conjunto de ações reabilitadoras e dissuasórias atuantes sobre o apenado encarcerado, na tentativa de se evitar a reincidência

19. Em busca do melhor sistema de enfrentamento à criminalidade, a criminologia estuda os diversos modelos de reação ao delito. A respeito desses modelos, assinale a opção correta.

(A) De acordo com o modelo clássico de reação ao crime, os envolvidos devem resolver o conflito entre si, ainda que haja necessidade de inobservância das regras técnicas estatais de resolução da criminalidade, flexibilizando-se leis para se chegar ao consenso.

(B) Conforme o modelo ressocializador de reação ao delito, a existência de leis que recrudescem o sistema penal faz que se previna a reincidência, uma vez que o infrator racional irá sopesar o castigo com o eventual proveito obtido.

(C) Para a criminologia, as medidas despenalizadoras, com o viés reparador à vítima, condizem com o modelo integrador de reação ao delito, de modo a inserir os interessados como protagonistas na solução do conflito.

(D) A fim de facilitar o retorno do infrator à sociedade, por meio de instrumentos de reabilitação aptos a retirar o caráter aflitivo da pena, o modelo dissuasório de reação ao crime propõe uma inserção positiva do apenado no seio social.

(E) O modelo integrador de reação ao delito visa prevenir a criminalidade, conferindo especial relevância ao *ius puniendi* estatal, ao justo, rápido e necessário castigo ao criminoso, como forma de intimidação e prevenção do crime na sociedade.

20. No que se refere às perícias e aos laudos médicos em medicina legal, assinale a opção correta.

(A) As perícias podem consistir em exames da vítima, do indiciado, de testemunhas ou de jurado.

(B) A perícia em antropologia forense permite estabelecer a identidade de criminosos e de vítimas, por meio de exames de DNA, sem, no entanto, determinar a data e a circunstância da morte.

(C) A opção pela perícia antropológica deve ser conduta de rotina nos casos em que a família da vítima manifestar suspeita de morte por envenenamento.

(D) As perícias médico-legais são restritas aos processos penais e civis.

(E) Laudo médico-legal consiste em narração ditada a um escrivão durante o exame.

21. De acordo com Ottolenghi, um indivíduo de pele branca ou trigueira, com íris azuis ou castanhas, cabelos lisos ou crespos, louros ou castanhos, com perfil de face ortognata ou ligeiramente prognata e contorno anterior da cabeça ovoide é classificado como

(A) indiano.

(B) australoide.

(C) caucásico.

(D) negroide.

(E) mongólico.

22. Um cadáver jovem, do sexo masculino, encontrado por moradores de uma região ribeirinha, estava nas seguintes condições: vestido com calção de banho; corpo apresentando dois orifícios, o primeiro deles medindo cerca de 1 cm, ligeiramente elíptico, na parte posterior do tórax, na altura da região escapular direita; o segundo, de mesmo tamanho que o primeiro, circular, no pescoço, logo abaixo da nuca. O primeiro orifício apresentava orla de enxugo, orla de escoriação e orla de contusão; em torno do segundo orifício, foram observadas zonas de esfumaçamento e de tatuagem.

Nessa situação hipotética, as lesões descritas

(A) foram causadas por instrumentos perfurocontundentes empregados a longa distância e a curta distância, respectivamente.

(B) decorreram de ação cortocontundente produzida a curta distância.

(C) foram causadas por instrumentos perfurocortantes, e o instrumento que produziu o segundo orifício foi usado a curta distância.

(D) foram, ambas, causadas por instrumentos perfurocontundentes empregados a curta distância.

(E) são compatíveis com a ação de projéteis de alta energia disparados a longa distância.

23. Em relação às asfixias, assinale a opção correta.

(A) A projeção da língua e a exoftalmia são achados suficientes para concluir que houve morte não natural.

(B) As equimoses das conjuntivas somente são encontradas nos casos de afogamento.

(C) Nas asfixias, as ocorrências de manchas de hipóstase são raras.

(D) Na sufocação por compressão do tórax, observavam-se pulmões congestos e com hemorragias.

(E) O cogumelo de espuma é uma característica exclusiva do afogamento

24. Com relação ao desenvolvimento mental incompleto ou retardado, assinale a opção correta.

(A) A primeira manifestação do retardo mental é detectada na pré-escola e a criança apresenta dificuldades durante a alfabetização.

(B) Os portadores de debilidade mental apresentam personalidade definida e percepção ética.

(C) O quociente intelectual abaixo de sessenta determina a incapacidade civil.

(D) Indivíduos portadores de debilidade mental são imputáveis perante a lei.

(E) Indivíduos portadores de imbecilidade ou retardo mental profundo são incapazes de se defenderem e cuidarem de si mesmos.

25. Em relação aos aspectos médico-legais dos crimes contra a liberdade sexual, assinale a opção correta.

(A) A presença de escoriação em cotovelo e de esperma na cavidade vaginal são suficientes para caracterizar o estupro.

(B) Equimoses da margem do ânus, hemorragias por esgarçamento das paredes anorretais e edemas das regiões circunvizinhas são características de coito anal violento.

(C) Em crianças com mudanças de comportamento, a presença de eritemas confirma o diagnóstico de abuso sexual.

(D) A vasectomia feita no indivíduo antes de ele cometer um crime de estupro impede a obtenção de dados objetivos desse crime.

(E) A integridade do hímen invalida o diagnóstico de conjunção carnal.

26. Conforme expressamente previsto na Lei Orgânica da Polícia Civil do Estado de Goiás, compete ao delegado titular

(A) promover estudos e pesquisas com vistas a fornecer à administração contínuos dados indicadores das necessidades futuras de recursos de pessoal, logísticos e financeiros.

(B) articular-se com as unidades de investigação, visando à difusão, à troca de informações e ao auxílio operacional na prevenção e repressão de infrações penais.

(C) supervisionar e coordenar as atividades de polícia judiciária e de investigações, assim como acompanhar trabalhos administrativos de interesse da atividade de investigação.

(D) apresentar, mensal e anualmente, relatório de atividades, bem como dados estatísticos dos trabalhos realizados pelas unidades a ele subordinadas e encaminhá-los para os devidos fins.

(E) distribuir as atividades, conforme as atribuições relativas a cada cargo policial civil, entre os servidores policiais sob sua direção, de acordo com o perfil desses servidores.

27. A Lei Orgânica da Polícia Civil do Estado de Goiás prevê, entre as atribuições do titular de cargo de delegado de polícia,

(A) instaurar e presidir, em caráter subsidiário, inquérito policial, termo circunstanciado de ocorrência e outros procedimentos policiais legais para a apuração de infração penal ou ato infracional.

(B) exercer atividades de formalização de procedimentos relacionados com investigações criminais e operações policiais, bem como a execução de serviços cartorários.

(C) participar e colaborar no planejamento e na execução de investigações criminais e na produção de conhecimentos e informações relevantes à investigação criminal.

(D) exercer atividades de identificação humana, por meio da realização de exame papiloscópico e representação facial humana, bem como de identificação humana civil e criminal.

(E) fazer realizar diligências requisitadas pelo Ministério Público, bem como coordenar, supervisionar e fiscalizar atividades logísticas e finalísticas da unidade sob sua direção

28. A Lei Estadual de Goiás n.º 16.901/2010 prevê expressamente como princípio institucional da Polícia Civil a

(A) delegabilidade das atribuições funcionais.

(B) indivisibilidade da investigação policial.

(C) proteção dos direitos e garantias fundamentais e interação comunitária.

(D) atuação técnico-científica e imparcial no exercício da perícia oficial.

(E) eficiência na prevenção e na repressão das infrações penais.

29. Considere que os motivos determinantes da aposentadoria de determinado funcionário aposentado por invalidez tenham sido considerados insubsistentes e, como havia vaga, ele tenha retornado à atividade. Conforme a Lei Estadual n.º 10.460/1988, essa situação configura hipótese de

(A) readmissão.

(B) recondução.

(C) reversão.

(D) aproveitamento.

(E) reintegração.

30. Álvaro e Samuel assaltaram um banco utilizando arma de fogo. Sem ter ferido ninguém, Álvaro conseguiu fugir. Samuel, nervoso por ter ficado para trás, atirou para cima e acabou atingindo uma cliente, que faleceu. Dias depois, enquanto caminhava sozinho pela rua, Álvaro encontrou um dos funcionários do banco e, tendo sido por ele reconhecido como um dos assaltantes, matou-o e escondeu seu corpo.

Acerca dessa situação hipotética, assinale a opção correta.

(A) Álvaro cometeu os crimes de roubo qualificado e homicídio simples.

(B) Samuel cometeu os crimes de roubo simples e homicídio culposo.

(C) Álvaro cometeu os crimes de roubo e homicídio qualificados.

(D) Álvaro cometeu o crime de homicídio qualificado e será responsabilizado pelo resultado morte ocorrido durante o roubo.

(E) Álvaro e Samuel cometeram o crime de roubo qualificado pelo resultado morte.

31. A respeito de crimes hediondos, assinale a opção correta.

(A) Embora tortura, tráfico de drogas e terrorismo não sejam crimes hediondos, também são insuscetíveis de fiança, anistia, graça e indulto.

(B) Para que se considere o crime de homicídio hediondo, ele deve ser qualificado.

(C) Considera-se hediondo o homicídio praticado em ação típica de grupo de extermínio ou em ação de milícia privada.

(D) O crime de roubo qualificado é tratado pela lei como hediondo.

(E) Aquele que tiver cometido o crime de favorecimento da prostituição ou outra forma de exploração sexual no período entre 2011 e 2015 não responderá pela prática de crime hediondo.

32. Uma jovem de vinte e um anos de idade, moradora da região Sudeste, inconformada com o resultado das eleições presidenciais de 2014, proferiu, em redes sociais na Internet, diversas ofensas contra nordestinos. Alertada de que estava cometendo um crime, a jovem apagou as mensagens e desculpou-se, tendo afirmado estar arrependida. Suas mensagens, porém, têm sido veiculadas por um sítio eletrônico que promove discurso de ódio contra nordestinos.

No que se refere à situação hipotética precedente, assinale a opção correta, com base no disposto na Lei n.º 7.716/1989, que define os crimes resultantes de preconceito de raça e cor.

(A) Independentemente de autorização judicial, a autoridade policial poderá determinar a interdição das mensagens ou do sítio eletrônico que as veicula.

(B) Configura-se o concurso de pessoas nessa situação, visto que o material produzido pela jovem foi utilizado por outra pessoa no sítio eletrônico mencionado.

(C) O crime praticado pela jovem não se confunde com o de injúria racial.

(D) Como se arrependeu e apagou as mensagens, a jovem não responderá por nenhum crime.

(E) A conduta da jovem não configura crime tipificado na Lei n.º 7.716/1989.

33. Desde os quinze anos de idade, Mariana, adolescente, vive maritalmente com Alfredo, um médico respeitado de quarenta anos de idade. Inicialmente, ela fazia trabalhos domésticos na casa de Alfredo, que tendo achado interessante ter uma companheira nova, convenceu a família de Mariana de que seria melhor para ela casar-se logo, com alguém de posses que pudesse cuidar dela. A família da menina, então, concordou com Alfredo, tendo-a obrigado a ir morar com ele. Ambos casaram-se formalmente quando Mariana completou dezesseis anos de idade.

Desde o início da convivência dos dois, Mariana era obrigada a fazer sexo com Alfredo, mesmo contra sua vontade, e era proibida de sair e ter amizades com pessoas de sua idade, sob o argumento de que ela lhe devia obediência por ele ser seu responsável legal, já que ela era menor de dezoito anos idade.

Após várias tentativas de fuga, Mariana, então com dezessete anos de idade, conseguiu pular a janela, depois de ter sido novamente violentada, e procurou uma delegacia em busca de ajuda.

Na delegacia, o agente recusou-se a registrar o boletim de ocorrência, por ter achado que a adolescente não tinha cara de mulher séria e contava mentiras. Em vez de encaminhar a menina ao Instituto Médico Legal ou ao hospital para exames, o agente mandou-a de volta para casa, tendo oferecido a viatura para acompanhá-la. No mesmo dia, Alfredo matou Mariana. Exumado o corpo da moça, encontraram-se sinais de violência sexual e presença de material biológico nos órgãos genitais de Mariana e embaixo de suas unhas.

Considerando a situação hipotética precedente e a respeito de crimes contra a administração pública, contra a dignidade sexual e contra a pessoa, assinale a opção correta.

(A) Sendo Mariana menor de dezoito anos de idade e estando sob a responsabilidade de Alfredo, não se configurou o crime de cárcere privado.

(B) Como Mariana era casada com Alfredo, o agente agiu corretamente ao mandá-la de volta para casa.

(C) O agente cometeu o crime de concussão ao deixar de registrar o boletim de ocorrência.

(D) Como Mariana morreu, Alfredo não poderá ser responsabilizado por estupro se nenhum dos parentes da vítima oferecer a representação em seu lugar.

(E) Alfredo será indiciado pelos crimes de estupro com causa de aumento de pena, homicídio qualificado e cárcere privado.

34. Assinale a opção correta, acerca de extinção da punibilidade.

(A) Uma lei de anistia pode ser revogada por lei posterior, diante de mudança de opinião do Congresso Nacional a respeito da extinção de punibilidade concedida.

(B) Graça e indulto somente podem ser concedidos pelo presidente da República, uma vez que tais prerrogativas são insuscetíveis de delegação.

(C) A punibilidade de qualquer crime pode ser extinta por meio de graça e indulto.

(D) O instituto da prescrição atinge a pretensão de punir ou de executar a pena.

(E) A anistia ou abolitio criminis é causa extintiva de punibilidade discutida no âmbito do Poder Legislativo.

35. Considerando o atual entendimento dos tribunais superiores quanto aos institutos do Código de Defesa do Consumidor, do Estatuto do Desarmamento e do Estatuto da Criança e do Adolescente (ECA), assinale a opção correta.

(A) Ao estabelecer prazo para a regularização dos registros pelos proprietários e possuidores de armas de fogo, o Estatuto do Desarmamento criou situação peculiar e temporária de atipicidade das condutas de posse e porte de arma de fogo de uso permitido e restrito.

(B) Aquele que fornece a adolescente, ainda que gratuitamente, arma de fogo, acessório ou munição de uso restrito ou proibido fica sujeito à sanção penal prevista no ECA, em decorrência do princípio da especialidade.

(C) Pessoa jurídica não pode figurar como sujeito passivo de infração penal consumerista, porquanto não se enquadra no conceito de consumidor.

(D) A conduta daquele que promove propaganda enganosa capaz de induzir o consumidor a se comportar de maneira prejudicial à sua saúde somente é penalmente punível diante da ocorrência de resultado danoso.

(E) O porte ou a posse simultânea de duas ou mais armas de fogo de uso restrito ou proibido não configura concurso formal, mas crime único, pois a situação de perigo é uma só.

36. Considerando o disposto na Lei n.º 11.343/2006 e o posicionamento jurisprudencial e doutrinário dominantes sobre a matéria regida por essa lei, assinale a opção correta.

(A) Em processo de tráfico internacional de drogas, basta a primariedade para a aplicação da redução da pena.

(B) Dado o instituto da delação premiada previsto nessa lei, ao acusado que colaborar voluntariamente com a investigação policial podem ser concedidos os benefícios da redução de pena, do perdão judicial ou da aplicação de regime penitenciário mais brando.

(C) É vedada à autoridade policial a destruição de plantações ilícitas de substâncias entorpecentes antes da realização de laudo pericial definitivo, por perito oficial, no local do plantio.

(D) Para a configuração da transnacionalidade do delito de tráfico ilícito de drogas, não se exige a efetiva transposição de fronteiras nem efetiva coautoria ou participação de agentes de estados diversos.

(E) O crime de associação para o tráfico se consuma com a mera união dos envolvidos, ainda que de forma individual e ocasional.

37. Com base no disposto no ECA, assinale a opção correta.

(A) Cabe à autoridade judiciária ou policial competente a aplicação das medidas específicas de proteção relacionadas no ECA, mediante prévia notificação do conselho tutelar.

(B) É cabível a aplicação de medida socioeducativa de internação ao penalmente imputável com idade entre dezoito e vinte e um anos e que era menor à época da prática do ato infracional.

(C) Não há prazo mínimo para o cumprimento da liberdade assistida fixada pelo ECA, sendo o limite fixado de acordo com a gravidade do ato infracional e as circunstâncias de vida do adolescente.

(D) O crime de corrupção de menores se consuma quando o infrator pratica infração penal com o menor ou o induz a praticá-la, sendo imprescindível, para sua configuração, a prova da efetiva corrupção do menor.

(E) O ECA prevê expressamente os prazos de prescrição das medidas socioeducativas.

38. À luz do posicionamento jurisprudencial e doutrinário dominantes acerca das disposições da Lei n.º 11.340/2006 (Lei Maria da Penha), assinale a opção correta.

(A) Caracteriza o crime de desobediência o reiterado descumprimento, pelo agressor, de medida protetiva decretada no âmbito das disposições da Lei Maria da Penha.

(B) Em se tratando dos crimes de lesão corporal leve e ameaça, pode o Ministério Público dar início a ação penal sem necessidade de representação da vítima de violência doméstica.

(C) No caso de condenação à pena de detenção em regime aberto pela prática do crime de ameaça no âmbito doméstico e familiar, é possível a substituição da pena pelo pagamento isolado de multa.

(D) No âmbito de aplicação da referida lei, as medidas protetivas de urgência poderão ser concedidas independentemente de audiência das partes e de manifestação do Ministério Público, o qual deverá ser prontamente comunicado.

(E) Afasta-se a incidência da Lei Maria da Penha na violência havida em relações homoafetivas se o sujeito ativo é uma mulher.

39. Em relação às disposições expressas nas legislações referentes aos crimes de trânsito, contra o meio ambiente e de lavagem de dinheiro, assinale a opção correta.

(A) Em relação aos delitos ambientais, constitui crime omissivo impróprio a conduta de terceiro que, conhecedor da conduta delituosa de outrem, se abstém de impedir a sua prática.

(B) Para a caracterização do delito de lavagem de dinheiro, a legislação de regência prevê um rol taxativo de crimes antecedentes, geradores de ativos de origem ilícita, sem os quais o crime não subsiste.

(C) A colaboração premiada de que trata a Lei de Lavagem de Dinheiro poderá operar a qualquer momento da persecução penal, até mesmo após o trânsito em julgado da sentença.

(D) É vedada a imposição de multa por infração administrativa ambiental cominada com multa a título de sanção penal pelo mesmo fato motivador, por violação ao princípio do non bis in idem.

(E) A prática de homicídio culposo descrita no Código de Trânsito enseja a aplicação da penalidade de suspensão da permissão para dirigir, pelo órgão administrativo competente, mesmo antes do trânsito em julgado de eventual condenação.

40. Pedro, Joaquim e Sandra foram presos em flagrante delito. Pedro, por ter ofendido a integridade corporal de Lucas, do que resultou debilidade permanente de um de seus membros; Joaquim, por ter subtraído a bicicleta de Lúcio, de vinte e cinco anos de idade, no período matutino — Lúcio a havia deixado em frente a uma padaria; e Sandra, por ter subtraído o carro de Tomás mediante grave ameaça.

Considerando-se os crimes cometidos pelos presos, a autoridade policial poderá conceder fiança a

(A) Joaquim somente.
(B) Pedro somente.
(C) Pedro, Joaquim e Sandra.
(D) Pedro e Sandra somente.
(E) Joaquim e Sandra somente.

41. O Código de Processo Penal prevê a requisição, às empresas prestadoras de serviço de telecomunicações, de disponibilização imediata de sinais que permitam a localização da vítima ou dos suspeitos de delito em curso, se isso for necessário à prevenção e à repressão de crimes relacionados ao tráfico de pessoas. Essa requisição pode ser realizada pelo

(A) delegado de polícia, independentemente de autorização judicial e por prazo indeterminado.

(B) Ministério Público, independentemente de autorização judicial, por prazo não superior a trinta dias, renovável por uma única vez, podendo incluir o acesso ao conteúdo da comunicação.

(C) delegado de polícia, mediante autorização judicial e por prazo indeterminado, podendo incluir o acesso ao conteúdo da comunicação.

(D) delegado de polícia, mediante autorização judicial, devendo o inquérito policial ser instaurado no prazo máximo de setenta e duas horas do registro da respectiva ocorrência policial.

(E) Ministério Público, independentemente de autorização judicial e por prazo indeterminado.

42. Cláudio, maior e capaz, residente e domiciliado em Goiânia – GO, praticou determinado crime, para o qual é prevista ação penal privada, em Anápolis – GO. A vítima do crime, Artur, maior e capaz, é residente e domiciliada em Mineiros – GO.

Nessa situação hipotética, considerando-se o disposto no Código de Processo Penal, o foro competente para processar e julgar eventual ação privada proposta por Artur contra Cláudio será

(A) Anápolis – GO ou Goiânia – GO.
(B) Goiânia – GO ou Mineiros – GO.
(C) Goiânia – GO, exclusivamente.
(D) Anápolis – GO, exclusivamente.
(E) Mineiros – GO, exclusivamente.

43. Suponha que o réu em determinado processo criminal tenha indicado como testemunhas o presidente da República, o presidente do Senado Federal, o prefeito de Goiânia – GO, um desembargador estadual aposentado, um vereador e um militar das Forças Armadas. Nessa situação hipotética, conforme o Código de Processo Penal, poderão optar pela prestação de depoimento por escrito

(A) o presidente do Senado Federal e o desembargador estadual.
(B) o prefeito de Goiânia – GO e o militar das Forças Armadas.
(C) o desembargador estadual e o vereador.

(D) o presidente da República e o presidente do Senado Federal.

(E) o presidente da República e o vereador.

44. Com relação a questões e processos incidentes, assinale a opção correta.

(A) Não poderá ser arguida a suspeição dos intérpretes.

(B) Não poderá ser arguida a suspeição dos funcionários da justiça.

(C) Não poderá ser arguida a suspeição do órgão do Ministério Público.

(D) Não poderá ser arguida a suspeição das autoridades policiais nos atos do inquérito.

(E) Não poderá ser arguida a suspeição dos peritos.

45. Relativamente à aplicação da lei processual penal no tempo e no espaço e aos princípios processuais penais constitucionais, assinale a opção correta.

(A) O Código de Processo Penal normatiza o processamento das relações processuais penais em curso perante todos os juízos e tribunais brasileiros, aplicando-se, em caráter subsidiário, as normas procedimentais que versem sobre matérias especiais.

(B) Segundo entendimento expendido pelo STF, a atração por continência ou conexão do processo do corréu ao foro por prerrogativa de função de um dos denunciados constitui violação das garantias do juiz natural e da ampla defesa.

(C) A gravação ambiental por meio de fita magnética, de conversa entre presentes, feita por um dos interlocutores sem o conhecimento do outro é considerada prova ilícita, pois viola preceito constitucional.

(D) O princípio da extraterritorialidade adotado pelo direito processual penal brasileiro não ofende a soberania de outros Estados, já que os ordenamentos jurídicos de todas as nações convergem para o combate às condutas delitivas.

(E) A lei processual penal tem aplicação imediata e é aplicável tanto nos processos que se iniciarem após a sua vigência, quanto nos processos que já estiverem em curso no ato da sua vigência, e até mesmo nos processos que apurarem condutas delitivas ocorridas antes da sua vigência.

46. Acerca de jurisdição e competência em matéria criminal, assinale a opção correta.

(A) Segundo entendimento do STJ, é de competência da justiça estadual processar e julgar crime contra funcionário público federal, estando ou não este no exercício da função.

(B) A competência para julgar prefeito municipal por desvio de verba sujeita a prestação de contas perante o órgão federal será dos juízes federais da seção judiciária da localidade em que o prefeito exercer ou tiver exercido o mandato.

(C) A competência para julgar governador de estado que, no exercício do mandato, cometa crime doloso contra a vida será do tribunal do júri da unidade da Federação na qual aquela autoridade tenha sido eleita para o exercício do cargo público.

(D) A competência para processar e julgar crime de roubo que resulte em morte da vítima será do tribunal do júri da localidade em que ocorrer o fato criminoso.

(E) No Estado brasileiro, a jurisdição penal pode ser exercida pelo STF, e em todos os graus de jurisdição das justiças militar e eleitoral, e das justiças comuns estadual e federal, dentro do limite da competência fixada por lei.

47. No que tange ao procedimento criminal e seus princípios e ao instituto da liberdade provisória, assinale a opção correta.

(A) O descumprimento de medida cautelar imposta ao acusado para não manter contato com pessoa determinada é motivo suficiente para o juiz determinar a substituição da medida por prisão preventiva, já que a aplicação de outra medida representaria ofensa ao poder imperativo do Estado além de ser incompatível com o instituto das medidas cautelares.

(B) Concedida ao acusado a liberdade provisória mediante fiança, será inaplicável a sua cumulação com outra medida cautelar tal como a proibição de ausentar-se da comarca ou o monitoramento eletrônico.

(C) Compete ao juiz e não ao delegado a concessão de liberdade provisória, mediante pagamento de fiança, a acusado de crime hediondo ou tráfico ilícito de entorpecente.

(D) Caso, após sentença condenatória, advenha a prescrição da pretensão punitiva e seja declarada extinta a punibilidade por essa razão, os valores recolhidos a título de fiança serão integralmente restituídos àquele que a prestou.

(E) Ofenderá o princípio constitucional da ampla defesa e do contraditório a defesa que, firmada por advogado dativo, se apresentar deficiente e resultar em prejuízo comprovado para o acusado.

48. Com referência a citação e intimação no processo penal, assinale a opção correta.

(A) A citação do réu preso poderá ser cumprida na pessoa do procurador por ele constituído na fase policial.

(B) As intimações dos defensores públicos nomeados pelo juízo devem ser realizadas mediante publicação nos órgãos incumbidos da publicidade dos atos judiciais da comarca, e não os havendo, pelo escrivão, por mandado ou via postal.

(C) Os prazos para a prática de atos processuais contam-se da data da intimação e não da juntada aos autos do mandado ou da carta precatória ou de ordem.

(D) Em função dos princípios da simplicidade, informalidade e economia processual, é admissível a citação por edital e por hora certa nos procedimentos sumaríssimos perante juizado especial criminal.

(E) No procedimento comum, não se admite a citação ficta nem tampouco a contumácia do réu.

49. Acerca de investigação criminal e juizados especiais criminais, assinale a opção correta.

(A) No juizado especial criminal, é inadmissível a transação penal caso se comprove que o autor da infração foi condenado em sentença definitiva por crime ou contravenção penal de caráter culposo ou doloso.

(B) Para definição da competência do juizado especial criminal no concurso material de crimes, a soma das penas máximas cominadas para cada crime não pode exceder a dois anos.

(C) Não se admite a transação penal nem a composição civil dos danos nos processos de competência dos juizados especiais criminais que, por motivo de conexão ou continência, tiverem sua competência deslocada para o tribunal do júri.

(D) O delegado-geral de polícia civil, no âmbito estadual, ou o delegado regional, no âmbito territorial, poderão, mediante despacho fundamentado, avocar ou determinar a redistribuição de autos de inquérito policial, sempre que a infração penal a ser apurada for de interesse do Poder Executivo da respectiva unidade da Federação.

(E) Caberá recurso especial contra a decisão da turma recursal dos juizados especiais criminais que negue provimento a recurso interposto contra sentença penal condenatória, caso seja demonstrada ofensa a dispositivo de norma infraconstitucional.

50. Vantuir e Lúcio cometeram, em momentos distintos e sem associação, crimes previstos na Lei de Drogas (Lei n.º 11.343/2006). No momento da ação, Vantuir, em razão de dependência química e de estar sob influência de entorpecentes, era inteiramente incapaz de entender o caráter ilícito do fato. Lúcio, ao agir, estava sob efeito de droga, proveniente de caso fortuito, sendo também incapaz de entender o caráter ilícito do fato.

Nessas situações hipotéticas, qualquer que tenha sido a infração penal praticada,

(A) Vantuir terá direito à redução de pena de um a dois terços e Lúcio será isento de pena.

(B) somente Vantuir será isento de pena.

(C) Lúcio e Vantuir serão isentos de pena.

(D) somente Lúcio terá direito à redução de pena de um a dois terços.

(E) Lúcio e Vantuir terão direito à redução de pena de um a dois terços.

51. Júlio, durante discussão familiar com sua mulher no local onde ambos residem, sem justo motivo, agrediu-a, causando-lhe lesão corporal leve.

Nessa situação hipotética, conforme a Lei n.º 11.340/2006 e o entendimento do STJ,

(A) a ofendida poderá renunciar à representação, desde que o faça perante o juiz.

(B) a ação penal proposta pelo Ministério Público será pública incondicionada.

(C) a autoridade policial, independentemente de haver necessidade, deverá acompanhar a vítima para assegurar a retirada de seus pertences do domicílio familiar.

(D) Júlio poderá ser beneficiado com a suspensão condicional do processo, se presentes todos os requisitos que autorizam o referido ato.

(E) Júlio poderá receber proposta de transação penal do Ministério Público, se houver anuência da vítima.

52. Será cabível a concessão de liberdade provisória ao indivíduo que for preso em flagrante devido ao cometimento do crime de

I. estelionato;

II. latrocínio;

III. estupro de vulnerável.

Assinale a opção correta.

(A) Apenas os itens I e III estão certos.

(B) Apenas os itens II e III estão certos.

(C) Todos os itens estão certos.

(D) Apenas o item I está certo.

(E) Apenas os itens I e II estão certos.

53. O líder de determinada organização criminosa foi preso e, no curso do inquérito policial, se prontificou a contribuir para coleta de provas mediante a prestação de colaboração com o objetivo de, oportunamente, ser premiado por tal conduta.

Nessa situação hipotética, conforme a Lei n.º 12.850/2013, que dispõe sobre o instituto da colaboração premiada,

(A) o Ministério Público poderá deixar de oferecer denúncia contra o colaborador.

(B) o prazo para o oferecimento de denúncia contra o colaborador poderá ser suspenso pelo prazo máximo de seis meses.

(C) o delegado de polícia, nos autos do inquérito policial e com a manifestação do Ministério Público, poderá requerer ao juiz a concessão de perdão judicial.

(D) será obrigatória a participação de um juiz nas negociações entre as partes para a formalização de acordo de colaboração.

(E) será vedado ao juiz recusar a homologação da proposta de colaboração.

54. Considere os seguintes atos, praticados com o objetivo de suprimir tributo:

1) Marcelo prestou declaração falsa às autoridades fazendárias;

2) Hélio negou-se a emitir, quando isso era obrigatório, nota fiscal relativa a venda de determinada mercadoria;

3) Joel deixou de fornecer nota fiscal relativa a prestação de serviço efetivamente realizado.

Nessas situações, conforme a Lei n.º 8.137/1990 e o entendimento do STF, para que o ato praticado tipifique crime material contra a ordem tributária, será necessário o prévio lançamento definitivo do tributo em relação a

(A) Hélio e Joel.

(B) Marcelo apenas.

(C) Hélio apenas.

(D) Joel apenas.

(E) Hélio, Marcelo e Joel.

55. Se uma pessoa, maior e capaz, representar contra um delegado de polícia por ato de improbidade sabendo que ele é inocente, a sua conduta poderá ser considerada, conforme o disposto na Lei n.º 8.429/1992,

(A) crime, estando essa pessoa sujeita a detenção e multa.

(B) ilícito administrativo, por atipicidade penal da conduta.

(C) contravenção penal.

(D) crime, estando essa pessoa sujeita apenas a multa.

(E) crime, estando essa pessoa sujeita a reclusão e multa.

56. Considerando o entendimento dos tribunais superiores e o posicionamento doutrinário dominante quanto à matéria de que tratam a Lei de Delitos Informáticos e os dispositivos legais que disciplinam a propriedade industrial, a propriedade intelectual de programa de computador e os direitos autorais, assinale a opção correta.

(A) Embora o elemento subjetivo dos crimes de violação de direito autoral seja o dolo, admite-se a modalidade culposa em relação a algumas figuras típicas.

(B) Tratando-se de crime contra a propriedade imaterial com fundamento em apreensão e em perícia, e sendo o caso de ação penal privativa do ofendido, a decadência opera-se em seis meses, a contar da data da homologação do laudo pericial pelo competente juízo.

(C) Em se tratando de crimes contra a propriedade intelectual de programa de computador, a ação penal é privativa do ofendido, mesmo em caso de prática de crime tributário conexo.

(D) As limitações aos direitos autorais previstas na legislação de regência constituem causas de exclusão de tipicidade.

(E) A invasão de computador de instituição bancária mediante violação indevida de senhas e mecanismos de segurança, com o fim de subtrair e transferir valores de número indeterminado de correntistas, caracteriza o crime de invasão de dispositivo informático em sua forma qualificada.

57. Com base no disposto na Lei n.º 11.101/2005 e no Decreto-Lei n.º 201/1967, assinale a opção correta.

(A) O princípio da bagatela aplica-se aos crimes de responsabilidade praticados por prefeitos no exercício do mandato.

(B) A Lei n.º 11.101/2005 aplica-se às sociedades de economia mista detentoras de capital público e privado.

(C) Findo o mandato de prefeito, veda-se a instauração de processo criminal com base em conduta tipificada no Decreto-Lei n.º 201/1967, sendo incabível o oferecimento de denúncia.

(D) Em se tratando de recuperação judicial, extrajudicial e falência do empresário e da sociedade empresária, aplicam-se as normas do Código de Processo Penal, inexistindo fase de investigação judicial.

(E) Os vereadores, assim como os prefeitos municipais, respondem como autores ou sujeitos ativos das condutas penais definidas no Decreto-Lei n.º 201/1967.

58. Com relação à prisão temporária, assinale a opção correta.

(A) A prisão temporária poderá ser decretada pelo juiz de ofício ou mediante representação da autoridade policial ou requerimento do Ministério Público.

(B) Conforme o STJ, a prisão temporária não pode ser mantida após o recebimento da denúncia pelo juiz.

(C) São três os requisitos indispensáveis para a decretação da prisão temporária, conforme a doutrina majoritária: imprescindibilidade para as investigações; existência de indícios de autoria ou participação; e indiciado sem residência fixa ou identificação duvidosa.

(D) É cabível a prisão temporária para a oitiva do indiciado acerca do delito sob apuração, desde que a liberdade seja restituída logo após a ultimação do ato.

(E) A prisão temporária poderá ser decretada tanto no curso da investigação quanto no decorrer da fase instrutória do competente processo criminal.

59. Considerando o disposto na legislação referente às licitações e contratos da administração pública e aos crimes contra a economia popular, bem como na Lei n.º 12.846/2013, assinale a opção correta.

(A) O servidor responsável que negligentemente dispensa processo licitatório exigido por lei na contratação de obra ou serviço pela administração pública pratica crime na modalidade culposa.

(B) O acordo de leniência, previsto na Lei Anticorrupção, assegura à pessoa jurídica que praticar atos lesivos à administração pública a redução de sanções pecuniárias no âmbito administrativo e afasta a aplicação de sanções judiciais como, por exemplo, perdimento de bens.

(C) A Lei Anticorrupção aplica-se às condutas das pessoas jurídicas de direito privado, abrangendo sociedades, associações, fundações, organizações religiosas, partidos políticos e empresas individuais de responsabilidade limitada.

(D) Aquele que, não sendo instituição financeira ou pessoa a esta equiparada, pratica contrato de mútuo cobrando taxas de juros remuneratórios superiores àquelas legalmente permitidas comete crime contra a economia popular, e não contra o Sistema Financeiro Nacional.

(E) Tratando-se dos crimes previstos na Lei de Licitações, equipara-se a servidor público quem exerce mandato, cargo, emprego ou função em entidade privada que receba subvenção, benefício ou incentivo fiscal ou creditício de órgão público.

60. Com base no disposto nas legislações referentes ao Estatuto de Defesa do Torcedor, à proteção às vítimas e testemunhas de crime e ao regramento que regula a identificação no âmbito do processo criminal, assinale a opção correta.

(A) Independentemente da identificação civil, deve-se proceder à identificação criminal dos indiciados em crimes de homicídio doloso, crimes contra a liberdade sexual, crimes contra o patrimônio praticados com violência ou grave ameaça à pessoa e crimes de falsificação de documento público.

(B) A identificação civil poderá ser atestada mediante a apresentação de carteira de identidade, carteira de trabalho ou funcional, bem como do passaporte válido, excluídos quaisquer outros documentos, porquanto não elencados taxativamente na legislação de regência.

(C) Aos condenados em cumprimento de pena e aos indiciados ou condenados sob prisão cautelar aplicam-se as medidas de proteção a vítimas ou testemunhas de crimes, desde que demonstrada sua relevância como garantia de produção de prova.

(D) Compete, exclusivamente, ao Ministério Público a deliberação sobre o ingresso ou a exclusão de beneficiado em programa de proteção a vítimas e testemunhas.

(E) Sendo a entidade responsável pela organização de competição, bem como a entidade de prática desportiva detentora do denominado mando de jogo, equiparada à figura do fornecedor, a ela aplicam-se as sanções da legislação consumerista no que se refere à responsabilidade objetiva do fornecedor por defeitos na prestação de serviço.

61. À luz do disposto no Estatuto do Índio (Lei n.º 6.001/1973), na Lei de Parcelamento do Solo Urbano (Lei n.º 6.766/1979), na Lei de Definição de Crimes Contra a Ordem Econômica (Lei n.º 8.176/1991) e na legislação que trata da investigação criminal conduzida pelo delegado de polícia, assinale a opção correta.

(A) A distribuição de panfletos anunciando a criação de loteamento irregular com finalidade residencial e urbana caracteriza ato preparatório do crime de parcelamento ilegal, porquanto o tipo penal não prevê a figura tentada do delito.

(B) O delegado de polícia, nos termos da legislação que disciplina a sua atividade, pode indeferir diligências requeridas pelo indiciado, pela vítima ou pelo Ministério Público.

(C) Considera-se índio ou silvícola, para efeitos do Estatuto do Índio, todo indivíduo de origem e ascendência sul-americana que se identifica como pertencente a um grupo étnico cujas características culturais o distinguem da sociedade nacional.

(D) Não caracteriza crime tipificado na Lei Federal n.º 6.766/1979 o parcelamento irregular realizado em zona rural, dada a previsão da finalidade urbana do imóvel na lei de regência.

(E) Constitui crime contra a ordem econômica na modalidade de usurpação a exploração de lavra, sem autorização ou em desacordo com as obrigações impostas pelo título autorizativo, de matéria-prima pertencente à União.

62. Considerando a jurisprudência do STF, assinale a opção correta com relação aos remédios do direito constitucional.

(A) É cabível habeas corpus contra decisão monocrática de ministro de tribunal.

(B) Em habeas corpus é inadmissível a alegação do princípio da insignificância no caso de delito de lesão corporal cometido em âmbito de violência doméstica contra a mulher.

(C) No mandado de segurança coletivo, o fato de haver o envolvimento de direito apenas de certa parte do quadro social afasta a legitimação da associação.

(D) O prazo para impetração do mandado de segurança é de cento e vinte dias, a contar da data em que o interessado tiver conhecimento oficial do ato a ser impugnado, havendo decadência se o mandado tiver sido protocolado a tempo perante juízo incompetente.

(E) O habeas corpus é o instrumento adequado para pleitear trancamento de processo de impeachment.

63. No modelo de funcionamento da justiça montado no Brasil, entendeu-se ser indispensável a existência de determinadas funções essenciais à justiça. Nesse sentido, a CF considera como funções essenciais à justiça

(A) o Poder Judiciário, o Ministério Público, a defensoria pública, a advocacia e as polícias civil e militar.

(B) o Ministério Público, a defensoria pública, a advocacia pública, a advocacia e as polícias civil e militar.

(C) o Poder Judiciário e o Ministério Público.

(D) o Ministério Público, a defensoria pública, a advocacia pública e a advocacia.

(E) o Poder Judiciário, o Ministério Público e a defensoria pública.

64. Tendo em vista que a petição inicial de arguição de descumprimento de preceito fundamental (ADPF) dirigida ao STF deverá conter, entre outros requisitos, a indicação do ato questionado, assinale a opção correta acerca do cabimento dessa ação constitucional.

(A) Não cabe ADPF sobre atos normativos já revogados.

(B) Cabe ADPF sobre decisão judicial transitada em julgado.

(C) Se uma norma pré-constitucional já fosse inconstitucional no regime constitucional anterior e existisse um precedente do STF que reconhecesse essa inconstitucionalidade, caberia ADPF contra essa norma pré-constitucional.

(D) Não cabe ADPF sobre ato normativo municipal.

(E) Cabe ADPF sobre ato de efeitos concretos como decisões judiciais.

65. No que se refere ao entendimento do STF sobre segurança pública e a sua organização e sobre as atribuições constitucionais da polícia judiciária, assinale a opção correta.

(A) Uma vez que compete à Polícia Federal prevenir e reprimir o tráfico ilícito de entorpecentes, o cumprimento de mandado de busca e apreensão emergencial e preventivo pela polícia militar será ilegal e tornará a prova ilícita.

(B) Ainda que, a requerimento do promotor de justiça, o inquérito policial tenha sido arquivado por despacho do juiz, a ação penal poderá ser iniciada, mesmo sem novas provas, caso o promotor, com base na sua independência funcional, assim decidir.

(C) A investigação criminal é atividade exclusiva da polícia e afasta os poderes de investigação do Ministério Público.

(D) É constitucional a exigência pelos estados-membros de que o indicado para chefe de polícia, além de ser delegado de carreira, esteja na classe mais elevada da carreira.

(E) A despeito do princípio federativo, os estados-membros possuem autonomia para criar órgão de segurança pública diverso do previsto na CF.

66. Com relação aos tratados e convenções internacionais, assinale a opção correta à luz do direito constitucional brasileiro e da jurisprudência do Supremo Tribunal Federal (STF).

(A) Segundo o entendimento do STF, respaldado na teoria da supralegalidade, a ratificação do Pacto de São José da Costa Rica revogou o inciso LXVII do art. 5.º da CF, que prevê a prisão do depositário infiel.

(B) O sistema constitucional brasileiro adotou, para efeito da executoriedade doméstica de um tratado internacional, a teoria dualista extremada, pois exige a edição de lei formal distinta para tal executoriedade.

(C) O Pacto de São José da Costa Rica influenciou diretamente a edição da súmula vinculante proferida pelo STF, a qual veda a prisão do depositário infiel.

(D) A Convenção de Palermo tem como objetivo a cooperação para a prevenção e o combate do crime de feminicídio no âmbito das nações participantes.

(E) Elaborada pelas Nações Unidas, a Convenção de Mérida, que trata da cooperação internacional contra a corrupção, ainda não foi ratificada pelo Brasil.

67. A respeito dos estados-membros da Federação brasileira, assinale a opção correta.

(A) Denomina-se cisão o processo em que dois ou mais estados se unem geograficamente, formando um terceiro e novo estado, distinto dos estados anteriores, que perdem a personalidade originária.

(B) Para o STF, a consulta a ser feita em caso de desmembramento de estado-membro deve envolver a população de todo o estado-membro e não só a do território a ser desmembrado.

(C) A CF dá ao estado-membro competência para instituir regiões metropolitanas e microrregiões, mas não aglomerações urbanas: a competência de instituição destas é dos municípios.

(D) Conforme a CF, a incorporação, a subdivisão, o desmembramento ou a formação de novos estados dependerá de referendo. Assim, o referendo é condição prévia, essencial ou prejudicial à fase seguinte: a propositura de lei complementar.

(E) Segundo o STF, os mecanismos de freios e contrapesos previstos em constituição estadual não precisam guardar estreita similaridade com aqueles previstos na CF.

68. Assinale a opção correta a respeito da organização dos poderes e do sistema de freios e contrapesos no direito constitucional pátrio.

(A) Adotada por diversos países, entre eles o Brasil, a ideia de tripartição dos poderes do Estado em segmentos distintos e autônomos entre si — Legislativo, Executivo e Judiciário — foi concebida por Aristóteles.

(B) A atividade legislativa e a de julgar o presidente da República nos crimes de responsabilidade são funções típicas do Poder Legislativo.

(C) Constitui exemplo de mecanismo de freios e contrapesos a possibilidade de rejeição, pelo Congresso Nacional, de medida provisória editada pelo presidente da República.

(D) As expressões poder, função e órgão são sinônimas.

(E) A CF adotou o princípio da indelegabilidade de atribuições de forma absoluta, inexistindo qualquer exceção a essa regra.

69. A respeito da administração pública, assinale a opção correta de acordo com a CF.

(A) Desde a promulgação da CF, não houve, até o presente, inovação a respeito dos princípios constitucionais da administração pública por meio de emenda constitucional.

(B) A previsão constitucional de que a investidura em cargo ou emprego público depende de aprovação prévia em concurso público decorre exclusivamente do princípio da razoabilidade administrativa.

(C) Em oposição ao que diz o texto constitucional, o STF já se posicionou contrário à cobrança de contribuição previdenciária dos servidores públicos aposentados e pensionistas.

(D) Caso um deputado estadual nomeie sua tia materna como assessora de seu gabinete, não haverá violação à súmula vinculante que trata do nepotismo, pois esta veda a nomeação de colaterais de até o segundo grau.

(E) Segundo o STF, candidato aprovado em concurso público dentro do número de vagas previsto no edital e dentro do prazo de validade do certame terá direito subjetivo à nomeação.

70. À luz da CF, assinale a opção correta a respeito do Ministério Público.

(A) Segundo a CF, são princípios institucionais aplicáveis ao Ministério Público: a unidade, a indivisibilidade, a independência funcional e a inamovibilidade.

(B) Foi com a CF que a atividade do Ministério Público adquiriu o status de função essencial à justiça.

(C) O STF, ao tratar das competências e prerrogativas do Ministério Público, estabeleceu o entendimento de que membro desse órgão pode presidir inquérito policial.

(D) A CF descreve as carreiras abrangidas pelo Ministério Público e, entre elas, elenca a do Ministério Público Eleitoral.

(E) A exigência constitucional de que o chefe do Ministério Público da União, procurador-geral da República, pertença à carreira significa que ele, para o exercício do cargo, pode pertencer tanto ao Ministério Público Federal quanto ao estadual.

71. Após o término de estágio probatório, a administração reprovou servidor público e editou ato de exoneração, no qual declarou que esta se dera por inassiduidade. Posteriormente, o servidor demonstrou que nunca havia faltado ao serviço ou se atrasado para nele chegar.

Nessa situação hipotética, o ato administrativo de exoneração é

(A) nulo por ausência de finalidade.

(B) anulável por ausência de objeto.

(C) anulável por ausência de forma.

(D) anulável por ausência de motivação.

(E) nulo por ausência de motivo.

72. Um policial andava pela rua quando presenciou um assalto. Ao ver o assaltante fugir, o policial parou um carro, identificou-se ao motorista, entrou no carro e pediu que ele perseguisse o criminoso.

Nessa situação, conforme a CF e a doutrina pertinente, tem-se um exemplo típico da modalidade de intervenção do Estado na propriedade privada denominada

(A) limitação administrativa, cabendo indenização ao proprietário, se houver dano ao bem deste.

(B) requisição administrativa, cabendo indenização ao proprietário, se houver dano ao bem deste.

(C) desapropriação, não cabendo indenização ao proprietário, independentemente de dano ao bem deste.

(D) servidão administrativa, não cabendo indenização ao proprietário, independentemente de dano ao bem deste.

(E) ocupação temporária, não cabendo indenização ao proprietário, mesmo que haja dano ao bem deste.

73. Determinado órgão público pretende dar publicidade a um instrumento convocatório com o objetivo de comprar armas de fogo do tipo pistola, de calibre 380, usualmente vendidas no mercado brasileiro. O valor orçado da aquisição dos produtos é de R$ 700.000.

Nessa situação, a compra poderá ser efetuada mediante licitação na modalidade

(A) tomada de preço do tipo técnica e preço.

(B) concorrência do tipo melhor técnica.

(C) concorrência do tipo técnica e preço.

(D) pregão do tipo menor preço.

(E) tomada de preços do tipo menor preço.

74. De acordo com a legislação e a doutrina pertinentes, o poder de polícia administrativa

(A) pode manifestar-se com a edição de atos normativos como decretos do chefe do Poder Executivo para a fiel regulamentação de leis.

(B) é poder de natureza vinculada, uma vez que o administrador não pode valorar a oportunidade e conveniência de sua prática, estabelecer o motivo e escolher seu conteúdo.

(C) pode ser exercido por órgão que também exerça o poder de polícia judiciária.

(D) é de natureza preventiva, não se prestando o seu exercício, portanto, à esfera repressiva.

(E) é poder administrativo que consiste na possibilidade de a administração aplicar punições a agentes públicos que cometam infrações funcionais.

75. Em relação aos princípios expressos e implícitos da administração pública, assinale a opção correta.

(A) O princípio da legalidade, quando aplicável ao direito privado, institui um critério de subordinação à lei, a denominada regra da reserva legal.

(B) O princípio da legalidade, previsto na Constituição Federal de 1988 (CF), não possui quaisquer restrições excepcionais.

(C) Respeitado o que predispuser a intentio legis (vontade da lei), compete ao órgão da administração pública a livre interpretação do que seja interesse público.

(D) A proibição da atuação do administrado de forma despropositada ou tresloucada é também conhecida doutrinariamente como princípio da proibição dos excessos.

(E) A prerrogativa da administração pública de desapropriar ou estabelecer restrição a alguma atividade individual decorre do princípio da autotutela.

76. Com base no disposto na Lei n.º 9.784/1999, assinale a opção correta, considerando o entendimento dos tribunais superiores e da doutrina sobre o processo administrativo.

(A) Os processos de prestação de contas são exemplo de processos administrativos de outorga, cuja finalidade é autorizar o exercício de determinado direito individual.

(B) O Supremo Tribunal Federal entende que não é necessária a observância do devido processo legal para a anulação de ato administrativo que tenha repercutido no campo dos interesses individuais.

(C) Por ser a ampla defesa um princípio do processo administrativo, a administração não poderá definir a maneira como se realizará seu exercício, definindo, por exemplo, o local de vista aos autos.

(D) A competência processante de órgão da administração pode ser delegada, em parte, a outro órgão, ainda que não subordinado hierarquicamente ao órgão delegante, desde que haja conveniência, razão e inexista impedimento legal.

(E) Conforme o Supremo Tribunal Federal, é obrigatória a representação por advogado para o exercício do direito à recorribilidade de decisão proferida em processo administrativo.

77. A respeito dos poderes e deveres da administração, assinale a opção correta, considerando o disposto na CF.

(A) A lei não pode criar instrumentos de fiscalização das finanças públicas, pois tais instrumentos são taxativamente listados na CF.

(B) A eficiência, um dever administrativo, não guarda relação com a realização de supervisão ministerial dos atos praticados por unidades da administração indireta.

(C) O abuso de poder consiste em conduta ilegítima do agente público, caracterizada pela atuação fora dos objetivos explícitos ou implícitos estabelecidos pela lei.

(D) A capacidade de inovar a ordem jurídica e criar obrigações caracteriza o poder regulamentar da administração.

(E) As consequências da condenação pela prática de ato de improbidade administrativa incluem a perda dos direitos políticos e a suspensão da função pública.

78. No que se refere ao processo administrativo disciplinar (PAD), assinale a opção correta.

(A) A CF recepcionou o instituto da verdade sabida, viabilizando a sua aplicação no PAD.

(B) O Supremo Tribunal Federal entende ser ilegal a instauração de sindicância para apurar a ocorrência de irregularidade no serviço público a partir de delação anônima.

(C) Conforme o Supremo Tribunal Federal, militar, ainda que reformado, submete-se à hierarquia e à disciplina, estando, consequentemente, sujeito à pena disciplinar.

(D) Os princípios da ampla defesa e do contraditório no PAD não são absolutos, podendo haver indeferimento de pedidos impertinentes ou protelatórios.

(E) Uma sindicância preparatória só pode servir de subsídio para uma sindicância contraditória, mas não para um PAD.

79. Em relação à improbidade administrativa, assinale a opção correta.

(A) A ação de improbidade administrativa apresenta prazo de proposição decenal, qualquer que seja a tipicidade do ilícito praticado pelo agente público.

(B) Se servidor público estável for condenado em ação de improbidade administrativa por uso de maquinário da administração em seu sítio particular, poderá ser-lhe aplicada pena de suspensão dos direitos políticos por período de cinco a oito anos.

(C) O particular que praticar ato que enseje desvio de verbas públicas, sozinho ou em conluio com agente público, responderá, nos termos da Lei de Improbidade Administrativa, desde que tenha obtido alguma vantagem pessoal.

(D) Enriquecimento ilícito configura ato de improbidade administrativa se o autor auferir vantagem patrimonial indevida em razão do cargo, mandato, função, emprego ou atividade, mesmo que de forma culposa.

(E) Caso um servidor público federal estável, de forma deliberada, sem justificativa e reiterada, deixar de praticar ato de ofício, poderá ser-lhe aplicada multa civil de até cem vezes o valor da sua remuneração, conforme a gravidade do fato.

80. Depende do consentimento de todos os sócios ou acionistas — salvo em caso de previsão no ato constitutivo, hipótese em que o dissidente poderá retirar-se da sociedade — a operação societária denominada

(A) incorporação.

(B) fusão.

(C) cisão.

(D) liquidação.

(E) transformação.

81. Assinale a opção correta no que se refere ao direito societário.

(A) Compete ao poder público municipal do local da sede autorizar o funcionamento de sociedades cujo funcionamento dependa de autorização do Poder Executivo.

(B) É nulo todo o contrato social de sociedade limitada que contenha cláusula que exclua qualquer sócio da participação nos lucros e nas perdas.

(C) A sociedade em comum e a sociedade de fato ou irregular são não personificadas, conforme classificação do Código Civil.

(D) O sócio remisso pode ser excluído da sociedade pelos demais, caso em que deve ser-lhe devolvido, com os abatimentos cabíveis, o montante com o qual tenha contribuído para o capital social.

(E) Os tipos societários previstos no Código Civil são exemplificativos, podendo as sociedades organizar-se de formas distintas das expressamente listadas.

82. Durante a instrução de determinado processo judicial, foi comprovada falsificação da escrituração em um dos livros comerciais de uma sociedade limitada, em decorrência da criação do chamado "caixa dois". A sentença proferida condenou pelo crime apenas o sócio com poderes de gerência.

A respeito dessa situação hipotética, assinale a opção correta.

(A) A conduta praticada pelo sócio constitui crime falimentar.

(B) Na situação, configura-se crime de falsificação de documento público.

(C) Sendo o diário e o livro de registro de atas de assembleia livros obrigatórios da sociedade citada, a referida falsificação pode ter ocorrido em qualquer um deles.

(D) Em decorrência da condenação criminal, o sócio-gerente deverá ser excluído definitivamente da sociedade.

(E) O nome do condenado não pode ser excluído da firma social, que deve conter o nome de todos os sócios, seguido da palavra "limitada".

83. A Lei n.º XX/XXXX, composta por quinze artigos, elaborada pelo Congresso Nacional, foi sancionada, promulgada e publicada.

A respeito dessa situação, assinale a opção correta, de acordo com a Lei de Introdução às Normas do Direito Brasileiro.

(A) Se algum dos artigos da lei sofrer alteração antes de ela entrar em vigor, será contado um novo período de vacância para o dispositivo alterado.

(B) Caso essa lei tenha revogado dispositivo da legislação anterior, automaticamente ocorrerá o efeito repristinatório se nela não houver disposição em contrário.

(C) A lei irá revogar a legislação anterior caso estabeleça disposições gerais sobre assunto tratado nessa legislação.

(D) Não havendo referência ao período de vacância, a nova lei entra em vigor imediatamente, sendo eventuais correções em seu texto consideradas nova lei.

(E) Não havendo referência ao período de vacância, a lei entrará em vigor, em todo o território nacional, três meses após sua publicação.

84. No que concerne à pessoa natural, à pessoa jurídica e ao domicílio, assinale a opção correta.

(A) Sendo o domicílio o local em que a pessoa permanece com ânimo definitivo ou o decorrente de imposição normativa, como ocorre com os militares, o domicílio contratual é incompatível com a ordem jurídica brasileira.

(B) Conforme a teoria natalista, o nascituro é pessoa humana titular de direitos, de modo que mesmo o natimorto possui proteção no que concerne aos direitos da personalidade.

(C) De acordo com o Código Civil, deve ser considerado absolutamente incapaz aquele que, por enfermidade ou deficiência mental, não possuir discernimento para a prática de seus atos.

(D) A ocorrência de grave e injusta ofensa à dignidade da pessoa humana configura o dano moral, sendo desnecessária a comprovação de dor e sofrimento para o recebimento de indenização por esse tipo de dano.

(E) Na hipótese de desaparecimento do corpo de pessoa em situação de grave risco de morte, como, por exemplo, no caso de desastre marítimo, o reconhecimento do óbito depende de prévia declaração de ausência.

85. Em cada uma das opções seguintes, é apresentada uma situação hipotética, seguida de uma assertiva a ser julgada, a respeito de posse, propriedade e direitos reais sobre coisa alheia. Assinale a opção que apresenta assertiva correta conforme a legislação e a doutrina pertinentes.

(A) Durante o prazo de vigência de contrato de locação de imóvel urbano, o locatário viajou e, ao retornar, percebeu que o imóvel havia sido invadido pelo próprio proprietário. Nesse caso, o locatário não pode defender sua posse, uma vez que o possuidor direto não tem proteção possessória em face do indireto.

(B) Determinado indivíduo realizou, de boa-fé, construção em terreno que pertencia a seu vizinho. O valor da construção excede consideravelmente o valor do terreno. Nessa situação, não havendo acordo, o indivíduo que realizou a construção adquirirá a propriedade do solo mediante pagamento da indenização fixada pelo juiz.

(C) Caio realizou a doação de um bem para Fernando. No contrato celebrado entre ambos, consta cláusula que determina que o bem doado volte para o patrimônio do doador se ele sobreviver ao donatário. Nessa situação, a cláusula é nula, pois o direito brasileiro não admite a denominada propriedade resolúvel.

(D) Roberto possui direito real de superfície de bem imóvel e deseja hipotecar esse direito pelo prazo de vigência do direito real. Nesse caso, a estipulação de direito real de garantia é ilegal porque a hipoteca somente pode ser constituída pelo proprietário do bem.

(E) Determinado empregador cedeu bem imóvel de sua propriedade a seu empregado, em razão de relação de confiança decorrente de contrato de trabalho. Nesse caso, ainda que desfeito o vínculo trabalhista, é juridicamente impossível a conversão da detenção do empregado em posse.

86. Um oficial do corpo de bombeiros arrombou a porta de determinada residência para ingressar no imóvel vizinho e salvar uma criança que corria grave perigo em razão de um incêndio.

A respeito dessa situação hipotética e conforme a doutrina dominante e o Código Civil, assinale a opção correta.

(A) O oficial tem o dever de indenizar o proprietário do imóvel danificado, devendo o valor da indenização ser mitigado em razão da presença de culpa concorrente.

(B) O ato praticado pelo oficial é ilícito porque causou prejuízo ao dono do imóvel, inexistindo, entretanto, o dever de indenizar, dada a ausência de nexo causal.

(C) Não se aplica ao referido oficial a regra do Código Civil segundo a qual o agente que atua para remover perigo iminente pode ser chamado a indenizar terceiro inocente.

(D) Conforme disposição do Código Civil, o oficial teria o dever de indenizar o dono do imóvel no valor integral dos prejuízos existentes, tendo direito de regresso contra o responsável pelo incêndio.

(E) Não se pode falar em responsabilidade civil nesse caso, pois, na hipótese de estado de necessidade, o agente causador do dano nunca terá o dever de indenizar.

87. O estado de Goiás instituiu, por lei ordinária, um departamento de fiscalização de postos de gasolina com objetivo de aferir permanentemente as condições de segurança e vigilância de tais locais, estabelecendo um licenciamento especial e anual para o funcionamento de tais estabelecimentos e instituindo uma taxa anual de R$ 1.000 a ser paga pelos empresários, relacionada a tal atividade estatal.

A respeito dessa situação hipotética, assinale a opção correta.

(A) A instituição do departamento de fiscalização de postos de gasolina como órgão competente com funcionamento regular é suficiente para caracterizar o exercício efetivo do poder de polícia.

(B) É desnecessária, para justificar a cobrança de taxa, a criação de órgão específico para o desempenho das atividades de fiscalização de postos de gasolina, por se tratar de competências inerentes às autoridades de segurança pública.

(C) Para observar o princípio da capacidade contributiva, a taxa deveria ter correspondência com o valor venal do imóvel a ser fiscalizado, sendo inconstitucional a cobrança de valor fixo por estabelecimento.

(D) A taxa em questão é inconstitucional, já que a segurança pública é um dever do Estado, constituindo um serviço indivisível, a ser mantido apenas por impostos, o que torna incabível a cobrança de taxa.

(E) Por ter caráter contraprestacional, a taxa só será devida caso o departamento de fiscalização de postos de gasolina faça visitas periódicas aos estabelecimentos, certificando-se do cumprimento das normas de segurança e vigilância de tais locais, de acordo com a legislação.

88. Instrução normativa expedida em dezembro de 2015 pelo secretário de Fazenda do Estado de Goiás estabeleceu que, para ter acesso ao sistema de informática de emissão de nota fiscal, relativa ao ICMS, o contribuinte deve estar em dia com suas obrigações tributárias estaduais. Em janeiro de 2016, a empresa Alfa Ltda., com pagamento de tributos em atraso, requereu acesso ao sistema e teve o seu pedido indeferido.

Nessa situação hipotética,

(A) ainda que a emissão de notas fiscais seja obrigação acessória, o princípio da legalidade estrita, vigente no direito tributário, impõe que tais deveres sejam previstos por lei ordinária, sendo inválida a restrição estabelecida por instrução normativa.

(B) o ICMS é tributo sujeito à anterioridade nonagesimal, de modo que, embora válida

a instrução normativa, o indeferimento é ato insubsistente, por ter aplicado a instrução normativa antes do prazo constitucional.

(C) a interdição de emissão de notas fiscais é meio indireto de cobrança do tributo, já que inibe a continuidade da atividade profissional do contribuinte, o que torna a instrução normativa em questão inválida.

(D) o ICMS não é tributo sujeito à anterioridade nonagesimal, de modo que o indeferimento é válido.

(E) a emissão de notas fiscais é obrigação acessória, podendo ser regulada por ato infralegal, sendo válida a restrição estabelecida.

89. Ricardo, com quinze anos de idade, traficou entorpecentes por três meses, obtendo uma renda de R$ 20.000. Informado pela autoridade competente, um auditor da Receita Federal do Brasil efetuou lançamento contra o menor.

Tendo como referência essa situação hipotética, assinale a opção correta.

(A) O tráfico de entorpecente é ato ilícito, sendo responsáveis pelos prejuízos dele decorrentes, nos termos da lei civil, os pais de Ricardo, que deverão recolher o tributo a título de sanção cível.

(B) A capacidade tributária independe da capacidade civil, de modo que é correto o lançamento contra o menor que, no caso, percebeu remuneração que pode ser considerada renda.

(C) O tráfico de entorpecente é atividade que gera proveito econômico, o que justifica torná-lo fato gerador de tributo, não podendo, no entanto, Ricardo, por ser incapaz, sofrer lançamento, devendo a renda percebida ser imputada aos seus pais.

(D) O tráfico de entorpecente, por ser crime, não pode ser objeto de tributação, pois o pagamento de imposto em tal hipótese significaria que o Estado estaria chancelando uma atividade ilícita, sendo, portanto, insubsistente o lançamento.

(E) Ricardo, por ser incapaz, não pode sofrer lançamento, não constituindo renda eventuais ganhos econômicos que ele venha a ter.

90. São responsáveis pelos créditos tributários relativos a obrigação de terceiros, quando não for possível exigir-lhes o cumprimento da obrigação principal, independentemente de terem agido com excesso de poderes ou em desacordo com a lei, estatuto ou contrato social,

(A) os empregados.

(B) os diretores de pessoa jurídica.

(C) os representantes legais de pessoas jurídicas de direito privado.

(D) os administradores de bens de terceiros.

(E) os mandatários.

91. Sabendo que, por disposição constitucional expressa, em regra, os princípios tributários e as limitações ao poder de tributar não se aplicam de forma idêntica a todas as espécies tributárias, assinale a opção correta a respeito da aplicação desses institutos.

(A) Apenas aos impostos estaduais aplica-se o princípio que proíbe o estabelecimento de diferença tributária entre bens e serviços de qualquer natureza em razão de sua procedência ou seu destino.

(B) A aplicação do princípio da não vinculação de receita a despesa específica é limitada aos impostos.

(C) Em regra, o princípio da anterioridade do exercício aplica-se da mesma forma aos impostos e às contribuições sociais da seguridade social.

(D) O princípio da capacidade contributiva aplica-se sempre e necessariamente aos impostos.

(E) O princípio da anterioridade do exercício atinge, de forma ampla, as hipóteses de empréstimos compulsórios previstas no texto constitucional.

92. Se resultar em supressão ou redução de tributo, configurará crime contra a ordem tributária a conduta consistente em

(A) utilizar programa de processamento de dados que disponibilize ao sujeito passivo informação diversa daquela fornecida à fazenda pública.

(B) negar-se a fornecer nota fiscal relativa a venda de mercadoria ou a venda de serviço.

(C) exigir para si porcentagem sobre a parcela dedutível de imposto como incentivo fiscal.

(D) aplicar incentivo fiscal em desacordo com o estatuído.

(E) deixar de pagar benefício a segurado quando valores já tiverem sido reembolsados à empresa pela previdência social.

93. No que concerne à Constituição Federal de 1988 (CF) e ao meio ambiente, assinale a opção correta.

(A) Entende-se a previsão constitucional de um meio ambiente ecologicamente equilibrado tanto como um direito fundamental quanto como um princípio jurídico fundamental que orienta a aplicação das regras legais.

(B) O princípio da livre iniciativa impede que o poder público fiscalize entidades dedicadas à pesquisa e à manipulação de material genético.

(C) O estudo prévio de impacto ambiental será dispensado nos casos de obras públicas potencialmente causadoras de significativa degradação ambiental quando elas forem declaradas de utilidade pública ou de interesse social.

(D) Os espaços territoriais especialmente protegidos, definidos e criados por lei ambiental, poderão ser suprimidos por meio de decreto do chefe do Poder Executivo municipal para permitir a moradia de população de baixa renda em área urbana.

(E) A competência para proteger o meio ambiente e combater a poluição em todas as suas formas é concorrente entre a União, os estados, o Distrito Federal (DF) e os municípios, de modo que a ação administrativa do órgão ambiental da União prevalece sobre a ação dos demais entes federativos.

94. A respeito da legislação que trata da proteção das florestas e das unidades de conservação, assinale a opção correta.

(A) O imóvel rural pode tornar-se reserva particular do patrimônio natural a partir do interesse do proprietário, mediante edição de lei municipal e após a concordância do órgão ambiental local.

(B) Desde que haja autorização pelo órgão ambiental estadual, admite-se a exploração econômica mediante o manejo sustentável dos recursos naturais do imóvel rural ou urbano localizado em área de preservação permanente.

(C) Com vistas à regularização ambiental, a reserva legal do imóvel rural localizado na Amazônia Legal poderá ser reduzida para até 50% da propriedade mediante autorização do órgão ambiental estadual, se o proprietário demonstrar a sustentabilidade do seu projeto de uso alternativo do solo.

(D) Devem constar no Cadastro Ambiental Rural a identificação do proprietário ou possuidor do imóvel e a comprovação da propriedade ou posse, apesar de o cadastramento não constituir título de reconhecimento de posse ou propriedade.

(E) O Sistema Nacional de Unidades de Conservação da Natureza classifica essas unidades em três grupos ou categorias, com características e objetivos específicos: as unidades de proteção integral, as unidades de uso sustentável e as unidades de preservação permanente.

95. Uma mineradora está respondendo por supostamente ter causado poluição capaz de gerar danos à saúde dos moradores de área próxima ao local de suas atividades. Alguns sócios com poderes de gerência foram apontados como corresponsáveis na esfera criminal. Foram impostas duas multas administrativas elevadas, uma por ente estadual e outra por ente federal, com base na mesma conduta. Na motivação, foi invocado o alto poder econômico da empresa como fator para gradação das multas. Alguns moradores já ajuizaram ações cíveis de reparação de danos.

Com relação a essa situação hipotética, assinale a opção correta à luz da legislação pertinente e das posições doutrinárias majoritariamente aceitas.

(A) A situação econômica do infrator não poderia ser levada em consideração para estabelecer o valor das multas impostas.

(B) Ainda que tenha inexistido dolo na geração da poluição, poderá haver responsabilização criminal no caso.

(C) Ainda que seja a mesma hipótese de incidência, as duas multas administrativas — federal e estadual — deverão ser pagas.

(D) Como as esferas de responsabilização por infração ambiental são independentes entre si, inexiste situação em que a decisão criminal repercutirá nas demais e vice-versa.

(E) Se a pessoa jurídica for condenada criminalmente, ficará excluída a responsabilidade criminal dos seus sócios-gerentes

96. Foi constatado que um fazendeiro estava impedindo a regeneração natural de florestas em área de preservação permanente na sua propriedade rural, por pretender manter a área como pasto.

Nessa situação hipotética, conforme a legislação pertinente,

(A) a autoridade ambiental que constatou a infração deve promover sua apuração imediata, sob pena de corresponsabilização.

(B) a conduta configura infração administrativa, mas não configura crime.

(C) a responsabilização será objetiva em todas as esferas cabíveis.

(D) caberá à autoridade policial que constatou a conduta lavrar o auto de infração ambiental e instaurar processo administrativo.

(E) inexiste hipótese de reparação civil, haja vista que a terra da propriedade rural pertence ao próprio infrator.

97. Em ano eleitoral, na convenção estadual do partido Pdy, a direção apresentou proposta de coligação e relação de candidatos a deputado federal.

Com referência a essa situação hipotética, cada uma das próximas opções apresenta uma situação também hipotética, seguida de uma assertiva a ser julgada, de acordo com o que prescreve a Lei n.º 9.504/1997, que estabelece normas para as eleições. Assinale a opção que apresenta a assertiva correta.

(A) A lista de candidatos a deputado federal do Pdy conta dois candidatos que enfrentam processos, ainda não concluídos, de expulsão do partido. Nessa situação, os nomes desses dois candidatos devem ser substituídos, pois a lei prevê o imediato cancelamento do registro de candidatos submetidos a processo de expulsão do partido a que pertençam.

(B) Dos componentes da lista de candidatos do Pdy, 50% deles são do sexo feminino. Nessa situação, de acordo com a lei em apreço, a lista deverá ser recomposta, de forma a conter, no máximo, 30% de candidatos desse sexo e 70%, no mínimo, de candidatos do sexo masculino.

(C) O Pdy estadual deliberou coligar-se com outros dois partidos, em afronta direta às diretrizes estatutárias do órgão de direção nacional do Pdy. Nessa situação, o diretório nacional do Pdy poderá, nos termos do estatuto do partido, anular a referida deliberação feita em convenção estadual e os atos dela decorrentes.

(D) Na convenção, ficou decidido que seriam apresentados vinte e um candidatos para concorrer às quatorze vagas de deputado federal reservadas para o estado. Nessa situação, o número de candidatos a ser apresentado pelo partido ou pela coligação deveria corresponder a 200% das respectivas vagas, ou seja, vinte e oito candidatos.

(E) A lista de candidatos a deputado federal do Pdy inclui um candidato que somente completará vinte e um anos de idade no dia seis de outubro, um dia após a data das eleições. Nessa situação, esse candidato terá de ser substituído por outro candidato que complete a idade mínima de vinte e um anos até a data do certame eleitoral.

98. A respeito de alistamento eleitoral, assinale a opção correta à luz da CF e da Lei n.º 4.737/1965, que instituiu o Código Eleitoral.

(A) O eleitor que não votar e não se justificar estará sujeito ao pagamento de multa, ao impedimento de inscrever-se em concurso público e à prestação de serviços comunitários.

(B) Todos os militares são alistáveis.

(C) A CF recepcionou as disposições da Lei n.º 4.737/1965 relativas à elegibilidade e ao alistamento eleitoral dos analfabetos.

(D) Uma das condições para o alistamento eleitoral é que o eleitor saiba se exprimir na língua nacional.

(E) Será cancelada a inscrição do eleitor que não votar em três eleições consecutivas, com ou sem justificativa.

99. Em cada uma das próximas opções, é apresentada uma situação hipotética, seguida de uma assertiva a ser julgada conforme a Lei n.º 9.096/1995. Assinale a opção que apresenta a assertiva correta.

(A) Um grupo de eleitores encaminhou pedido de registro do estatuto do partido político Y (PY) ao Tribunal Superior Eleitoral (TSE). Nessa situação, o TSE somente poderá deferir o registro depois de publicadas as normas que regerão o PY, devido ao fato de os partidos políticos serem pessoas jurídicas de direito público sujeitas ao princípio da publicidade.

(B) O partido político W (PW) estabeleceu em seu estatuto que somente poderiam concorrer a cargos eletivos os candidatos que tivessem mais de dois anos de filiação partidária. Nessa situação, os filiados do PW deverão cumprir o estabelecido na referida determinação estatutária, uma vez que é facultado aos partidos estabelecer prazos de filiação superiores aos previstos em lei.

(C) O partido político Z (PZ) requereu o registro do seu estatuto no Tribunal Superior Eleitoral (TSE), tendo juntado ao pedido documentos

comprobatórios de apoiamento de eleitores, todos filiados a partidos políticos e com representantes das diversas unidades da Federação, inclusive do DF. Nessa situação, o TSE deverá deferir o pedido de registro do estatuto do PZ em caráter nacional.

(D) Um deputado federal pretende desfiliar-se do partido político A, em razão da criação do partido político B, ao qual ele pretende filiar-se. Nessa situação, é possível a troca de partido sem perda do cargo parlamentar, pois a criação de um novo partido político é justa causa para desfiliação partidária.

(E) Um eleitor, já filiado ao partido político X, filiou-se também a outro partido. Tal situação caracteriza dupla filiação, e ambas as filiações serão consideradas nulas para todos os efeitos legais.

100. A respeito do alistamento eleitoral, assinale a opção correta à luz da Resolução TSE n.º 21.538/2003.

(A) Apesar da facultatividade do alistamento eleitoral do analfabeto, a partir do momento em que se alfabetizar, o indivíduo deverá requerer a sua inscrição eleitoral, mas, por se tratar de ato extemporâneo, ficará sujeito a multa eleitoral.

(B) Contra decisão que indeferir pedido de inscrição eleitoral caberá recurso, a ser interposto mediante a anuência de delegado de partido político.

(C) Aplica-se multa ao brasileiro nato que não se alistar até os dezenove anos de idade, caso ele não requeira a sua inscrição eleitoral até o centésimo quinquagésimo primeiro dia anterior à eleição subsequente à data em que completar citada idade.

(D) A carteira de identidade e a certidão de nascimento são os únicos documentos válidos para fins de comprovação da nacionalidade no ato de alistamento eleitoral.

(E) A justiça eleitoral deverá, após a apresentação dos documentos pelo eleitor, preencher ou digitar o requerimento de alistamento eleitoral, indicando o local de votação, determinado automaticamente, sem direito de escolha, conforme o domicílio do eleitor.

FOLHA DE RESPOSTAS

1	A	B	C	D	E		39	A	B	C	D	E
2	A	B	C	D	E		40	A	B	C	D	E
3	A	B	C	D	E		41	A	B	C	D	E
4	A	B	C	D	E		42	A	B	C	D	E
5	A	B	C	D	E		43	A	B	C	D	E
6	A	B	C	D	E		44	A	B	C	D	E
7	A	B	C	D	E		45	A	B	C	D	E
8	A	B	C	D	E		46	A	B	C	D	E
9	A	B	C	D	E		47	A	B	C	D	E
10	A	B	C	D	E		48	A	B	C	D	E
11	A	B	C	D	E		49	A	B	C	D	E
12	A	B	C	D	E		50	A	B	C	D	E
13	A	B	C	D	E		51	A	B	C	D	E
14	A	B	C	D	E		52	A	B	C	D	E
15	A	B	C	D	E		53	A	B	C	D	E
16	A	B	C	D	E		54	A	B	C	D	E
17	A	B	C	D	E		55	A	B	C	D	E
18	A	B	C	D	E		56	A	B	C	D	E
19	A	B	C	D	E		57	A	B	C	D	E
20	A	B	C	D	E		58	A	B	C	D	E
21	A	B	C	D	E		59	A	B	C	D	E
22	A	B	C	D	E		60	A	B	C	D	E
23	A	B	C	D	E		61	A	B	C	D	E
24	A	B	C	D	E		62	A	B	C	D	E
25	A	B	C	D	E		63	A	B	C	D	E
26	A	B	C	D	E		64	A	B	C	D	E
27	A	B	C	D	E		65	A	B	C	D	E
28	A	B	C	D	E		66	A	B	C	D	E
29	A	B	C	D	E		67	A	B	C	D	E
30	A	B	C	D	E		68	A	B	C	D	E
31	A	B	C	D	E		69	A	B	C	D	E
32	A	B	C	D	E		70	A	B	C	D	E
33	A	B	C	D	E		71	A	B	C	D	E
34	A	B	C	D	E		72	A	B	C	D	E
35	A	B	C	D	E		73	A	B	C	D	E
36	A	B	C	D	E		74	A	B	C	D	E
37	A	B	C	D	E		75	A	B	C	D	E
38	A	B	C	D	E		76	A	B	C	D	E

77	A	B	C	D	E
78	A	B	C	D	E
79	A	B	C	D	E
80	A	B	C	D	E
81	A	B	C	D	E
82	A	B	C	D	E
83	A	B	C	D	E
84	A	B	C	D	E
85	A	B	C	D	E
86	A	B	C	D	E
87	A	B	C	D	E
88	A	B	C	D	E

89	A	B	C	D	E
90	A	B	C	D	E
91	A	B	C	D	E
92	A	B	C	D	E
93	A	B	C	D	E
94	A	B	C	D	E
95	A	B	C	D	E
96	A	B	C	D	E
97	A	B	C	D	E
98	A	B	C	D	E
99	A	B	C	D	E
100	A	B	C	D	E

GABARITO COMENTADO

1. Gabarito: C
Comentário: (interpretação) A: incorreta. A diferença entre os dois corpos de policiamento é a competência que lhes é atribuída pela Constituição. Os trajes são uma circunstância, uma característica para facilitar a identificação pela população; B: incorreta. Tais atribuições são da polícia militar. Ao delegado incumbe investigar e colher provas e indícios de materialidade e autoria das infrações penais; C: correta. Esta é a ideia central exposta no primeiro parágrafo do texto; D: incorreta. Tal competência é da polícia militar; E: incorreta. Também aqui se apresentam funções da polícia militar. HS

2. Gabarito: C
Comentário: (redação) Trata-se de um texto dissertativo, no qual o autor procura apresentar sua opinião sobre o assunto, estruturando-a a partir dos argumentos que dispõe para demonstrar a validade de sua posição. HS

3. Gabarito: D
Comentário: As duas conjunções são classificadas como conclusivas, ou seja, introduzem orações que expressam uma conclusão sobre o que foi dito anteriormente. HS

4. Gabarito: B
Comentário: A locução verbal "vem ganhando", assim como todas compostas pelo verbo auxiliar "vir" seguido de verbo no gerúndio, expressa uma ação que gradativamente aumenta desde momento anterior ao texto e que segue progredindo. HS

5. Gabarito: A
Comentário: A única alternativa que mantém o sentido e a coerência textuais, quando comparadas com o trecho original, é a letra "A", que deve ser assinalada. HS

6. Gabarito: C
Comentário: A: incorreta. Não se separa com vírgula o verbo de seu complemento; B: incorreta. A vírgula não pode ser suprimida, pois separa corretamente a oração subordinada adverbial; C: correta, vez que foi preservada a coerência textual e a correção do uso dos sinais de pontuação; D: incorreta. A vírgula separa o adjunto adverbial deslocado da ordem direta do período, portanto não pode ser eliminada; E: incorreta, conforme comentário à alternativa "C". HS

7. Gabarito: A
Comentário: A preposição "para", no caso, introduz a ideia de finalidade, ou seja, que a oração expressa o objetivo a ser alcançado. HS

8. Gabarito: E
Comentário: "Afirmar" é sinônimo de "asseverar", "aduzir". HS

9. Gabarito: E
Comentário: **A:** incorreta, pois o despovoamento do território goiano não constituiu obstáculo, mas serviu como estímulo para a construção da rodovia Belém-Brasília; **B:** incorreta, pois o investimento estatal em infraestrutura para a construção de Goiânia e de Brasília impulsionou a economia da região Centro-Oeste, fato que se refletiu no alto índice de urbanização, sendo a segunda região mais urbanizada do país; **C:** incorreta, pois não houve o reaquecimento da atividade mineradora após o século XVIII; **D:** incorreta, pois Goiás estava isolado do restante do país no século XIX; **E:** correta, pois um dos principais projetos do governo de Getúlio Vargas foi a interiorização do desenvolvimento através da Marcha para Oeste, e a construção de Goiânia foi um marco desse processo. AN

10. Gabarito: D
Comentário: **A:** incorreta, pois a distribuição de recursos foi desigual, não promovendo o desenvolvimento econômico equilibrado das diferentes regiões goianas; **B:** incorreta, pois o Estado foi o responsável pelo investimento em infraestrutura, principalmente aquela relacionada à logística de transporte de mercadorias; **C:** incorreta, porque a pujança da produção agropecuária aqueceu o mercado de trabalho de atividades especializadas no campo; **D:** correta, já que a modernização agrícola favoreceu o surgimento de agricultores em torno de cidades médias, como Rio Verde, responsáveis por suprir as unidades produtivas com equipamentos tecnológicos e mão de obra especializada; **E:** incorreta, porque o Programa de Desenvolvimento dos Cerrados (POLOCENTRO) privilegiou médios e grandes produtores, o que resultou na mudança de escala de produção das unidades tradicionais. AN

11. Gabarito: ANULADA
Comentário: **A:** incorreta, pois a microrregião Sudoeste, que é uma das mais povoadas do estado, dedica-se à produção de grãos para o mercado regional e internacional e à pecuária extensiva. Os grandes incentivos

governamentais aplicados nessa região tiveram resultados abundantes; **B:** anulada. Segundo a banca examinadora, o fato de ter sido citado, na redação da opção considerada preliminarmente como gabarito, a cidade de Brasília, e não a região do entorno Distrito Federal, prejudicou a precisão das informações nela contidas; **C:** incorreta, pois há predominância de homens em algumas mesorregiões do estado; **D:** incorreta, porque as novas fronteiras agrícolas de Goiás não demandam grande quantidade de mão de obra por causa do uso intensivo de tecnologia e mecanização; **E:** incorreta, pois a migração explica o crescimento populacional de Goiás, uma vez que o estado não apresenta altas taxas de natalidade. 🔲

---

12. Gabarito: C
Comentário: **A:** incorreta. *PRODUZIR* é o programa do Governo do Estado de Goiás que incentiva a implantação, expansão ou revitalização de indústrias, estimulando a realização de investimentos, a renovação tecnológica e o aumento da competitividade estadual com ênfase na geração de emprego, renda e redução das desigualdades sociais e regionais. Esse programa não priorizou o investimento em determinadas mesorregiões em detrimento de outras; **B:** incorreta. *LOGPRODUZIR* é um subprograma do *PRODUZIR* que objetiva incentivar a instalação e expansão de empresas operadoras de Logística de Distribuição de produtos no Estado de Goiás. Esse programa apresentou resultados positivos, como o Porto Seco Centro-Oeste, localizado na cidade de Anápolis; **C:** correta. Anápolis tem o apelido de "Trevo do Brasil" por se situar no centro do país, a 150 quilômetros de Brasília, ser ponto de encontro de quatro rodovias federais (BR-020, 060, 153 e 414) e duas ferrovias de grande porte, a Ferrovia Centro-Atlântica, que liga a cidade ao sudeste, e a Ferrovia Norte-Sul, estando lá seu quilômetro zero. Assim, a localização geográfica estratégica de Anápolis resultante da condição de "nó de comunicação" com o resto do país foi fundamental no processo de definição e implantação do Distrito Agroindustrial de Anápolis (DAIA); **D:** incorreta, pois o parque industrial de Goiás é bastante diversificado; **E:** incorreta. O Fundo de Participação e Fomento à Industrialização do Estado de Goiás – FOMENTAR, criado em 1984, e o Programa de Desenvolvimento Industrial de Goiás – PRODUZIR, criado em 2000, foram fundamentais na modificação do perfil produtivo do Estado, que era eminentemente agrário em 1970 e se tornou agroindustrial a partir dos anos 2000. 🔲

---

13. Gabarito: E
Comentário: **A:** incorreta, pois a comunidade Kalunga não tem relação com os primitivos habitantes do território goiano. Kalunga é uma comunidade de negros formada por descendentes de escravos que fugiram do cativeiro

das minas de ouro e organizaram um quilombo na região da Chapada dos Veadeiros, no norte de Goiás; **B:** incorreta, pois o clima de Goiás é o tropical semiúmido, com verão úmido e inverno seco e temperatura anual média de 23°C; **C:** anulada. A opção apontada preliminarmente como gabarito não pode ser considerada correta porque a nascente dos rios formadores da Bacia Amazônica não se encontra em Goiás; **D:** incorreta, pois o lago artificial da Usina de Serra da Mesa está localizado na porção setentrional do território goiano (noroeste de Goiás) e possui o concurso de grandes rios do Estado, como os rios Tocantins e Maranhão; **E:** incorreta, porque o contato entre os nativos indígenas da região e os bandeirantes de São Paulo não foi amistoso e também porque existiu escravidão africana na região. 🔲

---

14. Gabarito: A
Comentário: **A:** correta. Com a abdicação de D. Pedro I, em 1831, eclodiu em Goiás um movimento nacionalista liderado pelo bispo Dom Fernando Ferreira, pelo padre Luiz Bartolomeu Marquez e pelo coronel Felipe Antônio. Esse movimento conseguiu depor todos os portugueses que ocupavam cargos públicos em Goiás, inclusive o presidente da província; **B:** incorreta, porque foram formados em Goiás partidos políticos nos moldes do Liberal e do Conservador, reproduzindo o modelo da política nacional; **C:** incorreta, pois, à época da independência do Brasil, a pecuária ocupava extensas áreas do território goiano, dela derivando a expansão do povoamento e o surgimento de cidades como Itaberaí e Anápolis; **D:** incorreta, pois a extinção do sistema de capitanias ocorreu em 28 de fevereiro de 1821, mais de um ano antes da Independência. A maioria das capitanias tornaram-se províncias e o território de algumas, como o da capitania de São José do Rio Negro e o da capitania de Sergipe, foi anexado às novas províncias; **E:** incorreta, pois a província de Goiás progride economicamente, a partir da década de 1860, devido ao crescimento do rebanho bovino e da agricultura, e não devido à redução da tributação. 🔲

---

15. Gabarito: B
Comentário: **A:** incorreta, pois a Primeira República em Goiás (até 1930) foi marcada pela disputa das elites oligárquicas goianas pelo poder político: os Bulhões, os Fleury, e os Jardim Caiado; **B:** correta. Pedro Ludovico Teixeira foi nomeado interventor em Goiás em novembro de 1930. Em novembro de 1937, com a decretação do Estado Novo, permaneceu à frente do governo estadual, mais uma vez como interventor. Com isso, fortaleceu o seu grupo político e impulsionou a carreira política de seu filho, Mauro Borges; **C:** incorreta, pois o agronegócio possui grande destaque na economia goiana até os dias atuais, não tendo sido prejudicado pela industrialização;

D: incorreta, pois, em 1987, as lideranças souberam aproveitar o momento oportuno para mobilizar a população em torno de um projeto de existência quase secular: a autonomia política do norte goiano, já batizado de Tocantins. A proposta de criação do Estado de Tocantins não gerou a oposição de intelectuais, da sociedade em geral nem do próprio governo de Goiás; **E:** incorreta, pois Goiânia já era a capital de Goiás antes da instituição do Estado Novo. Vejamos as datas dos acontecimentos históricos. Em 24 de outubro de 1933, Pedro Ludovico lançou a pedra fundamental da nova cidade. Em 2 de agosto de 1935, foi criado o município da nova capital, que recebeu o topônimo de Goiânia. Em 23 de março de 1937, foi oficializada a efetiva transferência da capital do estado. Em 10 de novembro de 1937, foi outorgada a Constituição Federal que deu início ao Estado Novo. A inauguração oficial de Goiânia aconteceu em 5 de julho de 1942. O segundo governo de Getúlio Vargas iniciou-se em 1951 e foi até 1954. **AN**

16. Gabarito: ANULADA
(A): A Criminologia é uma ciência autônoma, empírica e interdisciplinar, se diferenciando da normatividade do direito material e processual e também sendo caracterizada pela interdisciplinaridade.
(B): Para o direito penal o crime é uma conduta típica, antijurídica e culpável. Para a Criminologia o crime é um problema social, um fenômeno comunitário que deve ter incidência aflitiva, incidência massiva, persistência espaço-temporal e inequívoco consenso quanto a efetividade da intervenção penal. As escolas criminológicas têm diferentes concepções sobre o crime.
[C] :A criminologia é uma ciência independente das demais, inclusive do direito penal. Sendo autônoma. Contudo, está diretamente relacionada em razão dos seus objetos de estudo. Cabe à Criminologia a compreensão dos fenômenos relacionados ao crime, ao criminoso, à vítima e ao controle social. Sendo assim, ela é importante fonte de informação para se pensar estratégias de prevenção criminal.
(D): A vítima é um dos objetos de estudo da criminologia. O estudo da Vitimologia demonstra a complexidade do estudo da vítima como indivíduo e sua interrelação com o autor do delito. É necessário analisar a relação entre criminoso e vítima (o que também é chamado de par penal) para poder compreender melhor o fato criminal e verificar o dolo e a culpa do agente e a responsabilidade da vítima. Existem diversas classificações e um dos tipos de Benjamim Mendelsohn trata das vítimas inocentes, ou seja, que não concorrem em nenhuma medida para a prática do delito.
(E): Os objetos da criminologia são: o crime; o autor do delito; a vítima; e o controle social, sendo que o Poder Judiciário está abrangido neste último. **VC**

17. Gabarito: D
Comentário: A: Incorreta. Um dos objetos da criminologia é o delinquente, com o objetivo de compreensão. Não necessariamente com o objetivo de buscar sua ressocialização. Tanto é verdade que algumas teorias defendem pena de morte. A Política criminal tem por objetivo prevenir a criminalidade, mas uma das formas de prevenção pode se dar pelo caminho da ressocialização. B: Incorreta. A criminologia tem por objetivo conhecer e compreender seus objetos de estudo – que inclui o crime. Não necessariamente o pensamento está voltado para a eliminação da criminalidade, como o caso da teoria da anomia que entende o crime como um fenômeno social natural e até mesmo positivo. C: Incorreta. A criminologia tem por finalidade conhecer e estudar as origens e causas do crime, porém não de determinar, o que seria impossível. D: Correta. A criminologia estuda, de fato, os elementos apresentados na assertiva. Ademais, a assertiva traz a expressão "entre outros aspectos", ou seja, deixa em aberto para englobar os demais objetos e visões de estudo da criminologia. E: Incorreta. A criminologia orienta a política criminal, e não o contrário. A política criminal é uma estratégia de ação política orientada pelo saber criminológico. A política criminal faz a ponte entre a criminologia e o direito penal, uma vez que a criminologia traz conceitos e teorias sobre o crime, o criminoso, a vítima e o controle social e, por meio da política criminal, os agentes do Estado legislam, criando o direito penal e aplicam-no. Contudo, a política criminal é mais ampla do que o direito penal. **VC**

18. Gabarito: E
Comentário: A: incorreta. Atuar sob as causas dos conflitos sociais por meio de implementação de políticas públicas sociais – como o caso da educação – é parte da prevenção primária. B: incorreta. O aumento das taxas de emprego (redução do desemprego) está associado a políticas de prevenção primária. C: incorreta. A prevenção primária diz respeito a implementação de políticas públicas sociais – são ações de médio e longo prazo. D: incorreta. A ação da Força Nacional de Segurança como apoio a atividade policial estadual é uma ação de prevenção secundária. E: correta. A prevenção terciária atua com o fim de evitar a reincidência, através de políticas voltadas ao preso e ao egresso. Também é conhecida como tardia, pois ocorre depois do cometimento do delito; parcial, pois recai apenas no condenado; e insuficiente, pois não neutraliza as causas do problema criminal. **VC**

19. Gabarito: C
Comentário: A: Incorreta. O modelo clássico de reação ao crime trata da repressão ao crime por meio da aplicação da punição para os imputáveis e semi-imputáveis. B: Incorreta. O modelo ressocializador atua na vida do

criminoso, não apenas com a aplicação da punição, mas reduzindo a reincidência, por meio da ressocialização. O modelo descrito na assertiva é o dissuasório (ou clássico). C: Correta. O modelo reparador busca restabelecer, na medida do possível, a situação anterior ao cometimento do crime por meio da reeducação do infrator e da assistência à vítima. Tem o objetivo de reparar o dano causado à vítima e à comunidade. Procura conciliar os interesses de todas as partes relacionadas com o problema criminal. D: Incorreta. O modelo dissuasório está associado ao rigor das penas e a sua efetiva aplicação. O modelo descrito na assertiva é o integrador. E: Incorreta. O modelo integrador tem por objetivo atuar na redução da reincidência. O modelo descrito na assertiva é o dissuasório (clássico e neoclássico). 🆅🅒

20. Gabarito: A
Comentário: A: correta – As exames periciais podem ser realizados em vítimas, indiciados, testemunhas, jurados, no local e/ou objeto do crime; B: incorreta – Pelo sistema de DNA, é possível determinar a raça, a idade, o sexo; C: incorreta – Em casos de envenenamento, deverá ser realizado exame toxicológico; D: incorreta – As perícias médico-legais podem ser solicitadas, inclusive, no foro de acidente de trabalho; E: incorreta – O relatório ditado pelo perito ao escrivão de polícia é denominado auto, enquanto que o laudo é o relatório apresentado por escrito pelo perito. 🅛🅜

21. Gabarito: C
Comentário: Existem diversas classificações das raças, com base em características físicas. A classificação de Ottolenghi é a uma delas. De acordo com tal classificação: A: incorreta – O indiano apresenta pele morena, escura, mais avermelhada, íris castanha, cabelos lisos e pretos, com ossos zigomáticos (bochecha) em proeminência; B: incorreta – O indivíduo australoide, de acordo com a referida classificação, é aquele que apresenta pele trigueira (morena), cabelos pretos, ondulados, bochecha proeminente, testa (região frontal) estreita, nariz curto etc.; C: correta – O caucásico apresenta as características descritas no enunciado; D: incorreta – Negroide é aquele que possui a pele negra, com cabelos crespos, testa mais saliente, íris castanha, com narinas largas e distantes etc.; E: incorreta – O mongólico tem pele amarela, cabelos lisos, região frontal mais larga e baixa, face achatada. 🅛🅜

22. Gabarito: A
Comentário: A: correta – As características descritas são encontradas em lesões causadas por arma de fogo, que são as denominadas perfurocontundentes. As orlas de contusão, enxugo e escoriação são encontradas em quase todos os ferimentos provocados por disparos de arma de fogo, independentemente da distância do tiro, enquanto que as lesões por tiros a curta distância apresentam zonas de esfumaçamento e de tatuagem; B: incorreta – Lesões cortocontusas, que são as causadas por instrumentos cortocontundentes, tais como facão, machado etc. Assim, os ferimentos causados apresentam zona de contusão, em razão da pressão do instrumento em determinado ponto do corpo; C: incorreta – As lesões causadas por instrumentos perfurocortantes são denominadas de perfuroincisas. Um exemplo de objeto perfurocortante é a faca, que possui uma lâmina com ponta; D e E: incorretas – De fato, ambas foram causadas por objeto perfurocontundente. Porém, a primeira a longa distância e, a segunda, a curta distância, chegando-se a tal conclusão pela existência de zona de esfumaçamento e de tatuagem. 🅛🅜

23. Gabarito: B
Comentário: A: incorreta – Apenas com base nessas características não é possível determinar que a morte não se deu por causa natural; C: incorreta – As manchas de hipóstase são verificadas nas asfixias causadas por monóxido de carbono; D: incorreta – A sufocação indireta é a causada pela compressão do tórax apenas ou do tórax em conjunto com a do abdome. As características principais da sufocação indireta no cadáver são a congestão dos pulmões, fraturas na região torácica e derramamento de sangue debaixo a pele; E: incorreta – O cogumelo de espuma pode ser encontrado em casos de submersão, podendo não aparecer em outros tipos de asfixia. Ele se forma nos casos em que as vias aéreas foram obstruídas por líquido e por expulsão de ar e muco nas vítimas que reagiram à aproximação da morte. 🅛🅜

24. Gabarito: ANULADA
Comentário: A questão foi anulada e tal anulação deve ser compreendida sobretudo após a publicação da Lei n. 13.146 de 2015, o Estatuto da Pessoa com Deficiência, que se destina a assegurar e a promover, em condições de igualdade, o exercício dos direitos e das liberdades fundamentais por pessoa com deficiência, visando à sua inclusão social e cidadania. Dessa forma, não se fala em presunção de incapacidade civil em razão de questões de ordem mental, sobretudo avaliando-se quociente intelectual de forma isolada (como dispõe a alternativa C). Também os termos "imbecilidade" (assertiva E) e "idiotia" não devem ser mais utilizados e são tidos como discriminatórios, ultrapassados e preconceituosos.
A princípio, ressalte-se que desenvolvimento mental incompleto e desenvolvimento mental retardado são conceitos distintos. O primeiro refere-se a quem ainda não atingiu o desenvolvimento; já o retardo mental associa-se ao indivíduo que não virá a atingi-lo, havendo vários graus, de leve a profundo.

O retardo mental pode apresentar suas primeiras manifestações muito precocemente, mesmo em bebês e até mesmo antes da fase pré-escolar (alternativa A incorreta).

A imputabilidade penal das pessoas com retardo mental deve ser avaliada no caso concreto, avaliando-se a capacidade de entendimento e autodeterminação.

Por tais considerações, não há alternativa correta a ser considerada. LG

25. Gabarito: B

Comentário: A: incorreta – Com base apenas em tais características não é possível afirmar que houve estupro; C: incorreta – O eritema, que é o rubor da pele, pode surgir pela ação de fatores diversos, como por exemplo a exposição ao calor. Sendo assim, não pode ser tido como indicativo de abuso sexual por si só; D: incorreta – A vasectomia não impede a ejaculação, apenas a produção de espermatozoides. Sendo assim, pode ser utilizada para a obtenção de dados objetivos sobre o crime, como em exame de DNA; E: incorreta – é possível que mesmo após a conjunção carnal o hímen mantenha-se íntegro, devido à sua complacência. LM

26. Gabarito: E

Comentário: **A**: Incorreta – A atribuição descrita compete ao Gerente de Planejamento Operacional da Polícia Civil, nos termos do art. 44, VIII, da Lei Orgânica da Polícia Civil do Estado de Goiás – Lei Estadual nº 16.901/2010; **B**: Incorreta – A competência para o ato é do Gerente de Planejamento Operacional da Polícia Civil (art. 44, I); **C**: Incorreta – A atribuição contida na assertiva é do Chefe do Departamento de Polícia Judiciária (art. 40, III e IV); D: Incorreta – Compete ao Delegado Regional de Polícia apresentar, mensal e anualmente, relatório de suas atividades, bem como dados estatísticos dos trabalhos realizados pelas unidades a ele subordinadas e encaminhá-los ao Departamento de Polícia Judiciária, para os devidos fins (art. 42, II); E: Correta – A atribuição está prevista no art. 46, § 3º, VI, da Lei Orgânica da Polícia Civil do Estado de Goiás. LM

27. Gabarito: E

Comentário: **A:** Incorreta – Dentre as atribuições dos titulares do cargo de delegado de polícia está a de instaurar e presidir, com exclusividade, inquéritos policiais, termos circunstanciados de ocorrência e outros procedimentos policiais legais para a apuração de infração penal ou ato infracional (art. 49, I); **B:** Incorreta - São atribuições dos titulares dos cargos de Escrivão de Polícia o exercício de atividades de formalização dos procedimentos relacionados com as investigações criminais e operações policiais, bem como a execução de serviços cartorários, além de outras definidas em regulamento (art. 50); **C:** Incorreta

- São atribuições dos titulares dos cargos de Agente de Polícia a participação e colaboração no planejamento e execução de investigações criminais, a produção de conhecimentos e informações relevantes à investigação criminal, bem como a execução das operações policiais, além de outras definidas em regulamento (art. 51); **D:** Incorreta - São atribuições dos titulares dos cargos de Papiloscopista Policial o exercício de atividades de identificação humana, por meio da realização de exame como papiloscópico, representação facial humana, prosopografia e necropapiloscópico, bem como a identificação humana civil e criminal, além de outras definidas em regulamento (Art. 51-A); **E:** Correta – Prevê o art. 49, III, da Lei Orgânica da Polícia Civil do Estado de Goiás que é de atribuição do titular do cargo de delegado de polícia dirigir, coordenar, supervisionar e fiscalizar as atividades logísticas e finalísticas da unidade sob sua direção. LM

28. Gabarito: B

Comentário: Prevê o art. 3º da Lei Orgânica que são princípios institucionais da Polícia Civil: proteção dos direitos humanos; participação e interação comunitária; resolução pacífica de conflitos; uso proporcional da força; eficiência na repressão das infrações penais; indivisibilidade da investigação policial; indelegabilidade das atribuições funcionais; hierarquia e disciplina funcionais; atuação técnico-científica e imparcial na condução da atividade investigativa. Desse modo, a assertiva "B" está correta. LM

29. Gabarito: C

Comentário: De acordo com previsão constante do art. 124 do *Estatuto dos Funcionários Públicos Civis do Estado de Goiás e de suas Autarquias,* reversão é o retorno à atividade do funcionário aposentado por invalidez, quando insubsistentes os motivos determinantes da aposentadoria, dependendo sempre da existência de vaga. Portanto, a assertiva a ser assinalada é a C. LM

30. Gabarito: D

Comentário: É tranquilo o entendimento segundo o qual, na hipótese de coautoria ou participação no crime de latrocínio, todos por ele serão responsabilizados, e não somente o agente que efetuou os disparos que causaram a morte da vítima. No caso narrado no enunciado, temos que tanto Álvaro quanto Samuel ingressaram armados no banco e ali realizaram o assalto, cientes de que isso poderia desencadear o resultado morte, razão pela qual ambos devem ser responsabilizados pelo latrocínio, e não somente Samuel, que efetuou o disparo. Nessa esteira: "É irrelevante saber-se quem disparou o tiro que matou a vítima, pois todos os agentes assumiram o risco de produzir o resultado morte" (RT, 747/707). No mesmo sentido: "Aquele que se associa a comparsas para a prática de roubo, sobrevindo a morte da vítima, responde pelo crime de latrocínio, ainda que não tenha sido o autor do disparo fatal ou a participação se revele de menor importância" (STF, RHC 133575, Relator(a): MARCO AURÉLIO, Primeira Turma, julgado em 21/02/2017, PROCESSO ELETRÔNICO DJe-101 DIVULG 15-05-2017 PUBLIC 16-05-2017). Consta ainda do enunciado que, dias depois, em contexto fático diverso, Álvaro, quando caminhava sozinho pela rua (desacompanhado de Samuel, portanto), após ser reconhecido por um dos funcionários do banco que assaltara dias antes, matou-o e escondeu seu corpo. O que fez Álvaro foi eliminar a vida de uma testemunha que, tendo o reconhecido, poderia, no futuro, depor em seu desfavor, apontando-o como coautor do roubo seguido de morte. Por assim ter agido, deverá ser responsabilizado pelo crime de homicídio qualificado do art. 121, § 2º, V, do CP: *se o homicídio é cometido: V – para assegurar a execução, a ocultação, a impunidade ou a vantagem de outro crime* (destaque nosso). Por este crime, somente responderá Álvaro, já que Samuel, segundo é possível inferir das informações fornecidas pelo enunciado, dele não tomou parte. Em conclusão, Álvaro cometeu o crime de homicídio qualificado (art. 121, § 2º, V, do CP) e será responsabilizado pelo resultado morte ocorrido durante o roubo (art. 157, § 3º, II, CP). Pelo fato de o latrocínio constituir uma das modalidades de roubo qualificado (pelo resultado morte), podemos dizer que a assertiva "C" também deve ser considerada correta.

31. Gabarito: A
Comentário: **A:** correta. De início, cumpre destacar que a tortura, o tráfico de drogas e o terrorismo, embora não sejam crimes hediondos, assim enunciados no rol do art. 1º da Lei 8.072/1990, são considerados equiparados (ou assemelhados) a hediondos, em conformidade com o que se extrai do art. 5º, XLIII, da CF. Ademais, o art. 2º, I e II, da precitada Lei 8.072/1990, expressamente dispõe que os crimes hediondos, a tortura, o tráfico de drogas e o terrorismo são insuscetíveis de anistia, graça e indulto, bem como de fiança; **B:** incorreta. Além do homicídio qualificado, que sempre será crime hediondo (art. 1º, I, segunda parte, da Lei 8.072/1990), também o será o homicídio simples, desde que praticado em atividade típica de grupo de extermínio, ainda que por uma só pessoa (art. 1º, I, primeira parte, da Lei 8.072/1990); **C:** incorreta. Embora seja hediondo o homicídio praticado em ação típica de grupo de extermínio (art. 1º, I, primeira parte, da Lei 8.072/1990), quando cometido em ação de milícia privada configurará apenas forma majorada (art. 121, § 6º, do CP); **D:** incorreta. O roubo poderá ser qualificado em duas situações: (i) se da violência resultar lesão corporal grave (art. 157, § 3º, I, do

CP); (ii) se resultar morte (art. 157, § 3º, II, do CP). Dessas duas modalidades qualificadas, somente era considerado hediondo, ao tempo em que esta prova foi elaborada, o roubo seguido de morte (latrocínio), nos termos do art. 1º, II, da Lei 8.072/1990. Posteriormente à elaboração desta questão, a Lei 13.964/2019, dentre tantas outras alterações promovidas, inseriu no rol dos crimes hediondos (art. 1º, II, *a*, *b*, e *c*, da Lei 8.072/1990), entre outros delitos, o roubo circunstanciado pela restrição de liberdade da vítima (art. 157, § 2º, V, CP), o roubo circunstanciado pelo emprego de arma de fogo (art. 157, § 2º-A, I) ou pelo emprego de arma de fogo de uso proibido ou restrito (art. 157, § 2º-B) e a modalidade qualificada pelo resultado lesão corporal grave (art. 157, § 3º), lembrando que o roubo qualificado pelo resultado morte (latrocínio) já fazia parte do rol de crimes hediondos, conforme acima observado; **E:** incorreta. Com o advento da Lei 12.978, de 2014, foi inserido ao rol do art. 1º da Lei 8.072/1990 o crime de favorecimento da prostituição ou de outra forma de exploração sexual de criança ou adolescente ou de vulnerável (art. 218-B, *caput*, e §§ 1º e 2º, do CP). Portanto, a partir de 2014, o crime em comento tornou-se hediondo.

32. Gabarito: C
Comentário: **A:** incorreta. Nos termos do art. 20, § 3º, da Lei 7.716/1989, somente por determinação judicial será possível a interdição de mensagens ou páginas de informação na rede mundial de computadores que veiculem a prática, o induzimento ou a incitação à discriminação ou preconceito de raça, cor, etnia, religião ou procedência nacional; **B:** incorreta, pois o concurso de pessoas (art. 29 do CP) somente se caracteriza antes ou durante a execução da infração penal, e não após o cometimento dela, tal como consta no enunciado; **C:** correta. De fato, o crime praticado pela jovem, que se subsume à figura prevista no art. 20 da Lei 7.716/1989, não se confunde com a injúria racial (art. 140, § 3º, do CP). No racismo, o dolo do agente é voltado a uma pluralidade ou grupo de pessoas de uma mesma raça, cor, etnia, religião ou procedência nacional. Portanto, ofende-se a uma coletividade de indivíduos, diversamente do que ocorre na injúria racial, que é crime contra a honra de pessoa determinada, valendo-se o agente de elementos referentes a raça, cor, etnia, religião ou origem. Aqui, ofende-se a dignidade ou o decoro de um indivíduo; **D:** incorreta. O fato de a jovem, após seu comportamento discriminatório dirigido aos nordestinos por meio de redes sociais, haver apagado as mensagens não afasta o crime, caracterizado – e consumado – no momento da veiculação de referidas mensagens; **E:** incorreta. A conduta da jovem se amolda ao crime tipificado pelo art. 20 da Lei 7.716/1989.

33. Gabarito: ANULADA

Comentário: **A:** incorreta. Pelo fato de manter Mariana presa em casa, ao argumento de que ela lhe devia obediência, visto ser o seu responsável legal, Alfredo cometeu o crime de sequestro e cárcere privado na modalidade qualificada, na medida em que eram casados e Mariana, ao tempo do crime, era menor de 18 anos (art. 148, § 1º, I e IV, CP); **B:** incorreta. Evidente que o agente policial que tomou conhecimento da ocorrência não agiu com acerto. Deveria providenciar o registro dos fatos e adotar as medidas de Polícia Judiciária pertinentes; se não dispusesse de atribuição para tanto, deveria levar os fatos, de imediato, ao conhecimento da autoridade policial de plantão, a fim de que esta determinasse o que de direito; **C:** incorreta. Ao assim agir, o agente policial não incorreu, nem de longe, no crime de concussão, cuja conduta consiste em o sujeito ativo, necessariamente funcionário público, exigir, impor vantagem indevida (art. 316, *caput*, CP). Em princípio, pelos dados fornecidos pelo enunciado, a conduta praticada pelo agente é atípica. Vale lembrar que o crime de prevaricação, definido no art. 319 do CP, pressupõe que o agente, ao retardar ou deixar de praticar ou praticar contra disposição expressa de lei ato ofício, aja com o intuito de satisfazer interesse ou sentimento pessoal, não sendo este o caso narrado; **D:** incorreta. Ao tempo em que esta questão foi elaborada, a ação penal, no contexto dos crimes contra a dignidade sexual, era, em regra, pública condicionada à representação do ofendido, nos termos do art. 225, *caput*, do CP. Sucede que este mesmo dispositivo, em seu parágrafo único, estabelecia duas exceções (em que a ação penal seria pública incondicionada): vítima vulnerável ou menor de 18 anos. Como Mariana era menor de 18 anos, o MP poderia processar Alfredo independente de qualquer manifestação de vontade, já que a ação era pública incondicionada. Atualmente, o crime de estupro e os demais delitos contra a dignidade sexual são processados, em qualquer caso, por meio de ação penal pública incondicionada. Explico. Com o advento da Lei 13.718/2018, que, dentre várias inovações implementadas nos crimes contra a dignidade sexual, mudou, uma vez mais, a natureza da ação penal nesses delitos. Com isso, a ação penal, nos crimes sexuais, passa a ser pública incondicionada. Vale lembrar que, antes do advento desta Lei, como já salientado acima, a ação era, em regra, pública condicionada, salvo nas situações em que a vítima era vulnerável ou menor de 18 anos. Fazendo um breve histórico, temos o seguinte quadro: a ação penal, nos crimes sexuais, era, em regra, privativa do ofendido, a este cabendo a propositura da ação penal; posteriormente, a partir do advento da Lei 12.015/2009, a ação penal, nesses crimes, deixou de ser privativa do ofendido para ser pública condicionada a representação, em regra; agora, com a entrada em vigor da Lei 13.718/2018, a ação penal, nos crimes contra a dignidade sexual, que antes era pública condicionada, passa a ser pública incondicionada. Com isso, o titular da ação penal, que é o MP, prescinde de manifestação de vontade da vítima para promover a ação penal. Perceba que a ação penal quanto ao crime de estupro, no caso narrado no enunciado, é pública incondicionada, independente de se considerar a legislação atual ou a anterior; **E:** incorreta (assim considerada pela banca examinadora, razão pela qual foi anulada a questão). A Alfredo deverão ser imputados os seguintes crimes: sequestro e cárcere privado (art. 148, § 1º, I e IV, CP); estupro na modalidade qualificada (e não só majorada), porquanto a vítima, Mariana, era, à época dos fatos, menor de 18 anos e maior de 14 anos (art. 213, § 1º, CP), com a incidência da causa de aumento de metade pelo fato de a vítima ser cônjuge do agente (art. 226, II, CP); e feminicídio (modalidade de homicídio qualificado praticado contra a mulher por razões da condição de sexo feminino – art. 121, § 2º, VI, do CP). 🔲

34. Gabarito: D

Comentário: **A:** incorreta. Tendo em conta que a Constituição Federal veda a retroatividade de lei prejudicial ao réu, uma vez concedida, por lei federal, a anistia, não pode uma lei posterior revogá-la. Se assim o fizesse, esta lei posterior estaria retroagindo para prejudicar o acusado; **B:** incorreta. Tanto a graça quanto o indulto são concedidos por decreto firmado pelo presidente da República (art. 84, XII, da CF), que poderá delegar tal prerrogativa a ministro de Estado, ao procurador-geral da República ou ao advogado-geral da União, nos termos do art. 84, parágrafo único, da CF; **C:** incorreta. Em princípio, a graça, o indulto e a anistia podem alcançar qualquer crime, com exceção daqueles em relação aos quais exista vedação legal. É o caso, por exemplo, dos crimes hediondos e equiparados, que, por imposição do art. 5º, XLIII, da CF, são insuscetíveis de anistia e graça. A Lei de Crimes Hediondos (Lei 8.072/1990), em seu art. 2º, I, reproduziu o dispositivo constitucional, acrescentando ao rol o indulto. Surgiu na doutrina e jurisprudência a discussão quanto à constitucionalidade desta inclusão, tendo prevalecido o entendimento no sentido de que o dispositivo da Lei de Crimes Hediondos ao qual fizemos referência não padece de inconstitucionalidade. Isso porque a palavra "graça", empregada no texto da CF, foi utilizada em sentido amplo, de tal forma a englobar o indulto; **D:** correta. A prescrição pode se dar em razão da perda do direito de punir (prescrição da pretensão punitiva) ou em razão da perda do direito de executar a pena imposta (prescrição da pretensão executória); **E:** incorreta. A assertiva dá a entender que anistia e *abolitio criminis* são a mesma coisa. Não são. Embora ambas sejam veiculadas por lei, a anistia, diferentemente da *abo-*

litio criminis, somente é aplicável a fatos pretéritos. Isso porque, na *abolitio criminis*, a norma penal incriminadora é abolida, deixa de existir, ou seja, a conduta descrita no tipo penal torna-se atípica por força de lei; na anistia, diferentemente, o tipo penal não deixa de existir. 🔳

35. Gabarito: E

Comentário: **A**: incorreta, pois a *abolitio criminis* temporária somente alcança o crime de posse de arma de fogo, não abrangendo o porte, conforme arts. 30, 31 e 32 da Lei 10.826/2003 e Súmula 513, do STJ: "A *abolitio criminis* temporária prevista na Lei n. 10.826/2003 aplica-se ao crime de posse de arma de fogo de uso permitido com numeração, marca ou qualquer outro sinal de identificação raspado, suprimido ou adulterado, praticado somente até 23/10/2005"; **B**: incorreta. Isso porque a conduta consubstanciada em fornecer, ainda que gratuitamente, arma de fogo, acessório ou munição a criança ou adolescente configura o crime do art. 16, § 1º, V, da Lei 10.826/2003 (Estatuto do Desarmamento). O art. 242 do ECA, que prevê a conduta de vender, fornecer ainda que gratuitamente ou entregar, de qualquer forma, a criança ou adolescente arma, munição ou explosivo, foi derrogado pelo Estatuto do Desarmamento, somente tendo aplicação nos casos em que a arma não é de fogo; **C**: incorreta, na medida em que a pessoa jurídica pode, sim, figurar como sujeito passivo de infração penal consumerista, uma vez que se enquadra no conceito de consumidor (art. 2º, *caput*, da Lei 8.078/1990); **D**: incorreta. Trata-se da conduta descrita no art. 68 do ECA, que constitui crime formal, não exigindo, à sua consumação, a produção de resultado naturalístico; **E**: correta. Segundo tem entendido o STJ, somente será reconhecido o crime único se a posse ou o porte for de arma da mesma qualidade (todas de calibre permitido ou todas de calibre proibido/restrito); se o agente possuir/ portar, no mesmo contexto fático, armas de calibres permitido e restrito/proibido, será responsabilizado pelo cometimento dos crimes definidos nos arts. 12 e 16 do Estatuto do Desarmamento em concurso formal, já que os bens jurídicos tutelados são diversos. Conferir: "AGRAVO REGIMENTAL NO RECURSO ESPECIAL. POSSE IRREGULAR DE ARMAS E MUNIÇÕES DE USO RESTRITO E DE USO PERMITIDO (ARTS. 12 E 16 DA LEI N. 10.826/03). CONCURSO FORMAL. CRIME ÚNICO. ART. 16, CAPUT, E ART. 16, PARÁGRAFO ÚNICO, IV, LEI 10.826/2003. MESMO CONTEXTO FÁTICO. AGRAVO PROVIDO. 1. A orientação jurisprudencial recente do Superior Tribunal de Justiça é de que os tipos penais dos arts. 12 e 16 da Lei n. 10.826/2003 tutelam bens jurídicos diversos, razão pela qual deve ser aplicado o concurso formal quando apreendidas armas ou munições de uso permitido e de uso restrito no mesmo contexto fático. Precedentes. 2. Deve ser mantido o reconhecimento

de crime único entre os delitos previstos nos arts. 16, caput, e 16, parágrafo único, IV, da Lei 10.826/2003, quando ocorrem no mesmo contexto fático. 3. Agravo regimental provido para afastar o reconhecimento de concurso material, manter a incidência de crime único entre os crimes dos arts. 16, caput, e 16, parágrafo único, IV, da Lei 10.826/2003 e redimensionar as penas." (STJ, AgRg no REsp 1624632/RS, Rel. Ministro JORGE MUSSI, QUINTA TURMA, julgado em 28/04/2020, DJe 30/04/2020). 🔳

36. Gabarito: D

Comentário: **A**: incorreta, pois não reflete o disposto no art. 33, § 4º, da Lei 11.343/2006; **B**: incorreta, pois não corresponde ao que estabelece o art. 41 da Lei 11.343/2006; **C**: incorreta, uma vez que em desacordo com o disposto no art. 32 da Lei 11.343/2006; **D**: correta. Isso porque, conforme tem entendido a jurisprudência, é desnecessário, à configuração da majorante prevista no art. 40, I, da Lei 11.343/2006, que se dê o efetivo transporte da droga para o interior ou exterior do país, sendo suficiente que se demonstre a intenção do agente em assim proceder. Conferir: "Para a incidência da causa especial de aumento de pena prevista no inciso I do art. 40 da Lei de Drogas, é irrelevante a efetiva transposição das fronteiras nacionais, sendo suficiente, para a configuração da transnacionalidade do delito, a comprovação de que a substância tinha como destino/origem localidade em outro país" (STJ, REsp 1395927/SP, Rel. Min. Rogerio Schietti Cruz, 6ª Turma, j. 13.09.2016, DJe 20/09/2016). Consolidando esse entendimento, o STJ editou a Súmula 607: A majorante do tráfico transnacional de drogas (art. 40, I, da Lei n. 11.343/2006) configura-se com a prova da destinação internacional das drogas, ainda que não consumada a transposição de fronteiras; **E**: incorreta. Conferir: "O crime do art. 35 da Lei n. 11.343/06 exige que a associação entre os agentes ocorra de forma estável ou em caráter permanente, caracterizando a reunião eventual mero concurso de pessoas. No caso, tendo as instâncias ordinárias, após exame das provas dos autos, constatado a existência de estabilidade e permanência entre o agravante e outros indivíduos, inviável a reversão do julgado ante o óbice constante da Súmula 7/STJ (STJ, AgRg no AREsp 303.213/SP, Rel. Ministro MARCO AURÉLIO BELLIZZE, QUINTA TURMA, julgado em 08/10/2013, DJe 14/10/2013). 🔳

37. Gabarito: B

Comentário: **A**: incorreta. De acordo com o art. 136, I, do ECA, caberá ao Conselho Tutelar a aplicação das medidas protetivas indicadas nos incisos I a VII do art. 101. A autoridade policial não poderá aplicar medidas de proteção a crianças e adolescentes; **B**: correta. Perfeitamente possível a aplicação de medidas socioeducativas a adolescentes que tenham cometido ato infracional equiparado a crime ou contravenção. Especificamente no tocante à medida de internação, o art. 121, § 5º, do ECA é textual ao prever a liberação compulsória do agente aos vinte e um anos de idade. Portanto, se o ato infracional houver sido praticado por adolescente (doze anos completos a dezoito anos incompletos), eventual decretação da medida socioeducativa de internação poderá ocorrer quando já atingida a maioridade. A inimputabilidade pela menoridade será aferida no momento da prática do ato infracional, e não quando da aplicação da medida socioeducativa (art. 27 do CP e art. 104, parágrafo único, do ECA; **C**: incorreta, pois o art. 118, § 2º, do ECA prevê o prazo mínimo de duração de seis meses para a liberdade assistida; **D**: incorreta. De acordo com a Súmula 500 do STJ, "A configuração do crime previsto no artigo 244-B do Estatuto da Criança e do Adolescente independe da prova da efetiva corrupção do menor, por se tratar de delito formal"; **E**: incorreta. O ECA não prevê o prazo de prescrição das medidas socioeducativas, regulada, portanto, pelo Código Penal. Esse é o teor da Súmula 338 do STJ: "A prescrição penal é aplicável nas medidas socioeducativas". **AT**

38. Gabarito: D
Comentário: A: incorreta. Ao tempo da elaboração desta questão, o descumprimento de medida protetiva de urgência, ainda que reiterado, não configurava crime algum, nem o de desobediência, segundo entendiam os tribunais, já que havia, na hipótese de recalcitrância do agente em cumprir a medida protetiva, consequências de outra ordem, como a possibilidade de decretação de prisão preventiva e requisição de força policial para fazer valer a decisão judicial. Sucede que, a partir do advento da Lei 13.641/2018 (posterior à elaboração desta questão), foi inserido na Lei Maria da Penha o art. 24-A, que contempla, como crime, a conduta do agente que descumpre decisão judicial que defere medida protetiva de urgência prevista em lei, sujeitando-o à pena de detenção de 3 meses a 2 anos; **B**: incorreta. A decisão do STF, tomada no julgamento da ADIn n. 4.424, de 09.02.2012, estabeleceu a natureza *incondicionada* da ação penal tão somente nos crimes de lesão corporal, independente de sua extensão, praticados contra a mulher no ambiente doméstico, entendimento este que, no STJ, encontra-se consagrado na Súmula 542, do STJ. O erro da assertiva, portanto, está em afirmar que tal entendimento se estende ao crime de ameaça, cujo processamento será feito por meio de ação penal pública condicionada, tal como estabelece o art. 147, parágrafo único, do CP; **C**: incorreta, dado que, nos termos do art. 17 da Lei Maria da Penha (Lei 11.340/2006), é vedada a aplicação, nos casos de violência doméstica e familiar contra a mulher,

de penas de cesta básica ou outras de prestação pecuniária, bem como a substituição de pena que implique o pagamento isolado de multa; **D**: correta (art. 19, § 1º, da Lei 11.340/2006); **E**: incorreta. O STJ, em edição de n. 41 da ferramenta *Jurisprudência em Teses*, publicou, sobre este tema, a seguinte tese (n. 3): *O sujeito passivo da violência doméstica objeto da Lei Maria da Penha é a mulher, já o sujeito ativo pode ser tanto o homem quanto a mulher, desde que fique caracterizado o vínculo de relação doméstica, familiar ou de afetividade, além da convivência, com ou sem coabitação.* **ED**

39. Gabarito: C
Comentário: A: incorreta. Configurará crime omissivo impróprio não a simples conduta de "terceiro" que, conhecedor da conduta delituosa de outrem, se abstiver de impedir a sua prática, mas, sim, o diretor, o administrador, o membro de conselho e de órgão técnico, o auditor, o gerente, o preposto ou mandatário de pessoa jurídica, que, sabendo da conduta criminosa de outrem, deixar de impedir a sua prática, quando podia agir para evitá-la (art. 2º da Lei 9.605/1998); **B**: incorreta. Até o advento da Lei 12.683/2012, o art. 1º da Lei 9.613/1998 continha um rol taxativo dos delitos antecedentes à lavagem de dinheiro, que deixou de existir. Portanto, atualmente, a prática de qualquer infração penal (crime ou contravenção) poderá anteceder a ocultação ou a dissimulação de ativos de origem ilícita; **C**: correta, conforme se depreende do art. 1º, § 5º, da Lei 9.613/1998: "A pena poderá ser reduzida de um a dois terços e ser cumprida em regime aberto ou semiaberto, facultando-se ao juiz deixar de aplicá-la ou substituí-la, a qualquer tempo, por pena restritiva de direitos, se o autor, coator ou partícipe colaborar espontaneamente com as autoridades, prestando esclarecimentos que conduzam à apuração das infrações penais, à identificação dos autores, coautores e partícipes, ou à localização dos bens, direitos ou valores objeto do crime"; **D**: incorreta, pois as instâncias penal e administrativa são independentes, nada obstante ambas possam atuar diante de um mesmo fato motivador; **E**: incorreta, pois a suspensão do direito de obter a permissão ou a habilitação para dirigir veículo automotor, no caso do art. 302 do CTB (Lei 9.503/1997), por ter natureza de pena, somente poderá ser executada após o trânsito em julgado. Podemos invocar até mesmo o art. 147 da LEP (Lei 7.210/1984), que, tratando da execução das penas restritivas de direitos, somente a permite após o trânsito em julgado, sendo inadmissível, portanto, a execução provisória. **AT**

40. Gabarito: A
Comentário: A Lei 12.403/2011 mudou sobremaneira o panorama da fiança. Antes da reforma por ela implementada, a autoridade policial, em vista da revogada redação do art. 322 do CPP, somente estava credenciada a con-

cedê-la nas hipóteses de infração punida com detenção ou prisão simples. Bem por isso, não podia o delegado de polícia arbitrar fiança nos crimes punidos com reclusão, tarefa exclusiva do magistrado. Pela nova redação dada ao art. 322 do CPP, a autoridade policial passou a conceder fiança nos casos de infração cuja pena privativa de liberdade máxima não seja superior a quatro anos, independentemente de ser o crime apenado com reclusão ou detenção (qualidade da pena). Naqueles casos em que a pena máxima superar os quatro anos, somente o magistrado poderá estabelecer a fiança. Dito isso, temos as seguintes situações: no caso de Pedro, o crime que lhe é imputado, lesão corporal de natureza grave (art. 129, § 1º, III, do CP), tem como pena máxima cominada 5 anos de reclusão, o que impede que a autoridade policial fixe fiança em seu favor, já que, como ponderado acima, o delegado somente está credenciado a conceder fiança na infrações penais cuja pena máxima cominada não seja superior a 4 anos; Joaquim, que, segundo consta do enunciado, teria cometido o crime de furto simples (o enunciado não faz referência a nenhuma qualificadora tampouco a causa de aumento de pena), está sujeito a uma pena de 1 a 4 anos de reclusão (art. 155, *caput*, do CP), razão pela qual poderá a autoridade policial, pelas razões que acima expusemos, arbitrar fiança; já em relação a Sandra, que cometeu crime de roubo (art. 157, CP), já que subtraiu, mediante o emprego de grave ameaça, um veículo, pelo fato de a pena máxima cominada corresponder a 10 anos, somente ao juiz é dado conceder-lhe liberdade provisória com fiança. ▣

41. Gabarito: D
Comentário: A solução desta questão deve ser extraída no art. 13-B, *caput* e § 3º, introduzido no CPP pela Lei 13.344/2016. ▣

42. Gabarito: A
Comentário: Temos que, na ação penal privada, mesmo que conhecido o lugar da infração, que, neste caso, é Anápolis-GO, o querelante (Artur) poderá preferir o foro de domicílio ou da residência do querelado (Cláudio), tal como autoriza o art. 73 do CPP. Dessa forma, a ação, que é privativa do ofendido, poderá ser proposta na cidade de Anápolis-GO, onde os fatos se deram, ou em Goiânia-GO, local em que reside Cláudio. ▣

43. Gabarito: D
Comentário: Estabelece o art. 221, § 1º, do CPP que o presidente e o vice-presidente da República e os presidentes do Senado Federal, da Câmara dos Deputados e do Supremo Tribunal Federal têm a prerrogativa, quando ouvidos na condição de testemunha, de ajustar, com o juiz da causa, local, dia e hora para que lhes seja tomado o depoimento. ▣

44. Gabarito: D
Comentário: **A:** incorreta. Estabelece o art. 105 do CPP que as partes poderão, sim, arguir a suspeição dos intérpretes; **B:** incorreta. Estabelece o art. 105 do CPP que as partes poderão, sim, arguir a suspeição dos funcionários da Justiça; **C:** incorreta. Estabelece o art. 104 do CPP que as partes poderão, sim, arguir a suspeição do órgão do MP; **D:** correta. Tal como estabelece o art. 107 do CPP, não se poderá opor suspeição às autoridades policiais nos atos do inquérito; **E:** incorreta. Estabelece o art. 105 do CPP que as partes poderão, sim, arguir a suspeição dos peritos. ▣

45. Gabarito: E
Comentário: **A:** incorreta. É incorreto afirmar-se que o CPP rege todos os procedimentos de natureza penal. E quando uma lei especial regular um procedimento diverso do previsto no CPP, serão aplicadas as regras do procedimento especial (previsto em lei especial) e, somente de forma subsidiária, as regras procedimentais do CPP (art. 1º, CPP); **B:** incorreta, pois não reflete o entendimento firmado na Súmula 704 do STF: "Não viola as garantias do juiz natural, da ampla defesa e do devido processo legal a atração por continência ou conexão do processo do corréu ao foro por prerrogativa de função de um dos denunciados"; **C:** incorreta. É tranquilo o entendimento dos tribunais superiores no sentido de que a gravação ambiental realizada por um dos interlocutores sem o conhecimento do outro pode ser utilizada como prova no processo penal. Nesse sentido, conferir: "É lícita a prova obtida mediante a gravação ambiental, por um dos interlocutores, de conversa não protegida por sigilo legal. Hipótese não acobertada pela garantia do sigilo das comunicações telefônicas (inciso XII do art. 5º da Constituição Federal). 2. Se qualquer dos interlocutores pode, em depoimento pessoal ou como testemunha, revelar o conteúdo de sua conversa, não há como reconhecer a ilicitude da prova decorrente da gravação ambiental (...)" (STF, Inq 2116 QO, Relator(a): Min. Marco Aurélio, Relator(a) p/ acórdão: Min. Ayres Britto, Tribunal Pleno, julgado em 15.09.2011, acórdão eletrônico *dje*-042 divulg 28.02.2012 public 29.02.2012). Posteriormente à elaboração desta questão, a Lei 13.964/2019 (Pacote Anticrime), consagrando o entendimento adotado pelos tribunais superiores, inseriu o art. 8º-A na Lei 9.296/1996, e finalmente previu a possibilidade de ser autorizada pelo juiz, para fins de investigação ou instrução criminal, a captação ambiental de sinais eletromagnéticos, ópticos ou acústicos, quando preenchidos determinados requisitos contidos na lei. O art. 10-A, também inserido pela Lei 13.964/2019, estabelece ser crime a conduta consistente em realizar captação ambiental de sinais eletromagnéticos, ópticos ou acústicos para investigação ou instrução criminal

sem autorização judicial, quando esta for exigida. O § 1º deste dispositivo dispõe que não há crime se a captação é realizada por um dos interlocutores. Recentemente, já com os dispositivos do pacote anticrime em vigor, o Congresso Nacional, ao analisar os vetos impostos pelo presidente da República à Lei 13.964/2019, achou por bem rejeitar nada menos do que 16 dos 24 vetos. No que concerne à captação ambiental, a derrubada do veto presidencial fez restabelecer os §§ 2º e 4º do art. 8º-A da Lei 9.296/1996. Segundo o § 2º, *a instalação do dispositivo de captação ambiental poderá ser realizada, quando necessária, por meio de operação policial disfarçada ou no período noturno, exceto na casa, nos termos do inciso XI da **caput** do art. 5º da Constituição Federal.* Nas razões de veto, o chefe do Executivo ponderou que *a propositura legislativa, gera insegurança jurídica, haja vista que, ao mesmo tempo em que admite a instalação de dispositivo de captação ambiental, esvazia o dispositivo ao retirar do seu alcance a 'casa', nos termos do inciso XI do art. 5º da Lei Maior. Segundo a doutrina e a jurisprudência do Supremo Tribunal Federal, o conceito de 'casa' deve ser entendido como qualquer compartimento habitado, até mesmo um aposento que não seja aberto ao público, utilizado para moradia, progressão ou atividades, nos termos do art. 150, § 4º, do Código Penal (v. g. HC 82788, Relator: Min. CELSO DE MELLO, Segunda Turma, julgado em 12/04/2005).* Além do § 2º deste dispositivo, o Congresso Nacional derrubou o veto imposto pelo PR ao § 4º, que conta com a seguinte redação: *A captação ambiental feita por um dos interlocutores sem o prévio conhecimento da autoridade policial ou do Ministério Público poderá ser utilizada, em matéria de defesa, quando demonstrada a integridade da gravação.* Tal como o § 2º, este § 4º, ressuscitado com a derrubada do veto, passou a produzir efeitos a partir de sua promulgação. Segundo o presidente da República, o veto se justifica na medida em que *a propositura legislativa, ao limitar o uso da prova obtida mediante a captação ambiental apenas pela defesa, contraria o interesse público uma vez que uma prova não deve ser considerada lícita ou ilícita unicamente em razão da parte que beneficiará, sob pena de ofensa ao princípio da lealdade, da boa-fé objetiva e da cooperação entre os sujeitos processuais, além de se representar um retrocesso legislativo no combate ao crime. Ademais, o dispositivo vai de encontro à jurisprudência do Supremo Tribunal Federal, que admite utilização como prova da infração criminal a captação ambiental feita por um dos interlocutores, sem o prévio conhecimento da autoridade policial ou do Ministério Público, quando demonstrada a integridade da gravação (v. g. Inq-QO 2116, Relator: Min. Marco Aurélio, Relator p/ Acórdão: Min. Ayres Britto, publicado em 29/02/2012, Tribunal Pleno)*; **D:** incorreta. Isso porque, no que toca à lei processual penal no espaço, adotamos o *princípio da territorialidade*, já que a sua incidência se dá, em

regra, no âmbito do território nacional; as exceções (extraterritorialidade) ficam por conta das *convenções, tratados* e *regras de direito internacional* (art. 1º do CPP); **E:** correta, visto que se adotou, quanto à eficácia da lei processual penal no tempo, o *princípio da aplicação imediata* ou *da imediatidade*, preservando-se os atos até então praticados (art. 2º do CPP). ⊟

---

46. Gabarito: E

Comentário: **A:** incorreta, pois em desacordo com a Súmula 147, do STJ: "Compete à Justiça Federal processar e julgar os crimes praticados contra funcionário público federal, quando relacionados com o exercício da função"; **B:** incorreta. De acordo com a Súmula 702 do STF, "a competência do Tribunal de Justiça para julgar Prefeitos restringe-se aos crimes de competência da Justiça comum estadual; nos demais casos, a competência originária caberá ao respectivo tribunal de segundo grau". Desse modo, se o crime praticado pelo prefeito for federal (como é o caso narrado na assertiva), o julgamento caberá ao TRF da respectiva região; de igual forma, se for eleitoral o delito cometido pelo prefeito, a competência para julgá-lo será do Tribunal Regional Eleitoral do respectivo Estado. Há ainda a Súmula 208, do STJ: "Compete à Justiça Federal processar e julgar prefeito municipal por desvio de verba sujeita a prestação de contas perante órgão federal", que tem aplicação específica neste caso; **C:** incorreta. É que a jurisprudência consolidou o entendimento segundo o qual, na hipótese de ambas as competências (no caso, Júri e prerrogativa de função) estarem contempladas na Constituição Federal, deverá prevalecer a competência em razão da prerrogativa de função. É o que se infere da leitura da Súmula 721, do STF (Súmula Vinculante 45). O governador, dessa forma, será julgado pelo seu juízo natural, que é o STJ (art. 105, I, a, da CF). Se considerarmos que o crime praticado pelo governador (doloso contra a vida) nenhuma pertinência tem com o exercício do mandato, o julgamento deve se dar pela primeira instância (tribunal do júri), isso em razão da decisão do STJ, que, tendo por base a decisão do STF na AP 937, decidiu que a restrição do foro deve alcançar governadores e conselheiros dos Tribunais de Contas estaduais (AP 866 e AP 857); **D:** incorreta. A competência para o julgamento do crime de roubo seguido de morte (art. 157, § 3º, II, do CP), que é o latrocínio, é do juízo singular, e não do Tribunal do Júri, ao qual cabe o julgamento dos crimes dolosos contra a vida (que não é o caso do latrocínio, que é delito contra o patrimônio). Vide Súmula 603, do STF. ⊟

---

47. Gabarito: E

Comentário: **A:** incorreta. Diante do descumprimento de medida cautelar imposta ao acusado, poderá o juiz, considerando as particularidades do caso concreto, substituir a medida anteriormente imposta, impor outra em cumulação ou, somente em último caso, decretar a prisão preventiva, que, como se pode ver, tem caráter subsidiário (art. 282, § 4º, CPP, cuja redação foi determinada pela Lei 13.964/2019); **B**: incorreta, uma vez que contraria o que estabelece o art. 319, § 4º, do CPP; **C**: incorreta. Os crimes hediondos e os a eles assemelhados (tráfico de drogas, tortura e terrorismo), embora admitam a liberdade provisória, não comportam a concessão de fiança. Ou seja, são, por força do disposto nos arts. 5º, XLIII, da CF e 323, II, do CPP, inafiançáveis, tanto para o delegado de polícia quanto para o juiz de direito; **D**: incorreta (art. 336, parágrafo único, do CPP); **E**: correta, pois reflete o posicionamento firmado na Súmula n. 523 do STF: "No processo penal, a falta de defesa constitui nulidade absoluta, mas a sua deficiência só o anulará se houver prova de prejuízo para o réu". [ED]

---

48. Gabarito: C
Comentário: **A**: incorreta. Se preso estiver o acusado, sua citação deverá ser feita pessoalmente (art. 360, CPP), com a entrega, pelo oficial de Justiça, do respectivo mandado citatório; **B**: incorreta. A intimação do defensor público, do dativo e do representante do MP será sempre feita pessoalmente (art. 370, § 4º, CPP). Realizar-se-á mediante a publicação nos órgãos incumbidos da publicidade dos atos judiciais da comarca a intimação do defensor constituído, do advogado do querelante e do assistente (art. 370, § 1º, CPP); **C**: correta, pois em conformidade com o entendimento consolidado na Súmula n. 710, do STF: "No processo penal, contam-se os prazos da data da intimação, e não da juntada aos autos do mandado ou da carta precatória ou de ordem"; **D**: incorreta. O art. 66, parágrafo único, da Lei 9.099/1995 estabelece que, no âmbito do procedimento sumaríssimo, não localizado o acusado para ser citado pessoalmente, as peças serão encaminhadas ao juízo comum para prosseguimento, no qual se procederá, se necessário for, à citação por hora certa ou por edital, dada a incompatibilidade dessas modalidades de citação ficta com a celeridade imanente ao procedimento adotado na Lei 9.099/1995; **E**: incorreta. O procedimento comum, tanto o ordinário quanto o sumário, admite, sim, as modalidades de citação ficta ou presumida, que são a citação por edital (art. 361, CPP) e por hora certa (art. 362, CPP). A propósito, o STF, ao julgar o RE 635.145, reconheceu, em votação unânime, a constitucionalidade da citação por hora certa, rechaçando a tese segundo a qual esta modalidade de citação ficta ofende os postulados da ampla defesa e do contraditório. [ED]

---

49. Gabarito: B
Comentário: **A**: incorreta, uma vez que a transação penal não será admitida somente na hipótese de o autor da infração ter sido condenado, em definitivo, pela prática de crime, à pena privativa de liberdade (art. 76, § 2º, I, da Lei 9.099/1995); **B**: correta. Quanto a este tema, o STJ, por meio da edição de número 96 da ferramenta Jurisprudência em Teses, que trata de temas atinentes aos Juizados Especiais Criminais, sedimentou o seguinte entendimento: *Na hipótese de apuração de delitos de menor potencial ofensivo, deve-se considerar a soma das penas máximas em abstrato em concurso material, ou, ainda, a devida exasperação, no caso de crime continuado ou de concurso formal, e ao se verificar que o resultado da adição é superior a dois anos, afasta-se a competência do Juizado Especial Criminal*; **C**: incorreta, pois contraria o disposto no art. 60, parágrafo único, da Lei 9.099/1995; **D**: incorreta. Trata-se de tema disciplinado pela Lei 12.830/2013, que, em seu art. 2º, § 4º, estabelece que a presidência do inquérito policial ou outro procedimento previsto em lei somente poderá ser transferido por superior hierárquico a outro delegado de polícia por motivo de interesse público ou quando presente hipótese de inobservância de procedimentos previstos em regulamento da corporação que comprometa a eficácia da investigação. Em outras palavras, a lei admite a redistribuição (e também a avocação) de IP ou outro procedimento de cunho investigatório, sempre mediante despacho fundamentado, em face da presença de motivo plausível que denote interesse público (da sociedade) ou quando configurada a não observância de qualquer procedimento previsto em norma interna das polícias (federal e civil) que possa comprometer a investigação. Nas duas hipóteses, é de rigor que o superior hierárquico justifique, em despacho fundamentado, as razões que o levaram a afastar da presidência da investigação o delegado "natural" e designar outro para dar-lhe continuidade ou a avocar a investigação, retirando-a da autoridade policial que até então presidia o feito (o procedimento investigatório passa a ser conduzido pelo próprio superior); **E**: incorreta, porquanto em desconformidade com o entendimento consolidado na Súmulas 203, do STJ. [ED]

---

50. Gabarito: C
Comentário: A solução desta questão deve ser extraída do art. 45, *caput*, da Lei 11.343/2006, a seguir transcrito: "É isento de pena o agente que, em razão da dependência, ou sob o efeito, proveniente de caso fortuito ou força maior, de droga, era, ao tempo da ação ou da omissão, qualquer que tenha sido a infração penal praticada, inteiramente incapaz de entender o caráter ilícito do fato ou de determinar-se de acordo com esse entendimento". [ED]

---

51. Gabarito: B
Comentário: **A**: incorreta. Não há que se falar em representação, já que a ação penal, neste caso, é pública

incondicionada; **B:** correta. O STF, no julgamento da ADIn n. 4.424, de 09.02.2012, estabeleceu a natureza incondicionada da ação penal nos crimes de lesão corporal, independente de sua extensão, praticados contra a mulher no ambiente doméstico. Tal entendimento encontra-se consagrado na Súmula 542, do STJ; **C:** incorreta, uma vez que tal providência somente será adotada se se revelar necessária (art. 11, IV, da Lei 11.340/2006); **D** e **E:** incorretas, dado que o art. 41 da Lei Maria da Penha, cuja constitucionalidade foi reconhecida pelo STF (ADC 19, de 09.02.2012), veda a aplicação, no âmbito dos crimes praticados com violência doméstica e familiar contra a mulher, das medidas despenalizadoras contempladas na Lei 9.099/1995, entre as quais a suspensão condicional do processo e a transação penal. Consolidando tal entendimento, editou-se a Súmula 536 do STJ: "A suspensão condicional do processo e a transação penal não se aplicam na hipótese de delitos sujeitos ao rito da Lei Maria da Penha". ED

52. Gabarito: C

Comentário: Não há crime em relação ao qual não caiba liberdade provisória. Nos crimes hediondos e assemelhados, como é o caso do latrocínio e do estupro de vulnerável, o art. 5º, XLIII da Constituição Federal veda tão somente a concessão de fiança. Com o advento da Lei 11.464/2007, que modificou a redação do art. 2º da Lei de Crimes Hediondos, cuja redação original vedava a concessão de fiança e liberdade provisória, passou a ser possível a sua concessão sem fiança, já que foi extraída do dispositivo (art. 2º, II, da Lei 8.072/1990). Após, a Lei 12.403/2011 promoveu uma série de inovações no âmbito da prisão e da liberdade provisória, entre elas alterou a redação do art. 323 do CPP, que passou a prever que os crimes hediondos e os delitos a eles equiparados são inafiançáveis. Pois bem, tal prescrição é inquestionável, já que em perfeita harmonia com o texto da CF/1988 (art. 5º, XLIII). A questão que se coloca, todavia, é saber se a liberdade provisória sem fiança pode ser aplicada aos crimes hediondos e assemelhados. A despeito de haver divergências, notadamente na jurisprudência, entendemos, s.m.j., que a CF/88 proibiu tão somente a liberdade provisória com fiança. Se quisesse de fato proibir a liberdade provisória sem fiança, teria por certo feito menção a ela. Não o fez. Logo, a liberdade provisória vedada pelo constituinte nos crimes hediondos e equiparados é somente a com fiança. Assim entende a 2ª T., do STF: HC 100.185-PA, rel. Min. Gilmar Mendes, DJ 6.8.10; STJ, HC 109.451-SP, 6ª T, DJ de 11.11.08. Quanto ao delito de estelionato, que não é hediondo nem assemelhado, é perfeitamente possível a concessão de liberdade provisória com fiança ao agente preso em flagrante por essa razão. ED

53. Gabarito: ANULADA

Comentário: A proposição considerada como correta ("C"), pela banca, está, na verdade, errada, tal como reconhecido pela organizadora. Analisemos cada alternativa. **A:** incorreta, na medida em que somente seria dado ao MP deixar de ofertar denúncia em face do colaborador se este não for líder da organização criminosa (art. 4º, § 4º, I, da Lei 12.850/2013). Segundo consta do enunciado, o candidato a colaborador é o líder da organização criminosa da qual faz parte; **B:** incorreta, já que o interregno de suspensão, que é de 6 meses, poderá ser prorrogado por igual período. É o que estabelece o art. 4º, § 3º, da Lei 12.850/2013; **C:** incorreta. Isso porque é vedado, ante o que estabelece o art. 4º, § 4º, I, da Lei 12.850/2013, a concessão de perdão judicial ao líder da organização criminosa; **D:** incorreta. É vedada a participação do magistrado nas negociações realizadas entre as partes para a formalização do acordo (art. 4º, § 6º, da Lei 12.850/2013), cabendo-lhe tão somente analisar o acordo sob a ótica formal, homologando-o, se o caso (art. 4º, § 7º, da Lei 12.850/2013, com redação alterada pela Lei 13.964/2019); **E:** incorreta. Se não estiverem preenchidos os requisitos formais do acordo (regularidade, legalidade e voluntariedade), poderá o juiz recusar a sua homologação (art. 4º, § 8º, da Lei 12.850/2013, com redação alterada pela Lei 13.964/2019). ED

54. Gabarito: B

Comentário: A conduta praticada por Marcelo se subsume ao crime tipificado no art. 1º, I, da Lei 8.137/1990, consistente no comportamento de omitir informação ou prestar declaração falsa às autoridades fazendárias, objetivando, com isso, a supressão ou redução de tributo. Já os comportamentos de Hélio e Joel se amoldam ao art. 1º, V, da precitada Lei. De acordo com a Súmula vinculante 24, não se tipifica crime material contra a ordem tributária, previsto no art. 1º, incisos I a IV, da Lei n. 8.137/1990, antes do lançamento definitivo do tributo. Portanto, correta a alternativa B, eis que somente se considera condição de procedibilidade da ação penal o lançamento definitivo do tributo no tocante aos crimes materiais contra a ordem tributária expressos nos incisos I a IV, do art. 1º da Lei 8.137/1990. ED

55. Gabarito: A

Comentário: Trata-se do ilícito penal de denunciação caluniosa. Artigo 339 CP: "Dar causa à instauração de investigação policial, de processo judicial, instauração de investigação administrativa, inquérito civil ou ação de improbidade administrativa contra alguém, imputando-lhe crime de que o sabe inocente:" Pena: Reclusão, de 2 a 8 anos, e multa. FMB

56. Gabarito: D

Comentário: **A:** incorreta, já que as condutas definidas no art. 184 do CP somente comportam a modalidade dolosa, ou seja, não há previsão de forma culposa; **B:** incorreta, uma vez que, neste caso, o prazo decadencial corresponde a 30 dias, nos termos do art. 529 do CPP; **C:** incorreta, pois em desconformidade com o art. 12, § 3º, II, da Lei 9.609/1998, hipótese em que a ação penal será pública incondicionada; **D:** correta (art. 46 da Lei 9.610/1998); **E:** incorreta. Tal conduta, segundo entendimento então consolidado na jurisprudência, constituía o crime de furto mediante fraude (art. 155, § 4º, II, do CP), e não o do art. 154-A do CP (invasão de dispositivo informático). Quanto a este tema, oportuno que façamos algumas considerações a respeito de recentes mudanças promovidas pela Lei 14.155/2021, publicada em 28 de maio de 2021 e com vigência imediata, nos crimes de invasão de dispositivo informático (art. 154-A, CP), furto (art. 155, CP) e estelionato (art. 171, CP), mudanças essas ocorridas após a aplicação desta prova. No que toca ao delito do art. 154-A do CP, a primeira observação a fazer refere-se à alteração na redação do caput do dispositivo. Até então, tínhamos que o tipo penal era assim definido: invadir dispositivo informático alheio, conectado ou não à rede de computadores, mediante violação indevida de mecanismo de segurança e com o fim de obter, adulterar ou destruir dados ou informações sem autorização expressa ou tácita do titular do dispositivo ou instalar vulnerabilidades para obter vantagem ilícita. Com a mudança implementada pela Lei 14.155/2021, adotou-se a seguinte redação: invadir dispositivo informático de uso alheio, conectado ou não à rede de computadores, com o fim de obter, adulterar ou destruir dados ou informações sem autorização expressa *ou tácita do usuário do dispositivo* ou de instalar vulnerabilidades para obter vantagem ilícita. Como se pode ver, logo à primeira vista, eliminou-se o elemento normativo do tipo mediante violação indevida de mecanismo de segurança. Trata-se de alteração salutar, na medida em que este crime, de acordo com a redação original do caput, somente se aperfeiçoaria na hipótese de o agente, para alcançar seu intento (invadir dispositivo informático), se valer de violação indevida de mecanismo de segurança. Era necessário, portanto, que o sujeito ativo, antes de acessar o conteúdo do dispositivo, vencesse tal obstáculo (mecanismo de segurança). Significa que a invasão de dados contidos, por exemplo, em um computador que não contasse com mecanismo de proteção (senha, por exemplo) constituiria fato atípico. A partir de agora, dada a alteração promovida no tipo incriminador, tal exigência deixa de existir, ampliando, por certo, a incidência do tipo penal. Além disso, até a edição da Lei 14.155/2021, o dispositivo tinha de ser alheio. Com a mudança, basta que seja de uso alheio. Dessa forma, o crime se configura mesmo que o dispositivo invadido não seja alheio, mas esteja sob o uso de outra pessoa. Agora, a mudança mais significativa, a nosso ver, não se deu propriamente no preceito penal incriminador, mas na pena cominada, que era de detenção de 3 meses a 1 ano e multa e, com a mudança operada pela Lei 14.155/2021, passou para reclusão de 1 a 4 anos e multa. Com isso, este delito deixa de ser considerado de menor potencial ofensivo, o que afasta a incidência da transação penal. Doravante, o termo circunstanciado dará lugar ao inquérito policial. De outro lado, permanece a possibilidade de concessão do sursis processual, que, embora previsto e disciplinado na Lei 9.099/1995 (art. 89), sua incidência é mais ampla (infrações penais cuja pena mínima cominada não é superior a 1 ano). Também poderá o agente firmar acordo de não persecução penal, nos moldes do art. 28-A do CPP. Alterou-se o patamar da majorante aplicada na hipótese de a invasão resultar prejuízo econômico (§ 2º): antes era de 1/6 a 1/3 e, com a mudança implementada, passou para 1/3 a 2/3. Como não poderia deixar de ser, houve um incremento na pena cominada à modalidade qualificada, prevista no § 3º, que era de reclusão de 6 meses a 2 anos e multa e passou para 2 a 5 anos de reclusão e multa. Ademais, a qualificadora não faz mais referência expressa à subsidiariedade. Quanto aos crimes de furto e estelionato, a Lei 14.155/2021 contemplou novas qualificadoras e majorantes, de forma a tornar mais graves as condutas levadas a efeito de forma eletrônica ou pela internet. No caso aqui tratado, o agente teria praticado, em princípio, o crime hoje definido no art. 155, § 4º-B, do CP (furto eletrônico), introduzido pela Lei 14.155/2021. 🔲

57. Gabarito: D

Comentário: **A:** incorreta. Conferir: "Não é possível a aplicação do princípio da insignificância a prefeito, em razão mesmo da própria condição que ostenta, devendo pautar sua conduta, à frente da municipalidade, pela ética e pela moral, não havendo espaço para quaisquer desvios de conduta. 2. O uso da coisa pública, ainda que por bons propósitos ou motivado pela "praxe" local não legitima a ação, tampouco lhe retira a tipicidade, por menor que seja o eventual prejuízo causado. Precedentes das duas Turmas que compõem a Terceira Seção. 3. Ordem denegada" (STJ, HC 148.765/SP, Rel. Ministra MARIA THEREZA DE ASSIS MOURA, SEXTA TURMA, julgado em 11/05/2010, DJe 31/05/2010). Cuidado: trata-se de tema não pacífico na jurisprudência, sendo certo que há precedentes do STF que entendem ser possível a incidência deste postulado a crimes de responsabilidade praticados por prefeitos; **B:** incorreta (art. 2º, I, da Lei 11.101/2005); **C:** incorreta, pois contraria o entendimento sedimentado na Súmula 703, do STF: *A extinção do mandato do prefeito não impede a instauração de* *processo pela prática dos crimes previstos no art. 1º do Decreto-lei 201/1967*; **D:** correta. De fato, o art. 188 da Lei 11.101/2005 manda aplicar subsidiariamente o CPP. No mais, o chamado inquérito judicial foi extinto pela Lei 11.101/2005; **E:** incorreta (art. 1º, Decreto-lei 201/1967). 🔳

58. Gabarito: B

Comentário: **A:** incorreta. A prisão temporária deve ser decretada pelo juiz, após representação da autoridade policial ou de requerimento do MP, não sendo permitida a sua decretação de ofício. Em caso de representação da autoridade policial, o juiz, antes de decidir, deve ouvir o MP e, em qualquer caso, deve decidir fundamentadamente sobre o decreto de prisão temporária dentro do prazo de 24 horas, contadas a partir do recebimento da representação ou do requerimento. É o que estabelece o art. 2º, *caput*, da Lei 7.960/1989; **B:** correta. Justamente pelo fato de a prisão temporária se prestar a viabilizar as investigações do inquérito policial, não há sentido em mantê-la após a conclusão das investigações. Conferir: "Uma vez oferecida e recebida a denúncia, desnecessária a preservação da custódia temporária do paciente, cuja finalidade é resguardar a integridade das investigações criminais. 2. Habeas corpus concedido a fim de, confirmando a liminar anteriormente deferida, revogar a custódia temporária do paciente" (HC 158.060/PA, Rel. Ministro Jorge Mussi, Quinta Turma, julgado em 02/09/2010, DJe 20/09/2010); **C:** incorreta. Segundo a melhor doutrina, a decretação da prisão temporária, modalidade de prisão cautelar, está condicionada à existência de fundadas razões de autoria ou participação do indiciado na prática dos crimes listados no art. 1º, III, da Lei 7.960/1989 e também ao fato de ser ela, a prisão temporária, imprescindível para as investigações do inquérito policial. Devem coexistir, portanto, os requisitos previstos nos incisos I e III do art. 1º da Lei 7.960/1989; a coexistência das condições presentes nos incisos II e III também pode dar azo à decretação da custódia temporária. É dizer: o inciso III deve combinar com o inciso I ou com o II. É a posição adotada por Guilherme de Souza Nucci e Maurício Zanoide de Moraes. Recentemente, o Plenário do STF, por maioria de votos, estabeleceu critérios mais rígidos para a decretação da prisão temporária. Tal se deu no julgamento das ADIs 3.360 e 4.109, em 11/02/2022. A Corte Suprema decidiu conferir interpretação conforme a Constituição ao art. 1º da Lei 7.960/1989, estabelecendo o entendimento segundo o qual devem se fazer presentes todos os requisitos cumulativamente, a saber: a prisão temporária deve ser imprescindível às investigações do IP; devem existir fundadas razões de autoria ou participação do investigado; deve ser justificada em fatos novos ou contemporâneos; e deve ser adequada à gravidade

concreta do crime; **D:** incorreta. Hipótese não prevista em lei; **E:** incorreta, na medida em que a prisão temporária, cuja finalidade é conferir eficiência à investigação policial, somente tem lugar no inquérito policial. 🔳

59. Gabarito: D

Comentário: **A:** incorreta, já que não havia, na Lei 8.666/1993, em vigor ao tempo em que aplicada esta prova, modalidade culposa de crime. Posteriormente à elaboração desta questão, os arts. 89 a 108 da Lei 8.666/1993, que reuniam os crimes em espécie e o respectivo procedimento judicial, foram revogados pela Lei 14.133/2021 (nova Lei de Licitações e Contratos Administrativos). Por força desta mesma Lei, os delitos relativos a licitações e contratos administrativos foram inseridos no Código Penal, criando-se, para tanto, o Capítulo II-B, dentro do Título XI (dos crimes contra a administração pública). Assim, as condutas configuradoras de crimes relativos a licitações e contratos administrativos, que antes tinham previsão na Lei 8.666/1993, passam a tê-lo nos arts. 337-E a 337-P do CP, entre os quais não há delito culposo; **B:** incorreta (arts. 18 e 19, I, da Lei 12.846/2013); **C:** incorreta (art. 1º, parágrafo único, da Lei 12.846/2013); **D:** correta (art. 4º, *a*, da Lei 1.521/1951); **E:** incorreta (art. 84, § 1º, da Lei 8.666/1993). 🔳

60. Gabarito: E

Comentário: **A:** incorreta, na medida em que a Lei 12.037/2009, que atualmente rege a matéria, não exige que se proceda à identificação criminal do acusado pela prática de determinado crime. Aliás, as hipóteses em que a identificação criminal se impõe dizem respeito ao estado do documento de identificação civil e também à existência de informações conflitantes nesses documentos, e não à natureza do crime, como antes se fazia sob a égide da revogada Lei 10.054/2000, que estabelecia como hipótese para a realização da identificação criminal o fato de ao agente ser atribuída a prática de crime contra o patrimônio mediante violência ou grave ameaça (art. 3º, I), por exemplo. Importante: embora isso em nada repercuta na resolução desta questão, vale a observação de que a Lei 13.964/2019 incluiu na Lei 12.037/2009 os arts. 7º-A e 7º-C. O primeiro dispositivo, com a alteração promovida pela Lei 13.964/2019, passou a contar com dois incisos. Com isso, a exclusão dos perfis genéticos dos bancos de dados ocorrerá em duas situações, a saber: I – no caso de absolvição do acusado; II – no caso de condenação do acusado, mediante requerimento, após decorridos 20 anos do cumprimento da pena. Já o art. 7º-C da Lei 12.037/2009, inserido pela Lei 13.964/2019, cria, no âmbito do Ministério da Justiça e Segurança Pública, o chamado Banco Nacional Multibiométrico e de Impressões Digitais, cujo escopo consiste em armazenar dados de registros biométricos, de impressões digitais e, quando possível, de íris, face e voz, para subsidiar investigações criminais federais, estaduais ou distritais (art. 7º-C, § 2º). Não há a menor dúvida de que a criação deste acervo de registros biométricos e impressões digitais é de suma importância para evitar erros judiciários e também para contribuir na produção de provas. Tanto é que o delegado de polícia e o MP poderão, no curso do inquérito ou da ação penal, requerer ao Poder Judiciário o acesso ao Banco Nacional Multibiométrico e de Impressões Digitais, tal como prevê o art. 7º-C, § 11; **B:** incorreta. O rol de documentos que atestam a identificação civil, presente no art. 2º da Lei 12.037/2009, é exemplificativo, sendo possível, dessa forma, atestá-la por meio de outro documento público que permita a identificação, ainda que não esteja expressamente elencado na lei; **C:** incorreta, pois não corresponde ao que estabelece o art. 2º, § 2º, da Lei 9.807/1999; **D:** incorreta, uma vez que contraria o disposto no art. 6º da Lei 9.807/1999; **E:** correta (art. 3º, Lei 10.671/2003). ED

61. Gabarito: E
Comentário: **A:** incorreta (art. 50, III, da Lei 6.766/1979); **B:** incorreta. Embora possa a autoridade policial indeferir diligências requeridas (solicitadas) pelo indiciado e pela vítima (art. 14, CPP), o mesmo não se diga em relação àquelas requisitadas (determinadas) pelo Ministério Público e pelo juiz (art. 13, II, CPP); **C:** incorreta (art. 3º, I, da Lei 6.001/1973); **D:** incorreta. A nosso ver, a assertiva está correta, na medida em que a Lei 6.766/1979, em seu art. 50, somente faz referência à finalidade urbana; **E:** correta (art. 2º da Lei 8.176/1991). ED

62. Gabarito: B
Comentário: Errada a alternativa A, pois conforme decidido pelo STF no Habeas Corpus 105959/DF: "Impetração contra Ato de Ministro Relator do Supremo Tribunal Federal. Descabimento. Não Conhecimento. 1. Não cabe pedido de habeas corpus originário para o Tribunal Pleno contra ato de ministro ou outro órgão fracionário da Corte. 2. Writ não conhecido." Atenção, contudo, pois com a mudança da composição do STF esse entendimento pode ser alterado. Correta a alternativa B. Nesse sentido a Súmula 589 do STJ: É inaplicável o princípio da insignificância nos crimes ou contravenções penais praticados contra a mulher no âmbito das relações domésticas. No mesmo sentido a decisão do STF no RHC 133043 / MS "Habeas Corpus. Constitucional. Lesão corporal. Violência doméstica. Pretensão de aplicação do princípio da insignificância: Impossibilidade. Ordem denegada". Errada a alternativa C. Nesse sentido o artigo 21 da Lei 12.016/2009 "O mandado de segurança coletivo pode ser impetrado

por partido político com representação no Congresso Nacional, na defesa de seus interesses legítimos relativos a seus integrantes ou à finalidade partidária, ou por organização sindical, entidade de classe ou associação legalmente constituída e em funcionamento há, pelo menos, 1 (um) ano, em defesa de direitos líquidos e certos da totalidade, ou de parte, dos seus membros ou associados, na forma dos seus estatutos e desde que pertinentes às suas finalidades, dispensada, para tanto, autorização especial. Há ainda a Súmula 630 do STF "A entidade de classe tem legitimação para o mandado de segurança ainda quando a pretensão veiculada interesse apenas a uma parte da respectiva categoria". Errada a alternativa D, pois conforme decidido pelo STF no AG. REG. em Mandado de Segurança 26.792 – Paraná "Impetração em juízo incompetente dentro do prazo decadencial de 120 dias. Não ocorrência da consumação da decadência. Agravo não provido". Também errada a alternativa E. Nesse sentido o decidido pelo STF no HC 136067 "Inviável uso de habeas corpus para trancar processo de impeachment". Isso porque não há previsão de pena privativa de liberdade. LR

63. Gabarito: D
Comentário: As funções essenciais à justiça estão disciplinadas na Constituição Federal no Capítulo IV do Título IV – Da Organização dos Poderes. Sendo Seção I – Do Ministério Público, Seção II – Da Advocacia Pública, Seção III – Da Advocacia e Seção IV – Da Defensoria Pública. O Poder judiciário é um dos Poderes e não uma função essencial. As polícias fazem parte da Segurança Pública (artigo 144, CF). Desse modo correta a alternativa D. LR

64. Gabarito: E
Comentário: A alternativa A está errada. Isso porque a ADPF cabe em face de normas anteriores à Constituição justamente para verificação de sua recepção ou não. Caso seja considerada não recepcionada é porque revogada tacitamente. Nesse sentido a decisão do STF na ADPF 33 "(...) Revogação da lei ou ato normativo não impede o exame da matéria em sede de ADPF, porque o que se postula nessa ação é a declaração de ilegitimidade ou de não recepção da norma pela ordem constitucional superveniente." Errada a alternativa B. Nesse sentido o decidido pelo STF na ADPF 243 – AgR/PB "A arguição de descumprimento de preceito fundamental não é meio apto à desconstrução de decisões judiciais transitadas em julgado". Errada a alternativa C, pois se uma norma pré-constitucional já fosse inconstitucional no regime constitucional anterior e existisse um precedente do STF que reconhecesse essa inconstitucionalidade nesse caso não caberia ADPF, mas reclamação (STF – ADPF 53). Errada a alternativa D. A Lei 9.882/1999 dispõe

que a arguição terá por objeto evitar ou reparar lesão a preceito fundamental, resultante de ato do Poder Público e caberá também quando for relevante o fundamento da controvérsia constitucional sobre lei ou ato normativo federal, estadual ou municipal, incluídos os anteriores à Constituição. Veja, por exemplo a ADPF 273/MT. Logo, cabe sim em face de norma municipal. Correta a alternativa E, conforme precedente do STF (ADPF 101 "Ementa: Arguição de Descumprimento de Preceito Fundamental: Adequação. Observância do princípio da subsidiariedade. (...) decisões judiciais com conteúdo indeterminado no tempo: proibição de novos efeitos a partir do julgamento." LR

65. Gabarito: ANULADA

A: incorreta. O art. 144, §1º, II da CF, de fato, determina que a polícia federal, instituída por lei como órgão permanente, organizada e mantido pela União e estruturada em carreira, destina-se a prevenir e reprimir o tráfico ilícito de entorpecentes e drogas afins, além de outros. Ao interpretar essa regra constitucional, o STF definiu que "a circunstância de haver atuado a Polícia Militar não contamina o flagrante e a busca e apreensão realizadas" [HC 91.481, rel. min. Marco Aurélio, j. 19-8-2008, 1ª T, DJE de 24-10-2008.] = RE 404.593, rel. min. Cezar Peluso, j. 18-8-2009, 2ª T, DJE de 23-10-2009. Sendo assim, a busca e apreensão emergencial e preventiva, realizada pela polícia, militar **não** será ilegal e **não** tornará a prova ilícita; B: incorreta. Determina a Súmula 524 do STF que: "arquivado o inquérito policial, por despacho do juiz, a requerimento do promotor de justiça, **não pode a ação penal ser iniciada, sem novas provas**; C: incorreta. De acordo com o STF, "a cláusula de exclusividade inscrita no art. 144, § 1º, IV, da Constituição da República – que não inibe a atividade de investigação criminal do Ministério Público – tem **por única finalidade conferir à Polícia Federal**, dentre os diversos organismos policiais que compõem o aparato repressivo da União Federal (Polícia Federal, Polícia Rodoviária Federal e Polícia Ferroviária Federal), **primazia investigatória (prioridade)** na apuração dos crimes previstos no próprio texto da Lei Fundamental ou, ainda, em tratados ou convenções internacionais. [HC 89.837, rel. min. Celso de Mello, j. 20-10-2009, 2ª T, DJE de 20-11-2009.]. Sendo assim, a investigação criminal, ao contrário do mencionado, **não é atividade exclusiva de polícia** e **não** afasta os poderes de investigação do Ministério Público; D: correta (antes da anulação da questão). Há entendimentos importantes sobre o assunto e que levam em conta o processo legislativo utilizado pelo Estado ao fazer a exigência de que o indicado para chefe de polícia, além de ser delegado de carreira, esteja na classe mais elevada da carreira. O primeiro decorre do julgamento da ADI 3.062: "Possibilidade de os Estados disciplinarem os critérios

de acesso ao cargo de confiança, desde que respeitado o mínimo constitucional. Critério que não só se coaduna com a exigência constitucional como também a reforça, por subsidiar o adequado exercício da função e valorizar os quadros da carreira." O segundo, da ADI 3.077," no sentido de que é inconstitucional se estiver prevista na Constituição Estadual originária ou em Emenda à Constituição Estadual de iniciativa parlamentar! Assim, o STF decidiu "dar interpretação ao § 1º do artigo 127 da Constituição de Sergipe, conforme o artigo 144, § 4º, da Constituição da República, para circunscrever a escolha do Superintendente da Polícia Civil, pelo Governador do Estado, a delegados ou delegadas de polícia da carreira, independentemente do estágio de sua progressão funcional." ; E: incorreta. Os estados-membros **não** possuem autonomia para criar órgão de segurança pública diverso do previsto na CF. "Impossibilidade da criação, pelos Estados-membros, de órgão de segurança pública diverso daqueles previstos no art. 144 da Constituição. (...) Ao Instituto-Geral de Perícias, instituído pela norma impugnada, são incumbidas funções atinentes à segurança pública. Violação do art. 144, c/c o art. 25 da Constituição da República. [ADI 2.827, rel. min. Gilmar Mendes, j. 16-9-2010, P, DJE de 6-4-2011.] BV

66. Gabarito: C

Comentário: A alternativa A está errada. Isso porque o entendimento do STF é no sentido de que os tratados internacionais de direitos humanos, incorporados antes da Emenda Constitucional 45/2004, têm eficácia supralegal, o que tem a seguinte consequência – são infraconstitucionais (ou seja, estão abaixo da CF), mas supralegais (acimas das normas infraconstitucionais, com eficácia paralisante destas). Errada a alternativa B. No sistema constitucional brasileiro não há exigência de edição de lei para efeito de incorporação do ato internacional ao direito interno (visão dualista extremada). Para a executoriedade doméstica dos tratados internacionais exige-se a aprovação do Congresso Nacional e a promulgação executiva do texto convencional (visão dualista moderada). Nesse sentido ver a decisão do STF na Carta Rogatória – CR 8279 / AT – Argentina. Correta a alternativa C. O Pacto de São José da Costa Rica só admite a prisão civil do devedor de alimentos, sendo, portanto, vedada a prisão do depositário infiel. Por considerar o STF que esse Tratado é hierarquicamente supralegal, a consequência é a sua eficácia paralisante da legislação infraconstitucional que regula a prisão do depositário infiel (admitida pela Constituição Federal de 1988). Errada a alternativa D. A Convenção de Palermo é a Convenção das Nações Unidas contra o Crime Organizado Transnacional, incorporada em nosso ordenamento jurídico pelo Decreto 5.015/2004. Errada a alternativa E. A Convenção de Mérida, Convenção das Nações Unidas contra a Corrupção, adotada pela Assembleia-Geral das Nações Unidas em 31 de outubro de 2003 foi assinada pelo Brasil em 9 de dezembro de 2003. Sua incorporação ao ordenamento jurídico pátrio se deu pelo Decreto 5.687/2006. LR

67. Gabarito: B

Comentário: A alternativa A está errada. Isso porque a cisão é a subdivisão de um estado em dois novos, com o desaparecimento da personalidade do estado original. Correta a alternativa B. Conforme decidido pelo STF na ADI 2650/DF "A expressão "população diretamente interessada" constante do § 3º do artigo 18 da Constituição ("Os Estados podem incorporar-se entre si, subdividir-se ou desmembrar-se para se anexarem a outros, ou formarem novos Estados ou Territórios Federais, mediante aprovação da população diretamente interessada, através de plebiscito, e do Congresso Nacional, por lei complementar") deve ser entendida como a população tanto da área desmembranda do Estado-membro como a da área remanescente". Errada a alternativa C. Nos termos do artigo 25, § 3º, CF "Os Estados poderão, mediante lei complementar, instituir regiões metropolitanas, aglomerações urbanas e microrregiões, constituídas por agrupamentos de municípios limítrofes, para integrar a organização, o planejamento e a execução de funções públicas de interesse comum". A alternativa D está errada. Como citado na alternativa A, é por plebiscito a consulta popular e não por referendo. Errada a alternativa E. Nesse sentido a decisão do STF proferida na ADI 1905/MC: "Separação e independência dos Poderes: freios e contrapesos: parâmetros federais impostos ao Estado-membro. Os mecanismos de controle recíproco entre os Poderes, os "freios e contrapesos" admissíveis na estruturação das unidades federadas, sobre constituírem matéria constitucional local, só se legitimam na medida em que guardem estreita similaridade com os previstos na Constituição da República: precedentes". LR

68. Gabarito: C

Comentário: Errada a alternativa A. Embora Aristóteles tenha vislumbrado o exercício de três funções distintas, a de fazer normas gerais, a de aplicá-las e a de solucionar conflitos quanto sua aplicação, a ideia de tripartição dos poderes do Estado em segmentos distintos e autônomos entre si é de Montesquieu. A alternativa B está errada. A atividade legislativa é uma função típica do Poder Legislativo, as a de julgar o presidente da República nos crimes de responsabilidade é atípica (por ser função jurisdicional, típica do Poder Judiciário). Correta a alternativa C. Trata-se realmente de um exemplo do mecanismo de freios e contrapesos. Trata-se dos controles recíprocos entre os Poderes e a necessidade de atuação conjunta para a prática de determinados atos.

Errada a alternativa D. Poder, função e órgão não são expressões sinônimas. O Poder do Estado em verdade é um só, o poder soberano que pertence ao povo e que o exerce diretamente e por seus representantes. Ocorre que para evitar a concentração do poder do Estado nas mãos de uma única pessoa, foram criadas estruturas de Poder, cada qual com uma função típica que a identifica, sem prejuízo do exercício da função do outro Poder, de modo atípico, sempre conforme previsto na Constituição. Cada Poder tem seus órgãos próprios para o exercício das suas funções, exercendo assim as competências que lhes foram atribuídas constitucionalmente. A alternativa E está errada. A CF não adotou o princípio da indelegabilidade de atribuições de forma absoluta. Isso porque o próprio constituinte previu hipóteses em que um Poder exerce a função que seria típica do outro, de modo atípico. LR

69. Gabarito: E

Comentário: A alternativa A está errada. O artigo 37, CF em sua redação original não tinha o princípio da eficiência, acrescentado pelo EC 19/1998, mas apenas os princípios da legalidade, impessoalidade, moralidade, publicidade. Errada a alternativa B. A previsão constitucional de que a investidura em cargo ou emprego público depende de aprovação prévia em concurso público é por si um princípio e também assegura os princípios da impessoalidade, da publicidade, da moralidade e da eficiência. Errada a alternativa C. O STF na ADI 3.105 entendeu que "Não viola as garantias e direitos fundamentais a exigência de contribuição previdenciária dos pensionistas e aposentados porque a medida apoia-se no princípio da solidariedade e no princípio de equilíbrio financeiro e atuarial do sistema previdenciário. (...) a extensão da contribuição previdenciária é uma imposição de natureza tributária e, portanto, deve ser analisada à luz dos princípios constitucionais relativos aos tributos. Assim, não se pode opor-lhe a garantia constitucional do direito adquirido para eximir-se do pagamento, pois não há norma no ordenamento jurídico brasileiro que imunize, de forma absoluta, os proventos de tributação, nem mesmo o princípio da irredutibilidade de vencimentos". A alternativa D está errada, pois conforme a súmula vinculante 13 "a nomeação de cônjuge, companheiro ou parente em linha reta, colateral ou por afinidade, até o terceiro grau, inclusive, da autoridade nomeante ou de servidor da mesma pessoa jurídica investido em cargo de direção, chefia ou assessoramento, para o exercício de cargo em comissão ou de confiança ou, ainda, de função gratificada na administração pública direta e indireta em qualquer dos poderes da União, dos Estados, do Distrito Federal e dos Municípios, compreendido o ajuste mediante designações recíprocas, viola a Constituição Federal." Tia é parente de terceiro grau, logo ao caso se aplica a SV 13 pois as hipóteses de nepotismo alcançam o terceiro grau. Correta a alternativa E. Conforme decidido pelo STF no RE 598.099, com repercussão geral, "Direito Administrativo. Concurso Público. 2. Direito líquido e certo à nomeação do candidato aprovado entre as vagas previstas no edital de concurso público. 3. Oposição ao poder discricionário da Administração Pública. 4. Alegação de violação dos arts. 5º, inciso LXIX e 37, caput e inciso IV, da Constituição Federal. 5. Repercussão Geral reconhecida." LR

70. Gabarito: B

Comentário: A alternativa A está errada, pois a inamovibilidade não é um princípio institucional do Ministério Público e sim uma das garantias conferidas a seus membros. Ver artigos 127 e 128, § 5º, inciso I, alínea "b", CF. Correta a alternativa B, pois antes da atual Constituição o Ministério Público era ligado ao Poder Executivo. A alternativa C está errada. Conforme já decidido pelo STF "Na esteira de precedentes desta Corte, malgrado seja defeso ao Ministério Público presidir o inquérito policial propriamente dito, não lhe é vedado, como titular da ação penal, proceder investigações" (RE 449206). Errada a alternativa D. Nos termos do artigo 128, CF "O Ministério Público abrange: I – o Ministério Público da União, que compreende: a) o Ministério Público Federal; b) o Ministério Público do Trabalho; c) o Ministério Público Militar; d) o Ministério Público do Distrito Federal e Territórios; II – os Ministérios Públicos dos Estados." Logo, não está elencado o Ministério Público Eleitoral. A alternativa E está errada. Ele deve pertencer à carreira do Ministério Público da União, ou seja, pode ser do Ministério Público Federal; do Ministério Público do Trabalho; do Ministério Público Militar; ou do Ministério Público do Distrito Federal e Territórios. LR

71. Gabarito: E

Comentário: Para José dos Santos Carvalho Filho, exemplo esclarecedor, no que toca à previsão legal da motivação, foi dado pela recente Lei n. 9.784, de 29/1/1999, reguladora do processo administrativo na esfera federal. Segundo o art. 50 dessa lei, exigem motivação, com a indicação dos fatos e dos fundamentos, vários tipos de atos administrativos, como os que negam, limitam ou afetam direitos ou interesses; impõe ou agravam deveres, encargos ou sanções; decidem processos administrativos de concurso ou seleção pública; decidem recursos administrativos etc. Deve-se ainda considerar que a motivação deve ser coerente e verdadeira, sob pena de anulação do ato e de seus efeitos. FMB

72. Gabarito: B

Comentário: Para o Prof. Hely Lopes, requisição é a utilização coativa de bens ou serviços particulares pelo Poder Público por ato de execução imediata e direta da autoridade requisitante e indenização ulterior, para atendimento de necessidades coletivas urgentes e transitórias. No mesmo sentido CF, art. 5º, XXV – No caso de iminente perigo público, a autoridade competente poderá usar de propriedade particular, assegurada ao proprietário indenização ulterior, se houver dano. FMB

73. Gabarito: D

Comentário: Lei 10.520/2002, art. 1º Para aquisição de bens e serviços comuns, poderá ser adotada a licitação na modalidade de pregão, que será regida por esta Lei. Parágrafo único. Consideram-se bens e serviços comuns, para os fins e efeitos deste artigo, aqueles cujos padrões de desempenho e qualidade possam ser objetivamente definidos pelo edital, por meio de especificações usuais no mercado. **Atenção!** A nova lei de licitações e contratos administrativas (Lei 14.133/2021) igualmente prevê que o pregão representa modalidade licitatória própria para a aquisição de bens e serviços comuns (art. 6º, XLI). RB

74. Gabarito: C

Comentário: A: incorreta. Trata-se do poder regulamentar. B: incorreta. O artigo 78 do Código Tributário Nacional traz uma definição legal do poder de polícia: "considera-se poder de polícia a atividade da administração pública que, limitando ou disciplinando direito, interesse ou liberdade, regula a prática de ato ou abstenção de fato, em razão de interesse público concernente à segurança, à higiene, à ordem, aos costumes, à disciplina da produção e do mercado, ao exercício de atividades econômicas dependentes de concessão ou autorização do poder público, à tranquilidade pública ou ao respeito à propriedade e aos direitos individuais ou coletivos". Note-se que o mencionado artigo define o poder de polícia como atividade da administração pública; contudo, em atenta leitura ao parágrafo único que se segue vemos que o poder de polícia também é considerado regular quando executado por "órgão competente nos limites da lei aplicável, com observância do processo legal e, tratando-se de atividade que a lei tenha como discricionária, sem abuso ou desvio de poder". C: correta. O poder de polícia, na forma da Lei, deve ser exercido por toda a Administração Pública. D: incorreta. O poder de polícia e exercida tanto de forma preventiva quanto repressiva. E: incorreta. A assertiva define o poder disciplinar. FMB

75. Gabarito: ANULADA

Comentário: Comentário: a questão foi anulada, pois não há opção correta. Alternativa A incorreta (o princípio da legalidade, no âmbito do direito privado, institui uma relação de *não contradição* com a lei, de modo que o particular pode fazer tudo o que a lei não proíbe).

Alternativa B incorreta (o princípio da legalidade *possui* restrições excepcionais: medida provisória, estado de defesa e estado de sítio). Alternativa C incorreta (no âmbito do Direito Administrativo, *não* se pode falar em livre interpretação do que seja interesse público). Alternativa D incorreta (o *excesso de poder*, de acordo com a doutrina, ocorre na hipótese em que o agente público excede os limites de sua *competência*). Alternativa E incorreta (a prerrogativa de intervir e restringir atividade individual decorre do princípio da *supremacia do interesse público sobre o privado*; a autotutela significa que a Administração pode anular e revogar seus próprios atos administrativos). RB

---

76. Gabarito: D

Comentário: A: incorreta. Os processos de prestação de contas são típicos processos administrativo de expediente. Os processos de outorga visam a concessão de direitos perante a administração. B: incorreta. O devido processo legal e condição a qualquer ato administrativo. C: incorreta. Lei 9.784/1999, art. 22. Os atos do processo administrativo não dependem de forma determinada senão quando a lei expressamente a exigir. Art. 25. Os atos do processo devem realizar-se preferencialmente na sede do órgão, cientificando-se o interessado se outro for o local de realização. D: correta. Lei 9.784/1999, art. 12. Um órgão administrativo e seu titular poderão, se não houver impedimento legal, delegar parte da sua competência a outros órgãos ou titulares, ainda que estes não lhe sejam hierarquicamente subordinados, quando for conveniente, em razão de circunstâncias de índole técnica, social, econômica, jurídica ou territorial. E: incorreta. STF, – Súmula Vinculante 5: – A falta de defesa técnica por advogado no processo administrativo disciplinar não ofende a Constituição. FMB

---

77. Gabarito: C

Comentário: A: incorreta. CF, art. 163. Lei complementar disporá sobre: I – finanças públicas; V – fiscalização financeira da administração pública direta e indireta; B: incorreta. Os princípios da Administração Pública deverão estar presentes em todos os seus atos. C: correta. Abuso de poder e gênero do qual são espécies: excesso de poder, desvio de poder e de finalidade. D: incorreta. O poder regulamentar apenas regulamenta normas já existentes, não inova a ordem jurídica. E: incorreta. O que se perde é a função público, sendo os direitos políticos suspensos. FMB

---

78. Gabarito: ANULADA

Comentário: a questão foi anulada, pois, de acordo com a banca examinadora (CESPE), há duas alternativas corretas. Alternativa A incorreta (a verdade sabida significa que a Administração pode aplicar a pena disciplinar diretamente, sem contraditório, diante da constatação inequívoca da prática da infração; no entanto, tal instituto não foi recepcionado pela CF, pois viola o princípio do devido processo legal). Alternativa B incorreta (de acordo com o STF, a denúncia anônima poder dar ensejo à instauração de sindicância para apurar a ocorrência da irregularidade no serviço público; o mesmo entendimento é adotado pelo STF, nos termos da Súmula 611: "Desde que devidamente motivada e com amparo em investigação ou sindicância, é permitida a instauração de processo administrativo disciplinar com base em denúncia anônima, em face do poder-dever de autotutela imposto à Administração."). Alternativa C correta (de acordo com a banca CESPE, o enunciado está correto, pois, se houver lei nesse sentido, é cabível afirmar que militar, ainda que reformado, submete-se à hierarquia e à disciplina, estando, consequentemente, sujeito à pena disciplinar; nesses casos, inaplicável a Súmula 56 do STF). Alternativa D correta (há diversas leis relativizando o princípio do contraditório e da ampla defesa no âmbito do PAD, como o art. 156, §1º, da Lei 8.112/1990, que legitima o indeferimento de pedidos impertinentes ou protelatórios). Alternativa E incorreta (a sindicância preparatória pode servir de subsídio para um PAD, caso tenham sido coletados elementos de autoria e materialidade disciplinar). RB

---

79. Gabarito: E

Comentário: A questão está desatualizada, em razão das alterações promovidas na Lei 8.429/1992 pela Lei 14.230/2021. Os comentários serão feitos com base no atual regime. Alternativa A incorreta: A: incorreta. Lei 8.429/1992, art. 23, – I – até cinco anos após o término do exercício de mandato, de cargo em comissão ou de função de confiança; II – dentro do prazo prescricional previsto em lei específica para faltas disciplinares puníveis com demissão a bem do serviço público, nos casos de exercício de cargo efetivo ou emprego. III – até cinco anos da data da apresentação à administração pública da prestação de contas final pelas entidades referidas no parágrafo único do art. 1º desta Lei. B: incorreta. Trata-se da hipótese prevista no Art. 9º, inciso IV, da Lei 8.492/1992. art. 12, da mesma Lei, indica como penas – I – na hipótese do art. 9º, perda dos bens ou valores acrescidos ilicitamente ao patrimônio, ressarcimento integral do dano, quando houver, perda da função pública, suspensão dos direitos políticos de oito a dez anos, pagamento de multa civil de até três vezes o valor do acréscimo patrimonial e proibição de contratar com o Poder Público ou receber benefícios ou incentivos fiscais ou creditícios, direta ou indiretamente, ainda que por intermédio de pessoa jurídica da qual seja sócio majoritário, pelo prazo de dez anos; C: incorreta. Lei 8.492/1992, art. 3º As disposições desta lei são aplicáveis, no que couber, àquele que, mesmo não sendo agente público, induza ou concorra para a prática do ato de improbidade ou dele se beneficie sob qualquer forma direta ou indireta. D: incorreta. Não admite a forma culposa. Art. 9º Constitui ato de improbidade administrativa importando enriquecimento ilícito auferir qualquer tipo de vantagem patrimonial indevida em razão do exercício de cargo, mandato, função, emprego ou atividade nas entidades mencionadas no art. 1º desta lei. E: correta. Lei 8.492/1992, art. 11. Constitui ato de improbidade administrativa que atenta contra os princípios da administração pública qualquer ação ou omissão que viole os deveres de honestidade, imparcialidade, legalidade, e lealdade às instituições, e notadamente: II – retardar ou deixar de praticar, indevidamente, ato de ofício. Tendo como penas – Art. 12, da mesma Lei – III – na hipótese do art. 11, ressarcimento integral do dano, se houver, perda da função pública, suspensão dos direitos políticos de três a cinco anos, pagamento de multa civil de até cem vezes o valor da remuneração percebida pelo agente e proibição de contratar com o Poder Público ou receber benefícios ou incentivos fiscais ou creditícios, direta ou indiretamente, ainda que por intermédio de pessoa jurídica da qual seja sócio majoritário, pelo prazo de três anos. RB

80. Gabarito: E
Comentário: Dentre as operações societárias, a única que obrigatoriamente se dá pela unanimidade dos sócios, salvo se prevista no contrato social ou estatuto, é a transformação (art. 1.114 do CC). HS

81. Gabarito: D
Comentário: A: incorreta. A competência é do Poder Executivo federal (art. 1.123, parágrafo único, do CC); B: incorreta. Apenas a cláusula que assim determinar será nula, mantendo-se íntegro do restante do documento (art. 1.008 do CC); C: incorreta. Sociedade em comum, sociedade de fato e sociedade irregular são termos sinônimos. A alternativa está incorreta porque apenas o primeiro termo é adotado pelo Código Civil (art. 986 e seguintes do CC), que também elenca a sociedade em conta de participação como sociedade não personificada; D: correta, nos termos do art. 1.058 do CC; E: incorreta. Trata-se de rol taxativo (art. 983 do CC). HS

82. Gabarito: B
Comentário: A: incorreta. A conduta não se encontra entre as figuras típicas da Lei 11.101/2005; B: correta, nos termos do art. 297, § 2º, do Código Penal; C: incorreta. Não se faz "caixa dois" pelo livro de registro de atas de assembleia, porque, como o nome sugere, ele se presta unicamente a consolidar as atas das deliberações dos sócios; D: incorreta. Não há qualquer obrigação legal

nesse sentido. Somente não pode ser administrador de sociedade (art. 1.011, § 1º, do CC), mas poderá ser sócio; E: incorreta. Não há qualquer óbice à exclusão do nome da firma social, a qual, é bom lembrar, pode ser composta somente pelo nome de um ou alguns dos sócios, seguido da partícula "& Cia.". HS

83. Gabarito: A
Comentário: A: correta, pois de pleno acordo com o disposto no art. 1º, § 3º da Lei de Introdução as Normas do Direito Brasileiro; B: incorreta, pois a repristinação é admitida, desde que expressa na última lei da cadeia revocatória. Vale lembrar que a revogação é a volta da vigência de uma lei revogada, em virtude da revogação da lei que a revogou (Lei de Introdução, art. 2º, § 3º); C: incorreta, pois nesse caso não há revogação da lei anterior (Lei de Introdução, art. 2º, § 2º); D: incorreta, pois na omissão da lei, a vacância é de quarenta e cinco dias (Lei de Introdução, art. 1º). Vale a ressalva, todavia, de que é rara a hipótese de omissão da lei quanto à vacância; E: incorreta, pois tal prazo de três meses aplica-se apenas aos casos de lei brasileira com aplicação no exterior (ex: lei que regulamenta procedimentos nas embaixadas (Lei de Introdução, art. 1º, § 1º). GN

84. Gabarito: D
Comentário: A: incorreta, pois o Código autoriza que "os contratantes especificar domicílio onde se exercitem e cumpram os direitos e obrigações deles resultantes" (CC, art. 78); B: incorreta, pois a teoria natalista sustenta que a personalidade tem início com o nascimento e não com a concepção, conforme a teoria concepcionista; C: incorreta, pois apenas o menor de dezesseis anos é absolutamente incapaz (CC, art. 3º); D: correta, pois o STJ tem entendimento no sentido de que: "Dispensa-se a comprovação de dor e sofrimento, sempre que demonstrada a ocorrência de ofensa injusta à dignidade da pessoa humana" (REsp 1337961/RJ, Rel. Ministra Nancy Andrighi, Terceira Turma, julgado em 03/04/2014, DJe 03/06/2014); E: incorreta, pois nos casos de ser "extremamente provável a morte de quem estava em perigo de vida"; o Código Civil dispensa a prévia declaração de ausência (CC, art. 7º). GN

85. Gabarito: B
Comentário: A: incorreta, pois o desmembramento da posse em direta e indireta (CC, art. 1.197) permite que o possuidor direto proteja sua posse em relação ao indireto e vice-versa. Ademais, permite também que ambos protejam a posse em relação a terceiros; B: correta, pois a assertiva reproduz o disposto no parágrafo único do art. 1.255 do Código Civil; C: incorreta, pois a chamada "cláusula de reversão" é expressamente permitida pela lei no art. 547 do Código Civil; D: incorreta, pois

a propriedade superficiária pode ser dada em hipoteca (CC, art. 1.473, X); E: incorreta, pois a detenção pode ser convertida em posse, nos termos do art. 1.208. **GN**

---

86. Gabarito: C
Comentário: A questão envolve a situação denominada estado de necessidade. Nessa hipótese, alguém causa um dano material a fim de remover um perigo iminente, conforme previsto pelo Código Civil, art. 188, II. Além disso, a situação acaba englobando também o inciso I do mesmo art. 188, que prevê o ato praticado no exercício regular de um direito reconhecido. Não haveria o menor sentido de o ordenamento exigir um comportamento do agente público (ex: um bombeiro que tem o dever de salvar criança) e posteriormente cobrá-lo uma indenização. A única possibilidade que se vislumbra é a de se buscar a indenização em virtude da pessoa culpada pelo incêndio, nos termos do art. 930 do Código Civil. **GN**

---

87. Gabarito: A
Comentário: A: correta, sendo que o STF considera suficiente para comprovação do efetivo exercício do poder de polícia e, portanto, para validade da taxa correspondente, a existência de órgão e estrutura competente para a fiscalização – RE 588.322/RO. Note que a Súmula 157/STJ foi cancelada; B: incorreta, pois, embora seja possível em determinadas hipóteses, não compete especificamente às autoridades de segurança pública a fiscalização de estabelecimentos empresariais, no que se às suas condições de segurança, aos riscos de acidentes. É importante destacar, entretanto, que o STF entende que "a existência do órgão administrativo não é condição para o reconhecimento da constitucionalidade da cobrança da taxa de localização e fiscalização, mas constitui um dos elementos admitidos para se inferir o efetivo exercício do poder de polícia, exigido constitucionalmente" – RE 588.322/RO; C: incorreta, pois a cobrança de taxa pelo exercício do poder de polícia a valores fixos é admitida pelo STF – ver RE 685.213 AgR/RS; D: incorreta, conforme comentários anteriores, já que não se trata de segurança pública em sentido estrito; E: incorreta, conforme comentário à primeira alternativa, bastando a existência de órgão e estrutura competente para a fiscalização, para se comprovar o efetivo exercício do poder de polícia e, portanto, a validade da taxa. **RB**

---

88. Gabarito: C
Comentário: A: incorreta, pois o CTN prevê a necessidade de legislação tributária (o que não se restringe a leis) para a instituição de obrigações acessórias – arts. 96, 113, § 2º e 115 do CTN. Entretanto, há bastante discussão doutrinária e jurisprudencial a respeito – ver ACO 1.098 AgR-TA/MG-STF, RMS 20.587/MG-STJ e REsp 838.143/PR-STJ; B: incorreta, pois a anterioridade refere-se à ins-

tituição ou à majoração de tributos (obrigação principal), apenas – art. 150, III, b e c, da CF; C: correta, sendo essa a jurisprudência do STF, que veda inclusive a exigência de fiança ou outra garantia como pressuposto para emissão de notas fiscais – ver RE 565.048/RS-repercussão geral; D: incorreta, conforme comentário à alternativa "B"; E: incorreta, conforme comentário à alternativa "C". **RB**

---

89. Gabarito: B
Comentário: A: incorreta, pois, embora possa haver responsabilidade dos pais pelo recolhimento do tributo, nos termos do art. 134, I, do CTN, isso não tem relação alguma com eventual responsabilidade por prejuízos causados pelo menor, decorrendo estritamente da legislação tributária; B: correta, nos termos dos arts. 118, I, e 126, I, do CTN; C: incorreta, pois a capacidade tributária passiva independe da capacidade civil da pessoa natural – art. 126, I, do CTN; D: incorreta, pois o que se está tributando é a renda auferida, não sendo relevante para a tributação, em princípio, a forma como essa renda foi auferida – princípio do *non olet* – art. 118, I, do CTN – ver HC 77.530/RS-STF; E: incorreta, conforme comentários anteriores. **RB**

---

90. Gabarito: D
Comentário: A, B, C e E: incorretas, pois essas pessoas somente serão responsáveis pelos créditos relativos a obrigações de terceiros nos casos de atos praticados com excesso de poderes ou infração de lei, contrato social ou estatutos, conforme art. 135 do CTN; D: correta, sendo a única alternativa que indica caso de responsabilidade do art. 134 do CTN, em que não se exige excesso de poderes ou infração de lei, contrato social ou estatutos como pressuposto. **RB**

---

91. Gabarito: B
Comentário: A: incorreta, pois essa vedação aplica-se a todos os tributos (não apenas a impostos) estaduais e municipais (não apenas estaduais) – art. 152 da CF; B: correta, nos termos do art. 167, IV, CF, lembrando que o dispositivo traz exceções à vedação de vinculação da receita dos impostos; C: incorreta, pois, diferentemente da generalidade dos tributos, as contribuições sociais sujeitam-se apenas à anterioridade nonagesimal, não à anual – art. 195, § 6º, da CF; D: incorreta, considerando que a gradação conforme a capacidade econômica a que se refere o art. 145, § 1º, da CF é por muitos interpretada como diretriz da capacidade contributiva e, mais especificamente, possibilidade de progressividade de alíquotas (variação das alíquotas conforme a base de cálculo). Assim, não é possível dizer que essa diretriz se aplica sempre e necessariamente aos impostos, já que o STF já afastou a progressividade em relação a alguns deles (ITBI e IPTU antes da EC 29/2000); E: incorreta,

pois a anterioridade anual não se aplica aos empréstimos compulsórios instituídos para tender a despesas extraordinárias – art. 148, I, c/c art. 150, § 1º, da CF. RB

92. Gabarito: ANULADA

Comentário: A; incorreta, pois o tipo penal do art. 2º, V, da Lei 8.137/1990 não se refere à conduta de "suprimir ou reduzir tributo"; B: incorreta, pois o tipo penal do art. 1º, V, da Lei 8.137/1990 refere-se a negar-se a fornecer nota fiscal quando isso for obrigatório; C: incorreta, pois o tipo penal do art. 2º, III, da Lei 8.137/1990 não se refere à conduta de "suprimir ou reduzir tributo"; D: incorreta, pois o tipo penal do art. 2º, IV, da Lei 8.137/1990 não se refere à conduta de "suprimir ou reduzir tributo"; E: incorreta, pois o crime nesse caso é de apropriação indébita previdenciária, prevista no art. 168-A, § 1º, III, do Código Penal, não especificamente crime contra a ordem tributária. RB

93. Gabarito: A

Comentário: A: correta. O direito ao meio ambiente ecologicamente equilibrado, previsto no art. 225 da Constituição Federal é um direito fundamental e um princípio que deve ser observado para a interpretação de toda a legislação ambiental. B: incorreta. O art. 170 da Constituição Federal estabelece que a livre-iniciativa é fundamento da ordem econômica, devendo ser exercida com a observância, dentre outros princípios, a defesa do meio ambiente. C: incorreta. O estudo prévio de impacto ambiental somente poderá será dispensado nos casos em que não houver obras potencialmente causadoras de significativa degradação ambiental. D: incorreta. Conforme art. 225, § 1º, inciso III, os espaços territoriais e seus componentes especialmente protegidos, somente poderão ser alterados ou suprimidos através de lei. E: incorreta. A competência para proteger o meio ambiente é comum, de modo que todos os entes federados têm competência material para combater a poluição em todas as formas. RD

94. Gabarito: D

Comentário: A: incorreta. A Reserva Particular do Patrimônio Natural é área privada que deve ser gravada a partir do interesse do proprietário, com o objetivo de conservar a diversidade biológica. Para tanto, não há necessidade de lei para a sua constituição, devendo contar de termo de compromisso assinado perante o órgão ambiental, que verificará a existência de interesse público, e será averbado à margem da inscrição no Registro Público de Imóveis (veja artigo 21, § 1º, da Lei 9.985/2000). B: incorreta. Nas Áreas de Preservação Permanente, reguladas pelo Código Florestal (Lei 12.651/2012), a vegetação deve ser mantida pelo proprietário, o que não impede a sua exploração econô-

mica, desde que não descaracterize a cobertura vegetal nativa existente ne prejudique a função ambiental (art. 3º, X, do Código Florestal). Nesses casos, é possível, por exemplo, que o proprietário faça uso da APP para a atividade de apicultura sem necessidade de autorização pelo órgão ambiental estadual. C: incorreta. Na forma do art. 13, inciso I, do Código Florestal, quando indicado pelo Zoneamento Ecológico-Econômico – ZEE estadual, o poder público federal poderá reduzir, exclusivamente para fins de regularização, mediante recomposição, regeneração ou compensação da Reserva Legal de imóveis com área rural consolidada, situados em área de floresta localizada na Amazônia Legal, para até 50% (cinquenta por cento) da propriedade, excluídas as áreas prioritárias para conservação da biodiversidade e dos recursos hídricos e os corredores ecológicos. D: correta. Conforme art. 29, § 1º, da Lei 12.651/2012. E: incorreta. As unidades de conservação são divididas em apenas dois grupos: Unidades de Proteção Integral e Unidades de Uso Sustentável. RD

95. Gabarito: B

Comentário: A: incorreta. Conforme art. 6º da Lei 9.605/1998, para a imposição e gradação de sanções penais e administrativas, devem ser levadas em consideração: a) a gravidade do fato, tendo em vista os motivos da infração e suas consequências para a saúde pública e meio ambiente; b) os antecedentes do infrator quanto ao cumprimento da legislação de interesse ambiental; e c) a situação econômica do infrator. B: correta. Na esfera penal, há previsão de crimes dolosos e culposos em toda a legislação, de forma que a modalidade culposa é admitida nos crimes ambientais. C: incorreta. O pagamento de multa imposta pelos Estados, Municípios, Distrito Federal ou territórios substitui multa federal na mesma hipótese de incidência (Art. 76 da Lei 9.605/1998). D: incorreta. Independentemente da sentença absolutória criminal, a ação civil poderá ser proposta quando não tiver sido, categoricamente, reconhecida a inexistência material do fato (art. 66 do CPP). Veja também o art. 79 da Lei 9.605/98 sobre a aplicação subsidiária do Código de Processo Penal e do Código Penal aos crimes ambientais. E: incorreta. A responsabilidade das pessoas jurídicas não exclui a responsabilidade das pessoas físicas autoras, coautoras ou partícipes do mesmo fato (art. 3º da Lei 9.605/1998). RD

96. Gabarito: A

Comentário: A: correta. A autoridade ambiental que tiver conhecimento de infração ambiental é obrigada a promover a sua apuração imediata, mediante processo administrativo, sob pena de corresponsabilização (art. 70, § 3º, da Lei 9.605/1998). B: incorreta, no caso em estudo, a conduta configura crime do art. 48 da Lei

9.605/1998. C: incorreta. A responsabilidade penal depende da prova da culpa ou dolo. Apenas a responsabilidade civil é objetiva. D: incorreta. São autoridades competentes para lavrar auto de infração ambiental e instaurar processo administrativo os funcionários de órgãos ambientais integrantes do SISNAMA, designados para as atividades de fiscalização, bem como os agentes das Capitanias dos Portos (art. 70 da Lei 9.605/1998). E: incorreta. As condutas consideradas lesivas ao meio ambiente sujeitarão os infratores a sanções penais, administrativas e civil (reparação de dano), tudo conforme art. 225, § 3º, da Constituição Federal. [RD]

97. Gabarito: C

Comentário: Atenção: Em razão da EC 97/17, a CF passou a estabelecer que as coligações partidárias apenas se darão em âmbito dos cargos majoritários (presidente da república, governador de estado e do distrito federal, prefeito e senador da república). Para os cargos proporcionais (deputado federal, estadual e distrital, bem como vereador) não mais haverá a possibilidade de formação de coligações. Desta forma, o enunciado da questão, ao mencionar a coligação para o cargo de deputado, está em desacordo com o art. 17, §1o, CF ("§ 1º É assegurada aos partidos políticos autonomia para definir sua estrutura interna e estabelecer regras sobre escolha, formação e duração de seus órgãos permanentes e provisórios e sobre sua organização e funcionamento e para adotar os critérios de escolha e o regime de suas coligações nas eleições majoritárias, vedada a sua celebração nas eleições proporcionais, sem obrigatoriedade de vinculação entre as candidaturas em âmbito nacional, estadual, distrital ou municipal, devendo seus estatutos estabelecer normas de disciplina e fidelidade partidária. (Redação dada pela Emenda Constitucional nº 97, de 2017)").

No entanto, não obstante a atualização indicada, a abordagem das alternativas tratam de outros aspectos que independem de existir coligação, de forma que a proporção de candidaturas por gênero e o número de candidatos possíveis de serem registrados será visto individualmente por cada partido e não por coligações. A: Incorreta. Uma vez que o art. 14, Lei das Eleições, dispõe que "estão sujeitos ao cancelamento do registro os candidatos que, até a data da eleição, forem expulsos do partido, em processo no qual seja assegurada ampla defesa e sejam observadas as normas estatutárias. Parágrafo único. O cancelamento do registro do candidato será decretado pela Justiça Eleitoral, após solicitação do partido". B: Incorreta. Pois a legislação eleitoral, art. 10, § 3º, Lei das Eleições, impõe que haja uma proporção entre 30% e 70% entre cada sexo (independentemente se 30% de homem ou mulher, e o mesmo aos 70%). Vejamos: "§ 3º Do número de vagas resultantes das regras previstas neste artigo, cada partido ou coligação

preencherá o mínimo de 30% (trinta por cento) e o máximo de 70% (setenta por cento) para candidaturas de cada sexo. (Redação dada pela Lei n. 12.034, de 2009)". C: Correta, conforme autoriza o art. 7º, § 2º, Lei das Eleições. "§ 2º Se a convenção partidária de nível inferior se opuser, na deliberação sobre coligações, às diretrizes legitimamente estabelecidas pelo órgão de direção nacional, nos termos do respectivo estatuto, poderá esse órgão anular a deliberação e os atos dela decorrentes". D: Incorreta, vez que há estampada no art. 10, Lei das Eleições, em sentido contrário. Vejamos: "Art. 10. Cada partido ou coligação poderá registrar candidatos para a Câmara dos Deputados, a Câmara Legislativa, as Assembleias Legislativas e as Câmaras Municipais no total de até 150% (cento e cinquenta por cento) do número de lugares a preencher, salvo: I – nas unidades da Federação em que o número de lugares a preencher para a Câmara dos Deputados não exceder a doze, nas quais cada partido ou coligação poderá registrar candidatos a Deputado Federal e a Deputado Estadual ou Distrital no total de até 200% (duzentos por cento) das respectivas vagas; II – nos Municípios de até cem mil eleitores, nos quais cada coligação poderá registrar candidatos no total de até 200% (duzentos por cento) do número de lugares a preencher. (Incluído pela Lei nº 13.165, de 2015)". E: Incorreta, já que o § 2º, art. 11, Lei das Eleições, estabelece que "a idade mínima constitucionalmente estabelecida como condição de elegibilidade é verificada tendo por referência a data da posse, salvo quando fixada em dezoito anos, hipótese em que será aferida na data-limite para o pedido de registro. (Redação dada pela Lei nº 13.165, de 2015)".

Para Lembrar:

As idades mínimas constitucionalmente previstas como condições de elegibilidade são (art. 14, § 3º, VI, CF):

a) 35 anos para Presidente e Vice-Presidente da República e Senador;

b) 30 anos para Governador e Vice-Governador de Estado e do Distrito Federal;

c) 21 anos para Deputado Federal, Deputado Estadual ou Distrital, Prefeito, Vice-Prefeito e juiz de paz;

d) 18 anos para Vereador.

[SC]

98. Gabarito: ANULADA

Comentário: essa questão foi *anulada*, pois todas as alternativas estão *erradas*. Alternativa A incorreta (o art. 7º, §1º, do Código Eleitoral, não prevê a sujeição à prestação de serviços comunitários). Alternativa B incorreta (não podem alistar-se como eleitores os conscritos, durante o período do serviço militar obrigatório, cf. art. 14, §2º, da CF). Alternativa C incorreta (o preceito da Lei 4.737/1965 que veda o alistamento dos eleitores analfabetos não foi recepcionado pela CF, pois o art. 14,

§1º, CF, dispõe que é facultativo o alistamento eleitoral dos analfabetos; trata-se do entendimento do TSE). Alternativa D incorreta (o dispositivo da Lei 4.737/1965, que veda o alistamento dos que não saibam exprimir-se na língua nacional não foi recepcionado pela CF, que não impõe tal condição; trata-se do entendimento do TSE). Alternativa E incorreta (caso haja justificativa, não caberá o cancelamento da inscrição do eleitor, cf. art. 7º, §3º, da Lei 4.737/1965). RB

---

99. Gabarito: B

Comentário: Alternativa A incorreta (os partidos políticos são pessoas jurídicas de direito privado, cf. art. 1º da Lei 9.096/1995). Alternativa B correta (art. 20 da Lei 9.096/1995). Alternativa C incorreta (um dos requisitos para o registro de estatuto de partido político é o apoiamento de eleitores não filiados a partido político, cf. art. 7º, §1º, da Lei 9.096/1995). Alternativa D incorreta (o art. 22-A, parágrafo único, da Lei 9.096/1995 prevê hipóteses *taxativas* consideradas justa causa para a desfiliação partidária, entre as quais *não* se encontra a criação de novo partido político). Alternativa E incorreta (em caso de coexistência de filiações partidárias, prevalecerá a mais recente, cf. art. 22, parágrafo único, da Lei 9.096/1995). RB

---

100. Gabarito: C

Comentário: A: Incorreta, já que o art. 16 e parágrafo único, Resolução TSE 21538/2003, estabelece que o alistamento eleitoral do analfabeto é facultativo (Constituição Federal, art. 14, § 1º, II, a), mas se o analfabeto se alfabetizar, deverá requerer sua inscrição eleitoral, não ficando sujeito à multa prevista no art. 15 (Código Eleitoral, art. 8º). B: Incorreta, vez que o § 1º, art. 17,

Resolução TSE 21538/2003, dispõe que "do despacho que indeferir o requerimento de inscrição, caberá recurso interposto pelo alistando no prazo de cinco dias e, do que o deferir, poderá recorrer qualquer delegado de partido político no prazo de dez dias, contados da colocação da respectiva listagem à disposição dos partidos, o que deverá ocorrer nos dias 1º e 15 de cada mês, ou no primeiro dia útil seguinte, ainda que tenham sido exibidas ao alistando antes dessas datas e mesmo que os partidos não as consultem (Lei n. 6.996/1982, art. 7º). C: Correta, em plena consonância com o art. 15, Resolução TSE 21538/2003: "Art. 15. O brasileiro nato que não se alistar até os 19 anos ou o naturalizado que não se alistar até um ano depois de adquirida a nacionalidade brasileira incorrerá em multa imposta pelo juiz eleitoral e cobrada no ato da inscrição. Parágrafo único. Não se aplicará a pena ao não alistado que requerer sua inscrição eleitoral até o centésimo quinquagésimo primeiro dia anterior à eleição subsequente à data em que completar 19 anos (Código Eleitoral, art. 8º c.c. a Lei n. 9.504/97, art. 91)"; D: Incorreta. Pois o art. 13 da Resolução TSE 21.538/2003 indica quais são os documentos que servirão a este fim. São eles: a) carteira de identidade ou carteira emitida pelos órgãos criados por lei federal, controladores do exercício profissional; b) certificado de quitação do serviço militar; c) certidão de nascimento ou casamento, extraída do Registro Civil; d) instrumento público do qual se infira, por direito, ter o requerente a idade mínima de 16 anos e do qual constem, também, os demais elementos necessários à sua qualificação. E: Incorreta. Uma vez que o § 2º, art. 9º, Resolução 21.538/2003, dispõe que no momento da formalização do pedido, o requerente manifestará sua preferência sobre local de votação, entre os estabelecidos para a zona eleitoral. SC

DELEGADO MG

1. Sobre os princípios da Administração Pública, é CORRETO afirmar que:

(A) a efetivação de pagamento de precatório em desobediência à ordem cronológica traduz violação ao princípio da impessoalidade, à luz do qual é vedada a atuação administrativa dissociada da moral, dos princípios éticos, da boa-fé e da lealdade.

(B) em consonância com o princípio da legalidade, estatuído no artigo 37, caput, da CR/88, a Administração Pública pode fazer tudo o que a lei não proíbe.

(C) não são oponíveis às Sociedades de Economia Mista, haja vista que essas sociedades são regidas pelo regime de direito privado.

(D) o princípio da supremacia do interesse público não se radica em dispositivo específico da CR/88, ainda que inúmeros aludam ou impliquem manifestações concretas dele.

2. A Lei n. 13.303/2016, em seu artigo 3°, traz o seguinte conceito: "entidade dotada de personalidade jurídica de direito privado, com criação autorizada por lei e com patrimônio próprio, cujo capital social é integralmente detido pela União, pelos Estados, pelo Distrito Federal ou pelos Municípios".

A entidade da administração indireta conceituada é uma:

(A) Autarquia.

(B) Empresa pública.

(C) Fundação pública.

(D) Sociedade de economia mista.

3. Correlacione as duas colunas, vinculando cada situação ao respectivo poder administrativo.

(1) Revogação de ato administrativo   ( ) Poder disciplinar

(2) Interdição de estabelecimento comercial pela vigilância sanitária   ( ) Poder regulamentar

(3) Aplicação de penalidade administrativa a servidor   ( ) Poder discricionário

(4) Edição de decretos   ( ) Poder de polícia

A sequência numérica CORRETA, de cima para baixo, é:

(A) 1, 2, 4, 3

(B) 3, 1, 4, 2

(C) 3, 4, 1, 2

(D) 4, 3, 2, 1

4. Sobre as hipóteses de perda do cargo do servidor estável previstas no artigo 41, §1° da CR/88, a INCORRETA:

(A) Excesso de despesa com pessoal.

(B) Procedimento de avaliação periódica de desempenho, na forma de lei complementar, assegurada ampla defesa.

(C) Processo administrativo em que lhe seja assegurada ampla defesa.

(D) Sentença judicial transitada em julgado.

5. Está CORRETO o que se afirma em:

(A) A Lei n. 8.429/1992 veda, expressamente, transação, acordo ou conciliação nas ações de improbidade administrativa.

(B) A violação a quaisquer dos princípios da Administração Pública pode constituir ato de improbidade administrativa, independente da aferição de culpa ou dolo do agente.

(C) Embora o ato de improbidade administrativa, quando praticado por servidor público, também corresponda a um ilícito administrativo, não há obrigatoriedade de instauração do procedimento adequado à apuração da responsabilidade pela autoridade administrativa competente, haja vista que as sanções previstas no artigo 37, § 4°, da CR/88 somente podem ser aplicadas após o trânsito em julgado de sentença condenatória.

(D) Entre os legitimados ativos para propor a ação de improbidade administrativa figuram o Ministério Público, empresa incorporada ao patrimônio público e entidade para cuja criação ou custeio o erário haja concorrido ou concorra com cinquenta por cento do patrimônio ou da receita anual.

6. De acordo com a Lei Complementar n. 123/2013 (Lei Orgânica da PCMG), é INCORRETO afirmar:

(A) Cargo de provimento efetivo é unidade de ocupação funcional do quadro de pessoal, privativa de servidor público aprovado em concurso, com criação, remuneração e quantitativo definidos em lei ordinária, e, ainda, com atribuições, responsabilidades, direitos e deveres de natureza estatutária estabelecidos em Lei Complementar.

(B) Carreira é o conjunto de cargos de provimento efetivo agrupados segundo sua natureza e complexidade e estruturados em níveis e graus, escalonados em função do grau de responsabilidade e das atribuições da carreira.

(C) Grau é a posição do servidor no escalonamento vertical dentro da mesma carreira, contendo cargos escalonados, com os mesmos requisitos de capacitação e mesmas natureza, complexidade, atribuições e responsabilidades.

(D) Quadro de pessoal é o conjunto de cargos de provimento efetivo e de provimento em comissão de órgão ou de entidade.

7. João, candidato ao cargo de Delegado de Polícia do Estado de Minas Gerais, inconformado com sua reprovação no certame, impetrou ação mandamental argumentando a existência de ilegalidade decorrente da formulação de questões com base em legislação não prevista no edital. Sobre o caso, NÃO é correto afirmar:

(A) A adequação das questões da prova ao programa do edital de concurso público constitui tema de legalidade, suscetível, portanto, de controle pelo Poder Judiciário.

(B) A banca examinadora é que possui legitimidade para figurar como autoridade coatora.

(C) A petição inicial será indeferida, com fundamento no artigo 10 da Lei n. 12.016/2009, caso a impetração ocorra após 120 dias da ciência do ato impugnado.

(D) É vedado ao Poder Judiciário adentrar aos critérios adotados pela banca examinadora do concurso.

8. Um servidor público estadual, no exercício do seu cargo, conduzia um veículo oficial em velocidade superior à permitida na via e atropela um pedestre que vem a falecer no local. A partir da narrativa, é CORRETO afirmar:

(A) A sentença condenatória no âmbito penal somente gerará efeitos na esfera administrativa se imposta pena privativa de liberdade.

(B) Eventual absolvição no âmbito penal por insuficiência de provas não autoriza a condenação do servidor nas esferas cível e administrativa.

(C) O Estado responderá subjetivamente na esfera cível pelos danos resultantes do evento.

(D) O servidor responderá pelo ato lesivo nas esferas cível, penal e administrativa.

9. Sobre o controle administrativo da Administração Pública, NÃO é correto afirmar:

(A) É um controle de legalidade e de mérito.

(B) Pode ocorrer por iniciativa da própria administração, mas não pode ser deflagrado mediante provocação dos administrados.

(C) Quanto à natureza do órgão controlador, se divide em legislativo, judicial e administrativo.

(D) Tem por finalidade confirmar, alterar ou corrigir condutas internas, segundo aspectos de legalidade ou de conveniência para a Administração.

10. Sobre a responsabilidade do Estado por atos legislativos, NÃO está correto o que se afirma em:

(A) Sua aplicação não é admitida com relação às leis de efeitos concretos constitucionais.

(B) É aplicável aos casos de omissão no dever de legislar e regulamentar.

(C) É admitida com relação às leis declaradas inconstitucionais.

(D) É aceita nos casos de atos normativos do Poder Executivo e de entes administrativos com função normativa, mesmo em caso de vícios de inconstitucionalidade ou de ilegalidade.

11. Amanda tem 15 anos de idade. Mateus, por deficiência mental, não tem o necessário discernimento para a prática pessoal dos atos da vida civil. Tício é excepcional, sem desenvolvimento mental completo.

De acordo com o Código Civil e o Estatuto da Pessoa com Deficiência, considera(m)-se absolutamente incapaz(es) de exercer, pessoalmente, os atos da vida civil:

(A) Amanda e Mateus.

(B) Amanda.

(C) Mateus e Tício.

(D) Mateus.

12. Considere as seguintes afirmativas a respeito do domicílio da pessoa natural:

I. Tem como regra geral o lugar onde a pessoa estabelece a sua residência com ânimo definitivo.

II. Considera-se também como domicílio da pessoa natural, quanto às relações concernentes à profissão, o lugar onde esta é exercida.

III. Se houver exercício da profissão em lugares diversos, o local da contratação constituirá domicílio para as relações que lhe corresponderem.

IV. Muda-se o domicílio, transferindo a residência, com a intenção manifesta de o mudar. A prova da intenção resultará do que declarar a pessoa às municipalidades dos lugares, que deixa, e para onde vai, ou, se tais declarações não fizer, da própria mudança, com as circunstâncias que a acompanharem.

Estão CORRETAS apenas as afirmativas:

(A) I, II e III.

(B) I, II e IV.

(C) I, III e IV.

(D) II, III e IV.

13. De acordo com o disposto no Código Civil a respeito dos bens, é CORRETO afirmar:

(A) A lei não pode determinar a indivisibilidade do bem, pois esta característica decorre da natureza da coisa ou da vontade das partes.

(B) A regra de que o acessório segue o principal tem inúmeros efeitos, entre eles, a presunção absoluta de que o proprietário da coisa principal também seja o dono do acessório.

(C) Para os efeitos legais, considera-se bem imóvel o direito à sucessão aberta.

(D) Pertenças são obras feitas na coisa ou despesas que se teve com ela, com o fim de conservá-la, melhorá-la ou embelezá-la.

14. Sobre a prescrição e a decadência, é CORRETO afirmar:

(A) A interrupção da prescrição é comum, aproveitando, em qualquer caso, a todos os credores ainda que somente um a tenha promovido.

(B) A prescrição está ligada às ações constitutivas e desconstitutivas; já a decadência está relacionada às ações condenatórias.

(C) As ações declaratórias, por serem direitos pessoais, estão sujeitas ao prazo prescricional de 5 anos.

(D) Se a decadência for convencional, a parte a quem aproveita pode alegá-la em qualquer grau de jurisdição, mas o juiz não pode suprir a alegação.

15. Nas obrigações negativas, o devedor é considerado inadimplente:

(A) a partir da sua citação.

(B) a partir da sua constituição em mora pelo credor.

(C) a partir do ajuizamento da ação pelo credor.

(D) desde o dia em que executou o ato de que se devia abster.

16. Considere as seguintes afirmativas a respeito do direito das obrigações:

I. O credor de coisa certa não pode ser obrigado a receber outra, ainda que mais valiosa.

II. Não incorre na obrigação de indenizar perdas e danos o devedor que recusar a prestação a ele só imposta, ou só por ele exequível.

III. Na obrigação de dar coisa incerta, antes da escolha, não poderá o devedor alegar perda ou deterioração da coisa, ainda que por força maior ou caso fortuito.

IV. Quando a obrigação é indivisível, os devedores são solidários, de sorte que a remissão de um aproveita a todos, extinguindo a dívida.

Estão CORRETAS apenas as afirmativas:

(A) I e III.

(B) I e IV.

(C) I, II e IV.

(D) II e III.

17. A respeito da posse, é CORRETO afirmar:

(A) A posse de boa-fé só perde esse caráter quando do trânsito em julgado da sentença proferida em ação possessória.

(B) É assegurado ao possuidor de boa-fé o direito à indenização pelas benfeitorias necessárias e úteis. Quanto às voluptuárias, estas, se não forem pagas, poderão ser levantadas, desde que não prejudiquem a coisa.

(C) Obsta à manutenção ou à reintegração da posse a alegação de propriedade, ou de outro direito sobre a coisa.

(D) Sendo possuidor todo aquele que tem de fato o exercício, pleno ou não, de algum dos poderes inerentes à propriedade, não é possível adquirir posse mediante representação.

18. Considere as seguintes afirmativas a respeito do direito de família:

I. A diversidade de sexos entre os companheiros não é requisito essencial para a configuração da união estável.
II. A pessoa casada, mas separada de fato, pode constituir união estável.
III. De acordo com jurisprudência pacificada no âmbito do Superior Tribunal de Justiça, na união estável, na ausência de contrato de convivência, a partilha de bens exige prova do esforço comum.
IV. A pessoa divorciada, enquanto não houver sido homologada ou decidida a partilha de bens do casal, não pode constituir união estável.

Estão CORRETAS apenas as afirmativas:

(A) I e II.
(B) I, II e III.
(C) I, II e IV.
(D) II e IV.

19. Frederico, com 72 anos de idade, viúvo e sem herdeiros necessários, em março de 2016 procurou um tabelionato de notas na cidade de Belo Horizonte/MG e fez um testamento público, determinando que todos os seus bens deveriam ser transmitidos à Santa Casa de Belo Horizonte. Em dezembro de 2016, Frederico, que possuía apenas um parente vivo, o seu tio Aristóteles, resolveu adotar Pedro, de 10 anos de idade, vindo a falecer um ano após. Sobre a sucessão de Frederico, é CORRETO afirmar:

(A) A herança de Frederico será dividida igualmente entre Pedro, Santa Casa de Belo Horizonte e Aristóteles.
(B) Pedro terá direito à legítima, cabendo à Santa Casa a parte disponível.
(C) Todo o patrimônio de Frederico caberá a Pedro.
(D) Todo o patrimônio de Frederico caberá à Santa Casa de Belo Horizonte, por força do testamento.

20. Considere as seguintes afirmativas a respeito do direito das sucessões:

I. Ninguém pode suceder, representando herdeiro renunciante. Se, porém, ele for o único legítimo da sua classe, ou se todos os outros da mesma classe renunciarem à herança, poderão os filhos vir à sucessão, por direito próprio, e por cabeça.

II. Fideicomisso é meio pelo qual o testador pode instituir como fideicomissário os não concebidos ao tempo de sua morte. Assim, é possível instituir fideicomisso em que contemplem, sucessivamente, determinada pessoa, seu filho e seu neto.
III. O testador pode estabelecer cláusula de inalienabilidade sobre os bens da parte legítima, desde que exponha uma justa causa para tanto.
IV. É lícito o testamento conjuntivo recíproco entre marido e mulher, quando o regime de bens do casamento for da comunhão universal.

Estão CORRETAS apenas as afirmativas:

(A) I, II e III.
(B) I e II.
(C) I e III.
(D) II e IV.

21. Sobre o regime constitucional atribuído à polícia civil e aos policiais civis, é CORRETO afirmar:

(A) Às polícias civis, dirigidas por delegados de carreira, incumbem, sem exceção, as funções de polícia judiciária e a apuração de infrações penais.
(B) Não é possível a acumulação remunerada do cargo de policial civil com o cargo de professor, ainda que haja compatibilidade de horários.
(C) Não se garante aos policiais civis o direito à livre associação sindical, em virtude da natureza de suas atividades.
(D) Os policiais civis são remunerados por subsídio fixado em parcela única, por meio de lei de iniciativa privativa do Governador do Estado, vedado o acréscimo de qualquer outra espécie remuneratória.

22. A partir de julgamentos de mandados de injunção coletivos, em 2007, entre eles o MI 708, o Supremo Tribunal Federal alterou seu entendimento acerca dos efeitos e da abrangência da decisão. Corresponde a essa mudança:

(A) O Supremo Tribunal Federal manteve seu entendimento, consolidado desde a promulgação da Constituição Federal, de se conceder a ordem injuncional, afirmando a competência do Judiciário para regulamentar, no caso concreto, a falta da norma regulamentadora.
(B) O Supremo Tribunal Federal manteve seu entendimento, segundo a maioria dos Ministros, de não se conceder a ordem injuncional, afirmando que compete ao Judiciário apenas cientificar o órgão competente para a elaboração da norma regulamentadora, sem obrigá-lo.

(C) O Supremo Tribunal Federal passou a aplicar, no entendimento da maioria dos Ministros, a teoria concretista, afirmando a competência do Judiciário para regulamentar, no caso concreto, a falta da norma regulamentadora.

(D) O Supremo Tribunal Federal passou a aplicar, no entendimento da maioria dos Ministros, a teoria não concretista, afirmando a impossibilidade de o Judiciário regulamentar, no caso concreto, a falta da norma regulamentadora.

23. NÃO constitui cargo privativo de brasileiro nato:

(A) Ministro de Estado da Defesa.

(B) Oficial das Forças Armadas.

(C) Presidente da Câmara dos Deputados.

(D) Senador da República.

24. É imunidade extensível aos vereadores:

(A) Autorização prévia da Assembleia Legislativa, por maioria de dois terços, para ser processado penalmente.

(B) Inviolabilidade por suas opiniões, palavras e votos, no exercício do mandato e na circunscrição do Município.

(C) Inviolabilidade por suas opiniões, palavras e votos, no exercício do mandato e na circunscrição do Município, e a prisão somente em caso de flagrante delito inafiançável, desde a diplomação.

(D) Prisão somente em caso de flagrante delito inafiançável, desde a diplomação.

25. A competência para a explorar diretamente, ou mediante concessão, os serviços locais de gás canalizado é dos

(A) estados-membros e dos municípios.

(B) estados-membros, do distrito federal e dos municípios.

(C) estados-membros.

(D) municípios.

26. É da competência exclusiva do Congresso Nacional, que independe da sanção do Presidente da República:

(A) concessão de anistia.

(B) criação e extinção de Ministérios e órgãos da Administração Pública.

(C) fixação do subsídio do Presidente e do Vice-Presidente da República e dos Ministros de Estado.

(D) fixação do subsídio dos Ministros do Supremo Tribunal Federal.

27. A Emenda Constitucional n. 80, de 4 de junho de 2014, foi responsável por alterar dispositivos do Capítulo IV Das Funções Essenciais à Justiça, do Título IV Da Organização dos Poderes.

Em relação à Defensoria Pública, esta emenda

(A) assegura às Defensorias Públicas Estaduais autonomia funcional e administrativa, além da iniciativa de sua proposta orçamentária.

(B) atribui à Defensoria Pública a iniciativa legislativa quanto à fixação de subsídios dos defensores públicos.

(C) averba que a Defensoria Pública é instituição essencial à função jurisdicional do Estado.

(D) estende aos defensores públicos a garantia da inamovibilidade, na forma assegurada aos membros do Poder Judiciário.

28. Segundo entendimento do Supremo Tribunal Federal proferido em Ação Direta de Inconstitucionalidade julgada em 2017, no que tange a ações penais ajuizadas em face de Governador de Estado, é CORRETO afirmar:

(A) Com base no princípio da simetria, as Assembleias Legislativas devem autorizar, por dois terços de seus membros, a instauração de ação penal contra o Governador por crimes comuns.

(B) O recebimento de ação penal contra Governador de Estado pelo Superior Tribunal de Justiça acarreta o seu afastamento automático do cargo.

(C) Os estados-membros têm competência para legislar sobre crimes de responsabilidade.

(D) Os estados-membros não têm competência para editar normas que exijam autorização da Assembleia Legislativa para que o Superior Tribunal de Justiça (STJ) instaure ação penal contra Governador de Estado.

29. Segundo precedentes do Supremo Tribunal Federal, a comprovação da relação de pertinência temática em ação direta de inconstitucionalidade e ação declaratória de constitucionalidade NÃO é exigida para

(A) o Conselho Federal das Ordem dos Advogados do Brasil.

(B) Mesa de Assembleia Legislativa ou da Câmara Legislativa do Distrito Federal.

(C) entidades de classe de âmbito nacional.

(D) confederações sindicais.

30. É objetivo da Ordem Econômica elencado no art. 170 da Constituição Federal:

(A) Assegurar a todos existência digna, conforme os ditames da justiça social.

(B) Assegurar o desenvolvimento nacional.

(C) Garantir a livre concorrência.

(D) Valorizar o trabalho humano e a livre iniciativa.

31. NÃO é um elemento do tipo culposo de crime:

(A) Conduta involuntária.

(B) Inobservância de dever objetivo de cuidado.

(C) Previsibilidade objetiva.

(D) Tipicidade.

32. Com relação às causas de exclusão da ilicitude, é CORRETO afirmar:

(A) Astrogildo colocou cacos de vidro, visíveis, em cima do muro de sua casa, para evitar a ação de ladrões. Certo dia, uma criança neles se lesionou ao pular o muro da casa de Astrogildo para pegar uma bola que ali havia caído. Nessa situação, ainda que se tratando da defesa de um perigo incerto e ou remoto, a conduta de Astrogildo restaria acobertada por excludente da ilicitude.

(B) No caso de legítima defesa ou estado de necessidade de terceiros, é imprescindível a prévia autorização destes para que a conduta do agente não seja ilícita.

(C) Caio, lutador de boxe, durante uma luta em que seguia as regras desportivas, atinge região vital de Tício, causando-lhe a morte. Ante a gravidade da situação fática, a violência não encontra amparo em nenhuma causa de exclusão da ilicitude, devendo Caio responder pela morte causada.

(D) Nos moldes do finalismo penal, pode a inexigibilidade de conduta diversa ser considerada causa supralegal de exclusão de ilicitude.

33. Com relação ao concurso de crimes, é CORRETO afirmar:

(A) Não se admite a aplicação da suspensão condicional do processo ao crime continuado.

(B) No caso hipotético em que Gioconda, ao dirigir seu automóvel de maneira imprudente, perde o controle do carro, matando três pessoas e lesionando gravemente outras cinco, deve ser reconhecido o concurso formal próprio de crimes pelo qual lhe será aplicada somente uma pena, a mais grave, aumentada de um sexto até a metade.

(C) No concurso de crimes, a aplicação da pena de multa observa as regras pertinentes à modalidade de concurso que incide no caso concreto.

(D) No concurso formal, aplica-se a mais grave das penas cabíveis ou, se iguais, somente uma delas, mas aumentada, em qualquer caso, de um sexto até a metade, ainda que os crimes concorrentes resultem de desígnios autônomos.

34. Com relação à substituição das penas privativas de liberdade pelas restritivas de direito, é CORRETO afirmar:

(A) Beltrano, maior, capaz e primário, subtraiu um carneiro da fazenda de um amigo, sendo condenado a dois anos de reclusão. No caso concreto, possuindo todas as circunstâncias judiciais favoráveis e sendo mais benéfico ao réu, deve o juiz conceder a Beltrano a suspensão condicional da pena ao invés da substituição prevista no art. 44 do CP.

(B) Marreco, maior e capaz, ameaçou de morte sua companheira, sendo processado e definitivamente condenado pelo crime de ameaça à pena de seis meses de detenção. Nesse caso, conforme entendimento sumulado pelo STJ, tem o agente direito à substituição da pena privativa de liberdade por pena restritiva de direitos, desde que não seja a de prestação pecuniária ou a inominada.

(C) Sinfrônio, capaz, possui condenação definitiva pela prática do crime de invasão de dispositivo informático à pena de dois anos de detenção. Decorridos quatro anos do cumprimento integral da pena anterior, foi ele novamente condenado pelo mesmo crime à pena de um ano de detenção. Mesmo sendo o agente reincidente, se socialmente recomendável, conforme previsto no §3º do art. 44 do Código Penal, pode o juiz substituir a pena privativa de liberdade por restritiva de direitos.

(D) Tício, capaz e devidamente habilitado, após ingerir substância entorpecente, assustou-se ao desviar o veículo que dirigia de um buraco na pista, perdendo o controle do automóvel e vindo a causar a morte de uma criança. Pelo resultado praticado, foi condenado por homicídio culposo, com as penas alteradas pela Lei nº 13.546/17, a seis anos de reclusão. Nessa situação, Tício tem direito à substituição da pena privativa de liberdade por pena restritiva de direitos.

35. Acerca dos princípios que limitam e informam o Direito Penal, é CORRETO afirmar:

(A) A responsabilidade pela indenização do prejuízo que foi causado pelo crime imputado ao agente não pode ser estendida aos seus herdeiros sem que haja violação do princípio da personalidade da pena.

(B) Conforme o princípio da culpabilidade, a responsabilidade penal é subjetiva, pelo que nenhum resultado penalmente relevante pode ser atribuído a quem não o tenha produzido por dolo ou culpa, elementos finalisticamente localizados na culpabilidade.

(C) O princípio da insignificância funciona como causa de exclusão da culpabilidade, sendo requisitos de sua aplicação para o STF a ofensividade da conduta, a ausência de periculosidade social da ação e a inexpressividade da lesão jurídica.

(D) O princípio da legalidade, do qual decorre a reserva legal, veda o uso dos costumes e da analogia para criar tipos penais incriminadores ou agravar as infrações existentes, embora permita a interpretação analógica da norma penal.

36. Com relação à culpabilidade e suas teorias, é INCORRETO afirmar:

(A) A teoria normativa pura, a fim de tipificar uma conduta, desloca a análise do dolo ou da culpa para o fato típico, transformando a culpabilidade em um juízo de reprovação social incidente sobre o fato típico e antijurídico e sobre seu autor.

(B) O Código Penal vigente adota a teoria limitada da culpabilidade, pela qual as descriminantes putativas incidentes sobre a existência ou os limites de uma causa de justificação sempre são consideradas erro de proibição.

(C) São elementos da culpabilidade, tanto para a teoria normativa quanto a limitada, a imputabilidade, a consciência potencial da ilicitude e a exigibilidade de conduta diversa.

(D) Segundo a teoria psicológica idealizada por Von Liszt e Beling, a imputabilidade é pressuposto da culpabilidade, fazendo o dolo e a culpa parte de sua análise. Por sua vez, as teorias normativas, seja a extremada seja a limitada, excluem o dolo e a culpa de sua apreciação.

37. Com relação aos crimes patrimoniais, é CORRETO afirmar:

(A) A Lei nº 13.645/18 introduziu novas modalidades qualificadas ao crime de furto, mas excluiu o uso de armas brancas da figura majorada de roubo.

(B) O agente que, durante a prática do crime de roubo a posto de gasolina, acaba por matar o proprietário do estabelecimento e um cliente que lá se encontrava, fugindo em seguida com o dinheiro do caixa e o carro do cliente, responde por um só crime de latrocínio, crime complexo em que a pluralidade de vítimas serve apenas para fixação da pena.

(C) O roubo próprio se distingue do impróprio porque, enquanto aquele pode ser praticado por qualquer pessoa, o último somente pode ser realizado por determinados agentes, não sendo crime comum.

(D) Segundo entendimento jurisprudencial majoritário, a mera presença de sistema eletrônico de vigilância em estabelecimento comercial torna o crime de furto impossível mediante a absoluta ineficácia do meio.

38. Com relação ao iter criminis, é CORRETO afirmar:

(A) No crime falho ou na tentativa imperfeita, o processo de execução é integralmente realizado pelo agente e o resultado é atingido.

(B) Não existe desistência voluntária no caso de agente que desiste de prosseguir com os atos de execução por conselho de seu advogado, já que ausente a voluntariedade.

(C) Com relação à tentativa, o Código Penal adota, como regra, a teoria objetiva e aplica ao agente a pena correspondente ao crime consumado, reduzida de um a dois terços, conforme maior ou menor tenha sido a proximidade do resultado almejado.

(D) O arrependimento posterior tem natureza jurídica de causa de exclusão da tipicidade, desde que restituída a coisa ou reparado o dano nos crimes praticados sem violência ou grave ameaça até o recebimento da denúncia ou queixa.

39. Analise os casos hipotéticos abaixo e assinale a alternativa CORRETA:

(A) Do alto de uma árvore, Joca atira uma fruta contra a cabeça de Maurício. Celso, percebendo a intenção de Joca, assustado e com o fim de evitar a lesão contra Maurício, empurra a vítima com força. Na queda, Maurício acaba por quebrar o braço. Nessa hipótese, tendo Celso agido de forma excessiva, deve responder por lesão corporal dolosa.

(B) O agente que provoca, de forma dolosa, várias lesões corporais, de natureza grave e gravíssima contra a mesma vítima, em um mesmo contexto fático, responde por crime continuado.

(C) Policial Civil que, durante uma festa de casamento, confunde convidado com um "perigoso assaltante" foragido e, imediatamente, dá voz de prisão ao indivíduo que, assustado, corre do policial, fazendo com que este efetue disparos de arma de fogo que atingem mortalmente o convidado pelas costas, segundo a teoria limitada da culpabilidade, atua em descriminante putativa derivada de erro de tipo permissivo.

(D) Semprônio entra em luta corporal contra Beltrano, seu desafeto e, após provocar-lhe vários ferimentos, resolve matá-lo, desferindo contra ele dois disparos de arma de fogo que não atingem a vítima. Preso em flagrante, Semprônio responderá por lesão corporal, tentativa de homicídio e disparo de arma de fogo, em concurso material de crimes.

40. Com relação ao erro no Direito Penal, é CORRETO afirmar:

(A) Quando, por erro no uso dos meios de execução, o agente, ao invés de atingir a pessoa que pretendia ofender, atinge pessoa diversa, responde como se tivesse praticado o crime contra aquela, considerando-se as qualidades da vítima que almejava. No caso de ser também atingida a pessoa que o agente pretendia ofender, aplica-se a regra do concurso formal: estamos diante da figura conhecida como aberratio criminis.

(B) O agente que, objetivando determinado resultado, termina atingindo resultado diverso do pretendido, responde pelo resultado diverso do pretendido somente por culpa, se for previsto como delito culposo. Quando o agente alcançar o resultado almejado e também resultado diverso do pretendido, responderá pela regra do concurso formal, restando configurada a aberratio causae.

(C) Mãe que, a fim de cuidar do machucado de seu filho, aplica sobre o ferimento ácido, pensando tratar-se de pomada cicatrizante, age em erro de proibição.

(D) Fazendeiro que, para defender sua propriedade, mata posseiro que a invade, pensando estar nos limites de seu direito, atua em erro de proibição indireto.

41. Sobre o ato de indiciamento realizado no âmbito de investigação criminal conduzida por delegado de polícia, é CORRETO afirmar:

(A) É realizado mediante o mesmo grau de certeza de autoria que a situação de suspeito.

(B) Não é ato exclusivo do delegado de polícia que conduz a investigação.

(C) Não poderá o delegado de polícia retratar sua posição e "desindiciar" o investigado.

(D) Resulta de um juízo de probabilidade e não de mera possibilidade sobre a autoria delitiva.

42. Em matéria de competência, é CORRETO afirmar que a competência por prerrogativa de função estabelecida

(A) em relação a deputado federal não prevalece sobre a competência da justiça eleitoral para julgar crimes eleitorais.

(B) em relação a desembargadores não prevalece sobre a competência da justiça eleitoral para julgar crimes eleitorais.

(C) em relação aos juízes de direito não prevalece sobre a competência da justiça eleitoral para julgar crimes eleitorais.

(D) no art. 29, X, da Constituição Federal não prevalece sobre a competência do tribunal do júri.

43. Sobre a ação controlada prevista na Lei 12.850/13, é CORRETO afirmar:

(A) A intervenção policial ou administrativa poderá ser postergada sem que exista prévia comunicação ao juízo competente.

(B) Consiste na imediata intervenção policial ou administrativa relativa à ação praticada no âmbito de organização criminosa ou a esta vinculada.

(C) Mesmo que envolva a transposição de fronteiras, não haverá necessidade de cooperação do país tido como provável destino do investigado.

(D) Poderá ter seus limites definidos pelo juiz competente.

44. Em matéria de colaboração premiada, prevista na Lei 12.850/13, é CORRETO afirmar:

(A) A ação penal poderá deixar de ser proposta temporariamente contra o colaborador até o cumprimento das medidas de colaboração.

(B) A homologação do acordo de colaboração premiada independe de efetividade das informações repassadas pelo colaborador.

(C) O acordo de colaboração deixa de ser sigiloso assim que oferecida a denúncia.

(D) O Ministério Público não poderá dispor da ação penal caso o colaborador não seja o líder da organização e seja o primeiro a prestar efetiva colaboração.

45. Em relação aos aspectos processuais da lei de lavagem de dinheiro (Lei 9.613/98), pode-se afirmar:

(A) A alienação de bens objeto de medidas assecuratórias depende da existência de trânsito em julgado de sentença condenatória.

(B) A competência para o julgamento do delito de lavagem de dinheiro será da justiça federal.

(C) A denúncia deverá ser instruída com indícios suficientes da existência de infração penal antecedente.

(D) A persecução penal em juízo depende da comprovação, mediante sentença condenatória, de infrações penais antecedentes.

46. Em matéria de provas no processo penal, é CORRETO afirmar:

(A) A absolvição independe de o acusado provar o alegado.

(B) A declaração de ilicitude de uma prova necessariamente implica nulidade absoluta de todo o processo.

(C) A prova testemunhal não poderá ser determinada de ofício pelo juiz.

(D) Não há contaminação da prova quando ficar evidenciado seu nexo causal com a prova originária.

47. Sobre o regime jurídico da liberdade provisória, é CORRETO afirmar:

(A) A cassação da fiança poderá ocorrer com a inovação da classificação do delito tido, inicialmente, como afiançável.

(B) Não poderá haver reforço da fiança mediante inovação da classificação do delito.

(C) O pagamento da fiança poderá ser dispensado pela autoridade policial, em face da situação econômica do preso.

(D) O quebramento injustificado da fiança importará na perda da totalidade do seu valor.

48. Acerca da prova da materialidade através de perícia (desconsiderando-se a possibilidade de prova da materialidade por exame de corpo de delito indireto ou prova testemunhal), relativamente aos crimes de furto qualificado pela destruição ou rompimento de obstáculo à subtração da coisa (CP, art. 155, §4º, I), de furto qualificado pela escalada (CP, art. 155, §4º, II), de furto qualificado pelo emprego de explosivo ou artefato análogo que cause perigo comum (CP, art. 155, §4º-A), de incêndio (CP, art. 250), e de explosão simples e privilegiada (CP, art. 251, caput e §1º), é INCORRETO afirmar:

(A) A materialidade do crime de furto qualificado pela destruição de obstáculo à subtração da coisa se comprova nas hipóteses em que o laudo pericial, além de descrever os vestígios, indique com que instrumentos, por que meios e em que época presume-se ter sido o fato praticado.

(B) A legislação processual penal não exige a realização de perícia para a comprovação da materialidade do crime de furto qualificado pela escalada.

(C) Para comprovar a materialidade do crime de incêndio, os peritos verificarão a causa e o lugar em que este houver começado, o perigo que dele tiver resultado para a vida ou para o patrimônio alheio, a extensão do dano e o seu valor, bem como as demais circunstâncias que interessarem à elucidação do fato.

(D) Para que incida a circunstância qualificadora prevista no art. 155, §4º-A, do CP (crime de furto qualificado pelo emprego de explosivo ou artefato análogo que cause perigo comum), os peritos devem analisar a natureza e a eficiência dos instrumentos empregados para a prática da infração.

49. Sobre citação no processo penal, é CORRETO afirmar:

(A) O processo penal poderá prosseguir, mesmo que o acusado não tenha sido pessoalmente citado.

(B) Sempre será o primeiro ato de comunicação do denunciado no processo penal.

(C) Estando em lugar incerto e não sabido, será citado por hora certa.

(D) Estando o acusado no estrangeiro, será citado por edital.

50. Considerando exclusivamente o disposto na Lei nº 11.343/06 acerca do procedimento de destruição de drogas apreendidas no curso de investigações, é CORRETO afirmar:

(A) Nos termos da Lei nº 11.343/06, a destruição de drogas apreendidas sem a ocorrência de prisão em flagrante será feita por incineração, no prazo máximo de 30 (trinta) dias contados da data da determinação judicial.

(B) Na hipótese de ocorrência de prisão em flagrante, a Lei nº 11.343/06 estabelece que a destruição das drogas apreendidas será executada pelo delegado de polícia competente, no prazo de 15 (quinze) dias, na presença do Ministério Público e da autoridade sanitária, levando em consideração a necessária determinação judicial para a destruição.

(C) Na hipótese de ocorrência de prisão em flagrante, a Lei nº 11.343/06 estabelece que a destruição das drogas será executada pelo delegado de polícia competente, no prazo de 15 (quinze) dias, sem necessidade de presença do Ministério Público e da autoridade sanitária, guardando-se amostra necessária à realização do laudo definitivo.

(D) A destruição de drogas apreendidas sem a ocorrência de prisão em flagrante será feita por incineração, no prazo máximo de 15 (quinze) dias, contados da data da apreensão, guardando-se amostra necessária à realização do laudo definitivo.

51. Ao dizer que os direitos humanos são vistos como uma religião civil, o que os autores fazem é uma crítica à civilização ocidental, PORQUE

(A) a civilização ocidental é a realização da aventura humana forjada a partir da história da Europa, que impõe ainda hoje uma forma sacralizada de ver o mundo.

(B) a história da humanidade é a história das civilizações, que, como as religiões, vieram do oriente para o ocidente, culminando com a criação do Estado Moderno.

(C) no conceito emancipador de modernidade, esse que encobre a violência civilizadora, o que justifica o mito é declarar o inocente culpado da sua própria vitimação.

(D) os direitos humanos são defendidos como essenciais à vida, mas, ao mesmo tempo, perenizam os valores que estão umbilicalmente ligados às causas da crise que atravessamos.

52. A formação do Estado Moderno está intimamente relacionada à intolerância religiosa, cultural, à negação da diversidade fora de determinados padrões e de determinados limites. Como a proteção dos direitos humanos está diretamente relacionada

à atuação do poder dos Estados na ordem interna ou internacional, podemos concluir que:

I. Ao lado do ideário iluminista da formação política do Estado, o discurso judaico-cristão criou o pano de fundo para controlar as esferas da vida das pessoas no campo jurídico.

II. A uniformização de valores, normalmente estandardizados, como a democracia representativa, a ética e a moral, irá refletir nos fundamentos do direito moderno.

III. O sistema jurídico e político europeu é o modelo civilizatório ideal e universal, visto ter surgido da falência do sistema feudal, que era descentralizado, multiétnico e multilinguístico.

IV. O mundo uniforme e global de hoje insere-se no contexto de afirmação do Estado nacional que está condicionado, em sua existência, à intolerância com o diferente.

Estão CORRETAS apenas as assertivas:

(A) I, II e III.
(B) I, II e IV.
(C) I, III e IV.
(D) II, III e IV.

53. A Declaração Universal dos Direitos Humanos, retomando os ideais da Revolução Francesa, representou a manifestação histórica de que se formara, enfim, em âmbito universal, o reconhecimento dos valores supremos da igualdade, da liberdade e da fraternidade. Em decorrência disso, os direitos fundamentais expressos na Constituição Federal de 1988:

(A) como na Declaração Universal dos Direitos Humanos, esses direitos fundamentais são considerados uma recomendação sem força vinculante, uma etapa preliminar para ulterior implementação na medida em que a sociedade se desenvolver.

(B) não consideram as diferenças humanas como fonte de valores positivos a serem protegidos e estimulados, pois, ao criar dispositivos afirmativos legais, as diferenças passam a ser tratadas como deficiências.

(C) obrigam que o princípio da solidariedade seja interpretado com a base dos direitos econômicos e sociais, que são exigências elementares de proteção às classes ou aos grupos sociais mais fracos ou necessitados.

(D) tratam a liberdade como um princípio político e não individual, pois o reconhecimento de liberdades individuais em sociedades complexas esconde a dominação oligárquica dos mais ricos.

54. Para assegurar a garantia do direito social à saúde, a Constituição da República de 1988 criou um Sistema Único de Saúde integrado por uma rede pública regionalizada e hierarquizada, descentralizado, com direção única em cada esfera de governo, que deve oferecer atendimento de qualidade a toda a população e priorizar as atividades preventivas, sem que haja prejuízo dos serviços assistenciais. Ao Sistema Único de Saúde compete, segundo o que dispõe a CF no Art. 200, além de outras atribuições, nos termos da lei:

I. executar as ações de vigilância sanitária e epidemiológica, bem como as de saúde do trabalhador.

II. participar do controle e da fiscalização da produção, do transporte, da guarda e da utilização de substâncias e produtos psicoativos, tóxicos e radioativos.

III. promover a habilitação e a reabilitação das pessoas portadoras de deficiência e a promoção de sua integração à vida comunitária.

IV. fiscalizar e inspecionar alimentos, compreendido o controle de seu teor nutricional, bem como bebidas e águas para consumo humano.

Estão CORRETAS as assertivas:

(A) I, II e III, apenas.

(B) I, II e IV, apenas.

(C) I, II, III e IV.

(D) I, III e IV, apenas.

55. A Constituição da República de 1988 cuidou expressamente dos direitos humanos, enumerando-os no Título que trata dos direitos e garantias fundamentais. Existem, entretanto, outros direitos humanos não enumerados no texto, mas cuja proteção a própria Constituição assegura, PORQUE:

(A) decorrem do regime e dos princípios adotados pela própria Constituição.

(B) o Brasil se submete à jurisdição de Tribunal Penal Internacional.

(C) são criados pelo Poder Judiciário, após o trânsito em julgado das decisões.

(D) surgem de necessidades que não foram previstas pelo legislador constituinte.

56. Custodiado pela Polícia, um suposto infrator queixa que se sente mal na viatura policial ao ser transferido do local do fato para a delegacia responsável. Ele relata ser "cardíaco" e que usa medicação para evitar infarto do miocárdio. Em seguida, fica em silêncio e imóvel. Os responsáveis constatam a realidade do óbito. A conduta CORRETA é:

(A) Entrar em contato com alguma autoridade do Ministério Público ou do judiciário para tomada de decisão do caso.

(B) Por não haver violência, procurar os meios para encaminhamento ao serviço de verificação de óbito.

(C) Procurar os meios e as formalidades para o encaminhamento ao IML.

(D) Trata-se de morte natural; dar seguimento aos procedimentos para encaminhamento à funerária.

57. Em relação à exumação, é CORRETO afirmar:

(A) Em determinados casos, o exame histopatológico pode ser realizado.

(B) O exame interno deve ser direcionado à região determinada e/ou suspeita do cadáver.

(C) O médico-legista se incumbirá de providenciar para que se realize a diligência, mediante autorização expressa da família.

(D) Os fenômenos putrefativos prejudicam as características das vestes, não devendo ser consideradas, a fim de se evitarem erros periciais grosseiros.

58. Em relação à simulação, é INCORRETO afirmar:

(A) A simulação negativa é o ato de se apresentar como normal.

(B) Na dissimulação, o examinado tem consciência dos sintomas e da motivação que o levaram a agir de maneira enganosa.

(C) No transtorno fáctico, existe a apresentação intencional de sintomas falsos.

(D) Nos transtornos dissociativo e conversivo, o paciente não tem consciência dos sintomas e não tem interesse nem percepção de suas motivações.

59. No que tange à perícia oficial e em acordo com o CPP, é CORRETO afirmar:

(A) É facultada ao acusado a indicação de assistente técnico, após admissão pela autoridade policial.

(B) Entende-se por perícia complexa aquela que abrange mais de uma área de conhecimento especializado.

(C) Faculta-se ao Ministério Público e ao assistente técnico do querelante a formulação de quesitos a qualquer tempo do inquérito policial.

(D) Na falta de perito oficial, qualquer contribuinte poderá exercer o mister, desde que não inadimplente com impostos públicos, e que seja admitido pelo delegado de polícia presidente do inquérito.

60. Em relação aos dispositivos legais sobre a remoção de órgãos, tecidos e partes do corpo humano para fins de transplante e tratamento, é CORRETO afirmar:

(A) A retirada post mortem de tecidos, órgãos ou partes do corpo humano destinados a transplante ou tratamento deverá ser precedida de diagnóstico de morte encefálica, constatada e registrada por dois médicos não participantes das equipes de remoção e transplante.

(B) A retirada de tecidos, órgãos e partes do corpo de pessoas falecidas para transplantes ou outra finalidade terapêutica não dependerá apenas da autorização do cônjuge ou parente, estando também vinculada aos sistemas de saúde pública e ao delegado de polícia.

(C) No caso de morte sem assistência médica, de óbito em decorrência de causa mal definida ou de outras situações nas quais houver indicação de verificação da causa médica da morte, a remoção de tecidos, órgãos ou partes de cadáver para fins de transplante ou terapêutica somente poderá ser realizada após a autorização do delegado de polícia ou do Ministério Público.

(D) O cadáver de pessoa não identificada não pode se prestar a qualquer doação para transplantes, exceto se autorizado pelo delegado de polícia, promotor ou juiz.

61. De acordo com o Artigo 129 do Código Penal Brasileiro, trata-se de lesão corporal de natureza gravíssima:

(A) Aceleração de parto.

(B) Debilidade permanente de membro, sentido ou função.

(C) Deformidade permanente.

(D) Perigo de vida.

62. NÃO está correto o que se afirma em:

(A) Heroína é um produto sintético (éter diacético da morfina diacetilmorfina). Tem a forma de pó branco e cristalino.

(B) LSD 25 é droga eminentemente alucinógena, extraída da ergotina do centeio (dietilamina do ácido lisérgico).

(C) Morfinomania ou morfinofilia é o uso vicioso de morfina, sendo a morfina um alcaloide derivado do ópio.

(D) O corpo do indivíduo que morre de overdose de cocaína ou do crack se apresenta tipicamente róseo-avermelhado ou carmim.

63. NÃO está correto o que se afirma em:

(A) A merla apresenta consistência pastosa, tonalidade que varia do amarelo ao marrom e seu uso é através de cigarros ou cachimbos.

(B) Anfetaminas são usadas para evitar a sonolência, para desinibir e para euforizar.

(C) Merla é obtida a partir da pasta de coca.

(D) Oxi é droga sintética, consumida em cápsulas, de custo elevado e causa pouca agressão ao sistema nervoso central.

64. Um indivíduo foi vítima da explosão de uma bomba ao implantá-la num caixa eletrônico, tendo evoluído para óbito imediatamente.

Qual das feridas tem mais probabilidade de tê-lo acometido?

(A) Contusodilacerantes.

(B) Cortocontusas.

(C) Cortodilacerantes.

(D) Dilacerantes.

65. São causas médicas de óbito NÃO jurídicas:

(A) Acidentais.

(B) Homicidas.

(C) Oncológicas.

(D) Suicidas.

66. "Cabe definir a Criminologia como ciência empírica e interdisciplinar, que se ocupa do estudo do crime, da pessoa do infrator, da vítima e do controle social do comportamento delitivo, e que trata de subministrar uma informação válida, contrastada, sobre a gênese, dinâmica e variáveis principais do crime – contemplado este como problema individual e como problema social -, assim como sobre os programas de prevenção eficaz do mesmo e técnicas de intervenção positiva no homem delinquente e nos diversos modelos ou sistemas de resposta ao delito".

Esta apresentação ao conceito de Criminologia apresenta, desde logo, algumas das características fundamentais do seu método (empirismo e interdisciplinaridade), antecipando o objeto (análise do delito, do delinquente, da vítima e do controle social) e suas funções (explicar e prevenir o crime e intervir na pessoa do infrator e avaliar os diferentes modelos de resposta ao crime).

MOLINA, Antônio G.P.; GOMES, Luiz F.; Criminologia; 6. ed. reform., atual. e ampl. São Paulo: Revista dos Tribunais. p. 32.

Sobre o método, o objeto e as funções da criminologia, considera-se:

I. A luta das escolas (positivismo versus classicismo) pode ser traduzida como um enfrentamento entre adeptos de métodos distintos; de um lado, os partidários do método abstrato, formal e dedutivo (os clássicos) e, de outro, os que propugnavam o método empírico e indutivo (os positivistas).

II. Uma das características que mais se destaca na moderna Criminologia é a progressiva ampliação e problematização do seu objeto.

III. A criminologia, como ciência, não pode trazer um saber absoluto e definitivo sobre o problema criminal, senão um saber relativo, limitado, provisional a respeito dele, pois, com o tempo e o progresso, as teorias se superam.

Estão CORRETAS as assertivas indicadas em:

(A) I e II, apenas.

(B) I e III, apenas.

(C) I, II e III.

(D) II e III, apenas.

67. Sobre o sistema penal e a reprodução da realidade social, segundo Alessandro Baratta, é CORRETO afirmar:

(A) A cada sucessiva recomendação do menor às instâncias oficiais de assistência e de controle social corresponde uma diminuição das chances desse menor ser selecionado para uma "carreira criminosa".

(B) A homogeneidade do sistema escolar e do sistema penal corresponde ao fato de que realizam, essencialmente, a mesma função de reprodução das relações sociais e de manutenção da estrutura vertical da sociedade.

(C) A teoria das carreiras desviantes, segundo a qual o recrutamento dos "criminosos" se dá nas zonas sociais mais débeis, não é confirmada quando se analisa a população carcerária.

(D) O suficiente conhecimento e a capacidade de penetração no mundo do acusado por parte do juiz e das partes no processo criminal são favoráveis aos indivíduos provenientes dos estratos econômicos inferiores da população.

68. "A criminologia contemporânea, dos anos 30 em diante, se caracteriza pela tendência a superar as teorias patológicas da criminalidade, ou seja, as teorias baseadas sobre as características biológicas e psicológicas que diferenciariam os sujeitos 'criminosos' dos indivíduos 'normais', e sobre a negação do livre arbítrio, mediante um rígido determinismo. Essas teorias eram próprias da criminologia positivista que, inspirada na filosofia e na psicologia do positivismo naturalista, predominou entre o final do século passado e princípios deste."

BARATTA, Alessandro. Criminologia Crítica e Crítica do Direito Penal. Introdução à sociologia do Direito Penal. 3. ed. Rio de Janeiro: Revan: Instituto Carioca de Criminologia. p. 29. (Coleção Pensamento Criminológico)

Numere as seguintes assertivas de acordo com a ideia de criminologia que representam, utilizando (1) para a criminologia positivista e (2) para a escola liberal clássica do direito penal.

( ) Assumia uma concepção patológica da criminalidade.

( ) Considerava a criminalidade como um dado pré-constituído às definições legais de certos comportamentos e certos sujeitos.

( ) Não considerava o delinquente como um ser humano diferente dos outros.

( ) Objetivava uma política criminal baseada em princípios como os da humanidade, legalidade e utilidade.

( ) Pretendia modificar o delinquente.

A sequência que expressa a associação CORRETA, de cima para baixo, é:

(A) 1, 1, 2, 2, 1.

(B) 1, 2, 1, 2, 2.

(C) 2, 2, 1, 1, 1.

(D) 2, 1, 2, 2, 2.

69. Sobre a relação entre o preso e a sociedade, segundo Alessandro Baratta, é CORRETO afirmar:

(A) A reinserção do preso na sociedade, após o cumprimento da pena, é assegurada a partir do momento em que, no cárcere, o preso absorve um conjunto de valores e modelos de comportamento desejados socialmente.

(B) É necessário primeiro modificar os excluídos, para que eles possam voltar ao convívio social na sociedade que está apta a acolhê-los.

(C) O cárcere não reflete as características negativas da sociedade, em razão do isolamento a que são submetidos os presos.

(D) São relações sociais baseadas no egoísmo e na violência ilegal, no interior das quais os indivíduos socialmente mais débeis são constrangidos a papéis de submissão e de exploração.

70. "Por debaixo do problema da legitimidade do sistema de valores recebido pelo sistema penal como critério de orientação para o comportamento socialmente adequado e, portanto, de discriminação entre conformidade e desvio, aparece como determinante o problema da definição do delito, com as implicações político-sociais que revela, quando este problema não seja tomado por dado, mas venha tematizado como centro de uma teoria da criminalidade. Foi isto o que aconteceu com as teorias da 'reação social', ou labeling approach, hoje no centro da discussão no âmbito da sociologia criminal."

BARATTA, Alessandro. Criminologia Crítica e Crítica do Direito Penal. Introdução à sociologia do Direito Penal. 3. ed. Rio de Janeiro: Revan: Instituto Carioca de Criminologia. p. 86. (Coleção Pensamento Criminológico)

Com base no excerto acima, referente ao paradigma do labeling approach, analise as asserções a seguir:

I. O labeling approach tem se ocupado em analisar, especialmente, as reações das instâncias oficiais de controle social, ou seja, tem estudado o efeito estigmatizante da atividade da polícia, dos órgãos de acusação pública e dos juízes.

PORQUE

II. Não se pode compreender a criminalidade se não se estuda a ação do sistema penal, pois o status social de delinquente pressupõe o efeito da atividade das instâncias oficiais de controle social da delinquência.

Está CORRETO o que se afirma em:

(A) I e II são proposições falsas.

(B) I e II são proposições verdadeiras e II é uma justificativa correta da I.

(C) I é uma proposição falsa e II é uma proposição verdadeira.

(D) I é uma proposição verdadeira e II é uma proposição falsa.

FOLHA DE RESPOSTAS

1	A	B	C	D
2	A	B	C	D
3	A	B	C	D
4	A	B	C	D
5	A	B	C	D
6	A	B	C	D
7	A	B	C	D
8	A	B	C	D
9	A	B	C	D
10	A	B	C	D
11	A	B	C	D
12	A	B	C	D
13	A	B	C	D
14	A	B	C	D
15	A	B	C	D
16	A	B	C	D
17	A	B	C	D
18	A	B	C	D
19	A	B	C	D
20	A	B	C	D
21	A	B	C	D
22	A	B	C	D
23	A	B	C	D
24	A	B	C	D
25	A	B	C	D
26	A	B	C	D
27	A	B	C	D
28	A	B	C	D
29	A	B	C	D
30	A	B	C	D
31	A	B	C	D
32	A	B	C	D
33	A	B	C	D
34	A	B	C	D
35	A	B	C	D

36	A	B	C	D
37	A	B	C	D
38	A	B	C	D
39	A	B	C	D
40	A	B	C	D
41	A	B	C	D
42	A	B	C	D
43	A	B	C	D
44	A	B	C	D
45	A	B	C	D
46	A	B	C	D
47	A	B	C	D
48	A	B	C	D
49	A	B	C	D
50	A	B	C	D
51	A	B	C	D
52	A	B	C	D
53	A	B	C	D
54	A	B	C	D
55	A	B	C	D
56	A	B	C	D
57	A	B	C	D
58	A	B	C	D
59	A	B	C	D
60	A	B	C	D
61	A	B	C	D
62	A	B	C	D
63	A	B	C	D
64	A	B	C	D
65	A	B	C	D
66	A	B	C	D
67	A	B	C	D
68	A	B	C	D
69	A	B	C	D
70	A	B	C	D

GABARITO COMENTADO

1. Gabarito: D
Comentário: Alternativa A incorreta (a vedação à atuação administrativa dissociada da moral, dos princípios éticos, da boa-fé e da lealdade, traduz o princípio da moralidade, e não o da impessoalidade); alternativa B incorreta (de acordo com o princípio da legalidade, a Administração Pública somente pode fazer o que lei permite; ou seja, se a lei não proíbe, a Administração não pode fazer); alternativa C incorreta (nos termos do art. 37, "caput", CF, os princípios da Administração pública aplicam-se à Administração Indireta, no âmbito da qual se inserem as sociedades de economia mista); alternativa D correta (a supremacia do interesse público representa princípio constitucional implícito). RBO

2. Gabarito: B
Comentário: As empresas estatais são regidas pela Lei 13.303/2016 e abrangem duas categorias: as empresas públicas e as sociedades de economia mista, ambas integrantes da Administração indireta. As empresas estatais são pessoas jurídicas de direito privado, com criação autorizada por lei. Uma das diferenças entre empresas públicas e sociedades de economia mista é que as primeiras são constituí-das por capital integralmente público, enquanto as segundas são formadas por capital misto (público e privado). Nesse sentido, o art. 3º da Lei 13.303/2016 traça a seguinte definição, in verbis: "Empresa pública é a entidade dotada de personalidade jurídica de direito privado, com criação autorizada por lei e com patrimônio próprio, cujo capital social é integralmente detido pela União, pelos Estados, pelo Distrito Federal ou pelos Municípios." RBO

3. Gabarito: C
Comentário: A revogação de ato administrativo, por envolver o exercício de um juízo de conveniência e oportunidade, está relacionada ao poder discricionário. A interdição de estabelecimento comercial pela vigilância sanitária detém relação como poder de polícia, em sua vertente repressiva. Por sua vez, a aplicação de penalidade administrativa a servidor constitui manifestação do poder disciplinar. Por fim, a edição de decretos assume liame com o poder regulamentar, já que associado à expedição de atos normativos pela Chefia do Executivo. Nesse sentido, a sequência correta é 3, 4, 1, 2. RBO

4. Gabarito: A
Comentário: O servidor estável somente perderá o cargo nas situações previstas na Constituição. O art. 41, § 1º, CF, prevê as seguintes hipóteses: em virtude de sentença judicial transitada em julgado (alternativa D); mediante processo administrativo em que lhe seja assegurada ampla defesa (alternativa C); mediante procedimento de avaliação periódica de desempenho, na forma de lei complementar, assegurada ampla defesa (alternativa B). Outra hipótese está prevista no art. 169, § 4º, CF: exoneração para redução de despesas com pessoal (alternativa A). RBO

5. Gabarito: A
Comentário: A questão está *desatualizada*, em virtude das alterações sofridas pela Lei 8.429/1992. Alternativa A incorreta (atualmente, em virtude das modificações promovidas pelas Leis 13.964/2019 e 14.230/2021, é cabível a realização de acordo de não persecução civil em improbidade administrativa). Alternativa B incorreta (conforme o regime instituído pela Lei 14.230/2021, consideram-se atos de improbidade administrativa as condutas *dolosas* tipificadas nos arts. 9º, 10 e 11 da Lei 8.429/1992, além dos tipos previstos em leis especiais). Alternativa C incorreta (as instâncias de responsabiliza-ção, disciplinar e por improbidade, são independentes, motivo pelo qual necessária a instauração de proce-dimento visando à apuração do ilícito administrativo; ademais, nos termos do art. 12, §9º, da Lei 8.429/1992, cf. redação dada pela Lei 14.230/2021, as sanções por improbidade somente podem ser executadas após o trânsito em julgado da decisão judicial condenatória). Alternativa D incorreta (a Lei 14.230/2021, ao modificar o regime da improbidade, atribuiu somente ao Ministério Público a legitimidade ativa da ação de improbidade, excluindo, portanto, a pessoa jurídica interessada/lesada; no entanto, em razão de decisão proferida pelo STF nas ADINs 7.042 e 7.043, restitui-se às pessoas jurídicas interessadas/lesadas a legitimidade ativa). RBO

6. Gabarito: C
Comentário: A Lei complementar 123/2013 (Lei Orgânica da Polícia Civil de Minas Gerais) estabelece uma série de definições no art. 78. As alternativas A, B e D repro-duzem as definições legais contempladas nos incisos II (cargo de provimento efetivo), I (carreira) e III (quadro de pessoal). A incorreção encontra-se na alternativa C. Isso porque, nos termos do inciso V, "grau" constitui

"a posição do servidor no escalonamento horizontal no mesmo nível de determinada carreira." RBO

---

7. Gabarito: D

Comentário: As alternativas A, B e C estão corretas. A incorreção encontra-se na alternativa D. Embora o STF adote a tese, tomada em sede de repercussão geral, de que os critérios adotados por banca examinadora de um concurso não podem ser revistos pelo Poder Judiciário, o controle de legalidade (ou de juridicidade) é admitido. Nesse sentido, no âmbito do RE 632.853/CE (Pleno, Rel. Min. Gilmar Mendes, DJe 26/06/2015), o STF definiu que "é permitido ao Judiciário juízo de compatibilidade do conteúdo das questões do concurso com o previsto no edital do certame.". Ora, foi exatamente esta a desconformidade alegada por João, candidato ao cargo de Delegado de Polícia de Minas Gerais: existência de ilegalidade decorrente da formulação de questões com base em legislação não prevista no edital. Nesta hipótese, é possível o controle pelo Poder Judiciário. RBO

---

8. Gabarito: D

Comentário: Alternativa A incorreta (inexiste, para fins de repercussão da sentença penal condenatória na esfera administrativa, a necessidade de imposição de pena privativa de liberdade; assim, a condenação penal, independentemente da pena imposta, repercute na esfera disciplinar, por reconhecer a autoria e a materialidade do fato); alternativa B incorreta (a sentença de absolvição penal somente repercute nas esferas administrativa e cível, impedindo a respectiva responsabilização, nas hipóteses de negativa de autoria e inexistência do fato; assim, no caso de absolvição por insuficiência de provas, cabível a condenação do servidor nas esferas cível e administrativa); alternativa C incorreta (a responsabilidade civil do Estado é objetiva, nos termos do art. 37, § 6º, CF); alternativa D correta (o regime da responsabilização do servidor é ampla, abrangendo as esferas cível, penal e administrativa). RB

---

9. Gabarito: B

Comentário: Alternativa A correta (o controle administrativo da Administração, que representa um mecanismo de controle interno, pode ser um controle de legalidade ou de mérito); alternativa B incorreta (o controle administrativo da Administração pode ocorrer de duas formas: por iniciativa do próprio Poder Público; e mediante provação dos administrados); alternativa C correta (no âmbito do tema geral do controle da Administração, os órgãos controladores se dividem em legislativo, judicial e administrativo); alternativa D correta (considerando o comentário da alternativa A, a finalidade do controle administrativo da Administração é a de confirmar, alterar ou corrigir as condutas internas, segundo dois aspectos: de legalidade ou de conveniência-mérito). RBO

---

10. Gabarito: A

Comentário: Como regra, verifica-se a irresponsabilidade do Estado pelos atos expedidos no exercício da função legislativa. Apesar disso, em algumas hipóteses é admitida a responsabilização, com aplicação da teoria objetiva: 1ª) danos sofridos pelo particular em virtude de uma lei declarada inconstitucional; 2ª) lesão a particular causada por uma lei de efeito concreto (constitucional ou não). Neste caso, a lei equivale materialmente a um ato administrativo. Diante disso, verifica-se que a alternativa A veicula uma afirmação incorreta. Nas demais alternativas, as assertivas estão corretas. RBO

---

11. Gabarito: B

Comentário: A: incorreta, pois a ausência de discernimento por deficiência mental gera incapacidade relativa (art. 4º, III CC). Logo, Mateus é relativamente incapaz; B: correta, pois a única hipótese de absolutamente incapaz no CC é a de menores de 16 anos (art. 3º CC); C: incorreta, pois Mateus e Tício são relativamente incapazes, nos termos do art. 4º, III CC; D: incorreta, pois Mateus é relativamente incapaz, conforme art. 4º, III CC. GR

---

12. Gabarito: B

Comentário: I: correta (art. 70 CC); II: correta (art. 72 caput CC); III: incorreta, pois se a pessoa exercer profissão em lugares diversos, cada um deles constituirá domicílio para as relações que lhe corresponderem (art. 72, parágrafo único CC). O local da contratação não é relevante; IV: correta (art. 74CC). GR

---

13. Gabarito: C

Comentário: A: incorreta, pois os bens naturalmente divisíveis podem tornar-se indivisíveis por determinação da lei ou por vontade das partes (art. 88 CC); B: incorreta, pois a presunção é relativa. Existe um princípio geral do Direito Civil que reza que o bem acessório segue o principal, salvo disposição especial em contrário – princípio da gravitação jurídica. De acordo com Flávio Tartuce: " Tal regra estava prevista no art. 59 do CC/16 e apesar de não reproduzida no Código Civil de 2002 continua tendo aplicação direta, como princípio geral do Direito Civil brasileiro, retirado de forma presumida da análise de vários dispositivos da atual codificação. Com um desses comandos, pode ser aplicado o art. 92 do Código, que em sua parte final enuncia que o bem acessório é "aquele cuja existência supõe a do principal". (TARTUCE, Flávio, Manual de Direito Civil – vol. Único, 7ª ed, Método, p. 207). Logo, não dá dizer que sempre o acessório segue o principal e portanto não dá para afirmar que sempre o proprietário da coisa principal também será o da coisa acessória; C: correta (art. 80, II CC); D: incorreta, pois são pertenças os bens que, não constituindo partes integrantes, se destinam, de modo duradouro, ao uso, ao serviço ou ao aformoseamento de outro (art. 93 CC). GR

14. Gabarito: D
Comentário: A: incorreta, pois em regra a interrupção da prescrição por um credor não aproveita aos outros (art. 204, caput, 1ª parte CC). Excepcionalmente aproveitará aos outros apenas se os credores forem solidários (art. 204, §1° CC); B: incorreta, pois neste ponto, o referencial clássico é o texto de Agnelo Amorim Filho, que enfrenta a matéria concluindo, em síntese: (a) sujeitam-se à prescrição os direitos prestacionais, dos quais decorrem ações condenatórias; (b) sujeitam-se à decadência os direitos formativos com prazo para exercício previsto em lei, dos quais decorrem ações constitutivas; (c) são perpétuas as ações declaratórias e os direitos potestativos sem prazo para exercício previsto em lei (AMORIM FILHO, Agnelo. Critério científico para distinguir a prescrição da decadência e para identificar as ações imprescritíveis. Revista dos Tribunais, vol. 300. São Paulo: RT, out. 1961); C: incorreta, pois as ações declaratórias não se sujeitam ao prazo prescricional. Essa ação simplesmente visa buscar reconhecimento jurídico de uma situação que já existe. Sujeitam-se ao prazo prescricional apenas as situações em que há violação de direito (art. 189 CC) e, portanto, buscam uma condenação para que o dano seja reparado; D: correta (art. 211 CC). GR

15. Gabarito: D
Comentário: A: incorreta, pois a citação não é necessária para que o devedor seja considerado inadimplente nas obrigações negativas (art. 390 CC); B: incorreta, pois nas obrigações negativas o credor não precisa constituir em mora o devedor para ele ser considerado inadimplente (art. 390 CC). A constituição em mora pelo credor apenas se dá em obrigações positivas e líquidas quando não possuírem termo, caso em que a mora se constitui mediante interpelação judicial ou extrajudicial (art. 397 CC).; C; incorreta, pois nas obrigações negativas o ajuizamento da ação pelo credor é dispensável para constituir o devedor como inadimplente (art. 390 CC); D: correta (art. 390 CC). GR

16. Gabarito: A
Comentário: I: correta (art. 313 CC); II: incorreta, pois incorre na obrigação de indenizar perdas e danos o devedor que recusar a prestação a ele só imposta, ou só por ele exequível (art. 247 CC); III correta (art. 246 CC); IV: incorreta, pois a solidariedade não se presume. Decorre da lei ou da vontade das partes (art. 265 CC). A indivisibilidade da obrigação não a torna necessaria-

mente solidária. Nos termos do art. 262 caput CC, se um dos credores remitir a dívida, a obrigação não ficará extinta para com os outros; mas estes só a poderão exigir, descontada a quota do credor remitente. Logo, a alternativa correta é a letra A. GR

17. Gabarito: B
Comentário: A: incorreta, pois a posse de boa-fé só perde este caráter no caso e desde o momento em que as circunstâncias façam presumir que o possuidor não ignora que possui indevidamente (art. 1.202 CC). Logo, não é necessário sequer ação judicial para o caráter da posse mudar; B: correta (art. 1.219 CC); C: incorreta, pois não obsta à manutenção ou reintegração na posse a alegação de propriedade, ou de outro direito sobre a coisa (art. 1.210, § 2° CC); D: incorreta, pois é possível adquirir a posse por representação (art. 1.205, I CC). GR

18. Gabarito: A
Comentário: I: correta, nos termos da ADI 4.277/DF. Colaciona-se parte da ementa: "INTERPRETAÇÃO DO ART. 1.723 DO CÓDIGO CIVIL EM CONFOR-MIDADE COM A CONSTITUIÇÃO FEDERAL (TÉCNICA DA "INTER-PRETAÇÃO CONFORME"). RECONHECIMENTO DA UNIÃO HOMOAFE-TIVA COMO FAMÍLIA. PROCEDÊNCIA DAS AÇÕES. Ante a possibilidade de interpretação em sentido preconceituoso ou discriminatório do art. 1.723 do Código Civil, não resolúvel à luz dele próprio, faz-se necessária a utilização da técnica de "interpretação conforme à Constituição". Isso para excluir do dispositivo em causa qualquer significado que impeça o reconhecimento da união contínua, pública e duradoura entre pessoas do mesmo sexo como família. Reconhecimento que é de ser feito segundo as mesmas regras e com as mesmas consequências da união estável heteroafetiva". Logo, é possível haver união estável entre pessoas do mesmo sexo; II: correta (art. 1.723, §1° CC); III: incorreta, pois neste caso a partilha de bens não exige prova do esforço comum. Na ausência do contrato de convivência aplica-se supletivamente o regime da comunhão parcial de bens. Vide decisão do STJ: "RECURSO ESPECIAL. DIREITO DE FAMÍLIA. AÇÃO DE RECONHECIMENTO E DISSOLU-ÇÃO DE UNIÃO ESTÁVEL. AUSÊNCIA DE CONTRATO DE CONVIVÊNCIA. APLICAÇÃO SUPLETIVA DO REGIME DA COMUNHÃO PAR-CIAL DE BENS. PARTILHA. IMÓVEL ADQUIRIDO PELO CASAL. DOA-ÇÃO ENTRE OS COMPANHEIROS. BEM EXCLUÍDO DO MONTE PARTILHÁVEL. INTELIGÊNCIA DO ART. 1.659, I, DO CC/2002. RECURSO ESPECIAL NÃO PROVIDO. 1. Diante da inexistência de contrato de convivência entre os companheiros, aplica-se à união estável, com relação aos efeitos patrimoniais, o regime da comunhão parcial de bens (CC/2002, art. 1.725).2. Salvo expressa disposição de lei, não é vedada a doação entre os conviventes, ainda

que o bem integre o patrimônio comum do casal (aquestos), desde que não implique a redução do patrimônio do doador ao ponto de comprometer sua subsistência, tampouco possua caráter inoficioso, contrariando interesses de herdeiros necessários, conforme os arts. 548 e 549 do CC/2002. 3. O bem recebido individualmente por companheiro, através de doação pura e simples, ainda que o doador seja o outro companheiro, deve ser excluído do monte partilhável da união estável regida pelo estatuto supletivo, nos termos do art. 1.659, I, do CC/2002. 4. Recurso especial não provido" (REsp 1.171.488/RS, Rel. Ministro RAUL ARAÚJO, QUARTA TURMA, julgado em 4/4/2017, DJe 11/5/2017-grifou-se); IV: incorreta, pois a falta de partilha não impede que se configure e união estável de pessoa divorciada. O art. 1.581 CC prevê que o divórcio pode ser concedido sem que haja prévia partilha de bens. Logo, estando já divorciadas a união estável pode ocorrer normalmente (art. 1.723, §1º CC). GR

19. Gabarito: C
Comentário: A: incorreta, pois trata-se de caso de rompimento de testamento (art. 1.973 CC). Como sobreveio um descendente sucessível, pela linha sucessória ele deterá todo patrimônio. Logo, a Santa Casa de Belo Horizonte e o tio Aristóteles não terão direito a herança; B: incorreta, pois quando se fala em rompimento do testamento ele se torna nulo, logo todas as suas disposições são revogadas (art. 1.973 CC). Para que a Santa Casa recebesse alguma coisa, Frederico deveria ter feito um novo testamento direcionando a parte disponível a ela; C: correta, pois com o rompimento do testamento pela presença de descendente sucessível que sobreveio ao testador que não o tinha quando testou (art. 1.973 CC) será aplicada a regra geral de sucessão do art. 1.829 CC, onde os parentes mais próximos excluem os mais remotos. Ademais, por ser herdeiro necessário, tem direito a legítima (art. 1.846 CC). Como Frederico nada dispôs sobre a parte disponível, logo ela também irá para Pedro; D: incorreta, pois a presença de descendente sucessível rompe o testamento, isto é, ele se torna nulo (art. 1.973 CC). Logo, as disposições sobre a Santa Casa de Belo Horizonte deixam de ser válidas. GR

20. Gabarito: C
Comentário: I: correta (art. 1.811 CC); II: incorreta, pois são nulos os fideicomissos além do segundo grau (art. 1.959 CC). Será instituído o fiduciário e fideicomissário que ainda não nasceu. Não é possível fixar nada para o descendente do fideicomissário; III: correta (art. 1.848 caput CC); IV: incorreta, pois é proibido em qualquer hipótese o testamento conjuntivo, seja simultâneo, recíproco ou correspectivo (art. 1.863 CC). Logo, a alternativa correta é a letra C. GR

21. Gabarito: D
Comentário: A: incorreta. Há exceção. Determina o art. 144, §4º, CF, às polícias civis, dirigidas por delegados de polícia de carreira, incumbem, ressalvada a competência da União, as funções de polícia judiciária e a apuração de infrações penais, **exceto as militares**; B: incorreta. De acordo com o art. 37, XVI, a, CF, de fato, é vedada a acumulação remunerada de cargos públicos, **exceto, quando houver compatibilidade de horários**, observado em qualquer caso o disposto no inciso XI: a) a de dois cargos de professor; C: incorreta. Ao contrário do mencionado, o art. 37, VI, CF, **garante** ao servidor público civil, o direito **à livre associação sindical**; D: correta. Determina o art 144, § 9º, da CF que a remuneração dos servidores policiais integrantes dos órgãos relacionados neste artigo será fixada na forma do § 4º do art. 39. De acordo com o citado dispositivo, o membro de Poder, o detentor de mandato eletivo, os Ministros de Estado e os Secretários Estaduais e Municipais serão remunerados exclusivamente por **subsídio fixado em parcela única**, vedado o acréscimo de qualquer gratificação, adicional, abono, prêmio, verba de representação ou outra espécie remuneratória, obedecido, em qualquer caso, o disposto no art. 37, X e XI. BV

22. Gabarito: C
Comentário: A questão versa sobre o efeito da decisão no mandado de injunção e as teorias que tratam desse assunto. Sobre o tema, vale as lições de Vicente Paulo e Marcelo Alexandrinho, em sua obra "Direito Constitucional Descomplicado", 20ª Ed., 2021, p. 218 a 220, "Com a promulgação da Constituição Federal, formaram-se duas grandes teses jurídicas acerca dos efeitos da decisão do Poder Judiciário que acolha o pedido no mandado de injunção: a **posição concretista** e a **posição não concretista.** Pela posição concretista, sempre que presentes os requisitos constitucionais exigidos para o mandado de injunção, o Poder Judiciário deveria reconhecer a existência da omissão legislativa ou administrativa e possibilitar efetivamente a concretização do exercício do direito, até que fosse editada a regulamentação pelo órgão competente. Essa posição divide-se em: (a) concretista geral e (b) concretista individual. Pela **concretista geral**, a decisão do Poder Judiciário deveria ter efeito geral (eficácia *erga omnes*), possibilitando, mediante um provimento judicial revestido de normatividade, a concretização do exercício do direito, alcançando todos os titulares daquele direito, até que fosse expedida a norma regulamentadora pelo órgão competente. Pela **concretista individual**, a decisão do Poder Judiciário deveria produzir efeitos somente para o autor do mandado de injunção (eficácia *inter partes*), isto é, a decisão deveria possibilitar a concretização do exercício do direito constitucional apenas para o

autor da ação. Por sua vez, essa posição concretista individual se divide em: "concretista individual direta" e (b) concretista individual intermediária. Pela **concretista individual direta**, o Poder Judiciário, ao julgar procedente o mandado de injunção, concretiza direta e imediatamente a eficácia da norma constitucional para o autor da ação, sem prévia concessão de prazo ao órgão omisso para a edição da norma regulamentadora faltante. Pela **concretista individual intermediária**, após julgar procedente o mandado de injunção, o Poder Judiciário não concretiza imediatamente a eficácia da norma constitucional para o autor da ação. Em vez disso, o Poder Judiciário dá ciência ao órgão omisso, fixando-lhe um prazo para a expedição da norma regulamentadora (prazo de 180 dias, por exemplo). Ao término desse prazo, se a omissão do órgão competente para expedir a norma regulamentadora permanecer, o Poder Judiciário então fixará as condições necessárias ao exercício do direito por parte do autor do mandado de injunção. Pela posição **não concretista**, deveria o Poder Judiciário, apenas, reconhecer formalmente a inércia do Poder Judiciário e dar ciência de sua decisão ao órgão competente, para que este edite a norma faltante. Estribada no **princípio da separação dos Poderes**, essa corrente entende que não deve o Poder Judiciário suprir a lacuna, nem assegurar ao impetrante o exercício do direito carente de norma regulamentadora permanecer, tampouco obrigar o Poder Legislativo a legislar. O Poder Judiciário apenas reconheceria formalmente a inconstitucionalidade da omissão e daria ciência da sua decisão ao órgão omisso, para que este editasse a norma faltante. Essa última – não concretista – foi inicialmente a posição seguida pela jurisprudência dominante do STF (MI 107/DF). Na prática, essa tímida orientação conferia pouca efetividade ao mandado de injunção: o STF apenas reconhecia a existência da omissão constitucional e dela dava ciência ao órgão competente, requerendo a edição da norma. A adoção dessa acanhada diretriz pela Corte Suprema recebeu sérias críticas da doutrina, que propugnava por uma atuação concretizadora do direito pelo Poder Judiciário, na hipótese de reconhecimento da inconstitucionalidade omissiva do legislador. Ulteriormente, porém, o STF reformulou o entendimento sobre a eficácia de suas decisões em mandado de injunção, abandonou sua anterior posição (não concretista) e passou a adotar a corrente concretista, a fim de viabilizar o exercício do direito constitucional carente de regulamentação ordinária, afastando as consequências da inércia do legislador (MI 721/DF). Note-se, porém, que, a despeito dessa importante mudança de entendimento, não há consenso entre os membros do STF sobre o alcance da decisão proferida no mandado de injunção, vale dizer, se será adotada a posição concretista geral (eficácia *erga omnes*) ou a concretista individual (eficácia *inter partes*). De fato, há registro de julgado em que foi perfilhada a

posição concretista individual direta possibilitando-se o efetivo exercício do direito exclusivamente para a impetrante (MI 721/DF). Já em outras oportunidades, em julgados envolvendo a regulamentação do direito de greve do servidor público, adotou-se a posição concretista geral, determinando-se a aplicação da lei de greve do setor privado a todo setor público (e não apenas aos servidores representados pelas entidades impetrantes dos mandados de injunção (MI 670/ES e **MI 708/DF**)" – **decisão mencionada na questão**. Em suma: o STF inicialmente adotou a não-concretista. Em 2007 houve o entendimento jurisprudencial anterior foi superado e a Corte Maior adotou a corrente concretista direta geral (STF. Plenário. MI 708, Rel. Min. Gilmar Mendes, julgado em 25.10.2007). **BV**

---

23. Gabarito: D
Comentário: De acordo com o art. 12, §3º da CF, são privativos de brasileiro nato os seguintes cargos: I - de Presidente e Vice-Presidente da República; II - de Presidente da Câmara dos Deputados; III - de Presidente do Senado Federal; IV - de Ministro do Supremo Tribunal Federal; V - da carreira diplomática; VI - de oficial das Forças Armadas. VII - de Ministro de Estado da Defesa. Apenas para presidir o Senado Federal que a CF exige que o sujeito seja brasileiro nato. **BV**

---

24. Gabarito: B
Comentário: A: incorreta. De acordo com o STF, os membros do Poder Legislativo dos Municípios podem ser submetidos a processo penal, **independentemente de prévia licença** da Câmara de Vereadores a que pertencem (STF HC 70359 - DJ 03/03/1993); B: correta. De acordo com o art. 29, VIII, da CF, os vereadores gozam somente de imunidade material/substancial (palavras, opiniões e votos, desde que proferidos na circunscrição do seu Município e no exercício da função). Por outro lado, as imunidades formais ou processuais (prisão e processo), previstas no art. 53, §§ 1º a 8º, da CF, **não** se aplicam aos vereadores.; C: incorreta. Os vereadores, como já mencionado, não têm imunidade em relação à prisão, apenas imunidade material (palavras, opiniões e votos) na circunscrição do seu Município. Determina o art. 53, § 2º, da CF que os parlamentares (**deputados** - federais, estaduais e distritais - **e senadores**), desde a expedição do diploma, não poderão ser presos, salvo em flagrante de crime inafiançável; D: incorreta. Mais uma vez: os vereadores **não** possuem imunidade relacionada à prisão. **BV**

---

25. Gabarito: C
Comentário: De acordo com o art. 25, §2º, da CF, cabe aos Estados explorar diretamente, ou mediante concessão, os serviços locais de gás canalizado, na forma

da lei, vedada a edição de medida provisória para a sua regulamentação.BV

26. Gabarito: C

Comentário: A: incorreta. Determina o art. 48, VIII, da CF que cabe ao Congresso Nacional, com a sanção do Presidente da República, não exigida esta para o especificado nos arts. 49, 51 e 52, dispor sobre todas as matérias de competência da União, especialmente sobre a concessão de anistia; B: incorreta. De acordo com o art. 48, XI, da CF, cabe ao Congresso Nacional, com a sanção do Presidente da República, não exigida esta para o especificado nos arts. 49, 51 e 52, dispor sobre todas as matérias de competência da União, especialmente sobre a criação e extinção de Ministérios e órgãos da administração pública; C: correta. Determina o art.49, VIII, da CF que é da competência exclusiva do Congresso Nacional a fixação dos subsídios do Presidente e do Vice-Presidente da República e dos Ministros de Estado, observado o que dispõem os arts. 37, XI, 39, § 4º, 150, II, 153, III, e 153, § 2º, I; D: incorreta. Conforme dispõe o art. 48, XV, da CF, cabe ao Congresso Nacional, com a sanção do Presidente da República, não exigida esta para o especificado nos arts. 49, 51 e 52, dispor sobre todas as matérias de competência da União, especialmente sobre a fixação do subsídio dos Ministros do Supremo Tribunal Federal, observado o que dispõem os arts. 39, § 4º; 150, II; 153, III; e 153, § 2º, I. BV

27. Gabarito: B

Comentário: A: incorreta. Foi a **EC 45/04 que trouxe** essa garantia. Determina, portanto, o §2º do art. 134 da CF, acrescentado pela EC 45/04, que às Defensorias Públicas Estaduais são asseguradas autonomia funcional e administrativa e a iniciativa de sua proposta orçamentária dentro dos limites estabelecidos na lei de diretrizes orçamentárias e subordinação ao disposto no art. 99, § 2º; B: correta. De fato, **a EC 80/14 atribuiu à Defensoria Pública a iniciativa legislativa quanto à fixação de subsídios** dos defensores públicos. De acordo com o § 4º do art. 134 da CF, são princípios institucionais da Defensoria Pública a unidade, a indivisibilidade e a independência funcional, aplicando-se também, no que couber, o disposto no art. 93 e no inciso II do art. 96 desta Constituição Federal. (Incluído pela Emenda Constitucional nº 80, de 2014). A alínea, b, inciso II, art. 96, CF, a que o parágrafo acima menciona que compete privativamente ao Supremo Tribunal Federal, aos Tribunais Superiores e aos Tribunais de Justiça propor ao Poder Legislativo respectivo, observado o disposto no art. 169: b) a criação e a extinção de cargos e a remuneração dos seus serviços auxiliares e dos juízes que lhes forem vinculados, **bem como a fixação do subsídio de seus membros** e dos juízes, inclusive dos tribunais

inferiores, onde houver; C: incorreta. Determina o *caput* do art. 134 da CF que a Defensoria Pública é instituição permanente, **essencial à função jurisdicional do Estado**, incumbindo-lhe, como expressão e instrumento do regime democrático, fundamentalmente, a orientação jurídica, a promoção dos direitos humanos e a defesa, em todos os graus, judicial e extrajudicial, dos direitos individuais e coletivos, de forma integral e gratuita, aos necessitados, na forma do inciso LXXIV do art. 5º desta Constituição Federal. Ocorre que **essa definição** não foi trazida pela EC 80/14, **já constava do texto originário**; D: incorreta. A garantia da inamovibilidade **não foi estendida aos defensores públicos.** BV

28. Gabarito: D

Comentário: A: incorreta. Ao contrário do mencionado, **não há necessidade de autorização das Assembleias Legislativas** para a instauração de ação penal contra o Governador por crimes comuns; B: incorreta. O recebimento de ação penal contra Governador de Estado pelo Superior Tribunal de Justiça **não** acarreta o seu afastamento automático do cargo. É necessário que o STJ decida pelo afastamento de forma fundamentada; C: incorreta. De acordo com a súmula vinculante 46 (STF), a **definição dos crimes de responsabilidade** e o estabelecimento das respectivas normas de processo e julgamento são da **competência legislativa privativa da União**; D: incorreta. Como mencionado, **não há necessidade de autorização das Assembleias Legislativas** para a instauração de ação penal contra o Governador. O entendimento do STF na ADI citada na questão é no sentido de que: "é vedado às unidades federativas instituírem normas que condicionem a instauração de ação penal contra governador, por crime comum, à previa autorização da casa legislativa, cabendo ao Superior Tribunal de Justiça dispor, fundamentadamente, sobre a aplicação de medidas cautelares penais, inclusive afastamento do cargo". BV

29. Gabarito: A

Comentário: De acordo com o STF, os legitimados que precisam demonstrar a existência de pertinência temática para proporem as ações do controle concentrado de constitucionalidade (ADI, ADC e ADPF) são os previstos no incisos III, IV e IX, do art. 103 da CF, ou seja: III - a Mesa da Câmara dos Deputados, IV a Mesa de Assembleia Legislativa ou da Câmara Legislativa do Distrito Federal e IX a confederação sindical ou entidade de classe de âmbito nacional. O Conselho Federal da Ordem dos Advogados do Brasil é considerado pelo STF como legitimado universal e não precisa, portanto, demonstrar a pertinência temática (que seria o vínculo entre a norma objeto de impugnação e os fins protegidos pelo legitimado). BV

30. Gabarito: ANULADA

Comentário: embora a questão tenha sido anulada, seguem os comentários. A: correta. Determina o caput do art. 170 da CF que a ordem econômica, fundada na valorização do trabalho humano e na livre iniciativa, tem **por fim assegurar a todos existência digna, conforme os ditames da justiça social**, observados os seguintes princípios; B: incorreta. Garantir o desenvolvimento nacional é um dos **objetivos** fundamentais da República Federativa do Brasil, conforme determina o art. 3º, II, da CF; C: correta. A **livre concorrência é princípio da ordem econômica**, conforme o inciso IV do art. 170 da CF; D: correta. A **valorização do trabalho humano e na livre iniciativa fundamentam a ordem econômica**, conforme o caput do citado art. 170 da CF.

31. Gabarito: A

Comentário: São elementos do fato típico culposo: conduta humana voluntária (ação/omissão), inobservância do dever de cuidado objetivo (imprudência/negligência/imperícia), previsibilidade objetiva (assim entendida a possibilidade de o homem médio prever o resultado), ausência de previsão (significa que o agente, em regra, não prevê o resultado objetivamente previsível. É a chamada culpa inconsciente; agora, se o agente tiver a previsão do resultado, fala-se, então, em culpa consciente), resultado involuntário, nexo de causalidade e tipicidade. À falta de algum desses requisitos, o fato será atípico.

32. Gabarito: A

Comentário: **A:** correta. Os cacos de vidro colocados na parte de cima do muro da casa, que se prestam a proteger o patrimônio, constituem o que a doutrina convencionou chamar de *ofendículo*, que nada mais é do que o dispositivo empregado para atuar na proteção da propriedade ou de outros bens jurídicos. Pois bem. Quanto à natureza jurídica deste mecanismo de proteção, destacam-se, na doutrina, dois posicionamentos, a saber: para uns, cuida-se de autêntico exercício regular de direito; para outros, trata-se de legítima defesa pre-ordenada, levando-se em conta, neste último caso, o momento em que o dispositivo de proteção é acionado. De todo modo, o ofendículo há de ser visível (ostensivo) e apenas o suficiente para rechaçar a agressão ao bem jurídico. Conferir, quanto a isso, o magistério de Cleber Masson: "(...) cuida-se de meios defensivos utilizados para a proteção da propriedade e de outros bens jurídicos, tais como a segurança familiar e a inviolabilidade do domicílio. O titular do bem jurídico prepara previamente o meio de defesa, quando o perigo ainda é remoto e incerto, e o seu funcionamento somente se dá em face de uma agressão atual ou iminente" (*Direito Penal Esquematizado – Parte Geral*. 8. ed. São Paulo: Método.

p. 450); **B:** incorreta. Tanto na legítima defesa quanto no estado de necessidade de terceiro, o seu exercício não está condicionado à prévia autorização daquele em favor de quem a excludente de ilicitude é concretizada. Seria como se o policial, para reagir a uma tentativa de assalto a um transeunte, precisasse colher a autorização deste antes de se opor à agressão em curso ou iminente. Evidente que isso não procede, devendo o policial, no exemplo dado, diante de uma agressão a bem jurídico de terceiro, agir a fim de repeli-la, sem que para tanto necessite contar com a anuência do titular do direito violado; **C:** incorreta. As lesões corporais ou mesmo a morte decorrentes da prática de determinadas atividades esportivas, como o boxe, desde que respeitadas as regras pertinentes a tais atividades, configuram exercício regular de direito, apto a afastar a ilicitude da conduta típica (art. 23, III, parte final, do CP); **D:** incorreta. A inexigibilidade de conduta diversa leva à exclusão da culpabilidade.

33. Gabarito: B

Comentário: A: incorreta. Nos termos da Súmula 243 do STJ, "o benefício da suspensão condicional do processo não é aplicável em relação às infrações penais cometidas em concurso material, concurso formal ou continuidade delitiva, quando a pena mínima cominada, seja pelo somatório, seja pela incidência da majorante, ultrapassar o limite de 01 ano". No mesmo sentido o STF, que, na Súmula 723, dispõe que "não se admite a suspensão condicional do processo por crime continuado, se a soma da pena mínima da infração mais grave com o aumento mínimo de 1/6 for superior a um ano". Dessa forma, conclui-se que, contrariamente ao que se afirma na assertiva, é admitida a aplicação da suspensão condicional do processo ao crime continuado, desde que nos termos das súmulas acima transcritas; B: correta. A hipótese descrita nesta assertiva é configuradora do concurso formal, que pressupõe, ao contrário do concurso material, a prática, pelo agente, de uma só ação ou omissão (um só comportamento), nos termos do que dispõe o art. 70 do CP. Com efeito, segundo consta, Gioconda, ao dirigir seu automóvel de maneira imprudente, perdeu o controle do carro (uma só conduta), matando três pessoas e lesionando gravemente outras cinco (vários resultados). Já o concurso material, que está previsto no art. 69 do CP, se dá nas hipóteses em que "o agente, mediante mais de uma ação ou omissão, pratica dois ou mais crimes, idênticos ou não". Nesse caso, as penas correspondentes a cada crime são somadas (sistema do cúmulo material). Voltando ao concurso formal, este poderá ser próprio (perfeito) ou impróprio (imperfeito). No primeiro caso (primeira parte do *caput*), temos que o agente, por meio de uma única ação ou omissão (um só comportamento), pratica dois ou mais crimes, idênticos ou não, com unidade de desígnio (é o caso narrado na assertiva); já no concurso formal impróprio ou imperfeito (segunda parte do *caput*), a situação é diferente. Aqui, a conduta única decorre de desígnios autônomos, vale dizer, o agente, no seu atuar, deseja os resultados produzidos. Como consequência, as penas serão somadas, aplicando-se o critério ou sistema do cúmulo material. No concurso formal perfeito, diferentemente, se as penas previstas forem idênticas, aplica-se somente uma; se diferentes, aplica-se a maior, acrescida, em qualquer caso, de um sexto até metade (sistema da exasperação); **C:** incorreta, pois a multa será aplicada distinta e integralmente em caso de concurso de crimes, nos moldes preconizados pelo art. 72 do CP. Em outras palavras, as penas de multa, para cada um dos crimes, serão somadas; **D:** incorreta. No concurso formal, se os crimes concorrentes resultarem de desígnios autônomos, as penas serão somadas, aplicando-se o critério ou sistema do cúmulo material. 🔲

34. Gabarito: D
Comentário: **A:** incorreta. Isso porque somente será aplicável o *sursis* (suspensão condicional da pena) na hipótese de não ter cabimento a substituição da pena privativa de liberdade por restritiva de direitos, dado que, segundo reconhece a doutrina e a jurisprudência, a pena restritiva de direitos é mais favorável ao agente que o *sursis* (art. 77, III, do CP); **B:** incorreta, pois contraria o entendimento consagrado na Súmula 588 do STJ, que veda a substituição da pena privativa de liberdade por restritiva de direitos na hipótese narrada no enunciado; **C:** incorreta, na medida em que a substituição, nos termos do art. 44, § 3º, do CP, somente será implementada se a reincidência não tiver sido operada em virtude da prática do mesmo crime; **D:** correta. É que, sendo o crime culposo, pouco importa a quantidade da pena imposta na sentença (art. 44, I, CP). Cuidado: com o advento da Lei 14.071/2020, publicada em 14/10/2020 e com *vacatio* de 180 dias, foi introduzido o art. 312-B na Lei 9.503/1997 (Código de Trânsito Brasileiro), segundo o qual aos crimes previstos no § 3º do art. 302 e no § 2º do art. 303 deste Código não se aplica o disposto no inciso I do *caput* do art. 44 do Decreto-Lei nº 2.848, de 7 de dezembro de 1940 (Código Penal). Assim, veda-se a substituição da pena privativa de liberdade por restritiva de direitos quando o crime praticado for: homicídio culposo de trânsito qualificado pela embriaguez (art. 302, § 3º, do CTB) e lesão corporal de trânsito qualificada pela embriaguez (art. 303, § 2º, do CTB). Como se pode ver, se considerássemos a alteração legislativa em questão, esta assertiva estaria incorreta. 🔲

35. Gabarito: D
Comentário: **A:** incorreta, na medida em que a pena (em qualquer de suas modalidades), por imposição de índole constitucional (art. 5º, XLV), não passará da pessoa do condenado, podendo a obrigação de reparar o dano e a decretação do perdimento de bens alcançar os sucessores, até o limite do valor do patrimônio transferido; **B:** incorreta. Pelo princípio da culpabilidade ou da responsabilidade subjetiva, ninguém pode ser punido se não houver agido com dolo ou culpa, sendo vedada, portanto, em direito penal, a responsabilidade objetiva. Até aqui a assertiva está correta. O erro está em afirmar que o dolo e a culpa estão abrigados na culpabilidade. Para a teoria finalista, criada por Hans Welzel, toda conduta é comportamento humano, consciente e voluntário, dirigido a uma finalidade. Portanto, o dolo e a culpa, até então sediados na culpabilidade (para a teoria clássica), migraram para a conduta (fato típico, portanto); **C:** incorreta. O princípio da insignificância funciona como causa supralegal de exclusão da tipicidade (material), atuando como instrumento de interpretação restritiva do tipo penal. Não há repercussão, portanto, no campo na culpabilidade. Nesse sentido: STJ, REsp. 1171091-MG, 5ª T., rel. Min. Arnaldo Esteves Lima, 16.03.10. No mais, segundo entendimento jurisprudencial consagrado, são requisitos necessários ao reconhecimento do princípio da insignificância: mínima ofensividade da conduta; nenhuma periculosidade social da ação; reduzido grau de reprovabilidade do comportamento; e inexpressividade da lesão jurídica provocada (STF, HC 98.152-MG, 2ª T., rel. Min. Celso de Mello, 19.05.2009); **D:** correta. Segundo é consenso na doutrina e na jurisprudência, os usos e costumes não podem servir de fonte para a criação de crimes (e também contravenções) e suas respectivas penas. Pode, no entanto, atuar como instrumento interpretativo. Isso porque, segundo enuncia o princípio da legalidade, estrita legalidade ou reserva legal (arts. 1º do CP e 5º, XXXIX, da CF), os tipos penais só podem ser concebidos por lei em sentido estrito, ficando afastada, assim, a possibilidade de a lei penal ser criada por outras formas que não a lei em sentido formal. O princípio da legalidade impede a criação de crimes por analogia, visto que eles devem ser veiculados por lei. Contudo, em matéria penal, admite-se o emprego da analogia *in bonam partem*, ou seja, benéfica ao réu, podendo ser aplicada para os tipos penais não incriminadores. É possível o emprego da interpretação analógica em matéria penal, como se dá no crime de estelionato, em que o agente pode cometê-lo mediante artifício, ardil ou qualquer outra fraude (fórmula genérica). 🔲

36. Gabarito: B
Comentário: **A:** correta. Diferentemente da teoria psicológico-normativa, na qual o dolo e a culpa integram

a culpabilidade, a teoria normativa pura (extrema ou estrita), defendida pela escola finalista de Hans Welzel, preconiza que a análise do dolo e da culpa deve se dar no contexto do fato típico, do qual fazem parte. A culpabilidade, para esta teoria, é desprovida de elementos psicológicos (dolo e culpa), transferidos que foram para o fato típico. Como se pode ver, para a teoria normativa pura, por nós acolhida, há um esvaziamento da culpabilidade, da qual foram retirados o dolo e a culpa, que migraram para o fato típico. Com isso, a culpabilidade passa a constituir mero juízo de reprovação sobre o fato e sobre o seu autor; **B:** incorreta. Para a teoria limitada da culpabilidade, as descriminantes putativas podem receber o mesmo tratamento jurídico do erro de tipo (quando o erro recair sobre os pressupostos fáticos de uma causa de justificação) ou do erro de proibição (quando o erro recair sobre a existência ou o alcance de uma causa de justificação); **C:** correta. De fato, tal como afirmado na assertiva, a teoria limitada da culpabilidade é constituída pelos mesmos elementos que compõem a teoria normativa pura, que são: imputabilidade, potencial consciência da ilicitude e exigibilidade de conduta diversa; **D:** correta. Para a teoria psicológica, a imputabilidade é pressuposto da culpabilidade, fazendo parte de sua análise o dolo e a culpa; já para a teoria normativa, o dolo e a culpa deixam de integrar a culpabilidade, migrando para o fato típico, onde devem ser analisados. **ED**

---

37. Gabarito: ANULADA

Comentário: **A:** correta, segundo a banca examinadora. Sucede que o número conferido à lei está incorreto. Trata-se, na verdade, da Lei 13.654/2018 (e não 13.645/2018), que, de fato, tal como afirmado, inseriu novas modalidades qualificadas ao crime de furto e excluiu a majorante de emprego de arma branca no roubo, já que passou a fazer referência tão somente a arma *de fogo* como causa de aumento de pena (art. 157, § 2º-A, I, do CP). Posteriormente, a partir do advento da Lei 13.964/2019, foi restaurada a causa de aumento decorrente do emprego de arma branca no cometimento do crime de roubo (art. 157, § 2º, VII, do CP). Pelo equívoco cometido pelo examinador, a questão foi anulada; **B:** incorreta. Segundo o STJ, havendo, no latrocínio, mais de uma morte, é de rigor o reconhecimento do concurso formal impróprio de crimes, ainda que apenas um patrimônio tenha sido lesado. Conferir: "Descabe falar em reconhecimento de crime único de latrocínio. Isso porque as instâncias ordinárias adotaram entendimento em consonância com a jurisprudência prevalente neste Superior Tribunal de Justiça, no sentido de que há concurso formal impróprio na prática de latrocínio quando a conduta do agente tenha por escopo mais de um resultado morte, ainda que a subtração recaia sobre os bens de uma única vítima, na medida em que ficam

evidenciados desígnios autônomos, atraindo, portanto, o comando legal disposto no art. 70, segunda parte, do Código Penal. 3. Para infirmar a conclusão da sentença condenatória, no sentido da ausência de unidade de desígnios nos crimes de latrocínio, o que ensejou o reconhecimento do concurso formal impróprio, para infirmar tal conclusão seria necessário revolver o contexto fático-probatório dos autos, o que não se coaduna com a via do habeas corpus" (AgRg no HC 531.133/MS, Rel. Ministro RIBEIRO DANTAS, QUINTA TURMA, julgado em 12/11/2019, DJe 25/11/2019). Já para o STF, se houver mais de uma vítima, com somente um patrimônio lesado, caracterizado estará o concurso formal próprio. Seja como for, é incorreto afirmar que há, na hipótese narrada na alternativa, crime único. Conferir: "Agravo regimental em habeas corpus. Penal. Latrocínio (CP, art. 157, § 3º). Pluralidade de vítimas. Concurso formal impróprio não configurado. Delito praticado com unidade de desígnios. Reconhecimento do concurso formal próprio (CP, art. 70, 1ª parte). Precedentes. Condenação transitada em julgado. Impetração utilizada como sucedânea de revisão criminal. Possibilidade em hipóteses excepcionais, quando líquidos e incontroversos os fatos postos à apreciação da Corte. Precedente da Segunda Turma. Regimental não provido. 1. O reconhecimento do concurso formal próprio no delito de latrocínio praticado encontra respaldo jurídico na jurisprudência do Supremo Tribunal segundo a qual "o crime de latrocínio é um delito complexo, cuja unidade não se altera em razão da diversidade de vítimas fatais; há um único latrocínio, não obstante constatadas duas mortes; a pluralidade de vítimas não configura a continuidade delitiva, vez que o crime-fim arquitetado foi o de roubo e não o de duplo latrocínio" (HC nº 71.267/ES, Segunda Turma, Relator o Ministro Maurício Corrêa, DJ de 20/4/95). 2. A Segunda Turma (RHC nº 146.327/RS, Relator o Ministro Gilmar Mendes, julgado em 27/2/18) assentou, expressamente, a cognoscibilidade de habeas corpus manejado em face de decisão já transitada em julgado em hipóteses excepcionais, desde que líquidos e incontroversos os fatos postos à apreciação do Supremo Tribunal Federal. 3. Agravo regimental ao qual se nega provimento" (HC 140368 AgR, Relator(a): Min. DIAS TOFFOLI, Segunda Turma, julgado em 07/08/2018, PROCESSO ELETRÔNICO DJe-187 DIVULG 05-09-2018 PUBLIC 06-09-2018); **C:** incorreta. A distinção entre roubo próprio e impróprio não se faz com base na qualidade do sujeito ativo. Roubo *impróprio* é aquele em que o agente, logo em seguida à subtração da coisa, é levado, para assegurar a sua impunidade ou a detenção da *res*, a empregar violência ou grave ameaça (art. 157, § 1º, do CP); o roubo *próprio*, que é a modalidade mais comum desse crime, se dá quando a violência ou grave ameaça é empregada com o fim de retirar os bens da vítima. Em outras palavras, a violência ou a grave ameaça, no roubo próprio, constitui meio para o agente chegar ao seu objetivo, que é o de efetuar a subtração. O roubo impróprio se consuma com o emprego da violência ou grave ameaça; já o roubo próprio alcança a sua consumação com a inversão da posse do bem mediante violência ou grave ameaça (Súmula 582, STJ); **D:** incorreta. O chamado *furto sob vigilância* pode, em determinadas situações, a depender do caso concreto, caracterizar *crime impossível* pela *ineficácia absoluta do meio* (art. 17 do CP). É o caso, por exemplo, do agente que, desde o momento em que ingressa no supermercado, passa a ser permanentemente vigiado por sistema de câmeras e também por seguranças, que ficam o tempo todo no seu encalço. Não há, neste caso, a menor possibilidade de o crime consumar-se. Isso não quer dizer que a existência, por si só, de sistema de segurança por câmeras e de funcionários elimine a possibilidade de o crime chegar à sua consumação. É perfeitamente plausível que o agente se aproveite de determinado ângulo de monitoramento em que a subtração não é visualizada pelo sistema de câmeras. Dessa forma, a ineficácia do meio deve ser avaliada caso a caso. Nesse sentido: STF, HC 110.975-RS, 1ª T., rel. Min. Cármen Lúcia, 22.05.2012. Consagrando esse entendimento, o STJ editou a Súmula n. 567: "Sistema de vigilância realizado por monitoramento eletrônico ou por existência de segurança no interior de estabelecimento comercial, por si só, não torna impossível a configuração do crime de furto". 🔲

38. Gabarito: C

Comentário: **A:** incorreta. No crime falho, também chamado tentativa perfeita ou acabada, o agente, mesmo esgotando todos os meios executórios ao seu alcance, não consegue produzir o resultado almejado por circunstâncias alheias à sua vontade. A tentativa imperfeita ou inacabada, por sua vez, é aquela em que o agente dá início à execução do crime, mas não consegue esgotar todos os atos executórios ao seu alcance por circunstâncias alheias à sua vontade. Seja na tentativa perfeita (crime falho), seja na tentativa imperfeita, o resultado almejado pelo agente não é alcançado por circunstâncias alheias à sua vontade. A diferença, reitere-se, é que, no crime falho, o sujeito ativo fez tudo que estava ao seu alcance para atingir o resultado, ao passo que, na tentativa imperfeita, o agente não chegou a esgotar os meios de que dispunha para concretizar o resultado almejado; **B:** incorreta. Mesmo que o agente desista de prosseguir com os atos de execução por conselho de seu advogado, ainda assim restará configurada a desistência voluntária. Isso porque se exige que o ato, na desistência voluntária (e também no arrependimento eficaz), seja voluntário, isto é, livre de qualquer coação; não é necessário que o ato seja espontâneo; **C:** correta. O Código Penal, no que concerne à tentativa, acolheu,

como regra, a teoria objetiva (ou realística ou dualista), segundo a qual o autor de crime tentado receberá pena inferior à do autor de crime consumado, nos termos do art. 14, parágrafo único, do CP, que estabelece que, neste caso, a pena será reduzida de um a dois terços, a depender da distância que o agente ficou da consumação; **D:** incorreta, pois o arrependimento posterior é causa obrigatória de diminuição de pena (variável de um a dois terços), incidente na terceira etapa do sistema trifásico de dosimetria da pena. 🔲

39. Gabarito: C

Comentário: **A:** incorreta. Cuida-se de excesso culposo (art. 23, parágrafo único, CP); **B:** incorreta, na medida em que se trata de crime único (crime progressivo, hipótese de incidência da regra da consunção). Neste caso, o agente responderá por um único crime de lesão corporal de natureza gravíssima, ficando absorvidas as de natureza grave ou mesmo leve; **C:** considerada como correta. A nosso ver, o policial que atira em alguém pelas costas com o propósito de evitar a sua fuga deve responder por homicídio doloso, não estando acobertado por nenhuma causa de exclusão de ilicitude; **D:** incorreta. A descrição contida na assertiva corresponde à chamada progressão criminosa (hipótese de incidência da regra da consunção), em que o agente, num primeiro momento, pretende a produção de determinado resultado, mas, ao alcançá-lo, muda seu intento e pratica nova conduta, gerando um resultado mais grave. Dessa forma, Semprônio responderá por tentativa branca de homicídio. 🔲

40. Gabarito: D

Comentário: **A:** incorreta. O enunciado retrata hipótese de erro na execução (*aberratio ictus*), em que o agente, tencionando atingir determinada vítima, acaba, por erro na execução, por alvejar outra. Neste caso, o sujeito ativo responderá como se houvesse atingido a pessoa pretendida, levando-se, inclusive, em conta as características dela e não da vítima efetiva (art. 73 do CP). A segunda parte da assertiva refere-se à hipótese de *aberratio ictus* com unidade complexa (ou com duplo resultado), em que deverá ser aplicada a regra do concurso formal próprio, vale dizer, aplicar-se-á a pena do crime mais grave, aumentada de 1/6 (um sexto) até 1/2 (metade), conforme preconiza o art. 74, 2ª parte, do CP. *Aberratio criminis* (resultado diverso do pretendido ou *aberratio delicti*), cuja previsão está no art. 74 do CP, consiste na hipótese em que o agente deseja cometer certo crime e, por erro de execução, acaba por cometer delito diverso. Como se pode ver, o erro na execução se estabelece entre pessoas (pessoa x pessoa); já o resultado diverso do pretendido envolve a relação crime x crime; **B:** incorreta. A primeira parte da assertiva, que se refere ao fenômeno da *aberratio* *criminis*, está correta. Com efeito, querendo o agente produzir determinado resultado e, por erro na execução do crime, acaba por gerar resultado diverso, por este último responderá, na forma de culpa, desde que haja previsão nesse sentido (art. 74, 1ª parte, do CP). Clássico exemplo é aquele em que o sujeito ativo lança uma pedra em direção a uma vidraça com o propósito de quebrá-la e, por erro de pontaria, acaba por atingir uma pessoa que passava pelo local e não era alvo do agente, causando-lhe lesões corporais. Neste caso, o sujeito ativo responderá por lesão corporal culposa. A segunda parte da alternativa refere-se ao fenômeno da *aberratio criminis* com unidade complexa ou resultado duplo (art. 74, 2ª parte, do CP). Neste caso, o agente, com a sua conduta, atinge tanto o bem jurídico pretendido quanto aquele não desejado (vidraça e pessoa). Incidirá, neste caso, a regra do concurso formal. A alternativa faz referência à figura da *aberratio causae* (razão de a assertiva estar incorreta), que se verifica quando o agente, imaginando já ter alcançado determinado resultado com um comportamento inicial, vem a praticar nova conduta, esta sim a causa efetiva da consumação. Trata-se de um erro irrelevante para o Direito Penal, porquanto de natureza acidental, devendo o agente ser responsabilizado pelo resultado pretendido de início; **C:** incorreta, já que a mãe que, a fim de cuidar do machucado de seu filho, aplica sobre o ferimento ácido, pensando tratar-se de pomada cicatrizante, incorre em erro de tipo (art. 20, CP), e não em erro de proibição (art. 21, CP); **D:** correta. Por erro de proibição indireto deve-se entender a situação em que o agente, a despeito de ter ciência do caráter ilícito do fato, acredita, equivocadamente, que age amparado por uma causa excludente de antijuridicidade, ou, ainda, age com erro quanto aos limites de uma causa justificante efetivamente existente. ED

41. Gabarito: D
Comentário: **A:** incorreta, na medida em que a autoridade policial, ao proceder ao indiciamento, deverá fazê-lo com um grau mais elevado de certeza de autoria que a situação de suspeito. Nas palavras de Aury Lopes Junior, *o indiciamento é assim um ato posterior ao estado de suspeito e está baseado em um juízo de probabilidade, e não de mera possibilidade* (*Direito Processual Penal*, 9. ed. São Paulo: Saraiva, 2012. p. 342); **B:** incorreta. O indiciamento constitui providência privativa da autoridade policial. É o que estabelece o art. 2º, § 6º, da Lei 12.830/2013, que contempla regras sobre a investigação criminal conduzida pelo delegado de polícia; **C:** incorreta. O chamado *desindiciamento*, que consiste na desconstituição de anterior indiciamento, poderá ser levado a cabo pelo delegado de polícia bem como pelo magistrado; **D:** correta (vide comentário à assertiva "A"). ED

42. Gabarito: C
Comentário: **A:** incorreta (art. 53, § 1º, da CF); **B:** incorreta (art. 105, I, *a*, da CF); **C:** correta (art. 96, III, da CF); **D:** incorreta (Súmula Vinculante 45). ED

43. Gabarito: D
Comentário: **A:** incorreta (art. 8º, § 1º, da Lei 12.850/2013); **B:** incorreta, já que, consoante art. 8º, *caput*, da Lei 12.850/2013, a ação controlada consiste no ato de retardar, adiar a intervenção policial ou administrativa, que será realizada em momento oportuno; **C:** incorreta, pois não reflete o que dispõe o art. 9º da Lei 12.850/2013; **D:** correta (art. 8º, § 1º, da Lei 12.850/2013). ED

44. Gabarito: A
Comentário: **A:** correta, porquanto corresponde ao que estabelece o art. 4º, § 3º, da Lei 12.850/2013; **B:** incorreta, segundo a organizadora. A nosso ver, está correta, pois o ato homologatório do acordo de colaboração premiada não depende da efetividade das informações fornecidas pelo colaborador (art. 4º, § 7º, da Lei 12.850/2013, com redação dada pela Lei 13.964/2019), o que somente será apreciado na sentença (art. 4º, § 11, da Lei 12.850/2013); **C:** incorreta, na medida em que contraria o disposto no art. 7º, § 3º, da Lei 12.850/2013, com redação dada pela Lei 13.964/2019, que estabelece que o sigilo será mantido até o recebimento da denúncia (e não até o seu oferecimento); **D:** incorreta, pois não reflete o disposto no art. 4º, § 4º, da Lei 12.850/2013, com redação conferida pela Lei 13.964/2019. ED

45. Gabarito: C
Comentário: **A:** incorreta, pois contraria o disposto no art. 4º, § 1º, da Lei 9.613/1998; **B:** incorreta, uma vez que a competência para o julgamento do delito de lavagem de dinheiro somente será da Justiça Federal nas hipóteses elencadas no art. 2º, III, da Lei 9.613/1998. Afora isso, a competência será da Justiça Estadual. Na jurisprudência: "A competência para a apreciação das infrações penais de lavagem de capitais somente será da Justiça Federal quando praticadas contra o sistema financeiro e a ordem econômico-financeira, ou em detrimento de bens, serviços ou interesses da União, ou de suas entidades autárquicas ou empresas públicas; ou quando o crime antecedente for de competência da Justiça Federal. In casu, não se apura afetação de qualquer interesse da União e o crime antecedente – tráfico de drogas – no caso é da competência estadual" (CC 96.678/MG, Rel. Ministra Maria Thereza de Assis Moura, Terceira Seção, julgado em 11/02/2009, DJe 20/02/2009); **C:** correta, uma vez que reflete o disposto no art. 2º, § 1º, da Lei 9.613/1998; **D:** incorreta. É despicienda, para a tipificação do crime de lavagem de dinheiro, a condenação do agente pelo

cometimento da infração penal (crime e contravenção penal) antecedente. Segundo reza o art. 2º, II, da Lei 9.613/1998, "o processo e julgamento dos crimes previstos nesta Lei: II – independem do processo e julgamento das infrações penais antecedentes, ainda que praticados em outro país (…)". Basta, pois, a existência de prova de que a infração penal antecedente ocorreu (materialidade da infração). ED

46. Gabarito: A
Comentário: **A**: correta. No processo penal, como regra, o ônus da prova recai sobre a acusação, que deverá demonstrar, por meio da denúncia/queixa e ao longo da instrução, todos os fatos constitutivos do poder-dever do Estado de efetivar a punição (art. 156, *caput*, do CPP). Agora, se o acusado invocar em seu benefício algum fato que leve à exclusão de ilicitude ou culpabilidade, o ônus da prova, neste caso, sobre ele (réu) recai. Com base no princípio do *in dubio pro reo*, não havendo, ao cabo da instrução, certeza quanto à prática criminosa, a absolvição se imporá, ainda que o acusado não tenha produzido prova em seu favor. Basta que, por exemplo, a acusação não logre reunir provas suficientes de autoria do acusado; **B**: incorreta, já que a nulidade é, em regra, da prova, que deverá ser desentranhada dos autos (157, *caput*, do CPP), e não do processo; **C**: incorreta (art. 209, *caput*, do CPP); **D**: incorreta (art. 157, § 1º, CPP). ED

47. Gabarito: A
Comentário: **A**: correta, pois em consonância com a regra disposta no art. 339 do CPP; **B**: incorreta, pois não corresponde ao que estabelece o art. 340, III, do CPP; **C**: incorreta, já que somente ao juiz é dado dispensar a fiança (arts. 325, I, e 350, CPP); **D**: incorreta, pois não reflete o disposto no art. 343 do CPP. ED

48. Gabarito: B
Comentário: **A**: correta (art. 171, CPP); **B**: incorreta, pois contraria o disposto nos arts. 158 e 171 do CPP; **C**: correta (art. 173, CPP); **D**: correta. A Lei 13.654/2018 introduziu no CP duas novas modalidades de qualificadora do crime de furto, a saber: quando, para viabilizar a subtração, o agente empregar explosivo ou artefato análogo que cause perigo comum (art. 155, § 4º-A, CP), sendo esta a hipótese a que faz referência o enunciado; e quando a subtração for de substâncias explosivas ou de acessórios que, conjunta ou isoladamente, possibilitem sua fabricação, montagem ou emprego (art. 155, § 7º, do CP). Desnecessário dizer que tal inovação legislativa teve como espoco viabilizar um combate mais efetivo a essa onda de crimes patrimoniais (furto e roubo) cometidos por meio da explosão de bancos e seus caixas eletrônicos. Não há, no CPP, dispositivo específico que estabelece de que forma deve realizar-se a perícia nos

vestígios deste delito (mesmo porque esta qualificadora foi introduzida no CP em 2018). Seja como for, parece evidente que, sendo delito que deixa vestígios, é de rigor a realização de perícia (art. 158, CPP), na qual não podem os peritos deixar de analisar a natureza e a eficiência do material explosivo ou artefato análogo utilizado. No mais, embora nenhuma relação tenha com o tema aqui tratado, vale a observação de que a modalidade qualificada do crime de furto sobre a qual estamos a falar (art. 155, § 4º-A, do CP), com o advento da Lei 13.964/2019, passou a ser considerada hedionda (art. 1º, IX, da Lei 8.072/1990). ED

49. Gabarito: A
Comentário: **A**: correta. No processo penal, a citação será, em regra, pessoal ou real, o que significa dizer que o denunciado tomará conhecimento pessoal da ação que contra ele foi ajuizada. Esta citação é feita por oficial de Justiça, por meio de mandado. Pode acontecer de o acusado não ser localizado para citação pessoal, quer porque seu paradeiro é desconhecido, quer porque ele se oculta para inviabilizar sua citação. Nessas hipóteses, o CPP estabelece que a citação seja ficta ou presumida. Se o oficial de Justiça verificar, pelas diligências realizadas, que o acusado se oculta para não ser citado, procederá à citação com hora certa (modalidade de citação ficta); se, de outro lado, o réu não for localizado para citação pessoal, será realizada, depois de exauridos todos os recursos para sua localização, a citação por edital, que também constitui hipótese de citação ficta. No caso da citação por hora certa (art. 362, CPP), que, como já dito, constitui modalidade de citação presumida (não pessoal), se o acusado não apresentar sua defesa no prazo de dez dias, ser-lhe-á nomeado defensor dativo para promover a defesa do réu (art. 362, parágrafo único, CPP). Ou seja, o processo seguirá sua marcha normalmente sem que o acusado tenha sido citado pessoalmente. Uma vez realizada a citação por edital (modalidade ficta de comunicação processual), se o acusado não comparecer tampouco constituir defensor, o processo e o prazo prescricional ficarão, em vista da disciplina estabelecida no art. 366 do CPP, suspensos, podendo o juiz determinar a produção das provas consideradas urgentes bem como decretar a prisão preventiva do réu, desde que presentes os requisitos do art. 312 do CPP. Ou seja, mesmo citado por edital, o processo poderá prosseguir, com a produção de provas urgentes ou com a decretação da custódia preventiva; **B**: incorreta. Nem sempre a citação será o primeiro ato de comunicação do denunciado no processo penal. Veja-se o caso da defesa preliminar de que trata o art. 514 do CPP, a ser ofertada no prazo de 15 dias pelo funcionário público denunciado pela prática de crime funcional afiançável. Neste caso, antes de receber a denúncia, o

juiz determinará a notificação do acusado para oferecer resposta por escrito, de forma a rebater o teor da denúncia antes de ela ser apreciada pelo magistrado. É a antecipação do contraditório, que, no procedimento comum, será exercido após o recebimento da denúncia, em sede de resposta à acusação; **C:** incorreta. Estando o denunciado em lugar incerto e não sabido, será citado por edital (art. 361, CPP). Na citação por hora certa, o réu não é localizado porque se oculta, e não porque seu paradeiro é desconhecido (art. 362, CPP); **D:** incorreta. Em vista do que estabelece o art. 368 do CPP, estando o acusado no estrangeiro, em local conhecido, será citado por carta rogatória, devendo ser suspenso o curso do prazo prescricional até o seu cumprimento. ED

50. Gabarito: B
Comentário: **A:** incorreta. Nos termos do art. 50-A da Lei 11.343/2006, cuja redação foi alterada por força da Lei 13.840/2019, o prazo de 30 dias para incineração será contato da apreensão da droga, e não da determinação judicial; **B:** correta, pois em conformidade com o disposto no art. 50, § 4º, da Lei 11.343/2006; **C:** incorreta, uma vez que contraria o disposto no art. 50, § 4º, da Lei 11.343/2006; **D:** incorreta, já que o prazo estabelecido em lei corresponde a 30 dias (art. 50-A da Lei 11.343/2006, cuja redação foi alterada por força da Lei 13.840/2019). ED

51. Gabarito: ANULADA

52. Gabarito: B
Comentário: As assertivas I, II e IV estão corretas acerca da formação do Estado Moderno, portanto a assertiva B deve ser assinalada. RF

53. Gabarito: C
Comentário: O vetor para interpretar os direitos econômicos e sociais deve ser o do princípio da solidariedade, que gera a exigência de proteção às classes ou aos grupos sociais mais fracos ou necessitados. A Revolução Francesa é apontada como o marco inicial da civilização europeia contemporânea, pois os conceitos atuais de nação, cidadania, radicalismo, igualdade e democracia surgiram depois desse processo histórico. Influenciada diretamente pela Revolução Francesa e pela Revolução Americana de 1776, a Declaração dos Direitos do Homem e do Cidadão foi adotada pela Assembleia Constituinte da França em 1789. Pela primeira vez tem-se uma declaração generalizante, isto é, com o propósito de fazer referência não só aos seus cidadãos, mas a toda a humanidade, por isso a menção aos direitos do homem também. A Declaração teve por base os conceitos de liberdade, igualdade, fraternidade, propriedade, legalidade e garantias individuais (síntese do pensamento

iluminista liberal e burguês), mas seu ponto central era a supressão dos privilégios especiais ("acabar com as desigualdades"), outrora garantidos para os estamentos do clero e da nobreza. RF

54. Gabarito: B
Comentário: I: correta. Determina o art. 200, II, da CF que ao sistema único de saúde compete, além de outras atribuições, nos termos da lei: executar as ações de vigilância sanitária e epidemiológica, bem como as de saúde do trabalhador; II: correta. De acordo com o art. 200, VII, da CF, ao sistema único de saúde compete, além de outras atribuições, nos termos da lei: participar do controle e fiscalização da produção, transporte, guarda e utilização de substâncias e produtos psicoativos, tóxicos e radioativos; III: incorreta. Conforme dispõe o art. 203, IV, da CF, a assistência social será prestada a quem dela necessitar, independentemente de contribuição à seguridade social, e tem por objetivos a habilitação e reabilitação das pessoas portadoras de deficiência e a promoção de sua integração à vida comunitária; IV: correta. De acordo com o art. 200, VI, da CF, ao sistema único de saúde compete, além de outras atribuições, nos termos da lei: fiscalizar e inspecionar alimentos, compreendido o controle de seu teor nutricional, bem como bebidas e águas para consumo humano. BV

55. Gabarito: A
Comentário: O art. 5º, § 2º, da CF é enfático: "Os direitos e garantias expressos nesta Constituição não excluem outros decorrentes do regime e dos princípios por ela adotados, ou dos tratados internacionais em que a República Federativa do Brasil seja parte". Tal estipulação possibilita a ampliação progressiva dos direitos fundamentais, pois o Brasil poderá aumentar seu catálogo de direitos à medida que internaliza tratados internacionais de direitos humanos. Na mesma direção ponderou Carlos Weis: "trata-se de evidente cláusula de abertura do rol de direitos fundamentais, a permitir a inclusão de outros direitos e garantias àqueles já previstos na Lei Maior, desde que consoantes com os princípios constitucionais[1]". Assim, a comunhão dos §§ 1º e 2º permite-nos concluir que um tratado de direitos humanos internalizado pelo Brasil faz parte de seu bloco de constitucionalidade[2] e, assim, pode ser aplicado direta e imediatamente pelo juiz. Lembrando

1. Estudo sobre a obrigatoriedade de apresentação imediata da pessoa presa ao juiz: comparativo entre as previsões dos tratados de direitos humanos e do projeto de Código de Processo Penal. Defensoria Pública do Estado de São Paulo, 2011. p. 7.
2. O termo bloco de constitucionalidade já foi citado, pelo STF, nas ADIns 595 e 514, de relatoria do Min. Celso de Mello, mas nunca foi aplicado no Brasil.

que o bloco de constitucionalidade é composto de todas as normas do ordenamento jurídico que possuam *status* constitucional[3]. RF

56. Gabarito: C
Comentário: Conforme consta do endereço eletrônico: https://www.policiacivil.mg.gov.br/pagina/servicos-iml, "O Instituto Médico Legal Dr. André Roquette (IMLAR) é um órgão público e está subordinado à Superintendência da Polícia Técnico-Científica da Polícia Civil de Minas Gerais, tendo seu trabalho o objetivo de fornecer bases técnicas em Medicina Legal para as investigações criminais. A mais conhecida das funções do IML é a necropsia, exame pós morte de indivíduos em caso de morte violenta ou morte suspeita. Nota-se que a *causa mortis* no caso descrito é considerada suspeita, devendo a alternativa C ser assinalada. LM

57. Gabarito: A
Comentário: A: correta – O exame histopatológico é comumente realizado após a exumação nos tecidos e órgãos do cadáver, podendo direcionar uma análise de DNA; B: incorreta – A exumação é o ato de desenterrar o cadáver, após sua efetivação este deve ser examinado como um todo e não em partes específicas; C: incorreta – A autorização para exumação do corpo deve ser judicial ou por intermédio do responsável pelo jazigo, podendo a família estar presente no momento em que realizada, mas não depende de autorização expressa de familiares; D: incorreta – Os fenômenos de putrefação não prejudicam as características das vestes, devendo seus fragmentos serem utilizados nos exames a serem realizados. LM

58. Gabarito: ANULADA
Comentário: A: Correta – A simulação negativa, que também é denominada dissimulação, é o ato de ocultar sintomas para aparentar a normalidade; B: Correta – O indivíduo tem consciência dos motivos que o levam a dissimular sintomas e dos motivos que o levam a agir de tal forma, normalmente buscando alguma vantagem pessoal; C: Correta – A apresentação intencional de sintomas falsos ocorre pela vontade inconsciente de o indivíduo aparentar estar acometido de uma doença; D: Correta. É de se notar que todas as questões estão corretas, motivo pelo qual a questão foi anulada pela banca examinadora, haja vista não existir nenhuma assertiva incorreta. LM

3. De forma geral e conforme o art. 5°, § 2°, da CF, o bloco de constitucionalidade é formado pelo texto constitucional, pelos princípios dele decorrentes e pelos tratados internacionais de direitos humanos.

59. Gabarito: B
Comentário: A: incorreta – De acordo com previsão do art. 159, § 4°, do CPP, "1 assistente técnico atuará a partir de sua admissão pelo juiz e após a conclusão dos exames e elaboração do laudo pelos peritos oficiais, sendo as partes intimadas desta decisão". Como é de verificar, a autorização para atuação do assistente técnico deve ser judicial; B: correta – O conceito de perícia complexa consta do art. 159, § 7°, do CPP, que prevê: "Tratando-se de perícia complexa que abranja mais de uma área de conhecimento especializado, poder-se-á designar a atuação de mais de um perito oficial, e a parte indicar mais de um assistente técnico; C: incorreta – Conforme previsão constante do art. 159, § 3°, do CPP, "Serão facultadas ao Ministério Público, ao assistente de acusação, ao ofendido, ao querelante e ao acusado a formulação de quesitos e indicação de assistente técnico"; D: incorreta – Prevê o art. 159, § 1°, do CPP, que "Na falta de perito oficial, o exame será realizado por 2 (duas) pessoas idôneas, portadoras de diploma de curso superior preferencialmente na área específica, dentre as que tiverem habilitação técnica relacionada com a natureza do exame". LM

60. Gabarito: A
Comentário: A: Correta – A assertiva transcreve disposição constante do art. 3°, *caput*, da Lei n° 9.434/1997, que dispõe sobre a remoção de órgãos, tecidos e partes do corpo humano para fins de transplante e tratamento e dá outras providências; B: Incorreta – Prevê o art. 4° da Lei n° 9.434/1997 que "A retirada de tecidos, órgãos e partes do corpo de pessoas falecidas para transplantes ou outra finalidade terapêutica, dependerá da autorização do cônjuge ou parente, maior de idade, obedecida a linha sucessória, reta ou colateral, até o segundo grau inclusive, firmada em documento subscrito por duas testemunhas presentes à verificação da morte"; C: Incorreta – Está previsto no art. 7°, parágrafo único, da Lei n° 9.434/1997, que "no caso de morte sem assistência médica, de óbito em decorrência de causa mal definida ou de outras situações nas quais houver indicação de verificação da causa médica da morte, a remoção de tecidos, órgãos ou partes de cadáver para fins de transplante ou terapêutica somente poderá ser realizada após a autorização do <u>patologista do serviço de verificação de óbito responsável pela investigação e citada em relatório de necrópsia</u> (grifo nosso)"; D: Incorreta - É vedada a remoção post mortem de tecidos, órgãos ou partes do corpo de pessoas não identificadas, nos termos do art. 6° da Lei n° 9.434/1997. LM

61. Gabarito: C
Comentário: As modalidades de lesão corporal de natureza grave estão contempladas no art. 129, §§ 1° e 2°, do

CP. A denominação lesão corporal gravíssima foi criada pela doutrina para se referir às hipóteses elencadas no § 2º, que são mais graves, dado o caráter permanente do dano ou mesmo a sua irreparabilidade, do que aquelas contidas no § 1º (chamadas pela doutrina de lesão corporal grave). Entre as modalidades de lesão gravíssima está a deformidade permanente (inciso IV); as demais (aceleração de parto; debilidade permanente de membro sentido ou função; e perigo de vida) estão contempladas no § 1º (lesão corporal grave). LM

62. Gabarito: D

Comentário: Observação: o candidato deve atentar-se que a alternativa a ser assinalada é a incorreta.

A: correta – A heroína, de fato, é uma droga sintetizada, derivada da papoula, a partir da morfina. Na forma pura, apresenta-se como um pó esbranquiçado, que normalmente é injetado após seu aquecimento; B: correta – A sigla LSD, na língua portuguesa, significa Dietilamida do Ácido Lisérgico. É uma droga sintética, produzida a partir do claviceps que é um fungo que surge no centeio, causando o denominado esporão do centeio. Causa alucinações com perda da percepção da realidade; C: correta – A morfina é um alcaloide extraído da flor de papoula, sendo a dependência dessa substância denominada morfinomania, morfinismo ou morfinofilia, enquanto que o dependente é chamado de morfinômano; D: incorreta – Não há relatos dando conta de que o cadáver dos indivíduos mortos por overdose de cocaína ou crack apresentem as cores mencionadas. Esta coloração é verificada em casos de morte por asfixia provocada por monóxido de carbono. Portanto, esta deve ser a alternativa assinalada. LM

63. Gabarito: D

Comentário: Observação: o candidato deve atentar-se que a alternativa a ser assinalada é a incorreta.

A: correta – A merla é uma droga produzida em laboratório, por meio da adição de solventes à folha de coca. Pode ser adicionada ao tabaco do cigarro ou à maconha. Apresenta consistência pastosa e cor amarelada, podendo obter coloração mais escura a depender da quantidade e forma da mistura; B: correta – As anfetaminas atuam como estimulantes do sistema nervoso central, podendo causar arritmias com aceleração dos batimentos cardíacos, aumento da pressão arterial, agitação e irritabilidade; C: correta – A merla, como afirmado anteriormente, é a mistura da folha de coca a solventes, podendo-se considerar que é derivada da pasta de coca; D: incorreta – O oxi é uma droga produzida por meio da mistura da pasta base a solventes. No entanto, são utilizados solventes mais baratos, tais como: querosene, combustíveis, que causam efeitos devastadores ao sistema nervoso central. LM

64. Gabarito: B

Comentário: Na obra "Manual de Medicina Legal", 7ª edição revista, editora Saraiva, em sua página 297, os autores Delton Croce e Delton Croce Junior afirmam que inexistem instrumentos dilacerantes, contusodilacerantes, perfurodilacerantes, cortodilacerantes e, portanto, não há se falar em feridas dilacerantes, contusodilacerantes, perfurodilacerantes, cortodilacerantes. Sendo certo que, conforme concluem, os ferimentos lacerocon-tusos nada mais são que solução da continuidade em médio da ação contundente, ou seja, ferida contusa. Desse modo, a alternativa que melhor se adequa a tais conclusões é a B, que classifica a lesão provocada por explosão de caixa eletrônica como sendo cortocontusa. LM

65. Gabarito: C

Comentário: As causas jurídicas de morte são as violentas ou acidentais. As causas violentas podem decorrer tanto de homicídios como suicídios. Dessa forma, é de se concluir que a única causa NÃO jurídica de morte constante das alternativas é a referente a causas oncológicas. LM

66. Gabarito: C

Comentário: Todas as assertivas são corretas. A primeira assertiva trata dos diferentes métodos utilizados pelas duas primeiras escolas criminológicas. A escola positivista da antropologia criminal adotava um método empírico de estudo da pessoa criminosa, a partir, especialmente, da biologia. Já a escola clássica, inserida no pensamento iluminista de culto à razão, entende que os seres humanos são dotados de livre-arbítrio e suas condutas – criminais ou não – são escolhas dos indivíduos. A segunda assertiva também é verdadeira. A criminologia, assim como outras ciências, está sempre em expansão no que diz respeito aos objetos e métodos. Na terceira, há uma característica comum às ciências em geral em que cada nova pesquisa adiciona elementos na leitura e na compreensão sobre o fenômeno estudado. VC

67. Gabarito: B

Comentário: A: Incorreta. O contato com as instâncias formais de controle não reduz as chances de que a pessoa cometerá crimes, ao contrário. Para os ideólogos das teorias críticas da criminologia, os impactos da relação com as instâncias oficiais de controle são, em geral, negativos e perversos. B: Correta. O sistema escolar e penal – tais como estruturados atualmente – têm semelhanças especialmente no que diz respeito a manutenção de privilégios e de dominação vertical de um grupo sobre o outro. C: Incorreta. A população carcerária brasileira é formada majoritariamente por negros, jovens e pobres com baixa escolaridade (dados do INFOPEN). D: Incorreta. Os operadores do direito estão longe de conhecerem a realidade vivida pelos estratos econômicos inferiores da população. Em geral, os julgamentos são realizados tendo por base o sistema de valores e condições econômicas sociais vivencias pelos operadores do direito e não por esse grupo que compõe a massa dos réus no Brasil. VC

68. Gabarito: A
Comentário: Criminologia positivista:
A criminologia positivista entendia o crime como algo patológico e anormal, ou seja, praticado por pessoas com características específicas que o diferenciasse da "normalidade" do restante da população. Sendo assim, as características determinantes para o ingresso na vida criminal eram próprias da pessoa e independiam da formulação política legal. Esta escola não problematizava a formulação de política criminal e considerava que existiam criminosos natos. Assim, entendia que se algumas características fossem alteradas, os criminosos poderiam deixar de sê-lo e propunha, portanto, tratamento para os que considerava "recuperáveis". Sendo assim, as assertivas 1, 2 e 5 dizem respeito a essa escola. Criminologia clássica: A criminologia clássica partia dos ideais iluministas e considerava o livre-arbítrio como central em seus estudos. Sendo assim, como todos têm livre-arbítrio e a prática de delitos era considerada como fruto de uma decisão livre das pessoas, não traçavam diferença entre os "criminosos" e "não criminosos". Como uma escola inserida no culto à razão e ideais iluministas, estava calcada na humanização, princípio da legalidade e utilidade das penas. Isto porque a escola Clássica entendia o crime como uma infração à lei, ou seja, como uma contradição com a norma jurídica. O importante era o fato e não o seu autor. Beccaria foi um grande defensor da humanização das penas – fim da tortura, da pena de morte e das penas que passavam da pessoa do condenado -, da proporcionalidade das penas – já que sua teoria segue um modelo racional da prática de delitos e de suas punições. Sendo assim, as assertivas 3 e 4 dizem respeito a essa escola. VC

69. Gabarito: D
Comentário: A: Incorreta. Alessandro Baratta defende a ideia de reintegração social como uma via de mão dupla em que a sociedade e os presos devem se abrir para a aceitação mútua. A imposição de valores as pessoas presas, na esperança de que não voltem a delinquir é rechaçada pelo autor que entende que é necessário

perseguir a emancipação ética do indivíduo e que não existem "valores certos e errados" que devam ser ensinados e impostos a população prisional. B: Incorreta. Na mesma linha da alternativa anterior, Baratta acredita que é necessário que ocorra uma modificação total da sociedade e não apenas daqueles que estão presos. Por isso, diz que a reintegração social é uma via de mão dupla e que o cárcere deve se abrir pra sociedade e a sociedade para o cárcere. C: Incorreta. As características negativas da sociedade, para Baratta, estão presentes em todo o tecido social, não apenas nas prisões. D: Correta. A criminalização e a criminalidade seguem o mesmo padrão – em geral – do que a exploração do trabalho, sendo que essa exploração e submissão do outro se reflete também nas práticas criminais. VC

70. Gabarito: B
Comentário: A teoria do labelling approach centra sua análise nas reações das instâncias oficiais de controle penal e no interacionismo simbólico e nas consequências dessa reação. Entende que esses órgãos operam efeitos estigmatizantes e criam e reforçam papéis de "delinquente". Para essa corrente, não é possível compreender o fenômeno criminal sem compreender a interrelação com as instâncias de controle formais e seus impactos, sendo que é a partir e na interação com essas instituições que o status de "delinquente" é fixado e tem como consequência a conformação do ciclo criminal. A desviação primária é anterior ao cometimento do delito, ela está muito associada aos fatos psicológicos do indivíduo e a sua marginalização em função de aspectos sociais, culturais, raciais etc. A desviação secundária acontece por conta da reação social ao desvio. O agente do delito que já passou para a fase de desviação secundária já está com a identidade estruturada em torno da desviação. Com a institucionalização a pessoa constrói e segue uma carreia criminal propriamente dita, após passar pelo processo de role engulfment. Ela realmente assume o papel de criminoso. A desviação secundária leva a outra ideia importante da teoria do Labelling Approach que é a de profecia autorrealizável. Como a pessoa recebe o estigma de criminosa e passa a se comportar como tal e a assumir esse papel social, todos têm a expectativa de que ela voltará a delinquir, e de fato ela volta a delinquir, pois assumiu esse papel e não há outro destino possível para ela. Isso porque a reação social a ela não lhe dá oportunidades e também porque ela assumiu esse papel social para si própria. VC

DELEGADO RS

Instrução: As questões de números 01 a 12 referem-se ao texto abaixo. Os destaques ao longo do texto estão citados nas questões.

O meio ambiente e a sustentabilidade

01   Nunca antes se debateu tanto sobre o meio ambiente e a sustentabilidade. As graves
02   alterações climáticas, as crises no fornecimento de água devido falta de chuva, destruição
03   dos mananciais e constatação clara e cristalina de que, se não fizermos nada para mudar, o
04   planeta será alterado de tal forma que a vida como a conhecemos deixará de existir.
05   Cientistas, pesquisadores amadores e membros de organizações não governamentais se
06   unem, ao redor do planeta, para discutir e levantar sugestões que possam trazer a solução
07   definitiva ou, pelo menos, encontrar um ponto de equilíbrio que desacelere a destruição que
08   experimentamos nos dias atuais. A conclusão, praticamente unânime, é de que políticas que
09   visem conservação do meio ambiente e sustentabilidade de projetos econômicos de
10   qualquer natureza devem sempre ser a ideia principal e a meta a ser alcançada para qualquer
11   governante.
12   Em paralelo às ações governamentais, todos os cidadãos devem ser constantemente
13   instruídos e chamados à razão para os perigos ocultos nas intervenções mais inocentes que
14   realizam no meio ambiente a sua volta; e para a adoção de práticas que garantam a
15   sustentabilidade de todos os seus atos e ações. Destinar corretamente os resíduos domésticos; a
16   proteção dos mananciais que se encontrem em áreas urbanas e a prática de medidas simples a
17   fim de que estabeleçam a cultura da sustentabilidade em cada família.
18   Assim, reduzindo-se os desperdícios, os despejos de esgoto doméstico nos rios e
19   demais práticas ambientais irresponsáveis, os danos causados ao meio ambiente serão
20   drasticamente minimizados e a sustentabilidade dos assentamentos humanos e atividades
21   econômicas de qualquer natureza estarão asseguradas.
22   Estimular o plantio de árvores, a reciclagem de lixo, a coleta seletiva, o aproveitamento
23   de partes normalmente descartadas dos alimentos como cascas, folhas e talos; assim como o
24   desenvolvimento de cursos, palestras e estudos que informem e orientem todos os cidadãos para
25   a importância da participação e do engajamento nesses projetos e nessas soluções simples para
26   fomentar a sustentabilidade e a conservação do meio ambiente são ações necessárias.
27   Uma medida bem interessante é ensinar cada família a calcular sua influência negativa
28   sobre o meio ambiente (suas emissões) e orientá-las a proceder de forma a neutralizá-las;
29   garantindo a sustentabilidade da família e contribuindo enormemente para a conservação do meio
30   ambiente em que vivem. Mas, como se faz para calcular essas emissões? Na verdade é uma conta
31   bem simples: basta calcular a energia elétrica consumida pela família; o número de carros e
32   outros veículos que ela utilize e a forma como o faz e os resíduos que ela produza. A partir daí,
33   cada família poderá dar a sua contribuição para promover práticas e procedimentos que garantam
34   a devolução à natureza de tudo o que usaram e, com essa ação, gerar novas oportunidades de
35   renda e de bem-estar social para sua própria comunidade.
36   O mais importante de tudo é educar e fazer com que o cidadão comum entenda que tudo
37   o que ele faz ou fará, gerará um impacto no meio ambiente que o cerca. E que só com práticas e
38   ações que visem sustentabilidade dessas práticas, estará garantindo uma vida melhor e mais
39   satisfatória, para ela mesma, e para as gerações futuras.

(Fonte: http://www.ecologiaurbana.com.br/conscientizacao/meio-ambiente-sustentabilidade/

Adaptação)

1. Levando em conta a necessidade do uso da crase, avalie as afirmações que seguem:

I. Nas lacunas tracejadas das linhas 02 e 03, o uso de à é obrigatório.
II. Nas lacunas tracejadas das linhas 09 e 38, o uso de à é utilizado considerando-se que atende às duas condições suficientes e necessárias – a regência do verbo visar e o fato de que os termos pospostos às lacunas permitirem o uso do artigo feminino – para o uso da crase.
III. Na linha 18, o uso da crase na lacuna tracejada é obrigatório em virtude da regência do verbo *reduzir* (l. 18).

Quais estão corretas?

(A) Apenas I.

(B) Apenas II.

(C) Apenas I e II.

(D) Apenas II e III.

(E) I, II e III.

2. Analise as seguintes propostas de substituição de vocábulos do texto:

I. A substituição de **ações** (l. 12) por **atos** implicaria alteração na estrutura da frase.

II. A supressão de **ambiente** (l.19) criaria as condições para o uso da crase antes desse vocábulo.

III. A palavra **natureza** (l. 34) ao ser substituída por **meio ambiente** provocaria a necessidade concomitante de supressão do artigo feminino e inserção do masculino; havendo, portanto, alteração na estrutura do termo a que pertence.

Quais estão corretas?

(A) Apenas I.

(B) Apenas II.

(C) Apenas I e II.

(D) Apenas II e III.

(E) I, II e III.

3. Assinale a alternativa cuja definição mais se aproxima do sentido que **unânime** (l. 08) tem no texto, considerando-se, para tanto, a estrutura e o sentido do contexto de ocorrência.

(A) Que é do mesmo sentimento ou da mesma opinião que outrem.

(B) Sem vivacidade, sem animação, amorfo.

(C) Juntar-se ou reunir-se em um lado, por grupos de adesão.

(D) Diz-se do gênero que tem uma só opinião; monotípico.

(E) Que está no começo; principiante.

4. Na frase: **para discutir e levantar sugestões que possam trazer a solução definitiva** (l. 06-07), o pronome relativo **que** retoma a expressão **sugestões**. Assinale a alternativa cuja ocorrência do pronome, devidamente salientado, provoca ambiguidade quanto ao termo que retoma.

(A) A sustentabilidade, **que** hoje tem caráter extremamente relevante, deve ser amplamente divulgada.

(B) É extremamente relevante que se estude a sustentabilidade e a natureza, **que** tem importância descomunal no futuro do ser humano.

(C) O homem é um ser que depende sobremaneira da natureza, pois é ela **que** lhe garante a vida.

(D) O meio ambiente, **que** hoje é bastante desrespeitado, é fator decisivo para a sobrevivência humana.

(E) Lixo, desperdício de matéria-prima, coleta seletiva e proteção dos mananciais são fatores **que** devem receber nossa atenção; entretanto, muitos ainda olham para isso com desinteresse.

5. Analise as afirmações a respeito de fonemas e letras de palavras retiradas do texto, assinalando V, se verdadeiro, ou F, se falso.

( ) Nos vocábulos **ambiente** e **sustentabilidade**, a diferença entre o número de fonemas e letras, em ambos os casos, se dá em virtude da ocorrência de dígrafos vocálicos.

( ) Na forma verbal **conhecemos**, há menos fonemas que letras face à ocorrência de um dígrafo vocálico (**-on**) e uma dígrafo consonantal (**-nh**).

( ) Na palavra **qualquer**, denota-se a ocorrência de dois dígrafos, representados por **qu**, que interferem na relação número de letras e de fonemas.

A ordem correta de preenchimento dos parênteses, de cima para baixo, é:

(A) V – V – V.

(B) F – V – F.

(C) V – F – V.

(D) V – F – F.

(E) F – F – V.

6. Na linha 12, a troca de **devem** por **podem**

(A) provoca alteração na estrutura frasal.

(B) não provoca nenhuma alteração na frase.

(C) provoca alteração no sentido da frase.

(D) não provoca nenhuma alteração no sentido da frase.

(E) provoca alteração no sentido e na estrutura da frase.

7. Em relação ao parágrafo contido entre as linhas 22 e 26, afirma-se que:

I. A oração *Estimular o plantio de árvores* constitui-se em uma oração subordinada substantiva objetiva direta.

II. Na linha 24, **informe** e **orientem** são formas verbais que constituem orações adjetivas.

III. Nas linhas 24 e 25, ocorre uma oração adverbial final reduzida consecutiva.

Quais estão corretas?

(A) Apenas I.

(B) Apenas II.

(C) Apenas III.

(D) Apenas I e II.

(E) Apenas II e III.

8. Assinale a alternativa cuja reescrita da frase *"Uma medida bem interessante é ensinar cada família a calcular sua influência negativa sobre o meio ambiente"*, retirada do texto, está correta.

(A) Uma medida bem interessante é que cada família seja ensinada a calcular sua influência negativa sobre o meio ambiente.

(B) Uma medida bem interessante é que ensine-se cada família a calcular sua influência negativa sobre o meio ambiente.

(C) Uma medida bem interessante é que se possa ensinar cada família que o cálculo sobre a influência negativa deve ser sobre o meio ambiente.

(D) O ensino sobre uma medida bem interessante é próprio de cada família em relação ao cálculo de sua influência negativa sobre o meio ambiente.

(E) Uma medida bem interessante é que se cada família pudesse vir a ser ensinada a calcular sua influência negativa sobre o meio ambiente.

9. Todas as ações a seguir descritas constituem-se em um rol indicado pelo texto como sugestões para que se encontre um ponto de equilíbrio, EXCETO:

(A) Destinar corretamente os resíduos domésticos.

(B) Instalar, no âmbito familiar, a prática e a cultura da sustentabilidade.

(C) Plantar árvores e proceder à reciclagem do lixo.

(D) Orientar as famílias a buscar a neutralização das emissões equivocadas que fazem e que prejudicam o meio ambiente, bem como orientá-las a buscar a neutralização dessas emissões.

(E) Ajudar os núcleos familiares a calcular o consumo de energia e de combustível, a fim de que isso possa ajudar a diminuir a diferença entre a renda e as despesas.

10. Levando-se em conta que a conservação do meio ambiente e a prática de ações que tenham por fundamento a sustentabilidade são de suma relevância e devem ser perseguidas pelos governantes, avalie os itens a seguir e assinale aquele que tem mais relevância para que, de fato, ocorra impacto no meio ambiente.

(A) Economia.

(B) Persistência.

(C) Educação.

(D) Desperdício.

(E) Reducionismo.

11. Sobre o uso de pontuação e a inserção de vocábulos no primeiro parágrafo do texto, afirma-se que:

I. Desconsiderando-se a necessidade de uso de maiúsculas e minúsculas, poder-se-ia trocar o ponto final da linha 01 por uma vírgula, desde que se inserisse **apesar de** logo após, sem que isso acarretasse alteração de sentido ao período.

II. A troca da vírgula da linha 02 (1ª ocorrência) por **em virtude das** não poderia ser realizada visto que o sentido e a estrutura da frase seriam prejudicados.

III. A retirada das duas vírgulas da linha 03 implicaria erro à frase.

Quais estão INCORRETAS?

(A) Apenas I.

(B) Apenas II.

(C) Apenas III.

(D) Apenas I e II.

(E) Apenas II e III.

12. Em relação à palavra **desacelere**, retirada do texto, é correto dizer que:

I. O radical é representado por –aceler.

II. É formada pelo processo de parassíntese.

III. –des representa um prefixo, que indica ação contrária, negação.

Quais estão INCORRETAS?

(A) Apenas I.

(B) Apenas II.

(C) Apenas III.

(D) Apenas I e II.

(E) Apenas II e III.

Instrução: As questões de números 13 a 32 referem-se ao texto abaixo.

Os pilares da sustentabilidade: os desafios ambientais do século XXI para a iniciativa privada

01   Entre os pilares para o desenvolvimento sustentável – aquele capaz de garantir as
02   necessidades da geração atual sem comprometer a futura – está a preservação e manutenção do
03   meio ambiente. Nos últimos tempos, tem sido uma das pautas mais discutidas por líderes políticos
04   e empresariais de todo o mundo, principalmente por conta dos impactos das mudanças climáticas.
05   Mesmo o Brasil, um país rico em recursos naturais, já sente as consequências dos eventos
06   extremos, como a seca que persiste no Nordeste e deixa muitas famílias sem acesso à água,
07   recurso essencial para a manutenção da vida. Por isso, pensar em formatos mais eficientes de
08   uso é uma atitude urgente e que deve permear as organizações, os governos e a própria
09   sociedade.
10   Em 2015, o Brasil entrou para o grupo das 197 nações signatárias do Acordo de Paris, que
11   determinou metas para manter o aquecimento global bem abaixo de 2°C até 2030.
12   Ana Carolina Avzaradel Szklo, Gerente Sênior de Projetos e Assessora Técnica do CEBDS
13   (Conselho Empresarial Brasileiro para o Desenvolvimento Sustentável), acredita que esses
14   eventos climáticos extremos ___ contribuído para que as empresas incorporem a sustentabilidade
15   em suas agendas. As atitudes para reverter esse quadro preocupante devem ser trabalhadas em
16   conjunto, porque o setor privado apresenta um papel tão importante quanto o governo para a
17   efetivação das ações.
18   Neste contexto, é importante que a sustentabilidade faça parte da organização como um
19   todo, principalmente, da mais alta .... decisória. Investimentos em inovação para tornar
20   processos mais eficientes podem contribuir com uma série de oportunidades para as
21   organizações.
22   Uma das tendências que estão sendo trabalhadas internacionalmente e sobre o que o
23   CEBDS ___ promovido debates com o setor privado é a precificação do carbono. A medida
24   defende a cobrança pela emissão do CO_2, o que faz com que as empresas tenham um maior
25   controle sobre os seus processos. Além disso, impulsiona uma economia mais limpa e que
26   consequentemente pode frear o aquecimento global.
27   Para consolidar uma economia com baixa emissão de carbono, é necessário pensar em
28   toda a cadeia de produção da economia, desde a .... da matéria-prima, o transporte, a
29   produção e até o descarte. Trabalhando com esses rejeitos, evita-se que os materiais acabem em
30   aterros e lixões – locais em que a decomposição emite gases responsáveis pelo efeito estufa,
31   como o metano e o gás carbônico. Com a reciclagem, os resíduos viram matéria-prima
32   novamente, o que evita a .... e colabora para o uso racional de recursos naturais.
33   Com a ideia de eliminar o lixo, a empresa precisa investir bastante para reciclar materiais
34   não convencionais como esponjas de limpeza, cosméticos, tubos de pasta de dente, lápis e
35   canetas. Por não terem fluxos regulares de reciclagem, fazer o processo com esses rejeitos sai
36   bem mais caro. "Esses materiais são considerados 'não recicláveis', pois o custo para reciclá-los
37   é superior ao valor obtido com a matéria-prima resultante do processo. Percebemos, portanto,
38   que não existe efetivamente nada que não possa ser reciclado. O que existem são resíduos que
39   valem a pena do ponto de vista financeiro, e outros não, justamente por serem complexos",
40   explica Pirrongelli da TerraCycle.
41   O programa de coleta da TerraCycle engaja consumidores e produtores em seu processo.
42   Não são apenas os produtos de difícil reciclabilidade que preocupam ambientalistas, governos e
43   empresas ao redor do mundo. Mesmo materiais que já ___ processos consolidados, como o
44   plástico, acabam em lixões e aterros, onde demoram anos para se decompor.
45   Relatórios divulgados no início deste ano pela Ellen MacArthur Foundation mostram que cerca de
46   oito bilhões de toneladas de plástico são descartados nos mares por ano – quantidade equivalente
47   a um caminhão de lixo por minuto. A organização calculou que, se esse ritmo continuar, haverá
48   mais plástico do que peixe nos oceanos em 2050.
49   Por isso, a maior procura por produtos biodegradáveis sinaliza a crescente preocupação
50   do setor privado em relação ao meio ambiente. Nesse aspecto, a tecnologia é um aspecto
51   fundamental para a sustentabilidade.
52   Soluções como o plástico hidrossolúvel ___ sido cada vez mais procuradas como um meio
53   de evitar o problema do descarte irresponsável. O material é novidade no Brasil e na América
54   Latina e consiste em um plástico que se dissolve na água em apenas alguns segundos. Há

55 ambém, nesse mesmo viés, bobinas, saquinhos hidrossolúveis sob medida, entretelas, entre
56 outros. Essa solução, de acordo com um empresário do setor, ... diversas vantagens ao
57 comprador, como: redução de custos em transporte e armazenagem, devido à concentração de
58 produto na embalagem hidrossolúvel; diminuição no uso e descarte do plástico convencional, que
59 pode gerar créditos de carbono e também ...... segurança na aplicação e no manuseio de
60 substâncias químicas que podem ser nocivas para o ser humano. As empresas podem contribuir
61 para um desenvolvimento sustentável valorizando produtos que ___ um apelo sustentável,
62 criando uma cultura organizacional voltada para essas questões e investindo em desenvolvimento
63 de novas alternativas. É importante também que a organização, além de realizar esses processos,
64 valorize que os mesmos sejam adotados por toda cadeia produtiva, envolvendo desde seus
65 fornecedores até seus clientes.

(Fonte: Amcham Brasil, 26 de maio 2017 – http://economia.estadao.com.br/blogs – Texto adaptado)

13. As lacunas tracejadas das linhas 14, 23, 43, 52 e 61, quanto à flexão do verbo **ter**, ficam, correta e respectivamente, preenchidas por:

(A) têm – têm – têm – tem – tem
(B) tem – tem – tem – têm – têm
(C) têm – tem – tem – têm – tem
(D) têm – tem – têm – têm – têm
(E) tem – têm – têm – têm – têm

14. Avalie as afirmações que seguem quanto ao completamento de lacunas pontilhadas do texto no que tange à grafia de determinados vocábulos e considerando o contexto de ocorrência.

I. Na linha 19, a lacuna fica corretamente preenchida por **estância**.
II. Nas linhas 28 e 32, o vocábulo **extração** preenche adequada e corretamente as lacunas.
III. **trás** preenche corretamente as lacunas das linhas 56 e 59.
Quais estão corretas?

(A) Apenas I.
(B) Apenas II.
(C) Apenas III.
(D) Apenas I e II.
(E) Apenas II e III.

15. Em relação ao vocábulo **signatárias** (l. 10), é correto dizer que:

I. Poderia ser substituído, sem causar incorreção ao contexto, por **aqueles que subscrevem**.
II. Trata-se de um adjetivo flexionado no feminino plural em virtude do gênero e do número do substantivo que acompanha.
III. Não pode ser considerado cognato do vocábulo **significado**.
Quais estão INCORRETAS?

(A) Apenas I.

(B) Apenas II.
(C) Apenas III.
(D) Apenas I e II.
(E) Apenas II e III.

16. Considerando-se o sentido que têm no texto, todos os vocábulos a seguir podem ser utilizados em lugar de **permear** (l. 08), EXCETO:

(A) Penetrar.
(B) Atravessar.
(C) Transpassar.
(D) Trespassar.
(E) Constituir.

17. Sobre acentuação gráfica de palavras retiradas do texto, afirma-se que:

I. **sustentável, climáticas** e **reciclá**-los são acentuados em virtude da mesma regra.
II. A regra que determina o acento gráfico em **país** e **contribuído** é diferente da que justifica o acento gráfico em **resíduos** e **início**.
III. O vocábulo **viés** é acentuado por ser um monossílabo tônico terminado em **e** – acrescido de **s**.
Quais estão corretas?

(A) Apenas I.
(B) Apenas II.
(C) Apenas III.
(D) Apenas I e II.
(E) Apenas II e III.

18. Avalie as seguintes afirmações sobre o uso de pronomes no texto, assinalando V, se verdadeiro, ou F, se falso.

( ) Na linha 35, **esses** classifica-se como pronome adjetivo, porque determina o substantivo junto do qual se encontra.

( ) Na linha 36, o pronome **–los** funciona como complemento verbal, assumindo essa forma em face de a forma verbal terminar em '**r**'.

( ) Nas linhas 64 e 65, as duas ocorrências do pronome possessivo **seus** indica que o possuidor dos termos que acompanham é **processos** (l. 63).

A ordem correta de preenchimento dos parênteses, de cima para baixo, é:

(A) V – V – V.

(B) F - V – V.

(C) V – V – F.

(D) F – F – V.

(E) F – F – F.

19. Sobre termos que constituem frases do texto, é correto dizer que:

(A) Na linha 05, **um país rico em recursos naturais** é um aposto.

(B) Na linha 06, **no Nordeste** funciona como objeto indireto.

(C) Na linha 10, **que** é uma conjunção integrante.

(D) Nas linhas 18 e 19, **que a sustentabilidade faça parte da organização como um todo** funciona como predicativo.

(E) Na linha 36, **mais** funciona como adjunto adnominal.

20. Na frase: "*evita-se que os materiais acabem em aterros e lixões*" (l. 29-30), o **se** funciona como:

(A) Pronome reflexivo.

(B) Partícula apassivadora.

(C) Índice de indeterminação do sujeito.

(D) Conjunção integrante.

(E) Conjunção adverbial condicional.

21. Observe o período compreendido entre as linhas 36 e 40 e analise as afirmações que são feitas, assinalando V, se verdadeiro, ou F, se falso.

( ) As aspas são usadas para marcar uma citação textual, no caso, palavras de Pirrongelli.

( ) As aspas simples, linha 36, assinalam uma expressão utilizada em sentido conotativo.

( ) O uso do conector **portanto** (l. 37) introduz uma conclusão ao que estava sendo dito.

A ordem correta de preenchimento dos parênteses, de cima para baixo, é:

(A) V – V – V.

(B) V – F – F.

(C) F – F – V.

(D) F – V – F.

(E) V – F – V.

22. Analise as afirmações abaixo e, a seguir, assinale a alternativa que completa correta e respectivamente as lacunas.

1. Caso na linha 19, o vocábulo **Investimentos** fosse passado para o singular, quantas outras palavras deveriam sofrer alteração para fins de concordância? _____, apenas.

2. Se na linha 22 suprimíssemos o vocábulo **das** e o núcleo do sujeito assumisse a forma singular, outras _____ palavras deveriam sofrer alteração para fins de concordância.

(A) 1 – 4.

(B) 1 – 2.

(C) 1 – 3.

(D) 2 – 2.

(E) 2 – 3.

23. Avalie as assertivas a seguir, quanto a alterações no texto:

I. Na linha 30, a substituição de **em que** por **no qual** não feriria as regras de concordância e de regência.

II. A substituição de **consiste** (l. 54) por **tem a consistência** manteria o sentido, entretanto provocaria necessidade de alteração na estrutura do período.

III. A troca de **valorizando** (l. 61) por **dando valor** provocaria a necessidade de ajustes na estrutura do período.

Quais estão INCORRETAS?

(A) Apenas I.

(B) Apenas II.

(C) Apenas III.

(D) Apenas I e II.

(E) Apenas II e III.

24. Desconsiderando-se o uso de sinais de pontuação e de letras maiúsculas e minúsculas, e levando em conta o que é defendido pelo texto, o conectivo que pode reunir as duas orações abaixo em um único período, sem necessidade de ajuste, é:

*   A sustentabilidade é um desafio ambiental do século XXI

*   A preservação e a manutenção do meio ambiente devem ser perseguidas pelo homem

(A) por conseguinte

(B) todavia

(C) no entanto

(D) ainda que

(E) se bem que

25. Sobre o pronome relativo no trecho *"que determinou metas para manter o aquecimento global bem abaixo de 2°C até 2030"*. (l. 10-11), considere as afirmativas a seguir:

I. O pronome retoma o antecedente "o Brasil" (l. 10).

II. **O qual** poderia substituí-lo corretamente, considerando que o núcleo do referente é um substantivo masculino singular.

III. O pronome poderia ser precedido de uma preposição devido à regência do verbo **determinou**.

Quais estão corretas?

(A) Apenas I.

(B) Apenas II.

(C) Apenas III.

(D) Apenas I e II.

(E) Apenas II e III.

26. Assinale a alternativa em que há uma forma verbal que NÃO pode ser apassivada.

(A) sente (l. 05).

(B) pensar (l. 07).

(C) determinou (l. 11).

(D) apresenta (l. 16).

(E) defende (l. 24).

27. Avalie as seguintes ocorrências da palavra "**se**" e as afirmações subsequentes:

1. para **se** decompor (l. 44).

2. que **se** dissolve na água (l. 54).

I. Em ambas, ocorre próclise.

II. A inserção do advérbio NÃO imediatamente após **para** e **que** manteria a estrutura dos dois fragmentos.

III. Em ambos os casos, a palavra **se** funciona como conjunção integrante.

Quais estão corretas?

(A) Apenas I.

(B) Apenas II.

(C) Apenas I e II.

(D) Apenas I e III.

(E) I, II e III.

28. Considere as seguintes propostas de supressão, inserção e troca de vocábulos no texto:

I. Supressão do advérbio **mais** (l. 03).

II. Inserção do pronome **eles** imediatamente antes de **serem** (l. 39).

III. Substituição de **hidrossolúvel** (l. 52) por **solúvel em hidrogênio**.

Quais NÃO provocam alteração nos respectivos contextos?

(A) Apenas I.

(B) Apenas II.

(C) Apenas III.

(D) Apenas I e II.

(E) Apenas II e III.

29. Analise as seguintes afirmações a respeito da frase '**Além disso, impulsiona uma economia mais limpa e que consequentemente pode frear o aquecimento global.**' retirada do texto:

I. O vocábulo "**também**" poderia ser inserido imediatamente após "**Além disso**", sem provocar alteração de sentido.

II. A expressão "**Além disso**" acrescenta uma informação àquilo que foi dito anteriormente no parágrafo.

III. "**ainda**" poderia ser inserido imediatamente após "**Além disso**", sem provocar qualquer alteração ao sentido original.

Quais estão corretas?

(A) Apenas I.

(B) Apenas II.

(C) Apenas I e II.

(D) Apenas II e III.

(E) I, II e III.

30. A expressão **nesse mesmo viés** (l. 55), considerando o contexto de ocorrência, poderia ser substituída por:

I. nessa mesma tendência.

II. nessa direção oblíqua.

III. no sentido diagonal do material.

IV. nesse recorte.

Quais das propostas poderiam substituir adequadamente a referida expressão?

(A) Apenas I.

(B) Apenas II.

(C) Apenas I e II.

(D) Apenas I, II e III.

(E) Apenas II, III e IV.

31. Todos os aspectos a seguir listados vêm ao encontro da busca pela sustentabilidade no âmbito das empresas, conforme o texto, EXCETO:

(A) Preservação do meio ambiente.

(B) Manutenção do aquecimento global.

(C) Incorporação da sustentabilidade no contexto das organizações.

(D) Promover um processo econômico que prime pela baixa emissão de carbono.

(E) Uso de produtos biodegradáveis.

32. Em "porque o setor privado apresenta um papel tão importante quanto o governo para a efetivação das ações." (l. 16-17), '**porque**' e '**tão... quanto**' expressam, respectivamente:

(A) Causa – comparação.

(B) Finalidade – consequência.

(C) Explicação – consequência.

(D) Explicação – comparação.

(E) Causa – proporção.

Instrução: As questões de números 33 a 39 referem-se ao texto abaixo.

Sustentabilidade no Brasil: questão ambiental ou econômica?

01 O Brasil é um dos países com maior interesse sustentável no mundo, alcançando o valor
02 de 99 pontos nos dados do Google Trends, que tem o valor máximo de 100. Sempre houve uma
03 grande pressão mundial sobre o Brasil. O país com a maior floresta e com a maior reserva de
04 gua doce do mundo tem sido cobrado pela preservação disso tudo. Uma tarefa nada fácil para
05 o governo brasileiro, pois a nação precisa crescer e se desenvolver, algo que os grandes países
06 já fizeram sem se preocuparem com o futuro do planeta, agredindo sem escrúpulos o meio
07 ambiente.
08 Logo, a #Sustentabilidade ganha um enorme foco, causando grandes debates a respeito
09 de sua importância, e planejamentos complexos, para que, junto com ela, venha também o
10 desenvolvimento e não o retrocesso.
11 Segundo dados do Google Trends, o maior interesse a respeito do tema Sustentabilidade
12 se concentra na Região Norte e Nordeste.
13 Como pode-se observar, 5 dos 7 estados da Região Norte aparecem entre os mais citados,
14 curiosamente onde se concentra a maior parte das florestas do país, ao mesmo tempo, também
15 um baixo IDH (Índice de Desenvolvimento Humano).
16 Os estados com maiores interesses no tema são, na prática, os lugares onde mais se
17 precisa aplicar a sustentabilidade. Como é um assunto em foco, é por isso que as regiões mais
18 atrasadas estão tentando mudar a situação atual, com o governo criando leis e começando a
19 punir quem agride o meio ambiente.
20 Os dados do IBGE comprovam o interesse na situação atual.
21 Uma pesquisa revelou que 89,3% dos municípios do Nordeste e um total de 85,5% do
22 Norte destinam seus resíduos sólidos para lixões, onde não ocorre nenhum tipo de tratamento ou
23 reaproveitamento. Especificamente no Pará, isso ocorre em 94,4% das cidades.
24 Na prática, o dinheiro reflete muito na questão da sustentabilidade, em que estados mais
25 pobres não têm condição de arcar com essas mudanças. O interesse é enorme, mas o progresso
26 é lento.
27 O discurso do clima não é mais ambiental, é econômico.

(Fonte: https://br.blastingnews.com/sociedade-opiniao - Texto adaptado.)

33. Na linha 02, a forma verbal **houve**, visando à manutenção da correção gramatical do período e do sentido original, poderia ser corretamente substituída por:

(A) existirá.

(B) há de haver.

(C) existiu.

(D) tem havido.

(E) haverá de existir.

34. Quais dos seguintes termos retomam a expressão **o Brasil** (l. 03) no parágrafo compreendido entre as linhas 03 e 07?

1. O país (l. 03).
2. do mundo (l. 04).
3. disso (l. 04).
4. o governo brasileiro (l. 05).
5. a nação (l. 05).
6. países (l. 05).

(A) 1 e 5.
(B) 2 e 4.
(C) 3 e 6.
(D) 1, 3 e 5.
(E) 2, 4 e 6.

35. Em relação ao período: "Logo, a #Sustentabilidade ganha um enorme foco, **causando** grandes debates a respeito de sua importância, e planejamentos complexos, para que, junto com ela, venha também o desenvolvimento e não o retrocesso", retirado do texto, afirma-se que:

I. Os termos sublinhados exercem a mesma função sintática.
II. A forma verbal '**causando**' introduz uma oração reduzida de gerúndio.
III. A última oração do período é classificada como adverbial final.
Quais estão corretas?

(A) Apenas I.
(B) Apenas II.
(C) Apenas I e II.
(D) Apenas II e III.
(E) I, II e III.

36. Em relação ao vocábulo **Segundo** (l. 11), afirma-se que:

I. Trata-se de um elemento sequenciador das ideias apresentadas no texto.
II. É um numeral, dito ordinal.
III. Trata-se de uma conjunção, que pode ser substituída por **Conforme**.
Quais estão corretas?

(A) Apenas I.
(B) Apenas II.
(C) Apenas III.
(D) Apenas I e II.
(E) Apenas II e III.

37. Observe a frase: "*com o governo criando leis e começando a punir quem agride o meio ambiente*", retirada do texto, e avalie as afirmações seguintes:

I. O sujeito das formas verbais **criando** e **começando** é o mesmo.
II. O sujeito de **punir** é inexistente.
III. O sujeito de **agride** é representado pelo pronome indefinido, portanto, classifica-se como indeterminado.
Quais estão corretas?

(A) Apenas I.
(B) Apenas II.
(C) Apenas III.
(D) Apenas I e II.
(E) Apenas II e III.

38. A correta conversão da frase "Os dados do IBGE comprovam o interesse na situação atual.", retirada do texto, para a voz passiva é:

(A) Os dados do IBGE têm comprovado o interesse na situação atual.
(B) O interesse na situação atual comprova os dados do IBGE.
(C) O interesse na situação atual é comprovado pelos dados do IBGE.
(D) O interesse na situação atual será comprovado pelos dados do IBGE.
(E) Comprovado o interesse na situação, há dados do IBGE.

39. Em relação ao significado da expressão **sem escrúpulos** (l. 06) analise as afirmações a seguir:

I. **Sem escrúpulos** está relacionado à hesitação ou dúvida de consciência; inquietação de consciência; remorso.
II. Falta de caráter e inexistência de senso moral são características inerentes a quem **tem escrúpulos**.
III. A expressão **sem escrúpulos** está relacionada a cuidado, zelo; meticulosidade.
Quais estão INCORRETAS?

(A) Apenas I.
(B) Apenas II.
(C) Apenas I e II.
(D) Apenas II e III.
(E) I, II e III.

40. Relativamente aos três textos que compõem esta prova, afirma-se que:

I. Todos os três abordam o tema sustentabilidade.
II. O primeiro texto faz referências às ações necessárias à manutenção do meio ambiente com vistas à sustentabilidade.
III. O segundo texto constrói sua argumentação, relacionando sustentabilidade e ações em nível de pesquisas que futuramente farão a diferença.

IV. No terceiro texto, o foco é a política brasileira no que tange ao meio ambiente. Quais estão corretas?

(A) Apenas I e IV.

(B) Apenas II e III.

(C) Apenas I, II e III.

(D) Apenas II, III e IV.

(E) I, II, III e IV.

41. Analise as assertivas a seguir, de acordo com a classificação doutrinária dos crimes:

I. Os crimes formais também podem ser definidos como crimes de resultado cortado.

II. O crime de furto é classificado como crime instantâneo, porém há a possibilidade de um crime de furto ser considerado, eventualmente, crime permanente.

III. O crime de lesão corporal grave em decorrência da incapacidade para as ocupações habituais por mais de 30 dias é classificado, em relação ao momento consumativo, como um crime a prazo.

IV. Pode-se dizer que o crime de tráfico de drogas, previsto no artigo 33, caput, da Lei nº 11.343/2006, é um exemplo de crime de perigo abstrato e unissubjetivo.

Quais estão corretas?

(A) Apenas I.

(B) Apenas II.

(C) Apenas III e IV.

(D) Apenas I, II e III.

(E) I, II, III e IV.

42. Em relação ao crime de invasão de dispositivo informático, analise as seguintes assertivas, com base na Lei, doutrina e jurisprudência majoritárias:

I. A conduta incriminada pelo artigo 154-A do Código Penal somente permite seu processamento, através de ação penal pública condicionada à representação, em toda e qualquer hipótese, por expressa disposição legal.

II. Aquele que aproveita a ausência momentânea de um colega de trabalho em sua mesa para acessar o computador dele, que ficou ligado e sem nenhum tipo de dispositivo de segurança, tendo acesso a fotos íntimas de tal colega, pratica o crime de invasão de dispositivo informático.

III. O crime é considerado pela doutrina como um crime formal, portanto a simples invasão de computador alheio, desde que o objetivo seja obter, adulterar ou destruir dados ou informações ou instalar vulnerabilidades, para obter vantagem ilícita, já configura o tipo penal, sem

a necessidade de que algum prejuízo econômico efetivamente ocorra.

IV. Isolda, namorada de Juca, desconfiada de uma suposta traição, instalou um código malicioso no computador dele, para ter controle remoto da máquina. Com isso, passou a monitorar a navegação de Juca na internet. Ela praticou o crime de invasão de dispositivo informático qualificado.

Quais estão corretas?

(A) Apenas II e IV.

(B) Apenas III e IV.

(C) Apenas I, II e III.

(D) Apenas I, III e IV.

(E) I, II, III e IV.

43. Analise a situação hipotética a seguir:

Crakeison, imputável, sem mais dinheiro para custear o vício em drogas, planejou assaltar transeuntes, em via pública. Pondo em prática seu plano criminoso, abordou as vítimas Suzineide, 21 anos, grávida de 08 meses, e Romualdo, marido dela, assim que saíram de um estabelecimento comercial. Apontando para as vítimas um revólver calibre 38, Crakeison ordenou que Romualdo lhe entregasse um aparelho celular, que levava em uma das mãos. Suzineide, assustada, gritou. Diante disso, Crakeison efetuou um disparo contra Suzineide, atingindo o abdômen da grávida. Em um ato contínuo, Romualdo conseguiu imobilizar o criminoso, retirando a arma de fogo das mãos dele. Imobilizado, Crakeison foi preso em seguida, não logrando êxito, portanto, na subtração do aparelho celular pretendido. Suzineide foi socorrida, porém, em decorrência das lesões sofridas, ela e o bebê morreram antes de chegarem ao hospital da cidade.

Assinale a alternativa que melhor ilustra o enquadramento legal a ser conferido a Crakeison pelo Delegado de Polícia com atribuição para a apreciação do caso, com base no entendimento consolidado pelo Supremo Tribunal Federal.

(A) Latrocínio consumado, agravado pelo fato de ter sido praticado contra mulher grávida.

(B) Latrocínio tentado, agravado pelo fato de ter sido praticado contra mulher grávida.

(C) Latrocínio consumado, majorado pelo emprego de arma e agravado pelo fato de ter sido praticado contra mulher grávida.

(D) Homicídio doloso contra Suzineide, qualificado por motivo torpe, bem como homicídio culposo contra o feto e roubo tentado contra Romualdo, majorado pelo emprego de arma.

(E)   Homicídio doloso contra Suzineide, qualificado por motivo torpe, agravado pelo fato
de ter sido praticado contra mulher grávida,
homicídio doloso contra o feto e roubo majorado por emprego de arma contra Romualdo.

44. Analise a seguinte situação hipoteticamente
descrita:

Ratão e Cara Riscada, foragidos do sistema prisional
gaúcho, dirigiram-se a uma pacata cidade no interior
do Estado. Lá chegando, por volta das 11 horas, inva-
diram uma residência, aleatoriamente, e anunciaram
o assalto à Mindinha, faxineira, que estava sozinha
na casa. Amarraram a vítima, trancando-a em um dos
quartos do imóvel. Os dois permaneceram por apro-
ximadamente 45 minutos no local, buscando objetos
e valores. Quando já estavam saindo, carregando um
cofre, ouviram um barulho, que identificaram como
sendo uma sirene de viatura policial. Temendo serem
presos, empreenderam fuga, sem nada levar. Assim
que percebeu o silêncio na casa, Mindinha tentou se
desamarrar, porém, acabou se lesionando gravemente,
ao tentar fazer uso de uma faca, para soltar a corda
que a prendia. Socorrida a vítima e acionada a Polícia
Civil, restou esclarecido que a sirene supostamente
ouvida pelos assaltantes era a sineta de encerramento
de aula de uma escola situada ao lado da residência.
Os autores do crime foram descobertos em seguida, já
que não conheciam a cidade e acabaram chamando
a atenção dos moradores.

Assinale a alternativa que corresponde à melhor
tipificação a ser atribuída a Ratão e Cara Riscada.

(A)   Roubo tentado qualificado pela lesão corporal
grave sofrida pela vítima.

(B)   Roubo tentado qualificado pela lesão corporal
grave e majorado pelo concurso de agentes e
restrição da liberdade da vítima.

(C)   Roubo tentado majorado por concurso de
agentes e restrição da liberdade da vítima.

(D)   Ambos não responderão pelo crime de roubo,
pois ocorreu aquilo que a doutrina compreende como sendo uma desistência voluntária
pelos agentes.

(E)   De acordo com a doutrina, pode-se dizer
que, diante da ocorrência de um obstáculo
erroneamente suposto, ambos respondem por
tentativa abandonada ou qualificada.

45. Analise as seguintes situações hipotéticas, e
assinale a alternativa correta.

(A)   Viriato amordaça Gezilda, para que ela não
grite por socorro. Em seguida, pratica conjunção carnal com ela, sem perceber que a vítima
está se engasgando devido à mordaça utilizada
por ele. Gezilda, que é maior de idade e capaz,
morre sufocada. Viriato deverá responder por
estupro e homicídio culposo, em concurso
material.

(B)   Zezão aborda a vítima Vitinha, maior de idade
e capaz, em via pública, arrasta-a para um
terreno abandonado. Ao perceber que será
estuprada, Vitinha entra em luta corporal com
Zezão e acaba sendo morta, porque Zezão
efetuou um disparo, empregando uma arma
de fogo que levava consigo. Em seguida,
Zezão realiza atos sexuais com Vitinha. Nessa
hipótese, Zezão responderá tão somente pelos
crimes de estupro e homicídio qualificado, em
concurso material.

(C)   Beraldo aborda a vítima Zequinha, 11 anos de
idade, em via pública, levando-o para um edifício em construção, oferecendo a ele dinheiro
e doces, para que fizesse sexo oral em Beraldo.
Após o ato, com medo de ser identificado,
Beraldo mata Zequinha com uma pedrada na
cabeça. Beraldo deverá responder pelo crime
de estupro de vulnerável, qualificado pela
morte de Zequinha.

(D)   Tiburcio, imputável, tio de Adalgisa, 09 anos de
idade, em uma ocasião em que foi visitar a irmã,
mãe da menor, aproveitou-se de um momento
em que esteve sozinho com Adalgisa, tirou a
roupa da menina, pedindo que fizesse poses
sensuais, fotografando-a em tal condição. No
mesmo dia, porém, mais tarde, oferecendo a
ela doces, fez com que praticasse sexo oral nele.
Tibúrcio responderá pela prática de estupro de
vulnerável, em concurso material com o crime
previsto no artigo 240 do Estatuto da Criança e
do Adolescente, ambos os delitos em suas formas
majoradas pela condição de ser tio da menor.

(E)   Tyrapele, cirurgião plástico, anestesiou a
paciente Suzi, 25 anos e, em seguida, praticou
ato libidinoso diverso da conjunção carnal
com ela, aproveitando-se de que Suzi estava
inconsciente e sem condições de oferecer
resistência. Nesse caso, praticou o crime
denominado violação sexual mediante fraude.

46. Em relação aos crimes contra o patrimônio,
assinale a alternativa correta, de acordo com entendimento majoritário na doutrina e jurisprudência
dos tribunais superiores.

(A)   Tadeuzinho, menor, subtraiu uma bicicleta de
alto valor comercial. Após pintá-la, vendeu-a

para Espertinhus, contando a respeito da origem ilícita do objeto. Nessa hipótese, não está configurada a receptação, porque o tipo penal exige que a coisa adquirida seja produto de crime anterior e não de ato infracional, como é o caso.

(B) Astolfo, proprietário de um açougue clandestino, adquiriu, para vender em seu estabelecimento comercial, diversos bois abatidos, que deveria saber serem produto de subtração. Carneiro Ticiani, agropecuarista, nesta condição, adquiriu uma carga de gado nelore, que deveria saber ser produto de furto. Este responderá pelo crime de receptação de animal semovente de produção, com pena de reclusão de 02 a 05 anos e multa. Aquele responderá pelo crime de receptação qualificada, com pena de reclusão de 03 a 08 anos e multa.

(C) Ligeirinhus subtraiu a bolsa de Maria Sussa, enquanto ela dormia, em um ônibus interurbano. Assim agindo, praticou o crime de roubo mediante violência imprópria, porque se aproveitou de situação na qual a vítima não possuía qualquer capacidade de resistência.

(D) Folgadus, imputável, subtraiu o talão de cheques de seu pai, 59 anos, preencheu uma cártula, assinou-a e efetuou vultosas compras em estabelecimento comercial. Folgadus não responde, em tese, por nenhum crime, em função da regra de imunidade absoluta, prevista no artigo 181 do Código Penal.

(E) Santina, 60 anos, conheceu Larapius pela internet, passando a manter com ele relacionamento amoroso. Alegando dificuldades financeiras, Larapius pediu que Santina depositasse para ele elevada quantia em dinheiro, para que pudesse ir até ela. Após o depósito, o perfil da rede social foi desativado e Santina descobriu que tinha sido vítima de um scam amoroso. A conduta de Larapius se amolda ao crime de estelionato majorado, por ter sido praticado contra idosa.

47. Desatentus conduzia, distraidamente, seu veículo automotor, não percebendo quando o sinal fechou para sua passagem. Acabou atropelando Azaradus, na faixa de segurança, quando este atravessava a via pública, juntamente com sua esposa e três filhos menores. Desatentus fugiu do local, porque não possuía carteira de habilitação. Azaradus, socorrido por populares, acabou falecendo no hospital. Assinale a alternativa INCORRETA de acordo com a situação hipotética descrita.

(A) Na hipótese, Desatentus responderá por homicídio culposo de trânsito, nos termos do artigo 302 do Código de Trânsito Brasileiro, havendo majorantes e agravantes a serem a ele imputadas.

(B) Em caso de condenação, o regime inicial de cumprimento da pena privativa de liberdade a ser imputado a Desatentus será o semiaberto.

(C) Se a morte de Azaradus ocorresse porque o médico que o atendeu no hospital errou, de acordo com a teoria da imputação objetiva, esse erro médico, poderia, a depender de sua extensão, excluir o nexo causal, imputando-se o resultado morte apenas ao médico.

(D) Em caso de condenação, não caberá a substituição da pena privativa de liberdade por restritiva de direitos por ter sido crime praticado com violência à pessoa.

(E) Em relação à esposa e os três filhos menores de Azaradus, Desatentus não responderá pela tentativa do crime previsto no Art. 302 do Código de Trânsito Brasileiro.

48. Vitalina quer matar o marido Aderbal, envenenado. Coloca veneno no café com leite que acabou de preparar para ele. Enquanto aguardava o marido chegar na cozinha, para tomar a bebida, distraiu-se e não percebeu que a filha Ritinha entrou no local e tomou a bebida, preparada para o pai. Ritinha, socorrida pela mãe, morre a caminho do hospital. Nessa hipótese, considerando o Código Penal e a doutrina, assinale a alternativa correta.

(A) Vitalina deverá responder por homicídio culposo, já que não teve a intenção de matar a filha.

(B) Na hipótese de Vitalina vir a ser condenada, o juiz sentenciante poderá aplicar a ela o perdão judicial.

(C) Vitalina deverá responder por homicídio doloso, restando configurada situação denominada de aberratio ictus por acidente.

(D) Vitalina não responderá por homicídio, em razão de ter havido aberratio ictus.

(E) Vitalina responderá por homicídio doloso, restando configurada situação de aberratio ictus por erro no uso dos meios de execução.

49. A respeito da execução da pena privativa de liberdade, analise as assertivas a seguir, de acordo com a Lei de Execução Penal, a jurisprudência do Supremo Tribunal Federal e a doutrina majoritária, respectivamente.

I. Em relação ao trabalho do preso, é possível afirmar que o trabalho externo é autorizado aos condenados que cumprem pena no regime fechado, desde que em serviços ou obras públicas, que poderão ser realizados por órgãos da administração direta ou indireta, ou entidades privadas, desde que tomadas as medidas contra fuga e em favor da disciplina, ou seja, com escolta.

II. A necessidade de respeito à integridade física e moral do preso fez com que, atualmente, o entendimento jurisprudencial seja pela impossibilidade do uso de algemas, a menos que haja resistência e fundado receio de fuga ou perigo à integridade física do preso, o que não inclui riscos à integridade física de terceiras pessoas, pois, nesse caso, serão cabíveis outras providências.

III. É possível aplicar-se o regime disciplinar diferenciado ao preso provisório ou ao condenado sob o qual recaiam fundadas suspeitas de envolvimento ou participação, a qualquer título, em organização terrorista.

Quais estão corretas?

(A) Apenas I.
(B) Apenas II.
(C) Apenas III.
(D) Apenas I e III.
(E) I, II e III.

50. A respeito das condutas incriminadas pela Lei nº 9.613/1998, denominada Lei de Lavagem de Dinheiro, analise as assertivas que seguem:

I. De acordo com o entendimento atual do Supremo Tribunal Federal sobre a matéria, o crime de lavagem de bens, direitos ou valores, praticado na modalidade de ocultação, tem natureza de crime permanente, logo, a prescrição somente começa a contar do dia em que cessar a permanência.

II. O crime de lavagem de bens, direitos ou valores é composto por três fases: a colocação (placement), a ocultação (layering) e a integração (integration), devendo todas estarem configuradas para o enquadramento da conduta na figura criminosa.

III. A pena será aumentada de um a dois terços, quando forem constatadas várias transações financeiras, soma de grandes valores e, além disso, houver prova de que o sujeito integre organização criminosa.

Quais estão corretas?

(A) Apenas I.
(B) Apenas II.
(C) Apenas III.

(D) Apenas I e III.
(E) I, II e III.

51. Assinale a alternativa correta a partir do texto da Lei nº 11.340/2006, além dos entendimentos que prevalecem na doutrina e na jurisprudência dos Tribunais Superiores.

(A) Mari Orrana, 35 anos, chegou em casa e ficou chocada ao perceber que o seu cônjuge, Crakeison, 32 anos, havia subtraído os eletrodomésticos pertencentes a ela, provavelmente, para entregar a algum traficante. No caso, é possível aplicar-se a regra de imunidade absoluta, prevista no artigo 181, inciso I, do Código Penal.

(B) Maríndia foi vítima da contravenção penal de vias de fato, praticada pelo namorado Lacaio. Nessa hipótese, é possível aplicar penas restritivas de direito ao caso, porque o artigo 44, inciso I, do Código Penal, ao tratar das penas restritivas de direito, disse não serem cabíveis tais penas aos crimes praticados com violência ou grave ameaça à pessoa. Portanto, a proibição não deve ser estendida às contravenções penais, sob pena de analogia in malam partem.

(C) O Supremo Tribunal Federal afastou a aplicação do princípio da insignificância às infrações penais praticadas contra a mulher, no âmbito das relações domésticas, limitando-se a fazê-lo sob o aspecto da insignificância própria, mantendo a possibilidade de aplicação da insignificância imprópria a tais casos.

(D) A Lei Maria da Penha elevou à condição de infração penal toda e qualquer forma de violência contra a mulher, no âmbito doméstico ou da família, independentemente de coabitação.

(E) A regra de imunidade absoluta, prevista no artigo 181, inciso I, do Código Penal, não é passível de ser estendida ao companheiro ou a relações homoafetivas.

52. Analise as assertivas a seguir, de acordo com o disposto na Lei nº 11.343/2006, Lei de Drogas, e em cotejo com o entendimento dos Tribunais Superiores:

I. Para a incidência da majorante de pena, prevista no artigo 40, inciso V da referida Lei, ao crime de tráfico de drogas interestadual, de acordo com entendimento do Superior Tribunal de Justiça, basta que esteja demonstrado, de forma inequívoca, que o traficante tinha intenção de extrapolar as fronteiras de um Estado, mesmo que assim não consiga.

II. A partir de entendimento recente do Supremo Tribunal Federal, pode-se dizer que nem todo o crime de tráfico de drogas pode ser considerado crime equiparado a hediondo.

III. Aquele que oferece droga, eventualmente e sem objetivo de lucro, à pessoa de seu relacionamento, para juntos a consumirem, pratica crime de menor potencial ofensivo.

IV. Aquele que pratica conduta de tráfico de drogas, descrita no caput do artigo 33 da referida Lei, pode ter sua pena reduzida nos mesmos patamares propostos no Código Penal para a minorante da tentativa, desde que seja primário, de bons antecedentes, não se dedique às atividades criminosas nem integre organização criminosa.

Quais estão corretas?

(A) Apenas I.
(B) Apenas II.
(C) Apenas III e IV.
(D) Apenas I, II e III.
(E) I, II, III e IV.

53. A respeito da legislação penal especial, assinale a alternativa INCORRETA.

(A) O crime de tortura, previsto no Art. 1, inciso I da Lei nº 9.455/1997, pode ser considerado, segundo a doutrina, exemplo daquilo que se denomina delito de tendência interna transcendente.

(B) É pacífico, tanto na doutrina, quanto na jurisprudência, o entendimento de que a configuração do crime de dispensa ilegal de licitação, artigo 89 da Lei nº 8.666/1993, não requer a comprovação de dolo específico do agente, consubstanciado no fim específico de causar dano ao erário.

(C) O crime de associação para o tráfico de drogas, previsto no artigo 35 da Lei nº 11.343/2006 não é considerado equiparado a crime hediondo, de acordo com o entendimento do Supremo Tribunal Federal.

(D) Pratica crime previsto na Lei nº 9.605/1998, lei dos crimes contra o meio ambiente, o indivíduo que, durante manifestação pública, picha fachada de prédio público, com frases de protesto.

(E) Pozinho foi flagrado portando uma arma de fogo dissimulada, em forma de caneta, quando tentava ingressar no fórum da Comarca de Cacimbinhas. Nessa hipótese, estará cometendo o crime de porte de arma de uso restrito, previsto no Art. 16 da Lei nº 10.826/2003.

54. Amâncio planejava matar a companheira Inocência, porque não aceitava a separação do casal proposta por ela, e acreditava estar sendo traído. No dia do crime, esperou Inocência na saída do trabalho e, quando essa apareceu na via pública, fazendo-se acompanhar por Bravus, seu colega, efetuou um disparo de arma de fogo contra ela, com intenção de matá-la, atingindo-a fatalmente. Bravus também acabou sendo atingido, de raspão, pelo disparo, e restou lesionado levemente, em um dos braços. Nessa situação hipotética, analise as seguintes assertivas:

I. Será pertinente o reconhecimento da qualificadora do feminicídio.

II. Em relação à pluralidade de crimes, será reconhecido um concurso formal próprio heterogêneo.

III. Supondo que Amâncio seja condenado por homicídio qualificado e lesão corporal leve, à pena de 12 anos de reclusão para o homicídio e 3 meses de detenção para a lesão corporal, o juiz somará as penas, aplicando a regra do cúmulo material benéfico.

IV. Caso, na mesma situação fática, ao invés de Bravus, Inocência estivesse acompanhada da filha do casal, a pena seria aumentada de 1/3 até a 1/2, por ter sido o crime praticado na presença de descendente.

Quais estão corretas?

(A) Apenas I.
(B) Apenas IV.
(C) Apenas III e IV.
(D) Apenas I, II e III.
(E) I, II, III e IV.

55. Em relação à teoria geral do crime, assinale a alternativa INCORRETA.

(A) A diferença entre autoria indireta intelectual e autoria indireta mediata é que naquela, há o planejamento pelo autor indireto e a execução do crime por um terceiro. Nesta, o autor se vale de um instrumento, alguém que esteja sob coação moral irresistível, por exemplo, para a prática do crime. Na autoria indireta mediata, não haverá concurso de pessoas.

(B) De acordo com o entendimento que prevalece, atualmente, na doutrina, há a possibilidade de reconhecimento de tentativa no dolo eventual, entretanto, esse mesmo entendimento, majoritário doutrinariamente, não admite o reconhecimento da tentativa naqueles crimes identificados como crimes de ímpeto.

(C) O Código Penal adota a teoria da atividade, no que diz respeito ao tempo do crime. Já com relação ao lugar do crime, o Código Penal adota a teoria da ubiquidade, também chamada de teoria eclética.

(D) De acordo com a doutrina, prevalece o entendimento de que em um crime praticado em concurso de agentes, a aplicação da denominada "ponte de prata", prevista no artigo 16 do Código Penal, quando reconhecida para um, estende-se aos seus comparsas.

(E) O que a doutrina denomina crime oco, nada mais é do que o crime impossível, também conhecido como quase crime, reconhecido pelo artigo 17 do Código Penal.

56. Em atenção aos crimes praticados contra a Administração Pública, assinale a alternativa correta.

(A) Prefeito Municipal que é flagrado usando, indevidamente, o veículo oficial da prefeitura para passear com familiares, não responde, na esfera criminal, por faltar a sua conduta, o ânimo de assenhoramento definitivo, indispensável para a configuração do crime de peculato.

(B) Recente entendimento do Superior Tribunal de Justiça fixou o entendimento de que é aplicável o princípio da insignificância aos crimes contra a Administração Pública, o que muda o entendimento da jurisprudência em relação ao crime de descaminho.

(C) Médico de hospital privado, conveniado ao Sistema Único de Saúde, que constrange filho do paciente a entregar-lhe determinada quantia em dinheiro, sob pena de não realizar cirurgia, não pratica o crime de concussão.

(D) No crime de peculato culposo, previsto no artigo 312, parágrafo 3º do Código Penal, o arrependimento posterior não pode dar causa à extinção da punibilidade do agente.

(E) Não pratica o crime de prevaricação o Delegado de Polícia que, por ocasião da elaboração do relatório final do Inquérito Policial, deixa de indiciar alguém, com base no entendimento de que a conduta praticada e posta sob sua análise é atípica materialmente.

57. A respeito dos crimes contra o patrimônio, previstos no Código Penal, analise as assertivas a seguir:

I. O silêncio pode ser meio de execução do crime de estelionato, que pode se configurar, portanto, através de uma conduta omissiva.

II. Asdrubal, possuindo fotografias íntimas da ex-namorada Miguelina, chantageia a moça, exigindo dela indevida vantagem econômica, sob pena de divulgar tais fotos em redes sociais. Assim agindo, pratica o crime de extorsão.

III. Não incide aumento de pena previsto para o crime de dano quando o objeto material do crime envolver bens do patrimônio da Caixa Econômica Federal, por ausência de expressa previsão legal, sob pena de analogia in malam partem.

IV. O posicionamento dominante no Supremo Tribunal Federal é pelo não cabimento da continuidade delitiva entre roubo e latrocínio.

Quais estão corretas?

(A) Apenas I.

(B) Apenas II e IV.

(C) Apenas III e IV.

(D) Apenas I, II e IV.

(E) I, II, III e IV.

58. De acordo com a lei, a doutrina e a jurisprudência dos Tribunais Superiores, analise as situações hipotéticas a seguir:

I. Larapius foi preso em flagrante pela prática de um crime de roubo. Ao ser apresentado na Delegacia de Polícia para ser autuado, atribui-se identidade falsa. Nessa hipótese, de acordo com o entendimento do Superior Tribunal de justiça, estará cometendo o crime de falsa identidade.

II. Isolda, ao chegar no edifício aonde reside, chamou de "Matusalém" o porteiro Agostinho, 72 anos de idade, porque ele demorou para abrir o portão. Isolda praticou o crime de injúria qualificada, art. 140, parágrafo 3º do Código Penal e agravada pelo fato de ter sido praticada contra idoso.

III. Padarício, visando obter vantagem econômica para si, adulterou a balança de pesagem de produtos de sua padaria. Alguns meses depois, fiscais estiveram no estabelecimento comercial e constataram a fraude. Nesse caso, o Delegado de Polícia deverá indiciar Padarício pelo crime de estelionato.

IV. Na farmácia de Malaquias, durante fiscalização, foi constatado que havia medicamentos em depósito, para venda, de procedência ignorada. Nesse caso, Malaquias poderia ser enquadrado em crime contra a saúde pública, porém de acordo com o Superior Tribunal de Justiça, a pena prevista para esse crime, reclusão de dez a quinze anos e multa, seria desproporcional e, portanto, não poderia ser aplicada.

Quais estão corretas?

(A) Apenas I.

(B) Apenas II.

(C) Apenas I e IV.

(D) Apenas I, II e III.

(E) I, II, III e IV.

59. A denominada colaboração premiada, amplamente utilizada na atualidade como forma de oposição à criminalidade crescente e cada dia mais organizada, possui previsão em diversas hipóteses no ordenamento jurídico penal brasileiro, sendo correto afirmar -se que:

(A) No crime de extorsão mediante sequestro, se houver delação de um dos coautores do crime, e isso contribuir para o esclarecimento do caso e para a prisão dos criminosos, mesmo que não haja a libertação do sequestrado, por circunstâncias alheias à vontade do delator, este poderá obter uma redução de pena de um a dois terços.

(B) O juiz poderá, a requerimento das partes, conceder o perdão judicial, reduzir em até dois terços a pena privativa de liberdade, ou substituí-la por restritiva de direitos, daquele que tenha colaborado efetiva e voluntariamente com a investigação e com o processo criminal envolvendo organização criminosa, desde que dessa colaboração advenha um ou mais resultados exigidos pela Lei nº 12.850/2013.

(C) A delação premiada prevista para os crimes contra a ordem tributária, Lei nº 8.137/1990, consiste em uma atenuante de pena e terá cabimento somente quando o crime for praticado por associação criminosa.

(D) De acordo com a Lei nº 8.072/1990, Lei dos Crimes Hediondos, o integrante de associação criminosa para a prática de crimes hediondos, tortura, tráfico de entorpecentes e drogas afins ou terrorismo, que denunciá-la à autoridade, possibilitando seu desmantelamento, terá a pena reduzida de um terço.

(E) De acordo com a Lei de Drogas, Lei nº 11.343/2006, o indiciado ou acusado que colaborar, voluntariamente, com a investigação policial e o processo criminal, mesmo sem auxiliar na identificação de coautores ou partícipes, em caso de condenação, terá a pena reduzida de um terço a dois terços, desde que colabore com a recuperação total ou parcial do produto do crime.

60. A propósito da Lei de Organização Criminosa, Lei nº 12.850/2013, e do crime de Associação Criminosa, Art. 288 do Código Penal, analise as assertivas a seguir:

I. O critério distintivo entre associação criminosa e organização criminosa não é o número de indivíduos, mas, sim, o fato de ser a organização criminosa estruturada e organizada, com tarefas divididas. É possível que um grupo tenha mais do que três integrantes, finalidade de praticar crimes com penas superiores a 04 anos e ser enquadrado como associação criminosa.

II. Para ser reconhecida uma organização criminosa, exige-se a prática de infrações penais cujas penas máximas sejam superiores a quatro anos ou, que sejam de caráter transnacional, o que, como se percebe, é um requisito objetivo e alternativo.

III. As penas previstas para infrações penais praticadas por organização criminosa e por associação criminosa são majoradas no mesmo percentual, se na atuação de uma ou outra houver emprego de arma ou participação de criança ou adolescente.

Quais estão INCORRETAS?

(A) Apenas I.

(B) Apenas II.

(C) Apenas III.

(D) Apenas I e II.

(E) I, II e III.

61. De acordo com a Lei Maria da Penha e o entendimento sobre o tema pelos Tribunais Superiores, analise as assertivas que seguem e assinale V, se verdadeiras, ou F, se falsas.

( ) Maria foi agredida com socos por seu namorado, sem que tenham ocorrido lesões corporais, caracterizando vias de fato. Nesse caso, deverá representar contra o agressor para a instauração de inquérito policial.

( ) Mesmo que se trate de namoro duradouro, Maria não poderá receber medidas protetivas previstas na Lei nº 11.340/2013 em decorrência das agressões sofridas, ainda que medidas cautelares diversas da prisão constantes no Art. 319, do CPP, possam ser deferidas em seu favor.

( ) Quando um irmão agride uma irmã, na morada comum, tendo se valido de sua autoridade para subjugar a vítima, é possível o deferimento de medidas protetivas em favor da agredida.

( ) O delito de estupro contra mulher maior de 18 anos é processado mediante ação penal privada.

( ) O delito de injúria (Art. 140, caput, CP) praticado contra mulher no contexto de violência de gênero é processado mediante ação pública incondicionada.

A ordem correta de preenchimento dos parênteses, de cima para baixo, é:

(A) V – F – V – F – V.
(B) V – V – F – F – V.
(C) F – F – V – V – F.
(D) F – V – F – V – F.
(E) F – F – V – F – F.

62. Na madrugada de 25 de outubro de 2017, determinado suspeito, conduzido até a delegacia de polícia para a lavratura do auto de prisão em flagrante pelo cometimento de feminicídio, apresentou carteira de identidade contendo rasura. Diante disso, o delegado de polícia:

(A) Deve conferir credibilidade à qualificação pessoal fornecida pelo autor do crime durante o interrogatório, em complemento aos dados existentes no documento rasurado, considerando que eventual informação inverídica acarretará a imputação pelo crime de falsa identidade.

(B) Determinará a coleta de amostra de sangue do autuado para remessa à perícia e averiguação da identidade, independente de consentimento, resguardada a privacidade na realização do ato.

(C) Dispensará a identificação criminal do suspeito em razão de que a carteira de identidade, ainda que contenha rasuras, é documento idôneo à identificação civil, conforme expressa disposição legal.

(D) Determinará identificação criminal do suspeito, que incluirá o processo datiloscópico e o fotográfico a ser juntado aos autos da comunicação da prisão em flagrante.

(E) Deverá aguardar o prazo de até 24h para que defensor ou familiar do autuado apresente outro documento idôneo de identificação civil, tendo em vista que é assegurada ao preso a assistência da família e de advogado pela Constituição Federal.

63. Sobre os elementos informativos colhidos no inquérito policial e as provas em geral, assinale a alternativa correta.

(A) São admissíveis as provas derivadas das ilícitas quando não evidenciado o nexo de causalidade entre umas e outras, ou quando as derivadas puderem ser obtidas por uma fonte independente das primeiras.

(B) Os elementos informativos colhidos no inquérito policial não podem fundamentar decisão sobre decretação de prisão preventiva.

(C) O juiz formará sua convicção pela livre apreciação da prova produzida em contraditório judicial, podendo fundamentar sua decisão exclusivamente nos elementos informativos colhidos na investigação, ressalvadas as provas cautelares, não repetíveis e antecipadas.

(D) Os elementos informativos colhidos da investigação policial não podem fundamentar decisões concessivas de medidas cautelares.

(E) Os elementos informativos colhidos na investigação são protegidos pelo sigilo, sendo vedado o seu conhecimento ao juiz ou membro do Ministério Público antes do oferecimento da denúncia.

64. Considerando a Lei nº 12.830/2013 e sua interpretação jurisprudencial, assinale a alternativa correta.

(A) As funções de polícia judiciária e a apuração de infrações penais exercidas pelo delegado de polícia são de natureza técnica, essenciais e exclusivas de Estado.

(B) O indiciamento dar-se-á por ato fundamentado do delegado de polícia, ao final do inquérito policial, com posterior remessa dos autos ao juiz competente.

(C) Conforme jurisprudência do Superior Tribunal de Justiça, o magistrado poderá requisitar o indiciamento do suspeito ao delegado de polícia, desde que presentes indícios de autoria e prova da materialidade delitiva.

(D) O indiciamento, privativo do delegado de polícia, dar-se-á por ato fundamentado, mediante análise técnico-jurídica do fato, que deverá indicar a autoria, materialidade e suas circunstâncias.

(E) O Ministério Público não poderá requerer a devolução do inquérito à autoridade policial, senão para novas diligências e indiciamento, imprescindíveis ao oferecimento da denúncia.

65. De acordo com o Código de Processo Penal, estando em pleno curso o delito de sequestro e cárcere privado, compete à autoridade policial:

(A) Requisitar, de quaisquer órgãos do poder público ou de empresas da iniciativa privada, dados e informações cadastrais da vítima ou de suspeitos.

(B) Requisitar, de quaisquer órgãos do poder público ou de empresas da iniciativa privada, dados, informações cadastrais e a interceptação das comunicações telefônicas da vítima e de suspeitos, que deverá ser efetivada no prazo máximo de 24 horas.

(C) Representar judicialmente por mandado de busca e apreensão para legitimar o ingresso no domicílio em que se encontre a vítima, nos termos do Art. 5°, XI da Constituição Federal.

(D) Requisitar, de quaisquer órgãos do poder público, dados e informações cadastrais da vítima ou de suspeitos e, mediante ordem judicial, obtê-los de empresas da iniciativa privada.

(E) Requisitar, de quaisquer empresas da iniciativa privada e, mediante ordem judicial, requerer dados e informações cadastrais da vítima ou de suspeitos perante quaisquer órgãos de poder público.

66. Sobre a Lei de Drogas e a jurisprudência dos Tribunais Superiores, analise as assertivas abaixo:

I. Em qualquer fase da persecução criminal relativa aos crimes previstos na Lei de Drogas, é permitida, independente de autorização judicial, a não-atuação policial sobre os portadores de drogas, seus precursores químicos ou outros produtos utilizados em sua produção, que se encontrem no território brasileiro, com a finalidade de identificar e responsabilizar maior número de integrantes de operações de tráfico e distribuição, sem prejuízo da ação penal cabível.

II. Conforme orientação do Supremo Tribunal Federal, a entrada forçada em domicílio sem mandado judicial só é lícita, mesmo em período noturno, quando amparada em fundadas razões, devidamente justificadas a posteriori, que indiquem que dentro da casa ocorre situação de flagrante delito, sob pena de responsabilidade disciplinar, civil e penal do agente ou da autoridade e de nulidade dos atos praticados.

III. Para efeito da lavratura do auto de prisão em flagrante e estabelecimento da materialidade do delito de tráfico de drogas, é suficiente o laudo de constatação da natureza e quantidade da droga, firmado por perito oficial ou, na falta deste, por dois peritos nomeados.

IV. O inquérito policial será concluído no prazo de 30 (trinta) dias, se o indiciado estiver preso, e de 90 (noventa) dias, quando solto, quando se tratar de investigação baseada na Lei de Drogas.

V. A destruição de drogas apreendidas sem a ocorrência de prisão em flagrante será feita por incineração, no prazo máximo de 30 (trinta) dias contados da data da apreensão, guardando-se amostra necessária à realização do laudo definitivo, aplicando-se, no que couber, o procedimento dos §§ 3° a 5° do Art. 50.

Quais estão corretas?

(A) Apenas I, II e III.

(B) Apenas I, II e IV.

(C) Apenas II, III e V.

(D) Apenas II, IV e V.

(E) Apenas III, IV e V.

67. Ronaldo é morador de um bairro violento na cidade de Rondinha, dominado pela disputa pelo tráfico de drogas. Dirigiu-se até a Delegacia de Polícia para oferecer detalhes como o nome, endereço e telefone do maior traficante do local. Foram anotadas todas as informações e, ao final, Ronaldo preferiu não revelar a sua identidade por receio de retaliações. Diante disso, é correto afirmar que:

(A) A Constituição Federal prestigia a liberdade de expressão e veda o anonimato, razão pela qual o delegado de polícia deve requerer à autoridade judiciária o arquivamento das informações prestadas, mediante prévia manifestação do Ministério Público.

(B) Trata-se de *notitia criminis* inqualificada, que torna obrigatória a imediata instauração de inquérito policial e a representação por medidas cautelares necessárias à obtenção da materialidade do delito imputado.

(C) Segundo o entendimento mais recente do Supremo Tribunal Federal, as notícias anônimas, por si só, não autorizam o emprego de métodos invasivos de investigação, constituindo fonte de informação e de provas.

(D) Poderá o delegado de polícia representar pela interceptação telefônica, havendo indícios razoáveis da autoria ou participação fornecidos pela notícia anônima.

(E) Segundo o entendimento mais recente do Supremo Tribunal Federal, as notícias anônimas autorizam o deferimento de medida cautelar de busca e apreensão, mas não permitem, de imediato, a autorização de interceptação telefônica, dado o caráter subsidiário desse meio de obtenção de prova.

68. Acerca do entendimento jurisprudencial dos Tribunais Superiores, assinale a alternativa correta.

(A) A competência para processar e julgar o crime de uso de documento falso é firmada em razão da qualificação do órgão expedidor, não importando a entidade ou órgão ao qual foi apresentado o documento público.

(B) Compete à Justiça Comum Federal processar e julgar crime de estelionato praticado mediante falsificação das guias de recolhimento das contribuições previdenciárias, independente de lesão à autarquia federal.

(C) Só é lícito o uso de algemas em caso de fundado receio de fuga ou de perigo à integridade física própria ou alheia, por parte do preso ou de terceiros, justificada a excepcionalidade por escrito, sob pena de responsabilidade disciplinar, civil e penal do agente ou da autoridade e de nulidade a prisão ou do ato processual a que se refere, sem prejuízo da responsabilidade civil do Estado.

(D) É subsidiária a legitimidade do ofendido, mediante queixa, e do Ministério Público, mediante representação do ofendido, para a ação penal por crime contra a honra de servidor público em razão do exercício de suas funções.

(E) Compete à Justiça Federal processar e julgar os crimes consistentes em disponibilizar ou adquirir material pornográfico envolvendo criança ou adolescente (Arts. 241, 241-A e 241-B do ECA), quando praticados por meio da rede mundial de computadores.

69. De acordo com o disposto na Lei nº 12.850/2013, assinale a alternativa correta.

(A) Em todos os atos de negociação, confirmação e execução da colaboração premiada, o colaborador deverá estar assistido por defensor.

(B) Ao colaborador, deverá ser garantida a assistência por defensor nos atos de negociação da colaboração premiada, sendo dispensada a defesa técnica quanto à confirmação e execução da colaboração.

(C) Em todos os atos de negociação, confirmação e execução da colaboração premiada, o colaborador deverá estar assistido por defensor, assegurada a participação do Ministério Público.

(D) O sigilo da investigação poderá ser decretado pela autoridade policial, para garantia da celeridade e da eficácia das diligências investigatórias, assegurando-se ao defensor, no interesse do representado, amplo acesso aos elementos de prova que digam respeito ao exercício do direito de defesa, devidamente precedido de autorização judicial, ressalvados os referentes às diligências em andamento.

(E) Determinado o depoimento do investigado, seu defensor terá assegurada a prévia vista dos autos, exceto quando classificados como sigilosos, no prazo mínimo de 3 (três) dias que antecedem ao ato, podendo ser ampliado, a critério da autoridade responsável pela investigação.

70. Assinale a alternativa correta, conforme disposto na Lei nº 12.850/2013.

(A) Havendo indícios seguros de que o agente infiltrado sofre risco iminente, será imediatamente substituído e mantida a operação, mediante requisição do Ministério Público ou pelo delegado de polícia, dando-se imediata ciência ao Ministério Público e à autoridade judicial.

(B) As partes podem retratar-se da proposta de colaboração premiada, caso em que as provas autoincriminatórias produzidas pelo colaborador não terão eficácia.

(C) Depois de homologado o acordo, o colaborador poderá, sempre acompanhado pelo seu defensor, ser ouvido pelo membro do Ministério Público ou pelo delegado de polícia responsável pelas investigações.

(D) Considerando a relevância da colaboração prestada, o Ministério Público, a qualquer tempo, e o delegado de polícia, nos autos do inquérito policial, com a manifestação do Ministério Público, poderão requerer ou representar ao juiz pela concessão de perdão judicial ao colaborador, desde que esse benefício tenha sido previsto na proposta inicial, aplicando-se, no que couber, o Art. 28 do Decreto-Lei nº 3.689/1941 (Código de Processo Penal).

(E) O delegado de polícia e o Ministério Público terão acesso, mediante autorização judicial, apenas aos dados cadastrais do investigado que informem exclusivamente a qualificação pessoal, a filiação e o endereço mantidos pela Justiça Eleitoral, empresas telefônicas, instituições financeiras, provedores de internet e administradoras de cartão de crédito.

71. No que se refere à disciplina sobre provas, seus meios de obtenção e a jurisprudência dos Tribunais Superiores, assinale a alternativa correta.

(A) A interceptação de comunicação telefônica, de qualquer natureza, ocorrerá nos mesmos autos do inquérito policial ou do processo criminal, preservando-se o sigilo das diligências, gravações e transcrições respectivas.

(B) Considerando a infiltração de agentes policiais em ambiente virtual, antes da conclusão da operação, o acesso aos autos será reservado ao juiz, ao Ministério Público e ao delegado de polícia responsável pela operação, com o objetivo de garantir o sigilo das investigações.

(C) Conforme jurisprudência do Superior Tribunal de Justiça, as comunicações telefônicas do investigado legalmente interceptadas não podem ser utilizadas em desfavor do outro interlocutor quando este seja advogado do investigado.

(D) Segundo a jurisprudência do Superior Tribunal de Justiça, é lícita a gravação de conversa informal entre os policiais e o conduzido ocorrida quando da lavratura do auto de prisão em flagrante, ainda que não cientificado sobre o direito de permanecer em silêncio, tendo em vista que se trata de repartição pública em que não se aplica o direito à privacidade.

(E) A infiltração de agentes policiais em ambiente virtual não poderá exceder o prazo de 90 (noventa) dias, permitida uma renovação pelo mesmo prazo, desde que demonstrada sua efetiva necessidade, a critério da autoridade judicial.

72. Acerca da disciplina sobre provas e os meios para a sua obtenção, assinale a alternativa correta.

(A) O denominado Depoimento Sem Dano é permitido pela jurisprudência do Superior Tribunal de Justiça nos crimes sexuais cometidos contra a criança e ao adolescente, não havendo nulidade em razão da ausência de advogado do suspeito durante a oitiva da vítima.

(B) A busca em mulher será feita por outra mulher, ainda que importe no retardamento da diligência, desde que não a frustre.

(C) É vedada à testemunha, breve consulta a apontamentos durante o depoimento prestado oralmente.

(D) Segundo a jurisprudência dos Tribunais Superiores, a confissão do suspeito torna desnecessárias outras diligências para a elucidação do caso, desde que o autor tenha indicado os motivos e circunstâncias do fato e se outras pessoas concorreram para a infração.

(E) A acareação será admitida entre acusado e testemunha, entre testemunhas, entre acusado ou testemunha e a pessoa ofendida, entre as pessoas ofendidas, sempre que divergirem, em

suas declarações, sobre fatos ou circunstâncias relevantes, vedada a acareação entre acusados.

73. Considerando a disciplina das leis de Proteção a Vítimas e a Testemunhas, Lavagem de Dinheiro e Organizações Criminosas, assinale a alternativa correta.

(A) Em caso de vítimas ou testemunhas de crimes que estejam coagidas ou expostas a grave ameaça em razão de colaborarem com a investigação ou processo criminal, deverá o delegado de polícia, independente de anuência da pessoa protegida, ou de seu representante legal, providenciar a sua inclusão em programas especiais organizados para a proteção especial a vítimas e a testemunhas.

(B) Para a punição dos crimes previstos na Lei nº 9.613/1998, exige-se a punibilidade da infração penal antecedente, ainda que desconhecida a sua autoria.

(C) Não constitui direito do agente infiltrado recusar ou fazer cessar a atuação infiltrada conforme disposto na Lei nº 12.850/2013.

(D) Proceder-se-á à alienação antecipada para preservação do valor dos bens sempre que estiverem sujeitos a qualquer grau de deterioração ou depreciação, ou quando houver dificuldade para sua manutenção, ouvido o proprietário ou possuidor direto do bem objeto da medida assecuratória, nos termos da Lei nº 9.613/1998.

(E) Em caso de indiciamento de servidor público, este será afastado, sem prejuízo de remuneração e demais direitos previstos em lei, até que o juiz competente autorize, em decisão fundamentada, o seu retorno, nos termos da Lei nº 9.613/1998.

74. Acerca da disciplina sobre prisão e liberdade, assinale a alternativa correta.

(A) Em até 24 (vinte e quatro) horas após a realização da prisão, será encaminhado ao juiz competente o auto de prisão em flagrante e, caso o autuado não informe o nome de seu advogado, cópia integral para a Defensoria Pública e ao Ministério Público.

(B) Da lavratura do auto de prisão em flagrante deverá constar a informação sobre a existência de filhos, respectivas idades e se possuem alguma deficiência e o nome e o contato de eventual responsável pelos cuidados dos filhos, indicado pela pessoa presa.

(C) Se o réu, sendo perseguido, passar ao território de outro município ou comarca, o executor poderá efetuar-lhe a prisão no lugar onde o alcançar, apresentando-o imediatamente à autoridade do local do início da perseguição para a lavratura do auto de flagrante.

(D) Nos termos da Lei nº 9.099/1995, ao autor do fato que, após a lavratura do termo, for imediatamente encaminhado ao juizado ou assumir o compromisso de a ele comparecer, não se imporá prisão em flagrante, nem se exigirá fiança. Em caso de violência doméstica, o juiz poderá determinar, como medida de cautela, a realização de audiência de conciliação.

(E) Em se tratando de delito de descumprimento de medida protetiva, havendo a prisão em flagrante do suspeito, caberá à autoridade policial o arbitramento de fiança.

75. João foi atuado em flagrante delito pelo crime de receptação dolosa de animal (Art. 180-A, CP) na Região da Campanha Estado do Rio Grande do Sul. Em sua propriedade, foram encontrados, ocultados, cerca de 300 semoventes subtraídos de determinada fazenda, demonstrando a gravidade em concreto da ação do flagrado. Confessado o delito, João referiu que possuía a finalidade de comercializar o gado em momento posterior. Considerando a prática deste delito e verificadas as condenações anteriores, restou caracterizada, com a nova conduta, a reincidência dolosa de João em delitos da mesma espécie. Além disso, o autuado apresenta extenso rol de maus antecedentes em delitos de receptação. Neste caso, considerando o Código de Processo Penal, deverá o delegado de polícia:

(A) Representar por medida cautelar diversa da prisão, uma vez que o delito foi praticado sem a utilização de violência ou grave ameaça à pessoa.

(B) Representar pela prisão preventiva, demonstrando, fundamentadamente, a insuficiência e a inadequação de outras medidas cautelares diversas da prisão, bem como a presença dos requisitos autorizadores da segregação cautelar.

(C) Arbitrar fiança, de imediato, sob pena de constrangimento ilegal ao autuado.

(D) Representar pela prisão preventiva, ainda que seja suficiente medida cautelar diversa da prisão, tendo em vista estarem presentes os requisitos previstos no art. 312 do Código de Processo Penal.

(E) Após a lavratura do auto de prisão em flagrante, remeter os autos ao Poder Judiciário, independente de representação por prisão preventiva,

sendo permitido ao juiz decretá-la de ofício, conforme Art. 311 do Código de Processo Penal.

76. Acerca da prisão, medidas cautelares e liberdade, é correto afirmar que:

(A) É cabível medida cautelar diversa da prisão a crime cuja pena cominada seja de multa.

(B) A prisão temporária será decretada pelo Juiz, de ofício, em face da representação da autoridade policial ou de requerimento do Ministério Público, e terá o prazo de 5 (cinco) dias, prorrogável por igual período em caso de extrema e comprovada necessidade.

(C) Ausentes os requisitos da prisão preventiva, é cabível liberdade provisória para o crime de tráfico de drogas.

(D) É constitucional a expressão "e liberdade provisória", constante do caput do artigo 44 da Lei nº 11.343/2006, conforme entendimento do Supremo Tribunal Federal.

(E) A autoridade policial somente poderá conceder fiança nos casos de infração cuja pena privativa de liberdade máxima seja inferior a 4 (quatro) anos.

77. Assinale a alternativa correta.

(A) Segundo jurisprudência dos Tribunais Superiores, não cabe habeas corpus em sede de inquérito policial.

(B) A prisão domiciliar poderá ser concedida a homem, caso seja o único responsável pelos cuidados do filho de até 12 (doze) anos de idade incompletos.

(C) O dinheiro ou objetos dados como fiança servirão ao pagamento das custas do processo, ainda que o réu seja absolvido.

(D) É possível o recolhimento domiciliar no período noturno e nos dias de folga, ainda que o investigado ou acusado não tenha residência e trabalho fixos.

(E) Nos crimes de abuso de autoridade, a ação penal será instruída com inquérito policial ou justificação, sem os quais a denúncia será considerada inepta diante da

78. Considerando a disciplina da aplicação de lei processual penal e os tratados e convenções internacionais, assinale a alternativa correta.

(A) A lei processual penal aplica-se desde logo, conformando um complexo de princípios e regras processuais penais próprios, vedada a suplementação pelos princípios gerais de direito.

(B) A superveniência de lei processual penal que modifique determinado procedimento determina a renovação dos atos já praticados.

(C) A lei processual penal não admite interpretação extensiva, ainda que admita aplicação analógica.

(D) Toda pessoa detida ou retida deve ser conduzida, sem demora, à presença de um juiz ou outra autoridade autorizada pela lei a exercer funções judiciais e tem direito a ser julgada dentro de um prazo razoável ou a ser posta em liberdade, sem prejuízo de que prossiga o processo.

(E) Em caso de superveniência de leis processuais penais híbridas, prevalece o aspecto instrumental da norma.

79. Em relação à Lei nº 11.340/2006, assinale a alternativa INCORRETA.

(A) É direito da mulher em situação de violência doméstica e familiar o atendimento policial e pericial especializado, ininterrupto e prestado por servidores – preferencialmente do sexo feminino – previamente capacitados.

(B) Deverá a autoridade policial remeter, no prazo de 48 (quarenta e oito) horas, expediente apartado ao juiz com o pedido da ofendida, para a concessão de medidas protetivas de urgência.

(C) Será adotado, preferencialmente, o procedimento de coleta de depoimento registrado em meio eletrônico ou magnético, devendo a degravação e a mídia integrar o inquérito.

(D) Será observada, como diretriz, a realização de sucessivas inquirições sobre o mesmo fato nos âmbitos criminal, cível e administrativo, bem como questionamentos sobre a vida privada, desde que em recinto especialmente projetado para esse fim, o qual conterá os equipamentos próprios e adequados à idade da mulher em situação de violência doméstica e familiar ou testemunha e ao tipo e à gravidade da violência sofrida.

(E) Serão admitidos como meios de prova, os laudos ou prontuários médicos fornecidos por hospitais e postos de saúde.

80. Em relação à Lei nº 8.069/1990, assinale a alternativa INCORRETA.

(A) Nas hipóteses de flagrante de ato infracional cometido sem violência ou grave ameaça à pessoa, a lavratura do auto poderá ser substituída por boletim de ocorrência circunstanciada.

(B) Comparecendo qualquer dos pais ou responsável, o adolescente será prontamente liberado pela autoridade policial, sob termo de compromisso e responsabilidade de sua apresentação ao representante do Ministério Público, no mesmo dia ou, sendo impossível, no primeiro dia útil imediato, exceto quando, pela gravidade do ato infracional e sua repercussão social, deva o adolescente permanecer sob internação para garantia de sua segurança pessoal ou manutenção da ordem pública.

(C) Nas localidades onde não houver entidade de atendimento, a apresentação far-se-á pela autoridade policial. À falta de repartição policial especializada, o adolescente aguardará a apresentação em dependência separada da destinada a maiores, não podendo, em qualquer hipótese, exceder o prazo de 24 horas.

(D) Se, afastada a hipótese de flagrante, houver indícios de participação de adolescente na prática de ato infracional, a autoridade policial encaminhará ao Poder Judiciário relatório das investigações e demais documentos.

(E) O adolescente a quem se atribua autoria de ato infracional não poderá ser conduzido ou transportado em compartimento fechado e veículo policial, em condições atentatórias à sua dignidade, ou que impliquem risco à sua integridade física ou mental, sob pena de responsabilidade.

81. Acerca da formação histórica do Direito Administrativo, analise as seguintes assertivas:

I. O Direito Administrativo tem origem na Idade Média, período histórico em que a vontade do monarca passa a se subordinar à lei.

II. O direito francês se notabiliza como a principal influência na formação do Direito Administrativo brasileiro, de onde importamos institutos importantes como o conceito de serviço público, a teoria dos atos administrativos, da responsabilidade civil do estado e da submissão da Administração Pública ao princípio da legalidade.

III. Devido à organização do Estado brasileiro, composto por diferentes entes políticos dotados de competências legislativas próprias para disciplinar suas atividades administrativas, a codificação do Direito Administrativo em âmbito nacional se torna inviável.

Quais estão corretas?

(A) Apenas I.

(B) Apenas III.

(C) Apenas I e II.

(D) Apenas II e III.

(E) I, II e III.

82. Em relação à organização da Administração Pública, assinale a alternativa correta.

(A) O processo de desconcentração administrativa tem por consequência a criação de entidades dotadas de personalidade jurídica própria, distinta do ente político criador.

(B) Às entidades que integram a administração indireta podem ser atribuídas, nos termos da lei que as institui, as mesmas competências cometidas ao ente político criador.

(C) A teoria do órgão não reconhece a responsabilidade do Estado em relação aos atos praticados pelos denominados "funcionários de fato", assim considerados os que foram irregularmente investidos em cargos, empregos ou funções públicas.

(D) As autarquias podem desempenhar atividades típicas de estado e, excepcionalmente, explorar atividade econômica.

(E) As empresas públicas e sociedades de economia mista, ainda que explorem atividade econômica de prestação de serviços, sujeitam-se ao regime jurídico próprio das empresas privadas, inclusive quanto aos direitos e obrigações civis, comerciais, trabalhistas e tributárias.

83. Sobre os princípios da Administração Pública, analise as seguintes assertivas:

I. A prisão em flagrante delito de um indivíduo, sob o enfoque de não depender de prévia manifestação do poder judiciário, é uma manifestação concreta do princípio da autotutela administrativa.

II. O uso moderado e progressivo da força, modulador da ação policial, encontra fundamento no princípio da proporcionalidade, que tem por objetivo evitar que a atividade coercitiva do Estado seja exercida em intensidade superior à estritamente necessária para restabelecer a ordem e a segurança pública.

III. No âmbito administrativo, o acesso à informação, por se tratar de um direito público subjetivo de envergadura constitucional, derivado do princípio da publicidade e da transparência, não comporta sigilo como exceção.

IV. A utilização, por parte do servidor público, para fins privados, de um bem regularmente apreendido no âmbito de uma investigação criminal caracteriza violação ao princípio da impessoalidade, sob o enfoque da finalidade,

impondo o enquadramento de tal conduta em ato de improbidade administrativa.

Quais estão corretas?

(A) Apenas I.

(B) Apenas I e II.

(C) Apenas II e IV.

(D) Apenas III e IV.

(E) Apenas II, III e IV.

84. Acerca dos temas "atos administrativos" e "poderes administrativos', assinale a alternativa INCORRETA:

(A) Porque submetidos ao regime jurídico de direito público, os atos administrativos não podem ser praticados por pessoas que não integram a Administração Pública em sentido formal ou subjetivo.

(B) Embora se distingam quanto ao grau de liberdade conferido pela lei ao administrador para a prática de determinado ato administrativo, tanto o poder vinculado como o poder discricionário estão sujeitos ao controle jurisdicional.

(C) A exigência de prévia autorização judicial para a quebra da inviolabilidade da comunicação telefônica constitui exemplo de exceção ao atributo da autoexecutoriedade do ato administrativo.

(D) Nos processos perante o Tribunal de Contas da União, asseguram-se o contraditório e a ampla defesa quando da decisão puder resultar anulação ou revogação de ato administrativo que beneficie o interessado, excetuada a apreciação da legalidade do ato de concessão inicial de aposentadoria, reforma ou pensão.

(E) A prerrogativa de aplicar sanções pelo descumprimento de determinadas normas administrativas, presente no poder de polícia administrativa, inexiste no poder de polícia judiciária, uma vez que o campo de atuação desta última diz respeito à apuração de infrações penais e à execução de medidas que garantam a efetividade da atividade jurisdicional.

85. A respeito do regime jurídico das licitações e contratos administrativos, analise as seguintes assertivas:

I. Em homenagem ao princípio da supremacia do interesse público sobre o privado, vetor dos contratos administrativos, as cláusulas econômico--financeiras e monetárias poderão ser alteradas independentemente de prévia concordância do contratado.

II. Os contratos administrativos se distinguem dos contratos privados celebrados pela Administração Pública pelo fato de assegurarem a esta certos poderes ou prerrogativas que a colocam em posição de superioridade diante do particular contratado, a fim de que o interesse público seja preservado.

III. A existência de certo bem, de natureza singular, cuja aquisição se apresenta como a única capaz de satisfazer de maneira plena determinada necessidade ou utilidade pública da Administração, justifica a contratação direta mediante dispensa de licitação.

Quais estão corretas?

(A) Apenas I.
(B) Apenas II.
(C) Apenas I e II.
(D) Apenas I e III.
(E) Apenas II e III.

86. A propriedade é um direito fundamental, mas, como qualquer outro direito, não é absoluto, estando sujeita a determinadas limitações de ordem legal, que encontram fundamento e justificativa no princípio da supremacia do interesse público sobre o privado. Sobre o tema, assinale a alternativa correta.

(A) Salvo se instituída por lei, as servidões administrativas não são autoexecutáveis, dependendo a sua instituição de acordo ou decisão judicial.

(B) A justificativa da requisição administrativa reside no interesse público consistente em apoiar a realização de obras e serviços.

(C) O bem privado objeto de tombamento se torna inalienável de acordo com o ordenamento jurídico brasileiro.

(D) As limitações administrativas impostas pelo Poder Público à propriedade privada não constituem manifestações do poder de polícia administrativo.

(E) A retrocessão é admitida nos casos de desapropriação em que se configurar a tredestinação lícita do bem expropriado.

87. Uma equipe da Delegacia de Polícia de Roubos e Extorsões do Departamento Estadual de Investigações Criminais da Polícia Civil do Estado do Rio Grande do Sul, a bordo de uma viatura oficial devidamente caracterizada, na rodovia BR 290, no sentido capital-litoral, realiza perseguição a um veículo tripulado por criminosos que, instantes antes, praticaram um assalto a uma agência bancária, com emprego de explosivos. Ao longo da perseguição, os policiais se veem obrigados a não parar na praça de pedágio, rompendo a respectiva cancela, de propriedade de empresa concessionária de serviço público, como única forma de não perderem os criminosos de vista. Graças a essa atitude, a equipe se manteve no encalço dos criminosos, logrando êxito em prendê-los em flagrante. Relacionando o caso acima com a responsabilidade extracontratual do Estado, analise as seguintes assertivas:

I. O Estado responderá objetivamente pelo prejuízo causado à empresa concessionária de serviço público.

II. A equipe de policiais civis não poderá ser responsabilizada em ação regressiva, porque não agiu com dolo ou culpa, mas no estrito cumprimento do dever legal.

III. A jurisprudência do Supremo Tribunal Federal adota, como regra geral, a teoria do risco administrativo para fundamentar a responsabilidade objetiva extracontratual do Estado.

Quais estão corretas?

(A) Apenas I.
(B) Apenas II.
(C) Apenas I e II.
(D) Apenas I e III.
(E) I, II e III.

88. Levando em consideração os temas "Controle da Administração Pública" e "Responsabilidade Fiscal", assinale a alternativa correta.

(A) O exercício do controle interno pela administração pública não inclui a revogação de atos administrativos.

(B) A jurisprudência contemporânea acerca do controle de legalidade tem admitido, por parte do Poder Judiciário, a invalidação de atos administrativos discricionários em decorrência da falta de conformação deles com os princípios da administração pública, em especial, os da razoabilidade e da proporcionalidade.

(C) O controle desempenhado pela Administração Direta sobre as entidades que integram a Administração Indireta é uma manifestação da autotutela administrativa.

(D) Os Tribunais de Contas, no exercício do controle externo, têm competência para julgar as contas dos Chefes do Poder Executivo.

(E) Nos termos da Lei de Responsabilidade Fiscal (LC nº 101/2000), é nulo de pleno direito o ato de que resulte aumento da despesa com pessoal expedido nos noventa dias anteriores ao final do mandato do titular do respectivo Poder.

89. Levando-se em consideração o regime jurídico aplicável aos servidores da Polícia Civil, assinale a alternativa INCORRETA.

(A) As normas previstas no Estatuto dos Servidores Públicos Civis do Estado do Rio Grande do Sul, inclusive as relacionadas aos direitos e deveres, aplicam-se aos servidores da Polícia Civil, em tudo o que não contrariar o Estatuto dos Servidores da Polícia Civil.

(B) Ao Chefe de Polícia compete a aplicação de todas as penas previstas no Estatuto dos Servidores da Polícia Civil, exceto as de demissão, demissão a bem do serviço público e cassação de aposentadoria ou disponibilidade.

(C) O processo administrativo-disciplinar será instaurado para apurar responsabilidade do servidor, sempre que a imputação, verificada por meio de sindicância ou inquérito policial, possa importar na aplicação das penas de suspensão, demissão, demissão a bem do serviço público e cassação de aposentadoria ou disponibilidade.

(D) A emissão do relatório pela autoridade processante constitui causa interruptiva da prescrição.

(E) O policial civil só poderá ser conduzido por policial civil e, tratando-se de delegado de polícia, a condução será feita por outro delegado de polícia.

90. Levando-se em consideração a Lei nº 10.994/1997, que dispõe sobre a organização Básica da Polícia Civil, analise as assertivas abaixo, assinalando V, se verdadeiras, ou F, se falsas.

( ) São órgãos de direção superior da Polícia Civil o Chefe de Polícia, o Subchefe de Polícia e a Corregedoria-Geral de Polícia.

( ) Não se admite a avocação de inquérito policial pelo Chefe de Polícia.

( ) O Conselho Superior de Polícia poderá determinar, fundamentadamente, o afastamento de servidor da Polícia Civil, sem perda dos seus vencimentos, por ocasião da instauração do processo administrativo-disciplinar até a sua conclusão, diante de transgressão que, por sua natureza e configuração, o incompatibilize para a função pública, quando necessário à salvaguarda do decoro policial ou do interesse público.

( ) A competência investigativa especializada do Departamento Estadual de Investigações Criminais exclui a atuação de outros órgãos da Polícia Civil.

A ordem correta de preenchimento dos parênteses, de cima para baixo, é:

(A) V – V – V – V.
(B) F – F – F – F.
(C) F – F – V – V.
(D) V – F – V – F.
(E) V – V – F – F.

91. O poder constituinte pode ser conceituado como o poder de elaborar ou atualizar uma Constituição. A titularidade desse poder pertence ao povo, como aponta a doutrina moderna. Sobre as proposições em relação ao tema, assinale a alternativa INCORRETA.

(A) Recepção é um processo abreviado de criação de normas jurídicas, pelo qual a nova Constituição adota as leis já existentes, se com ela compatíveis, dando-lhes validade e evitando o trabalho de se elaborar toda a legislação infraconstitucional novamente. Já a desconstitucionalização ocorre quando as normas da Constituição anterior permanecem em vigor, desde que compatíveis com a nova ordem, mas com status de lei infraconstitucional.

(B) O poder constituinte originário tem como principais características ser: inicial, ilimitado e incondicionado; já o poder constituinte derivado, por sua vez, possui as seguintes características principais: subordinado, condicionado e limitado.

(C) Há possibilidade de se apontar duas formas básicas de expressão do Poder Constituinte originário: Assembleia Nacional Constituinte e Movimento Revolucionário (outorga).

(D) O poder constituinte derivado revisor consiste na possibilidade que os Estados-membros têm, em virtude de sua autonomia político-administrativa, de se auto-organizarem através de suas respectivas constituições estaduais, sempre respeitando as limitações estabelecidas pela Constituição Federal.

(E) O poder constituinte difuso dá fundamento ao fenômeno denominado de mutação constitucional. Por meio dela, são dadas novas interpretações aos dispositivos da Constituição, mas sem alterações na literalidade de seus textos, que permanecem inalterados.

92. Pode-se dizer que a Carta Maior consolida a separação dos Poderes quando dispõe no Art. 2º que: "são Poderes da União, independentes e harmônicos entre si, o Legislativo, o Executivo e o Judiciário". Com base nessa premissa, assinale a alternativa INCORRETA.

(A) As restrições prescritas ao exercício das competências constitucionais conferidas ao Poder Executivo, incluída a definição de políticas públicas, importam em contrariedade ao princípio da independência e harmonia entre os Poderes.

(B) Compreende-se na esfera de autonomia dos Estados a anistia (ou o cancelamento) de infrações disciplinares de seus respectivos servidores, podendo concedê-la à assembleia constituinte local.

(C) Não há falar-se em quebra do pacto federativo e do princípio da interdependência e harmonia entre os Poderes em razão da aplicação de princípios jurídicos ditos "federais" na interpretação de textos normativos estaduais. Princípios são normas jurídicas de um determinado ordenamento, no caso, do ordenamento brasileiro. Não há princípios jurídicos aplicáveis no território de um, mas não de outro ente federativo, sendo descabida a classificação dos princípios em "federais" e "estaduais".

(D) O exercício da função regulamentar e da função regimental decorrem de delegação de função legislativa; envolvem, portanto, derrogação do princípio da divisão dos Poderes.

(E) Na Constituição Brasileira de 1824, havia previsão de quatro poderes: Executivo, Legislativo, Judiciário (que na época era chamado Poder Judicial) e o Moderador.

93. Considerando os ditames da Constituição Estadual do Rio Grande do Sul, assinale a alternativa correta.

I. À Polícia Civil, dirigida pelo Chefe de Polícia, delegado de carreira da mais elevada classe, de livre escolha, nomeação e exoneração pelo Governador do Estado, incumbem as funções de polícia judiciária e a apuração das infrações penais.

II. A organização, garantias, direitos e deveres do pessoal da Polícia Civil serão definidos em lei ordinária e terão por princípios a hierarquia e a disciplina.

III. Portaria da Secretaria de Segurança Pública disciplinará a organização e o funcionamento dos órgãos responsáveis pela segurança pública, de maneira a assegurar-lhes a eficiência das atividades.

IV. Além das funções previstas na Constituição Federal e nas leis, incumbe ainda ao Ministério Público, nos termos de sua lei complementar, exercer o controle interno da atividade policial.

Quais estão INCORRETAS?

(A) Apenas I.
(B) Apenas III.
(C) Apenas II e IV.
(D) Apenas I, II e III.
(E) I, II, III e IV.

94. Os direitos fundamentais despontaram para a assegurar às pessoas a possibilidade de ter uma vida digna, livre e igualitária. Os direitos e garantias fundamentais estão disponíveis na CF/1988 do artigo 5° ao 17° dispostos em direitos e garantias individuais, civis, políticos, sociais, econômicos, culturais, difusos e coletivos. Os direitos e deveres individuais e coletivos são encontrados nas constituições de quase todos os países democráticos. O constitucionalismo moderno indica que esses direitos sejam ponto de partida na ordem jurídica. Isso posto, assinale a alternativa INCORRETA em relação aos citados direitos e deveres.

(A) Só por lei se pode sujeitar a exame psicotécnico a habilitação de candidato a cargo público.

(B) A decisão que determina o arquivamento de inquérito policial, a pedido do Ministério Público e determinada por juiz competente, que reconhece que o fato apurado está coberto por excludente de ilicitude, não afasta a ocorrência de crime quando surgirem novas provas, suficientes para justificar o desarquivamento do inquérito.

(C) Cabe recurso extraordinário por contrariedade ao princípio constitucional da legalidade, quando a sua verificação pressuponha rever a interpretação dada a normas infraconstitucionais pela decisão recorrida.

(D) A utilização de gravação de conversa telefônica feita por terceiro com a autorização de um dos interlocutores sem o conhecimento do outro quando há, para essa utilização, excludente da antijuridicidade. Afastada a ilicitude de tal conduta – a de, por legítima defesa, fazer gravar e divulgar conversa telefônica ainda que não haja o conhecimento do terceiro que está praticando crime –, é ela, por via de consequência, lícita e, também consequentemente, essa gravação não pode ser tida como prova ilícita, para invocar-se o Art. 5°, LVI, da Constituição com fundamento em que houve violação da intimidade.

(E) A CF autoriza a prisão em flagrante como exceção à inviolabilidade domiciliar, prescindindo de mandado judicial.

95. Os direitos políticos ou cívicos semelham às prerrogativas e aos deveres inerentes à cidadania e compreendem o direito de participar direta ou indiretamente do governo, da organização e do funcionamento do Estado. Conforme prescreve a Constituição Federal, os direitos políticos disciplinam as diversas formas de o cidadão se manifestar, dentre as quais pode-se citar a soberania popular, que se concretiza pelo sufrágio universal, pelo voto direto e secreto e por demais instrumentos. Sobre os direitos políticos, assinale a alternativa INCORRETA.

(A) A soberania popular será exercida pelo sufrágio universal e pelo voto direto e secreto, com valor igual para todos, e, nos termos da lei, mediante: I – plebiscito; II – referendo; III – iniciativa popular.

(B) A cláusula tutelar inscrita no Art. 14, caput, da Constituição tem por destinatário específico e exclusivo o eleitor comum, no exercício das prerrogativas inerentes ao *status activae civitatis*. Essa norma de garantia não se aplica, todavia, ao membro do Poder Legislativo nos procedimentos de votação parlamentar, em cujo âmbito predomina, como regra, o postulado da deliberação ostensiva ou aberta.

(C) A dissolução da sociedade ou do vínculo conjugal, no curso do mandato, não afasta a inelegibilidade prevista no § 7º do Art. 14 da CF/1988. No entanto, não atrai a aplicação do entendimento constante do referido ditame a extinção do vínculo conjugal pela morte de um dos cônjuges.

(D) A cidadania é o status de nacional acrescido dos direitos políticos, isto é, de poder participar do processo governamental, tanto de forma ativa quanto passiva. É cidadania ativa aquela que age em eleger seus governantes, e passiva aquela em que também se pode ser escolhido.

(E) Da suspensão de direitos políticos – efeito da condenação criminal transitada em julgado –, resulta, por si mesma, a perda do mandato eletivo ou do cargo do agente político, inclusive no caso de parlamentar, – à exceção dos membros do poder legislativo, por exemplo.

96. A organização da República Federativa do Brasil está exposta na Constituição Federal de 1988. Todo Estado precisa de uma correta organização para que sejam cumpridos os seus objetivos dentro da administração pública. A divisão político-administrativa foi uma das maneiras encontradas para facilitar a organização do Estado Brasileiro. A divisão político-administrativa brasileira é apresentada na Constituição Federal, no Art. 18. Ela surgiu no período colonial, quando o Brasil se dividia em capitanias hereditárias e posteriormente foram surgindo outras configurações que proporcionaram maior controle administrativo do país. O Brasil é formado por 26 Estados, a União, o Distrito Federal e os Municípios, sendo ele uma República Federativa. Cada ente federativo possui sua autonomia financeira, política e administrativa, em que cada Estado deve respeitar a Constituição Federal e seus princípios constitucionais, além de ter sua Constituição própria; e também, cada município (através de sua lei orgânica) poderá ter sua própria legislação. Tendo como pano de fundo o descrito acima, assinale a alternativa INCORRETA.

(A) Não há na CF previsão expressa da exigência de autorização prévia de assembleia legislativa para o processamento e julgamento de governador por crimes comuns perante o STJ. Dessa forma, inexiste fundamento normativo-constitucional expresso que faculte aos Estados-membros fazerem essa exigência em suas Constituições estaduais. Não há, também, simetria a ser observada pelos Estados-membros.

(B) É inconstitucional a lei estadual que estabeleça como condição de acesso a licitação pública, para aquisição de bens ou serviços, que a empresa licitante tenha a fábrica ou sede no Estado-membro.

(C) O inciso XIV do Art. 29 da CF/1988 estabelece que as prescrições do Art. 28 relativas à perda do mandato de governador aplicam-se ao prefeito, qualificando-se, assim, como preceito de reprodução obrigatória por parte dos Estados-membros e Municípios. Não é permitido a esses entes da federação modificar ou ampliar esses critérios. Se a Carta Maior não sanciona com a perda do cargo o governador ou o prefeito que assuma cargo público em virtude de concurso realizado após sua eleição, não podem fazê-los as Constituições estaduais.

(D) O Município pode editar legislação própria, com fundamento na autonomia constitucional que lhe é inerente (CF, Art. 30, I), com objetivo de determinar, às instituições financeiras, que instalem, em suas agências, em favor dos usuários dos serviços bancários (clientes ou não), equipamentos destinados a proporcionar-lhes segurança (tais como portas eletrônicas e câmaras filmadoras) ou a propiciar-lhes conforto, mediante oferecimento de instalações sanitárias, ou fornecimento de cadeiras de espera, ou colocação de bebedouros, ou horário de funcionamento, ou, ainda, prestação de atendimento em prazo razoável, com a fixação de tempo máximo de permanência dos usuários em fila de espera. A abrangência da autonomia política municipal – que possui base eminentemente constitucional – estende-se à prerrogativa, que assiste ao Município, de "legislar sobre assuntos de interesse local" (CF, Art. 30, I).

(E) Segundo a CF/88, a fiscalização do Município será exercida pelo Poder Legislativo Municipal, mediante controle externo, e pelos sistemas de controle interno do Poder Executivo Municipal, na forma da lei. Ainda, segundo dispõe o mesmo diploma legal, o controle externo da Câmara Municipal será exercido com o auxílio dos Tribunais de Contas dos Estados ou do Município ou dos Conselhos ou Tribunais de Contas dos Municípios, onde houver. Assim sendo, pode-se afirmar que a CF não proíbe a extinção de tribunais de contas dos Municípios. O legislador constituinte permitiu a experimentação institucional dos entes federados, desde que não fossem criados conselhos ou tribunais municipais, devendo ser observado o modelo federal, com ao menos um órgão de controle externo. É possível, portanto, a extinção de tribunal de contas responsável pela fiscalização dos Municípios por meio da promulgação de Emenda à Constituição estadual, pois a CF não proibiu a supressão desses órgãos.

97. O decreto-lei nº 10/2018 determinou a intervenção federal no Estado do Rio de Janeiro, deixando a segurança pública fluminense sob responsabilidade de um interventor militar, que responde ao presidente da República. Ou seja, não se trata apenas do emprego das Forças Armadas ou de forças federais, mas sim da gestão federal de uma área que antes era coordenada pelo poder estadual. Isso posto, assinale a alternativa correta em relação ao tema em epígrafe.

(A) A intervenção federal é a flexibilização excepcional e temporária da autonomia dos Estados. Já o Estado de Defesa e o Estado de Sítio, além de retirar a autonomia dos Estados, leva à suspensão de direitos fundamentais.

(B) Segundo o artigo 35 da Carta Maior, o Estado não intervirá em seus Municípios, exceto quando: I – deixar de ser paga, sem motivo de força maior, por dois anos consecutivos, a dívida fundada; II – não forem prestadas contas devidas, na forma da lei; III – não tiver

sido aplicado o mínimo exigido da receita municipal na manutenção e desenvolvimento do ensino e nas ações e serviços públicos de saúde; IV – o Tribunal de Justiça der provimento a representação para assegurar a observância de princípios indicados na Constituição Estadual, ou para prover a execução de lei, de ordem ou de decisão judicial. Isso posto, as disposições descritas consubstanciam preceitos de observância compulsória por parte dos Estados-membros, sendo inconstitucionais quaisquer ampliações ou restrições às hipóteses de intervenção.

(C) A União não intervirá nos Estados nem no Distrito Federal, exceto para: I – manter a integridade nacional; II – repelir invasão estrangeira ou de uma unidade da Federação em outra; III – pôr termo a grave comprometimento da ordem pública; IV – garantir o livre exercício de qualquer dos Poderes nas unidades da Federação; V – reorganizar as finanças da unidade da Federação que: a) suspender o pagamento da dívida fundada por mais de dois anos consecutivos, salvo motivo de força maior; b) deixar de entregar aos Municípios receitas tributárias fixadas nesta Constituição, dentro dos prazos estabelecidos em lei; VI – prover a execução de lei federal, ordem ou decisão judicial; VII – assegurar a observância dos seguintes princípios constitucionais: a) forma republicana, sistema representativo e regime democrático; b) direitos da pessoa humana; c) autonomia municipal; d) prestação de contas da administração pública, direta e indireta; e) aplicação do mínimo exigido da receita resultante de impostos municipais, compreendida a proveniente de transferências, na manutenção e desenvolvimento do ensino e nas ações e serviços públicos de saúde.

(D) A Constituição não poderá ser emendada na vigência de estado de defesa ou de estado de sítio, mas somente no caso de intervenção federal.

(E) A decretação da intervenção, conforme o caso, dependerá tão somente de: solicitação do Poder Legislativo ou do Poder Executivo coacto ou impedido, ou de requisição do Supremo Tribunal Federal.

98. O artigo 37 da Constituição Federal de 1988 lista os princípios inerentes à Administração Pública, que são: legalidade, impessoalidade, moralidade, publicidade e eficiência. A incumbência desses princípios é dar unidade e coerência ao Direito

Administrativo do Estado, controlando as atividades administrativas de todos os entes que integram a federação brasileira. Tendo por base essa ideia inicial, assinale a alternativa correta.

(A) A administração não pode anular seus próprios atos, quando eivados de vícios que os tornem ilegais.

(B) Não viola o princípio da presunção de inocência a exclusão de certame público de candidato que responda a inquérito policial ou ação penal sem trânsito em julgado da sentença condenatória.

(C) Segundo Hely Lopes Meirelles, o princípio da impessoalidade, referido na CF/1988 (Art. 37, caput), nada mais é que o clássico princípio da finalidade, o qual impõe ao administrador público que só pratique o ato para atingir o objetivo indicado expressa ou virtualmente pela norma de direito, de forma impessoal.

(D) Segundo o jurista Alexandre de Moraes, o princípio da moralidade é o que impõe à administração pública direta e indireta e a seus agentes a persecução do bem comum, por meio do exercício de suas competências de forma imparcial, neutra, transparente, participativa, eficaz, sem burocracia e sempre em busca da qualidade, primando pela adoção dos critérios legais e morais necessários para melhor utilização possível dos recursos públicos, de maneira a evitarem-se desperdícios e garantir-se maior rentabilidade social.

(E) Os atos administrativos não são passíveis de controle de mérito, bem como de legalidade pelo Poder Judiciário.

99. Reza a Constituição que a segurança pública, dever do Estado, direito e responsabilidade de todos, é exercida para a preservação da ordem pública e da incolumidade das pessoas e do patrimônio. Assinale a alternativa correta em relação às atribuições dos órgãos da segurança pública.

(A) Celso Antônio Bandeira de Mello define o poder de polícia quanto ao seu exercício, promovendo uma bipartição do conceito e definindo o poder de polícia em sentido amplo e em sentido estrito. Em sentido amplo, refere-se ao complexo de atos legislativos, judiciais e executivos que tutelam a liberdade e a propriedade dos indivíduos, ajustando-as aos interesses da coletividade. Em sentido estrito, por sua vez, relaciona-se exclusivamente com as intervenções dos três Poderes que pretendem evitar atividades particulares conflitantes

com os interesses coletivos, sendo elas, as autorizações, as licenças e os regulamentos.

(B) As Polícias Civis são instituições nacionais permanentes e regulares, organizadas com base na hierarquia e na disciplina, sob a autoridade suprema do Governador do respectivo Estado, e destinam-se à defesa da Pátria, à garantia dos poderes constitucionais e, por iniciativa de qualquer destes, da lei e da ordem.

(C) Conforme dispositivo da CF/88, os municípios poderão constituir guardas municipais destinadas à proteção de seus bens, serviços e instalações, conforme dispuser a lei. Destarte, é constitucional a atribuição às guardas municipais do exercício de poder de polícia de trânsito, inclusive para imposição de sanções administrativas legalmente previstas.

(D) O conceito jurídico de ordem pública se confunde com incolumidade das pessoas e do patrimônio (Art. 144 da CF/1988). Sem embargo, a ordem pública se constitui em bem jurídico que pode resultar mais ou menos fragilizado pelo modo personalizado com que se dá a concreta violação da integridade das pessoas ou do patrimônio de terceiros, tanto quanto da saúde pública (nas hipóteses de tráfico de entorpecentes e drogas afins).

(E) Os Estados-membros podem criar órgão de segurança pública diverso dos previstos na CF/88.

100. Em relação às funções essenciais à justiça e os desdobramentos relacionados a elas, assinale a alternativa correta.

(A) O fato que constitui objeto da representação oferecida pelo ofendido (ou, quando for o caso, por seu representante legal) não traduz limitação material ao poder persecutório do Ministério Público, que poderá, agindo ultra vires, proceder a uma devida ampliação objetiva da *delatio criminis* postulatória, para, desse modo, incluir, na denúncia, outros delitos cuja perseguibilidade, embora dependente de representação, não foi nesta requerida por aquele que a formulou.

(B) A CF dotou o Ministério Público do poder de requisitar diligências investigatórias e a instauração de inquérito policial (CF, Art. 129, VIII), todavia, a norma constitucional não contemplou a possibilidade de o Parquet realizar e presidir inquérito policial. Noutro giro, segundo a jurisprudência da maior instância do poder judiciário, cabe aos membros do Parquet inquirir diretamente pessoas suspeitas de autoria de crime, dispensando a requisição da diligência nesse sentido à autoridade policial.

(C) É atribuição do Ministério Público estadual analisar inquérito por crime contra a ordem econômica e emitir a respeito *opinio delicti*, promovendo, ou não, ação penal, se não há violação a bens, interesses ou serviços da União.

(D) O advogado é indispensável à administração da justiça, sendo inviolável por seus atos e manifestações no exercício da profissão, nos limites da lei. Sendo assim, sua presença não pode ser dispensada em atos jurisdicionais, a exceção das causas de competência dos Juizados Especiais Cíveis e Criminais.

(E) A Defensoria Pública é instituição permanente, essencial à função jurisdicional do Estado, incumbindo-lhe, como expressão e instrumento do regime democrático, fundamentalmente, a orientação jurídica, a promoção dos direitos humanos e a defesa, em todos os graus, judicial e extrajudicial, dos direitos individuais e coletivos, de forma integral e gratuita, aos necessitados, na forma do inciso LXXIV do Art. 5º desta Constituição Federal. No entanto, o seu enfraquecimento se deu com a desconstitucionalização da autonomia funcional e administrativa.

101. Pela leitura dos enunciados normativos do Código Civil brasileiro, assinale a alternativa INCORRETA.

(A) Com exceção dos casos previstos em lei, o exercício dos direitos de personalidade não pode sofrer, voluntariamente, limitações, observada a característica da irrenunciabilidade de tais direitos.

(B) Além da possibilidade legal de realização de transplantes e exceto por determinação médica, é defeso o ato de disposição sobre o próprio corpo quando importar diminuição permanente da integridade física, ou contrariar os bons costumes.

(C) Não se pode usar o nome de outrem em propaganda comercial sem a devida autorização.

(D) Salvo se necessária à manutenção da ordem pública, a utilização da imagem de uma pessoa falecida poderá ser proibida, exclusivamente a requerimento de seus ascendentes ou descendentes, se se destinar a fins comerciais.

(E) A intimidade da pessoa natural é inviolável, e o juiz adotará as providências para fazer cessar ato contrário a esta norma.

102. Tratando-se do domicílio, conforme tipificado no Código Civil brasileiro, analise as seguintes assertivas:

I. Se a pessoa jurídica possuir diversos estabelecimentos em lugares diferentes, será considerado domicílio aquele fixado por último, independentemente do local em que praticado o ato jurídico em análise.

II. Corresponde ao de seu domicílio, o lugar onde for encontrada a pessoa natural que não tenha residência habitual.

III. Nos contratos escritos, poderão os contratantes especificar domicílio onde se exercitem e cumpram os direitos e obrigações deles resultantes.

IV. A prova da intenção de alteração de domicílio corresponde ao que declarar a pessoa a seu cônjuge, descendente ou ascendente, se outra coisa não houver sido dita quando da própria mudança, com as circunstâncias que a acompanharem.

Quais estão corretas?

(A) Apenas I e IV.
(B) Apenas II e III.
(C) Apenas III e IV.
(D) Apenas I, II e III.

103. Quanto à prova dos fatos jurídicos, analise as seguintes assertivas:

I. A confissão é irrevogável, mas pode ser anulada se decorreu de erro de fato ou de coação.

II. A escritura pública, lavrada em notas de tabelião, é documento dotado de fé pública, fazendo prova plena, desde que observado o cumprimento das exigências legais e fiscais inerentes à legitimidade do ato.

III. O instrumento particular, quando assinado por quem esteja na livre administração de seus bens, faz prova e opera seus efeitos, a respeito de terceiros, independentemente de qualquer registro público.

IV. As declarações constantes de documentos assinados se presumem verdadeiras em relação aos signatários apenas se confirmadas, no mesmo documento, por duas testemunhas.

Quais estão INCORRETAS?

(A) Apenas I e IV.
(B) Apenas III e IV.
(C) Apenas I, II e III.
(D) Apenas I, II e IV.
(E) Apenas II, III e IV.

104. Sobre ilicitude e responsabilidade civil, assinale a alternativa correta.

(A) Para a caracterização do ato ilícito previsto no Art. 187 do Código Civil brasileiro, é necessária a aferição de culpa e dano do autor do fato.

(B) Haverá obrigação de reparar o dano, independentemente de culpa, quando a atividade desenvolvida implicar, por sua natureza, risco para os direitos de outrem.

(C) Só é considerado ilícito o ato que, exercido em manifesto excesso aos limites impostos pelo seu fim econômico ou social, causar efetivo dano a alguém.

(D) Constitui hipótese de ilicitude civil, em qualquer circunstância, a conduta de lesionar a pessoa a fim de remover perigo iminente.

(E) O dano exclusivamente moral, provocado por omissão voluntária, em caso de prática de ato negligente, não conduz à caracterização de um ilícito civil.

105. Conforme disciplina normativa do Código Civil brasileiro, NÃO são bens públicos:

(A) Os dominicais, ainda que alienáveis.

(B) Os de uso especial destinados a autarquias.

(C) Os terrenos destinados a serviços da administração territorial ou municipal.

(D) Os bens sujeitos a usucapião.

(E) Os dominicais, quando objeto de direito pessoal de entidades de direito público.

106. O Estatuto da Igualdade Racial abarca questões tais como o livre exercício dos cultos religiosos de matriz africana. Nesse sentido, pode-se afirmar que:

(A) O combate à intolerância com as religiões de matrizes africanas exclui de seu âmbito de proteção os mananciais a elas vinculados.

(B) A pena privativa de liberdade impede a assistência religiosa aos praticantes das religiões de matriz africana que se encontram no cumprimento de tal pena.

(C) A celebração de reuniões relacionadas à religiosidade e a fundação e manutenção, por iniciativa privada, inclusive em lugares não reservados para tais fins.

(D) É assegurada a possibilidade de criação de instituições beneficentes privadas ligadas às convicções religiosas derivadas dos cultos de matrizes africanas.

(E) Os representantes das religiões de matrizes africanas possuem assento paritário em relação às demais religiões em conselhos públicos.

107. A Convenção contra a Tortura e Outros Tratamentos ou Penas Cruéis, Desumanos ou Degradantes:

(A) Abrange, no conceito de tortura, as sanções legítimas.

(B) Entende que seu conceito de tortura não pode ser ampliado pela legislação nacional.

(C) Não exclui qualquer jurisdição criminal exercida de acordo com o direito interno.

(D) Assevera que os membros do Comitê Contra a Tortura não podem ser reeleitos.

(E) Torna opcional a informação sobre a tortura para membros da polícia civil.

108. No âmbito da legislação relativa a direitos humanos no Estado do Rio Grande do Sul, é correto afirmar que:

(A) É responsabilidade exclusiva da autoridade policial, recebida a notícia do desaparecimento de pessoa com deficiência física, intelectual e/ou sensorial, proceder a sua imediata busca e localização.

(B) As demandas de acentuado contato com o público deverão estar, obrigatoriamente, no andar térreo da edificação.

(C) Quando com mais de 50 unidades, os motéis localizados no Rio Grande do Sul deverão ter quatro por cento de seus quartos para o acesso de pessoa com deficiência.

(D) O fornecimento de cadeiras de rodas para idosos em shopping centers é opcional.

(E) Servidores públicos estaduais da administração direta que possuam filhos, dependentes, com deficiência congênita terão direito à redução de um terço de sua carga horária de trabalho semanal.

109. A Constituição Federal de 1988, no que tange aos direitos humanos, estabelece que:

(A) Seu rol resta limitado àquele previsto no texto constitucional.

(B) Eles, os direitos humanos, são prevalentes, nas relações internacionais da República Federativa do Brasil.

(C) Existe a necessidade imperiosa da internalização dos direitos humanos previstos em tratados antes de sua aplicação em território brasileiro.

(D) A dignidade da pessoa humana é um dos objetivos fundamentais da República Federativa do Brasil.

(E) Delimita a proteção de tais direitos a indivíduos, excluindo a coletividade.

110. De acordo com a Portaria Interministerial nº 4.226/2010, o uso da força pelos agentes da segurança pública:

(A) Torna rotineiro o uso de arma de fogo contra pessoa em procedimentos de abordagem.

(B) Reforça, em período bienal, a renovação da habilitação para uso de armas de fogo em serviço.

(C) Faz com que o uso de arma de fogo seja legítimo na hipótese de veículo que ultrapasse bloqueio sem a existência de perigo de morte ou de lesão grave aos agentes públicos ou terceiros.

(D) Percebe como prática inaceitável o disparo de advertência.

(E) Possibilita ao agente o uso de um único instrumento de menor potencial ofensivo, além da arma de fogo.

111. Sobre os conceitos médico-legais de "embriaguez alcoólica", de "alcoolemia" e de "tolerância ao álcool", é correto afirmar que:

(A) A alcoolemia e a embriaguez alcoólica têm igual definição, sendo, portanto, sinônimos.

(B) Sempre que existir álcool etílico no sangue, o exame de embriaguez será positivo.

(C) A embriaguez alcoólica é uma situação transitória.

(D) Sempre que a alcoolemia detectar álcool etílico no sangue, o exame para verificação de embriaguez alcoólica será positivo.

(E) Uma mesma quantidade de álcool etílico ministrada a indivíduos diferentes irá produzir os mesmos resultados, no mesmo período de tempo, em todas as ocasiões.

112. Em relação à "estimativa do tempo de morte", também conhecida como cronotanatognose, analise as afirmações abaixo, assinalando V, se verdadeiras, ou F, se falsas.

( ) Existem vários parâmetros (fenômenos cadavéricos) utilizados para a estimativa do tempo de morte.

( ) A estimativa do tempo de morte, considerando os avanços da Medicina-Legal, é bastante precisa, não apresentando margem de erro (para mais ou para menos) maior do que uma hora.

( ) A estimativa do tempo de morte depende, além de outros fatores, de fatores externos ao cadáver.

( ) A estimativa do tempo de morte, apesar dos avanços da Medicina-Legal, não é precisa.

A ordem correta de preenchimento dos parênteses, de cima para baixo, é:

(A) V – F – V – V.
(B) V – V – V – F.
(C) V – V – F – F.
(D) F – F – F – V.
(E) F – V – F – V.

113. Sobre ferimentos causados por projetis de arma de fogo, é INCORRETO afirmar que:

(A) O número de orifícios de entrada pode ser maior do que o número de projetis disparados e que atingem o corpo.

(B) Um mesmo projetil pode transfixar um segmento do corpo e, a seguir, penetrar outra região anatômica no mesmo indivíduo.

(C) As zonas de esfumaçamento e tatuagem podem ser "barradas" pelo vestuário da vítima, não chegando à pele.

(D) A determinação da ordem dos disparos que atingiram uma vítima é fácil de ser realizada. Entretanto, em raras situações, sua determinação não é possível.

(E) Ao estudar a direção dos disparos, sem nenhuma outra informação disponível além da obtida durante a necropsia, o Perito Médico-Legista deve descrever a trajetória considerando o cadáver na posição anatômica clássica.

114. De acordo com a resolução do Conselho Federal de Medicina nº 1.779/2005, que trata da responsabilidade médica no fornecimento da Declaração de Óbito, é INCORRETO afirmar que:

(A) É vedado ao Médico deixar de atestar óbito de paciente ao qual vinha prestando assistência, exceto quando houver indícios de morte violenta.

(B) Em caso de morte natural, sem assistência médica, em local que disponha de serviço de verificação de óbito, a declaração de óbito deverá ser fornecida pelos médicos do serviço de verificação de óbito.

(C) Em caso de morte natural, sem assistência médica, em local sem serviço de verificação de óbito, a declaração de óbito deverá ser fornecida pelos médicos do Instituto Médico-Legal.

(D) Em caso de morte violenta, a declaração de óbito deverá ser fornecida, obrigatoriamente, pelos serviços médico-legais.

(E) Em caso de morte natural, sem assistência médica, em local sem serviço de verificação de óbito, a declaração de óbito deverá ser fornecida pelos médicos do serviço público de saúde mais próximo do local onde ocorreu o evento; na sua ausência, por qualquer médico da localidade.

115. Em relação às asfixias por constrição cervical, analise as afirmações abaixo, assinalando V, se verdadeiras, ou F, se falsas.

( ) O enforcamento, de acordo com sua definição médico-legal, quando diagnosticado indica a ocorrência de suicídio.

( ) O enforcamento, de acordo com sua definição médico-legal, necessita que o peso do corpo da vítima acione o laço. Desta forma, os casos descritos como enforcamento, mas nos quais a vítima não estava completamente suspensa (pés não tocando o solo) devem ser classificados como "montagem" (tentativa de ocultação de homicídio).

( ) O enforcamento, de acordo com sua definição médico-legal, não necessita do peso do corpo da vítima para ocorrer.

( ) A esganadura pode ser consequência de suicídio ou de homicídio.

A ordem correta de preenchimento dos parênteses, de cima para baixo, é:

(A) V – V – F – F.
(B) V – F – V – V.
(C) F – V – F – F.
(D) F – F – V – V.
(E) F – F – F – F.

116. A partir da Modernidade, constituíram-se os movimentos e as escolas criminológicas que se concentraram no estudo da criminalidade e da criminalização dos comportamentos, levando em consideração a causa dos delitos. Fatores como a biotipologia humana e o meio ambiente são associados à prática dos delitos. Todavia, pode-se afirmar que uma teoria, em especial, rompe com esse padrão e não recai na análise causal do delito, mas, sim, na análise dos processos de criminalização e do funcionamento das agências de punitividade. Tal teoria é a:

(A) Do etiquetamento.
(B) Positivista do "homem delinquente".
(C) Sociológica do desvio.
(D) Evolucionista da espécie.
(E) Social da ação.

117. A Criminologia é definida tradicionalmente como a ciência que estuda de forma empírica o delito, o delinquente, a vítima e os mecanismos de controle social. Os autores que fundaram a Criminologia (Positivista) são:

(A) Cesare Lombroso, Enrico Ferri e Raffaele Garofalo.
(B) Franz Von Liszt, Edmund Mezger e Marquês de Beccaria.
(C) Marquês de Beccaria, Cesare Lombroso e Michel Foucault.
(D) Cesare Lombroso, Enrico Ferri e Michel Foucault.
(E) Enrico Ferri, Michel Foucault e Nina Rodrigues.

118. A afirmação criminológica "(...) o desvio não é uma qualidade do ato cometido pela pessoa, senão uma consequência da aplicação que os outros fazem das regras e sanções para um 'ofensor'" tem por função indagar:

(A) Quem é definido por desviante?
(B) Quem é o criminoso?
(C) Por que o criminoso comete crime?
(D) Quem é a vítima do criminoso?
(E) Quando o desvio irá acontecer?

119. A representação artística a seguir aborda uma mesma temática (vício) sob duas perspectivas: tradicional e contemporânea. Dessa observação, resta evidenciado um novo padrão de comportamento humano, despertado pelo advento da tecnologia. Em suma, a imagem comunica uma crítica sobre a sociedade e o modo de vida atuais.

No mesmo sentido, é a crimininologia _____, como derivação da crimininologia _____, que insere novos temas, ícones e símbolos criminais na interpretação do processo de seleção de condutas humanas como típicas e suas formas de resposta ao delito.

Assinale a alternativa que preenche, correta e respectivamente, as lacunas do trecho acima.

(A) cultural – crítica

(B) cibernética – positiva

(C) crítica – cultural

(D) positivista – crítica

(E) científica – positivista

120. Observe os seguintes casos e responda ao comando da questão:

•   Amanda, adolescente negra, vive com medo e deixou de adicionar amigos em seu perfil nas redes sociais. Mesmo assim, sofre agressões de outras jovens que enviam mensagens adjetivando-a como "nojenta, nerd e lésbica".

•   Pedro, 20 anos, transgênero, teve uma foto sua publicada sem autorização na internet. A imagem resultou em uma montagem depreciativa do seu corpo e acabou "viralizando" na rede. Muitas pessoas postaram mensagens dizendo que se fosse com elas, se matariam. Sob influência da grande repercussão e das mensagens enviadas até por desconhecidos, Pedro praticou suicídio. O ato foi transmitido ao vivo pelas redes sociais e, também, noticiado por outros veículos de mídia.

Uma investigação desses acontecimentos orientada pelos saberes criminológicos contemporâneos, levaria em consideração:

I.   Os padrões da heteronormatividade e da cultura homofóbica.

II. As maneiras como as pessoas transgêneros são tratadas pelo sistema de justiça criminal.

III. As diferentes ordens normativas que influenciam a vida das pessoas.

IV. O contexto global, a política e as relações de poder sobre todas as pessoas.

V.   A construção dos homens como violentos e das mulheres como vítimas.

Quais estão corretas?

(A) As assertivas I, II, III, IV e V, posto que se referem às criminologias queer e feminista.

(B) Apenas as assertivas I, II e III, porque as demais não são temáticas criminológicas.

(C) Apenas as assertivas IV e V, porque as outras não são válidas na criminologia.

(D) Nenhuma das assertivas, já que nenhuma se relaciona com a criminologia.

(E) Apenas a assertiva III, porque a ordem normativa se relaciona com o direito penal.

FOLHA DE RESPOSTAS

1	A	B	C	D	E
2	A	B	C	D	E
3	A	B	C	D	E
4	A	B	C	D	E
5	A	B	C	D	E
6	A	B	C	D	E
7	A	B	C	D	E
8	A	B	C	D	E
9	A	B	C	D	E
10	A	B	C	D	E
11	A	B	C	D	E
12	A	B	C	D	E
13	A	B	C	D	E
14	A	B	C	D	E
15	A	B	C	D	E
16	A	B	C	D	E
17	A	B	C	D	E
18	A	B	C	D	E
19	A	B	C	D	E
20	A	B	C	D	E
21	A	B	C	D	E
22	A	B	C	D	E
23	A	B	C	D	E
24	A	B	C	D	E
25	A	B	C	D	E
26	A	B	C	D	E
27	A	B	C	D	E
28	A	B	C	D	E
29	A	B	C	D	E
30	A	B	C	D	E
31	A	B	C	D	E
32	A	B	C	D	E
33	A	B	C	D	E
34	A	B	C	D	E
35	A	B	C	D	E
36	A	B	C	D	E
37	A	B	C	D	E
38	A	B	C	D	E
39	A	B	C	D	E

40	A	B	C	D	E
41	A	B	C	D	E
42	A	B	C	D	E
43	A	B	C	D	E
44	A	B	C	D	E
45	A	B	C	D	E
46	A	B	C	D	E
47	A	B	C	D	E
48	A	B	C	D	E
49	A	B	C	D	E
50	A	B	C	D	E
51	A	B	C	D	E
52	A	B	C	D	E
53	A	B	C	D	E
54	A	B	C	D	E
55	A	B	C	D	E
56	A	B	C	D	E
57	A	B	C	D	E
58	A	B	C	D	E
59	A	B	C	D	E
60	A	B	C	D	E
61	A	B	C	D	E
62	A	B	C	D	E
63	A	B	C	D	E
64	A	B	C	D	E
65	A	B	C	D	E
66	A	B	C	D	E
67	A	B	C	D	E
68	A	B	C	D	E
69	A	B	C	D	E
70	A	B	C	D	E
71	A	B	C	D	E
72	A	B	C	D	E
73	A	B	C	D	E
74	A	B	C	D	E
75	A	B	C	D	E
76	A	B	C	D	E
77	A	B	C	D	E
78	A	B	C	D	E

79	A	B	C	D	E
80	A	B	C	D	E
81	A	B	C	D	E
82	A	B	C	D	E
83	A	B	C	D	E
84	A	B	C	D	E
85	A	B	C	D	E
86	A	B	C	D	E
87	A	B	C	D	E
88	A	B	C	D	E
89	A	B	C	D	E
90	A	B	C	D	E
91	A	B	C	D	E
92	A	B	C	D	E
93	A	B	C	D	E
94	A	B	C	D	E
95	A	B	C	D	E
96	A	B	C	D	E
97	A	B	C	D	E
98	A	B	C	D	E
99	A	B	C	D	E

100	A	B	C	D	E
101	A	B	C	D	E
102	A	B	C	D	E
1032	A	B	C	D	E
104	A	B	C	D	E
105	A	B	C	D	E
106	A	B	C	D	E
107	A	B	C	D	E
108	A	B	C	D	E
109	A	B	C	D	E
110	A	B	C	D	E
111	A	B	C	D	E
112	A	B	C	D	E
113	A	B	C	D	E
114	A	B	C	D	E
115	A	B	C	D	E
116	A	B	C	D	E
117	A	B	C	D	E
118	A	B	C	D	E
119	A	B	C	D	E
120	A	B	C	D	E

GABARITO COMENTADO

1. Gabarito: C
Comentário: I: correta, vez que "devido a" é uma locução prepositiva -duas palavras com valor de uma conjunção. Logo, se sucedida de palavra feminina, leva crase obrigatoriamente; II: correta, vez que realmente presentes os requisitos para ocorrência da crase; III: incorreta. "Reduzir" é verbo transitivo direto, não rege preposição. HS

2. Gabarito: ANULADA

3. Gabarito: A
Comentário: Comentário: "Unânime" é sinônimo de uniforme, universal, algo com que todos concordam. Assim, a melhor definição, conforme o sentido usado no texto, é aquela exposta na alternativa "A". HS

4. Gabarito: C
Comentário: Comentário: A: não há ambiguidade, o pronome retoma o substantivo "sustentabilidade"; B: não há ambiguidade, o pronome retoma o substantivo "natureza"; C: deve ser assinalada, pois não é possível afirmar com precisão se o pronome retoma "natureza" ou "ela", ocorrendo ambiguidade; D: não ocorre ambiguidade, o pronome retoma o substantivo "meio ambiente"; E: não ocorre ambiguidade, o pronome retoma o substantivo "fatores". HS

5. Gabarito: D
Comentário: Comentário: I: correta. Chama-se dígrafo o fenômeno fonético no qual duas letras representam um único fonema. Quando esse fonema tem som de vogal, é dígrafo vocálico. Isso ocorre quando as letras "m" ou "n" não representam seus próprios sons (/mê/ ou /nê/), mas a mera nasalização da vogal que a antecede (/ãmbiête/ e /sustêtabilidade/); II: incorreta. Há apenas o dígrafo consonantal /nh/; III: incorreta. O primeiro /qu/ não é dígrafo, pois as duas letras representam fonemas próprios (/kual-/). O segundo /qu/, sim, é dígrafo (duas letras, um fonema - /kualker/). HS

6. Gabarito: C
Comentário: A alteração é exclusivamente de sentido, pois a obrigação viraria uma possibilidade. De resto, não é necessária qualquer alteração na estrutura da frase. HS

7. Gabarito: B
Comentário: I: incorreta. É oração subordinada objetiva predicativa, pois exerce a função sintática de predicativo do sujeito; II: correta. São orações subordinadas adje-

tivas restritivas reduzidas; III: incorreta. Não é oração reduzida, ela está com sua estrutura sintática completa ("para fomentar a sustentabilidade e a conservação do meio ambiente"). HS

8. Gabarito: A
Comentário: A: correta. A oração proposta mantém o sentido e a correção gramatical; B: incorreta. O pronome "que" exige próclise em "que se ensine"; C e D: incorretas. Houve grave prejuízo à clareza com a nova redação – as orações deixaram de fazer sentido; E: incorreta. Houve mudança de sentido ao se transpor os verbos para o modo subjuntivo – algo que era certo tornou-se apenas hipotético. HS

9. Gabarito: E
Comentário: A única alternativa que não pode se depreender do texto é a letra "E", que deve ser assinalada. Em nenhum momento o autor propõe que tais medidas sejam usadas para melhoria da economia familiar, somente na proteção ao meio ambiente. HS

10. Gabarito: C
Comentário: Segundo o texto, o maior impacto está na educação ambiental das pessoas. HS

11. Gabarito: A
Comentário: I: incorreta. A locução conjuntiva "apesar de" tem valor adversativo, ou seja, inauguram uma ideia contrária àquela que se acabou de enunciar; II: correta. Realmente haveria prejuízo ao sentido do texto e à correção gramatical; III: correta, pois as vírgulas são obrigatórias para separar a oração subordinada adverbial deslocada da ordem direta do período. HS

12. Gabarito: B
Comentário: I: correta. Radical é o núcleo da palavra, sua raiz de significado; II: incorreta. Parassíntese é o processo de formação de palavras por derivação no qual são acrescidos o sufixo e o prefixo simultaneamente. No caso, há apenas a inclusão do prefixo "des-"; III: correta, conforme comentário anterior. HS

13. Gabarito: D
Comentário: Comentário: Completa-se corretamente as lacunas com "têm", para concordar com "eventos"; "tem", para concordar com "o CBDS"; "têm", para concordar com "materiais"; "têm", para concordar com

"soluções"; e "têm", para concordar com "produtos". Portanto, correta a alternativa "D". HS

14. Gabarito: B
Comentário: I: incorreta. "Estância" é sinônimo de "morada", "residência". O correto no caso é "instância"; II: correta. A grafia está de acordo com a norma culta; III: incorreta. "Trás" é advérbio de lugar. As lacunas devem ser preenchias com a conjugação do verbo "trazer" – "traz". HS

15. Gabarito: A
Comentário: I: incorreta. "Signatárias" está no feminino, então a substituição deveria ser por "aquelas que subscrevem"; II: correta. O adjetivo concorda com "nações"; III: correta. Cognatos são palavras com a mesma origem etimológica, o que não ocorre com "signatário" e "significado". Esta vem do latim significatus, "dar a entender por sinais"; aquela, do francês signataire, "aquele que assina". HS

16. Gabarito: E
Comentário: Todas as alternativas trazem sinônimos de "permear", com exceção da letra "E", que deve ser assinalada. "Constituir" é sinônimo de "formar", "compor". HS

17. Gabarito: B
Comentário: I: incorreta. "Sustentável" é paroxítona terminada em "l", "climáticas" é proparoxítona e "recicla" é oxítona terminada em "a"; II: correta. Em "país" e "contribuído" acentua-se o "i" no hiato, acompanhado ou não de "s"; já "resíduos" e "início" são paroxítonas terminadas em ditongo crescente; III: incorreta. "Viés" é dissílaba e oxítona terminada em "e", seguida de "s". HS

18. Gabarito: C
Comentário: I: verdadeira, "esses" é pronome adjetivo que determina o substantivo "rejeitos"; II: verdadeira. O pronome oblíquo exerce a função de objeto direto; III: falsa. O pronome possessivo se refere a "organizações". HS

19. Gabarito: A
Comentário: A: correta. É aposto que apresenta características do substantivo "Brasil"; B: incorreta. "No Nordeste" exerce função sintática de adjunto adverbial de lugar; C: incorreta. Nesse caso, "que" é um pronome relativo, pois retoma a palavra "Acordo"; D: incorreta. É oração subordinada substantiva completiva nominal, ou seja, funciona como complemento nominal de "importante"; E: incorreta. É adjunto adverbial de intensidade. HS

20. Gabarito: B
Comentário: A oração tem sujeito indeterminado, o que se identifica pela presença da partícula "se" posposta ao verbo evitar – logo, nesse caso, ela exerce a função de índice de indeterminação do sujeito. HS

21. Gabarito: E
Comentário: I: verdadeiro. Este é um dos usos mais comuns das aspas; II: falsa. As aspas simples indicam uma citação dentro da citação; III: verdadeira. "Portanto" é conjunção conclusiva. HS

22. Gabarito: B
Comentário: 1. Uma palavra apenas, o verbo "pode" passaria para a terceira pessoa do singular; 2: duas palavras, "está" e "trabalhada". HS

23. Gabarito: D
Comentário: I: incorreta. "Em que" refere-se a "locais", então a concordância exigiria sua substituição por "nos quais"; II: incorreta. O verbo "consistir", no caso, é sinônimo de "equivaler a", "traduzir-se" – portanto, a alteração proposta alteraria o sentido do período; III: correta, pois exigiria a inserção da preposição "a" para cumprimento das normas de regência. HS

24. Gabarito: A
Comentário: O texto defende a necessidade de se lutar pela sustentabilidade, que implica a preservação e manutenção do meio ambiente. Por isso, as orações devem ser conectadas como causa e consequência, o que se faz pela locução conjuntiva "por conseguinte". HS

25. Gabarito: B
Comentário: I: incorreta. O pronome "que" retoma "Acordo de Paris"; II: correta. A locução pronominal "o qual" realmente atenderia ao padrão culto da língua; III: incorreta. O verbo "determinar" não rege preposição. HS

26. Gabarito: B
Comentário: É impossível transpor o verbo "pensar" na linha 7 para a voz passiva porque temos uma oração com sujeito indeterminado. HS

27. Gabarito: C
Comentário: I: correta. Próclise é colocação do pronome (no caso, "se") anteposto ao verbo principal; II: correta. Não haveria qualquer alteração porque o advérbio de negação também torna a próclise obrigatória; C: incorreta. Em ambas a partícula exerce a função de pronome reflexivo. HS

28. Gabarito: B
Comentário: I: há alteração de contexto, pois sem o advérbio a matéria é apenas mais uma, sem importância especial, dentro da discussão, enquanto o "mais" destaca a relevância do tema; II: não há alteração de contexto, o pronome apenas estava elíptico, oculto, no texto original; III: há alteração de contexto, pois "hidrossolúvel" significa "solúvel em água". HS

29. Gabarito: E
Comentário: I: correta, mas é importante fazer a ressalva que, ainda que não opere uma alteração de sentido, haveria vício de redação, uma vez que "também" e "além disso" têm exatamente o mesmo valor de adição; II: correta. A expressão exerce função de conjunção aditiva; III: correta, valendo a mesma observação constante do comentário à assertiva "I". HS

30. Gabarito: A
Comentário: "Nesse mesmo viés" poderia ser substituído pelos seus sinônimos "nessa mesma tendência", "nesse mesmo sentido", "com a mesma proposta" etc. HS

31. Gabarito: B
Comentário: Todas as alternativas traduzem ideias estampadas no texto como soluções de sustentabilidade utilizadas pelas empresas, com exceção da letra "B", que deve ser assinada. Com efeito, a manutenção do aquecimento global não é uma medida de sustentabilidade, por óbvio. Deveria constar da alternativa a "redução do aquecimento global". HS

32. Gabarito: D
Comentário: "Porque" é conjunção explicativa, introduz a oração que dará maiores explicações sobre o que foi dito antes. "Tão... quanto" é locução conjuntiva com valor de comparação, serve para comparar duas ideias, dois fatos, duas propostas dentro do texto. HS

33. Gabarito: C
Comentário: O verbo "haver" foi conjugado no pretérito perfeito do indicativo no texto original, portanto sua substituição deve ser feita pelo verbo existir conjugado no mesmo tempo e modo – "existiu". HS

34. Gabarito: A
Comentário: A questão cobra do candidato o conhecimento do uso de outros vocábulos para evitar o vício de redação da repetição de palavras, que empobreceria o texto. Logo, basta localizar na lista as palavras que são, de certa maneira, "sinônimos" de Brasil, considerando que é um substantivo singular. Assim, temos "o país" e "a nação". HS

35. Gabarito: D
Comentário: Comentário: I: incorreta. Os dois primeiros trechos sublinhados exercem a função de objeto direto, mas o terceiro é adjunto adnominal; II: correta. É oração subordinada adverbial reduzida de gerúndio; III: correta, como se vê pelo uso da preposição "para". HS

36. Gabarito: C
Comentário: I: incorreta. "Elemento sequenciador" é o mesmo que numeral ordinal (primeiro, segundo, terceiro...). Não é o caso aqui. "Segundo" foi utilizado como conjunção, criando coesão com o parágrafo anterior; II: incorreta, conforme comentário anterior; III: correta. É conjunção conformativa. HS

37. Gabarito: A
Comentário: I: correta. O sujeito de ambas é "o governo"; II: incorreta. O sujeito é indeterminado, não inexistente; III: incorreta. O fato do sujeito ser um pronome indefinido não o torna um sujeito indeterminado. Esta classificação se refere às situações nas quais não é possível indicar com precisão o sujeito da oração. O caso o sujeito, sintaticamente falando, é determinado – "quem". HS

38. Gabarito: C
Comentário: A transposição para a voz passiva transforma o sujeito original em agente da passiva e o objeto verbal, em sujeito paciente. Deve-se, também, manter o mesmo tempo verbal: "O interessa na situação atual é comprovado pelos dados do IBGE". HS

39. Gabarito: E
Comentário: Todas estão incorretas. "Escrúpulo" pode tanto ser um estado de hesitação, de dúvida, quanto sinônimo de meticulosidade, cuidado. Portanto, "sem escrúpulos" é justamente a falta disso. Quanto à assertiva II, ela também está invertida: as características apontadas são próprias de quem age sem escrúpulos. HS

40. Gabarito: C
Comentário: Todas as afirmações estão corretas, com exceção da IV. O foco do terceiro texto é a apresentação de dados estatísticos para analisar o interesse na sustentabilidade nos estados brasileiros, comparando-os com seu grau de desenvolvimento. HS

41. Gabarito: E
Comentário: I: correta. Formais são os crimes em que o resultado, embora previsto no tipo penal, não é imprescindível à consumação do delito. São também chamados, bem por isso, de crimes de resultado cortado ou consumação antecipada. Exemplo sempre lembrado pela doutrina é o crime de extorsão mediante sequestro (art. 159 do CP), cujo momento consumativo é atingido

com a privação de liberdade da vítima. A obtenção do resgate, resultado previsto no tipo penal, se ocorrer, constituirá mero exaurimento do delito (desdobramento típico). Os crimes, quanto ao momento consumativo, classificam-se ainda em materiais e de mera conduta. Nestes, a consumação se opera no exato instante em que a conduta é praticada. A lei, neste caso, não faz qualquer menção a resultado naturalístico. Materiais, por sua vez, são os delitos em que o tipo penal, como condição à sua consumação, impõe a realização do resultado naturalístico nele previsto. A não produção do resultado naturalístico configura, nos crimes materiais, desde que haja início de execução, mera tentativa; **II: correta.** O crime de furto, na grande maioria das vezes, é instantâneo, já que o seu resultado ocorre em momento certo, determinado; entretanto, fala-se em furto permanente na hipótese do art. 155, § 3º, do CP (furto de energia). Neste caso, a consumação se prolonga no tempo por vontade do agente; **III: correta.** Crime a prazo é aquele cuja configuração exige o escoamento de determinado prazo, sob pena de atipicidade. Outro exemplo, além da lesão corporal grave de que resulta incapacidade para as ocupações habituais por mais de 30 dias (art. 129, § 1º, I, CP), é a apropriação de coisa achada (art. 169, II, do CP), em que a consumação somente é alcançada na hipótese de o agente deixar de restituir a coisa achada ao dono ou possuidor legítimo, ou à autoridade competente, depois de escoado o interregno de quinze dias. Antes disso, não há crime; **IV: correta.** Diz-se que o crime de tráfico de drogas (art. 33 da Lei 11.343/2016) é de perigo abstrato na medida em que não depende de efetiva lesão ao bem jurídico tutelado; ademais, é unissubjetivo (ou monossubjetivo) porque pode ser praticado por uma única pessoa, diferente do delito plurissubjetivo (ou concurso necessário), em que o tipo penal exige um número mínimo de agentes à configuração de delito. São exemplos: rixa, associação criminosa; associação para o tráfico. [ED]

---

42. Gabarito: B

Comentário: **I:** incorreta. Embora o crime do art. 154-A do CP seja de ação penal pública condicionada à representação, tal regra, conforme dispõe o art. 154-B do CP, comporta exceção, em que a ação será pública incondicionada: crime contra a administração pública direta ou indireta de qualquer dos Poderes da União, Estados, Distrito Federal ou Municípios ou contra empresas concessionárias de serviços públicos; **II:** incorreta. Constituem premissas deste crime: i) que a invasão de dispositivo informático se dê por meio de violação indevida de mecanismo de segurança (na hipótese narrada nesta assertiva, o agente não se valeu desse expediente, já que isso não foi necessário para a visualização das fotos íntimas contidas no computador); ii) que o agente

aja imbuído do propósito de obter, adulterar ou destruir dados ou informações sem autorização expressa ou tácita do titular do dispositivo ou instalar vulnerabilidade para obter vantagem ilícita, que constitui o elemento subjetivo do tipo, necessário, portanto, à configuração deste crime. Na hipótese narrada, o agente, aproveitando-se da ausência momentânea de seu colega de trabalho em sua mesa, limitou-se a acessar, no computador dele, fotos íntimas de tal colega; **III:** correta. De fato, cuida-se de delito formal, em que a consumação é alcançada com a mera invasão de dispositivo informático alheio, dispensada, pois, a produção de resultado naturalístico, consistente na obtenção, adulteração ou destruição de dados ou informações ou ainda instalação de vulnerabilidades para obter vantagem ilícita; **IV:** correta: modalidade qualificada prevista no art. 154-A, § 3º, do CP. Atenção: posteriormente à elaboração desta questão, a Lei 14.155/2021, publicada em 28 de maio de 2021 e com vigência imediata, alterou os delitos de *invasão de dispositivo informático* (art. 154-A, CP), *furto* (art. 155, CP) e *estelionato* (art. 171, CP). No que toca ao delito do art. 154-A do CP, a primeira observação a fazer refere-se à alteração na redação do *caput* do dispositivo. Até então, tínhamos que o tipo penal era assim definido: *invadir dispositivo informático alheio, conectado ou não à rede de computadores, mediante violação indevida de mecanismo de segurança e com o fim de obter, adulterar ou destruir dados ou informações sem autorização expressa ou tácita do titular do dispositivo ou instalar vulnerabilidades para obter vantagem ilícita.* Com a mudança implementada pela Lei 14.155/2021, adotou-se a seguinte redação: *invadir dispositivo informático de uso alheio, conectado ou não à rede de computadores, com o fim de obter, adulterar ou destruir dados ou informações sem autorização expressa ou tácita do usuário do dispositivo ou de instalar vulnerabilidades para obter vantagem ilícita.* Como se pode ver, logo à primeira vista, eliminou-se o elemento normativo do tipo *mediante violação indevida de mecanismo de segurança.* Trata-se de alteração salutar, na medida em que este crime, de acordo com a redação original do *caput*, somente se aperfeiçoaria na hipótese de o agente, para alcançar seu intento (invadir dispositivo informático), se valer de violação indevida de mecanismo de segurança. Era necessário, portanto, que o sujeito ativo, antes de acessar o conteúdo do dispositivo, vencesse tal obstáculo (mecanismo de segurança). Significa que a invasão de dados contidos, por exemplo, em um computador que não contasse com mecanismo de proteção (senha, por exemplo) constituiria fato atípico. A partir de agora, dada a alteração promovida no tipo incriminador, tal exigência deixa de existir, ampliando, por certo, a incidência do tipo penal. Além disso, até a edição da Lei 14.155/2021, o dispositivo tinha de ser *alheio.* Com a mudança, basta que seja de *uso alheio.* Dessa forma, o crime se configura mesmo que o dispositivo invadido não seja alheio, mas esteja sob o uso de outra pessoa. Agora, a mudança mais significativa, a nosso ver, não se deu propriamente no preceito penal incriminador, mas na pena cominada, que era de detenção de 3 meses a 1 ano e multa e, com a mudança operada pela Lei 14.155/2021, passou para reclusão de 1 a 4 anos e multa. Com isso, este delito deixa de ser considerado de menor potencial ofensivo, o que afasta a incidência da transação penal. Doravante, o termo circunstanciado dará lugar ao inquérito policial. De outro lado, permanece a possibilidade de concessão do *sursis* processual, que, embora previsto e disciplinado na Lei 9.099/1995 (art. 89), sua incidência é mais ampla (infrações penais cuja pena mínima cominada não é superior a 1 ano). Também poderá o agente firmar acordo de não persecução penal, nos moldes do art. 28-A do CPP. Alterou-se o patamar da majorante aplicada na hipótese de a invasão resultar prejuízo econômico (§ 2º): antes era de 1/6 a 1/3 e, com a mudança implementada, passou para 1/3 a 2/3. Como não poderia deixar de ser, houve um incremento na pena cominada à modalidade qualificada, prevista no § 3º, que era de reclusão de 6 meses a 2 anos e multa e passou para 2 a 5 anos de reclusão e multa. Ademais, a qualificadora não faz mais referência expressa à subsidiariedade. Quanto aos crimes de furto e estelionato, a Lei 14.155/2021 contemplou novas qualificadoras e majorantes, de forma a tornar mais graves as condutas levadas a efeito de forma eletrônica ou pela internet. ⊟

43. Gabarito: A

Comentário: A questão que aqui se coloca é saber se o roubo seguido de morte (latrocínio), no caso narrado acima, se consumara ou não, já que, embora tenha havido morte, a subtração não ocorreu. Em consonância com a jurisprudência do STJ (e também do STF), o crime de latrocínio (art. 157, § 3º, II, do CP) se consuma com a morte da vítima, ainda que o agente não consiga dela subtrair coisa alheia móvel. É o teor da Súmula 610, do STF. No STJ: "(...) 3. O latrocínio (CP, art. 157, § 3º, in fine) é crime complexo, formado pela união dos crimes de roubo e homicídio, realizados em conexão consequencial ou teleológica e com animus necandi. Estes crimes perdem a autonomia quando compõem o crime complexo de latrocínio, cuja consumação exige a execução da totalidade do tipo. Nesse diapasão, em tese, para haver a consumação do crime complexo, necessitar- -se-ia da consumação da subtração e da morte, contudo os bens jurídicos patrimônio e vida não possuem igual valoração, havendo prevalência deste último, conquanto o latrocínio seja classificado como crime patrimonial. Por conseguinte, nos termos da Súmula 610 do STF, o fator determinante para a consumação do latrocínio é a ocorrência do resultado morte, sendo despicienda a

efetiva inversão da posse do bem (...)" (HC 226.359/DF, Rel. Min. Ribeiro Dantas, Quinta Turma, j. 02.08.2016, DJe 12.08.2016). ⊟

44. Gabarito: C

Comentário: Segundo pensamos, o crime praticado pelos agentes, na hipótese narrada no enunciado, alcançou a consumação, segundo entendimento hoje sedimentado nos tribunais superiores, inclusive com a edição de súmula pelo STJ. Com efeito, em regressão garantista, os tribunais superiores consolidaram o entendimento segundo o qual o crime de roubo se consuma com a mera inversão da posse do bem mediante emprego de violência ou grave ameaça, independente da posse pacífica e desvigiada da coisa pelo agente. Vide, nesse sentido: STF, HC 96.696, Rel. Min. Ricardo Lewandowski. Confirmando esse entendimento, o STJ editou a Súmula 582: "Consuma-se o crime de roubo com a inversão da posse do bem mediante emprego de violência ou grave ameaça, ainda que por breve tempo e em seguida à perseguição imediata ao agente e recuperação da coisa roubada, sendo prescindível a posse mansa e pacífica ou desvigiada". De outro lado, a lesão experimentada por Mindinha, que se cortou ao tentar se desamarrar da corda que lhe foi colocada para imobilizá-la, não pode ser atribuída aos roubadores. É que o roubo qualificado pela lesão corporal grave (art. 157, § 3º, I, do CP) tem como pressuposto o fato de este resultado qualificador resultar da violência empregada. Cuida-se de roubo (a nosso ver consumado) majorado pelo concurso de pessoas e pela restrição da liberdade da vítima (art. 157, § 2º, II e V, do CP). Embora em nada influencie na resolução desta questão, vale a observação de que a Lei 13.964/2019, dentre tantas outras alterações promovidas, inseriu no rol dos crimes hediondos, entre outros delitos, o roubo circunstanciado pela restrição de liberdade da vítima (art. 157, § 2º, V, CP), o roubo circunstanciado pelo emprego de arma de fogo (art. 157, § 2º-A, I) ou pelo emprego de arma de fogo de uso proibido ou restrito (art. 157, § 2º, B) e a modalidade qualificada pelo resultado lesão corporal grave (art. 157, § 3º), lembrando que o roubo qualificado pelo resultado morte (latrocínio) já fazia parte do rol de crimes hediondos. ⊟

45. Gabarito: D

Comentário: **A:** incorreta. Pela narrativa, infere-se que a morte da vítima decorreu de culpa por parte do agente, que se excedeu na violência empregada no cometimento do crime sexual. Temos, dessa forma, dolo na conduta antecedente (estupro) e culpa na consequente (morte), o que configura o chamado delito preterdoloso, modalidade prevista no art. 213, § 2º, do CP. É importante que se diga que as qualificadoras relativas à lesão corporal grave e morte constituem figuras preterdolosas, segundo doutrina e jurisprudência majoritárias. Por tudo que foi dito, é incorreto, portanto, afirmar que Viriato deverá responder por estupro e homicídio culposo em concurso formal; deverá, sim, ser responsabilizado por estupro qualificado pela morte (figura preterdolosa); **B:** incorreta. Não há que se falar na prática de crime de estupro, já que, ao tempo em que Zezão realizou atos sexuais contra Vitinha, esta já se encontrava sem vida. Deverá ser responsabilizado, portanto, pelo homicídio doloso (art. 121, CP) e por vilipêndio a cadáver (art. 212, CP); **C:** incorreta. Conforme já dissemos, o crime de estupro de vulnerável qualificado pela morte (art. 217-A, § 4º, CP) é preterdoloso, isto é, exige-se que a morte tenha ocorrido a título de culpa; assim, se o agente, após cometer o delito de estupro de vulnerável, vier a matar a vítima (porque quis ou porque assumiu o risco), deverá ser responsabilizado pelo crime sexual em concurso material com o crime contra a vida (homicídio doloso); **D:** correta. Tibúrcio deverá ser responsabilizado pelos crimes dos arts. 240, § 2º, III, do ECA e 217-A do CP, este último com o aumento do art. 226, II, do CP; **E:** incorreta. Tyrapele cometeu o crime definido no art. 217-A, § 1º, *in fine*, do CP (estupro de vulnerável), já que gerou (anestesiou) e se aproveitou do fato de a vítima estar impossibilitada de oferecer resistência para estuprá-la. Perceba que a vulnerabilidade, neste caso, decorre, não da idade nem de enfermidade ou doença mental, mas de situação transitória que impede que a vítima resista à investida do agente. Aqui, pouco importa se o fator impossibilitante da defesa da vítima foi criado pelo agente (como no caso da alternativa) ou causado por ela própria (embriaguez voluntária). ED

46. Gabarito: E
Comentário: **A:** incorreta. Ainda que o fato anterior seja praticado por um menor (ato infracional), mesmo assim restará configurado o crime de receptação (art. 180, § 4º, CP). O importante é que o ato infracional seja equiparado a crime; se for equiparado a contravenção, não haverá a receptação; **B:** incorreta, na medida em que ambos, à luz do princípio da especialidade, deverão ser responsabilizados pelo cometimento do crime definido no art. 180-A do CP (receptação de animal); **C:** incorreta. Ligeirinhus, que se aproveitou do fato de a vítima estar dormindo para subtrair-lhe a bolsa, deverá responder por crime de furto, e não de roubo com violência imprópria (art. 157, *caput*, in *fine*, CP), que pressupõe que o agente se valha de expediente, que não a violência ou grave ameaça, para vencer a capacidade de resistência da vítima. É o que ocorre, por exemplo, quando o sujeito coloca sonífero na bebida da vítima para subtrair seus pertences enquanto ela está inconsciente. Não foi isso que aconteceu no caso narrado na alternativa. O agente se valeu do fato de a vítima estar dormindo. Nada fez

para vencer a sua capacidade de resistência; **D:** incorreta. Isso porque, embora Folgadus tenha cometido crime contra o seu pai, ele não será, por força do art. 181, II, do CP, responsabilizado por tal fato (o fato não é punível). Em outras palavras, o fato, embora típico, antijurídico e culpável, não é punível, dada a existência da escusa absolutória do art. 181, II, do CP; **E:** correta (art. 171, § 4º, do CP). ED

47. Gabarito: ANULADO
Comentário: **A:** correta. O agente responderá por homicídio culposo de trânsito, delito definido no art. 302 do CTB, com a incidência de agravantes (art. 298) e majorantes (art. 302, § 1º); **B:** incorreta, pois o regime não será necessariamente o semiaberto (razão pela qual a questão foi anulada); **C:** correta. De fato, para a teoria da imputação objetiva, a chamada *responsabilidade de terceiros no resultado*, como é o caso do erro médico, tem o condão de afastar a responsabilidade (pelo resultado causado pelo erro médico) daquele que, de início, gerou o risco proibido (atropelamento); **D:** incorreta. A violência, no crime culposo, não impede o benefício da substituição da pena privativa de liberdade por restritiva de direitos (arts. 44 do CP e 312-A e 312-B do CTB); **E:** correta. De fato, não responderá pela tentativa por se tratar de crime culposo. ED

48. Gabarito: C
Comentário: O enunciado retrata típico exemplo de *aberratio ictus* (erro na execução), que, nos termos do art. 73 do CP, impõe ao agente que responda como se tivesse praticado o crime contra aquela vítima inicialmente visada. Dessa forma, Vitalina, que queria matar Aderbal mas acabou por tirar a vida da própria filha, que ingeriu o veneno destinado àquele, será responsabilizada como se tivesse matado o marido (vítima desejada), e não a filha (vítima efetiva). ED

49. Gabarito: D
Comentário: **I:** correta, pois reflete o disposto no art. 36, *caput*, da LEP; **II:** incorreta, uma vez que não corresponde ao entendimento firmado por meio da Súmula Vinculante 11; **III:** correta, na medida em que corresponde ao que estabelece o art. 52, § 1º, II, da LEP, cuja redação foi conferida pela Lei 13.964/2019, que, ao instituir o pacote anticrime, modificou substancialmente as regras que regem o regime disciplinar diferenciado, a começar pelo prazo de duração, que era de até 360 dias e passou para até dois anos, sem prejuízo de repetição da sanção diante do cometimento de nova falta grave da mesma espécie. Também por força da Lei 13.964/2019, as visitas, que antes eram semanais, passam a ser quinzenais, de 2 pessoas por vez, que serão realizadas em instalações equipadas para impedir o contato físico e a passagem

de objetos, por pessoa da família ou, no caso de terceiro, autorizado pelo juiz, com duração de 2 horas. O art. 52, IV, da LEP, por sua vez, passou a exigir que a saída para o banho de sol seja feita em grupos de até quatro presos, desde que não haja contato com presos do mesmo grupo criminoso. Além dessas, outras modificações foram implementadas no RDD, razão pela qual sugeridos a leitura do art. 52 da LEP na íntegra. ED

---

50. Gabarito: A
Comentário: I: correta (art. 111, III, CP). Nesse sentido, vide: AP 863/SP, rel. Min. Edson Fachin, julgamento em 23.5.2017 (inf. 866); II: incorreta. De fato, é bastante comum o fracionamento do processo de lavagem de dinheiro em três momentos. No primeiro, o dinheiro, de forma muitas vezes pulverizada, é introduzido no mercado financeiro, promovendo o distanciamento dos recursos de sua origem; na segunda etapa, os valores são transferidos entre contas com o objetivo de ocultá-los; e, por fim, são introduzidos na economia formal, e, dessa forma, adquirem aparência de legalidade (integração). Não se exige, para que o crime alcance a sua consuma-ção, a ocorrência dessas três etapas. Nesse sentido: "Lavagem de dinheiro: L. 9.613/98: caracterização. O depósito de cheques de terceiro recebidos pelo agente, como produto de concussão, em contas-correntes de pessoas jurídicas, às quais contava ele ter acesso, basta a caracterizar a figura de "lavagem de capitais" mediante ocultação da origem, da localização e da propriedade dos valores respectivos (L. 9.613, art. 1º, caput): o tipo não reclama nem êxito definitivo da ocultação, visado pelo agente, nem o vulto e a complexidade dos exemplos de requintada "engenharia financeira" transnacional, com os quais se ocupa a literatura." (STF, RHC 80816, Relator(a): Min. SEPÚLVEDA PERTENCE, Primeira Turma, julgado em 10/04/2001, DJ 18-06-2001 PP-00013 EMENT VOL-02035-02 PP-00249); III: incorreta (art. 1º, § 4º, da Lei 9.613/1998). ED

---

51. Gabarito: A
Comentário: A: correta. Isso porque, embora Crakeison tenha cometido crime de furto contra sua esposa, Mari Orrana, ele não será, por força do art. 181, I, do CP, responsabilizado por tal fato (o fato não é punível). Em outras palavras, o fato, embora típico, antijurídico e culpável, não é punível, dada a existência da escusa absolutória do art. 181, I, do CP; B: incorreta, pois contraria o entendimento consagrado na Súmula 588 do STJ, que veda a substituição da pena privativa de liberdade por restritiva de direitos na hipótese narrada no enunciado; C: incorreta. Segundo a Súmula 589, do STJ, *É inaplicável o princípio da insignificância nos crimes ou contravenções penais praticados contra a mulher no âmbito das relações domésticas.* Como se

pode ver, não se fez distinção entre os princípios da bagatela própria e imprópria, aplicando-se o teor da súmula a essas duas modalidades. Conferir: "O Superior Tribunal de Justiça tem jurisprudência reiterada de que não incide os princípios da insignificância e da bagatela imprópria aos crimes e às contravenções praticados mediante violência ou grave ameaça contra mulher, no âmbito das relações domésticas, dada a relevância penal da conduta. Logo, a reconciliação do casal não implica no reconhecimento da atipicidade material da conduta ou a desnecessidade de pena" (AgRg no REsp 1602827/MS, Rel. Ministro RIBEIRO DANTAS, Quinta Turma, DJe 09/11/2016) 2. Agravo regi-mental desprovido" (STJ, AgRg no REsp 1743996/MS, Rel. Ministro REYNALDO SOARES DA FONSECA, QUINTA TURMA, julgado em 14/05/2019, DJe 23/05/2019); D: incorreta, já que nem toda forma de violência contra a mulher, no âmbito doméstico ou familiar, configura infração penal (art. 7º, Lei 11.340/2006). ED

---

52. Gabarito: D
Comentário: I: correta. É que, segundo entendimento consolidado nos tribunais superiores, é prescindível, para a incidência desta causa de aumento, a transposi-ção das divisas dos Estados, sendo suficiente que fique demonstrado que a droga se destinava a outro Estado da Federação. Nesse sentido, conferir: "(...) Esta Corte possui entendimento jurisprudencial, no sentido de que a incidência da causa de aumento, conforme prevista no art. 40, V, da Lei 11.343/2006, não exige a efetiva transposição da divisa interestadual, sendo suficientes as evidências de que a substância entorpecente tem como destino qualquer ponto além das linhas da respectiva Unidade da Federação (...)" (AGRESP 201103088503, Campos Marques (Desembargador convocado do TJ/PR), STJ, Quinta Turma, DJe 01.07.2013). Consoli-dando tal entendimento, o STJ editou a Súmula 587: "Para a incidência da majorante prevista no art. 40, V, da Lei 11.343/2006, é desnecessária a efetiva transpo-sição de fronteiras entre estados da Federação, sendo suficiente a demonstração inequívoca da intenção de realizar o tráfico interestadual"; II: correta. Segundo dispunha a Súmula 512, do STJ, "A aplicação da causa de diminuição de pena prevista no art. 33, § 4º, da Lei 11.343/2006 não afasta a hediondez do crime de tráfico de drogas". O Plenário do STF, ao julgar o HC 118.533/MS, em 23.06.2016, cuja relatoria foi da Min. Cármen Lúcia, entendeu, em dissonância com o posicionamento então adotado pelo STJ, que o crime de tráfico de drogas privilegiado não tem natureza hedionda. Pois bem. Pos-teriormente a isso, a Terceira Seção do STJ, na sessão realizada em 23 de novembro de 2016, ao julgar a QO na Pet 11.796-DF, determinou o cancelamento da referida Súmula 512, alinhando-se ao entendimento adotado pelo

STF no sentido de que o delito de tráfico privilegiado não pode ser equiparado a crime hediondo. Consagrando tal posicionamento adotado pelos Tribunais Superiores acerca deste tema, a Lei 13.964/2019 incluiu no art. 112 da LEP o § 5º, que assim dispõe: "Não se considera hediondo ou equiparado, para os fins deste artigo, o crime de tráfico de drogas previsto no § 4º do art. 33 da Lei 11.343, de 23 de agosto de 2006"; **III: correta.** De fato, a Lei 11.343/2006, inovando, tratou de maneira diferenciada – e proporcional – as figuras do traficante e do fornecedor eventual de drogas, assim considerado aquele que oferece droga, em caráter eventual, sem intenção de lucro, à pessoa de seu relacionamento, para consumo conjunto (art. 33, § 3º). Trata-se de crime de menor potencial ofensivo (pena de detenção, de seis meses a um ano, além de multa); **IV: incorreta,** já que, em conformidade com o art. 33, § 4º, da Lei 11.343/2006, a redução de pena será da ordem de um sexto a dois terços. No crime tentado, a redução é de um terço a dois terços (art. 14, parágrafo único, do CP). ⏹

53. Gabarito: B

Comentário: **A: correta.** Delito de tendência interna transcendente ou de intenção é aquele em que o agente busca um resultado dispensável à consumação do delito, sendo este o caso do crime do art. 1º, I, da Lei de Tortura, em que a implementação das metas estipuladas nas alíneas *a, b* e *c* do inciso I não precisa ser alcançada para o crime ser considerado consumado (delito formal); **B: incorreta.** Conferir: "2. A denúncia oferecida pelo Parquet estadual destoa da jurisprudência do Supremo Tribunal Federal e do Superior Tribunal de Justiça que se orienta no sentido de que a demonstração do dolo específico, ou seja, da intenção de causar dano aos cofres públicos, é imprescindível para a configuração do delito descrito no artigo 89, parágrafo único da Lei n. 8.666/93. Precedentes. 3. A jurisprudência do Superior Tribunal de Justiça, inaugurada com o julgamento da APn 480/MG pela Corte Especial, firmou o entendimento de que, para a configuração do delito tipificado no art. 89 da Lei n. 8.666/93, deve-se demonstrar, ao menos em tese, o dolo específico de causar dano ao erário bem como o efetivo prejuízo causado à administração pública, devendo tais elementos estarem descritos na denúncia, sob pena de ser considerada inepta. Precedentes. 4. No caso em análise, considerando que não demonstrado na denúncia o dolo específico de causar prejuízo ao erário e tampouco indicada a intenção de superfaturamento na venda dos resíduos de calcário, a inépcia da peça inaugural é aferível a um primeiro contato, sem demandar esforço interpretativo. Nessa esteira, configurada flagrante ilegalidade que justifica o trancamento da ação penal. 5. De outro lado, embora a denúncia seja inepta pelos motivos já expostos não se

pode concluir de plano pela ausência de justa causa para a ação penal. Embora intente o recorrente demonstrar, mediante tabelas de preços, que os valores praticados nos contratos eram compatíveis com o mercado, referida análise demanda incursão em fatos e provas, o que equivale a um julgamento antecipado do mérito, incabível em habeas corpus. À luz do mesmo raciocínio, não cabe neste mandamus aferir o vínculo subjetivo eventualmente existente entre Prefeito e recorrido, diante da impossibilidade de instrução probatória no habeas corpus. Diante disso, a continuidade da persecução criminal deflagrada por denúncia inepta configura flagrante ilegalidade que justifica o provimento do recurso, todavia o reconhecimento da aludida inépcia não impede que o Ministério Público ofereça nova denúncia, na hipótese de entender, com base nas investigações, que há elementos concretos indicativos de dolo específico e de dano ao erário. 6. Recurso em habeas corpus parcialmente provido para determinar o trancamento da ação penal, em razão da inépcia da denúncia, sem prejuízo de que o Ministério Público apresente nova inicial acusatória em atendimento aos requisitos do art. 41 do Código de Processo Penal, demonstrando o dolo lesivo específico e efetivo prejuízo ao erário" (STJ, RHC 87.389/PR, Rel. Ministro JOEL ILAN PACIORNIK, QUINTA TURMA, julgado em 26/09/2017, DJe 06/10/2017). Atenção: posteriormente à elaboração desta questão, os arts. 89 a 108 da Lei 8.666/1993, que reuniam os crimes em espécie e o respectivo procedimento judicial, foram revogados pela Lei 14.133/2021 (nova Lei de Licitações e Contratos Administrativos). Por força desta mesma Lei, os delitos relativos a licitações e contratos administrativos foram inseridos no Código Penal, criando-se, para tanto, o Capítulo II-B, dentro do Título XI (dos crimes contra a administração pública). Assim, as condutas configuradoras de crimes relativos a licitações e contratos administrativos, que antes tinham previsão na Lei 8.666/1993, passam a tê-lo nos arts. 337-E a 337-P do CP; **C: correta.** O entendimento do STJ, e também do STF, é no sentido de que a associação para o tráfico (art. 35 da Lei 11.343/2006) não é considerada crime equiparado a hediondo, seja por não constituir, propriamente, em conduta que se subsuma a tráfico de drogas (este sim considerado equiparado a hediondo), seja em razão do critério legal, não consta no rol dos crimes indicados na Lei 8.072/1990 (Lei dos Crimes Hediondos); **D: correta** (art. 65 da Lei 9.605/1998); **E: correta,** pois em conformidade com o art. 16, IX, do Decreto 3.665/2000 e com o art. 16 do Estatuto do Desarmamento. Atualmente, a arma de fogo dissimulada é considerada de uso proibido (e não mais restrito), conforme dispõe o art. 3º, III, *b*, do Decreto 10.030/2000. Sendo assim, o crime em que incorreria hoje Pozinho seria o do art. 16, § 2º, da Lei 10.826/2003. ⏹

54. Gabarito: E

Comentário: **I:** correta (art. 121, § 2º, VI, do CP); **II:** correta. O enunciado retrata típica hipótese de *aberratio ictus* com unidade complexa (ou com duplo resultado), em que deverá ser aplicada a regra do concurso formal próprio, vale dizer, aplicar-se-á a pena do crime mais grave, aumentada de 1/6 (um sexto) até 1/2 (metade), conforme preconiza o art. 74, 2ª parte, do CP; **III:** correta. Nos termos do art. 70, parágrafo único, do CP, a pena não poderá exceder a que seria cabível pela regra do concurso material. Assim, quando o sistema da exasperação afigurar-se prejudicial ao agente, deverá ser adotado o do cúmulo material, razão por que tal situação é denominada de cúmulo material benéfico; **IV:** correta, pois reflete o disposto no art. 121, § 7º, III, do CP, com redação dada pela Lei 13.771/2018. [ED]

55. Gabarito: B

Comentário: **A:** correta. De fato, ao autor indireto intelectual cabe o planejamento da infração penal, sendo a sua execução de responsabilidade de terceiro; já na autoria mediata, temos que o agente (autor mediato) se vale de alguém (autor imediato), que pode ser um inimputável ou alguém que aja sem dolo, para a execução de determinado crime; **B:** incorreta, dado que o denominado crime de ímpeto é perfeitamente compatível com o *conatus*. Devemos entender por crime de ímpeto aquele cometido sem premeditação, repentino, não planejado. Típico exemplo é o homicídio cometido no calor de uma discussão de trânsito; **C:** correta. De fato, no que toca ao tempo do crime, o CP adotou, em seu art. 4º, a teoria da atividade, segundo a qual considera-se praticado o crime no momento da conduta (ação ou omissão), ainda que o resultado tenha se operado em outro momento; no que concerne ao lugar do delito, a teoria adotada foi a da ubiquidade (art. 6º do CP), para a qual lugar do crime será o lugar da ação ou omissão, bem como o lugar em que se verificar o resultado; **D:** correta. Tal como afirmado, o arrependimento posterior, que traduz a chamada ponte de prata, já que suaviza a pena que seria aplicada, comunica-se, no concurso de pessoas, aos agentes que não promoveram a restituição/reparação; **E:** correta (art. 17, CP). [ED]

56. Gabarito: E

Comentário: **A:** incorreta, já que o prefeito será responsabilizado pelo crime de peculato de uso, definido no art. 1º, II, do Decreto-Lei 201/1967; **B:** incorreta, uma vez que não houve mudança de entendimento em relação à inaplicabilidade do princípio da insignificância aos crimes contra a Administração Pública. Segundo a Súmula 599, do STJ: *o princípio da insignificância é inaplicável aos crimes contra a Administração Pública.* É importante que se diga que o STF tem precedentes no

sentido de reconhecer a incidência de tal princípio aos crimes contra a Administração Pública. No que concerne ao delito de descaminho, as duas Cortes entendem pela aplicabilidade do mencionado postulado, desde que o tributo sonegado não ultrapasse R$ 20.000,00. Cuidado: a insignificância, embora se aplique ao descaminho, não tem incidência no crime de contrabando; **C:** incorreta. O médico conveniado do SUS é considerado, para os fins penais, funcionário público. Dessa forma, se ele, médico, exigir dinheiro (pagamento indevido) para realizar cirurgia, cometerá o crime de concussão (art. 316 do CP), delito próprio do *intraneus*. Importante: a Lei 13.964/2019, posterior à elaboração desta questão, alterou a pena máxima cominada ao crime de concussão. Com isso, a pena para este delito, que era de 2 a 8 anos de reclusão, e multa, passa para 2 a 12 anos de reclusão, e multa. Corrige-se, dessa forma, a distorção que até então havia entre a pena máxima cominada ao crime de concussão e aquelas previstas para os delitos de corrupção passiva (317, CP) e corrupção ativa (art. 333, CP). Doravante, a pena, para estes três crimes, vai de 2 a 12 anos de reclusão, sem prejuízo da multa. Mesmo porque o crime de concussão denota, no seu cometimento, maior gravidade do que o delito de corrupção passiva. No primeiro caso, o agente exige, que tem o sentido de impor, obrigar, sempre se valendo do cargo que ocupa para intimidar a vítima e, dessa forma, alcançar a colimada vantagem indevida; no caso da corrupção passiva, o *intraneus*, no lugar de exigir, solicita, recebe ou aceita promessa de receber tal vantagem; **D:** incorreta. No peculato culposo, se o agente reparar o dano até a sentença irrecorrível, fará jus à extinção de sua punibilidade, nos termos do art. 312, § 3º, do CP; se a reparação, entretanto, se der após o trânsito em julgado, o agente verá sua pena reduzida de metade; **E:** correta. Se, ao cabo das investigações, a autoridade policial presidente do inquérito policial, mediante análise técnico-jurídica, chegar à conclusão de que o fato é atípico e, por isso, deixar de proceder ao indiciamento do investigado, nenhuma irregularidade terá cometido (art. 2º, § 6º, da Lei 12.830/2013). Vale aqui lembrar que o crime de prevaricação, definido no art. 319 do CP, tem como pressuposto que o agente deixe de agir para satisfazer interesse ou sentimento pessoal. [ED]

57. Gabarito: D

Comentário: **I:** correta. Qualquer outro meio fraudulento, a que faz referência o tipo penal do estelionato, inclui todo e qualquer engodo de que pode se valer o agente para ludibriar a vítima e, assim, dela obter vantagem, o que pode ocorrer por meio do silêncio; **II:** correta. Asdrubal cometeu o crime do art. 158 do CP (extorsão). Atenção: no que toca a este tema, é importante o registro de que a Lei 13.718/2018 incluiu no CP o art. 218-C, que se refere ao delito de divulgação de cena de estupro ou de cena de estupro de vulnerável, de cena de sexo ou de pornografia. O objetivo do legislador, com a tipificação desta conduta, foi o de coibir um fenômeno que, infelizmente, tem sido cada vez mais comum, que é a violação da intimidade com a exposição sexual não autorizada. Inclui-se, aqui, a chamada pornografia da vingança, em que fotografias e vídeos de conteúdo íntimo de alguém (normalmente mulher) são divulgados na internet pelo ex-esposo ou ex-namorado como forma de vingança. A partir daí, o conteúdo é disseminado, nas redes sociais e em grupos de WhatsApp, de forma exponencial. O art. 218-C contempla uma causa de aumento de pena, a configurar-se quando o crime é praticado por agente que mantém ou tenha mantido relação íntima de afeto com a vítima ou com o fim de vingança ou humilhação; **III:** incorreta. O art. 163, parágrafo único, do CP trata de hipóteses de qualificadores, e não de causa de aumento de pena. No mais, a CEF foi incluída no rol; **IV:** correta. De fato, tanto o STF quanto o STJ são pela inadmissibilidade da continuidade delitiva entre os crimes de latrocínio e roubo. ED

58. Gabarito: C
Comentário: **I:** correta. Parte da doutrina sustenta que não comete o crime do art. 307 do CP o agente que atribui a si falsa identidade com o propósito de escapar de ação policial e, dessa forma, evitar sua prisão. O indivíduo estaria, segundo essa corrente, procurando preservar sua liberdade. Sucede que, atualmente, este posicionamento não mais prevalece. Segundo STF e STJ, aquele que atribui a si identidade falsa com o escopo de furtar-se à responsabilidade criminal deve, sim, responder pelo crime de falsa identidade (art. 307, CP). A propósito, o STJ, consolidando tal entendimento, editou a Súmula 522: "A conduta de atribuir-se falsa identidade perante autoridade policial é típica, ainda que em situação de alegada autodefesa". Também nesse sentido, o STF: "Direito penal. Agravo regimental em recurso extraordinário com agravo. Crime de falsa identidade. Art. 307 do Código Penal. Alegação de autodefesa. Impossibilidade. Tipicidade configurada. 1. O Plenário Virtual do Supremo Tribunal Federal, no julgamento do RE 640.139, Rel. Min. Dias Toffoli, decidiu que o princípio constitucional da autodefesa não alcança aquele que atribui falsa identidade perante autoridade policial com o intuito de ocultar maus antecedentes. Na ocasião, reconheceu-se a existência de repercussão geral da questão constitucional suscitada e, no mérito, reafirmou a jurisprudência dominante sobre a matéria. 2. Agravo regimental a que se nega provimento." (ARE 870572 AgR, 1ª T., Rel. Min. Roberto Barroso, j. 23.06.2015, DJe 05.08.2015, publ. 06.08.2015); **II:** incorreta. Isolda, ao chamar o porteiro Agostinho de Matusalém, cometeu a

modalidade de injúria qualificada do art. 140, § 3º, do CP, não podendo incidir, sob pena de configurar *bis in idem*, a circunstância agravante do art. 61, II, *h*, do CP; **III:** incorreta. Trata-se de crime contra a economia popular definido no art. 2º, XI, da Lei 1.521/1951; **IV:** correta. De fato, dada a desproporcionalidade entre as condutas descritas no art. 273, § 1º-B, do CP e as penas a elas cominadas, o STJ declarou inconstitucional a pena deste dispositivo legal, passando a adotar a pena do tráfico de drogas em seu lugar (AI no HC 239.363, Corte Especial, rel. Sebastião Reis Júnior, 26.02.2015). ED

59. Gabarito: B
Comentário: **A:** incorreta, na medida em que, ante o que estabelece o art. 159, § 4º, do CP, a libertação do sequestrado, na extorsão mediante sequestro, constitui requisito indispensável à obtenção de redução de pena; **B:** correta, pois corresponde ao previsto no art. 4º, *caput*, da Lei 12.850/2013; **C:** incorreta, pois, segundo reza o art. 16, parágrafo único, da Lei 8.137/1990, fará jus à diminuição de pena tanto o agente que integrar quadrilha quanto aquele que figurar como coautor ou ainda partícipe na empreitada criminosa; **D:** incorreta, tendo em conta que, neste caso, a pena será reduzida de um a dois terços, nos termos do que dispõe o art. 8º, parágrafo único, da Lei 8.072/1990; **E:** incorreta, já que, para ser agraciado com a redução de pena contida no art. 41 da Lei 11.343/2006, é de rigor que o agente colabore na identificação de coautores ou partícipes. ED

60. Gabarito: C
Comentário: **I:** correta. De fato, o número de agentes não constitui, por si só, critério distintivo entre os delitos de associação criminosa, capitulado no art. 288 do CP, e organização criminosa, definido no art. 2º da Lei 12.850/2013; **II:** correta (art. 1º, § 1º, da Lei 12.850/2013); **III:** incorreta. A pena do crime de associação criminosa (art. 288, CP) será majorada em até a metade se a associação é armada ou se houver a participação de criança ou adolescente (parágrafo único); já no crime de organização criminosa, a pena será aumentada de 1/6 a 2/3 na hipótese de haver participação de criança ou adolescente (art. 2º, § 4º, I, da Lei 12.850/2013); e se a organização criminosa for armada, a pena será aumentada até a metade (art. 2º, § 2, da Lei 12.850/2013). ED

61. Gabarito: E
Comentário: **1ª assertiva:** falsa. Trata-se de ação penal pública incondicionada, nos termos do art. 17 da Lei das Contravenções Penais; **2ª assertiva:** falsa. O namoro, mormente quando duradouro, configura relação íntima de afeto, ensejando a aplicação da Lei Maria da Penha (art. 5º, III, Lei 11.340/2006); **3ª assertiva:** verdadeira

(art. 5º, II, Lei 11.340/2006); **4ª assertiva:** falsa. A ação penal, nos delitos sexuais, era, em regra, de iniciativa privada. Era o que estabelecia a norma contida no caput do art. 225 do Código Penal. As exceções ficavam por conta do § 1º do dispositivo. Com o advento da Lei 12.015/09, que introduziu uma série de modificações nos crimes sexuais, agora chamados crimes contra a dignidade sexual, nomenclatura, a nosso ver, mais adequada aos tempos atuais, a ação penal deixou de ser privativa do ofendido para ser pública condicionada à representação, exceção feita às hipóteses em que a vítima era menor de 18 anos ou pessoa vulnerável, caso em que a ação era pública incondicionada (art. 225, parágrafo único, do CP). Era esta a regra em vigor ao tempo em que esta questão foi elaborada. Pois bem. Mais recentemente, entrou em vigor a Lei 13.718/2018, que, dentre várias inovações implementadas nos crimes contra a dignidade sexual, mudou, uma vez mais, a natureza da ação penal nesses delitos. Com isso, a ação penal, nos crimes sexuais, passa a ser pública incondicionada. Vale lembrar que, antes do advento desta Lei, a ação era, em regra, pública condicionada, salvo nas situações em que a vítima era vulnerável ou menor de 18 anos. Fazendo um breve histórico, temos o seguinte quadro: a ação penal, nos crimes sexuais, era, em regra, privativa do ofendido, a este cabendo a propositura da ação penal; posteriormente, a partir do advento da Lei 12.015/2009, a ação penal, nesses crimes, deixou de ser privativa do ofendido para ser pública condicionada a representação, em regra; agora, com a entrada em vigor da Lei 13.718/2018, a ação penal, nos crimes contra a dignidade sexual, que antes era pública condicionada, passa a ser pública incondicionada. Com isso, o titular da ação penal, que é o MP, prescinde de manifestação de vontade da vítima para promover a ação penal. Dessa forma, fica sepultado o debate que antes havia acerca da aplicação da Súmula 608, do STF; **5ª assertiva:** falsa. Em decisão tomada no julgamento da ADIn n. 4.424, de 09.02.2012, o STF estabeleceu a natureza incondicionada da ação penal nos crimes de lesão corporal, independente de sua extensão, praticados contra a mulher no ambiente doméstico (Súmula 542, do STJ). Sucede que tal decisão, como se pode notar, é restrita aos crimes de lesão corporal, não se aplicando, pois, ao crime de injúria, cuja iniciativa para a ação penal é privativa da vítima, nos termos do art. 145 do CP. ED

62. Gabarito: D
Comentário: Regra geral, o civilmente identificado não será submetido a identificação criminal (art. 5º, LVIII, CF; art. 1º da Lei 12.037/2009). Há situações, no entanto, em que, mesmo tendo sido apresentado documento de identificação, a autoridade poderá proceder à identificação criminal. Estas situações, que constituem exceção,

estão elencadas no art. 3º da Lei 12.037/2009, entre as quais está a hipótese em que o documento contém rasura ou indício de falsificação. Neste caso, a autoridade determinará a identificação criminal, aqui incluídos os processos datiloscópico e fotográfico (art. 5º, *caput*, Lei 12.037/2009). ED

63. Gabarito: A
Comentário: **A:** correta. O art. 5º, LVI, da CF veda, de forma expressa, a utilização, no processo, das provas obtidas por meios ilícitos. No âmbito do processo penal, a Lei 11.690/1998 previu, também de forma expressa, o fato de ser ilícita a prova obtida em violação a normas constitucionais ou legais (art. 157, *caput*, do CPP), reputando inadmissíveis aquelas derivadas das ilícitas, salvo quando não evidenciado o nexo de causalidade entre umas e outras, ou quando as derivadas puderem ser obtidas por uma fonte independente das primárias: **B:** incorreta. A prisão preventiva pode ser decretada tanto no curso da ação penal quanto no decorrer das investigações do inquérito policial. Neste último caso, os elementos de convicção levados ao conhecimento do magistrado que servirão de base para a decretação da custódia preventiva serão necessariamente extraídos do inquérito. De outra forma não poderia ser, já que, nesta fase da persecução, inexiste processo; **C:** incorreta. Isso porque não se admite que as provas coligidas no inquérito policial sirvam, de forma exclusiva, de suporte para fundamentar uma sentença penal condenatória. Em outras palavras, é vedado ao magistrado fundamentar sua decisão exclusivamente nos elementos informativos produzidos na investigação. É o que estabelece o art. 155, *caput*, do CPP; **D:** incorreta. Vide comentário à assertiva "B": aplica-se o mesmo fundamento; **E:** incorreta. É fato que as investigações do inquérito policial são sigilosas (art. 20 do CPP), mas, por óbvio, tal sigilo não alcança o juiz tampouco o membro do MP. ED

64. Gabarito: D
Comentário: **A:** incorreta, na medida em que não corresponde ao teor do art. 2º, *caput*, da Lei 12.830/2013; **B:** incorreta, uma vez que, tendo em conta a discricionariedade de que goza a autoridade policial na condução do IP (o legislador não estabeleceu uma sequência rígida de atos a ser observada pelo delegado), o indiciamento, ato privativo da autoridade policial, poderá ocorrer em qualquer fase do IP, não necessariamente ao seu final. Em suma, a escolha do momento mais adequado em que ele deverá ocorrer ficará a critério do delegado; **C:** incorreta. O indiciamento constitui providência privativa da autoridade policial, não cabendo ao promotor ou mesmo ao juiz determinar que o delegado assim proceda. É o que estabelece o art. 2º, § 6º, da Lei 12.830/2013, que contempla regras sobre a investigação criminal

conduzida pelo delegado de polícia. Quanto a isso, conferir o magistério de Guilherme de Souza Nucci: "Requisição de indiciamento: cuida-se de procedimento equivocado, pois indiciamento é ato exclusivo da autoridade policial, que forma o seu convencimento sobre a autoria do crime, elegendo, formalmente, o suspeito de sua prática. Assim, não cabe ao promotor ou ao juiz exigir, através de requisição, que alguém seja indiciado pela autoridade policial, porque seria o mesmo que demandar à força que o presidente do inquérito conclua ser aquele o autor do delito (...)" (*Código de Processo Penal Comentado*, 12ª ed., p. 101). Na jurisprudência: "1. É por meio do indiciamento que a autoridade policial aponta determinada pessoa como a autora do ilícito em apuração. 2. Por se tratar de medida ínsita à fase investigatória, por meio da qual o Delegado de Polícia externa o seu convencimento sobre a autoria dos fatos apurados, não se admite que seja requerida ou determinada pelo magistrado, já que tal procedimento obrigaria o presidente do inquérito à conclusão de que determinado indivíduo seria o responsável pela prática criminosa, em nítida violação ao sistema acusatório adotado pelo ordenamento jurídico pátrio. Inteligência do artigo 2º, § 6º, da Lei 12.830/2013. Doutrina. Precedentes do STJ e do STF. 3. Recurso provido para anular a decisão que determinou o indiciamento dos recorrentes" (STJ, RHC 47.984/SP, Rel. Ministro JORGE MUSSI, QUINTA TURMA, julgado em 04/11/2014, DJe 12/11/2014); **D:** correta, pois corresponde à redação do art. 2º, § 6º, da Lei 12.830/2013; **E:** incorreta. É lícito ao MP, caso entenda serem necessárias novas diligências, por considerá-las imprescindíveis ao oferecimento da denúncia, requerer a devolução do inquérito à autoridade policial (art. 16, CPP), sendo-lhe vedado, no entanto, assim proceder para o fim de que o delegado promova o indiciamento do investigado. Vide comentário à assertiva "C". 🔲

65. Gabarito: A
Comentário: A solução desta questão deve ser extraída do art. 13-A do CPP, introduzido pela Lei 13.344/2016, que autoriza o membro do MP ou a autoridade policial a requisitar, de quaisquer órgãos do poder público ou de empresas da iniciativa privada, dados e informações cadastrais da vítima ou de suspeitos dos crimes elencados no dispositivo, entre os quais está o sequestro e cárcere privado (art. 148, CP). 🔲

66. Gabarito: D
Comentário: **I:** incorreta. A Lei de Drogas (Lei 11.343/2006), em seu art. 53, *caput* e II, estabelece que a implementação da ação controlada deve ser precedida de autorização judicial e manifestação do MP, estando a assertiva, por essa razão, incorreta. Vale a observação de que o art. 8º, § 1º, da Lei 12.850/2013 (Organização

Criminosa), diferentemente da Lei de Drogas, reza que a ação controlada será comunicada ao juiz competente, que estabelecerá, conforme o caso, os limites da medida e comunicará o MP. Perceba que, neste último caso, o legislador não impôs a necessidade de o magistrado autorizar o retardamento da intervenção policial; exigiu tão somente a comunicação; **II:** correta. A conferir: "1. O Tema 280 da Repercussão Geral firmou a seguinte tese: A entrada forçada em domicílio sem mandado judicial só é lícita, mesmo em período noturno, quando amparada em fundadas razões, devidamente justificadas a posteriori, que indiquem que dentro da casa ocorre situação de flagrante delito, sob pena de responsabilidade disciplinar, civil e penal do agente ou da autoridade, e de nulidade dos atos praticados. 2. O paradigma consigna ser lícita a entrada forçada em domicílio, sem mandado judicial, mesmo em período noturno, desde que existam fundadas razões (justificadas a posteriori) que indiquem a ocorrência de flagrante delito. 3. Na espécie, os argumentos utilizados pelo Tribunal demonstram que a entrada forçada revelou-se ilícita, em especial, pela ausência de elementos probatórios mínimos acerca da causa que levou ao ingresso dos policiais no domicílio dos réus, gerando dúvida sobre a legalidade da diligência. Ademais, o ingresso de policiais em residências, mesmo diante de informações anônimas da prática de delitos, por si só, não se mostra capaz de justificar a entrada forçada sob o pretexto de possível ocorrência de crime" (STF, ARE 1200520 AgR, Relator(a): Min. ALEXANDRE DE MORAES, Primeira Turma, julgado em 18/10/2019, PROCESSO ELETRÔNICO DJe-236 DIVULG 29-10-2019 PUBLIC 30-10-2019); **III:** incorreta, uma vez que a confecção do laudo de constatação é feita por um só perito oficial ou, na falta deste, por pessoa idônea (e não por dois peritos nomeados). É o que estabelece o art. 50, § 1º, da Lei 11.343/2006; **IV:** correta. Com efeito, no crime de tráfico de drogas, o inquérito deverá ser ultimado no prazo de 30 dias, se preso estiver o indiciado; e em 90 dias, no caso de o indiciado encontrar-se solto. De uma forma ou de outra, pode haver duplicação do prazo mediante pedido justificado da autoridade policial. É o teor do art. 51 da Lei 11.343/2006; **V:** correta, ao tempo em que aplicada esta prova, já que correspondia à redação do art. 50-A da Lei 11.343/2006, dispositivo alterado por força da Lei 13.840/2019, que dali extraiu o trecho final: "(...) aplicando-se, no que couber, o procedimento dos §§ 3º a 5º do Art. 50".🔲

67. Gabarito: C
Comentário: A denúncia anônima (também chamada de apócrifa ou inqualificada), segundo tem entendido a jurisprudência, não é apta, por si só, a autorizar a instauração de inquérito policial, dando início à persecução penal. Antes disso, a autoridade policial deverá fazer uma

averiguação prévia a fim de verificar a procedência da denúncia apócrifa, para, depois disso, determinar, se for o caso, a instauração de inquérito. Nesse sentido: "(...) a autoridade policial, ao receber uma denúncia anônima, deve antes realizar diligências preliminares para averiguar se os fatos narrados nessa 'denúncia' são materialmente verdadeiros, para, só então, iniciar as investigações" (STF, HC 95.244, 1ª T., rel. Min. Dias Toffoli, DJE de 29.04.2010). No mesmo sentido: "1. Elementos dos autos que evidenciam não ter havido investigação preliminar para corroborar o que exposto em denúncia anônima. O Supremo Tribunal Federal assentou ser possível a deflagração da persecução penal pela chamada denúncia anônima, desde que esta seja seguida de diligências realizadas para averiguar os fatos nela noticiados antes da instauração do inquérito policial. Precedente. 2. A interceptação telefônica é subsidiária e excepcional, só podendo ser determinada quando não houver outro meio para se apurar os fatos tidos por criminosos, nos termos do art. 2º, inc. II, da Lei n. 9.296/1996. Precedente. 3. Ordem concedida para se declarar a ilicitude das provas produzidas pelas interceptações telefônicas, em razão da ilegalidade das autorizações, e a nulidade das decisões judiciais que as decretaram amparadas apenas na denúncia anônima, sem investigação preliminar" (HC 108147, Relator(a): Min. Cármen Lúcia, Segunda Turma, julgado em 11.12.2012, Processo Eletrônico DJe-022 Divulg 31.01.2013 Public 01.02.2013). ED

68. Gabarito: E
Comentário: **A:** incorreta. A solução desta assertiva deve ser extraída da Súmula 546, do STJ: "A competência para processar e julgar o crime de uso de documento falso é firmada em razão da entidade ou órgão ao qual foi apresentado o documento público, não importando a qualificação do órgão expedidor". Ou seja, pouco importa, aqui, o fato de o órgão expedidor do documento falso ser estadual ou federal, por exemplo. O critério a ser utilizado para o fim de determinar a Justiça competente é o da entidade ou órgão ao qual o documento foi apresentado; **B:** incorreta, pois contraria o entendimento firmado por meio da Súmula 107, do STJ; **C:** incorreta, pois em desconformidade com a Súmula Vinculante 11; **D:** incorreta. O STF, por meio da Súmula 714, firmou entendimento no sentido de que, nesses casos, a legitimidade é concorrente (e não subsidiária) entre o ofendido (mediante queixa) e o Ministério Público (ação pública condicionada à representação do ofendido); **E:** correta. Conferir: "O Plenário da Corte, apreciando o tema 393 da repercussão geral, fixou tese nos seguintes termos: "Compete à Justiça Federal processar e julgar os crimes consistentes em disponibilizar ou adquirir material pornográfico envolvendo criança ou adolescente (arts. 241,

241-A e 241-B da Lei nº 8.069/1990) quando praticados por meio da rede mundial de computadores" (RE 612030 AgR-ED, Relator(a): Min. Dias Toffoli, Segunda Turma, julgado em 28.08.2018, Processo Eletrônico DJe-224 Divulg 19.10.2018 Public 22.10.2018). ED

69. Gabarito: A
Comentário: **A:** correta, pois retrata o teor do art. 4º, § 15, da Lei 12.850/2013; **B:** incorreta, uma vez que não reflete o disposto no art. 4º, § 15, da Lei 12.850/2013; **C:** incorreta, uma vez que não reflete o disposto no art. 4º, § 15, da Lei 12.850/2013; **D:** incorreta, dado que, em consonância com o disposto no art. 23 da Lei 12.850/2013, o sigilo a que se refere a alternativa será decretado pela autoridade judicial (e não policial); **E:** incorreta, pois contraria o disposto no art. 23, parágrafo único, da Lei 12.850/2013. ED

70. Gabarito: C
Comentário: **A:** incorreta. Se o agente infiltrado estiver em situação de perigo, não há por que dar sequência à operação, que deverá, por isso, ser suspensa, mediante requisição do MP ou pelo delegado de polícia, do que será dada ciência ao MP e ao juiz (art. 12, § 3º, da Lei 12.850/2013); **B:** incorreta. Por força do que estabelece o art. 4º, § 10, da Lei 12.850/2013, havendo retratação, o que é perfeitamente possível, as provas até então produzidas somente não poderão ser utilizadas contra os interesses do delator que voltou atrás. Significa dizer que o órgão acusador poderá se valer dessas provas em desfavor dos demais investigados/corréus; **C:** correta, pois retrata o teor do art. 4º, § 9º, da Lei 12.850/2013; **D:** incorreta, uma vez que, neste caso, não é necessário que tal benefício (perdão judicial) esteja previsto na proposta inicial (art. 4º, § 2º, da Lei 12.850/2013); **E:** incorreta, na medida em que o acesso aos dados cadastrais do investigado pelo delegado de polícia e pelo MP independe de autorização judicial, na forma prescrita no art. 15 da Lei 12.850/2013. ED

71. Gabarito: B
Comentário: **A:** incorreta, na medida em que, por expressa disposição do art. 8º, *caput*, da Lei 9.296/1996, a interceptação de comunicação telefônica, de qualquer natureza, ocorrerá em autos apartados; **B:** correta, pois reflete o disposto no art. 190-B, parágrafo único, da Lei 8.069/1990 (ECA), dispositivo inserido por meio da Lei 13.441/2017; **C:** incorreta. Conferir: "1. A interceptação telefônica, por óbvio, abrange a participação de quaisquer dos interlocutores. Ilógico e irracional seria admitir que a prova colhida contra o interlocutor que recebeu ou originou chamadas para a linha legalmente interceptada é ilegal. Ora, "[a]o se pensar em interceptação de comunicação telefônica é de sua essência que o seja

em face de dois interlocutores". [...] A autorização de interceptação, portanto [...], abrange a participação de qualquer interlocutor no fato que está sendo apurado e não apenas aquela que justificou a providência." (GRECO FILHO, Vicente. Interceptação telefônica: Considerações sobre a Lei 9.296 de 24 de julho de 1996 - São Paulo: Saraiva, 1996, pp. 20/21). 2. Não é porque o Advogado defendia os investigados que sua comunicação com eles foi interceptada, mas tão somente porque era um dos interlocutores. Não há, assim, nenhuma violação ao sigilo profissional. 3. Recurso desprovido" (STJ, RMS 33.677/SP, Rel. Ministra LAURITA VAZ, QUINTA TURMA, julgado em 27/05/2014, DJe 03/06/2014); **D:** incorreta. Conferir: "1. Segundo o art. 5°, LXIII, da Constituição Federal, o preso será informado de seus direitos, entre os quais o de permanecer calado, sendo-lhe assegurada a assistência da família e de advogado. 2. Apesar de ter sido formalmente consignado no auto de prisão em flagrante que o indiciado exerceu o direito de permanecer calado, existe, nos autos da ação penal, gravação realizada entre ele e os policiais que efetuaram sua prisão, momento em que não foi informado do direito, assegurado na Constituição Federal. 3. As instâncias ordinárias insistiram na manutenção do elemento de prova nos autos, utilizando, de forma equivocada, precedente do Supremo Tribunal Federal no sentido de que não é considerada ilícita a gravação do diálogo quando um dos interlocutores tem ciência da gravação. 4. Tal entendimento não se coaduna com a situação dos autos, uma vez que - além de a gravação estar sendo utilizada para sustentar uma acusação - no caso do precedente citado estava em ponderação o sigilo das comunicações, enquanto no caso em questão está em discussão o direito constitucional de o acusado permanecer calado, não se autoincriminar ou não produzir prova contra si mesmo. 5. Admitir tal elemento de prova nos autos redundaria em permitir um falso exercício de um direito constitucionalmente assegurado, situação inconcebível em um Estado Democrático de Direito. 6. Ordem concedida para determinar o desentranhamento da mídia que contém a gravação do diálogo ocorrido entre o paciente e os policiais que efetuaram sua prisão da ação penal instaurada contra ele, pelo crime de tráfico de drogas, na Vara Criminal da comarca de Laguna/SC" (STJ, HC 244.977/SC, Rel. Ministro SEBASTIÃO REIS JÚNIOR, SEXTA TURMA, julgado em 25/09/2012, DJe 09/10/2012); **E:** incorreta, pois não reflete o disposto no art. 190-A, III, da Lei 8.069/1990 (ECA), dispositivo inserido por meio da Lei 13.441/2017.

72. Gabarito: A
Comentário: **A:** correta. Conferir: "1. Esta Corte tem entendido justificada, nos crimes sexuais contra criança e adolescente, a inquirição da vítima na modalidade do "depoimento sem dano", em respeito à sua condição especial de pessoa em desenvolvimento, procedimento admitido, inclusive, antes da deflagração da persecução penal, mediante prova antecipada (HC 226.179/RS, Rel. Ministro Jorge Mussi, Quinta Turma, julgado em 08.10.2013, DJe 16.10.2013). 2. A oitiva da vítima do crime de estupro de vulnerável (CP, art. 217-A), em audiência de instrução, sem a presença do réu e de seu defensor não inquina de nulidade o ato, por cerceamento ao direito de defesa, se o advogado do acusado aquiesceu àquela forma de inquirição, dela não se insurgindo, nem naquela oportunidade, nem ao oferecer alegações finais. 3. Além da inércia da defesa, que acarreta preclusão de eventual vício processual, não restou demonstrado prejuízo concreto ao réu, incidindo, na espécie, o disposto no art. 563 do Código de Processo Penal, que acolheu o princípio pas de nullité sans grief. Precedentes" (RHC 45.589/MT, Rel. Ministro Gurgel De Faria, Quinta Turma, julgado em 24.02.2015, DJe 03.03.2015). Importante que se diga que o art. 12 da Lei 13.431/2017 estabelece regras para o depoimento especial a ser prestado por crianças e adolescentes; **B:** incorreta, já que a busca em mulher somente será feita por outra mulher se isso não implicar retardamento ou prejuízo da diligência (art. 249, CPP); **C:** incorreta. O testemunho somente pode ser dado de forma oral, sendo vedado à testemunha apresentá-lo por escrito (art. 204, CPP); agora, nada impede que a testemunha, no ato de seu depoimento, faça breve consulta a informações contidas em anotações (art. 204, parágrafo único, CPP); **D:** incorreta. Atualmente, não mais se confere à confissão o status de rainha das provas, como outrora já foi considerada. Hoje, temos que a confissão, sendo meio de prova com valor equivalente às demais, deve ser valorada em conjunto com os outros elementos probatórios produzidos no processo (art. 197, CPP). Dessa forma, a confissão não elide a necessidade de produção de outras provas; **E:** incorreta. Conforme dispõe o art. 229 do CPP, será admitida a acareação entre acusados, entre acusado e testemunha, entre testemunhas, entre acusado ou testemunha e a pessoa ofendida, e entre as pessoas ofendidas, sempre que divergirem, em suas declarações, sobre fatos ou circunstâncias relevantes.

73. Gabarito: E
Comentário: **A:** incorreta, já que, nos termos do art. 2°, § 3°, da Lei 9.807/1999, "o ingresso no programa, as restrições de segurança e demais medidas por ele adotadas terão sempre a anuência da pessoa protegida, ou de seu representante legal"; **B:** incorreta. É despicienda, para a tipificação do crime de lavagem de dinheiro, a punição do agente pelo cometimento da infração penal (crime e contravenção penal) antece-

dente. Segundo reza o art. 2°, II, da Lei 9.613/1998, "o processo e julgamento dos crimes previstos nesta Lei: II - independem do processo e julgamento das infrações penais antecedentes, ainda que praticados em outro país (...)". Ainda segundo o § 1° do art. 2°: "a denúncia será instruída com indícios suficientes da existência da infração penal antecedente, sendo puníveis os fatos previstos nesta Lei, ainda que desconhecido ou isento de pena o autor, ou extinta a punibilidade da infração penal antecedente". Basta, pois, a existência de prova de que a infração penal antecedente ocorreu (materialidade da infração); **C:** incorreta, pois contraria o teor do art. 14, I, da Lei 12.850/2013, segundo o qual constitui direito do agente recusar ou fazer cessar a atuação infiltrada; **D:** incorreta. A alienação antecipada a que se refere o art. 4°, § 1°, da Lei 9.613/1998 prescinde da anuência do proprietário ou possuidor direto do bem objeto da medida assecuratória, que não precisará, pois, ser ouvido; **E:** correta, pois reflete o disposto no art. 17-D da Lei 9.613/1998. ED

74. Gabarito: B

Comentário: **A:** incorreta. O erro está em afirmar que, na hipótese de o autuado não declinar o nome de seu advogado, a cópia integral do auto de prisão em flagrante deverá ser encaminhada, dentro do prazo de 24 horas, ao MP, quando, na verdade, tal expediente deverá ser remetido à Defensoria Pública (art. 306, § 1°, CPP). Quanto ao MP, por força do que dispõe o art. 306, *caput*, do CPP, ele (e também o juiz) deverá ser imediatamente comunicado da prisão e do local onde se encontre a pessoa detida; **B:** correta, pois em consonância com o art. 304, § 4°, do CPP, inserido por meio da Lei 13.257/2016; **C:** incorreta. Na hipótese de a prisão-captura se dar em local diverso daquele onde foi cometido o delito, o conduzido deverá ser apresentado ao delegado de polícia com circunscrição no local em que se deu a prisão (e não a do lugar em que teve início a perseguição), que terá atribuição para a lavratura do respectivo auto de prisão em flagrante (art. 290, CPP). Nessa hipótese, a autoridade policial que presidiu o auto de prisão em flagrante cuidará para que, após, os autos sejam enviados à autoridade policial da circunscrição do local em que foi praticado o crime; **D:** incorreta, já que, por força do que dispõe o art. 41 da Lei Maria da Penha, a Lei 9.099/1995, que instituiu os Juizados Especiais, não tem incidência no contexto da violência doméstica; **E:** incorreta. Nos termos do art. 24-A, § 2°, da Lei 11.340/2006 (Maria da Penha), na hipótese de prisão em flagrante pelo cometimento do crime descrito no *caput* desse dispositivo (descumprimento de medida protetiva de urgência), somente ao magistrado é dado conceder fiança. ED

75. Gabarito: B

Comentário: A pena máxima cominada para o crime em que incorreu João corresponde a cinco anos. Assim, preenchido está o requisito contido no art. 313, I, do CPP (crime doloso punido com pena privativa de liberdade máxima superior a quatro anos). Deve-se, agora, verificar se está presente algum dos fundamentos da custódia preventiva (art. 312 do CPP). O enunciado não deixa dúvidas de que o autuado vem reiteradamente, ao longo do tempo, praticando crimes da mesma espécie, o que, à evidência, oferece risco à ordem pública, que constitui um dos fundamentos da prisão preventiva. Ademais, o delito pelo qual João foi autuado em flagrante revela-se concretamente grave, dada a significativa quantidade de semoventes ocultados, todos destinados a futura comercialização. Dessa forma, é possível afirmar que a prisão preventiva mostra-se a medida mais adequada à espécie, pois, neste caso, terá a finalidade de fazer cessar a atividade criminosa de José. ED

76. Gabarito: C

Comentário: **A:** incorreta, pois não reflete o disposto no art. 283, § 1°, do CPP; **B:** incorreta. A prisão temporária deve ser decretada pelo juiz, após representação da autoridade policial ou de requerimento do MP, não sendo permitida a sua decretação de ofício. Em caso de representação da autoridade policial, o juiz, antes de decidir, deve ouvir o MP e, em qualquer caso, deve decidir fundamentadamente sobre o decreto de prisão temporária dentro do prazo de 24 horas, contadas a partir do recebimento da representação ou do requerimento. É o que estabelece o art. 2°, *caput*, da Lei 7.960/1989; **C:** correta. Nos crimes hediondos e assemelhados, como é o caso do tráfico de drogas, o art. 5°, XLIII, da Constituição Federal veda tão somente a concessão de fiança. Com o advento da Lei 11.464/2007, que modificou a redação do art. 2° da Lei de Crimes Hediondos, cuja redação original vedava a concessão de fiança e liberdade provisória, passou a ser possível a sua concessão sem fiança, já que foi extraída do dispositivo (art. 2°, II, da Lei 8.072/1990). Mais recentemente, a Lei 12.403/2011 promoveu uma série de inovações no âmbito da prisão e da liberdade provisória, entre elas alterou a redação do art. 323 do CPP, que passou a prever que os crimes hediondos e os delitos a eles equiparados (tráfico de drogas, tortura e terrorismo) são inafiançáveis. Pois bem, tal prescrição é inquestionável, já que em perfeita harmonia com o texto da CF/1988 (art. 5°, XLIII). A questão que se coloca, todavia, é saber se a liberdade provisória sem fiança pode ser aplicada aos crimes hediondos e assemelhados. A despeito de haver divergências, notadamente na jurisprudência, entendemos, s.m.j., que a CF/88 proibiu tão somente a liberdade provisória com fiança. Se quisesse de fato proibir a liberdade provisória sem fiança, teria por certo feito menção a ela. Não o fez. Logo, a liberdade provisória vedada pelo constituinte nos crimes hediondos e equiparados é somente a com fiança. Correta está a assertiva, portanto; **D:** incorreta, já que o STF já se manifestou a esse respeito, considerando tal expressão inconstitucional (RE 1038925, com repercussão geral); **E:** incorreta. Nos termos do art. 322 do CPP, poderá a autoridade policial conceder fiança nos casos de infração cuja pena máxima cominada não seja superior a 4 anos (se for igual a 4, pode o delegado arbitrar fiança). ⬚

---

77. Gabarito: B

Comentário: **A:** incorreta. É recorrente e amplamente aceito nos tribunais o emprego do HC em sede de inquérito policial. É possível utilizá-lo, por exemplo, para trancar o inquérito, diante de flagrante ausência de justa causa para a sua existência, ou ainda para impedir que o investigado seja submetido a indiciamento que se revele injustificado, entre tantas outras possibilidades. Perceba que, em todos esses casos (de emprego de HC no IP), está em jogo, ainda que de forma indireta, a liberdade de locomoção do indivíduo, o que justifica a impetração deste remédio constitucional. Atenção: o art. 3º-B, XII, do CPP, introduzido pela Lei 13.964/2019, estabelece ser uma das atribuições do juiz das garantias julgar HC antes do oferecimento da denúncia; **B:** correta, já que se refere a uma das hipóteses em que tem lugar a substituição da prisão preventiva pela domiciliar (art. 318, VI, do CPP); **C:** incorreta. Tal destinação somente se verificará na hipótese de o réu ser condenado (art. 336, CPP); **D:** incorreta. Tal medida cautelar somente terá lugar quando o investigado ou acusado tiver residência e trabalho fixos (art. 319, V, CPP); **E:** incorreta, na medida em que a ação penal, nos crimes de abuso de autoridade, será iniciada por denúncia do MP (ação penal pública incondicionada), independentemente de IP ou justificação (art. 12 da Lei 4.898/1965). Atenção: posteriormente à elaboração desta questão, a Lei 4.898/1965 foi revogada pela Lei 13.869/2019. ⬚

---

78. Gabarito: D

Comentário: **A:** incorreta. A lei processual penal será aplicada desde logo (princípio da aplicação imediata ou da imediatidade), sem prejuízo dos atos realizados sob o império da lei anterior. É o que estabelece o art. 2º do CPP. Até aqui a assertiva está correta. Sua incorreção está em afirmar que a lei processual penal não comporta o suplemento dos princípios gerais de direito (art. 3º, CPP); **B:** incorreta. A superveniência de lei processual penal que modifique determinado procedimento será aplicada desde logo (imediatidade), sem prejuízo dos atos que até então foram praticados. Em outras palavras, os atos anteriores à lei processual nova serão

preservados, não havendo, assim, a necessidade de renovação (art. 2º, CPP); **C:** incorreta. A lei processual penal admite tanto a interpretação extensiva quanto a aplicação analógica (art. 3º, CPP); **D:** correta. Embora não contemplada, de forma expressa, na CF/1988, a Convenção Americana sobre Direitos Humanos (Pacto de San José da Costa Rica), incorporada ao ordenamento jurídico brasileiro, em seu art. 7º (5), assim estabelece: "Toda pessoa presa, detida ou retida deve ser conduzida, sem demora, à presença de um juiz ou outra autoridade autorizada por lei a exercer funções judiciais (...)". O Conselho Nacional de Justiça, em parceria com o Tribunal de Justiça de São Paulo e também com o Ministério da Justiça, lançou e implementou o projeto "audiência de custódia", cujo propósito é assegurar ao preso o direito de ser apresentado, de forma rápida, a um juiz de direito, ao qual caberá analisar, entre outros aspectos, a legalidade da prisão em flagrante e também a necessidade de ela ser convertida em prisão preventiva. Para tanto, o CNJ editou a Resolução 213/2015, cujo art. 1º assim estabelece: Determinar que toda pessoa presa em flagrante delito, independentemente da motivação ou natureza do ato, seja obrigatoriamente apresentada, em até 24 horas da comunicação do flagrante, à autoridade judicial competente, e ouvida sobre as circunstâncias em que se realizou sua prisão ou apreensão. Mais recentemente, a Lei 13.964/2019, conhecida como Pacote Anticrime, contemplou a audiência de custódia, inserindo-a no art. 310 do CPP. Pela primeira vez, portanto, a audiência de custódia, objeto de tantos debates na comunidade jurídica, tem previsão legal. Como dissemos acima, até então esta matéria estava prevista tão somente na Resolução CNJ 213/2015. Segundo estabelece a nova redação do caput do art. 310 do CPP, "após receber o auto de prisão em flagrante, no prazo máximo de 24 (vinte e quatro) horas após a realização da prisão, o juiz deverá promover audiência de custódia com a presença do acusado, seu advogado constituído ou membro da Defensoria Pública e o membro do Ministério Público, e, nessa audiência, o juiz deverá, fundamentadamente: (...)". O § 4º deste dispositivo, também inserido pela Lei 13.964/2019 e cuja eficácia está suspensa por decisão cautelar do STF (ADI 6305), impõe a liberalização da prisão do autuado em flagrante em razão da não realização da audiência de custódia no prazo de 24 horas. Ademais, entendemos que não há que se falar em revogação da Resolução 213/2015 pela novel legislação, dado o maior detalhamento que esta promove em face da nova lei; **E:** incorreta. Em regra, a norma processual penal começa a ser aplicada tão logo entre em vigor, passando a disciplinar os processos em curso, não afetando, como dissemos acima, os atos até ali realizados. Não tem, portanto, ao menos em regra, efeito retroativo. Sucede que há normas processuais penais que possuem natureza mista, híbrida, isto é, são dotadas de natureza processual (instrumental) e material (penal) ao mesmo tempo, como as normas processuais que disciplinam a natureza da ação penal. Nesse caso, deverá prevalecer, em detrimento do regramento estabelecido no art. 2º do CPP, a norma contida no art. 2º, parágrafo único, do Código Penal (art. 5º, XL, da CF). Em se tratando de norma mais favorável ao réu, deverá retroagir em seu benefício; se prejudicial a lei nova, aplica-se a lei já revogada. Conferir: "In casu, o constrangimento é flagrante, tendo em vista que, diante de norma processual penal material, a disciplinar aspecto sensivelmente ligado ao jus puniendi – natureza da ação penal – pretendeu-se aplicar o primado tempus regit actum, art. 2.º do Código de Processo Penal, a quebrantar a garantia inserta no Código Penal, de que a lex gravior somente incide para fatos posteriores à sua edição. Como, indevidamente, o Parquet ofereceu denúncia, em caso em que cabível queixa, e, transposto o prazo decadencial de seis meses para o ajuizamento desta, tem-se como fulminada a persecução penal. 3. Ordem não conhecida, expedido habeas corpus de ofício para trancar a Ação Penal n. 2009.001.245923-5, em trâmite perante a 28.ª Vara Criminal da Comarca da Capital/RJ" (STJ, 6ª T., HC 201001533527, Maria Thereza De Assis Moura, DJ de 29.11.2012). ED

79. Gabarito: D
Comentário: **A:** correta, pois em conformidade com o disposto no art. 10-A, *caput*, da Lei 11.340/2006, introduzido pela Lei 13.515/2017; **B:** correta, uma vez que reflete o que estabelece o art. 12, III, da Lei 11.340/2006; **C:** correta, na medida em que reflete o que dispõe o art. 10-A, § 2º, III, da Lei 11.340/2006, introduzido pela Lei 13.515/2017; **D:** incorreta (a ser assinalada), dado que contraria o disposto no art. 10-A, § 1º, III, da Lei 11.340/2006; **E:** correta (art. 12, § 3º, da Lei 11.340/2006). ED

80. Gabarito: ANULADA
Comentário: **A:** correta (art. 173, parágrafo único, da Lei 8.069/1990); **B:** correta (art. 174 da Lei 8.069/1990); **C:** correta (art. 175, § 2º, da Lei 8.069/1990); **D:** incorreta, já que o art. 177 do ECA estabelece que o encaminhamento deve ser dirigido ao representante do Ministério Público; **E:** incorreta, pois, segundo a organizadora, não corresponde à redação do art. 178, ECA, constatando-se erro material. ED

81. Gabarito: D
Comentário: Item I incorreto (o Direito Administrativo tem origem no Estado de Direito); item II correto (de fato, o direito francês influenciou de modo marcante o Direito Administrativo brasileiro); item III correto (a instituição de um Código de Direito Administrativo esbarra na competência legislativa própria das entidades políticas para disciplinar as respectivas atividades administrativas). RBO

82. Gabarito: E
Comentário: Alternativa A incorreta (o processo de desconcentração administrativa tem por consequência a divisão interna orgânica de uma entidade administrativa); alternativa B incorreta (as entidades da administração indireta não podem assumir as mesmas atribuições do ente político criador, pois a sua instituição relaciona-se com a especialização funcional); alternativa C incorreta (os atos praticados pelos "funcionários de fato" acarretam a responsabilidade estatal, pois, em virtude da teoria do órgão, a atuação dos agentes públicos é atribuída ao Estado); item D incorreta (as autarquias somente podem desempenhar atividades típicas de estado, restando-lhes vedada a exploração de atividade econômica); item E correta (art. 173, § 1º, II, CF). RBO

83. Gabarito: C
Comentário: Item I incorreto (o contexto descrito não detém relação com o princípio da autotutela administrativa, segundo o qual a Administração pode anular e revogar seus próprios atos); item II correto (toda a atividade estatal, sobretudo a policial, deve obediência ao princípio da proporcionalidade); item III incorreto (embora represente um princípio constitucional expresso, a publicidade detém caráter relativo, de modo que o sigilo é admitido no ordenamento jurídico brasileiro, nos termos do art. 5º, XXXIII e LX, da CF, bem como do art. 3º, I, da Lei 12.527/2011); item IV correto (caracteriza improbidade administrativa a utilização, para fins pessoais, de bens de propriedade ou à disposição das entidades públicas). RBO

84. Gabarito: A
Comentário: Alternativa A está incorreta. O ato administrativo é a declaração expedida pelo Estado, ou por quem o represente. Nesse sentido, admite-se que pessoas não integrantes da Administração Pública, mas que façam as vezes do Estado, emitam tais atos. Cite-se o exemplo de uma concessionária de serviço público (empresa privada, portanto) que tome medidas visando à desapropriação de um bem relacionado ao serviço concedido; os atos expedidos nesse contexto são considerados atos administrativos. As demais alternativas estão corretas. RBO

85. Gabarito: B
Comentário: O item I está incorreto (a prerrogativa de alteração unilateral dos contratos administrativos apresenta limites, não podendo incidir diretamente sobre as cláusulas econômico-financeiras, mas sim sobre as cláusulas regulamentares ou de serviço, ou seja, aquelas que versam sobre o objeto do contrato ou forma de sua execução); item II correto (a caracte-

rística dos contratos administrativos é a possibilidade de manuseio de poderes ou prerrogativas); item III incorreto (a singularidade do bem justifica a contratação direta mediante inexigibilidade, e não dispensa; trata-se de hipótese prevista no art. 25, I, da Lei 8.666/1993; observe-se que a nova lei de licitações e contratos – Lei 14.133/2021 – não prevê expressamente a singularidade no âmbito da inexigibilidade para a contratação serviços técnicos especializados de natureza predominantemente intelectual, cf, art. 74, III). RBO

86. Gabarito: A

Comentário: Alternativa A correta (a implementação de servidão administrativa depende, como regra, de acordo ou decisão judicial); alternativa B incorreta (a justificativa da requisição administrativa é o perigo público iminente); alternativa C incorreta (o bem privado objeto de tombado pode ser alienado pelo proprietário); alternativa D incorreta (as limitações administrativas constituem manifestação do poder de polícia administrativo, que consiste na restrição de bens privados à luz do interesse público); alternativa E incorreta (a retrocessão decorre da tredestinação ilícita, que consiste na utilização do bem expropriado em uma finalidade não publica). RBO

87. Gabarito: E

Comentário: Nos termos do art. 37, § 6º, da CF, o Estado responde objetivamente pelos danos que seus agentes, nessa qualidade, causarem a terceiros. Nesse sentido, dispensável a comprovação de dolo ou culpa. De acordo com o entendimento do STF, aplica-se, como regra, a teoria do risco administrativo, que admite excludentes de responsabilidade estatal, como o caso fortuito ou força maior. Em relação à hipótese apresentada pela questão (dano causado a empresa concessionária por policiais que estavam perseguindo criminosos), o Estado responderá objetivamente pelas lesões causadas. Verifica-se que a equipe de policiais civis não agiu com dolo ou culpa, mas no estrito cumprimento do dever legal, o que afasta a sua responsabilidade via ação regressiva. Em suma, todos os itens da questão (I, II e III) estão corretos. RBO

88. Gabarito: B

Comentário: Alternativa A incorreta (a revogação dos atos administrativas está incluída no exercício do controle interno); alternativa B correta (a possibilidade de controle dos atos discricionários com base em princípios representa a recente tendência jurisprudencial sobre o controle judicial da Administração); alternativa C incorreta (o controle entre Administração Direta e Indireta é uma manifestação da tutela administrativa, e não da autotutela); alternativa D incorreta (o Tribunal de Contas somente aprecia as contas da Chefia do Executivo,

mediante parecer prévio, de modo que o julgamento é feito pelo Congresso Nacional, nos termos do art. 71, I c/c. art. 49, IX); alternativa E incorreta (é nulo de pleno direito o ato de que resulte aumento da despesa com pessoal expedido nos cento e oitenta dias anteriores ao final do mandato do titular do respectivo Poder, nos termos do art. 21, parágrafo único, da LC 101/2000). RBO

89. Gabarito: C

Comentário: A questão trata do regime aplicável aos servidores da Polícia Civil do Estado do Rio Grande do Sul, disciplinado pela Lei estadual 7.366/1980. A incorreção encontra-se na alternativa C. Nos termos do art. 101 da Lei 7.366/1980 (Estatuto dos Servidores da Polícia Civil do Estado do Rio Grande do Sul), o processo administrativo-disciplinar será instaurado para apurar responsabilidade de servidor, sempre que a imputação, verificada por meio de sindicância ou inquérito, possa importar na aplicação das penas de demissão, demissão a bem do serviço público e cassação de aposentadoria ou disponibilidade. Diante deste preceito, verificam-se dois erros na alternativa C: 1º) a indevida referência a "inquérito policial"; 2º) a errônea menção à pena de "suspensão". As demais alternativas estão corretas. RBO

90. Gabarito: D

Comentário: A questão trata da organização da Polícia Civil do Estado do Rio Grande do Sul, disciplinada pela Lei estadual 10.994/1997. A primeira assertiva é verdadeira (V), de acordo com o art. 9º da Lei 10.994/1997 (Organização Básica da Polícia Civil). A segunda assertiva é falsa (F), pois o Chefe de Polícia pode avocar, excepcionalmente e com fundamento, inquéritos policiais, para exame e redistribuição (art. 10, III, Lei 10.994/1997). A terceira afirmação é verdadeira (V), ex vi do art. 16, IV, do mesmo diploma. Por fim, a quarta assertiva é falsa (F), pois a competência investigativa do Departamento Estadual de Investigações Criminais (DEIC) não exclui a atuação de outros órgãos da Polícia Civil. RBO

91. Gabarito: D

Comentário: A: correta. A recepção é o fenômeno jurídico pelo qual se resguarda a continuidade do ordenamento jurídico anterior e inferior à nova constituição, desde que se mostre compatível materialmente com seu novo fundamento de validade (justamente a nova constituição). Pela desconstitucionalização a antiga Constituição seria recebida pelo novo ordenamento, ou seja, pela nova Constituição, com status de legislação infraconstitucional. Não foi adotada pelo Brasil, porque a edição de uma nova Constituição produz o efeito de revogar por inteiro a antiga; B: correta. O poder constituinte originário, genuíno, ou de primeiro grau, de fato, é inicial, autônomo, incondicionado e ilimitado.

Inicial porque não se fundamenta em outro poder que o anteceda. Ele rompe integralmente a ordem jurídica precedente. É autônomo pela opção do seu titular em escolher o conteúdo da nova constituição. É ainda incondicionado e ilimitado porque não encontra condições, limitações, regras preestabelecidas pelo ordenamento jurídico anterior. Por outro lado, poder constituinte derivado é secundário porque decorre do originário, é limitado e condicionado, pois se sujeita às normas preestabelecidas por aquele que o criou; C: correta. De fato, há duas formas básicas de expressão do Poder Constituinte originário: Assembleia Nacional Constituinte e Movimento Revolucionário (outorga). Vale acrescentar que o poder constituinte chamado de histórico instaura e estrutura, pela primeira vez, o Estado. O poder constituinte revolucionário rompe a antiga e existente ordem jurídica de forma integral, instaurando uma nova. Em ambos os casos, o poder constituinte impõe uma nova ordem jurídica para o Estado; D: incorreta, **devendo ser assinalada.** O poder constituinte derivado **decorrente** é o que consiste na possibilidade que os Estados-membros têm, em virtude de sua autonomia político-administrativa, de se auto-organizarem através de suas respectivas constituições estaduais, sempre respeitando as limitações estabelecidas pela Constituição Federal. O poder derivado revisor não pode mais ser exercido, pois a sua eficácia foi exaurida (art. 3º do ADCT). Foi realizado uma única vez, em sessão unicameral e pelo voto da maioria absoluta dos membros. Seis emendas constitucionais de revisão foram fruto da manifestação desse poder (1 a 6/94). Atualmente, para alterar formalmente a Constituição, somente se for observado o processo legislativo das emendas constitucionais, previsto no art. 60 (poder derivado reformador); E: correta. De fato, o poder constituinte difuso dá fundamento ao fenômeno denominado de mutação constitucional que tem relação não com o aspecto formal do texto constitucional, mas sim com a interpretação dada à Constituição. Não são necessárias técnicas de revisão ou reforma constitucional para que o fenômeno se opere. Novas interpretações são dadas aos dispositivos da Constituição, sem que haja alterações na literalidade do texto maior. BV

92. Gabarito: D

Comentário: A: correta. O STF, na ADI 4102 MC-REF, decidiu que "as restrições prescritas ao exercício das competências constitucionais conferidas ao Poder Executivo, incluída a definição de políticas públicas, importam em contrariedade ao princípio da independência e harmonia entre os Poderes." Tais restrições servem, justamente, para assegurar a independência e harmonia entre os Poderes. A divisão das funções estatais ameniza os abusos cometidos pelos detentores do poder. Foi consagrado, portanto, o sistema dos freios e

contrapesos (*checks and balances*), que menciona que os três Poderes são autônomos e independentes, porém subordinados ao princípio da harmonia. Tal regra resulta na técnica em que o poder é contido pelo próprio poder, sendo, portanto, uma garantia do povo contra o arbítrio e o despotismo; B: correta. De fato, na ADI 104 RO ficou definido que: compreende-se na esfera de autonomia dos Estados a anistia (ou o cancelamento) de infrações disciplinares de seus respectivos servidores, podendo concedê-la à assembleia constituinte local; C: correta. O STF firmou esse entendimento na ADI 246; D: incorreta, devendo ser assinalada. Ao contrário do mencionado, o exercício da função regulamentar e da função regimental **não** decorrem de delegação de função legislativa. Quando os poderes Executivo e o Judiciário expedem atos normativos de caráter não legislativo (regulamentos e regimentos, respectivamente), não o fazem no exercício da função legislativa, mas no desenvolvimento de "função normativa". O exercício da função regulamentar e da função regimental não decorre de delegação de função legislativa. Sendo assim, não envolve derrogação do princípio da divisão dos Poderes. (HC 85.060, 13-2-2009); E: correta: De fato, na Constituição Brasileira de 1824, havia previsão de quatro poderes: Executivo, Legislativo, Judiciário (que na época era chamado Poder Judicial) e o Moderador. Portanto, além do executivo, legislativo e judiciário, existia o moderador que, segundo Benjamin Constant, era um "fator de equilíbrio entre os demais poderes". Tinha por finalidade assegurar a independência e harmonia dos outros três. Ocorre que esse poder ficava totalmente nas mãos do chefe supremo da nação que, naquele momento, era o Imperador. BV

93. Gabarito: E

Comentário: I: incorreta. Determina o art. 133, caput, da Constituição do Estado do Rio Grande do Sul que à Polícia Civil, dirigida pelo Chefe de Polícia, delegado de carreira da mais elevada classe, de livre escolha, nomeação e exoneração pelo Governador do Estado, incumbem, ressalvada a competência da União, as funções de polícia judiciária e a apuração das infrações penais, exceto as militares; II: incorreta. De acordo com ao art. 134, caput, da Constituição do Estado do Rio Grande do Sul, a organização, garantias, direitos e deveres do pessoal da Polícia Civil serão definidos em lei complementar e terão por princípios a hierarquia e a disciplina; III: incorreta. Determina o art. 125, caput, da Constituição do Estado do Rio Grande do Sul que a lei disciplinará a organização e o funcionamento dos órgãos responsáveis pela segurança pública, de maneira a assegurar-lhes eficiência das atividades; IV: incorreta. De acordo com o art. 111, IV, da Constituição do Estado do Rio Grande do Sul, além das funções previstas na Constituição Federal e nas leis, incumbe ainda ao Ministério Público, nos termos de sua lei complementar, exercer o controle externo da atividade policial. BV

94. Gabarito: C

Comentário: A: correta. É o que determina a Súmula Vinculante n° 44 (STF); B: correta. Segundo o STF: "o arquivamento de inquérito policial em razão do reconhecimento de excludente de ilicitude não faz coisa julgada material. Logo, surgindo novas provas, seria possível reabrir o inquérito policial, com base no art. 18 do CPP e na Súmula 524 do STF". STF. 1ª Turma. HC 95211, Rel. Min. Cármen Lúcia, julgado em 10/03/2009. STF. 2ª Turma. HC 125101/SP, rel. orig. Min. Teori Zavascki, red. p/ o acórdão Min. Dias Toffoli, julgado em 25/8/2015 (Info 796); C: incorreta, devendo ser assinalada. De acordo com a Súmula 636 do STF: "Não cabe recurso extraordinário por contrariedade ao princípio constitucional da legalidade, quando a sua verificação pressuponha rever a interpretação dada a normas infraconstitucionais pela decisão recorrida"; D: correta. Determina o STF (HC 74678 SP) que: "a utilização de gravação de conversa telefônica feita por terceiro com a autorização de um dos interlocutores sem o conhecimento do outro quando há, para essa utilização, excludente da antijuridicidade. Afastada a ilicitude de tal conduta - a de, por legítima defesa, fazer gravar e divulgar conversa telefônica ainda que não haja o conhecimento do terceiro que está praticando crime -, é ela, por via de consequência, lícita e, também consequentemente, essa gravação não pode ser tida como prova ilícita, para invocar-se o artigo 5°, LVI , da Constituição com fundamento em que houve violação da intimidade (art. 5°, X, da Carta Magna)"; E: correta. A CF, de fato, autoriza a prisão em flagrante como exceção à inviolabilidade domiciliar, dispensando o mandado judicial. BV

95. Gabarito: E

Comentário: A: correta. É o que determina o art. 14, I a III, da CF; B: correta. De fato, o previsto no art. 14, caput, da Constituição tem por destinatário específico e exclusivo o eleitor comum. Nos procedimentos de votação parlamentar, a deliberação ostensiva ou aberta predomina, podendo haver exceções; C: correta. É o que determina a Súmula Vinculante n° 18 (STF); D: correta. A cidadania é o status de nacional acrescido dos direitos políticos, isto é, de poder participar do processo governamental, tanto de forma ativa quanto passiva. É cidadania ativa aquela que age em eleger seus governantes, e passiva aquela em que também se pode ser escolhido. Vale acrescentar que a cidadania, quando analisada como um dos fundamentos da República Federativa do Brasil (art. 1°, II, CF), deve ser compreendida de forma abrangente, contemplando a possibilidade do exercício dos direitos fundamentais constitucionalmente assegurados, em

especial, os relacionados ao trabalho, à educação e à saúde; E: incorreta, devendo ser assinalada. A suspensão de direitos políticos como efeito da condenação criminal transitada em julgado valerá enquanto durarem os efeitos da condenação. Não resulta, por si só, na perda do mandato eletivo ou do cargo do agente político. BV

96. Gabarito: D

Comentário: A: correta. É o que determina a Suprema Corte (STF. Plenário. ADI 5540/MG, Rel. Min. Edson Fachin, julgado em 3/5/2017 (Info 863); B: correta. (ADI 3.583, Rel. Min. Cezar Peluso, julgamento em 21-2-2008, Plenário, DJE de 14-3-2008.); C: correta (ADI 336, voto do rel. min. Eros Grau, j. 10-2-2010, P, DJE de 17-9-2010); D: incorreta, devendo ser assinalada. De acordo com a Súmula Vinculante 38 (STF): "É competente o município para fixar o horário de funcionamento de estabelecimento comercial". Por outro lado, determina a Súmula 19 do STJ que a fixação do horário bancário, para atendimento ao público, é da competência da União; E: correta (ADI 5.763, rel. min. Marco Aurélio, j. 26-10-2017, P, Informativo 883). BV

97. Gabarito: B

Comentário: A: incorreta. **Não há supressão da autonomia** dos Estados **na vigência do Estado de Defesa e do Estado de Sítio**, existem somente medidas que visam ao restabelecimento da normalidade constitucional; B: correta. É o que determina o art. 35 da CF; C: incorreta. De acordo com o art.34, VII, "e", a União não intervirá nos Estados nem no Distrito Federal, exceto para assegurar a observância dos seguintes princípios constitucionais, como, por exemplo, a aplicação do mínimo exigido da receita resultante de impostos **estaduais**, compreendida a proveniente de transferências, na manutenção e desenvolvimento do ensino e nas ações e serviços públicos de saúde; D: incorreta. Também na hipótese de **intervenção federal** a Constituição **não** poderá ser **emendada**. E: incorreta. O erro está no "tão somente". A decretação da intervenção pode se dar, por exemplo, de ofício pelo Presidente da República nas hipóteses dos incisos I, II, III e V, do art. 34 da CF. BV

98. Gabarito: C

Comentário: A: incorreta. De acordo com a Súmula 473 do STF: "A administração pode anular seus próprios atos, quando eivados de vícios que os tornam ilegais, porque deles não se originam direitos; ou revogá-los por motivo de conveniência ou oportunidade, respeitados os direitos adquiridos, e ressalvada, em todos os casos, a apreciação judicial". É o que se denomina de princípio da autotutela; B: incorreta. Ao contrário do mencionado, viola o princípio da presunção de inocência a exclusão de certame público de candidato que responda a inquérito policial ou ação penal sem trânsito em julgado da sentença condenatória (STF. Decisão monocrática. AC 3.468/RJ-MC, rel. Min. Luiz Fux, j. 30.04.2014); C: correta.; D: incorreta. O princípio definido pela alternativa é o da eficiência, não o da moralidade, como mencionado. Segundo Alexandre de Moraes, pela moralidade "não bastará ao administrador o estrito cumprimento da estrita legalidade, devendo ele, no exercício de sua função pública, respeitar os princípios éticos de razoabilidade e justiça" (MORAES. Alexandre de. Direito constitucional. 32. ed. São Paulo: Atlas, 2016. p. 349); E: incorreta. Prevalece o entendimento de que a legalidade é o único aspecto do ato administrativo sujeito a sindicância pelo Judiciário. Em relação ao mérito do ato administrativo, o Judiciário não poderá adentrar. BV

99. Gabarito: C
Comentário: A: incorreta. Ao contrário do mencionado, os **atos judiciais não se incluem** da definição do poder de polícia, em sentido amplo, trazida por Celso Antônio Bandeira de Mello. Além disso, em sentido estrito, o poder de polícia relaciona-se exclusivamente com as intervenções **do Poder Executivo** (apenas deste Poder) que pretendem evitar atividades particulares conflitantes com os interesses coletivos, sendo elas, as autorizações e as licenças. Os **regulamentos**, segundo o mesmo autor, configuram **poder de polícia administrativa**; B: incorreta. De acordo com o art. 142 da CF, as Forças Armadas, constituídas pela Marinha, pelo Exército e pela Aeronáutica, são instituições nacionais permanentes e regulares, organizadas com base na hierarquia e na disciplina, sob a autoridade suprema do Presidente da República (**não do Governador** do respectivo Estado), e destinam-se à defesa da Pátria, à garantia dos poderes constitucionais e, por iniciativa de qualquer destes, da lei e da ordem; C: correta. De acordo com o art. 144, § 8º, da CF, de fato, os Municípios poderão constituir guardas municipais destinadas à proteção de seus bens, serviços e instalações, conforme dispuser a lei. Além disso, o STF já definiu que SIM. As guardas municipais têm competência para fiscalizar o trânsito, lavrar auto de infração de trânsito e impor multas. O STF definiu a tese de que é constitucional a atribuição às guardas municipais, no exercício do poder de polícia de trânsito, inclusive para a imposição de sanções administrativas legalmente previstas, como, por exemplo, a aplicação de multas de trânsito (STF. Plenário. RE 658570/MG, rel. orig. Min. Marco Aurélio, red. p/ o acórdão Min. Roberto Barroso, julgado em 6/8/2015 - Info 793); D: incorreta. Ao contrário do mencionado, de acordo com o STF o conceito jurídico de ordem pública **não se confunde** com o de incolumidade das pessoas (HC 102065, Relator(a): Min. AYRES BRITTO, Segunda Turma, julgado em 23/11/2010); E: incorreta. Diversamente do

apresentado na alternativa, os Estados-membros **não** podem criar órgão de segurança pública diverso dos previstos na CF/88. BV

100. Gabarito: C
Comentário: A: incorreta. De acordo com o STF, o fato que constitui objeto da representação oferecida pelo ofendido (ou, quando for o caso, por seu representante legal) **traduz** limitação material ao poder persecutório do Ministério Público, que não poderá, agindo ultra vires, proceder a uma indevida ampliação objetiva da delatio criminis postulatória, para, desse modo, incluir, na denúncia, outros delitos cuja perseguibilidade, embora dependente de representação, não foi nesta pleiteada por aquele que a formulou. (HC 98.237, rel. min. Celso de Mello, j. 15-12-2009, 2ª T, DJE de 6-8-2010.); B: incorreta. A parte final da alternativa está errada, pois, no âmbito do inquérito policial, **não cabe** aos membros Parquet inquirir diretamente pessoas suspeitas de autoria de crime, dispensando a requisição da diligência nesse sentido à autoridade policial (RHC 81.326, rel. min. Nelson Jobim, j. 6-5-2003, 2ª T, DJ de 1º-8-2003.); C: correta. É o que determina a jurisprudência da Suprema Corte (ACO 1058, Relator(a): Min. CEZAR PELUSO, Tribunal Pleno, julgado em 14/04/2008); D: incorreta. Há outros atos em que a presença do advogado pode ser dispensada. De acordo com o STF, "(...) O advogado é indispensável à administração da Justiça. Sua presença, contudo, pode ser dispensada em certos atos jurisdicionais. (ADI 1.127, rel. p/ o ac. min. Ricardo Lewandowski, j. 17-5-2006, P, DJE de 11-6-2010.); E: incorreta. Não há o enfraquecimento mencionado no final da alternativa, pois, o Texto Maior, em seu art. 144, § 2º, da CF, determina que às Defensorias Públicas Estaduais **são asseguradas autonomia funcional e administrativa**, e a iniciativa de sua proposta orçamentária dentro dos limites estabelecidos na lei de diretrizes orçamentárias e subordinação ao disposto no art. 99, § 2º. BV

101. Gabarito: D
Comentário: A: correta (art. 11 CC), não devendo ser assinalada; B: correta (art. 13 caput e parágrafo único), não devendo ser assinalada; C: correta (art. 18 CC), não devendo ser assinalada; D: incorreta, devendo ser assinalada, pois o cônjuge também tem legitimidade para requerer a proteção (art. 20 parágrafo único CC); E: correta (art. 21 CC), não devendo ser assinalada. GR

102. Gabarito: B
Comentário: I; incorreta, pois tendo a pessoa jurídica diversos estabelecimentos em lugares diferentes, cada um deles será considerado domicílio para os atos nele praticados (art. 75, §1º CC); II: correta (art. 73 CC); III: correta (art. 78 CC); IV: incorreta, pois a

prova da intenção resultará do que declarar a pessoa às municipalidades (e não ao cônjuge, descendente ou ascendente) dos lugares, que deixa, e para onde vai, ou, se tais declarações não fizer, da própria mudança, com as circunstâncias que a acompanharem (art. 74 parágrafo único CC). Logo, a alternativa correta é a letra B.

103. Gabarito: B

Comentário: I: correta (art. 214 CC); II: correta (art. 215 CC); III: incorreta, pois os seus efeitos, bem como os da cessão, não se operam, a respeito de terceiros, antes de registrado no registro público (art. 211 caput CC); IV: incorreta, pois as declarações constantes de documentos assinados presumem-se verdadeiras em relação aos signatários independentemente de confirmação no mesmo documento, por duas testemunhas (art. 219 caput CC). Logo a alternativa correta é a letra B.

104. Gabarito: B

Comentário: A: incorreta. O art. 187 CC trata do abuso de direito. O aspecto subjetivo, isto é, a necessidade de comprovar culpa será determinada por quem praticou o ato e em que circunstâncias. Ex.: se ao ato for praticado no contexto do art. 927, parágrafo único CC ou pelos sujeitos do art. 932 não será necessário comprovar culpa no abuso de direito; B: correta (art. 927, parágrafo único CC); C: incorreta, pois não apenas este caso é considerado ato ilícito. Na verdade qualquer um que, por ação ou omissão voluntária, negligência ou imprudência, violar direito e causar dano a outrem, ainda que exclusivamente moral, comete ato ilícito (art. 186 CC); D: incorreta, pois quando as circunstâncias o tornarem absolutamente necessário, não excedendo os limites do indispensável para a remoção do perigo, a conduta de lesionar a pessoa não será considerada ato ilícito (art. 188, parágrafo único CC); E: incorreta, pois esta situação configura ato ilícito nos termos do art. 186 CC.

105. Gabarito: D

Comentário: A: incorreta, pois os bens dominicais ainda que alienáveis são bens públicos (art. 99, III e 101 CC); B: incorreta, pois os bens de uso especial destinados a autarquias são bens públicos nos termos do art. 99, II CC; C: incorreta, pois os terrenos destinados a serviços da administração territorial ou municipal são bens públicos, nos termos do art. 99, II CC; D; correta (art. 102 CC); E: incorreta, pois os bens dominicais, quando objeto de direito pessoal de entidades de direito público são considerados bens públicos conforme art. 99, III CC.

106. Gabarito: D

Comentário: A única assertiva correta é a D (art. 24, II, do Estatuto da Igualdade Racial).

107. Gabarito: C

Comentário: Com base no art. 1º da Convenção, a tortura é crime próprio, pois as dores ou os sofrimentos são infligidos por um funcionário público ou outra pessoa no exercício de funções públicas, ou por sua instigação, ou com seu consentimento ou aquiescência. É importante também notar que a definição dada pela Convenção não restringe qualquer instrumento internacional ou legislação nacional que contenham ou possam conter dispositivos de alcance mais amplo – art. 1º, in fine, da Convenção. Portanto, a assertiva C é a correta.

108. Gabarito: A

Comentário: A resposta correta é a assertiva "A" conforme o art. 6º da Lei 13.320, 2009, do Estado do Rio Grande do Sul.

109. Gabarito: B

Comentário: A única assertiva correta é a B (art. 4º, II, da CF).

110. Gabarito: D

Comentário: A assertiva correta é a D, conforme item 6 do Anexo I da Portaria Interministerial n. 4.226/2010, intitulado Diretrizes sobre o Uso da Força e Armas de Fogo pelos Agentes de Segurança Pública.

111. Gabarito: C

Comentário: A: Incorreta – A alcoolemia é o resultado do nível da concentração de álcool encontrado na circulação sanguínea do examinado, enquanto que a embriaguez alcoólica é o conjunto das manifestações provocadas pelo consumo excessivo de substância alcoólica, tais efeitos são temporários; B e D: Incorretas – A existência de álcool etílico no sangue não indica automaticamente que o exame de embriaguez seja positivo. Para a constatação de embriaguez é necessária a presença de sinais clínicos, dependerá do tempo passado entre a ingestão da substância alcoólica, a quantidade e a forma de absorção pelo corpo; C: correta – A embriaguez alcoólica é passageira; E: incorreta – A depender da velocidade do metabolismo de cada indivíduo, seu peso corporal, seu hábito de ingestão de substâncias alcoólicas, serão produzidos efeitos diferentes ainda que ingerida a mesma quantidade de álcool.

112. Gabarito: A

Comentário: A cronotanatognose tem por objetivo a definição do tempo estimado da morte. Baseia-se para tanto nos fenômenos apresentados pelo cadáver. Tais fenômenos podem ser variáveis, porque poderão ser diferentes de acordo com as condições climáticas e mesmo pelas características do corpo. Desse modo, apenas a segunda assertiva está incorreta, pois afirma que a estimativa do tempo da morte é precisa, quando não corresponde ao que de fato ocorre. Há, sim, um intervalo de tempo para se estabelecer a estimativa do momento da morte, mas não há precisão. 🔳

113. Gabarito: ANULADA
Comentário: **A:** Correta – Um projétil múltiplo pode produzir um número superior de orifícios de entrada com um único disparo, como é o caso de um disparo oriundo de arma de caça; **B:** Correta – É perfeitamente possível que uma vítima, para se defender, coloque a mão na frente do corpo e que este membro seja transfixado pelo projétil e que, na sequência, este mesmo projétil atinja outra parte de seu corpo; **C:** Correta – Em caso de utilização de algum item de vestuário ser confeccionado com tecido ou material mais espesso, é possível que as zonas de esfumaçamento e tatuagem não se formem no corpo da vítima atingida por disparo de arma de fogo, por não ultrapassarem as barreiras dos tecidos ou materiais; **D:** Incorreta – A ordem dos disparos que atingiram uma vítima ferida por arma de fogo é de difícil definição. Em raros casos, torna-se possível sua determinação; **E:** Incorreta – Incorreta – Com base apenas na necropsia, o médico-legista descreverá o trajeto e não a trajetória do(s) disparo(s) levando em conta a posição anatômica clássica.
De acordo com este panorama, verifica-se que a questão possuía mais de uma assertiva INCORRETA. Dessa forma, foi anulada pela banca examinadora. 🔳

114. Gabarito: C
Comentário: A: Correta. De acordo com previsão constante do art. 115 do Código de Ética Médica, o médico que vinha prestando assistência à pessoa que veio a óbito, só não deverá atestá-lo quando houver indícios de morte violenta; B: Correta, art. 2º, 1, I, "a" da Resolução 1.779/2005 do CFM; C: Incorreta. O art. 2º, 1, I, "b" da Resolução 1.779/2005 do CFM prevê que, nas condições mencionadas na alternativa, "a Declaração de Óbito deverá ser fornecida pelos médicos do serviço público de saúde mais próximo do local onde ocorreu o evento; na sua ausência, por qualquer médico da localidade"; D: Correta, -art. 2º, 3, da Resolução 1.779/2005 do CFM; E: Correta – vide comentário alternativa C. 🔳

115. Gabarito: E
Comentário: 1: Falsa. O enforcamento é uma das espécies de causas da morte. É causada por asfixia mecânica em que o pescoço é constrito por um laço que tem a outra extremidade fixada a uma base e tem como força o próprio corpo da vítima. Pode ser por suicídio, homicídio ou mesmo acidental; 2: Falsa. O enforcamento em que a vítima permanece com parte do corpo tocando o solo é chamado de enforcamento atípico ou incom-

pleto, podendo ocorrer tanto em casos de suicídio ou homicídio, seja tentado ou consumado; 3: Falsa. Para a caracterização do enforcamento, é necessário que o peso do corpo da vítima seja a força utilizada para o acionamento da constrição no pescoço; 4: Falsa. A esganadura é a constrição do pescoço da vítima pelas próprias mãos do homicida, não podendo, portanto, ser causa da morte por suicídio. Assim, é de se concluir que a alternativa correta é a E. 🔳

116. Gabarito: A
Comentário: A: Correta. A teoria do etiquetamento - também chamada de labelling approach, interacionismo simbólico ou da reação social – é responsável por uma mudança sensível na criminologia, justamente por deslocar o foco de atenção dos bad actors para os powerful actors. B: Incorreta. O estudo positivista é aquele realizado especialmente por Cesare Lombroso que faz um estudo biológico do criminoso. C: Incorreta. As escolas sociológicas da criminologia são muitas e cada uma delas concentra suas análises em um aspecto. D: Incorreta. Noções evolucionistas são associadas ao determinismo criminal e ao estudo do chamado delinquente. E: Incorreta. "social da ação" não é uma escola criminológica. 🔳

117. Gabarito: A
Comentário: Lombroso, Ferri e Garofolo são os autores referência da criminologia positivista, ou antropologia criminal. Lombroso estudou a biotipologia humana e a associou ao determinismo criminal. Ferri adicionou os aspectos psicológicos e Garofolo sociais. Liszt é expoente da Teoria Finalista do Direito Penal. Edmund Mezger foi um estudioso da dogmática penal e no âmbito da criminologia traçou teorias que correlacionavam a propensão criminal dos judeus em um período marcado pelo nazismo na Alemanha. Marquês de Beccaria (Cesare Beccaria) é o principal autor da criminologia clássica. Para a escola Clássica, o crime é entendido simplesmente como resultado de uma decisão livre de cada indivíduo. 🔳

118. Gabarito: A
Comentário: A compreensão de que não existe uma natureza ontológica do desvio ou do crime e sim uma definição política das condutas que devem ser consideradas como tal e quais as sanções que devem ser aplicadas para cada uma delas é uma leitura questionadora que tem início com as teorias criminológicas do conflito. A afirmação do enunciado está justamente negando as características ontológicas do crime ("não é uma qualidade do ato cometido") e afirma que é consequência da reação social ("senão uma consequência da aplicação que os outros fazem das regras e sanções"). 🔳

119. Gabarito: A

Comentário: A criminologia crítica – ou radical – é a escola que passa a criticar a forma como as condutas são definidas como crime. Desde quem define essas condutas (parlamentares membros da classe dominante) até quem aplica tais leis. A criminologia crítica entende que a seleção das condutas a serem criminalizadas são aquelas praticadas pelas classes pobres e não pela classe dominante que está no poder definindo os atos criminosos. A criminologia cultural – como derivada desta – segue nessa mesma toada, contudo observando também os impactos culturais de cada grupo na formulação e aplicação da legislação penal. Jock Young é um dos expoentes da teoria crítica e é também autor de "Cultural Criminology" (1995). VC

120. Gabarito: A

Comentário: Os elementos elencados em todas as assertivas são corretos e fazem parte do escopo de análises e estudo da criminologia, em especial da criminologia queer e feminista. Como as estruturas sociais e de poder se relacionam com a prática de crimes e também as consequências desses crimes para as vítimas? Como elas são impactadas e reagem ao serem vítimas de determinadas condutas que não afetariam da mesma maneira outras vítimas? Os componentes socioculturais e identitários são elementos considerados com centralidade. VC

Simulado 1 – MG: _____

Data: _____ / _____ / _____

Tempo de Prova: _____

Acertos Totais: _____

Onde posso melhorar:

_____

_____

_____

_____

_____

_____

_____

_____

_____

_____

_____

_____

_____

_____

_____

_____

_____

_____

_____

_____

_____

_____

_____

_____

Simulado 2 – PF: _____

Data: _____ / _____ / _____

Tempo de Prova: _____

Acertos Totais: _____

Onde posso melhorar:

_____

_____

_____

_____

_____

_____

_____

_____

_____

_____

_____

_____

_____

_____

_____

_____

_____

_____

_____

_____

_____

_____

_____

_____

Simulado 3 – ES: _____

Data: _____ / _____ / _____

Tempo de Prova: _____

Acertos Totais: _____

Onde posso melhorar:

_____

_____

_____

_____

_____

_____

_____

_____

_____

_____

_____

_____

_____

_____

_____

_____

_____

_____

_____

_____

_____

_____

_____

_____

Simulado 4 – GO: _____

Data: _____ / _____ / _____

Tempo de Prova: _____

Acertos Totais: _____

Onde posso melhorar:

_____

_____

_____

_____

_____

_____

_____

_____

_____

_____

_____

_____

_____

_____

_____

_____

_____

_____

_____

_____

_____

_____

_____

Simulado 5 - MG 2018: _____

Data: _____ / _____ / _____

Tempo de Prova: _____

Acertos Totais: _____

Onde posso melhorar:

_____

_____

_____

_____

_____

_____

_____

_____

_____

_____

_____

_____

_____

_____

_____

_____

_____

_____

_____

_____

_____

_____

_____

_____

_____

Simulado 6 - RS: _____

Data: _____ / _____ / _____

Tempo de Prova: _____

Acertos Totais: _____

Onde posso melhorar:

_____

_____

_____

_____

_____

_____

_____

_____

_____

_____

_____

_____

_____

_____

_____

_____

_____

_____

_____

_____

_____

_____

_____